上海普通高校优秀教材

经济法教程

（第二版）

王先林　主编

上海交通大學出版社

内容提要

本书是为法学及相关专业本科生的经济法课程而编写的一本简明实用的教材，着重阐述经济法的基本理论和制度框架。前三章作为经济法总论，概要介绍了我国经济法的基本原理，反映了经济法学的最新发展动态。其余十一章作为经济法分论，结合典型案例介绍了市场主体规制法律制度、市场秩序规制法律制度和宏观调控法律制度的基本内容，分别涉及国有企业法、国有资产法、反垄断法、反不正当竞争法、消费者权益保护法、产品质量法、财政法、税法、金融法、产业政策法和价格法，反映了相关立法、行政执法和司法的最新发展。

图书在版编目(CIP)数据

经济法教程 / 王先林主编. —2 版. —上海：上海交通大学出版社，2016
ISBN 978-7-313-15606-8

Ⅰ. ①经… Ⅱ. ①王… Ⅲ. ①经济法—中国—高等学校—教材 Ⅳ. ①D922.29

中国版本图书馆 CIP 数据核字(2016)第 186539 号

经济法教程（第二版）

主　　编：王先林
出版发行：上海交通大学出版社　　地　　址：上海市番禺路 951 号
邮政编码：200030　　电　　话：021-64071208
出 版 人：韩建民
印　　制：上海天地海设计印刷有限公司　　经　　销：全国新华书店
开　　本：787 mm×960 mm　1/16　　印　　张：29.5
字　　数：508 千字
版　　次：2013 年 12 月第 1 版 2016 年 9 月第 2 版　　印　　次：2016 年 9 月第 2 次印刷
书　　号：ISBN 978-7-313-15606-8/D
定　　价：78.00 元

第一版编写说明

本书是上海交通大学法学院经济法学科教师团队共同完成的本科经济法教材，并获得了上海交通大学教材建设的立项资助。

目前，国内已经出版的经济法教材的版本众多，并各有其特色。但很多教材的内容比较庞杂，动辄60万字、80万字，既让刚刚跨入法学之门的本科学生对经济法一开始就有一种畏难情绪，也未必适合授课教师的需要。因为，上过经济法课程的教师都知道，现有经济法教材中的很多内容是很难讲的，有些也没有必要讲，并且在有限的课时（一般是一学期课程，每周4课时）内也没法都讲，否则，就会重点不突出，内容也未必受学生欢迎。特别是，现在很多学校（如上海交通大学）已经为法学专业本科生开设了多门涉及经济法的选修课，如竞争法、财税法、金融法、房地产法等，因此属于本科经济法课程的教材就不必面面俱到，内容也不必太具体，而只要包括经济法的核心内容即可。这样既方便学生对经济法基本内容的学习和掌握，有助于其参加司法考试，也不至于加重学生的经济和精力上的负担。一些对经济法某些内容特别感兴趣的同学可以通过选修相应课程的方式满足需求。正是基于这样的考虑，我们尝试编写一本只包括经济法核心内容、与教师授课能基本对应的简明实用教材。

虽然这本教材的定位是简明、实用，但是其仍然包括了经济法理论和制度的基本框架。第一章至第三章属于经济法总论，分别介绍经济法及其学说的产生和发展、经济法基本理论概述及经济法的要素和实施机制，让学生对经济法和经济法学的基本原理有大致的了解。第四章和第五章属于市场主体规制法律制度，主要涉及国有企业及国有财产管理的法律制度，分别介绍国有企业法和国有资产法的基本制度，这是在民法、商法教材中不涉及但法科学生又需要掌握的内容。第六章至第九章属于市场秩序规制法律制度，分别介绍反垄断法、反不正当竞争法、消费者权益保护法和产品质量法。第十章至第十四章属于宏观调控法律制度，分别介绍财政法、税法、金融法、产业政策法和价格法。显然，市场秩序规制法律制度和宏观调控法律制度是经济法体系的核心，也是本教材的重点。

为了更好地帮助本科学生学习和掌握经济法，本书在每章后面都附上了主要参考文献和复习思考题。除总论的三章外，其余各章还附上了与该章内容相对应的典型案例，以帮助读者更好地理解相关的原理和制度。

本教材撰稿人分工如下：

王先林，负责全书的策划、统稿，并撰写第六、七、八、十三、十四章；

许多奇，协助主编进行统稿，并撰写第十一、十二章；

李　剑，撰写第一、二、三章；

侯利阳，撰写第四章；

李俊明，撰写第五、十章；

尚立娜，撰写第九章。

尽管本书作者的写作态度是认真的，也尽了各自最大的努力，但由于水平和时间的限制，书中肯定还会有这样或那样的问题。诚恳地欢迎读者朋友提出批评指正，以便今后再版时改进。

王先林

2012年9月

第二版修订说明

本书自出版以来，除了在本校多种类型的教学中作为教材（包括“好大学在线”经济法 MOOC 的教材）外，还被越来越多的学校选为教材或者指定参考书，并得到了使用者的肯定。在 2015 年，本书先后被评为上海交通大学优秀教材特等奖和上海普通高校优秀教材奖。但是，随着近年来相关经济法律、法规的不断修改完善，行政执法和司法实践也在不断发展，经济法学理论也有新的成果，因此本书第一版中的相关内容需要及时得到更新。经过本书全体作者近半年的努力，本书第一次的修订工作得以完成。

此次第二版虽然在内容上得以更新，也修改了第一版中的若干瑕疵，但仍然难免存在这样或者那样的问题。我们继续欢迎各位读者不吝指正，以便今后在进一步修订中得以改进。

王先林

2016 年 5 月

目　　录

第一章
经济法及其学说的产生和发展

【本章导读】

厘清国家与市场之间的关系，是理解经济法的产生与发展的基础。市场无疑是一种有效的资源配置方式，但是自由市场存在一些无法通过自身进行纠正的限制因素，如信息不对称、限制竞争、外部性等。因此，政府的干预市场机制具有必然性。但是，政府也并非万能，同样存在运行效率低下、过度干预、公共产品供应不足、不受产权约束、预算分配偏离社会需要和权力寻租等问题。而经济法的产生正是基于对市场与政府关系的协调，这一点从美国、德国、日本等国家的历史中都可以清晰地看到。

第一节　经济法的产生和发展

一、经济法产生的背景和根源

相比于刑法、民法，经济法是一个新兴的法律部门。同其他部门法律一样，经济法也是人类社会的政治、经济关系发展到一定阶段的产物。对经济法产生的背景和根源考察，有利于我们更为清晰地认识和理解它存在的原因以及未来发展的方向。

经济法在一百余年之前产生并快速发展并非偶然，是包括经济条件、社会条件、政治条件等在内的多种因素共同促成的结果。而在这其中，经济本身的需求无疑是最为重要的方面。市场经济的发展，必然要求有相应的法律制度来提供制度上的保障。换句话说，经济形态的变化也在促使法律制度对此作出回应。如果说自然经济阶段中法律的功能是维护政治统治，而非为商品交换提供制度保障，那么相应地，在此经济阶段也就很难产生建立在契约自由、私权神圣等基础上的民法。而在市场经济发展到了垄断和社会化的阶段时，对法律有了新的要求。市场经济推动了现代科学技术的不断进步、社会生产力的不断提高、社会分工的不断深化以及国民经济部门的不断增多和细化。而市场在不断推动社会生产力提高的同时，也会不断出现诸多市场自身难以解决的问题，必然要求国家从社会整体利益出发，采取切实有效的措施，一方面顺应并推动市场经济体制的良性运行，另一方面通过政府的有形之手去克服和避免市场本身缺陷所带来的不当影响，以解决商品生产经营者自身难以解决的商品经济的内在矛盾①。因此，对于现代经济法来说，市场和国家之间的关系，是理解经济法产生的背景和根源的基本层面。其中，“市场失灵”假设是研究经济法产生、调整对象、体系等问题的一个重要前提②。正是出于对市场失灵的纠正，产生了和民法存在显著差异的经济法。而“政府失灵”则强调了对市场本身的尊重，力求将国家对经济的干预限定在必要的最小范围。

（一）市场失灵

回顾历史可以看到，对市场经济的认识是一个发展、变化的过程。在市场经济形成的早期，以亚当·斯密为代表的经济自由放任理论更强调市场的自我调节功能，对国家的作用则非常警惕。在亚当·斯密看来，抽象为“经济人”的个体在追求个人利益的同时，他们好像为“看不见的手”引导而实现公众的最佳福利。也就是说，个体的自利行为带来了社会整体福利的增加。此时，放任个体的自我发展，由市场机制引导社会资源分配，是最理想的结果③。而政府对自由秩序的干预都几乎是有害的，因为政府的干预很可能会阻碍市场机制发挥作用，给经济系统带来扭曲，从而造成社会福利的损失。有了市场机制这只“看不见的手”，就不需要政府干预了。因此，在自由放任理论下，强调契约自由的民事法律成为经济领域内最为重要的法律④。

---

① 李昌麒主编.《经济法学》(第二版)，法律出版社2008年版，第42页。

② 张守文.《论经济法的现代性》，《中国法学》2000年第5期。

③ 市场机制，是指市场经济各要素之间相互作用、相互制约而形成的关系。它是市场经济内部要素之间对立统一关系的反映。这些要素包括供求关系、竞争、价格、利率等。它们之间相互作用的结果形成融宏观经济与微观经济于一体的经济运行方式。

④ 不过，尽管是自由放任理论的代表，但严格说来斯密的理论并不完全排斥政府在经济活动中的作用，他们主张建立一个严厉的司法行政机构，把政府的活动限制在一定的范围之内，即政府应当保证发展生产、公平贸易和积累财富的外部环境，并且向社会提供那些私人所不能提供的公共产品。参见亚当·斯密.《国富论》，商务印书馆1988年版，第27页。

市场作为一种有效的资源配置方式，在商品经济发展到一定程度时，能够充分发挥市场主体获取信息、创造财富的动力和潜能，提高生产效率和经济效率，并将有限的资源通过市场予以有效地分配和使用。但是，市场机制要发挥作用，需要满足一些基本的因素，例如市场充分竞争、市场上的物品产权界定清晰等。但在现实的经济生活中，这些条件往往难以完全实现，从而产生具有普遍性的“市场失灵”问题。在理论上，通常认为，市场失灵是指由于内在功能性缺陷和外部条件缺陷引起的市场机制在资源配置的某些领域运作不灵。它有狭义和广义两层含义。狭义的市场失灵主要表现在对外部负经济效果、垄断生产和经营、公共物品的生产、不对称信息情况下的商品交易以及社会分配不均等问题的调节上运作不灵。广义的市场失灵除了狭义市场失灵的内容外，还包括由宏观经济总量失衡导致的经济波动。它主要是由市场机制的自发性、盲目性和滞后性引起的[①]。为了便于理解，我们可以将市场失灵的表现形式大致归纳为以下几个方面[②]：

（1）信息不对称。信息不对称是指信息在交易方之间的分配不均匀。当存在信息不对称时，消费者和生产者可能无法达成本是互利的市场交易。而政府的干预也许是实现这些交易潜在利益的最佳方式[③]。例如，消费者权益保护法上强调对消费者知情权的保护就是为了克服市场上的信息不对称，让消费者能够获得足够的信息，并在此基础上作出有利于自身利益的判断。

（2）限制竞争。竞争是市场机制的根基[④]。通过竞争，市场将资源分配到最有效率的地方。但是，竞争必然会产生优胜劣汰，竞争中的胜利者会获得越来越多资源，并对市场产生越来越大的影响力，这反过来会限制市场的公平参与程度。例如，为了获得或者保持竞争的优势，市场的参与者实施卡特尔、滥用市场支配地位等限制竞争的行为。这使得竞争的获胜者反而成为竞争的敌人。因此，竞争与限制竞争行为是一体两面，市场本身即蕴涵了自我否定的因素。而要

---

① 孙荣，许洁.《政府经济学》，复旦大学出版社 2001 年版，第 35 页。

② 市场失灵在理论上有很多划分的类型，如分为不完全性市场失灵、外部性市场失灵等，但这些类别在某些情况下存在重复性和交叉性。

③ 也有经济学家认为，信息不对称是市场的常态，市场本身有解决非对称信息的机制。参见张维迎：《经济学原理》，西北大学出版社 2015 年版，第 225 页。

④ 同样需要注意的是，竞争本身存在边界。通过竞争进行资源的分配并非在所有的场合都是合适的，它只是相对满意的、起基础性作用的资源配置方式。而现实生活中同时存在大量通过竞争本身无法有效解决的资源的分配问题。例如，自然垄断、范围经济、规模经济等因素，使得如电信、电力等领域中部分存在竞争反而导致更低效率的问题。

对这一状况予以纠正，保证竞争持续地发挥作用的话，必然需要借助于外部力量对市场机制在一定程度上进行纠正。

(3) 外部性。简单地说，外部性就是收益和成本不对等的情况。正外部性是指社会成本小于个体成本，社会收益大于个体收益的情形；负外部性则是指社会成本大于个体成本，个体收益大于社会收益的情形。例如，工厂在生产过程中对环境有污染，工厂享受了产品销售所带来的收益，但环境污染的成本却为社会所负担。外部性起源于"经济人"对自身利益最大化的追求。其中，负外部性是一种典型的损人利己的行为；正外部性则是一种典型的损己利人的行为。对于外部性的纠正，往往很难通过市场本身来获得。同时，外部性问题也是理解公共产品这一重要概念的基础。诸如公共基础设施、国防、教育、通信、交通、能源、环境、供水、供电、公共安全、公共管理等都是典型的公共产品。这些产品最为典型的特点在于提供产品的主体往往无法或者很难排除他人的使用，使得市场主体不愿意提供，并由此导致公共产品供给不足。此时，公共产品的提供理所当然地就应该由政府或主要由政府来承担。在具体解决方式上，既可以由政府通过直接生产来提供，也可以由政府出面组织进行生产来提供，但无论是哪种情形，都需要将其纳入经济法的规制范围以解决公共产品的供给问题。

(4) 经济周期。所谓经济周期，通常是指在市场经济的生产和再生产过程中，周期性地出现的经济扩张与市场紧缩交替更迭循环往复的一种经济现象①。市场经济的一个重要特征是不断地由非均衡到均衡的经济运行，这一过程是通过市场机制的作用进行的。而经济周期恰恰是这样一个自然的、非人为操纵的由非均衡到均衡的经济运行过程，因此经济周期在完全市场经济条件下是不可避免的。但是，当这一经济运行过程变得过于剧烈时，却会产生问题。经济周期是市场失灵中最具有破坏力的形式，它会带来生产力的巨大破坏和资源的严重浪费，使资源的整体利用效率大为降低。例如，1929 年席卷全球的经济大危机。

市场失灵的问题显示了自由市场存在一些根本性的、内在的、无法通过自身进行纠正的限制因素。因此，完全放任经济的自由发展，必然导致其走向市场的对立面。也正是基于此，市场机制作用的发挥有赖于外部的介入机制，而最为有力的介入来自政府。经济学家凯恩斯开创了全面干预的政府理念，试图以政府干预弥补市场失灵。在凯恩斯看来，政府干预是保持经济高效率发展的有效手段。但是，在强调政府作用的同时也应当看到，政府也并非全能，同样存在"政府

① 李昌麒主编.《经济法学》(第二版)，法律出版社 2008 年版，第 37 页。

失灵”的问题。

（二）政府失灵

凯恩斯希望通过国家的介入，以弥补市场机制的缺陷。在凯恩斯本人看来，在市场失灵的情况下，国家应当积极地干预经济，扩大政府职能，刺激投资和消费。同时，他认为政府直接投资不仅可以弥补私人投资的不足，以维持国民收入的应有水平，而且政府每增加一笔投资，还可以通过乘数效应带动私人投资和消费。因此，凯恩斯“希望国家多负起直接投资之责”。但是，需要注意的是，作为市场失灵弥补手段的政府干预同样存在干预失败的可能。政府失灵又称为政府失效、政府失败等，是指政府在克服市场失灵时所导致的效率损失超过了市场失灵所导致的效率损失。换句话说，政府失灵是政府对经济干预不能有效地克服市场失灵，甚至阻碍和限制了市场功能的正常发挥。一般而言，政府失灵主要表现在以下几个方面①：

(1) 政府运行效率低下。这是政府作为垄断性组织难以避免的结果，所不同的仅仅是程度的差异。阻滞政府运行效率的因素很多，但通常表现为机构臃肿、人浮于事、官僚主义、形式主义以及办事效率低下等。

(2) 政府过度干预。这种情形通常发生在集权体制下，但在集权体制向市场体制转型的进程中，过度干预的惯性仍然会发生作用。

(3) 公共产品供应不足。公共产品供应不足主要是指公共产品的提供不能满足人们日益增长的物质和文化生活的需要。这种供应不足既可以表现为具有硬件性质的公共产品（如基础设施等）供应不足，也可以表现为具有软件性质的公共产品（如法律等）供应不足。法律这种公共产品供应不足，不仅包括法律资源的供给不足，同时还包括已颁布的法律的无效和带来副作用。

(4) 政府不受产权约束。政府不受产权约束，通常发生在政府代表国家行使国有产权的领域，既包括不当行使国有产权，如低价出卖国有产权等；也包括侵害非国有产权，如不当征税、收费、罚款等；同时，还包括司法实践中很难追究政府的财产责任。

(5) 预算分配偏离社会需要。这实际上涉及一个对预算分配方向的价值判断。它既可能表现为不适当地加大某个领域的预算份额，如扩大政府开支；也可能表现为不适当地缩小某个领域的预算份额，如教育、科技支出等。

(6) 权力寻租。权力寻租的前提是政府为了克服市场失灵，制定必要的公

① 李昌麒主编.《经济法学》（第二版），法律出版社 2008 年版，第 38 页。

共政策对经济进行干预。政府为了保证干预的实现,就必须赋予执行政策的机构或者个人以某种权力。所谓权力寻租,就是个人或者利益集团为了牟取自身的经济利益,而采取行贿等不正当手段对权力执掌者施加影响的活动,其实质就是寻求政府的强制性或特权供应,以便获取市场价格与权力价格之间的差额。同时,政府在干预经济和管理社会事务的过程中,也存在利用权力进行设租的行为,其目的在于通过设租获得不正当的利益收入。

也正是由于政府失灵可能性的存在,凯恩斯在强调用政府干预弥补市场失灵时,特别强调干预的前提是保证市场对资源配置的基础作用,否则政府干预会出现失灵。但是,在传统法律体系中,找不到既能弥补市场失灵,同时又能够在尊重市场的前提下有效地防止政府失灵的部门法。而正是在这一背景下,经济法应运而生。

二、经济法在外国的产生和发展

经济法出现于19世纪末20世纪初。尽管从根本上讲,经济法反映了对市场缺陷、政府失灵的弥补,但由于各国的政治、经济、文化等方面的差异,在不同的历史阶段,使得经济法在外国的产生和发展又有各自不同的特点。以美国、德国、日本等国经济法为代表,一个世纪以来,它们的发展历程大致可分为如下几个阶段:

(一) 19世纪末至第一次世界大战后

这一阶段是经济法的产生阶段。经济法的出现,是以美国1890年颁布的《反对不法限制和垄断,保护交易和通商的法律》(即著名的《谢尔曼法》)[①]为标志。由于《谢尔曼法》本身的规定比较简单,在《谢尔曼法》之后,美国陆续颁布了1914年的《克莱顿法》和《联邦贸易委员会法》等反垄断法律,形成了较为完善的法律体系。因为垄断现象本身就是市场失灵的典型反映,而反垄断法律的颁布,为政府适当地干预市场,恢复有效的市场资源配置机制提供了依据。因此,反垄断立法开创了经济法立法,具有非常重大的意义。

现代经济法产生于美国,具有一定的历史背景。美国是资本主义国家中奉行自由放任经济政策最具代表性的国家之一。但与此同时,美国也是最早体会到市场失灵苦果的国家之一。市场竞争下所产生的优胜劣汰、市场力量过度集中,使得各行业中的托拉斯得以操控市场并损害消费者利益。这在事实上破坏

① 因该法案由美国上议院议员谢尔曼提出而得名。

了美国的自由竞争秩序。《谢尔曼法》的出台，正是希望对垄断力量有所限制。尽管《谢尔曼法》在最开始实施的时候效果并不理想，甚至成为打击工会的工具，但其历史意义无可否认。如今，《谢尔曼法》仍然是美国反垄断法的重要组成部分，为市场竞争秩序的合理构建发挥着作用。

美国的经济法源于对自由放任经济的修正，而德国的经济法的产生则完全不同于美国的路径。20 世纪初至第一次世界大战前后，德国利用国家力量统制经济，使国民经济服从于发动战争和战后恢复重建。为此，德国政府大量介入社会经济生活对经济实行统制，颁布了大量政府管制经济的法律。与美国的情况不同，德国干预经济方式的特点是：一是涉及的领域广，并采取了多种措施对社会经济进行较全面的干预，不仅仅局限于垄断这一个领域。二是就对待垄断的态度而言，德国政府当时主要不是予以禁止和限制，而是鼓励、扶助，甚至国家参与某些垄断，只是在战后采取过一些限制卡特尔的措施。与之相适应，这个时期德国的经济法立法的特点表现为经济法性质的法律法规成批涌现，同时法规的涉及面广，不限于垄断和竞争领域的立法。三是出现许多促进、扶助垄断和国家垄断的立法。四是强行性立法多，许多经济法规带有浓厚的行政法色彩，或简直与行政法难以区分。五是由于当时所有立法几乎都同战争相关，其经济法的非经济性色彩十分强烈①。这一时期的经济立法由于战争的原因而具有特殊性，它更强调国家对于市场的高度介入，对社会资源的掌控和分配，并相应地大幅度降低了市场机制的作用。1914 年 8 月，德国议会颁布战时授权法案，授权政府全面控制战时经济。德国政府 1915 年发布了《关于限制契约最高价格的通知》，对私人商业交易活动进行强制性限制，1916 年制定了《确保战时国民粮食措施令》，对粮食生产和流通实行管制。1919 年颁布了著名的《魏玛宪法》和一系列“社会化法”，如《卡特尔规章法》、《煤炭经济法》、《钾素经济法》等。特别是《魏玛宪法》在奉行“经济自由”、“契约自由”的同时，确立“社会化”原则，规定对私有经

① 在美国和德国分别出现的经济法，虽然其产生的基本原因都是生产社会化和市场缺陷，使国家干预经济成为必要，但国家干预经济的方式不同：在美国是反垄断，以维护自由公平竞争；在德国则是实行较全面的经济统制，这实为限制自由竞争。前者，国家干预措施是被动的、消极的；后者是政府的主动、积极介入。两国的上述特点，不仅在经济法出现之初如此，而且以后长时期内仍然基本保持着。有鉴于此，有些学者把以美国为代表的经济法称为“保障实质的契约与营业自由之经济法”，而把德国（还有日本）为代表的经济法称为“经济统制实施手段之经济法”。并认为这正体现了现代经济法的两项“基本性格”。参见台湾学者黄铭杰 1996 年在淡江大学主办的“两岸财经法律制度研讨会”上的论文：《经济法基本性格论》，台湾《政大法学评论》第 58 期，1997 年 12 月。

济实行限制的许多措施，包括对某些私人企业实行社会公有的各种形式的规定。该宪法授权政府对全国经济生活进行直接干预和管制。

在日本，1914年颁布了《有关战时原料出口取缔事宜》，1917年发布了《对敌交易禁止令》、《黄金出口禁止令》、《战时船舶管理令》，1918年颁布了《军需工业动员法》等一系列战时经济管制法①，对物资价格等进行管制。

在战争的特殊需求下而产生的立法，随着战争的结束也就终止了历史使命。第一次世界大战以后，西方国家进入到战后经济恢复时期，各国相继颁布了国民经济促进法。例如，法国在1924—1929年这一时期根据“道威斯计划”，进行了货币改革立法，“产业合理化”运动立法②，日本制定了《农业生产奖励法》、《物价稳定法》、《垄断促进法》等。

（二）“大萧条”至第二次世界大战后

经济危机是市场周期性的集中反映。1929—1933年爆发的世界性经济危机给资本主义国家带来了巨大的灾难（史称“大萧条”）。为了降低经济危机对国民经济造成的破坏程度，促进经济复苏，各国都对经济进行了全面和强有力的干预。这一阶段相关政策的特点主要表现在两个方面：一是实行资本主义国有化，国家垄断资本主义出现并得到发展。国家不仅以政权身份对私人经济进行干预，而且开始以资本所有者身份直接参与生产经营领域的活动。二是国家经济职能全面强化，运用包括财政分配和经济计划在内的多种手段，对经济进行全面、综合性和经常性的调节。主张国家干预经济的凯恩斯主义也正在这个时期产生，并被各主要资本主义国家政府相继采纳，奉为指导原则。这个时候，经济法的立法在各国都呈现迅速发展的局面③。

美国实行了罗斯福“新政”。总统罗斯福根据1933年美国国会授予总统的“紧急全权”进行了“新政”立法。整个新政期间共颁布了700多部法律。针对全国财政信贷系统的立法包括《紧急银行法》、《证券交易法》、《存款保险法》（即《格拉斯—斯蒂格尔银行法》）等。在这些法律中规定了所有银行停止兑付存款业务，由财政部对银行进行清理，银行复业批准权归财政部等措施。针对工业经济的管理和控制，颁布了《全国产业复兴法》和《公平竞争法》。针对农业生产，制定了《农业调整法》，用实行政府奖励和津贴的办法，稳定农产品价格。此外，一些

---

① 潘静成，刘文华.《经济法》，中国人民大学出版社1999年版，第32页。

② 刘瑞复.《经济法学原理》，北京大学出版社2000年版，第64页。

③ 漆多俊主编.《经济法学》，高等教育出版社2010年版，第19页。

重要的法律还包括《联邦紧急救济法》、《紧急救济拨款法》、《田纳西河流域管理局法案》、《社会保障法》、《财产税法》、《新农业调整法》和《公平劳动标准法》等。罗斯福的"新政"彻底改变了过去自由放任全凭市场自发作用的局面，使得国家全面地发挥了经济调节职能，同时，这些活动也都在法律规定的范围内进行，受到法律的约束并得到法律的保障。

英国为应对经济危机，在以下三个方面加强了经济立法：① 贸易管制立法。从1932年起英国放弃了自由贸易政策。《税法》规定，凡出口产品一律课以10%～33.3%的价税。② 通过立法，降低银行贷款利率，以扩张信用的方式刺激国内投资。③ 加强了产业合理化立法和促进垄断联合立法，如1936年通过了《采煤业强制合并法案》，促进垄断联合①。1929—1933年世界性经济危机过后，在英、美等议会民主制国家，对经济的干预势头有所减弱。

在经济危机中，国家社会主义思潮在德国占据了主导地位，并导致希特勒获得政权。在这个时期，德国先后颁布不少政府管制经济的法律，其中包括1930年、1932年、1933年几次修改《防止滥用经济力法令》，加强卡特尔。1933年7月颁布了《卡特尔条例》，规定了设立国家卡特尔局，实行企业的卡特尔合并，发布股份公司改革法，加速股份公司的改组、改造。1934年还颁布了《经济有机结构条例》等。这个时期德国颁布的许多法律虽然从广义上说也具有某种经济法性质，但更多的是属于行政法或军事法性质。这种情况一直维持到二战结束。但在德、日、意等法西斯国家，为准备发动新的战争，进一步强化了国家对经济的管制。德国纳粹政权积极推行扶助卡特尔的政策，实行官民一体的经济统制。1936年，德国制定1936—1940年的"四年计划"，这是资本主义世界第一个较为正规的全国经济计划。为实施计划，德国设立了"德国经济总委员会"和"执行四年计划全权机关"，从而转入以战争为基础的经济总体调节体制。由于二战战败，德国被分割为联邦德国和民主德国两个国家。这一时期最为重要的经济法律，是联邦德国的《德国经济力过度集中排除令》(通称为《反卡特尔法》)。该法律为了实现经济民主，禁止卡特尔和康采恩，并对大企业实行分割，防止德国再次获得强大的军事力量。

日本在应对经济危机时同样提高了国家干预经济的程度。为了促进垄断，日本建立了一批国有公司，为此在1925年颁布《国际电力通信股份公司法》，1933年颁布《日本制铁股份公司法》，1937年颁布《日本通运股份公司

---

① 刘瑞复.《经济法学原理》，北京大学出版社2000年版，第66页。

法》和《帝国燃料兴业股份公司法》,1938 年颁布《日本发送电股份公司法》,1939 年颁布《帝国矿业开发股份公司法》和《大日本航空股份公司法》。在工业促进方面,1931 年制定了《重要产业统制法》,1932 年制定了《工业组合法和商业组合法》,还有 1934 年的《石油业法》,1936 年的《汽车制造事业法和航路统治法》,1937 年的《炼钢事业法》和《人造石油制造事业法》、《贸易组合法》和《百货店法》。此外,为了振兴农村经济,1932 年制定了《农业渔村经济更生特别助成规则》,1933 年制定了《农村负债整理组合法》、《农村负债整理资金特别融通及损失补偿法》。

日本自 20 世纪 30 年代后半期开始,国家对经济的干预使得经济法具有经济危机对策和战时经济对策的双重性。再往后,便完全转入战时经济统制。国家对生产、物资、价格实行全面管制,整编企业体制,并最后直接掌握军需企业。1938 年制定了《国家总动员法》,并以此为中心,制定了《企业整顿令》(1942 年)、《工商组合法》(1943 年)、《军需公司法》(1943 年)等,把国民经济完全置于战时国家直接统制之下。日本战败后,在美国的占领下进行了民主化经济变革。这一时期的重要法律包括 1947 年颁布的《经济力过度集中排除法》,用以解散财阀的法令,消除市场的集中状态。1947 年还颁布了日本反垄断的基本法律《禁止私人垄断及确保公正交易的法律》(简称《禁止垄断法》)。1948 年颁布《事业者团体法》,解散战时统制团体,禁止垄断行为。1949 年颁布《中小企业等协同组合法》,排除大企业对中小企业的支配。

(三) 20 世纪 50 年代至 80 年代

在这一阶段,国家干预集中表现为通过协调国民经济运行过程,为市场主体创造一个适度发展的社会经济环境和良好的市场竞争秩序。

日本于 1952 年结束被占领状态。随后日本制定了禁止垄断法的适用除外规定,缓和对垄断的禁止。1953 年通过修改禁止垄断法,放宽了对企业结合的规定。这时还废止了《事业者团体法》。在缓和对垄断的禁止的同时,采取了促进企业合理化措施。在日本经济开始高速增长之后,为了实施更为积极的自由市场经济,日本制定颁布了大量重要的法律,包括:1961 年的《农业基本法》和《农业现代化资金促进法》,1962 年的《石油业法》,1963 年的《中小企业基本法》、《中小企业现代化促进法》、《中小企业指导法》和《沿海渔业振兴法》,1964 年的《林业基本法》,1965 年的《海外经济协作基金法》(修改),1967 年的《中小企业振兴事业团法》,1968 年的《消费者保护基本法》,1969 年的《石油开发公团法》,1970 年的《外国汇兑管理法》。1970 年以后,日本经济出现了几个不景气的阶段，但总的来说是处于比较稳定的发展期。其经济政策的特点，是在前一阶段开放和自由经济原则下加强了国家管理。1975年前，国家制定了对付美元危机和石油危机的一些经济法规。1976年修改禁止垄断法，同20世纪50年代初修改的意向相反，这次是加强了对垄断的限制。但在对外经济上，1979年修改的《外汇外贸管理法》则更趋向于自由。

联邦德国于1957年通过反垄断法即《反限制竞争法》，该法后来做过多次重大的修改(1966年、1973年、1976年、1980年、1990年、1998年、2005年)。1967年颁布《促进经济稳定与增长的法律》，这是关于国家基本经济政策和国家对经济实行宏观调控的一部总体性、综合性法律。

(四) 20世纪80年代至今

这一阶段是经济法体系趋于更加完善和日益国际趋同化的阶段。第二次世界大战结束后又经过了几十年的经济和平发展，制约经济的许多非经济性因素逐渐减少。20世纪80年代末90年代初，世界冷战局面基本结束，经济更加需要按其自身规律运行。西方经济学界出现对凯恩斯国家干预学说修正和批判的各种流派，它们对各国政府的经济政策发生一定影响。其中，有些学说被当政者采纳作为制定经济政策的基本理论基础(例如，英国撒切尔夫人1979年执政后全面实施“货币主义”的政策主张。美国前总统里根则推崇“供给学派”，使之成为当时政府经济政策的理论根据。而“新古典综合派”的许多经济学家曾在美国政府担任过要职，对制定经济政策起了重要作用)。当代社会经济仍需要国家调节，但应将其控制在必要的范围内，并选取更加合适的方式。这引起各国经济法立法在内容和体系上发生某些明显变化。

这一时期各国加强了对经济宏观调控方面的立法，逐步完善其内部体系，并使这方面的立法在经济法立法体系中的地位上升，使之逐渐成为经济法体系中最主要的、起主导作用的构成部分。经济法体系中的其他方面的立法，甚至包括反垄断法和国家投资经营法，也往往被纳入宏观调控体系，予以统筹规划。这是80年代以来经济法立法内容和体系上又一个明显的变化趋势。20世纪末和进入21世纪以后，各国的经济法发展的另一个趋势是它日益国际趋同化。经济法国际趋同化有两层含义：一方面，人类社会发展本来有着许多基本共同点，遵循着一些基本的共同规律。当前，各国、各民族地区虽仍然实行着各种不同的政治制度和社会制度，但总的说都在朝着更加文明、进步的方向发展。特别是在基本经济体制方面，越来越多的国家都先后实行各种不同类型的市场经济，都在充分发挥市场调节作用的基础上实行一定的国家调节，而且国家调节的基本做法也相同或相近。这些都决定着各国经济法在许多制度和规定上有着共同点，并不断互相吸收、借鉴。另一方面，当前各国市场和经济正在日益国际化和全球化，各国对于经济的国家调节及其经济法必须日益重视其他相关国家和国际的各种因素和影响。

三、经济法在中国的产生和发展

经济法在中国的产生与中国的市场经济改革密切联系。经济法作为弥补市场调节机制缺陷的法律，其存在的一个前提往往是已经产生了市场，已经以市场作为社会资源分配的基本方式。而我国由于历史的原因，在很长时期内实施的是计划经济体制，基本上不存在通过市场进行社会资源分配。虽然颁布过很多涉及经济领域的法律、法规，如《土地改革法》、《管制美国在华财产冻结美国在华存款命令》、《关于国营、公营工厂建立工厂管理委员会的指示》、《关于在生产厂矿建立责任制的指示》、《私营企业暂行条例》、《对外贸易管理暂行条例》、《国营企业、合作社签订合同契约暂行办法》、《预算决算暂行条例》、《关于统一财政经济工作的决定》、《基本建设工作暂行办法》、《矿业暂行条例》、《国民经济计划编制暂行办法》、《农业生产合作社示范章程草案》、《高级农业生产合作社示范章程》、《关于对手工业的社会主义改造工作进行全面规划的通知》、《关于对目前私营工商业和手工业的社会主义改造中若干事项的决定》、《公私合营工业企业暂行条例》、《关于发展国民经济的第一个五年计划的决议》、《基本建设工程设计和预算文件审核批准暂行办法》等，但这些数量较为庞大的法律、法规的目的并非是建立市场机制，而是为了进行社会主义改造，消灭私有经济，与市场经济是完全背道而驰的。随着我国社会主义改造的完成，国家全面实施计划经济，市场基本被消灭，更不用说利用市场来作为进行社会资源配置的基本方式。因此，中国的经济法的产生和发展，与我国的市场经济体制改革同步进行，开始于 1978 年。同时，与西方国家经济法的产生、发展于自由经济不同，我国经济法是从完全由政府控制一切资源的计划经济的转变开始发展的，没有完全经历自由经济下市场失灵的问题，而更多地面临的是政府失灵的问题，面临如何让政府行为有效地被限制在合适的边界上。因此，从这样的脉络中，更能看到中国经济法发展的独特之处。

我国的经济体制改革本身可以分为两个阶段：第一阶段从 1978 年到 1991 年，是市场化改革的起步阶段；第二阶段从 1992 年至今，是我国经济体制从计划经济向市场经济全面转型的阶段，市场开始在资源配置中发挥基础性作用。

1. 经济改革初期的经济法

1978 年是具有历史意义的年份。正是在该年，我国开启了改革开放，建立市场经济并推动经济法立法。1978 年 12 月 22 日发布的中共十一届三中全会公报明确提出："从现在起，应当把立法工作摆到全国人民代表大会及其常务委员会的重要议程上来。"该公报是我国系统进行经济改革和法制建设的标志。经济改革初期的 10 多年，由于改革目标还不是十分清晰，在渐进式改革模式下，经济改革经历了"计划经济"、"计划经济为主市场调节为辅阶段(1979—1984 年)"、"有计划的商品经济阶段(1984—1987 年)"、"国家调节市场、市场引导企业阶段(1987—1989 年)"、"国家调节与市场调节相结合阶段(1989—1992 年)"、"市场调节为主国家调节为辅(1992 以来)"等阶段。在这一时期，企业组织管理方面的法律、法规主要有：《中外合资经营企业法》(1979 年)、《外资企业法》(1986 年)、《全民所有制工业企业法》(1988 年)、《中外合作经营企业法》(1988 年)、《私营企业暂行条例》(1988 年)、《农村集体所有制企业条例》(1990 年)、《城镇集体所有制企业条例》(1991 年)。在行业管理及促进产业发展方面的法律、法规主要有：《森林法》(1984 年)、《草原法》(1985 年)、《土地管理法》(1986 年通过，1988 年修改)、《渔业法》(1986 年)、《矿产资源法》(1986 年)、《邮政法》(1986 年)、《铁路法》(1990 年)。这些经济立法对于巩固改革开放的成果，促进改革开放的深入进行和社会主义市场经济的建立起到了积极的作用。

2. 转型时期的经济法

第二个阶段开始于建立社会主义市场经济体制的改革目标确立之后。中共中央于 1992 年正式将我国经济体制改革目标确立为"建设社会主义市场经济"，并由此开启了以经济转型为核心的经济改革，即从非市场经济体制逐渐转变为市场经济体制。在这一大背景下，与市场经济相适应的法治化进程也明显加快，尤其是以国家参与管制和干预经济活动为特征的经济政策和经济立法，在推进经济改革过程中发挥了重要作用。

这一阶段的经济立法以宏观经济管理和市场秩序的规范为主要内容，主要制定的法律、法规有《预算法》(1994 年)、《中国人民银行法》(1995 年)、《价格法》(1997 年)、《审计法》(1994 年)、《对外贸易法》(1994 年)、《反不正当竞争法》(1993 年)、《消费者权益保护法》(1993 年)、《产品质量法》(1993 年)、《反倾销和反补贴条例》(1997 年)、《房地产管理法》(1994 年)、《证券法》(1998 年)、《个人所得税法》(2005 年修订)、《企业所得税法》(2007 年)、《反垄断法》(2007 年)等，同时还修改了一部分经济法律和法规。

而随着改革的深入，对于市场的基础性地位得到了进一步的强调。2013 年党的十八届三中全会通过的《中共中央关于全面深化改革若干重大问题的决定》指出："经济体制改革的核心问题是处理好政府和市场的关系，使市场在资源配置中起决定性作用和更好发挥政府作用"；"改革市场监管体系，实行统一的市场监管，清理和废除妨碍全国统一市场和公平竞争的各种规定和做法，严禁和惩处各类违法实行优惠政策行为，反对地方保护，反对垄断和不正当竞争。""适应经济全球化新形势，必须推动对内对外开放相互促进、引进来和走出去更好结合，促进国际国内要素有序自由流动、资源高效配置、市场深度融合，加快培育参与和引领国际经济合作竞争新优势，以开放促改革。"2014 年党的十八届四中全会通过的《中共中央关于全面推进依法治国若干重大问题的决定》则进一步强调："社会主义市场经济本质上是法治经济。使市场在资源配置中起决定性作用和更好发挥政府作用，必须以保护产权、维护契约、统一市场、平等交换、公平竞争、有效监管为基本导向，完善社会主义市场经济法律制度。"2014 年 6 月《国务院关于促进市场公平竞争维护市场正常秩序的若干意见》也指出："严厉惩处垄断行为和不正当竞争行为。依照反垄断法、反不正当竞争法、价格法的有关规定，严肃查处损害竞争、损害消费者权益以及妨碍创新和技术进步的垄断协议、滥用市场支配地位行为；加大经营者集中反垄断审查力度，有效防范通过并购获取垄断地位并损害市场竞争的行为；改革自然垄断行业监管办法，强化垄断环节监管。"2015 年中共中央、国务院《关于深化体制机制改革加快实施创新驱动发展战略的若干意见》进一步要求打破制约创新的行业垄断和市场分割，指出："加快推进垄断性行业改革，放开自然垄断行业竞争性业务，建立鼓励创新的统一透明、有序规范的市场环境。""切实加强反垄断执法，及时发现和制止垄断协议和滥用市场支配地位等垄断行为，为中小企业创新发展拓宽空间。""打破地方保护，清理和废除妨碍全国统一市场的规定和做法，纠正地方政府不当补贴或利用行政权力限制、排除竞争的行为，探索实施公平竞争审查制度。"由此可见，通过经济法进一步重新构建政府与市场的关系，是经济法在可以预见的未来的重要任务。

经济体制的改变是一个漫长而充满波折的过程。经济法的产生和发展，与国家的经济体制改革密切关联。有理由相信，随着我国市场经济体制改革的逐渐深化，中国的经济法也必将越来越成熟。

第二节　经济法学说的产生和发展

按照学界的通说,“经济法”这一术语最早是由18世纪法国空想共产主义者摩莱里在1755年出版的《自然法典》一书中首先提出的。在被作者称为“法律草案”的该书第四篇“合乎自然意图的法制蓝本”中,第二部分“分配法或经济法”有12条,主要内容为作者所设想的未来公有制社会的“自然产品或人工产品的分配”。另一位法国空想社会主义者德萨米,在其1842年出版的《公有法典》一书中也使用了“经济法”一词。在该书第三章“分配法或经济法”中,他提出了对社会资源的分配方式的设想。尽管这两本著作中都出现了“经济法”这一概念,但这里所提到的“经济法”,是两位空想社会主义者设想的理想社会中公平分配社会财富的原则和方法,是指社会运动的法则,而并非法律或法规。因此,这里的“经济法”的内涵和现代经济法仍然有不小的差异。

而所谓经济法概念的近代学说,是指20世纪初叶至第二次世界大战前,关于经济法概念的学说。经济法概念的近代学说首先开始于被称为经济法理论故乡的德国,继而在受到德国经济法理论很大影响的日本得到了明显的发展。我国经济法学界普遍认为,德国学者莱特(Ritter)是第一个在现代意义上使用经济法概念的①。

和任何新兴学科一样,经济法学的发展伴随着众多理论的涌现,呈现出百花齐放的繁荣发展态势。经济法学者们从不同角度阐释对经济法的认识,并在这种争论中使得经济法理论的共识得以逐渐形成。限于篇幅的原因,下面主要介绍一些比较有影响力的学说。

一、外国主要国家的经济法学说

(一)德国的经济法学说②

(1)集成说。这一学说的主要代表人物是努兹巴姆。该学说把德国第一次世界大战及战后出现的新的经济法律现象用“经济法”来概括。③ 他认为经济法

---

① 有学者也同时认为,他也并非用在学科意义上,而是在《世界经济年鉴》上用来概括当时德国有关世界经济的法规。(参见王保树.《经济法原理》,中国社会科学文献出版社1999年版,第8页。)

② 王保树.《经济法原理》,中国社会科学文献出版社1999年版,第8页。

③ 王保树.《经济法原理》,中国社会科学文献出版社1999年版,第9页。

是一系列新的经济法律规范，凡是以直接影响国民经济为目的的规范总体就是经济法。努兹巴姆虽然就经济法能否作为独立的法律部门，以及作为独立法律部门的依据没有进行研究，但他对新的法律现象的研究，却引人注目。首先，努兹巴姆把“国民经济”而不是把个人生活作为经济法的研究对象。其次，努兹巴姆以是否“直接影响”国民经济为目的作为经济法与民法的主要区别，他认为经济法是以直接影响国民经济为目的的。凡间接影响国民经济的，则应排除于经济法之外。最后，努兹巴姆认为，经济法是以“规范的总体”为形式特征，而不是以一个法规或法典为表现形式。由此可见，努兹巴姆的这些学说是第一次世界大战时期德国制定的经济控制法在理论上的反映。

（2）对象说。该学说认为经济法学是以经济法为研究对象的。它是独立的法律分支，其代表人物是基尔德斯密特和卡斯凯尔，但两人关于经济法规范对象的看法是不同的。基尔德斯密特认为，经济法是组织经济固有之法，所谓“组织经济”是以改进生产为目的而规制的交易经济（个体经济）和共同经济。卡斯凯尔认为，经济法是有关企业管理的专门法。两位学者虽然对经济法的调整对象有不同认识，但他们都把经济法作为经济法学的研究对象，探讨了其研究对象的特殊性，并对其独立性进行了研究。

（3）机能说。机能说通过法的机能来说明经济法，代表人物有伯姆、赫梅尔勒和林克。伯姆将经济统制作为经济法的中心概念，着重于国家的经济统制、特定经济政策意义上的经济秩序和与此相关的经济制度；赫梅尔勒认为经济法是统制经济固有之法；林克则主张经济法是统制、促进和限制经营活动的法，以及国家参与决定的组织性法律。此说是德国的主流学说，基本上是把经济法视为“经济公法”，认为经济法涵盖国家干预经济之法的架构，是国家的一整套旨在限制和管理经济活动的法律措施，其规范的公共性决定了经济法相对于其他法律部门的独立地位；经济法的内容，包括关于物价、补贴、产业管理、行业准入、反对限制竞争和不正当竞争、政府从事经济活动、国有化和私有化、对外贸易等。①

此外，还有以伦布、卡伊拉等为代表的试图以方法论来研究经济法的“方法论说”；赫德曼则主张以具有现代法特征，并渗透于现代法的经济精神为基调之法为经济法；梅斯特斯克认为经济法是关于国家经济秩序的法律制度，因为国家的经济秩序取决于制定经济计划的方法。② 德国众多的理论流派对于日本、中

① 史际春主编.《经济法》，中国人民大学出版社 2005 年版，第 54－55 页。

② 王晓晔主编.《经济法学》，社会科学文献出版社 2005 年版，第 4 页。

国等国家经济法学说都有着重要影响。

（二）日本的经济法学说

日本的经济法学理论受到德国理论很大的影响。由于中国与日本之间长期而广泛的交流，日本的经济法理论很早就被介绍到中国，并对中国本土的经济法理论的发展有巨大的促进作用。在这些理论中，影响最大、最深远的，当属金泽良雄和丹宗昭信的理论。

(1) 金泽良雄的代表作是《经济法概论》①。金泽良雄认为，经济法是适应经济性即社会协调性要求的法律，是以社会协调方式来解决有关经济循环所产生的矛盾和困难的法律。经济法是国家对经济的干预之法。金泽良雄把国家对经济的干预分为对经济的经济性干预和对经济的非经济性干预。经济性干预是以总资本——国民经济的立场出发以影响经济流转为目的的干预。非经济性干预，是指以经济性为目的的干预，如公安、卫生、财政、军事。非经济性的干预往往带有经济性干预的含义，如以军事为目的的干预，在现代战争经济总体战的情况下，很大程度上可以说是带有经济目的性的干预。因此，在资本主义社会中，国家对经济的干预，不仅局限于经济性干预，而且还包括非经济性干预。

金泽良雄认为，资本主义社会中要有国家干预主要原因在于两个方面：首先，国家干预反映了资本主义经济发展的要求。为了保证资本主义经济自身自由主义的合理性，不单纯是要求市民社会自发性的调整，而且还要求通过国家干预以确定统一乃至合理的制度，如货币制度。其次，国家干预反映了资本主义社会中社会协调性的要求。金泽良雄认为，填补市民法所遗留下来的这方面的法律空白状态，就需要国家的干预。社会协调性的要求，并不是通过“无形的手”，而是通过“国家的手”去弥补空白状态。所以在资本主义社会，经济法是为了以“国家之手”(代替“无形之手”)来满足各种经济性活动，即社会协调性要求而制定之法。关于经济法的理论体系，他认为，应由经济法总(概)论、经济组织法、经济活动法三部分组成。其中，经济组织法包括个别企业法、合理化法、竞争政策法、产业结构法、国家管理法、特殊企业形态法等；经济活动法包括资金和金融规制法、物资规制法、物价规制法、对外经济法、资源规制法、消费者政策法等。

(2) 丹宗昭信的代表作是《现代经济法入门》②。他认为，经济法是国家为了维持竞争秩序而介入市场的法，是国家规制市场支配的法，即竞争法。所谓“市

① 金泽良雄.《经济法概论》. 满达仁，译. 甘肃人民出版社 1985 年版。

② 丹宗昭信，厚谷襄儿编.《现代经济法入门》. 谢次昌，译. 群众出版社 1985 年版。

场支配”，是指限制自由竞争的状况。经济法之所以是一个独立的法律分科，是因为它规制(把握)了其他法律分科没有规制的独立的社会经济生活事实的“市场支配”，即“市场支配”是经济法独有的规制对象，从而使经济法与民商法、劳动法、行政法等邻近法律分科区别开来。

丹宗昭信以竞争秩序维持法作为中心的垄断禁止法为出发点构建经济法体系，他认为经济法的体系由两部分构成：① 经济秩序法。包括私人垄断的禁止、不正当交易的限制、企业集中的规制、垄断状态的规制和不公平交易禁止之法。② 经济规制法。包括经济组织法和经济活动法。其中，经济组织法包括企业存在的规制、企业构成的规制、实现合理性的规制、关于垄断形成的规制、部门调整法、产业构造法、国家管理法、特殊企业形态法；经济活动法包括资金和金融的规制、物资的规制、物价的规制、贸易和汇兑的规制、关于资源的规制、保护消费者和实现权利的规制。

(三) 苏联的经济法学说

苏联的经济法学说较多，对中国经济法理论的发展影响最大的是B·B·拉普捷夫的“纵横统一论”，其代表作为《经济法》[①]。该学说认为经济法的调整对象是社会主义组织及其内部单位之间在领导经济活动和进行经济活动时形成的社会关系。其中，进行经济活动时形成的关系是横向经济关系，领导经济活动时产生的关系是纵向经济关系。经济法调整的这些关系，是在社会主义再生产过程中产生的。但是，在社会主义再生产过程中形成的，不仅有经济关系，而且还有劳动关系和旨在满足人民物质需要的关系。经济法的调整对象不是社会主义再生产过程中形成的全部关系，而只是其中的经济关系。

进一步而言，经济法所调整的经济关系可以分为三类：① 在进行经济活动时形成的经济关系(经济协作关系)。这类经济关系是在生产产品、完成工作和提供劳务方面进行经济活动时直接形成的经济关系，参加者通常是指企业和生产联合企业。② 在领导经济活动时产生的经济关系(经济管理关系)。这类经济关系是在领导经济活动时产生的。其一方参加者是企业、生产联合企业和其他组织，另一方是管辖这些组织的上级经济领导机关。上级经济领导机关(职能性经济领导机关)就自己权限范围内的问题向企业和联合企业发布指示，同时，在经济管理关系中也可以使用协商的方法。③ 内部经济关系。这类经济关系

---

① 《经济法》由B·B·拉普捷夫主编，1986年由中国社科院法学研究所民法经济法教研室翻译，群众出版社1987年出版。

是在生产领域直接形成的，它们在企业、生产联合企业及其他经济机关内部产生。其参加者是企业的内部单位以及联合企业的生产单位和结构单位。社会主义社会的经济关系，按其性质是计划关系，它们具有财产内容，而这种财产内容是由利用物力和财力来达到经济目的的社会主义经营管理决定的，经济关系的财产内容可以表现在财产的运动之中。例如，在供应产品时，或者在下达计划任务和领导经济的其他文件支配产品时产生的经济关系。在上述两种情况下产生的经济关系是统一的，而且，横向的和纵向的关系是不可分割地联系在一起的，是计划组织因素和财产因素结合在一起的。经济法对这种经济关系的调整方法不仅有强行性命令方法，也有协作方法和建议方法。

横向经济关系和纵向经济关系的统一以及在所有这些关系中计划组织因素和财产因素的结合，是经济法作为部门法的理论基础。“纵横统一论”在对经济法调整对象及其特殊性做了上述研究后认为，经济法作为部门法是规定领导经济活动和进行经济活动的方法，调整社会主义组织及其所属内部单位之间的经济关系，并使用各种不同的法律调控方法以保证合理地进行社会主义经济管理的法律规范的总和。经济法的理论体系应由三部分组成：① 总则（经济法的调整对象、经济核算和经济刺激的法律调整、经济关系中的责任等）；② 社会主义经济各种职能活动的法律调整；③ 国民经济各部门的法律调整。

二、中国的主要经济法学说

经济法学从在中国诞生开始，便激起了学者们的极大兴趣，也引发了激烈的讨论，并由此产生了众多的学说。例如，王家福教授和王保树教授提出的“综合经济法论”，认为经济法是国家认可或制定的以经济民法方法、经济行政法方法、经济劳动法方法来分别调整平等的、行政管理性的、劳动的社会经济关系的法律规范的总和。梁慧星教授和王利明教授提出的“经济行政法论”，认为经济行政法是国家行政权力深入经济领域，对国民经济实行组织、管理、监督、调节的法律规范的总称。其他的早期学说还包括“学科经济法论”、“纵向经济法论”等。而随着研究的深入，学术界对一些基本的理论看法逐渐形成共识，理论分歧在基本层面上大幅度减少。与此同时，早期提出的一些经济法学说也在不断地完善、修正和反思，使得同一学说下也出现了在具体问题、制度认识上的差异，呈现出更为多元化的发展。在这里重点介绍目前在我国经济法学界比较有影响的学说。

(一)"需要国家干预说"①

李昌麒教授提出的该说认为，经济法是国家为了克服市场调节的盲目性和局限性而制定的调整需要由国家干预的具有全局性和社会公共性的经济关系的法律规范的总称。经济法的调整对象是指需要由国家干预的经济关系。其具体范围包括以下四个部分。

(1) 市场主体调控关系。这是指国家从维护社会公共利益出发，在对市场主体的组织和行为进行必要干预过程中而发生的社会关系。这种社会关系包括两个层面：一个层面是国家作为一种外部力量对市场主体进行宏观经济调控或其他管理活动的过程中发生的经济关系，如因市场准入、企业形态的设定、设权等发生的关系；另一个层面是国家在调控经济个体的内部管理过程中所发生的经济关系，即国家对经济个体在进行计划、指挥、监督和调节等活动中与其组织机构和成员所发生的经济关系。

(2) 市场秩序调控关系。这是指国家在培育和发展市场体系过程中，为了维护国家、生产经营者和消费者的合法权益而对市场主体的市场行为进行必要干预而发生的社会关系，包括反垄断关系、反不正当竞争关系、产品质量关系、广告关系以及消费者权益保护关系等。

(3) 宏观经济调控和可持续发展保障关系。宏观调控关系是指国家从全局和社会公共利益出发，对关系国计民生的重大经济因素，实行全局性调控过程中与其他社会组织所发生的关系，包括产业调节、计划、财政、金融等方面的关系。可持续发展保障关系是指国家在经济发展中，在平衡本代和后代人的利益过程中所发生的人与人之间的关系。主要包括人口、环境、资源等方面的关系。

(4) 社会分配关系。这是指在国民收入的初次分配和再分配过程中所发生的关系。

(二)"管理协调说"②

该说又被称为"纵横统一说"。潘静成教授、刘文华教授、史际春教授和邓峰教授提出的该学说认为，经济法是调整经济管理关系、维护公平竞争关系、组织管理性的流转和协作关系的法。经济管理关系、维护公平竞争关系、组织管理性

---

① 主要内容可参见李昌麒主编.《经济法学》(第二版)，法律出版社 2008 年版；李昌麒著.《经济法——国家干预经济的基本法律形式》，四川人民出版社 1995 年版。

② 主要内容可以参见潘静成，刘文华主编.《经济法》(第三版)，中国人民大学出版社 2008 年版；史际春，邓峰.《经济法总论》(第二版)，法律出版社 2008 年版。

的流转和协作关系的共同特征是直接体现国家意志，“纵”、“横”统一于经济和国家意志相结合，可谓意志经济关系。基于这一最为根本的认识，该说强调公私法融合，并认为国家在促进经济、社会发展的同时也引发自身的组织及行为变革，进而形成“经济国家”。

经济法的调整对象包括以下三类经济关系：

(1) 经济管理关系。经济管理关系是指国家在管理经济过程中形成的物质利益关系，包括宏观经济管理关系和微观经济管理关系。宏观经济管理关系包括在计划和产业政策的制定、实施，国家经济预算及其主导之投资、税收、金融、物价调节、土地利用规划、标准化管理等活动中产生的经济关系；微观经济管理关系包括在税收征管、金融证券监管、贸易管制、价格监督、技术监督、企业登记管理、交易秩序管理等活动中产生的经济关系。

(2) 维护公平竞争关系。维护公平竞争关系是指国家为了维持市场经济的正常运行及其活力，采取相关措施维护、促进或限制竞争的过程中形成的社会经济关系。

(3) 组织管理性的流转和协作关系。组织管理性的流转和协作关系是指直接体现国家意志而只有组织管理性的流转和协作过程中形成的社会关系。它不同于民法规范所调整的“平等主体”之财产关系。这些关系主要有两种表现形式：一是国家通过政府机构或设立企业、委托代理人直接参与经济活动或经济关系，如指令性计划合同关系、政府农副产品定购合同关系、政府与国营企业订立的承包经营合同关系。这类关系的一方或双方当事人是国家机关或必须执行国家政策的企业，在合同内容中需要体现国家的政策和意志。二是平等的国家机关或财政主体之间的经济协作关系，如区域经济发展中的经济合作关系。

关于经济法的体系问题，该学说认为，构造经济法的体系，应当在经济法调整的范围内，符合经济的内在逻辑来进行，以尽可能减少重合缺漏，做到结构清晰。按照经济关系及其经济法调整的内在逻辑，经济法体系由经济组织法、经济管理法和经济活动法三部分组成：

(1) 经济组织法。主要就是企业法。作为经济法的企业法是由经济法调整对象的国家意志性出发而建立的企业法律制度，主要是指公有制企业（国有企业、合作制或集体所有制企业）和以公有制为主体联合投资经营的法律制度。体现当事人意思自治和满足私人投资者权益为要旨的自然人独资、合伙等联合投资经营法律制度，则基本上属于民商法的内容。经济组织法除了企业法外，还包括中央银行法、经济性行业组织法、农村社区合作组织法等。

(2) 经济管理法。经济管理法是经济法的核心部分,包括综合职能管理法律制度(如计划和产业政策法律制度、金融和外汇管理法律制度)和行业管理法律制度(如工业、农业、商业等特定产业管理法律制度)。

(3) 经济活动法。经济活动法包括经济合同法和竞争法、消费者权益保护法等。该学说认为,经济法调整的经济合同关系与我国20世纪80年代初制定的《经济合同法》所调整的经济合同关系不同,该经济合同的内容中体现国家的政策和意志。

(三)"社会公共性经济管理说"[①]

王保树教授提出的该学说认为经济法是调整发生在政府、政府经济管理机关和经济组织、公民之间的以社会公共性为根本特征的经济管理规范的总和。该学说认为,经济法的调整对象是指具有社会公共性的经济管理关系。这种经济管理关系是国家(主要是政府)作为社会公共管理者在实施经济管理时所发生的一种经济管理关系,它不同于国家作为行政关系的权力主体进行行政管理和实施行政权时所发生的行政关系。

具有社会公共性的经济管理关系的范围包括以下三部分:

(1) 市场管理关系。它是政府或政府授权部门在建立和维护自由、公平竞争秩序中形成的管理关系。包括不正当竞争规制关系、限制竞争规制关系、消费者权益保护关系、市场职能管理关系。

(2) 宏观经济管理关系。它是中央和省两级人民政府及其法定的经济管理部门实施的对国民经济的宏观管理而发生在宏观经济领域中的经济管理关系。包括金融管理关系、财政税收管理关系、自然资源管理关系、产业结构关系、计划调控关系和价格调控关系等。

(3) 对外经济管理关系。它是指由国家对外经济贸易管理部门实施对外经济贸易管理而发生在对外经济贸易管理部门与对外贸易经营者、境外进口商之间的社会关系。包括对外贸易管理关系、外资管理关系。

关于经济法体系问题,该学说认为,经济法体系是按照统一性和内在有机联系的要求,由经济法律规范构成的部门法体系。它由以下三个部分构成:

(1) 市场管理法。包括反不正当竞争法、反垄断法(或反限制竞争法)、消费者权益保护法、市场职能管理法;

(2) 宏观经济管理法。包括预算法、税收法、中央银行法、计划法、国家投资

① 主要内容可以参见王保树主编.《经济法原理》,中国社会科学文献出版社2004年版。

法、价格法、产业法、能源法和经济监督法；

(3) 对外经济法。包括进出口贸易管理法、外汇法和外资法等。

(四)"国家协调说"①

杨紫烜教授提出的该学说认为，经济法是调整在国家协调本国经济运行过程中发生的经济关系的法律规范的总称。经济法的调整对象是特定的经济关系，即在国家协调经济运行过程中发生的经济关系，具体包括企业组织管理关系、市场管理关系、宏观经济调控关系和社会经济保障关系。"国家协调说"中的国家协调，是指国家运用法律的和非法律的手段，使经济运行符合客观规律的要求，推动国民经济的发展。该学说实际上关注了三个方面的协调，即国家协调、经济协调和法律协调。

(1) 企业组织管理关系。企业组织管理关系是指在企业的设立、变更、终止过程中发生的经济管理关系和企业内部管理过程中发生的经济关系。

(2) 市场管理关系。市场管理关系是指国家在市场管理过程中发生的经济关系。

(3) 宏观调控关系。宏观调控关系是指国家为了实现经济总量的基本平衡，促进经济结构的优化，推动国民经济的发展，对国民经济总体活动进行调节和控制过程中发生的经济关系。

(4) 社会保障关系。社会保障关系是指政府及其有关部门，社会保障经办机构和有关非政府公共机构，企事业等单位以及公民在实现社会保障过程中所发生的经济关系。

关于经济法体系问题，该学说认为经济法体系的结构决定于作为经济法调整对象的特定经济关系的范围和结构。基于对经济法调整对象的上述认识，该学说认为经济法的体系为：

(1) 企业组织管理法。包括个人独资企业管理法、合伙企业组织管理法、公司企业组织管理法等；

(2) 市场管理法。包括反垄断法、反不正当竞争法、消费者权益保护法等；

(3) 市场管理法。包括计划法、投资法、预算法、税法、中国人民银行法和价格法等；

(4) 社会保障法。包括社会保险法、社会救助法、社会福利法和优抚安置

---

① 主要内容可以参见杨紫烜著.《国家协调论》，北京大学出版社 2009 年版；杨紫烜主编.《经济法学》(第 5 版)，北京大学出版社 2009 年版。

法等。

（五）"国家调节关系说"①

漆多俊教授提出的该说认为，经济法是调整在国家调节社会经济过程中发生的各种社会关系，以保障国家调节，促进社会经济协调、稳定和发展的法律规范的总称。它提出，现代国家调节社会经济有三种方式：

（1）国家为调节经济而对有关社会主体（如企业）的某些经济活动，以强制方式予以命令、禁止或限制。例如，国家对于妨害或可能妨害社会经济正常运行的垄断和限制自由竞争的行为的禁止或限制。在这一过程中发生的国家（它的主管机关）与有关社会主体之间的关系，国家与它的有关机关之间、各有关国家机关之间的关系。上述社会关系可以简称为国家强制（经济活动）关系。

（2）国家为调节经济而由国家直接参与某些经济活动。例如，国家直接投资经营国有企业，或从事其他商业或金融活动。在这一过程中发生国家同国有企业的投资和经营管理关系，国家与社会有关组织和公民之间的关系，以及与此相关的国家与它的有关机关之间、各国家机关之间的关系。上述社会关系可以简称为国家参与（经济活动）关系。

（3）国家为调节经济而对社会经济从总体和全局上进行宏观调控，引导、促进和帮助社会主体按照国家宏观调控目标和途径，安排和调整各自的经济活动。在这一过程中发生国家与社会各有关主体之间的关系，以及国家与它的有关机关之间、各国家机关之间的关系。上述社会关系可以简称为国家促导（经济活动）关系，或者称为国家宏观调控关系。

以上各种社会关系，有着基本共同点：第一，它们都是在国家对社会经济实行调节过程中发生，是国家调节经济而引起的；第二，它们都以国家（或其代表者）为一方主体，国家作为社会最高管理者，在对社会经济实行调节的过程中与其他有关各方发生各种社会关系。这是一种国家经济管理关系，是国家为调节社会经济而发生的一种国家经济管理关系。

这是针对市场机制的限制竞争和不正当竞争、市场机制不愿进入、被动与滞后的市场调节三种缺陷而提出的。相应地，经济法由三个部分组成：

（1）反垄断法、反不正当竞争法。是国家对于经济垄断和由其产生的各种限制自由竞争行为予以禁止、限制或取缔的法律规定。它调整在国家反垄断和限制竞争过程中发生的各种社会关系，规定国家（或其代表者）与其他有关各方

① 主要内容可以参见漆多俊主编.《经济法学》，高等教育出版社 2010 年版。

的权利义务，以及这些权利义务的实现方式和当事人违反义务的法律后果。

(2) 国家投资经营法。国家直接参与生产经营活动的情况主要包括：① 国家直接投资开办国有企业；② 国家临时性参与某些重要商品的购销或外贸活动；③ 国家直接从事某些金融业务活动，如发放国家贷款或发行国家债券，参与债权债务关系。

(3) 国家宏观调控法。它一般由三个方面的法律、法规组成：① 计划法。计划法有广义、狭义之分。广义的计划法是指体现国家计划内容，保障计划各项任务和总量指标实现的各有关法律。狭义的计划法仅指集中规定国家计划编制和实施的原则、程序和基本做法等内容的综合性法律规范性文件。该说采用的是指广义的计划法。② 经济政策法。经济政策是连接国家宏观经济计划和各种调节手段的中介。它把宏观经济计划规定的经济发展总任务和各种宏观经济总量指标加以分解，形成各个方面的基本行为方针和准则，并使各种调节手段能直接发挥作用。③ 关于调节手段的法律。调节手段作为贯彻经济政策并最终实现国家宏观经济计划的工具，它具有能够为国家直接操纵和运用的特点，包括强制、参与和促导三类。

三、经济法理论发展的展望

(一) 理论共识的构建

我国的经济法理论伴随中国的市场经济体制改革而发展。在这一过程中，对于经济法的概念、调整对象、经济法的独立地位、法律责任等都提出了数量众多的各种学说，理论探讨呈现出繁荣状态。这种状况，一方面说明学界对经济法理论倾注了大量的热情，而经济法本身也的确对于现实中所产生的大量传统部门法所难以解决的问题提供了新的理论视角。但另一方面也说明经济法在一些基本问题上仍然缺乏一定的共识。尽管有不少经济法学者认为，经济法作为一个独立法律部门已经无须证明，但是实事求是地讲，在对于经济法理论最基本层面的概念、调整对象、法律责任等尚未很好地达成共识的情况下，这一问题并非已经没有悬念。各种学说对于这些最为基本问题存在分歧，也将直接影响经济法研究的进一步深入与拓展。

如果探求其背后的缘由，或许可以归结为社会政治制度、历史传统、经济体制等存在的不同，以及经济法研究者对于市场、国家、传统部门法的定位等的认识差异。但无论如何，如果经济法的研究要走得更远，对现实问题作出更有力地回应，建立起更为合理的体系结构，则必然要求理论共识的构建。如果缺乏这一基础，则理论大厦将难以完成，经济法理论的解释力也将受到限制。因此，在这一意义上而言，经济法未来的发展，还需要凝聚共识。

（二）经济法理论的本土化与国际化

经济法理论的本土化与国际化，其实质是对经济法的共性问题与特性问题的研究。经济全球化是社会生产力发展的内在要求，是社会化大生产在全球范围内扩展的结果。要发展本国经济，就要主动融入经济全球化浪潮，充分利用国际、国内两种资源、两个市场，加强与其他国家的合作与交流，与世界经济发展保持同步性。作为市场经济的基本法律规范，经济法的研究必须要关注，在国际交往日益紧密、生产更加国际化的情况下，经济法无可避免地呈现日益国际趋同化，对共性问题的研究占据重要地位。因此，在这一过程中，借鉴与学习是必不可少的阶段。如我国需要改革很多与市场经济体制不相适应的制度。如在电信和电力等公用事业领域，必须逐步放松管制，引入市场竞争机制，借鉴美国、日本、欧盟等发达国家和地区的立法经验。当然，国情不同，不应对西方国家的经济法理论全盘照搬，但是，更要反对那些动辄以我国特殊国情为由，拒绝接受西方法学理论的做法。① 经济法本身就是一个“舶来品”，因此在借鉴中学习是必然的过程，也是国际化的必然要求。

与此同时，中国经济法理论也应当对中国本土的特性问题作出回应和理论解释。和大多数西方国家社会经济的发展历程不同，中国是从计划经济转型而来，而非自由经济发展而来，由此带来的一些问题，如行政垄断，则具有特殊性。成熟市场的理论对于中国而言无疑具有借鉴意义，但必须避免对其囫囵吞枣。事实上，对本土问题的关注也是完成经济法理论创新，实现中国经济法对世界经济法理论贡献的基点。

（三）多学科知识的综合应用

经济法学的研究，将越来越强调多学科知识的综合运用。现实中的世界是一个整体世界，所谓的法、道德、经济、政治等概念只不过是我们用以描述世界的符号，所谓法学、政治学、经济学等学科的划分只不过是处于方便的考虑或者归咎于我们对整体的无知而不得已的选择。② 在这一意义上，不仅是法学、政治学、经济学的学科划分是为认知而服务，而且法学体系中的如民法、行政法、刑法

① 王晓晔主编.《经济法学》，社会科学文献出版社 2005 年版，第 41 页。

② 丁利.《新制度理论简说：政治学法学理论的新发展》，《北大法律评论》第三卷第二辑，法律出版社 2001 年版，第 277 页。

等部门法的建立，也都是为我们的特殊的认识目的而服务的。法学这一学科本身并没有什么特殊的方法论。它因对象而划分，各种价值、方法都是来源于经济、历史等学科。如果非要列举出其独特之处，那么巨大的包容性或许可以算作其特点①。因此，在我们讨论作为新学科的经济法学的发展时，不能不注意到法学学科的特性，既要看到因专业化而造成的部门法、学科的界限，更要看到相互之间的融合、交叉，并以此出发从一种整体性的把握去追求"价值"的实现。以反垄断法为例，其"竞争"、"市场结构"、"进入障碍"、"成本"等概念都来自经济学，其内在的理论逻辑也来自经济学。而经济法中的各部门法研究上，最新的研究往往都和心理学、社会学相关联。这是在突破学科界限的过程中，为经济法的研究提供了新的视角和更为有力的解释，从而也推进了研究。因此，未来经济法学的研究，多学科知识的综合运用不可避免。

【参考文献】

1. 李昌麒.《经济法学(第二版)》，法律出版社 2008 年版。
2. 王晓晔.《经济法学》，中国社会科学文献出版社 2005 年版。
3. 史际春、邓峰.《经济法总论(第二版)》，法律出版社 2008 年版。
4. 王保树.《经济法原理》，中国社会科学文献出版社 2004 年版。
5. 杨紫烜.《国家协调论》，北京大学出版社 2009 年版。
6. 漆多俊.《经济法学》(第二版)，高等教育出版社 2010 年版。

【思考题】

1. 简述经济法产生的背景。
2. 简述经济法在国外发展的历史阶段。
3. 德国有哪些主要的经济法学说?
4. 中国有哪些主要的经济法学说?
5. 如何理解中国经济法学未来的发展方向?

---

① 这一点可以从近年来的法经济学、法社会学、法人类学等学科的飞速发展看到，而这种交融在经济法学科中表现非常突出。

第二章
经济法基本理论概述

【本章导读】

经济法是国家在以市场机制为基础的市场经济条件下，为了克服市场失灵而对经济关系进行有限度调整所形成的法律规范的总称。其调整对象包括市场主体规制关系、市场秩序规制关系和宏观调控关系三个方面。由于在调整对象、调整方法以及法律渊源等方面的特点，其与行政法、民法、商法以及社会法等其他部门法有着显著的区别。而作为经济法本质属性最集中的体现，经济法基本原则包括了社会本位原则、公平与效率相协调的原则、可持续发展的原则以及适度干预原则。

第一节　经济法的概念和调整对象

一、经济法的概念

经济法从诞生以来引发了法学界极大的兴趣，并在学术争论中产生了大量的学说，从不同的视角来认识和发展经济法。尽管不同的经济法学说给出的经济法概念彼此之间存在一些差异，但学界经过多年的发展，对经济法的认识也形成了一定的共识。其中，最广为接受的一点是，都认为经济法是为了满足克服市场失灵需要而得以产生，并将在此基础上发展。对经济法的本质属性作出这一界定的内在逻辑在于，多年的理论和实践都表明，市场机制是迄今为止资源配置的最佳方式，但市场机制并非总是高效率的；相反，市场失灵内生于市场机制，市场失灵使市场运行的结果呈现出明显的配置上的非效率和分配上的非公平性，而市场自身又无法克服市场失灵，这就必然产生对外力介入的需求，国家也就因其特有的优势成为介入主体，而干预的基本法律形式就是现代经济法[①]。这一共识是我们界定经济法的基础所在。基于此，本书将经济法定义为，国家在以市场机制为基础的市场经济条件下，为了克服市场失灵而对经济关系进行有限度调整所形成的法律规范的总称。对于这一概念的理解，有以下两个方面需要注意：

(1) 强调了市场在资源配置上的基础作用，而国家对经济的介入是补充作用。经济法存在于市场经济体制下，是为了弥补市场机制配置社会资源内在的不足。这种对自由竞争市场经济的补充、发展和完善，是建立在确保市场机制作为最基本的经济体制基础上的。因此，经济法调整经济关系的目的是为了实现市场的基础性作用。如果不存在市场，则经济法也就失去了存在的前提。与此同时，由于市场自身的缺陷无法通过市场自身予以完善，因此国家的介入是必要的，但其作用是补充性的，以恢复市场机能为前提和目的。换句话说，经济法强调的是市场为主，国家的干预调整为辅的主导思想。

(2) 强调国家的介入需要限制在尽可能小的范围内。相比于国家对社会资源的分配，市场的调节尽管具有很高的效率，但是在面对国家的强制性力量介入时往往显得无力抵抗。这反过来也很容易造成国家对市场经济的过度和不必要的介入，进而破坏市场机制。特别是我国的经济体制是从计划经济发展而来，在计划经济体制下，政府控制几乎所有社会资源的分配，深入社会生活的每一个方面。在经济体制改革后，尽管已经逐渐建立了中国特色的社会主义市场经济，但不可否认的是，公权力在退出市场的过程中仍然具有很强的惯性，有积极介入市场的冲动，而此时，需要经济法通过法律予以节制，将调整的范围控制在尽可能小的范围内。

西方国家是在经历自由放任经济之后加强国家的控制，相比之下，尽管中国是从计划转型而来，但仍然需要确认市场的基础性作用，以及国家调整的补充性作用，而非替代作用。因此，两者之间尽管路径上有差异，但异曲同工，只有阶段目标的不同，而非本质上的差别。

二、经济法的调整对象

从诸法合一，到目前多个法律部门的建立，其内在的推动力量是社会本身的

---

① 李昌麒主编.《经济法学》(第二版)，法律出版社 2008 年版，第 55 页。

需求。当社会关系发展到新的阶段,使得原有的体系无法容纳、协调时,则会分成不同的法律部门,并形成每个部门法调整的独特的具有同类性的社会关系。而这种独特性及同类性的界定,当然是基于一定的社会观,以及相关的社会关系的性质。也是基于此,法的调整对象既是部门法定义的根本内容,又是划分部门法的主要标准。

如何理解经济法实际上直接影响到对其调整对象的界定。经济法的调整对象问题在相当长的时期内是中国经济法学界争论最为激烈的问题之一。由于各种观点相持不下,有学者甚至主张对于经济法不需要按照传统上法律部门依据调整对象来进行划分的方式,从而形成自己独特的划分标准。之所以形成这样的局面,很大程度上是由于经济法的概念本身一直存在多种学说的争执,经济法和民法、行政法等部门法的界限也并不清晰。不过,尽管存在这些问题,仍然有必要通过调整对象来确立经济法的独立部门法地位。其原因在于:首先,是对法学研究基本共识的肯定。既然经济法是一个部门法,就应当具备其他所有部门法所具有的共性。其次,对调整对象的研究,是解决“奥卡姆剃刀”问题所必需,①无法回避,否则难以解释为什么需要经济法,同时也无法将研究方法与研究对象等进行有效区分。最后,只有对调整对象进行深入、系统研究,才能有效地和民法、行政法等部门法的界限划分上厘清关系,也能够更好地解决民法、行政法未予调整的社会关系。因此,经济法的调整对象必定是传统部门法所没有涉及的特殊的社会关系。按照我们对于经济法的定义,这一社会关系,就是国家在以市场机制为基础的市场经济条件下,为了克服市场失灵而对经济进行的有限度调整所形成的社会关系。

在经济法调整对象的具体范围上,包含了三个方面的社会关系。

(一)市场主体规制关系

市场主体规制关系,是指发生在政府、政府管理机关与市场主体之间,在市场准入、企业形态设定等活动过程中发生的社会关系。在市场经济条件下,市场主体不是一个封闭的、单一的经济活动主体,它和其他市场主体之间相互依存、相互发展,它所从事的活动是整个社会经济活动的组成部分。尤其是在当今社会,市场主体已经成为担负社会责任的主体。在这种情况下,国家为了全局性

① 奥卡姆剃刀(Occam Razor)是由14世纪学者奥卡姆提出。奥卡姆剃刀原理可以归结为:若无必要,勿增实体。奥卡姆认为,没有必要在个别事物之外设立普遍的实体,因为这些实体既无逻辑自明性,又缺乏经验证据。这一观点促进了经验科学摆脱神学的束缚。

的、整体性的利益，为了整个社会经济的协调发展，就必须对市场主体的组织及其活动进行必要的干预，包括市场准入、企业形态的设定、财务管理、审计、监督检查等方面。相比于民法等法律部门，经济法所关注的市场主体并非一般性的市场主体，如自然人等，而是特殊市场主体，特别是国有企业。

市场主体规制关系由经济法调整，有助于市场主体的设立，符合国家产业政策及产业结构调整的需要，有助于市场主体能动地参与市场活动，改善经营管理，生产丰富多样的市场需求的商品。

（二）市场秩序规制关系

市场秩序规制关系是国家在造就市场平等竞争条件、维护公平竞争秩序过程中与市场主体所发生的社会关系。

市场是随着商品交换活动而产生并随着商品交换关系的扩大而发展起来的。随着生产力的提高和社会的不断进步，商品交换关系也随之发展到相当高级的形式，市场获得了全面的发展，统一、开放和竞争有序的市场体系正在建立。但由于市场机制天然的功能缺陷，市场竞争中出现的不完全竞争或垄断、市场发育不平衡、交易费用较高等问题，无法通过市场本身来解决。这就要求国家在积极培育市场体系的同时，加强市场管理，为市场主体的平等竞争创造条件。

市场秩序规制关系由经济法调整，有利于维持公平竞争秩序，保障社会公共利益不被侵犯，建立统一、开放和竞争有序的市场体系，促进市场经济自身发展。

（三）宏观调控关系

宏观调控关系是指国家为实现宏观（总量）平衡，保障经济持续、稳定、协调增长，运用经济政策和经济杠杆等手段，在对供给与需求总量、货币收支总量、财政收支总量和外汇收支总量等国民经济的总体活动的调节与控制过程中与其他社会组织所发生的社会关系。

在社会主义市场经济条件下，国家的宏观调控处于重要的地位。这是由市场经济本身的性质和特点决定的。在市场经济中，一切经济活动都要遵循价值规律的要求，以最小投入获得最大经济效益为准则，通过市场配置资源，通过价格引导供求，通过竞争促进效益，以达到财力、物力、人力资源的最合理的利用。但是，市场经济又有它本身固有的缺陷和不足，需要国家的宏观调控加以补充和纠正。

宏观调控关系由经济法调整，有助于发挥宏观调控的长处，弥补市场调节的缺陷，防止或消除经济中的总量失衡和经济结构失衡，优化资源配置，更好地把当前利益与长远利益、局部利益与整体利益结合起来①。

第二节　经济法的体系和渊源

一、经济法的体系构成

经济法的体系是指由各经济法部门所组成的有机统一整体。经济法的体系是以经济法部门作为其构成的基本要素，建立在一国的经济法部门基础上。经济法体系不同于经济法学体系。经济法学体系是指由经济法的各个分支学科组成的有机统一整体，其构成要素为经济法学的各个分支学科。特别需要注意的是，经济法学的分支学科除了与各个经济法部门相对应的分支学科以外，还包括经济法的基础理论、经济法制史和比较经济法学等内容。

二、经济法体系的建构依据

经济法体系的基本要素就是经济法部门，而经济法部门就是由一个国家的全部现行经济法律法规根据其所调整的对象和方法的不同，进行分类组合而成的。因此，经济法体系的建构归根结底决定于经济法部门的划分，而经济法部门划分的依据就是现行的全部的经济法律法规和它们不同的调整对象与方法。因此，经济法体系的建构依据也应当是一国现行的经济法律法规和它们不同的调整对象与方法。

依据之一：现行经济法的法律法规。作为经济法部门的基本要素之现行的经济法的法律法规对经济法体系的建构起着决定性作用。其重要性表现在：其一，要想建构起经济法的体系必须有一定数量的相关的法律法规作为前提，否则就无所谓体系和体系化的问题。其二，现行的经济法的法律法规在立法的质量上应当达到一定的水平。也就是说它们在法的价值追求、利益本位、基本原则、调整对象、调整方法上应当是相互衔接、协调一致的。否则，我们难以说它们以一定的标准可以看做一个整体，即难以说存在经济法这么一个独立的法律部门，进而使体系和体系化的问题没有意义。其三，对现行经济法的法律法规的外延如何确定，不但影响着经济法的体系的建构，而且直接决定着对经济法本质的认识，这也是影响经济法体系建构的重要因素。

① 杨紫烜，徐杰主编.《经济法》，北京大学出版社 2001 年版，第 7 页。

我国现行的经济立法无论在数量上，还是在质量上已经足够建立起经济法的体系，这一点已经形成共识，但是对经济法的法律法规的外延的确定还存在着局部的争论。有些学者将劳动与社会保障法、环境与资源保护法一并列入经济法的法律法规之中，这种做法不但影响到经济法体系的建构，而且直接影响对经济法本身的定位。

依据之二：经济法部门的调整对象与方法的不同。建立经济法体系的关键是对经济法部门的划分和确认。而划分确认经济法部门的依据就是其调整的对象与方法的不同。经济法调整的对象是国家干预的经济关系。这种经济关系可以分为市场主体管理关系和市场行为关系、宏观调控关系。由此，经济法体系应当由三个经济法部门组成，即主体规制法、市场规制法和宏观调控法。

这样划分经济法的部门还可以从经济法的立法思路上找到依据。从制定经济法的思路上看，既然经济法是以社会公共利益作为自己的利益本位，其价值取向是经济公平、效益、发展和安全，在立法上应当首先对市场主体的组织进行规范而制定主体规制法。其次，对于涉及全局的、具有公共性的微观的市场主体的经济活动，为了防止它们对社会公共利益的损害，在立法上也要进行规范，这就是市场规制法。

最后，对整个社会经济的发展应该有一个宏观上的把握。这种宏观上的立法就是宏观调控法，其应当最终对市场主体的行为产生引导和规范作用。

依据上述的经济法的体系的建构依据，我们可以对经济法进行如下的分类和体系建构：

(1) 市场主体法。市场主体法是指调整国家在对市场主体的组织和行为进行干预的过程中发生的社会关系的法律规范的总称。国有企业法是市场主体规制法的主要内容。

(2) 市场秩序规制法。市场秩序规制法是指调整国家在维持市场秩序过程中所发生的社会关系的法律规范的总称，包括反垄断法、反不正当竞争法、消费者权益保护法、产品质量法等。

(3) 宏观调控法。宏观调控法是指调整国家在宏观经济调控过程中与其他社会组织之间发生的社会经济关系的法律规范的总称，包括计划法、产业政策法、财政法、税法、金融法和价格法等。

三、经济法的渊源

经济法的渊源，是指经济法的外在表现形式和根本来源。不同国家经济法的渊源不尽相同。我国经济法的渊源包含以下几种主要形式。

(1) 宪法。宪法是由最高国家权力机关即全国人民代表大会制定和修改的国家根本大法。宪法规定了我国的根本的政治、经济和社会制度,确立了国家的根本任务、公民的基本权利和义务、国家机关的组织结构和活动原则等国家和社会生活中最基本、最重要的问题。宪法是经济法的"母法",经济法是对宪法中关于经济制度、国家的根本任务、公民的基本权利和义务、国家机关的组织和活动原则的具体化。在《中华人民共和国宪法》(2004 年修订)中,与经济法直接相关、作为经济法立法根本依据并构成其渊源的,主要包括下列规定:宪法序言第 7 自然段关于社会主义现代化建设和改革开放的规定;宪法总纲第 1 条关于国体和社会主义制度的规定;第 2 条、第 3 条关于政体和国家机构的规定;第 4 条关于帮助各少数民族地区发展经济的规定;第 5 条关于建设社会主义法治国家的规定;第 6 条至第 11 条关于国家基本经济制度和关于国有经济、集体经济、个体经济和私营经济的规定;第 12 条和第 13 条关于保护公共财产和公民合法财产的规定;第 14 条关于完善经济管理体制和企业经营管理制度的规定,及关于合理安排积累与消费、生产与生活,兼顾国家、集体和个人利益的规定;第 15 条关于国家经济体制、完善宏观调控的规定;第 16 条至第 18 条关于国有企业、集体经济组织和外商投资的权利义务和经营管理的规定,等等。

(2) 法律。法律是由全国人民代表大会及其常务委员会制定颁布的。我国的《立法法》将法律分为基本法律和基本法律以外的法律。全国人民代表大会制定和修改刑事、民事、国家机构的和其他的基本法律。全国人民代表大会常务委员会制定和修改除应当由全国人民代表大会制定的法律以外的其他法律,在全国人民代表大会闭会期间,常委会有权对全国人大制定的法律在不同该法律基本原则相抵触的条件下进行部分补充和修改。在中国的立法实践中,大部分法律都是由全国人大常委会审议通过的,即使是由全国人大审议通过,也先由常委会审议后再送全国人大审议。我国目前属于经济法的法律主要有:在市场主体法方面,包括 1988 年全国人大常委会通过的《中华人民共和国全民所有制工业企业法》、2008 年实施的《中华人民共和国企业国有资产法》等。在市场规制方面,1993 年制定了《反不正当竞争法》、《消费者权益保护法》、《产品质量法》(2000 年修订),1994 年制定了《城市房地产管理法》、《广告法》,1998 年制定了《证券法》(2005 年修订),1999 年制定了《招标投标法》,2007 年制定了《反垄断法》等。在宏观调控方面,1985 年制定了《会计法》(1993 年、1999 年两次修订),1993 年制定了《农业法》,1994 年制定了《对外贸易法》、《审计法》、《预算法》,1995 年制定了《中国人民银行法》、修改了《税收征收管理法》,1997 年制定了《价格法》、《节约能源法》，2002 年制定了《中小企业促进法》，2003 年制定了《银行业监督管理法》，2007 年制定了《企业所得税法》等。

(3) 行政法规。行政法规是国务院根据宪法和法律制定的规范性法律文件，其法律地位和效力仅次于宪法和法律。经济法立法中大量采用了授权立法或委任立法[①]，由全国人大授权国务院制定某些暂行规定或条例。属于经济法的主要行政法规包括：《城乡集市贸易管理办法》(1983 年)、《保险企业管理暂行条例》(1985 年)、《城乡个体工商户管理暂行条例》(1987 年)、《储蓄管理条例》(1992 年)、《资源税暂行条例》(1993 年)、《当前国家重点鼓励发展的产业、产品和技术目录》(1997 年)、《城市房地产开发经营管理条例》(1998 年)、《当前推进粮食流通体制改革的意见》(1998 年)、《非法金融机构和非法金融业务活动取缔办法》(1998 年)、《企业国有资产监督管理暂行条例》(2003 年)和《企业国有产权转让管理暂行办法》(2004 年)等。

(4) 地方性法规、自治条例和单行条例。地方性法规，是指省、自治区、直辖市以及较大的市的地方人民代表大会及其常务委员会根据本行政区域的具体情况和实际需要，在不同宪法、法律、行政法规相抵触的前提下制定颁布的规范性文件。较大的市是指省、自治区的人民政府所在地的市、经济特区所在地的市和经国务院批堆的较大的市。较大的市制定的地方性法规，除不能同宪法、法律、行政法规相抵触外，还不能同本省、自治区的地方性法规相抵触，并应报省、自治区人民代表大会常务委员会批准。自治条例和单行条例是指民族自治地方的人民代表大会结合当地民族的政治、经济和文化的特点依法制定的规范性文件。行政法规的数量很大，对经济的影响作用十分直接。

(5) 民族自治地方自治法规。地方自治法规是民族自治地方根据当地民族的政治、经济、文化特点制定的自治条例和单行条例。与一般地方性法规相比，它建立在更大的立法权力上。法律明文规定，在不违背法律或者行政法规的基本原则，在不改变宪法和民族区域自治法以及其他有关法律、行政法规专门就民族自治地方所做规定的前提下，可以依照当地民族的特点，对法律和行政法规的规定做变通规定。

(6) 规章。规章分为部门规章和地方规章。部门规章是指国务院各部委、中国人民银行、审计署和具有行政管理职能的直属机构根据法律和行政法规决定、命令，在本部门权限内，按照规定程序制定的规范性文件。地方性规章，是指

---

① 即国家立法机关授权行政机关或其他机关、组织在规定的条件下制定某些法律规范性文件。

省、自治区、直辖市以及较大的市的人民政府，根据法律、行政法规、地方性法规所制定的规范性文件。

(7) 特别行政区基本法和有关规范性文件。我国根据“一国两制”方针设立特别行政区。根据宪法和特别行政区基本法，特别行政区享有立法权。它们制定的法律、法规，同前述内地各地方、各民族自治区域所颁布的地方性法规有所区别。目前，我国有两部特别行政区基本法，即《香港特别行政区基本法》(1997 年 7 月 1 日生效)和《澳门特别行政区基本法》(1999 年 7 月 20 日生效)。特别行政区基本法和相关的规范性文件中关于经济法的规定也是我国经济法的渊源之一。

(8) 国际条约和国际惯例。国际条约是指我国与外国缔结的双边和多边条约、协定和其他具有条约、协定性质的文件。国际惯例是指在国际交往中逐渐形成的不成文的法律规范，国际惯例只有经过国家的认可才有法的约束力。我国参加和认可的国际条约和国际惯例中有关经济法的条款也是我国经济法的渊源之一。

除上述各种制定法外，在英、美等普通法系国家经济法的渊源还包括判例法。此外，各国大多在不同程度上确认某些习惯的法律效力。有些国家法律还明文规定，凡无法律规定时，可依习惯。中国立法也承认某些习惯，包括应当遵守的某些国际惯例。凡为法律所承认的与经济法相关的习惯，也为经济法的渊源。由于经济法主要具有公法的性质，因此相对于民法来说，习惯作为经济法的渊源是很少见的。

第三节 经济法的地位

经济法的地位，是指经济法在法律体系中所处的位置，亦即经济法是否是一个独立的法律部门①。法的体系是由多层次的、门类齐全的法的部门组成的有

① 经济法的独立性也是我国经济法学界一直存有争议的问题。有学者认为，之所以如此，原因在于几个方面：第一，比较定型、没有争议的法律部门，如刑法、民法等，尽管大多脱胎于诸法合体的古代法，但自近代法国资产阶级革命成功并推出五大法典之后，就奠定了大陆法系中作为法律部门的地位，并在法国五法典模式的基础上，形成了大陆法系国家法律体系的一般模式。而经济法产生于垄断资本主义经济时期，所调整的关系有一个逐渐被认识和接受的过程。第二，经济法产生之初，自身理论尤其是具体制度方面不成熟、不完善。如，经济法套用大量其他学科的术语和范畴，导致争论。第三，传统法律部门划分理论存在缺陷，如将法律部门的划分归结为法对社会关系性质的机械映照，忽视人类认识过程的能动性和创造性。参见史际春主编.《经济法》(第二版)，中国人民大学出版社 2010 年版，第 70 - 71 页。

机联系的统一整体。在法学研究中，是根据法律规范调整对象的不同，把一国现行的法律规范划分为若干类。同类的法律规范，被称为一个独立的法的部门。因此，法的调整对象，是划分法的部门的标准。在这里，需要理解的同类性，应是法律部门所调整的社会关系的本质属性，即法律部门的质的规定性。任何一个法律部门，无论它所调整的社会关系有多么广泛，只要这种关系具有国家干预经济活动的性质，那么这类关系仍然具有同类性①。独立的法律的部门，意味着有自己特定的调整对象；没有特定的调整对象，就不可能成为一个独立的法的部门。正是在这一意义上，判断经济法是否是一个独立的法的部门，取决于经济法是否有特定的调整对象。

经济法的独立性表现在两个方面：首先，经济法的调整对象具有特定的范围。其次，经济法的调整对象和其他的部门法的调整对象是可以分开的。经济法只调整国家干预的影响国民经济运行的经济关系，不调整其他经济关系，更不调整非经济关系。经济法所调整的这部分经济关系具有全局性、社会公共性的特点，它与行政法、民法法律部门的调整对象既不交叉，也不重叠②。所以说，经济法是法律体系中一个独立的法律部门。

为了进一步说明经济法的独立性，我们可以比较一下经济法与行政法、民法、环境与资源法等部门法之间的关系，从而厘清经济法的边界。

一、经济法与行政法

行政法是关于行政权力的组织分工和行使、运作，以及对行政权力监督并进行行政救济（或补救）的法律规范的总称。行政法是规范行政权力的法。

由于经济法中存在大量的凭借行政手段去干预社会经济生活的法律规范，这就使得经济法与以行政权力为其核心内容的行政法有着密切的联系。具体表现在以下方面：① 两者都调整纵向的管理关系，都运用国家的行政权力干预、管理市场主体的行为；② 两者执法的主体都包括行政机关；③ 两者都以宪法、法律、法规、规章等规范性文件为渊源；④ 两者都具有维护国家利益和社会公共利益，促进社会发展的作用。

由于经济法与行政法在这些方面的一致性，使得经济法与行政法的关系比较复杂。有学者将经济法视为行政法分支的“经济行政法”，也就是认为经济法

---

① 李昌麒主编.《经济法学》(第二版)，法律出版社 2008 年版，第 101 页。

② 黄河，王兴运主编.《经济法学》，中国政法大学出版社 2008 年版，第 69 页。

是行政法调整经济行政关系所形成的法律规范，属于行政法的子部门①。但是，经济法和行政法之间尽管存在一些共同性，仍然有不少区别存在，主要包括：

（1）主体不同。行政法主体的一方是政府及其非经济主管部门，另一方则是下属的行政机关、企事业单位、社会团体和公民；经济法主体包括国家权力机关、行政机关和司法机关，还包括法人、社会经济组织和公民个人。此外，企业内部的管理机构和生产组织不能作为行政法的主体，但可以作为经济法的主体②。

（2）调整对象不同。经济法的调整对象是国家干预的影响国民经济运行的经济关系。行政法的调整对象是行政管理关系，行政法的调整是从抽象意义上对行政机关的组织、行政行为等从程序上予以限制，而通常不涉及行政行为的具体内容。这也意味着，经济法与行政法的调整范围不相同，前者注重内容，后者注重形式。行政法可以看做“管理管理者之法”，而经济法可以视为“管理者管理之法”③。

（3）两者的价值追求不同。经济法直接追求的是社会公共利益，国家机关成为社会利益的代表和经济关系的主体，承担管理经济的任务，其所负担的职责，是建立在内容的妥当性的审查的基础上的。而行政法则以国家的政治利益为出发点，追求的是行政权力与公民权利的一种平衡。行政法的核心是使得国家行政权的行使符合法治原则，价值目标是控制和限制行政权力，或者使公权力相互之间及公权力和私权利之间保持适当平衡④。因此，对于同时可以成为经济法和行政法主体的国家机关，在不同的价值目标下有不同的法律制度构建。

（4）调整方法及其特征不同。经济法在规范市场主体涉及全局性的经济活动时，通常凭借财政、税收、金融、价格等中间手段达到调整的目的。经济法的调整方法以间接调整、弹性调整为特征；而行政法调整行政机关与行政相对人的关

① 行政法的调整范围有广义说和狭义说。广义说认为，行政法是规范国家各个方面行政管理的法，其调整的范围包括经济行政、政治行政、社会行政、文化行政等各个方面。在广义行政法学看来，经济法所调整的经济管理关系，就是现代国家的经济行政关系，因而经济法就是经济行政法，是行政法的分支之一。广义说将行政法的调整范围概括过大，按照这一观点，现代的很多法律部门，如环境法、劳动法也都属于行政法范围。但广义说范围过大，很难解释为何如此众多性质不同的行为都能作为行政法的调整对象，而行政法又能作为一个独立的法律部门。参见华国庆主编.《经济法学》，法律出版社 2012 年版，第 34 页。

② 李昌麒主编.《经济法学》（第二版），法律出版社 2008 年版，第 104 页。

③ 实际上，按照狭义行政法的观点，行政法不应关注行政的具体内容，而应该围绕行政权控制，行政的具体内容到底有哪些以及如何管理，应交由其他部门法解决。在此界定下，行政法和经济法的界限相对明确。参见华国庆主编.《经济法学》，法律出版社 2012 年版，第 35 页。

④ 史际春主编.《经济法》（第二版），中国人民大学出版社 2010 年版，第 80 页。

系的时候，通常直接设定双方当事人的权利义务，不凭借任何中间工具就能达到对当事人有利或不利的目的，调整方法以直接调整、刚性调整为特征。

二、经济法与民法

民法是调整平等主体之间财产关系与人身关系之法，而经济法是调整国家干预的影响国民经济运行的经济关系之法。两者都调整一定范围的经济关系，都在维护市场经济秩序、促进市场经济的发展方面发挥重要的作用。在西方国家中，由于经济法本身就产生于自由市场经济之后，是对以民法调整社会关系不足的弥补。因此，两者之间具有天然的关联性。按照部分学者的说法，民法中的“诚实信用”、“公共道德”和“公序良俗”条款等是民商法与经济法的分界和连接点：一边是经济法以维持整体平衡和自由公正的社会经济秩序为己任，另一边是民法对在此良好环境下自由从事活动之主体行为加以规范；被认定违反了这些弹性条款的行为，即超出民商法调整的范畴，而须由经济法中的反垄断法、反不正当竞争法等来做具体调整①。可以看出，民法在面对原有体系调整社会经济关系不足时，也在自我发展和改变，但这种改变无疑会受制于其体系的基本逻辑结构。在这一意义上说，民法虽然调整经济关系，但这一经济关系是以私人的自由意志为核心。经济法所调整的经济关系，则具有公共性。

经济法与民法的区别主要表现在以下。

(1) 主体不同。民法最基本的主体是法人和自然人，而经济法具有一定的特殊性，主要涉及国有企业等。同时，民法的主体之间是抽象的平等性，即便是国家机关所参与的法律关系，也被认为是和普通自然人主体是一样的。而经济法主体之间法律地位则不一定是平等的，当法律关系的主体是国家机关时，则具有绝对的主导性。而实际上，抽象的平等主体在现实生活中并不存在，总会在信息对称、个体能力等方面表现出差异；相比之下，经济法是对这种差异的认可与还原。

(2) 调整对象不同。民法调整的是平等主体之间的财产关系和人身关系。而经济法的调整对象，是国家在以市场机制为基础的市场经济条件下，为了克服市场失灵而对经济进行的有限度调整所形成的特定经济关系。

(3) 调整方法不同。民法采取自愿、平等、等价有偿和诚实信用的原则调整经济关系；而经济法则通过公权介入与私权介入两种方法进行调整。公权介入

---

① 史际春，邓峰.《经济法总论》，法律出版社 1998 年版，第 143 页。

的调整方法，是指国家以公权者的身份，依法对各种经济关系进行调整的措施或手段的总和；而私权介入的调整方法，则是指国家使用非权力的、私法的手段直接地介入经济生活的一种干预方式。其中，公权介入的调整方法又可划分为强制性调整方法和指导性调整方法①。

三、经济法和环境与资源保护法

环境与资源保护法（简称环境法）是调整人们在开发、利用、保护和改善环境的活动中所产生的环境社会关系的法律规范的总称。环境问题是在经济及开发活动中产生的，现代法律对经济活动的调整，需要在经济发展和环境保护之间寻求平衡，有时不得不作出必要的选择。在计划和产业政策、国土规划和城乡建设、企业审批和贸易管制、土地、森林、草原、矿产资源、水资源等经济法律规制中，都包含了环境规划和保护的内容。而自然资源和环境保护又与财政预算、投资相关，环保也成为一项新兴产业。因此，经济法与环境法的关系十分密切②。正是如此，两者之间存在很多共同之处，具体包括：① 在价值目标上，两者都以社会公共利益为追求目标，努力实现社会利益最大化；② 在调整方法上，往往都同时采用多种调整方法来综合性地解决特定问题。

与此同时，环境法与经济法也存在着以下的不同：

(1) 价值追求不同。虽然经济法与环境法都是以社会公共利益为自己的本位，但是经济法具体追求的是社会经济的公平、发展、安全与效益，而环境法追求的是人类的可持续发展。这种可持续发展不只是一种经济上的发展，还包含着人类对精神生活的要求。人类对环境的依赖从基本的生存到经济的可持续发展及精神生活的要求等构成了环境法所独有的对环境本身的一种价值追求。

(2) 调整对象不同。经济法调整的是国家干预的、涉及全局的、具有公共性的经济关系。相比之下，环境法调整的是人们开发、利用、保护和改善环境资源的活动中产生的社会关系。因此，经济法所规范的经济活动直接体现的是一种人与人之间的关系。而环境法规范人们开发、利用、保护和改善环境的活动尽管也在最终层面上体现为人与人之间的关系，但更多地以人如何与环境相协调的方式表现出来。

---

① 李昌麒主编.《经济法学》(第二版)，法律出版社 2008 年版，第 103 页。

② 史际春，邓峰.《经济法总论》，法律出版社 1998 年版，第 148 页。

四、经济法与社会法

社会法的研究在中国才刚刚兴起①。一般理论认为，社会法的产生是福利国家推行政策，保护社会中处于弱者地位的社会主体的结果②。对于经济法与社会法的关系，通常认为两者同属于第三法域下的两个并行的法律部门，在一定程度上具有共同性。但是，经济法与社会法存在着经济性与社会性两个方面的显著区别③：

(1) 经济法的经济性。经济法的经济性主要体现在以下几个方面：其一，调整对象的经济性。经济法直接作用于市场经济，直接调整经济领域中的经济关系，经济法的调整在于将这些生产要素在政府与私人间、国家与市场间以权利义务的关系形式配置得合理与和谐、公平与有效。其二，法益目标的经济性。经济法的法益目标在于促进经济快速、公平、安全地发展。其三，运行机制的经济性。经济法是克服市场失灵而对经济进行干预之法，经济法的运行仍然是为了使市场机制更好地发挥作用。其四，效果评价的经济性。经济法制度的实施效果是以经济效益是否得到提升来进行评价的。

(2) 社会法的社会性。其一，社会法的社会政策目标。社会法的社会政策目标主要有：保护弱势群体；维护社会安全；实现社会保障；推动社会发展；促进社会公益。当然，社会法不可能实现所有这些社会目标，它只能实现其中的一部分，只有通过其他法律部门包括经济法部门的合作，才能形成完善的对社会关系

---

① 对于社会法的界定一直都存有争议。第一个层面是狭义社会法，即将社会法等同为社会保障法。第二个层面是中义的社会法，即在与公法法域、私法法域对称的第三法域和狭义的社会法之间具体寻求到一个使用的层面。第三个层面是广义社会法，即认为社会法是与传统的公法、私法相对称的“第三法域”。第四个层面是泛义上的社会法，即将社会法作为一种法学理念、法学思潮或将之作为与“自然法”或“制定法”两相对应的一种法律。(参见李昌麒，甘强.《经济法与社会法关系的再认识——基于法社会学研究的进路》,《法学家》2005 年第 6 期。)尽管有不同的认识，但通常认为，社会法中包含了社会保障法和劳动法。

② 郑尚元.《社会法的存在和社会法理论探索》,《法律科学》2003 年第 3 期。社会保障法的产生是由于自然和社会的原因，会导致部分国民缺乏或者丧失了劳动能力，无法获得生产、生活资料，需要社会对其提供必要的帮助，因此劳动法和社会保障法关系紧密，一度被认为属于同一体系。而在我国现有的社会保障法律制度下，参与社会保障关系的当事人主要是用人单位、政府和劳动者三方，社会保障的目的主要是为了保障劳动力的生产与再生产，所以我国的社会保障法曾被认为是属于劳动法的一部分或者与劳动法合称为劳动与社会保障法。依社会保障法所调整的社会保障关系的特殊性来看，社会保障法独立于以调整劳动关系为主的劳动法是我国部门法发展的一种趋势。

③ 李昌麒主编.《经济法学》(第二版)，法律出版社 2008 年版，第 104 页。

的法律调整机制。在经济法的理论框架中，之所以也涉及一些具体的社会法关系，也正是基于这种考虑。其二，社会法的社会效益指标。社会效益通常是作为与经济效益相对的一个概念而存在的，社会效益的外延十分广泛。就法律的效益价值来说，至少包括权力运作效率的提高和社会公正的维护等①，社会效益越高，表明社会公众分享社会成果的机会越多。就社会法这一特定语境而言，社会效益至少表现为四个方面，即受教育水平、医疗卫生水平、社会保障水平和社会福利水平。这些指标已成为衡量一个国家社会发展状况的重要标准，也是对政府提供公共产品数量与质量水平的评价尺度，经济法所指向的经济效益目标在许多情况下并不是社会法所追求的目标。

第四节　经济法的基本原则

一、经济法基本原则的含义

法律原则是为法律规则提供某种基础或本源的综合性的、指导性的原理或价值准则的一种法律规范。在功能上，法律原则为法律规则或其他法律要素提供原理或价值准则或出发点。在内容上，法律原则是法的某种基本价值或其他道德层面要求的载体②。作为法律原则在经济法理论中的体现，经济法的基本原则是对经济立法、经济执法、经济司法和经济守法活动都具有指导意义和运用价值的指导思想和基本准则，是经济法本质属性的集中体现，是经济立法的基础。因此，在制定经济法时一方面应当与基本原则的精神和基本内容保持一致，另一方面则需要将基本原则设定的内容具体化、法律条文化。

经济法的基本原则具有以下几个明显的特征。

(1) 普遍性。普遍性是指经济法基本原则必须贯穿于经济法的全部实践活动，适用于一切经济法实践活动，反映经济法的本质属性。经济法的全部实践活动可分为经济立法、经济执法、经济司法和经济守法四个方面，只有对这四个方面均具有指导意义和实用价值的根本指导思想或准则才能成为经济法

① 卓泽渊主编.《法理学》，法律出版社 2000 年版，第 225 页。

② 蒋悟真，詹国旗.《现代经济法基本原则的梳理与提炼》，《江西财经大学学报》2010 年第4 期。

的基本原则。普遍性是经济法基本原则的根本要求之一，任何作用于非经济法实践活动或局部经济法实践活动的指导思想或准则都不能成为经济法的基本原则①。

(2) 抽象性。抽象性是指经济法的基本原则是经济法精神实质的概括和抽象。经济法基本原则不仅可以以法律条文明白地加以规定，从而体现在各相关的法律规范之中，还可以以非明文的方式蕴藏于法律规定之中，从而体现法律精神或者说是法律价值。因此，经济法基本原则不是法律规范的简单表现或相加，而是蕴含了更多的道德意义，体现的是法律的价值追求目标，因而具有显著的抽象性。反过来说，经济法的基本原则是我国经济法价值取向和精神实质的高度概括，位于经济法部门的原则和一般法律规范条文之上。因而，经济法的基本原则能够帮助正确领会经济法律规范的立法目的和立法精神。

(3) 行为准则性。行为准则性是指经济法的基本原则可以指导、规制、规范相关行为人的相关活动。由于经济法实践活动是分层次展开的和渐次进行的，所以经济法基本原则对它的指导和适用也是分层次进行的，而不是同时进行的。就经济法基本原则作用于经济法实践活动的模式而言，它首先作用的是经济立法层面，为立法活动确定指导思想和方针，其次作用的是经济守法、经济执法和经济司法层面，为守法、执法、司法活动提供活动依据或者具体行为准则。同时，经济法的基本原则对于法律解释也具有重要的指导意义。一旦人们在法律条文的解释中有不同的含义，则应采用符合经济法基本原则的含义，而放弃其不符合经济法基本原则的含义。法律规范要求具有稳定性，从而提供稳定的预期。但是，法律规范在颁布的同时，往往就会面临“过时”的风险：社会的快速发展构成了对“稳定的”法律规范的挑战。此时，体现法律基本价值目标、基本精神的经济法基本原则成为处理这一冲突的合适方式。而且，经济法基本原则指导和适用经济法实践的过程也是基本原则不断具体化的过程，具体化程度越强，可操作性也就越强。尽管这种具体化的过程依然是以抽象为表现形式，但后一层次的抽象比前一层次的抽象要具体得多。

(4) 稳定性。经济法基本原则是以经济法价值为内核，具有相当的稳定性。法的价值是全体社会成员根据自己的需要而认为、希望法所应当具有的最基本的性状和属性②。因此，价值取向所体现的是法的理想状态，是应然之法。这种

---

① 黄河，王兴运主编.《经济法学》，中国政法大学出版社 2008 年版，第 28 页。

② 张恒山.《法的价值概念辨析》，《中外法学》2003 年第 1 期。

应然的状态，是经济法存在的基础，也是其不断发展、变化所追求的目标。同时，经济法的价值或宗旨往往需要在实然法的层面具有一定形式的表达，基本原则恰恰是对法的价值所追求的社会理想的一种展现。法律原则即是规则和价值观念的汇合点，因而必然高度凝结经济法存在正当性之理由，并在相当长的时间内保持稳定不变。因此，尽管社会生活不断变化会导致法律规范的变化，但经济法基本原则却是稳定的。

二、经济法基本原则的构成

（一）社会本位原则

法律部门的本位思想是指，体现在该法律部门中的解决社会矛盾的基本立场。概括而言，法律的本位思想有三种：一是“国家本位”，强调保护国家利益，并将此作为解决各种利益冲突的出发点。行政法是这一本位思想的典型代表。二是“个体本位”，强调保护个体的利益，强调个体利益的最大化。民法是“个体本位”的典型代表。三是“社会本位”，强调社会公共利益的保护，个体利益都必须服从社会公共利益。经济法的社会本位实际上是要求经济法的理论研究、立法和司法实践均应从社会整体利益出发，以尊重个体利益为基础，维护社会整体利益为己任，把社会整体利益作为衡量一切行为的标准①。

经济法的社会本位原则是经济法的基石。但是，对于社会公共利益的理解却存在诸多不同的学说。按照对社会利益的不同界定，可以分为广义社会本位论和狭义社会本位两大类②。广义社会本位论思想的实质在于，经济法所维护的社会利益是对各种利益的综合保护，社会利益是对各种利益平衡协调后所表现出的一种利益类型。保护社会利益并不排斥对其他种类利益的保护；相反，它保护了所有类型的利益。狭义社会本位论认为经济法维护的社会利益是一种独立于其他利益种类的利益形态，经济法只保护这种独立的社会利益，它是经济法独有的范畴。尽管理论上存在一些争议，但在对利益的平衡保护上则是一致的。也就是说，经济法的社会本位强调的是对以往单纯保护国家利益或者个人利益的舍弃，主张的是综合性的保护。

经济法的社会本位原则体现了法律发展的必然趋势，以及经济法产生的原因。人类社会形态、经济组织方式不断发展，在经历了建立国家到产生市民社

---

① 程宝山.《经济法基本理论研究》，郑州大学出版社 2003 年版，第 123 页。

② 相关分类参考自甘强.《经济法利益理论研究的思考》，《经济法论丛》2009 年上卷。

会，经历了自由放任到政府干预之后，更全面地看待社会，并平衡各种利益成为必然。与此相应，法律也发生了重大变革，这种变革就是法律社会化。法律社会化使得以社会为基础的民法、行政法在某种程度上的倾向于社会化的发展。但由于民法、行政法基本框架的限制，从而得以催生新的法律的产生，这就是经济法。

由于经济法社会本位原则要求经济法对各种利益的平衡保护，因此，“社会本位”是对“国家本位”和“个体本位”的协调，三者之间是相辅相成的。社会公共利益离不开国家利益和个体利益。社会公共利益的维护离不开国家利益和个体利益的维护，侵犯国家利益和个体利益最终会影响到社会公共利益的实现。与此同时，国家利益和个体利益更离不开社会公共利益。国家利益和个体利益只有在社会公共利益得到提高和保障的同时才能得到相应的提高和保障。而保证社会利益的稳步提高和不被侵犯是保障国家利益和个体利益的根本办法。社会利益一旦被侵犯和丧失，国家利益和个体利益也将最终会被侵犯。当然，有的时候它们之间也会产生一些程度不同的矛盾和冲突，但是，这些矛盾和冲突并非本质上的和对抗性的，可以利用法律手段予以有效解决。例如，国家扩大积累、增加货币、加强赋税等，暂时对国家有利，但却会对社会公共利益和个体利益构成侵犯这样局部的和短时间的利益冲突和矛盾，可以通过经济法的手段来予以解决。

（二）公平与效率相协调的原则

公平与效率相协调原则是指经济法在实现市场干预目标的过程中，应当同时考虑公平与效率，并使之相互促进与协调。

1. 经济法中的公平与效率

对公平的追求于经济法而言具有重要的意义。经济法最初被提出时社会正处于急剧变动的时期，各种社会思潮泛滥，社会运动方兴未艾。仅仅在 19 世纪的最后 20 年里，就有大约有 100 部乌托邦小说出现①。人们对社会中的弱肉强食、贫富不均的强烈不满可见一斑。而且，最初提出“经济法”的摩莱里、德萨米等人都是著名的空想社会主义者，其思想中所包含的“普遍一律地在所有各公社之间实行社会财富的平均分配”，等等，都体现了一种对社会公平的追求。因此，从经济法产生的源头看，经济法中包含很多实现经济公平的愿望，特别是在社会处于转型时期，较为激烈的社会利益冲突下更是如此。

① 拉塞尔·雅各布.《期盼乌托邦》,《天涯》2001 年第 2 期。

但公平的内涵极为广泛，是社会的一种基本价值观念和准则。它涉及社会的基本制度，其涵盖面远远超过了作为独立领域的社会哲学、经济学、社会学、法学、伦理学的范围。在把握其含义上，有学者将其归纳为四个方面的内容：一是指法律面前人人平等；二是指机会平等；三是指分配公正；四是指结果平等。客观正义论者认为，世界上本身就存在着某种客观的正义价值标准，凡符合这些标准的就是正义，凡违反这些标准的就是非正义。主观主义论者认为正义由主观价值来判断，而主观的价值则纯粹由个人自己来评定①。应该看到，公平的内涵极为丰富。在经济法领域中，对公平的理解要注意以下几个方面：

(1) 公平的经济属性。经济是社会上层建筑的基础。不仅任何社会变化都能在经济领域内得到反映，更为重要的是，经济因素是推动社会发展的最为基本的动力所在。特别是在当代的市场经济下，经济生活是人们生活的中心和重心，正义观的演化也从伦理道德领域向更侧重经济领域发展。因此，经济属性能代表公平观的基本属性。

(2) 公平的形式属性。当代公平观的最大发展是对形式的肯定。不管是罗尔斯强调法治的社会正义论，还是佩雷尔曼从 6 种正义概念中抽象出的适用于不同正义观的共同公式，都是要求公平的客观可判断性。法律规范是以形式理性为基础构建的人类行为规范。因此，法律也是最能体现形式属性，实现公平的。

(3) 公平的核心是利益平衡。亚里士多德说："公平是具有均等、相等、平等、比例性质的那种回报、交换行为，"是"在非自愿交往中的所得与所失的中庸，交往以前和交往以后所得相等。"②亚里士多德的校正正义概念虽然仅仅是对远古复仇正义的提升，但这一论述抓住了公平的核心。公平体现了一定的利害交换为目的的活动中，平等交换所达到的利益平衡。

(4) 公平的核心内容是权利义务对等。经济公平要求主体的权利和义务对等是权利和义务在数量上的等值性的必然要求。在经济法中，主体的权利义务对等包括三层含义：其一，享有权利，就必须承担义务；同样，承担义务也必须享有权利。其二，经济法律关系的主体在为同一具体的经济法律活动时，享有相同的权利并承担相同的义务。其三，同一主体在为同一经济法律活动时享有多少权利就应承担多少义务，或者说，承担多少义务就享有多少校利，权利之量与义

① 卓泽渊.《法的价值论》，法律出版社 1999 年版，第 495 页。

② 《亚里士多德全集》第 8 卷，中国人民大学出版社 1992 年版，第 103 页。

务之量是相等的。其四,权利与义务互为界限。保障经济法主体权利义务的对等,是实现经济公平的关键①。

效率是经济学的核心概念,并被引入到法学的研究之中。效率在经济学和法学研究中具有多重含义。通常而言,对效率的理解可以从资源配置和生产的经济性角度来进行的②。在资源配置角度,运用最广和影响最大的效率概念是帕累托效率③。帕累托最优是指资源分配的一种理想状态,它假定固有的一群人和可分配的资源,如果不可能在改善某些人的境况时不使任何其他人受损,那么这种状态就是帕累托效率。而生产效率的基本含义则是投入和产出的比率,即以尽可能少的劳动占用和劳动耗费获得尽可能大的有效产出。因此,在经济法领域,效率概念至少结合了这两个层面,而被表述为通过经济法的规制、引导和保障,实现社会资源的合理配置,并以最少的社会资源消耗,取得最大的利益,从而促进整个社会发展。

2. 经济法中公平与效率的一致性

公平与效率在一定程度上被认为存在冲突。公平优先论认为,听任市场追求效率,因为这样会造成收入分配不平等。例如,英国的剑桥学派就认为,资本主义经济的增长将会导致国民收入分配的相对份额发生不利于工人阶级的变化,即资本主义追求效率的结果是收入分配的不平等,是收入分配的不公平。剑桥学派的代表人物罗宾逊夫人特别强调,资本主义社会的症结就在于收入分配的不平等。显然,在公平优先论者看来,资本主义效率是以牺牲公平为代价的,效率与公平是彼此对立的④。而效率优先论是以哈耶克为代表的新自由主义经济学派。他们强调市场机制在资源配置过程中的基础作用,把与市场作用相联系的效率作为首要政策目标,反对政府通过行政干预再分配保持收入均等化的政策,即反对利用再分配政策来人为地制造公平,他们认为这是对市场经济发展的最大损害。

实际上,效率与公平并非决然对立。应当注意的是,效率来源于对竞争的认可,真正自由的竞争必须是公平的竞争,即竞争者应遵守同一比赛规则;裁判应不偏不倚,更不得加入竞争。从西方国家的发展进程中可以看到,对发达市场经

① 黄河,王兴运主编.《经济法学》,中国政法大学出版社 2008 年版,第 33 页。

② 此外还存在如动态效率,即创新。

③ 帕累托效率也被称为帕累托最优或帕累托最适,是经济学中的重要概念,并且在博弈论、工程学和社会科学中有着广泛的应用。

④ 李福安.《分配论研究》,四川大学出版社 2008 年版,第 43 页。

济国家而言，规则的公平早已是既成事实，至少在理论上已不是什么需要争取的东西；起点的公平则因那里的竞争早以越过了起点状态而难于追溯。另一方面，由于在那里契约关系久已取代依附关系，形式上的公民权利平等久已取代等级、身份壁垒，因而那种"非竞争性的结果不平等"至少在理论上久已消失。现存的"结果不平等"基本上只为自由竞争所造成，这样，结果平等与自由竞争的矛盾便十分突出。正是这一层意思成了"公平与效率"之争、"自由与平等"之争的主要内容①。可见，在顺序上，西方发达资本主义国家先经历了起点公平的过程之后，才开始讨论自由的竞争与公平之间的关系。因此，在效率公平问题的发源地，效率是等同于竞争的，并在一定意义上可以说，效率和公平不是矛盾的，而是统一的整体。只要效率而不要公平，最终会降低效率，只要公平而不要效率，这种公平也很难维持长久。因此，经济法在调整一定范围内的经济关系时，必须同时兼顾公平与效率。

（三）可持续发展的原则

可持续发展是在1972年斯德哥尔摩世界环境大会上正式提出的。20世纪80年代，联合国在《共同危机》报告中正式定义了可持续发展，认为可持续发展是既满足当代人的需要，又不对后代人满足其需要的能力构成危害的发展②。作为一种新的社会发展观，它的实质是人与人之间、人与自然之间的互利共生、协同进化和发展，包括自然、经济、社会的可持续发展三个基本的方面，强调社会的发展是复杂系统的整体推进，是不断优化的过程。可持续发展观在二三十年的时间内被世界各国普遍接受。它是一个带有全球性、世纪性、人类性的根本问题。

《中国21世纪议程》也将可持续发展作为指导思想，将人口、经济、社会、资源和环境视为一个统一的、密不可分的整体，提出在制定可持续发展的战略、政策和行动措施中，不仅要考虑发展如何解决环境保护和资源可持续利用问题，同时还要重视环境与经济可持续发展和社会可持续发展的相互关系。可持续发展反映了当代人对人类社会经济活动、生存环境和发展的反思。

总体而言，可持续发展理论有两个基本点：一是强调人类在追求健康而富有生产成果的生活权利的同时，也应当与自然保持一种和谐的关系，而不应当凭

---

① 卞悟.《经济竞争中的"规则"与"起点"》，刘军宁，等编：《经济民主与经济自由》，生活·读书·新知三联书店1997年版，第149页。

② 范柏乃，马庆国.《国际可持续发展理论综述》，《经济学动态》1998年第8期。

借手中的技术和投资，采取耗竭资源、破坏生态和污染环境的方式追求这种权利的实现。二是强调当代人在创造和追求发展与消费的时候，应承认并努力做到使后代人与自己的机会平等，不允许当代人一味片面、自私地追求自己今世的发展与消费，而毫不留情地剥夺后代人本应享有的同等生活、消费与发展的机会。

由于市场本身所固有的弱点，可持续发展只能通过政府的主动干预来实现，而这正是经济法产生与存在的原因。经济法的最终目的是保障和促进国民经济的发展，它直接受到特定时期的发展观的影响。传统的发展观强调经济增长和追求国民经济的快速、协调和稳定的发展，但却是通过拼资源消耗来带动和促进经济的增长，不仅使经济增长缺乏后劲，而且还带来了严重的负面影响，进而制约了经济的发展，成为发展的极大障碍。可持续发展与经济法的法益目标追求的一致性，政府干预与经济法调整对象、范围、方法的一致性决定了保障和实现可持续发展战略实现的重任只能由经济法来承担，同时，这也是经济法现代性的当然体现①。

（四）适度干预原则

适度干预是指国家在遵循市场调节机制的基础性和保护自由竞争目的的原则上，依据实体性和程序性权力，运用经济、法律、行政手段对市场经济进行的干预。适度干预原则体现国家通过宏观和微观措施，克服“市场失灵”实现有序竞争的秩序、经济效益、经济公平、经济民主、可持续发展等经济法价值②。

国家干预的基本目的，是为了克服因为市场失灵所形成的损失。但是，必须注意到的是，国家本身也是一个有限理性的主体，在克服市场失灵时同样可能因为政府失灵而导致效率的损失。那么，凡是市场能够有效运行的地方，就不需要干预，市场始终是资源配置的主导力量。而如果干预的成本超出市场缺陷所造成的损失，也不能进行干预，因为这种干预同样没有效率。因此，首先需要尊重市场，只有在市场可能产生问题的领域进行干预，而不能任意扩大干预的范围与程度。如果不遵守这一原则，则必然导致将干预蜕变为高度集权的行政管制，窒息经济民主和经济自由。政府的有限性实际上决定了经济法对市场作用的界限。

同时，为了确保国家适度干预能以最低的效率损失挽回最大的效率损失，必须对干预的程度、方式等有必要的限制。而这一限制的基础，就是干预必须在获

---

① 黄河，王兴运主编.《经济法学》，中国政法大学出版社 2008 年版，第 34 页。

② 蒋悟真，詹国旗.《现代经济法基本原则的梳理与提炼》，《江西财经大学学报》2010 年第 4 期。

得法律的授权下进行。国家干预措施多种多样，主要包括经济、行政和法律三种，其中应以法律为主。因为只有建立在法律基础上的国家适度干预才能像法律制定一样集思广益，从而更能体现客观规律的要求，更好地进行国家适度干预，只有依据法律才能依据严格的法定权限和法定程序进行国家适度干预。而且，干预应当以恢复市场功能、弥补市场缺陷为目的，要尊重市场机制自身的运行规律，不能压制市场经济主体的经济自主性和创造性，不能取代市场而成为资源配置的主导力量。

我国经济法尤其需要强调适度干预原则。在我国社会主义市场经济体制确立之前，一直实行的是高度集中的计划经济体制。这一经济体制完全建立在国家权力对社会经济的全方位的直接经济管制，由政府主导几乎所有的社会资源分配。由此导致了政企不分、政府角色错位，造成社会生产效率低下，并导致国民经济体系的失衡。而在市场经济体制下，建立市场的资源分配机制，就需要在确保国家干预的优势的基础上，缩减国家的微观管理职能。因此，经济法中的适度干预原则，其最终目的是为了维护经济的协调和持续发展。

【参考文献】

1. 李昌麒主编.《经济法学》(第二版)，法律出版社 2008 年版。
2. 黄河，王兴运主编.《经济法学》，中国政法大学出版社 2008 年版。
3. 史际春主编.《经济法》(第二版)，中国人民大学出版社 2010 年版。
4. 华国庆主编.《经济法学》，法律出版社 2012 年版。

【思考题】

1. 经济法的概念是什么？
2. 经济法的调整对象是什么？
3. 经济法体系的构建依据如何？
4. 简述经济法的渊源。
5. 简述经济法与行政法的关系。
6. 简述经济法与民法的关系。
7. 简述经济法与社会法的关系。

第三章 经济法的要素和实施机制

【本章导读】

经济法主体是权利义务的承担者，包含了国家与行政机关、社会中间层主体和市场主体三种类型。法律行为虽源于民法上的创造，但经济法行为发展出了社会性、法律性等新的特点。而以经济法主体、职能等为标准，对经济法行为的类型可以有不同的认识。作为行为人违反了经济法之后所需要承担的否定性后果，拆分公司、惩罚性赔偿、产品召回等新的责任赋予了经济法责任的独立性，并很好地解决了经济法可诉性的问题。同时，经济法实施由于其自身的特性，主体主要是政府而非法院。不过，在经济法司法中，作为社会本位的法，公益诉讼对其仍然具有特殊的意义。

第一节 经济法的主体

一、经济法主体的概念和特征

经济法主体是经济法律关系中的重要组成部分。作为一个独立的法律部门，如果没有独具特色的法律主体制度，则其部门法的地位尚不能完全建立。同样，作为一个独立的部门法学学科，如果不能为该部门法建立起相对独立的主体理论，则其理论体系是不够完善的①。由于经济法学说的差异，"协调说"认为经济法主体也称经济法律关系的主体，是在国家协调本国经济运行的过程中，依法

① 李友根.《论经济法主体》,《当代法学》2004 年第 1 期。

享受权利(权力)和承担义务的社会实体,并认为经济法主体必须是国民经济管理活动或生产经营活动或消费活动的直接参加者,经济法主体具有外延的宽泛性、行为的特定性、隶属性、形式的多样性等特征。经济法的主体资格必须依法取得。具体包括决策主体、管理主体、生产经营主体、消费主体、监督主体①。“干预说”认为经济法律关系主体指参加经济法律关系,拥有经济职权或经济权利、承担经济职责或经济义务的当事人。享受经济职权或者经济权利的一方分别称为职权主体或者权利主体;承担经济职责或经济义务的一方分别称为职责主体或义务主体。经济法主体具有复杂性、形式的广泛性,隶属性等特征②。“调节说”认为国家调节法律关系主体,简称经济法主体,它是受经济法调整的调节关系的参加者即当事人,是国家经济调节管理活动权利义务的承受者,并认为经济法主体可分为经济调节主体与被调节主体或分为最高经济管理主体、中层管理主体、基本被管理主体。根据组织形态可分为自然人、法人、法人内部单位、其他社会组织。经济法主体具有种类的广泛性与多样性,地位的不平等性和相对固定性,资格的对应性和双重性③。尽管存在这些差异,但从法学基本理论的层面看,法律关系主体是法律关系的参加者,即在法律关系中一定权利的享有者和一定义务的承担者④。因此,经济法主体是经济法法律关系中享有权利并承担义务的个人和组织。

经济法主体具有以下特征。

(1) 经济性。经济法迥异于传统私法的一个重要特征是具有明显的经济性。现代市场经济竞争日益激烈,市场主体在交易中竞争,在竞争中交易,法制秩序的演变孕育于其中,经济法的产生正是缘于这种经济秩序的演化。经济法主体特征中的经济性表现在两个方面:一是规制竞争行为的经济性,即为了规范竞争利益的生产与分配,需要对市场中的主体(如投资者、经营者)的不止当竞争行为予以规制,对消费者予以保护,规范个别人或少部分人的利益驱动,使个体利益获得普遍性的实现,从而维护市场竞争秩序;二是调控竞争行为的经济性,即国家与政府基于市场的盲目性与滞后性等状况,出于维护本国经济发展的现实需要,从社会整体利益角度对国家的经济运行作出调控,如预算法与对外贸

① 参见杨紫烜主编.《经济法》(第四版),高等教育出版社 2010 年版,第 95 - 117 页。

② 参见李昌麒主编.《经济法学》(第二版),法律出版社 2008 年版,第 99 - 102 页。

③ 参见漆多俊主编.《经济法学》(第二版),高等教育出版社 2010 年版,第 71 - 72 页。

④ 张文显主编.《法理学》,高等教育出版社 1999 年版,第 113 页。

易法等。经济法律表现出来的经济性最终是落实和实现主体整体的经济性目的,维护市场经济秩序及实现市场良性运行。与传统的部门法相比,经济法不仅仅保护各主体现有的经济权利和利益,而且也注重为将来的经济增长服务,为可持续发展服务,如经济法中的预算法、产业政策法等都是着眼于长远发展而制定的①。

(2) 广泛性。经济法的主体的范围比较广泛。在行政法律关系中,主体主要为行政机关;在民事法律关系中,主体则为作为平等主体的法人、非法人组织和自然人。而经济法主体不仅包含了上述主体,同时还包含了国家、国家行政机关、行业组织等。在经济法领域,判断能否成为经济法主体的要件,不是该组织或个人是否为法人能否独立承担民事责任,而是该组织或个人是否享有与经济干预活动有关的权利或权力,是否负有与经济干预活动有关的义务或责任。由于市场经济体系是一个完整的整体,国家或社会对经济进行干预时,必然涉及市场体系内的一切主体。因此,除干预主体是经济法主体外,其他任何单位和个人只要参与市场经济活动,都有可能成为经济法主体。

(3) 身份性。作为不同于民事法律的经济法,尽管其主体在很大程度上涵盖了法人、自然人等民事主体,但其具体的内在含义却有很大差别。民法将民事活动主体视为平等、均质的抽象人,因此在民事法律中主体不具有身份性,而这成为现代民法从“身份到契约”的重要成就。但抽象的平等在现实中产生了诸多问题。因为在民事理论中被抽象掉的差异,在现实中大量存在,并使得建立在“平等假设”上的交易产生出不平等的结果。强者利用隶属关系、信息不对称、经济力量差距或自然资源条件,滥用自己的优势地位,损害弱者利益,进而对社会利益造成伤害,影响经济整体的健康运行。经济法的主体具有身份性,是对现实的回应,是对实质公平价值的追求。在经济法的主体制度中,通过对强者附加更多的义务,对弱者赋予更多的权利,来让市场活动得到公平的结果。因此,经济法推动的是从“契约到身份”的发展。以消费者与经营者之间的关系为例,根据我国《消费者权益保护法》的规定,消费者有安全权、知悉权、选择权、公平交易权、获得赔偿权、监督权、获得消费教育权、人格尊严受尊重权和结社权。而经营者负有遵守法律、接受消费者监督、保障消费者人身和财产安全、提供信息、出具凭证或单据、担保品质、售后服务及不得从事不公平和不合理交易的义务。在

① 蒋悟真.《传承与超越:经济法主体理论研究——以若干经济法律为视角》,《法商研究》2007年第4期。

《消费者权益保护法》中，对消费者的义务和经营者的权利并没有作出规定。这说明，为保护弱者的利益，经济法根据主体的不同身份而对经济权限作出了不同配置。

二、经济法主体的基本类型

1. 国家与行政机关

在经济法中，国家往往是作为抽象主体出现在其中。虽然国家干预经济是以国家的名义进行的，但通常国家不会直接参与具体的干预活动，而是由特定的国家机关出面进行干预。与作为抽象主体的国家相呼应，特定国家机关则作为具体主体将国家的抽象功能一一细化。不过，国家是特殊的经济法主体，亦即在特定情况下，国家可以成为经济法主体。例如，《反不正当竞争法》规定："国家鼓励、支持和保护一切组织和个人对不正当竞争行为进行社会监督。"通常而言，国家是宏观调控主体。宏观调控是现代市场经济所必不可或缺的组成部分，也是市场经济得以健康运行的保障。现代国家无不把宏观调控作为自己的重要职能。虽然通常由国家机关直接进行宏观调控，但国家是最终的宏观调控主体。国家在特定情况下可以作为特殊的市场主体参与市场活动①。例如，国家通过发行国债，而与国债购买者形成债权债务关系。当然，这种关系因有调控国民经济运行的目的而有别于一般债权债务关系，经济法对其应予调整。在此种情况下，国家是特殊的经济法主体②。

行政机关作为经济法主体，不仅行使经济权力，发挥国家调节、管理、监督经济的作用，而且也参与经济活动，享有经济权利，承担经济义务。行政机关作为经济法主体，其主要职能包括几个方面。

(1) 执行国家的市场准入制度。例如，工商机关审查市场主体进入市场的条件、确认市场主体的资格。

(2) 对市场主体的行为进行监督。如查处生产经营中的违法行为。

---

① 李昌麒主编.《经济法学》(第二版)，法律出版社 2008 年版，第 122 页。

② 对于国家机构中的立法机关是否作为经济管理主体存有一定的争议。因为立法机关的行为具有抽象性，通常不和具体主体产生联系。而宏观调控行为针对整体市场，立法机关通过制定规范性文件的方式进行宏观调控，也可以被认为是宏观调控主体。而对于这种抽象行为，有学者将其归为宏观调控行为的决策行为，从而与执行行为分离；有学者认为决策行为完成之后无法和执行行为相分离。参见邢会强.《宏观调控权运行的法律问题》，北京大学出版社 2004 年版，第 17 页；华国庆主编.《经济法学》，2012 年版，第 51 页。

(3) 对市场主体退出市场的自由进行必要的限制。如防止利用市场退出机制来规避债务或损害劳动者利益的行为。

(4) 进行宏观调控。即从社会整体利益出发，为了实现宏观经济总量（总供给和总需求）的平衡和经济结构的优化，引导国民经济持续、健康、快速发展，而对国民经济总体所进行的调节和控制。例如，作为宏观调控最重要手段的财政政策和货币政策，就是由作为行政机关的财税机关和中国人民银行具体执行的。

(5) 参与社会分配。社会分配即国民收入的分配，包括国民收入的初次分配和再分配。初次分配是指对经济活动主体的初始收入所进行的分配。通过初次分配，形成国家的税收、劳动者的劳动报酬、出资者的投资收益、经济活动主体的积累等收入。再分配是指对初次分配形成的各种收入在全社会范围内所进行的分配，其主要目的在于缩小社会成员之间的贫富差距，从物质上帮助暂时或永久丧失劳动能力的社会成员，兴建公共工程和支持欠发达地区的发展。社会分配是在行政机关的参与下实现的，特别是在再分配领域，行政机关扮演着重要的角色。预算机关、税务机关以及社会保险机关都有分配社会收入的职能。

2. 社会中间层主体

社会中间层主体，是指独立于政府与市场主体，为政府干预市场、市场影响政府和市场主体之间相互联系起中介作用的主体。这类主体具有中介性、公共性和民间性等特征。经济法作为国家干预经济的基本法律形式，缘起于市场失灵和政府失灵共同构筑的客观基础。而社会中间层诞生的初衷也在于有效遏制和解决因市场和政府的双重失灵所带来的社会经济问题，符合经济法所追求的解决个体经营性和社会公益性之间矛盾，兼顾效率和公平，促进经济稳定增长，进而实现经济和社会良性运作和协调发展的目的和宗旨①。在市场经济中，它们根据法律的规定、特定机关的授权和自律规范，享有一定经济权限，参与管理和协调经济的活动，为政府干预市场和市场交易提供服务，同时对市场主体进行干预并对政府的行为进行制衡。社会中间层主体的具体形式相当繁多，其大致可以分为以下几类：②

(1) 社团性中间层主体。这是指在市场经济体制中，具有社会中间层主体的地位和职能的社会团体。其具体包括工商业者团体（如，商会、企业家协会、同

---

① 孟庆瑜.《反思与前瞻：中国经济法主体研究 30 年》,《云南大学学报法学版》2009 年第 1 期。

② 李昌麒.《经济法学》(第二版)，法律出版社 2008 年版，第 123 页。

业公会、外商投资企业协会、个体工商户协会、证券业协会等)、消费者团体、劳动者团体、雇主团体等。

(2) 经济鉴证性中间层主体。这是指依法成立并由专业人员组成的,经特许利用专业知识和专业技能为受托人提供经济鉴证,实行有偿服务的社会中介机构。其具体包括会计师事务所、资产评估机构和公证机构等。

(3) 经济调节性中间层主体。这是指依法成立的运用其货币经营、资本经营等业务,配合政府宏观调控部门,对市场主体的经济活动进行调节的特殊企业。其具体包括商业银行、政策性银行、国有资产投资机构等。

(4) 市场中介性中间层主体。这是指依法为交易当事人提供中介服务的机构和个人。其具体包括经纪人、经纪机构、职业介绍所、产权交易所、拍卖行、招标代理机构等。

3. 市场主体

市场主体是指在市场上从事商品交易活动的组织和个人。这里所指的商品交易活动,是平等主体之间所进行的商品交换活动。它既包括营利性的商品交换活动,也包括基于消费等非营利性目的之需而进行的商品交换活动。市场主体进行市场活动主要由民法加以规范,但在某些情况下,经济法也将介入市场主体的市场活动。例如,对于消费者与生产经营者之间的关系、劳动者与用工单位之间的关系,经济法便要进行调整。具体来讲,消费者与经营者、劳动者与用工方之间原本是平等主体之间的关系,但考虑到消费者和劳动者的弱势地位,国家特制定《消费者权益保护法》和《劳动法》,以对他们实行倾斜保护。这意味着,对于市场主体之间形成的经济关系,经济法也将有选择地进行干预,以纠正其中的不公或实现其他的政策目标。在此情况下,市场主体也就成为经济法主体。

第二节　经济法的行为

一、经济法行为的概念

法律行为是近代德国学者创造的法律术语,是民法意义上的法律术语。学界通常认为,是德国民法学家萨维尼在《现代罗马法体系》中对法律行为作出了经典的定义,认为法律行为是指“行为人创设其意欲的法律关系而从事的意思表示行为”[①]。萨维尼提出法律行为的“意思学说”，将“法律行为”与“意思表示”放在一起，被认为是法律行为理论的集大成者。意思表示构成了法律行为的核心，无意思表示就不是法律行为。

区别于事实行为，意思表示是法律行为的构成要素。因此，在产生法律行为概念的民法领域中，法律行为是指私法主体根据个人的内在意思，通过意思表示行为设立、变更、撤销、终止民事权利义务的行为。与此相应，经济法律行为，是指经济主体为了设立、变更或者终止经济法律关系而实施的行为。由此可见，经济法律行为具有引起经济法律关系产生、变更或者消灭的作用，是法律事实中行为的组成部分。

意思表示在法律行为中占据重要地位。每种经济法律行为都必然存在意思表示。缺少法律所确认的意思表示的行为就不是经济法律行为。例如，邀请朋友吃饭也是人有意识的行为，但它所表达的意思并非追求经济法律后果，不属于意思表示，故不构成经济法律行为。

法律规定经济法律行为制度的意义在于为社会公众设置了从事经济活动的行为模式，具体表现为经济法律规范规定了经济主体在参与经济活动时所应当具备的有效条件。行为人应当按照法定条件实施相应的行为，即构成经济法律行为，其法律效力为法律所确认和保护；反之，则不产生合法的效力。如果广大社会公众均按照法律规定的有效条件从事经济活动，就可以将每个人的行为均纳入合法的范围，经济立法调整的目的也就达到了。

二、经济法律行为的特征

作为法律行为的下位概念，经济法律行为具有法律行为的所有特征，具有社会性、法律性、可控性、价值性[②]。

(1) 社会性。现代社会中并不存在单纯的个人行为，个体的行为与整个社会有着各种关联性。以社会为本位的经济法，则更注重经济法律行为的社会性。这种社会性可以从几个方面进行理解：① 人的行为是社会的产物，受到社会经济和社会关系的制约。而作为社会行为的形式之一，经济法律行为与各种社会行为交织在一起，并共同构成社会行为。② 行为是社会关系的有意识的创造者，人的经济法行为总是直接地或间接地与社会发生利害关系，其中包括利益的

① 张俊浩.《民法学原理》，中国政法大学出版社 1991 年版，第 219 页。

② 张文显.《法哲学范畴研究》，中国政法大学出版社 2001 年版，第 67－73 页。

冲突与一致。③ 人的行为具有社会互动性,能够引起他人的行为。而从本质上讲,体现的是人与人的关系。

(2) 法律性。法律性是经济法律行为区别于一般社会行为的根本特征。这一特征是指:首先,经济法行为是由法律规定的行为,即是由法律规范所决定的范围内的行为,这种行为既包括国家希望发生的行为,也包括国家不希望发生的行为;其次,经济法行为中的经济法律行为是发生法律效果的行为。即一方面,它能够引起人们之间权利义务关系产生、变更或消灭;另一方面它是受到国家承认、保护、奖励或是受到国家否定、取缔、惩罚的行为;最后,经济法行为是法律现象的组成部分。

(3) 可控性。经济法行为与法行为一样,都是可以控制的行为,既可以受到法律的控制,又能受到个人的自我控制。这种可控性是由于法行为的规律性和意志性所决定的。

(4) 价值性。经济法行为的价值性在于:首先,法律行为是基于行为人对该行为的意义的评价而作出的。其次,法律行为是以需要为机制的,由行为人的需要所推动或引发。再次,法律行为是一种对象实践活动,体现了主体与客观的关系。最后,法律行为是一定社会价值的载体,人们可以用善恶、好坏、利害等范畴进行评价。

三、经济法律行为的构成要件

经济法律行为的构成要件也就是经济法律行为应当具备的条件,具体包括行为人合格、意思表示真实、内容合法和形式合法。前三者是经济法律行为的实质要件,第四个则是其形式要件。

(一) 行为人合格

它指的是行为人应当具备相应的行为能力。经济行为能力是经济主体参与经济活动的行为资格。因此,经济主体在实施具体的经济法律行为时必须具备相应的经济行为能力。经济行为是否成立,则要以法律对公民、法人的经济行为能力的具体规定为标准来衡量。它对于公民而言,完全行为能力人从事各种经济行为均为合法。限制行为能力人则在法律允许其独立进行经济活动的范围内,进行与其年龄、智力或者其精神健康状况相适应的经济活动为合格。而具体到法人,则必须具有独立的法人资格,并在法律批准的业务范围内从事经济活动,即为行为人合格。至于依法参与经济活动的其他组织,则必须是具有法律承认的资格或在其所属法人授权范围内从事经济活动为合格。违反上述规定的就是行为人不合格，其实施的经济行为不产生法律效力。

（二）行为人意思表示真实

这一要件包含了两个部分：首先，行为人需有意思表示。意思表示是经济法行为的核心概念。经济法律行为是经济法主体有意识的活动。而其有两层含义：① 经济法律行为是经济法律关系主体所实施的行为，不是任何组织或个人的行为都能成为经济法律行为。② 经济法律行为是由一定的组织或个人在其主观意志支配下自觉实施的，能够引起经济法律关系产生、变更和消灭的有意识的活动。作为法律行为的核心概念，意思表示是指行为人追求经济法律后果（经济法律关系的设立、变更或消灭）的内心意思，并用一定的方式表示于外部的活动。在经济法行为中，意思表示是经济法主体通过一定的表现方式表达其设立、变更或者终止经济权利和经济义务关系的内部意志的过程。意思表示由经济法主体主观上追求经济法律后果的内心意思和外部表示两部分所构成的。

其次，意思表示必须真实。意思表示真实是指行为人表现于外部的表示与其内在的真实意志要相符合。其中包含两个方面：一是内部意思与外部表示一致；二是出于行为人的自愿。只有行为人意思表示真实，才能保证其所实施的经济行为产生的经济法律后果符合行为人预期的目的，符合其切身利益。如果行为人的外在表示与其内心真实意愿不一致，则为意思表示不真实，不为法律所确认和保护。

（三）行为内容合法

经济法律行为必须具有合法性，因为它必须是合法行为，才能为国家法律所确认和保护，从而能够产生行为人预期的经济法律后果。在此，理解经济法律行为的合法性应着眼于其内容与形式均应符合法律规定；而且，合法性的范围是广义的，既要符合法律规定，又要符合社会公共利益和社会公德的要求。这是经济法律行为对社会经济生活进行调整的目的，也是经济法律行为的本质属性。

行为内容合法表现为不违反法律和社会公共利益、社会公德。具体到实际生活中，行为内容合法首先不得与法律、行政法规的强制性或禁止性规范相抵触。而行为人的意思表示与任意性规范不一致时则不属于违法，因为任意性规范允许当事人协商确定。其次，行为内容合法还包括行为人实施的经济行为不得违背社会公德和社会公共利益。因为，社会公共利益和社会公德是对经济立法的重要补充，没有明文规定时，就是衡量经济行为合法性的重要标准。

（四）行为形式合法

经济法律行为的形式也就是行为人进行意思表示的形式。经济法律行为所采用形式的合法性因要式经济法律行为和不要式经济法律行为的不同而不同。要式的经济法律行为，必须采用法律规定的特定形式才为合法；而不要式经济法律行为，只要当事人在法律允许的范围内选择口头形式、书面形式或其他形式作为经济法律行为的形式皆为合法。

四、经济法行为的基本类型①

（一）以主体为标准，可类型化为市场对策行为、社会中间层行为和政府经济行为

依照经济法学中设定的"市场—社会中间层—政府"框架，可把经济法主体划分为市场主体、社会中间层主体和经济行政主体三种基本类型。在此前提下，经济法行为相应地可类型化为市场对策行为、社会中间层行为和政府经济行为。其中，市场对策行为主要是指市场主体应对政府对市场的规制与调控过程中所产生的交易或者竞争行为，一般包含投资主体、经营主体、竞争主体、消费主体、交易主体等不同主体的具体的市场对策行为；社会中间层行为则是指社团性、经济鉴证性、经济调节性、市场中介性等社会中间层主体在市场与政府之间沟通信息、协调关系、中介辅助过程中所产生的系列行为，如工商业者团体、消费者团体、劳动者团体、国有资产投资机构、商业银行、政策性银行、资产评估机构、交易中介机构、产品质量检验机构等作出的行为；政府经济行为则主要是指具有经济职能的各级政府及其所属部门或机构（不具有经济职能的政府部门和机构则不包括其中）对市场进行规制或者调控过程中所实施的系列行为，包括市场规制行为和宏观调控行为。从理论归纳上看，这三种类型化的行为分别涵盖了市场、社会和政府的特征。

（二）以职能/功能为标准，可类型化为市场规制行为和宏观调控行为

正如有学者指出，随着市场经济深入发展，我国已经越来越注意运用一系列法律化的宏观调控和市场规制手段来影响经济运行，规范市场秩序，因而针对宏观调控与市场规制的行为研究很有必要。由于微观经济与宏观经济的内容分殊较大、功能不同，政府往往需针对不同的对象作出相应的行为，在结构上出现类型化特征。一方面，由于市场规制法作为政府规制市场之法，因而整体上，这种具有规制功能的市场规制行为类型也特别明显，如反垄断行为、反限制竞争行

---

① 彭飞荣，王全兴.《经济法行为类型化研究初探》，载李昌麒主编.《经济法论坛》（第五卷），群众出版社 2008 年版，第 31 页。

为、反不正当竞争行为，等等；另一方面，政府为规划国民经济与社会发展，大量采用指引、诱导、激励、扶持等宏观调控手段，在宏观经济运行领域也产生了大量具有同质性的宏观调控行为，如编制经济计划、制定产业政策、决定税率、利率、汇率及信贷投资规模等行为。

（三）以行为的普适性程度为标准，可类型化为常规性行为和应急性行为

在经济法领域，与民商法、行政法等不同，具有普适性的和不具有普适性的行为都大量存在。前者我们可称之为常规性行为；后者可称为应急性行为。常规性的行为，如反不正当竞争行为、税收行为、财政转移支付行为、银行利率与汇率的调整、存款准备金与再贴现率的调整、公开市场操作行为，等等；应急性行为主要是指在某些特殊紧急情况下，出于国家经济安全、社会稳定和公共利益的特别需要，政府可以在限制条件下，采取没有法律依据的或者同法律相抵触的措施，如食品、卫生紧急封查行为、紧急冻结物价行为、紧急抑止房价行为，等等。常规性行为大多可依法进行，只是在应急性行为中，需要考虑政府市场规制与宏观调控的正当程序问题，要考虑行为必须符合宪法规定，符合社会公共利益。随着市场经济深入发展，也要考虑制定《突发事件应对法》，从法律上正确规范政府应急行为，明确政府实施应急行为的条件、程度、时间、方式应取得社会普遍认可和取得合法性评价。

第三节　经济法的责任

一、经济法责任的概念和特征

（一）经济法责任的概念

法律责任是法的主要制度之一。按照学界的通说[①]，法律责任是由于侵犯法定权利或违反法定义务而引起的、由专门国家机关认定并归结于法律关系的有责主体的、带有强制性的义务，即由于违反第一性法定义务而招致的第二性义务[②]。从这一定义出发，经济法责任，则是指行为人违反了经济法之后所需要承担的否定性后果。

① 对法律责任释义的学术观点大致包括后果说、义务说、处罚说、责任说、负担说、担保说、状态说、不利后果说、第二性义务说及法律关系说，等等。

② 张文显.《法学基本范畴研究》，中国政法大学出版社 1993 年版，第 184 页。

（二）经济法责任的特征

相比于传统的民法、行政法和刑法，经济法是新兴的部门法，因此作为不同于一般民事责任、行政责任和刑事责任等的经济法责任，具有显著的特征，主要包括：

（1）经济性。由于经济法是国家在以市场机制为基础的市场经济条件下，为了克服市场失灵而对经济关系进行的有限度调整所形成的。因此，经济法的责任也就具有鲜明的经济性。相关的经济法责任都发生在经济领域，都因经济活动和国家对经济的干预引起。相关的责任形式，主要都表现为经济、财产利益方面的责任。

（2）社会性。经济法是社会本位的法，由此导致违反经济法所承担的责任，实质上主要是为了防止、弥补或消除对社会损害。因此，经济法责任主要是一种社会性责任。在经济法的立法和实施中，认定责任条件、界定责任标准、掌握归责原则，最重要的是基于社会总体利益的考虑。也因此，经济法主体的违法责任应当较为严格，理应承担多种法律责任。在责任承担的目标、内容、方式上，不仅有经济性的，而且有社会性的；不仅有补偿性的，而且有惩罚性的，从而需要融入更多的关于社会成本的考虑①。

（3）非对等性。在干预市场运行的过程中，经济行政主体和市场主体并非同类，且不属于同一层面，使得规范其行为的法律规范性质不同，享有的权利和承担的义务不同，分别承担的法律责任也有差异。例如，在市场规制法律规范中，对市场主体的义务规定较多（如《反不正当竞争法》、《消费者权益保护法》中对经营者义务的规定），则其法律责任的规定也较多。同理，在宏观调控法律规范中，是以规定经济行政主体的义务为主（如财政机关、征税机关、金融监管机构的法定职责），相应地，其法律责任的规定也应较多。如此，才能确保法律的有效实施，才能使主体义务的履行落到实处。由上可见，经济行政主体和市场主体间权利义务的不对等和不均衡性，导致了经济法责任明显的非对等和非均衡性，这是传统的部门法责任所不具有或不明显的②。

二、经济法责任的独立性

经济法责任的独立性与经济法作为独立法律部门的地位紧密相关。在对经济法责任独立性的研究中，对于经济法责任独立性的认识包含了以下三类观点：

① 张守文著.《经济法理论的重构》，人民出版社 2004 年版，第 437 页。

② 李昌麒主编.《经济法学》（第二版），法律出版社 2008 年版，第 695 页。

一是认为经济法体系中不存在独立的法律责任，其法律责任都可以进一步分解为民事责任、行政责任和刑事责任。二是认为经济法责任具有部分独立性，其形式包括两种：一种是援引责任，即援引其他法律责任，具体包括行政责任和刑事责任；另一种是经济法固有责任，是指经济法本质和特征所决定的责任，具体包括经济责任和组织监管责任①。三是认为经济法责任是独立的法律责任，它不包括民事责任、行政责任和刑事责任，而是和其相并列的另一种独立责任②。尽管有很多的学说，但随着经济法学科独立性得到越来越有力的理论支持，经济法责任的独立性得到了更多的认可。

传统上，法律责任一般包含四种，即刑事责任、民事责任、行政责任与违宪责任，并没有单独的经济法责任的存在。当近代和现代的法律制度逐渐成熟后，法律所能使用的责任形式就基本上被民法、行政法和刑法等传统法律部门所"瓜分"完毕，似乎所有的责任形式都已经囊括其中。但是，需要看到的是，任何理论的发展与演化都是历史的产物。法律责任的本质就是对责任主体权益的限制和剥夺，而责任主体能被限制和剥夺的权益种类却可以随着社会经济的发展而不断衍生出来。与此同时，新的责任形式往往又结合了传统民事、行政责任的成分在其中。例如，民法上的惩罚性违约金、行政法上的罚款和刑法上的罚金，行政拘留和刑事拘留，它们具有在部门法性质和成因上的可区分性，与内容和实质上的不易区分性。不同类型的责任之间，实际上存在一定的交叉和内在关联，各个不同的部门法可能只是对某类责任形式更为侧重而已，但未必意味着要排除其他的责任类型，各种形式的责任形式自然可能体现或贯穿在多个部门法的责任体系之中。经济法是为解决现代问题而产生的现代法，因此它必然要以传统部门法的发展为基础，必然要与之存在密切的关系，人为地割断它们之间的内在联系并不科学③。但是，这并不意味着经济法没有自己的责任形式，也不意味着经济法责任是对传统民事责任、行政责任和刑事责任的简单相加，而是对三者综合化、整体化和系统化的提升④。在经济法责任的理性认识中，一个最为重要的问

---

① 刘瑞复.《经济法原理》，北京大学出版社 2002 年版，第 109 页。

② 石少侠.《经济法新论》，吉林大学出版社 1996 年版，第 55 页。

③ 李昌麒主编.《经济法学》(第二版)，法律出版社 2008 年版，第 697 页。

④ 也有学者提到，在追究责任时，不管是民事责任、行政责任还是刑事责任，都需要拿出更为具体的责任形态，以确定责任内容及责任承担方式。而经济法责任的类型可以从不同角度进行概括，包括赔偿、罚款、吊销许可证等在内的多种形式(参见华国庆主编.《经济法学》，法律出版社 2012 年版，第 76 页。)但需要指出的是，这些责任形态也往往同时归属于行政责任、刑事责任等之中，经济法责任与之仍然有一定的交叉。

题是经济法责任对传统法律责任形式与内容的补充、超越与创新。因此,经济法责任中既包含了传统法律责任,也有自身独特的法律责任形态。

三、经济法责任的具体形态

经济法责任的具体形态本身也是证明经济法责任独立性的关键所在。随着经济法各分支研究的继续深入,经济法责任的具体形态也必定会因此而越来越丰富。目前来看,诸如拆分公司、惩罚性赔偿、信用减等、产品召回等经济法责任的具体形态,都非常典型地代表了与民事责任、行政责任等不同的具有自身特点的经济法责任形式。

(1) 企业拆分。企业拆分是反垄断法中的特殊责任形式,是指为了消除企业垄断市场的能力而将一个独立完整的企业分为两个以上彼此相互独立的企业。企业拆分之所以成为经济法的特殊责任形式,是由垄断的历史发展与基本原理所决定。现代反垄断法从诞生之初,就认为经济垄断和政治民主紧密联系。当社会经济资源集中于少数大企业时,必然造成对经济自由、民主制度的损害。利用《谢尔曼法》,美国政府曾成功拆分了标准石油公司、美国烟草公司和AT&T(美国电报电话公司)。日本也曾根据《禁止私人垄断及确保公正交易法》拆分了三井、三菱、住友和安田四大财阀。而值得注意的是,我国有着政府实施企业拆分的先例。例如,2000 年时国务院批准了电信体制改革方案,将原中国电信以长江为界分为南、北两个部分。其中北方部分和网通、吉通重组为中国网络通信集团公司;南方部分则保留“中国电信集团公司”名称,继续拥有“中国电信”的商誉和无形资产。这一决定表明:首先,政府行政权力实行严格的授权主义,非经法律授权,政府不得享有任何行政权力,因此政府指令拆分企业并不表示政府就获得了拆分企业的权力。其次,我国正处于经济转型期,要完成计划经济向社会主义市场经济的过渡,改变计划经济遗留的弊端,引入市场竞争,我国政府有着不可推卸的宏观引导职责,而我国政府又是国有资产的管理者,是国家控股企业的股东,有权决定企业发展过程中的重大事项。由此可见,政府指令拆分企业只不过是其宏观调控主体身份与国有资产管理者身份重合的结果,而非行使行政权力的结果。

(2) 惩罚性赔偿。与传统民事责任主要是填补性责任不同,惩罚性赔偿责任的功能有四个方面:一是赔偿功能,使原告遭受的损失获得完全的补偿。二是制裁功能,通过给不法行为人强加更重的经济负担来制裁不法行为,从而达到制裁效果。三是遏制功能,通过惩罚性赔偿对加害人以及社会一般人产生遏制作用。遏制意味着确定一个样板,使他人从该样板中吸取教训而不再从事此行为。四是鼓励功能,鼓励受害人同违反经济法的行为进行斗争,以平衡强势群体与弱势群体的实力差别,进而促进社会和谐发展①。正是因为具有这些与通常的民事赔偿责任不同的功能,很多国家和地区都明文规定了惩罚性赔偿制度。美国《谢尔曼法》第 7 条规定:“任何因反托拉斯法所禁止的事项而遭受财产或营业损害的人,可在被告居住的、被发现或有代理机构的区向美国区法院提起诉讼,不论损害大小,一律给予其损害额的三倍赔偿及诉讼费和合理的律师费”,确立了非常著名的三倍赔偿制度。而我国 1993 年颁布的《消费者权益保护法》第 49 条规定:“经营者提供商品或者服务有欺诈行为的,应当按照消费者的要求增加赔偿其受到的损失,增加赔偿的金额为消费者购买商品的价款或者接受服务的费用的一倍。”这一对双倍赔偿的规定是我国第一次将惩罚性赔偿写入到法律之中。2009 年颁布实施的《食品安全法》第 84 条、第 85 条则进一步规定了最高 10 倍的惩罚性赔偿②。此后,2013 年 10 月修订之后的《消费者权益保护法》在第 55 条规定:“经营者提供商品或者服务有欺诈行为的,应当按照消费者的要求增加赔偿其受到的损失,增加赔偿的金额为消费者购买商品的价款或者接受服务的费用的三倍;增加赔偿的金额不足五百元的,为五百元。法律另有规定的,依照其规定。”“经营者明知商品或者服务存在缺陷,仍然向消费者提供,造成消费者或者其他受害人死亡或者健康严重损害的,受害人有权要求经营者依照本法第四十九条、第五十一条等法律规定赔偿损失,并有权要求所受损失二倍以下的惩罚性赔偿。”惩罚性赔偿的规定不仅予以保留并有了改进。

(3) 产品召回。产品召回是指由缺陷产品的制造商、进口商或者经营者选择更换、赔偿等积极有效的补救措施消除其产品可能引起的人身伤害、财产损失的缺陷的过程。而产品缺陷是指产品存在不合理的不安全性,这种不安全性可能是由于制造、设计,或未适当警告、指示,也有可能是不符合销售的明示担保而

---

① 王利明.《惩罚性赔偿研究》,《中国社会科学》2000 年第 4 期。

② 第 84 条:“违反本法规定,未经许可从事食品生产经营活动,或者未经许可生产食品添加剂的,由有关主管部门按照各自职责分工,没收违法所得、违法生产经营的食品、食品添加剂和用于违法生产经营的工具、设备、原料等物品;违法生产经营的食品、食品添加剂货值金额不足一万元的,并处二千元以上五万元以下罚款;货值金额一万元以上的,并处货值金额五倍以上十倍以下罚款。”第 85 条规定:“违反本法规定,有下列情形之一的,由有关主管部门按照各自职责分工,没收违法所得、违法生产经营的食品和用于违法生产经营的工具、设备、原料等物品;违法生产经营的食品货值金额不足一万元的,并处二千元以上五万元以下罚款;货值金额一万元以上的,并处货值金额五倍以上十倍以下罚款;情节严重的,吊销许可证。”

导致的[①]。产品召回制度则体现了国家基于保护社会公共利益而对缺陷产品的管理，它建立在潜在的损害基础上，生产者只要发现了其产品存在危险，就有义务立即召回所有的同类产品，并采取检测、修理等措施以消除缺陷。该制度突破了私力救济的局限性，远远大于产品责任制度的调整范围，有利于防患于未然，同时也能避免因使用某类缺陷产品而导致大规模损害的发生。

产品召回制度起源于美国的汽车行业。第二次世界大战后，美国汽车的生产量和保有量大幅增加，与此同时，交通事故引起的伤亡人数不断上升。消费者把事故归因于汽车缺陷，而由于传统产品责任的事后性特征，无法满足对产品潜在危险的预防和救济的需要。为了应对这一情况，1965 年拉尔夫律师发起运动，呼吁国会建立汽车安全法案，强制汽车企业对"问题车辆"进行善后处理。1966 年，美国国会通过《国家交通及机动车安全法》确立了汽车召回制度，开创了产品召回的先河。此后，召回制度的应用逐渐广泛，从儿童玩具、肉产品、禽产品、食品、药品、化妆品等特殊产品领域直至扩大到一般产品的应用。产品召回制度的实施，取得了积极的社会经济效果：一是最大限度地消除"问题产品"的安全隐患，预防产品侵害；二是将已有损害控制在最小的范围内，减少生产者的侵权赔偿，利于企业发展；三是减少解决问题产品危害的社会总成本；四是维护正常的经济秩序。因此，产品召回制度也相继被日本、德国、韩国、英国、法国、加拿大、澳大利亚等其他国家所采用并逐步发展和完善起来[②]。

国家质量监督检验检疫总局、国家发展与改革委员会、商务部、海关总署等四部委于 2004 年 3 月 12 日共同发布了《缺陷汽车产品召回管理规定》，并于 2004 年 10 月 1 日实施。这是我国以汽车产品为试点建立实施召回制度。该规定用 8 章共 46 条对缺陷汽车召回的管理、经营者及相关各方的义务、汽车产品缺陷的报告、调查和确认、缺陷汽车产品主动召回程序、缺陷汽车产品指令召回程序及罚则作出了相应规定。2010 年 7 月 2 日，国家质检总局发布了《汽车产品召回监督管理条例(征求意见稿)》。新条例在 2004 年的《缺陷汽车召回管理规定》基础上作出了改进，规定国产、进口车生产商将统一遵此条例；生产者故意隐瞒汽车产品缺陷，或生产者未按主管部门责令召回等多种行为，将被追刑责，最高处以产品货值金额 50%的罚款。除此之外，2007 年我国颁布了《儿童玩具召回管理规定》、《食品召回管理规定》、《药品召回管理办法》。2009 年 2 月 28

① 美国《统一产品示范法》。

② 张海燕.《论缺陷产品召回制度》,《律师世界》2002 年第 5 期。

日全国人大常委会通过《食品安全法》，并于同年 6 月 1 日开始实施。该法第 53 条明确规定国家建立产品召回制度，这是我国第一次在最高立法机关通过的法律中写入产品召回制度。这些都是我国缺陷产品召回制度的重要构成部分。

(4) 资格减免与信用减等。在资格减免方面，国家可以通过对经济法主体（特别是市场主体）的资格减损或免除，对其作出惩罚。在市场经济条件下，主体的资格异常重要，它同主体的存续、行为、收益等息息相关。因此，取消各种资格（如吊销营业执照、剥夺其某种经营的能力与资格），使其失去某种活动能力，特别是进入某种市场、某种行业的能力，就是对经济法主体的一种重要惩罚。在某种意义上，市场经济是一种信用经济，因此，对某类主体进行信用减等，同上述的资格减免一样是一种惩罚。经济实践中，有一些经济现象颇引人关注，如信誉评级制度、纳税信息公告制度、各种“黑名单”制度等，其中有些就涉及信用减等，并使其成为相关主体需要承担的一种广义的责任形式[①]。具体的规范性文件包括：中国证监会《关于进一步加强对期货经纪机构监管工作的通知》第 2 条规定：“任何期货经纪机构不得接受被我会列为‘市场禁人者’的机构与客户，不得录用、雇佣被我会或我会授权机构通报的有劣迹的从业人员。”2003 年上海 70 余家中外资银行及相关金融机构共同签署了《上海市银行同业公会中资金融机构联合制裁逃废债行为实施办法》、《上海市银行同业公会外资金融机构联合制裁逃废债行为实施办法》。这两个协定规定，银行同业公会对逃废金融债务企业可以采取社会公告措施，以起震慑作用；可以一律停止为被制裁企业开立新账户、一律停止向被制裁企业提供新授信（包括但不限于停止发放新贷款、停止签发银行承兑汇票、信用证等）、根据国家有关规定限制或停止为构成逃废金融债务行为的企业办理结算业务。

显然，实践中出现了这些责任形式，立法也在不同程度上认可或者记载了这些形式，它们能够进入法律并非偶然，是法律发展到今天对现实需要的良性回应，也是对传统法律责任形式的有效弥补。我们也清醒地看到，虽然这些责任形式为经济法责任的独立存在提供了良好的实践阐释，但离经济法责任制度的建立与完善还有很大的距离，摆在我们面前的现实困难同样是清楚的：一是这些责任形式具有强烈的经济法理念或思想，但还不能满足法律理性的全部要求，如何通过类型化、规范化论证，设计出可操作且符合法律发展规律的制度体系，还要进行艰苦的努力。二是即使这些责任形式能够被很好地类型化，但依然不能

① 张守文著.《经济法理论的重构》，人民出版社 2004 年版，第 459 页。

说明经济法责任制度的完全建立。因为这些责任形式都是以市场主体或者受控主体为对象的，经济法的另一重要的主体政府或者调控主体的行为后果与责任追究问题如不能得到很好解决，经济法责任制度至少是不完善的①。

第四节　经济法的实施机制

一、经济法实施的含义和特征

经济法实施是一定主体依照有关程序将经济法规范贯彻落实到社会现实中，实现经济法的预期目标。这一概念包含以下内涵：第一，经济法实施依靠一定主体。徒法不足以自行，经济法实施依靠一定的外在主体去推动，这些主体的地位独立与否、素质较高与否、构成合理与否、分工科学与否，都直接影响经济法实施，只有地位独立、素质较高、构成合理、分工科学的主体才能有效地进行经济法实施。第二，经济法实施必须依照有关程序进行，是一种程序性很强的活动。第三，经济法实施是实施经济法，即经济法是经济法实施的对象，只有对经济法具有科学的认识，才能科学认识经济法实施的特征、意义，也才能科学认识经济法实施存在的障碍以及解决的对策。反过来，科学认识了经济法实施的特征、意义，科学认识了经济法实施存在的障碍以及解决的对策，又可以进一步科学认识经济法。从这个角度看，经济法实施也是认识经济法的活动。第四，经济法实施是将经济法规范贯彻落实到社会现实中，将静态经济法规范转化为动态经济法规范，启动经济法规范的社会调整功能，规范人们的行为，调整特定的社会经济关系，以期实现预定的经济法目标，即克服市场经济的盲目性，促使市场经济协调有序地发展，反对市场经济的垄断性，促进市场经济自由竞争②。由于经济法的社会本位属性，因此从根本上讲，经济法的立法过程是对社会公共利益及其维护方法的确认过程，而经济法的实施则是社会公共利益的实现过程。因为，社会公共利益的载体，即区别于国家和个体而独立存在的“社会”具有集合性，不具有物理上的实在性，所以社会公共利益的实现必须借助代表制度。

经济法的实施与传统部门法相比具有显著的特征：第一，明显的综合性，即

① 李昌麒主编.《经济法学》(第二版)，法律出版社 2008 年版，第 697 页。

② 邱本，梁代军.《经济法实施研究》，《法学评论》2000 年第 3 期。

经济法的实施应多方策应、多管齐下,需依靠守法、执法和司法等多条途径来实现。第二,独特的行政性,由经济法在制度运作上的现代性所决定,司法权进入行政领域以及将实体性规范与程序性规范加以融合的自足性,使得那些具有宏观调控职能和市场规制职能的行政机关成为经济法的主要执法主体。第三,高度的专业化。经济法是一个高度专业性、技术性和知识性的法律部门,不具备专门知识和能力的人员和机构,是很难保障经济法的有效实施的。第四,严格的程序性。经济法是国家干预社会经济之法,为了切实保护广大市场主体的正当权益,防范国家经济干预权力的滥用,经济法的运行必须依据严格的程序进行①。程序的正当才能保证结果的公正性和可接受性。

二、经济法的执法

经济法的行政执法对于保障经济法实施具有非常重要的意义。有学者就认为,经济法运行与传统部门法运行的一个重要区别在于,经济法的实施主体主要是政府,而不是法院②。例如,竞争法的实施主要是通过行政机关来进行的,美国的联邦贸易委员会、司法部,德国的卡特尔局,日本的公正交易委员会等,都是进行行政执法的主要机构。即便抛开学术上的争论,毫无疑问的是,行政执法占据了非常重要的地位。

行政机关经济执法的优势是其他途径无法比拟的,主要体现为:③① 主动性。审判机关的活动实行"不告不理"的原则,没有一方起诉审判机关是无法开庭审理的。而行政机关的活动一般都主动进行,只要发现问题,就可以主动出击,把问题消灭在萌芽状态之中。② 权威性。经济行政执法是国家行政机关为了实现其职能,运用行政权力对于经济违法行为的管理和处罚,它以国家强制力为后盾,具有极大的权威性。③ 专业性。随着科学技术的进步,社会分工日益细密,行政机关所管辖的事务也日益具体,每个行政机构所从事的工作及其执法就是一个专门领域,许多行政执法的处罚都离不开相应的专业知识。行政执法活动越来越多地需要行政权力与专门知识的结合,这有力地保证了行政执法的科学性及快捷。④ 快捷性。行政执法机构执法监督处罚的及时、快捷,是审判

---

① 郑鹏程.《论经济法制定与实施的外部性及其内在化》,《中国法学》2003 年第 5 期;邱本,梁代军.《经济法实施研究》,《法学评论》2000 年第 3 期。

② 张守文.《经济法理论的重构》,人民出版社 2005 年版,第 476 - 478 页。

③ 韩志红,史月红.《对我国经济行政执法权力配置的反思》,《天津行政学院学报》2005 年第 2 期。

机关的审判、执行所无法比拟的，它可根据一定的违法行为事实，按有关法律，直接进行处罚，当事人即使对行政处罚决定不服，提起行政诉讼，一般也要先予执行处罚决定，这样就可有效、及时地制止违法行为。

我国的经济执法机关在经济执法中拥有的具体行政职权主要有[①]：① 行政调查权。即行政主体针对某项行政管理事务有关事实或争议，通过法定方式对有关行政相对人和组织机构进行专门调查了解，以掌握真实情况和必要证据，便于作出相应处理的行政职权。调查对象有义务配合、协助行政调查。② 行政检查权。即行政主体依法对行政相对人履行法定义务和守法情况进行一般性或专项监督检查的职权，如食品卫生检查。行政检查权是一种常规性和强制性地了解有关情况的权力，检查对象不得拒绝或隐瞒有关情况，否则会受到行政处罚的后果。③ 行政确认权。即行政主体认可或否认某个法律事实或法律关系的职权，如行政机关对产品质量的确认等。④ 行政处罚权。即享有行政处罚权的行政主体依法对行政相对人违反行政管理秩序的行为予以某种处罚的职权。处罚内容包括相对人的声誉、财产、行为能力、人身自由等。例如，《中华人民共和国反不正当竞争法》第 3 条规定："县级以上人民政府工商行政管理部门对不正当竞争行为进行监督检查。"第 17 条规定："监督检查部门在监督检查不正当竞争行为时，有权行使下列职权：(一) 按照规定程序询问被检查的经营者、利害关系人、证明人，并要求提供证明材料或者与不正当竞争行为有关的其他资料；(二) 查询、复制与不正当竞争行为有关的协议、账册、单据、文件、记录、业务函电和其他资料；(三) 检查与本法第五条规定的不正当竞争行为有关的财物，必要时可以责令被检查的经营者说明该商品的来源和数量，暂停销售，听候检查，不得转移、隐匿、销毁该财物。"第 25 条规定："违反本法第十条规定侵犯商业秘密的，监督检查部门应当责令停止违法行为，可以根据情节处以 1 万元以上 20 万元以下的罚款。"

在经济行政执法的程序法方面，各国都较详细地规定了行政执法中进行调查、登记、报告、扣押或没收财产或发布其他禁令、起诉、审理、处罚等方面程序，以及各执法机关和司法机关在查处案件中的分工、衔接和配合等内容。中国同样也规定了行政执法程序的内容。如，《行政复议法》详细规定了申请复议范围、复议管辖、复议机构、复议参加人、申请与受理、审理与决定、期间与送达等行政复议程序。在国家调节管理经济中的许多争议也适用普通行政执法程序。

---

① 莫于川.《行政职权的行政法解析与建构》，《重庆社会科学》2004 年第 1 期。

三、经济法的司法

经济法的司法是指国家司法机关依据法定的职权和程序,具体应用经济法处理案件的专门活动。规范具体应用经济法处理案件的专门活动的程序的法律,就是相应的诉讼法。国家各级司法机关是各国负责法律适用的专门机关,也是经济法适用的重要机关。在依照经济法实施的国家经济调节活动中,对于违反法律义务和所发生的纠纷,有关当事人可以向司法机关请求通过诉讼程序解决。对于虽然已经通过行政机关适用法律,而当事人不服行政执法处理的,也可诉诸司法程序解决。负责经济法适用的司法机关,包括普通司法机关与特别设立专司经济法适用(或还管辖其他有关案件)的司法机关。

(一) 经济法的可诉性

经济法的可诉性是指经济法作为一种规范人们外部行为的规则,可以被任何人(特别是公民和法人)在法律规定的机构中(特别是法院和仲裁机构中)通过争议解决程序(特别是诉讼程序)加以运用的可能性①。简单地说,可诉性就是通过诉讼来获得权利救济的可能性。经济法中的竞争法、消费者权益保护法和产品质量法等经济法具体法律制度中均可通过民事诉讼、行政诉讼和刑事诉讼等寻求权利救济。但经济法的可诉性引起的是有无必要建立独立的经济法诉讼程序的问题②。我国经济法学界曾经存在多种观点:一种认为经济法作为一个独立部门法,因此需要在传统诉讼法之外另建立经济法诉讼程序。另一种观点则针锋相对否认经济法适用程序的特殊性,认为完全可以适用既存的民事诉讼程序、刑事诉讼程序和行政诉讼程序。而经济法作为现代法,与传统法律部门一个重要的不同点在于不可诉性的规范较多③。还有学者认为,从总体来看市场规制法的可诉性欠缺问题并不突出。在宏观调控法中,调控主体对于调控受体的责任追究也是没有问题的,只是调控受体对调控主体的责任追究方面的可诉性问题较为突出④。

对于这一问题的理解,可以从经济法的可诉性和经济法责任之间的关系出发。有责任才有追究机制,具有相应的法律责任形态是建立相应的诉讼程序及

---

① 王晨光.《法律的可诉性:现代法治国家中法律的特征之一》,《法学》1998 年第 8 期。

② 2000 年 8 月最高人民法院实施机关机构改革,经济庭被撤销并入民事庭。这被认为是司法实践否定经济法可诉性的标志性事件。

③ 王全兴,管斌.《经济法学研究框架初探》,《中国法学》2001 年第 6 期。

④ 张守文.《经济法理论的重构》,人民出版社 2005 年版,第 540 页。

其诉讼制度的必要前提。因此,传统上的“四大责任”就有相应的违宪审查程序、民事诉讼程序、行政诉讼程序和刑事诉讼程序,并有宪法法院(或类似机构)和在普通法院存在民庭、行政庭和刑庭的划分①。而对于经济法责任的独立性本身得到了理论上的认可,对其特性也逐渐有了更多的认识。诸如企业拆分、惩罚性赔偿,等等,都具有自身特点,也无法纳入到现有的传统法律责任体系中,那么对其的救济也必然会产生性的程序方面的设置。对此,实践上也已经有所确认。例如,美国1962年制定了《反托拉斯民事程序法》,规定了授权司法部强制企业在反托拉斯民事调查中提供有关资料和其他方面的程序;1974年则通过《反托拉斯诉讼程序和惩罚法》。这些都是专门的经济法适用程序法。而在专门的审判机构设置上,以德国为例,德国1923年11月2日颁布的《反滥用经济力量法令》,除授权经济部长监督卡特尔外,同时在帝国经济法院内设立卡特尔法庭以审理卡特尔案件。该卡特尔法庭是独立的司法机关,于第二次世界大战中并入帝国行政法院,大战结束后,德国在盟军管理下卡特尔一度被消灭,直至盟军解除经济管制后,卡特尔才又重新成为德国的经济政策问题,而卡特尔法院的功能也得以通过卡特尔法庭恢复。

(二)经济法公益诉讼

严格说来,公益诉讼并不是一个法律意义上的概念,而是根据诉讼的目的或效果划分出的一种诉讼类型或诉讼方式,其并不是完全独立于传统三大诉讼法的一种司法程序②。对于公益诉讼本身的定义,存在较多的理论观点。但较为一致的是,都认为公益诉讼的目的是为了个人私益之外的公共利益。因此,经济法公益诉讼实际上是对违反了经济法律法规,并侵犯了社会经济公共利益而提起的诉讼。

公益诉讼对于经济法之所以有特别的意义,正在于经济法本身就是社会本位的法。为不特定的社会公众的利益而寻求司法救济,这当然应当成为经济法实施的重要组成部分。在具体类型上,经济法公益诉讼可分为由特定的国家机关(即检察机关)提起的诉讼和由社会团体及公民个人提起的诉讼。

(1) 检察机关提起的经济法公益诉讼。检察机关提起经济法公益诉讼主要包括以下几种:国有资产流失案件、环境污染等公害案件、反垄断和反不正当竞

① 李昌庚.《经济法责任及其诉讼程序的反思与拷问——兼与颜运秋教授等商榷》,《法治研究》2009年第3期。

② 张艳蕊.《民事公益诉讼制度研究》,北京大学出版社2007年版,第18页。

争案件或其他涉及国家利益的案件。近年来,出于维护社会公共利益的需要,已有部分检察机关突破现行民诉法规定,进行了卓有成效的探索,提起了相当数量的公益诉讼案件。1997 年 12 月 3 日,河南省方城县检察院诉该县工商局擅自出让房地产致使国有资产流失一案,获得了法院判决的支持①。这一案例开创了我国检察机关以原告身份提起经济法公益诉讼的先河。自此以后,黑龙江、山东、河北、河南、陕西、贵州、浙江、上海、江西、福建、重庆等省市都积极进行实践,至今检察机关提起和参与了数百例公益诉讼案件。

(2) 社会团体提起经济法公益诉讼。现代社会尊重个人权利,但个人权利的实现往往需要通过其所在的社会组织或团体实现。注重团体的权利保障,并且赋予其诉权,是实现个人价值与权利的重要手段,是个人利益与社会利益的结合与统一。社会团体具有非营利性、民间性、自治性和维护公益性等特征。实行公益诉讼的国家大多赋予了特定的社会团体公益诉权。修订后的《消费者权益保护法》第 37 条规定:"(七) 就损害消费者合法权益的行为,支持受损害的消费者提起诉讼或者依照本法提起诉讼;"在立法上赋予了消费者团体起诉的权利。而在 2013 年《消费者权益保护法》之前,在我国的司法实践中这一问题实际上也有所突破。例如,福州市中级人民法院在"海景花园"物业纠纷上诉案中第一次确认了业主委员会诉讼主体资格。

(3) 公民个人提起经济法公益诉讼。按照民事诉讼法的要求,原告需要满足具有"利害关系"的要求。而在公民个人提起经济法公益诉讼中,最显著的特点在于原告没有必要证明自己受到违法行为的直接侵害,这实际上是扩大了当事人的资格范围。美国环境法就规定了一种公民诉讼,公民可以据此对违法排放污染者提起诉讼②。

四、经济法的监督

在广义上,经济法的监督是指一切国家机关、社会组织和公民对各种经济法的活动的合法性依法所进行的监察和督促。在狭义上,经济法的监督是专指有关国家机关依法定职权和程序,对经济法的立法、执法和司法活动的合法性所进行的监察和督促③。经济法的运行状况与守法主体的法律意识以及对法律的遵

① 别涛主编.《环境公益诉讼》,法律出版社 2007 年版,第 5 页。

② 陶红英.《美国环境法中的公民诉讼制度》,《法学评论》1990 年第 6 期。

③ 黄河,王兴运主编.《经济法学》,中国政法大学出版社 2008 年版,第 65 页。

从度直接相关。从法律意识上看，我国经济法主体的法律意识普遍有待提高，不管是调制主体，还是调制受体。关于经济法的遵从，可能受制于文化等多种因素，而利益或合法性是不应遗忘的重要因素①。

（一）经济法的监督主体与客体

经济法的监督主体主要包括三类：国家机关、社会组织和人民群众。作为经济法的监督主体的国家机关包括国家权力机关、行政机关和司法机关。国家机关的监督权限和监督的范围是由宪法和法律规定的，具有法定性和强制性。这一法定性和强制性既表现为对经济法行为的合法性监督时相应的国家机关的法定职责，同时还表现为被监督者必须接受监督结论和监督决定。作为经济法的监督主体的社会组织包括各政党、政治团体、社会团体、群众组织以及企业、事业组织等。人民群众与社会组织的监督都不具有直接的法律强制性，但人民群众与社会组织可以通过社会舆论、投诉、检举、举报、揭发等方式使得国家机关的法定监督得以启动。

经济法的监督客体是指监督所指向的对象。通常而言，凡是承担了经济法的实施责任的主体的行为都可以成为经济法的监督客体，包括承担着经济法的执法和司法的行政机关、司法机关的执法、司法行为以及承担着经济法的守法的市场主体的守法行为。

（二）经济法的监督方式

经济法监督的方式包括职权监督、投诉和举报监督、社会舆论监督。职权监督指的是国家机关依据宪法与法律所赋予的职权对相应的被监督对象进行的监督。例如，检察机关对行政机关和审判机关的监督，人民代表大会对其他国家机关的监督。投诉举报监督是指人民群众与社会组织通过向有关职能部门投诉和举报的方式对国家行政机关、市场主体所进行的监督。社会舆论是社会监督的直接行为方式，是以社会公共利益为价值追求的经济法监督的最活跃的因素。因此，通过法律和制度对社会舆论的培养并对其作用机制进行规范是经济法监督的重要课题。

【参考文献】

1. 黄河，王兴运主编.《经济法学》，中国政法大学出版社 2008 年版。
2. 漆多俊.《经济法基础理论》(第四版)，法律出版社 2008 年版。

① 张守文.《经济法理论的重构》，人民出版社 2005 年版，第 476 - 478 页。

3. 彭飞荣，王全兴.《经济法行为类型化研究初探》，《经济法论坛》（第五卷），群众出版社 2008 年版。

4. 张守文.《经济法理论的重构》，人民出版社 2005 年版。

5. 李昌麒.《经济法学》（第二版），法律出版社 2008 年版。

6. 蒋悟真.《传承与超越：经济法主体理论研究——以若干经济法律为视角》，《法商研究》2007 年第 4 期。

【思考题】

1. 什么是经济法的主体？
2. 经济法的主体有哪些基本类型？
3. 经济法行为有哪些基本特征？
4. 如何理解经济法责任的独立性？
5. 如何理解经济法的可诉性？

第四章
国有资产法

【本章导读】

国有资产法是调整国有资产的取得、使用、管理、处置过程中发生的社会关系的法律规范的总称。国有资产法具有多个部门法的属性。本章在简要解释国有资产的定义和类型、我国国有资产法的演变历程以及现行的国有资产法的基础上，着重分析国有资产法中最重要的一部分——企业国有资产法，主要涉及国家作为出资人如何行使自身权利对国有资产进行监督以使其保值增值。同时，本章也简要介绍了其他三种国有资产(行政事业单位国有资产、资源性国有资产以及非资源性国有资产)的管理制度。

第一节　国有资产法概述

我国目前处于社会主义初级阶段，实行以社会主义公有制为主体、多种所有制经济共同发展的基本经济制度。根据《中华人民共和国宪法》(以下简称《宪法》)第七条的规定，我国经济的主导力量是国有经济。国有经济必然以国有资产的占有、使用、收益、处分为基础，因此国有资产成为我国国民经济中的重要组成部分，国有资产法也成为经济法的重要组成部分。本章将对我国国有资产管理方面的法律制度进行介绍。

一、国有资产的含义和意义

虽然国有资产是我国经济的重要组成部分，但是我国《宪法》并未对国有财产进行详细的定义。我国学术界对于国有资产历来有“大小”之说。“大国有资产"是指国家所有的各种类型的有形财产(动产和不动产)和无形财产(知识产权等);"小国有资产"仅指作为生产要素投入生产经营的财产,主要是指企业国有资产。在2007年《中华人民共和国国有资产法(草案)》征求公众意见之时,学界对于该草案的调整范围进行过激烈的讨论①,后来颁布的《中华人民共和国企业国有资产法》(以下简称《企业国有资产法》)显然采取了"小国有资产"的观点。但是,《中华人民共和国物权法》(以下简称《物权法》)采取"大国有资产"的说法。本章将沿用《物权法》的做法,以期对国有资产进行全面的论述。

国有资产具有以下特征:① 所有者具有唯一性。我国是社会主义公有制国家,国家资产的最终所有人为国家,也即是我国的所有公民。《物权法》第45条规定国有资产由国务院代表国家行使所有权。② 国有资产的所有权界定具有合法性,即国有资产的各种来源(取得)方式都直接由法律规定,并且有的来源(取得)方式为国有资产所特有,如凭借国家权力取得。所以,其所有权界定必须有法律依据。③ 国有资产的表现形态具有多样性,即国有资产表现为多种形态的经济资源,既可以是有形财产,也可以是无形财产,既可以是人造财产,也可以是自然资源②。

我国的国有资产主要通过以下几种渠道形成:第一,国家凭借权力依法取得和认定属于国家的财产,主要包括:依法没收的官僚资本和敌伪的财产;依法宣布国有的城镇土地、矿产、海洋、水流以及森林、荒山等;依法赎买的原资本主义工商业;依法征收、征用的土地;依法没收的其他财产;依法征收的税款、罚金;认定和接受的无主财产和无人继承的财产,等等。第二,国家以各种形式投入的资本金以及收益所形成的财产,主要包括国家投入的国有独资企业、国有独资公司,以及国有资本控股公司、国有资本参股公司的资本金以及收益。第三,国家对行政和事业单位划拨经费而形成的国有资产。第四,国家接受各种形式的馈赠而形成的国有资产,包括公民赠与国家的资产和外国友人、团体、政府赠与我国的资产③。

二、国有资产的基本类型

(一) 概述

对国有资产进行分类,是对国有资产进行法律规范和加强管理的基础,也是

---

① 单颖之,沈军芳.《"国有资产法立法研讨会"综述》,载《华东政法大学学报》2008年第5期,第155—157页。

② 王全兴.《经济法基础理论专题研究》,中国检察出版社2002年版,第4页。

③ 杨紫烜主编.《经济法》,北京大学出版社2002年版,第305页。

优化国有资产配置、正确发挥国有资产作用的必要前提。依据不同的分类标准，可以对国有资产进行不同的划分。如按照主体分类，国有资产包括国家机关的国有资产、事业单位的国有资产以及国有企业的国有资产；按照国有资产的存在形态，可以分为有形资产和无形资产；根据国有资产的所在区域，可以分为境内资产和境外资产；根据国有资产的经营活动性质，可以分为资源性国有资产和非资源性国有资产，经营性国有资产和非经营性国有资产。

本章对于国有资产的分类按照管理方式不同入手。我国国有资产管理的任务是优化国有资产结构，保障国有资产的保值和增值，维护国有资产使用单位的合法权益，巩固和发展全民所有制经济的主导地位，推动社会主义市场经济的发展。在实现这个总体目标的过程中，我国目前对国有资产实行“分类管理”的方针。因此，按照管理方式的不同对国有资产进行分类能够从深层次把握我国国有资产管理法律的逻辑体系，从而也能够清晰地掌握国有资产管理法律的内涵和外延。

（二）国有资产分类

1. 尚未进入流通领域的国有资产和已经进入流通领域的国有资产

根据各种国有资产管理方式的不同，我们可以按照是否已经进入流通领域，将国有资产分为尚未进入流通领域的资产和已经进入流通领域的资产。该项分类的意义在于对于两者管理的目的不同：对于尚未进入流通领域的国有资产来说，其管理的核心在于明确国家所有权的归属及范围。此外，对于能够进入流通领域的国有资产，应当确立一个能够使该资产进入流通领域的行政审批程序；最后，为了保证国有资产的良性占有，建立未进入流通领域国有资产的保护措施，比如环境保护措施、可持续发展措施等。尚未进入流通领域的国有资产未经合法程序不得由私人占有、使用、收益和处分。另外，尚未进入流通领域的国有资产是已经进入流通领域的国有资产的基础，或者说后者是前者的衍生物。其产生的目的在协助国有资产进行增值保值。相对于尚未进入流通领域的国有资产来说，已经进入流通领域的国有资产可以通过正常市场交易的方式被私人拥有。因此，两者最大的区别在于，已经进入流通领域的国有资产的权利人的变更不需要行政审批，或者说不需要类似于尚未进入流通领域的国有资产的严格的行政审批手续。只要是符合市场规律的交易，国有资产法原则上都应该予以支持。进而言之，对于已经进入流通领域的国有资产来说，其管理的目的在于如何保证这类国有资产的占有、使用、收益和处分能够完全按照市场规律进行，从而一方面保证国有资产的保值增值，避免国有资产的流失，从另外一个方面也确保国有资产的运行不会对其他所有制的正常运转造成不利的影响。

2. 资源性国有资产和非资源性国有资产

依据经营活动性质，尚未进入流通领域的国有资产可以具体分为资源性国有资产和非资源性国有资产。两者的主要区别在于资源性的国有资产，虽然尚未进入流通领域，但是存在进入流通领域的可能性。对于资源性国有资产进行管理的目的：第一，在于如何保证该类国有资产的正常存在，避免“自然”流失；第二，在于在决定该类国有资产是否能够进入流通领域时设置明确且严格的行政审批程序，确保这些国有资产不会“人为”流失。此外，有一部分尚未进入流通领域的国有资产按照其属性来说，不适合进入流通领域，从而被私人所有，这类国有资产本章统称为非资源性国有资产。这类国有资产或者具有商品属性，能够满足公众的消费需求，但是不适合通过市场进行资源的再配置；或者不具有商品属性，而属于经济学上“公共财产”的范畴，而具有不可分性。

3. 经营性国有资产和非经营性国有资产

已经进入流通领域的国有资产按其经营性质的不同，可以具体分为经营性国有资产和非经营性国有资产。经营性的国有资产是作为生产要素投入企业生产经营的财产。而非经营性国有资产是指不投入生产经营的国有资产。虽然两者都可以通过市场交易从而被私人拥有，但是两者投入流通领域的目的有巨大的差异。经营性国有资产由市场主体拥有，其占有、使用、收益和处分要遵循市场运行的基本原则；而非经营性国有资产由非市场主体拥有，其主要目的在于协助国家进行公共事务的运行。因此，两者无论从特征而言还是从监管方式而言都有着显著的不同。

三、国有资产法的概念和立法概况

（一）国有资产法的概念与性质

国有资产法是调整国有资产的取得、使用、管理、处置过程中发生的社会关系的法律规范的总称。国有资产取得、使用、管理、处置过程中发生的社会关系主要包括：国有资产管理体制关系，国有资产产权界定、登记关系，国有资产清产、核资关系，国有资产评估关系，国有资产流转关系和国有资产监督关系。国有资产管理体制是国有资产管理形式和制度的具体体现，是关于国有资产管理的机构设置、职权划分的制度。其基本内容包括两个方面：一是关于国有资产管理的机构设置的规定，包括机构的性质、地位、隶属关系；二是关于国有资产管理的机构的职权划分，包括机构的职权范围、不同国有资产管理机构之间的职权划分、国有资产管理机构与其他公共机构的职权划分等。

国有资产法具有多个部门法的属性。首先，它具有民法属性，关于国有资产的产权规则属于民法中的财产法；其次，它具有行政法的属性，行政事业性国有资产满足行政事业单位履行公共职能的需要，有关行政事业性国有资产的管理，主要是一种行政管理。因此，涉及行政事业性国有资产管理的法律法规和规章，具有行政法的性质；最后，它具有经济法的属性，国家利用国有资产投资经营是国家调节经济的三种方式之一，国有资产法作为国家投资经营法的组成部分，也就必然具有经济法的性质。

不同部门法对国有资产的关注面是不同的，民法主要从静态角度确定国有资产的产权，它构成国有资产管理和使用的基础；行政法主要确定国家对国有资产进行管理的一般规则，其核心是使国有资产满足公共行政和公益支出的需要，调整的对象主要是行政事业性国有资产；经济法从国家调节经济的角度规定对国有资产的管理，其核心是利用国有资产调节国民经济，调整的对象主要是经营性国有资产，但也包括非经营性的国有资产。

（二）国有资产法的立法状况

我国没有制定统一的《国有资产法》，但有关国有资产的法律渊源既有宪法和法律，也有行政法规、部门规章、地方法规和地方规章，体系比较繁杂。举其要者，包括以下。

1. 宪法

宪法作为国家的根本大法，对国家的基本经济制度做了规定，其中可以成为国有资产法渊源并作为制定有关国有资产的法律、法规、规章依据的内容主要包括《宪法》第 7 条、第 9 条、第 10 条、第 12 条的规定。第 7 条规定，国有经济是国民经济中的主导力量，国家保障国有经济的巩固和发展；第 9 条、第 10 条规定，矿藏、水流、森林、山岭、草原、荒地、滩涂、土地等自然资源，除法律规定属于集体所有的外，都属于国家所有；第 10 条还规定，国家为了公共利益的需要，可以依照法律规定对土地实行征收或者征用并给予补偿；第 12 条规定，国家保护社会主义的公共财产，禁止任何组织或者个人用任何手段侵占或者破坏国家的财产。

2. 法律

涉及国有资产的法律很多。概括性的法律主要有《物权法》第五章“国家所有权和集体所有权、私人所有权”。其他的法律主要包括《企业国有资产法》、《中华人民共和国土地管理法》（以下简称《土地管理法》）、《中华人民共和国草原法》（以下简称《草原法》）、《中华人民共和国森林法》（以下简称《森林法》）、《中华人民共和国水法》(以下简称《水法》)、《矿产资源法》、《城市房地产管理法》、《文物保护法》和《非物质文化遗产法》等。

3. 行政法规和部门规章

行政法规和部门规章是国有资产法最主要的渊源。国务院和国务院相关部委、国务院国有资产监督管理委员会发布了大量的行政法规和部门规章，难以一一列出。择其要者，包括以下。

(1) 关于国有资产产权，主要有《国有资产产权界定和产权纠纷处理暂行办法》、《集体企业国有资产产权界定暂行办法》、《企业国有资产产权登记管理办法》、《企业国有资产产权登记管理办法实施细则》和《中央企业境外国有产权管理暂行办法》。

(2) 关于国有资产评估，主要有《企业国有资产评估管理暂行办法》、《资产评估机构审批和监督管理办法》和《注册资产评估师执业资格制度暂行规定》。

(3) 关于国有资产清产核资，主要包括：《国有企业清产核资办法》和《关于清产核资中全民所有制企业、单位对外投资的清理和界定的暂行规定》。

(4) 关于国有资产产权交易，主要包括：《企业产权市场信息网管理暂行办法》、《关于企业兼并的暂行办法》、《关于出售国有小型企业产权的暂行办法》、《企业闲置设备调剂利用管理办法》、《企业国有产权无偿划转管理暂行办法》和《企业国有产权向管理层转让暂行规定》。

(5) 关于国有资产经营预算，主要包括：《中央国有资本经营预算管理暂行办法》。

(6) 关于行政事业性国有资产，主要包括财政部颁布的《行政单位国有资产管理暂行办法》和《事业单位国有资产管理暂行办法》。

(7) 关于非资源性国有资产，主要包括《国家重点公园管理办法》(试行)。

四、我国国有资产管理体制的历史演变

从新中国成立以来，我国的经济体制经历了从计划经济到有计划的商品经济，再到社会主义市场经济的重大转变，与之相适应，我国的国有资产管理体制也在不断探索新的形式，以国有资产管理机构的设置和撤并为分界点，我国国有资产管理体制经历了三次大的变革，现分述如下①。

---

① 参见漆多俊主编.《经济法学》(第二版)，高等教育出版社 2010 年版，第 211 - 213 页。

（一）1949—1988年国家严格计划管理时期

新中国成立后至1988年间我国的国有资产管理体制基本实行国家统一所有、各国有单位分散占有使用，国家严格计划管理的模式。此时虽然没有建立专门的国有资产管理部门，但生产要素的配置和产品的分配基本上靠国家计划，国家通过各经济部门统一组织国有企业的经济活动，财务上统一收支，投资采用无偿办法，由国家统一安排。

（二）1988—2003年"国家统一所有、政府分级监管"时期

1988年1月，国务院决定建立国家国有资产管理局，由财政部归口管理，地方各级人民政府也先后成立了国有资产管理机构，这样就形成了"国家统一所有、政府分级监管"的国有资产管理体制。但是，国有资产产权不明、权责不清、多头管理的问题并没有得到根本解决。1998年，国务院撤销了国家国有资产管理局，将其职能并入财政部；随后各地方政府也纷纷撤销国有资产管理局，其职能并入地方财政局。这次改革一方面是国务院为了精简机构，另一方面是为了建立起"政资分离"的国有资产管理模式。这虽然在一定程度上克服了原专业部门管企业的"政资不分"问题，但并没有从根本上解决产权主体缺位的问题，并且，多个部门共同管理国有资产，权责难以划分清楚，对国有资产监管的效果仍然不够理想。

（三）2003年至今"国家统一所有，政府分级代表"时期

2003年4月6日，第十届全国人大一次会议关于国务院机构改革方案，设立国务院国有资产管理委员会(以下简称"国资委")。国资委为国务院直属的正部级特设机构，开始形成"国家统一所有，政府分级代表"的新型国有资产管理体制。有关该体制的具体内容，因经营性国有资产和非经营性国有资产有较大的不同，将在以下各节中分别介绍。

第二节　企业国有资产法律制度

一、企业国有资产和国家出资企业

（一）企业国有资产

企业国有资产，又称经营性国有资产，是指从事产品生产、流通、经营等服务活动，以营利为目的，依法经营和使用的，产权属于国家所有的一切财产。经营

性国有资产是国有资产中最重要、最活跃的部分，是国有资产收益不断增长的源泉，是国有资产增量不断扩大的基础，也是国有资产管理的重点对象。企业国有资产主要有以下特征。

（1）效益性。经营性国有资产具有资本的一般属性，即逐利性，追求利润的最大化；但国有资本的逐利性受社会主义国家职能制约，不能唯利是图。既要讲究微观效益，更要讲究宏观效益，而且微观效益要服从于宏观利益。总体上讲要有效益，但根据国家意志，为了给其他企业或行业的盈利创造条件，有的企业或资本也可能微利、无利甚至亏损。

（2）流动性。资本的增值只能在资本的不断运动中实现。资本的流动有两个层次：一个是企业内部流动；另一个是资本的社会性流动。深圳、上海两个股票交易所的股票交易、企业的兼并转让、新企业的设立和老企业的破产等都是资本的社会性流动。

（3）经营方式的多样性。由于行业特点、技术基础、企业管理水平、生产规模、区域环境等方面的差别，经营性国有资产的经营方式不可能整齐划一，而是多样性的。当前，经营性国有资产的主要经营方式有独立经营、委托经营、承包经营、租赁经营、股份经营、联合经营等。

（4）主要由企业占用。企业是经营性资产的载体，因此，经营性国有资产主要由国有企业占用。在我国，一些事业单位也占用部分经营性资产，通常，这类事业单位实行企业化管理。

（5）主要通过市场来配置。经营性国有资产的配置机制以市场调节为主、政府配置为辅。国有资产投入生产经营后，就依照市场规律运营，政府只是根据调节经济的需要决定国有资产的进入或退出经营领域。

企业国有资产虽然采用资产的称谓，但从本质上而言其与财产或者财产权是不同的概念。国家作为出资人一旦将国有资产转移到企业之后，该财产的所有权就不再属于国家，而是属于被投资的企业，国家此时取得的是出资人权益，或者说企业国有资本①。2013年《中共中央关于全面深化改革若干重大问题的决定》提出："完善国有资产管理体制，以管资本为主加强国有资产监管，改革国有资本授权经营体制，组建若干国有资本运营公司，支持有条件的国有企业改组为国有资本投资公司。"该文件中"以管资本为主加强国有资产监管"的表述方式

① 参见王新红.《〈企业国有资产法〉若干法律问题初探》，《福建师范大学学报》（哲学社会科学版）2016年第1期。

也正是明确了国家对于企业国有资产所享有的是以资本为基础的权益，而非传统意义上的财产权概念。

（二）国家出资企业

我国对于持有经营性国有资产主体的称谓在历史上经历了国营企业→国有企业→国家出资企业的变化①。

国营企业顾名思义就是国家经营的企业。国营企业是计划经济时代的产物，在这种体制下国有企业资本归国家所有，同时由国家直接经营。国家以计划方式、行政手段调配经济资源，各级政府直接决定企业的生产和销售计划、资金安排、资产配置、成本开支、利润分配。企业是政府的附属物，缺乏经营自主权，既无盈利动力，也无生存压力。

为了改变国营企业政企不分、效率低下的局面，我国自1984年起开始对国营企业进行逐步改革，其目的是为了实现国营企业所有权与经营权相分离。1988年出台的《中华人民共和国全民所有制工业企业法》，首次以法律的形式确认了企业的法人财产权利。1993年八届全国人大一次会议通过了第二个宪法修正案。这个宪法修正案将"国营企业"修改为"国有企业"，突出国企的经营自主权和集体经济组织独立进行经济活动的自主权。这一字之改，准确地体现了全民所有制经济的所有权和经营权的区别，为我国国有企业改革的发展和深化提供了宪法依据。

随后党的十四大确立了我国经济体制改革的目标是建立社会主义市场经济体制。在这个思想指导下，国有企业走向了第三个阶段：国家出资企业。这一阶段借鉴了前一阶段"两权分离"和"政企分开"的改革探索经验，确定了企业股东和经营者之间"委托—代理"的制衡关系。通过一系列的改革，公司制成为国企改革的主要形式。这时，国家与国有企业之间的关系开始向以现代产权制度为基础的委托代理关系转变。国企改革的思路，也由扩大企业经营权逐步触及企业的产权制度改革。"国家出资企业"一词的创立，既表明了"政企分开"、"政资分离"在法律层面的确认，又体现了国有企业与其他企业平等的市场主体地位。

概而言之，国家出资企业是指国家作为出资人直接出资持股的企业。按照出资方式的不同，国家出资企业可以分为两种：一是国家单独出资设立国有独

① 参见胡春才.《"国营企业"→"国有企业"→"国家出资企业"：名称变换勾画出国企改革路线图》，《长沙国资》2009年第3期。

资企业或国有独资公司;二是国家与他人合股设立公司企业,包括国有资本控股公司和国有资本参股公司。在第一种情况下,国家作为出资人,依法享有出资人的权利,企业国有资产就是指国家享有的出资人权利;在第二种情况下,国家作为股东,享有股权,企业国有资产就是指国家享有的股权。无论是国有独资企业,还是国家出资的公司企业,都是独立的法人,依法享有法人财产权。法人财产权是以企业法人名义享有的一切财产权益,包括但不限于所有权、债权、知识产权、股权等。通俗地说,就是出资人拥有企业,企业拥有财产。企业法人财产的权利人是企业法人本身,而不是企业的出资人。

(三) 企业国有资产法的立法目的

2008 年 10 月 28 日通过、自 2009 年 5 月 1 日起施行的《企业国有资产法》对企业国有资产法的立法目的做了宽泛的规定。该法第一条规定:“为了维护国家基本经济制度,巩固和发展国有经济,加强对国有资产的保护,发挥国有经济在国民经济中的主导作用,促进社会主义市场经济发展,制定本法。”

国家设定企业国有资产,主要是国家投资开办国有企业。“各国开办国有企业的目的和用意,不外以下三个方面:(一) 财政性目的,即扩大财源以满足国家机关活动经费和供统治者挥霍的需要;(二) 政治性目的,即为了维护和巩固国家政权,抵御外敌入侵或对外侵略,由国家控制某些经济要害部门;(三) 经济性(经济调节性)目的,即通过国家直接投资经营,调节社会经济结构和运行,促进社会经济协调、稳定和发展。20 世纪以来出现的国有企业(现代国有企业),其大量开办主要在于经济性目的,即通过国家直接投资于某些行业和进行产品的生产经营,直接调节国民经济的结构和运行,同时通过对国有资产的控制和运营,增强国家调节社会经济的物质力量。”①既然国家设定企业国有资产的主要目的是经济调节性的,保值增值就不应当是企业国有资产监督管理的主要目的。为了经济调节的需要,有时明知会投资会亏损,也要投入国有资产;而在国有资产在经营中能够很好地保值增值时,也可能国有资产要退出。

国家具有公共管理者和企业国有资产的财产权人双重身份,这两种身份都有权对企业国有资产进行管理。作为公共管理者,它对一切资产(无论公有私有)进行平等的保护和管理,这不是本章所要阐述的企业国有资产管理。本章只阐述国家作为企业国有资产的财产权人如何管理企业国有资产。作为企业国有资产的财产权人,其对自有财产的管理,无非是两个方面:一是保护自己的财

① 漆多俊.《对国有企业几个基本问题的再认识》,《经济学家》1996 年第 2 期。

产;二是使财产按照自己的意图使用和处分,最大限度地满足自身的需要。国有资产法要满足国家作为企业国有资产的财产权人两个方面目标的实现,其立法目的就应当是:① 保护企业国有资产,防止企业国有资产的流失;② 保障国家对企业国有资产的支配权,实现国家的经济调节目标。

（四）企业国有资产管理体制

财产权人对其经营性资产的管理有两种基本方式:一是直接管理,即财产权人自己经营,财产权人可以直接支配资产;二是间接管理,即财产权人委托他人经营,财产权人一般不能直接支配资产本身,主要通过监督受托人的行为对其资产实施价值管理,委托经营有多种形式,如"代表式"、"代理式"、"租赁式"、"合股式(公司制)"等。企业国有资产的财产权人是国家,国家不可能亲自经营。新中国成立后实行的国有国营,实际上也是国家选派代表进行经营,属于委托经营。因此,企业国有资产管理只可能实行间接管理,可以采用"代表式"、"代理式"、"租赁式"、"合股式(公司制)"等多种委托经营方式。不过,西方国家企业国有资产运行的实际以及我国国有企业改革的实践表明,"合股式(公司制)"是最适宜的方式。在"合股式(公司制)"经营的情况下,国家将国有资产投入公司,取得股权,成为股东,国家以股东身份通过行使股权实现对国有资产的管理,这是企业国有资产管理的基本方式。

具体在我国而言,根据《企业国有资产法》的规定,企业国有资产实行"国家统一所有、政府分级代表、国有资产监督管理机构受托监管、企业自主经营"的管理体制。其基本内容为以下。

1. 国家统一所有

"国家统一所有"是指,企业国有资产属于国家,全民所有出资人权利由国务院统一代表全国人民行使。但是,根据"统一所有、分级代表"的管理体制,国务院仅对"关系国民经济命脉和国家安全的大型国家出资企业,重要基础设施和重要自然资源等领域的国家出资企业"享有出资人的权利。

2. 政府分级代表

"政府分级代表"是指,地方人民政府依照法律、行政法规的规定,代表国家对国家出资企业履行出资人职责,享有出资人权益。具体而言,地方人民政府对非国务院独享的国家出资企业履行出资人职责。

3. 国有资产监督管理机构受托监管

为了实行政资分离,国务院和地方人民政府并不具体行使出资人权利,而是分别设立国有资产监督管理机构,由国务院和地方人民政府分别授权履行出资人职责；国务院和地方人民政府还可以授权其他部门和机构履行出资人职责。“国有资产监督管理机构受托监管”是指，国务院，省、自治区、直辖市人民政府，设区的市、自治州级人民政府，分别设立国有资产监督管理机构，国有资产监督管理机构根据授权，代理本级政府依法履行出资人职责，依法对企业国有资产进行监督管理。国有资产监督管理机构是专门行使出资人职责的政府特设机构，不是国家行政机关，不行使政府的社会公共管理职能。政府之所以需要委托国有资产监督管理机构来履行出资人职责，是为了更好地落实政企分开、社会公共管理职能与国有资产出资人职能分开、不干预企业依法自主经营的原则。

国有资产监督管理机构的主要职责是：代表本级人民政府对国家出资企业依法享有和行使资产收益、参与重大决策和选择管理者等出资人权利。国有资产监督管理机构是代表本级政府行使出资人职责，故应当向本级政府报告企业国有资产监督管理工作。上下级政府的国有资产监督管理机构之间不存在领导与被领导关系，但存在业务指导关系，上级政府的国有资产监督管理机构负责在业务上指导下级政府的国有资产监督管理机构。

4. 企业自主经营

国家出资企业及其投资设立的企业，享有有关法律、行政法规规定的企业经营自主权，对其动产、不动产和其他财产享有占有、使用、收益和处分的权利。国有资产监督管理机构除履行出资人职责以外，不得干预企业的生产经营活动。

二、国家出资企业出资人权利的行使

（一）出资人权利的行使主体

出资人是指为设立企业出资的组织或个人，国家出资企业中的出资人意指代表国家对国家出资企业履行出资人职能的机关或组织，而履行出资人职责的机构系指根据出资人的授权，代表出资人对国家出资企业履行出资人职责的机构或组织。企业国有资产属于国家所有，也即全民所有，出资人权利由国务院统一代表全国人民行使。但是，根据“统一所有、分级代表”的管理体制，国务院仅将“关系国民经济命脉和国家安全的大型国家出资企业，重要基础设施和重要自然资源等领域的国家出资企业”划归其行使出资人权利，其他国家出资企业由地方人民政府行使出资人权利；为了实行政资分离，国务院和地方人民政府并不具体行使出资人权利，而是分别设立国有资产监督管理机构（以下简称“国资委”），由国务院和地方人民政府分别授权履行出资人职责；国务院和地方人民政府还可以授权其他部门和机构履行出资人职责。

这从立法上理顺了国有资产所有权人(国家)、出资人(国务院或地方人民政府)与履行出资人职责的机构(国资委)之间的关系,为最终实现政府公共管理职能与出资人职能的分离奠定了法律基础。国务院或地方人民政府不直接行使出资人权利,出资人权利由国资委具体履行。出资人与履行出资人职责的机构之间是监督与被监督的关系。履行出资人职责的机构只向出资人负责并向其报告工作,在执行履行出资人职责时不受其他行政机构的干扰。此外,国家出资企业拥有企业经营自主权。履行出资人职责的机构应当维护企业作为市场主体依法享有的权利,除依法履行出资人职责外,不得干预企业经营活动。这些原则规定对于促进政府社会公共管理职能与出资人职能的分离、理顺出资人与出资企业之间的关系、推进政企分离具有重要作用。

但另一方面,《企业国有资产法》又没有能够完全顺应改革的要求,在关于出资人的立法中留下了诸多缺憾,暴露了立法对现实的妥协。首先,《企业国有资产法》没有能够实现履行出资人职责机构的完全集中和统一。该法虽然明确国资委作为履行出资人职责的机构,代表出资人履行出资人职责,但针对现实生活中仍存在并需要改革的大量其他政府部门担任国家出资企业出资人角色的问题,立法不但没有予以否定,反而进行了肯定,该法第 11 条第 2 款规定:“国务院和地方人民政府根据需要,可以授权其他部门、机构代表本级人民政府对国家出资企业履行出资人职责。”其次,《企业国有资产法》也没有能够实现完全的政(行政权)资(国有资产所有权)的分离。根据该法的规定,作为履行出资人职责机构的国资委在一定程度上仍具有双重身份:一是履行出资人职责的机构;二是国有资产的监督管理机构。这种矛盾与冲突可能会使国资委既无法履行好出资人的职责,又无法真正监督管理好国有资产①。在实践中,当国家出资企业或者利害关系人认为国有资产监管机构的行为侵犯了其经营自主权或者其他合法权益提起行政诉讼时,其结果多被法院以监管机构的此类行为不属于行政行为为由予以驳回,而只要监管机构的此类行为不撤销,当事人又无法提起民事诉讼,导致当事人对国有资产监管机构的侵权行为无法诉请救济(参见章末案例一)。

(二)企业管理者的选择与考核

选择管理者的权利由履行出资人职责的机构(主要是国有资产监督管理机构)行使。具体内容包括:依法任免或建议任免企业管理者、决定或建议企业管

---

① 王克稳.《〈企业国有资产法〉的进步与不足》,《苏州大学学报》(哲学社会科学版)2009 年第4 期。

理者的薪酬、考核和奖惩企业管理者。

1. 对管理者的任免权

因国家出资企业的资本构成不同，履行出资人职责的机构对国家出资企业管理者的任免权限也不同。

对于国有独资企业，履行出资人职责的机构有权直接任免经理、副经理、财务负责人和其他高级管理人员。

国有独资公司不设股东会，由国有资产监督管理机构行使股东会职权。但是，国有独资公司必须设置董事会和监事会，履行出资人职责的机构有权任免董事长、副董事长、董事、监事会主席和监事。此外，根据《中华人民共和国公司法》(以下简称《公司法》)的规定，国有独资公司的董事会和监事会必须有职工代表，且职工代表不得由履行出资人职责的机构指定，而应当由公司职工代表大会选举产生。履行出资人职责的机构无权任免国有独资公司的经理、副经理和财务负责人，而应当由董事会进行。董事会成员要兼任经理的，必须经履行出资人职责的机构同意。

对于国有资本控股公司、国有资本参股公司，履行出资人职责的机构仅有权向股东会、股东大会提出董事、监事人选。根据《公司法》规定，公司设立董事会、监事会，董事、监事由股东大会选举产生。股东通过股东大会按其出资比例行使选举、更换董事、监事(职工董事、监事除外)的权利。故履行出资人职责的机构的权利为：① 提出董事、监事人选，交股东大会讨论表决；② 推荐董事长、副董事长和监事会主席人选，由董事会、监事会按照公司章程讨论表决。

2. 国家出资企业管理者的任职资格

国家出资企业的董事、监事、高级管理人员应当具备一定的任职条件。任职条件分为积极条件和消极条件。其中，积极条件包括：① 有良好的品行；② 有符合职位要求的专业知识和工作能力；③ 有能够正常履行职责的身体条件；④ 有法律、行政法规规定的其他条件。

消极条件主要是《公司法》第 147 条的规定，即有下列情形之一的，不得担任公司的董事、监事、高级管理人员：① 无民事行为能力或者限制民事行为能力；② 因贪污、贿赂、侵占财产、挪用财产或者破坏社会主义市场经济秩序，被判处刑罚，执行期满未逾五年，或者因犯罪被剥夺政治权利，执行期满未逾五年；③ 担任破产清算的公司、企业的董事或者厂长、经理，对该公司、企业的破产负有个人责任的，自该公司、企业破产清算完结之日起未逾三年；④ 担任因违法被吊销营业执照、责令关闭的公司、企业的法定代表人，并负有个人责任的，自该公司、企业被吊销营业执照之日起未逾三年;⑤ 个人所负数额较大的债务到期未清偿。

除此之外,《企业国有资产法》还对国家出资企业管理者的兼职做了限制性规定:未经履行出资人职责的机构同意,国有独资企业、国有独资公司的董事、高级管理人员不得在其他企业兼职;未经股东会、股东大会同意,国有资本控股公司、国有资本参股公司的董事、高级管理人员不得在经营同类业务的其他企业兼职;未经履行出资人职责的机构同意,国有独资公司的董事长不得兼任经理。未经股东会、股东大会同意,国有资本控股公司的董事长不得兼任经理;董事、高级管理人员不得兼任监事。

3. 国家出资企业管理者的薪酬、考核和奖惩

履行出资人职责的机构有权确认国有独资企业、国有独资公司和国有控股公司管理者的薪酬标准。管理者的具体薪酬,按国家出资情况略有分别:国有独资企业管理者的薪酬由履行出资人职责的机构确认;国有独资公司董事监事的薪酬由履行出资人职责的机构确认,其他管理者的薪酬由董事会确认;国有控股公司、国有参股公司管理者的薪酬依照《公司法》分别由股东(大)会、董事会确认。

此外,国家建立国家出资企业管理者经营业绩考核制度。履行出资人职责的机构对其任命的企业管理者进行年度和任期考核,并依据考核结果决定对企业管理者的奖惩。另外,国有独资企业、国有独资公司和国有资本控股公司的主要负责人,应当接受依法进行的任期经济责任审计。

(三) 国家出资企业重大事项决策权的行使

1. "重大事项"的含义

"重大事项"是指涉及企业生存发展,涉及股东、出资人的重大利益,应由出资人、股东依法决策的事项。"重大事项"主要包括国家出资企业合并、分立、改制、上市,增加或者减少注册资本,发行债券,进行重大投资,为他人提供大额担保,转让重大财产,进行大额捐赠,分配利润,以及解散、申请破产等。

2. 国家出资企业重大事项决策权的行使主体

国有独资企业、国有独资公司合并、分立,增加或者减少注册资本,发行债券,分配利润,以及解散、申请破产,由履行出资人职责的机构决定;其他重大事项决策权,国有独资企业由企业负责人集体讨论决定,国有独资公司由董事会决定。

国有资本控股公司、国有资本参股公司的重大事项决策权,依照法律、行政

法规以及公司章程的规定，由公司股东会、股东大会或者董事会行使。由股东会、股东大会在对重大事项进行表决时，履行出资人职责的机构委派的股东代表应当按照委派机构的指示行使表决权。

重要的国有独资企业、国有独资公司、国有资本控股公司的合并、分立、解散、申请破产以及法律、行政法规和本级人民政府规定应当由履行出资人职责的机构报经本级人民政府批准的重大事项，履行出资人职责的机构在作出决定或者向其委派参加国有资本控股公司股东会会议、股东大会会议的股东代表作出指示前，应当报请本级人民政府批准。

3. 企业改制

企业改制是指企业组织形式的变更。国家出资企业的改制是指以下几种情况：① 国有独资企业改为国有独资公司；② 国有独资企业、国有独资公司改为国有资本控股公司或者非国有资本控股公司；③ 国有资本控股公司改为非国有资本控股公司。

企业改制的决策，涉及国有独资企业或者国有独资公司的，由履行出资人职责的机构决定；涉及国有资本控股公司、国有资本参股公司的，由公司股东会、股东大会决定。重要的国有独资企业、国有独资公司、国有资本控股公司的改制，履行出资人职责的机构在作出决定或者向其委派参加国有资本控股公司股东会会议、股东大会会议的股东代表作出指示前，应当将改制方案报请本级人民政府批准。但是值得注意的是，《企业国有资产法》并没有明确指出哪些属于重要的国家出资企业改制。

企业改制应当制订改制方案，载明改制后的企业组织形式、企业资产和债权债务处理方案、股权变动方案、改制的操作程序、资产评估和财务审计等中介机构的选聘等事项。企业改制涉及重新安置企业职工的，还应当制订职工安置方案，并经职工代表大会或者职工大会审议通过。

企业改制应当按照规定进行清产核资、财务审计、资产评估，准确界定和核实资产，客观、公正地确定资产的价值。企业改制涉及以企业的实物、知识产权、土地使用权等非货币财产折算为国有资本出资或者股份的，应当按照规定对折价财产进行评估，以评估确认价格作为确定国有资本出资额或者股份数额的依据。不得将财产低价折股或者有其他损害出资人权益的行为。

4. 关联交易

关联交易是指国家出资企业与关联方之间的交易。国家出资企业的关联方包括国家出资企业的董事、监事、高级管理人员及其近亲属，以及这些人员所有或者实际控制的企业。国有独资企业、国有独资公司、国有资本控股公司不得无偿向关联方提供资金、商品、服务或者其他资产，不得以不公平的价格与关联方进行交易。关联交易易于被利用来损害国家出资企业的利益，所以需要法律特别规制，规制的目的是防止关联方利用与国家出资企业之间的交易，谋取不当利益，损害国家出资企业利益。

此外，关联交易也可以以合法的形式进行，但是必须遵循以下程序：

第一，国有独资企业、国有独资公司经过履行出资人职责的机构同意，可以与关联方订立财产转让、借款的协议；为关联方提供担保；与关联方共同出资设立企业，或者向董事、监事、高级管理人员或者其近亲属所有或者实际控制的企业投资。

第二，国有资本控股公司、国有资本参股公司与关联方的交易，由公司股东会、股东大会或者董事会决定。公司董事会对公司与关联方的交易作出决议时，该交易涉及的董事不得行使表决权，也不得代理其他董事行使表决权。该董事会会议由过半数的无关联关系董事出席即可举行，董事会会议所做决议须经无关联关系董事过半数通过。出席董事会的无关联关系董事人数不足三人的，应将该事项提交上市公司股东大会审议。公司的控股股东、实际控制人、董事、监事、高级管理人员利用其关联关系损害公司利益，应当承担赔偿责任。

5. 资产评估

资产评估是指由法定的机构及其人员，为了特定的目的，依据国家法律、法规评估，按照科学的程序、标准和方法，对被评估的企业资产的现时价格进行评定和估算，以确定资产的市场价格。资产评估的目的是为了赋予履行出资人职责的机构知情权，从而避免国家出资企业在交易中盲目制定价格或者恶意串通损害国家利益的情况。

《企业国有资产法》规定在出现下列事由时，国家出资企业必须进行资产评估：① 合并、分立；② 改制；③ 转让重大财产；④ 以非货币资产对外投资；⑤ 清算；⑥ 法律、行政法规规定的其他需要进行资产评估的事项。

国家出资企业应当委托依法设立的符合条件的资产评估机构进行资产评估；涉及应当报经履行出资人职责的机构决定的事项的，应当将委托资产评估机构的情况向履行出资人职责的机构报告。国家出资企业及其董事、监事、高级管理人员应当向资产评估机构如实提供有关情况和资料，不得与资产评估机构串通评估作价。资产评估机构及其工作人员受托评估有关资产，应当遵守法律、行政法规以及评估执业准则，独立、客观、公正地对受托评估的资产进行评估。资产评估机构应当对其出具的评估报告负责。

6. 企业国有资产转让

企业国有资产转让，是指依法将国家对企业的出资所形成的权益有偿转移给其他单位或者个人的行为。基于国有经济布局和结构的战略性调整的需要，国家投资要从某些领域或者区域退出、减少或者集中，在这种情况下就要进行企业国有资产的转让。

企业国有资产转让由履行出资人职责的机构决定。履行出资人职责的机构决定转让国家出资企业全部国有资产的，或者转让部分国有资产致使国家对该企业不再具有控股地位的，应当报请本级人民政府批准。

企业国有资产转让应当遵循以下原则：① 等价有偿原则；② 公开、公平与公正的原则。对于上市交易的企业国有资产的转让，依照《证券法》的规定进行。非上市交易企业的国有资产转让的方式有两种：① 直接协议转让，只适用于国家规定可以直接协议转让的企业国有资产；② 通过产权交易所转让，除国家规定可以直接协议转让的以外，企业国有资产转让应当在依法设立的产权交易场所公开进行，受让方为两个以上的，转让应当采用公开竞价的交易方式。国有资产向境外投资者转让的，应当遵守国家有关规定，不得危害国家安全和社会公共利益。

（四）国有资本经营预算

国有资本经营预算是指对国家取得的国有资本收入和支出实行预算管理的制度。国有资本属于全民所有，收益归属于全民，收益的使用也应当由人民决定。实施国有资本经营预算制度，将国有资本的收入和支出纳入到一般政府公共预算体系，而政府预算必须由人大审议和批准。这样，就实现了人民对国有资本收益的决定权。国有资本的预算与公共预算不同。前者是政府作为国有资本所有者的职能，以资本所有权为分配依据，是经营性的预算；后者是政府的社会管理职能，分配的主要形式是税收。

《企业国有资产法》将国有资本预算法制化是从源头上对国有资产经营和国有资产投资进行的宏观规制，从而确保国有资产安全和保值增值，提高国有资产的运行效益，同时意味着将有效改变长期以来国有资产所有权的虚置问题，真正保障国有资产的全民所有、国家所有。我国自 2007 年始也在逐步改变国有企业长期以来不上缴资本收益的状况。经过连续多年的调整，国有资本收益的收取比例已经从 2007 年设立之初的 10％、5％、暂缓三年收取和免交等四档，逐步提高到 2015 年的 25％、20％、15％、10％和免收等五档。此外，2015 年《中共中央、国务院关于深化国有企业改革的指导意见》提出到2020年该比例将提高到30%，并且将会更多地用于保障和改善民生。这不仅体现了国有资本收益全民共享的要求，也意味着资源的更为公平的分配。

预算的内容就是收支一览表。国有资本经营预算列入的收入和支出包括国家取得的下列国有资本收入，以及下列收入的支出：① 从国家出资企业分得的利润；② 国有资产转让收入；③ 从国家出资企业取得的清算收入；④ 其他国有资本收入。依据《中央国有资本经营预算管理暂行办法》第9条的规定：中央国有资本经营预算支出应当服务于国家战略目标，除调入一般公共预算和补充全国社会保障基金外，主要用于以下用途：① 解决国有企业历史遗留问题及相关改革成本支出；② 关系国家安全、国民经济命脉的重要行业和关键领域国家资本注入，包括重点提供公共服务、发展重要前瞻性战略性产业、保护生态环境、支持科技进步、保障国家安全，保持国家对金融业控制力，推进国有经济布局和结构战略性调整，解决国有企业发展中的体制性、机制性问题；③ 国有企业政策性补贴。

国有资本经营预算按年度单独编制，纳入本级人民政府预算，报本级人民代表大会批准。预算支出按照当年预算收入规模安排，不列赤字。国务院和有关地方人民政府财政部门负责国有资本经营预算草案的编制工作，履行出资人职责的机构向财政部门提出由其履行出资人职责的国有资本经营预算建议草案。依据《中央国有资本经营预算管理暂行办法》第6条的规定中国烟草总公司、中国铁路总公司、中国邮政集团公司的国有资本经营预算直接向财政部报送，其他国有独资、国有控股、国有参股金融企业(含中国投资有限责任公司)由国务院及其授权机构代表国家履行出资人职责。中央国有资本经营的预算、决算除涉及国家秘密的应当及时向社会公开。

预算作出之后应当严格执行，未经批准不得擅自调剂。国有企业应当按照规定及时、足额上缴国有资本收益，任何部门和单位不得擅自减免国有资本经营预算收入。各级主管部门应当按照编制决算的统一要求，部署该年度国有资本经营决算的草案工作，经相关审计部门审计后，报本级人民政府审定，最终提请本级人民代表大会常务委员会审查。

三、企业国有资产监督和法律责任

(一) 企业国有资产监督的含义

企业国有资产监督是指对国家出资企业及其管理者、履行出资人职责的机构涉及企业国有资产的各种行为的监督，以保护国家作为出资人的合法权益，防止企业国有资产的流失。企业国有资产的经营管理实行的是多级委托式的管理，在多级委托—代理关系中，委托人必须加强对代理人的监督，以防止代理人的道德风险。这样，国有资产监督就是一个由人大监督、政府监督、审计监督、公众监督、履行出资人职责的机构的监督等组成的监督体系。

（二）企业国有资产监督的内容

《企业国有资产法》加强了对国有资产监督管理人履行职责的监督。目前对于企业国有资产的监督有五种模式：

(1) 人大监督。人大监督由人大常委会负责实施，监督的方式包括：① 听取和审议本级人民政府履行出资人职责的情况和国有资产监督管理情况的专项工作报告；② 组织对《企业国有资产法》实施情况的执法检查。

(2) 政府监督。国务院和地方人民政府对其授权履行出资人职责的机构履行职责的情况进行监督。

(3) 审计监督。国务院和地方人民政府审计机关依照《审计法》的规定，对国有资本经营预算的执行情况和属于审计监督对象的国家出资企业进行审计监督。

(4) 履行出资人职责机构的监督。履行出资人职责的机构根据需要，可以委托会计师事务所对国有独资企业、国有独资公司的年度财务会计报告进行审计，或者通过国有资本控股公司的股东会、股东大会决议，由国有资本控股公司聘请会计师事务所对公司的年度财务会计报告进行审计，维护出资人权益。

(5) 国务院和地方人民政府应当依法向社会公布国有资产状况和国有资产监督管理工作情况，接受社会公众的监督。

但是，《企业国有资产法》对于国有资产的监管依然存在很多问题。首先，随着全球化趋势的加剧我国在境外的投资越来越多，但是该法对于境外国有资产的监管没有任何具体化的规定。其次，该法虽然原则性地规定了多种监管模式，但是对于不同监管主体的监管职能却未作出具体规定，这可能会导致监管虚置的局面。再次，有效监管的前提条件在于信息公开。但是，对于如何让国家出资企业公开经营信息，《企业国有资产法》也语焉不详①。2015 年的《中共中央、国务院关于深化国有企业改革的指导意见》针对上述问题提出了相对有效的解决方案。该方案主要涉及四个方面：① 强化企业内部监督；② 建立健全高效协同

① 邬峥杰，金峰.《从〈企业国有资产法〉看国有资产管理立法的完善》，《法治论丛》2009 年第 4 期。

的外部监督机制；③ 实施信息公开加强社会监督；④ 严格责任追究。

（三）违反《企业国有资产法》的法律责任

1. 行政处分

履行出资人职责的机构的工作人员，属于国家工作人员的履行出资人职责的机构委派的股东代表，属于国家工作人员的国家出资企业的董事、监事、高级管理人员，违反《企业国有资产法》的，依法给予处分。

2. 赔偿损失

履行出资人职责的机构委派的股东代表，以及国家出资企业的董事、监事、高级管理人员，违反《企业国有资产法》造成国有资产损失的，依法承担赔偿责任。

3. 追缴或归入

国家出资企业的董事、监事、高级管理人员因违反《企业国有资产法》取得的非法收入，依法予以追缴或者归国家出资企业所有。

4. 交易无效

在涉及关联方交易、国有资产转让等交易活动中，当事人恶意串通，损害国有资产权益的，该交易行为无效。这一规定的目的是为了维护出资人权益、防止国有资产流失。但是有学者指出，在实践中出资人或者履行出资人职责的机构运用行政权直接认定交易行为无效的可能性极大。由于该交易行为本身与出资人或履行出资人职责的机构具有利害关系，而由具有利害关系的人再充当交易行为是否有效的裁决人其裁决的公正性不无问题，这可能会使与国家出资企业交易的另一方当事人的合法权益无法得到客观公正的保护并进而影响国有资产交易的效率①。

5. 能力限制与剥夺

国有独资企业、国有独资公司、国有资本控股公司的董事、监事、高级管理人员违反《企业国有资产法》规定，造成国有资产重大损失，被免职的，自免职之日起五年内不得担任国有独资企业、国有独资公司、国有资本控股公司的董事、监事、高级管理人员；造成国有资产特别重大损失，或者因贪污、贿赂、侵占财产、挪用财产或者破坏社会主义市场经济秩序被判处刑罚的，终身不得担任国有独资企业、国有独资公司、国有资本控股公司的董事、监事、高级管理人员。

---

① 李曙光.《论〈企业国有资产法〉中的“五人”定位》,《政治与法律》2009 年第 4 期。

6. 刑事责任

违反《企业国有资产法》规定，构成犯罪的，依法追究刑事责任。

第三节 其他国有资产法律制度

一、行政事业单位国有资产管理制度

(一) 行政事业性国有资产的定义

行政事业单位国有资产，又称非经营性国有资产，是指由行政事业单位占有、使用的，依法确认为国家所有，能以货币计量的各种经济资源的总称。这里的行政单位包括各级党政机关①、人大机关、政协机关、检察院、法院及民主党派机关；事业单位有科学、教育、文化、卫生医疗单位；农业、林业、水利、气象单位；社保、交通单位等。行政事业单位的国有资产表现为流动资产、固定资产、对外投资、无形资产和其他资产。非经营性国有资产包括行政单位和事业单位用国家财政性资金形成的资产、国家调拨给行政事业单位的资产、行政事业单位按照国家规定组织收入形成的资产，以及接受捐赠和其他经法律确认为国家所有的资产，其表现形式为固定资产、流动资产和无形资产等。非经营性国有资产是行政事业单位开展活动的物质基础，是国有资产的重要组成部分。

非经营性国有资产与经营性国有资产相比，具有以下特点：

(1) 公益性。非经营性国有资产投入公共产品的生产，用于履行公共职能或提供公益服务。

(2) 使用目的的服务性。由于非经营性国有资产主要配置于社会的非生产领域，其使用的结果不可能如同生产领域中使用的经营性国有资产那样，直接生产出物质财富。其作用在于保证各项行政事业单位工作能够顺利开展，保证整个社会的正常运转，支持经营性国有资产的营运。非经营性国有资产的使用也应该以“增值”为目的，但是不应该仿照经营性国有资产的盈利模式，而应该以实

① 政党组织的中央和地方各级常设工作机构，从一般意义上讲，不属于国家机关，但由于其业务活动的方式和财务活动的特点与国家机关类似，因此作为行政单位管理。政党组织包括：中国共产党、中国国民党革命委员会、中国民主同盟、中国民主建国会、中国民主促进会、中国农工民主党、中国致公党、九三学社、台湾民主自治同盟等。行政单位依法设立，工作人员一般列为国家行政编制，活动经费由国家财政供给，均是全额拨款单位。

现行政事业单位的服务为目的。

（3）主要由行政事业单位占用。非经营性国有资产既然用于公务和公益事业，其占用主体当然也就是承担公务和公益职责的行政事业单位。当然，并非这些单位的国有资产都是非经营性国有资产，其占有的部分国有资产也可能成为经营性国有资产。但是经营性的国有资产对于行政事业单位来说仅具有辅助作用，而不是其工作的主要目的。

（4）主要由政府配置。非经营性国有资产在各行政事业单位之间的配置主要由国家财政配置。有些事业单位也通过经营活动获取部分非经营性国有资产，即也有一定程度的市场配置，作为行政配置的补充。

（二）行政事业性国有资产管理体制

2006 年 5 月 30 日，财政部颁布了《行政单位国有资产管理暂行办法》和《事业单位国有资产管理暂行办法》（以下统称《办法》），自 2006 年 7 月 1 日起施行。《办法》明确了行政事业性国有资产的管理，实行国家统一所有，政府分级监管，单位占有、使用的管理体制。

国家统一所有，是指国有资产属于全民所有，也就是说，中华人民共和国是国有资产所有权的唯一主体，国务院代表国家行使国有资产的所有权，财政部代表国务院对行政单位国有资产实行综合管理。政府分级监管，是指国家对行政单位国有资产实行分级分工管理和监督。根据我国的基本国情、行政区划和行政管理体制的客观要求，和国有资产规模庞大的实际情况，国有资产不可能都由中央政府统一管理，必须实行分级分工监管。

按照统一领导、分级管理的原则，根据我国非经营性国有资产管理体制、财政管理体制的级次划分，非经营性国有资产管理相应划分为中央、省、市、县、乡五个级次。为充分调动主管部门和行政事业单位的积极性，根据我国现行预算管理体制、财务会计管理体制，对行政事业单位的国有资产实行三级管理：

第一级是各级财政部门。其作为政府负责行政事业单位国有资产管理的职能部门，对行政事业单位的国有资产实行综合管理。同时，上级财政部门对下级财政部门负有监督、检查和指导工作的责任。

第二级是主管部门或接受委托的各相关部门。财政部门根据工作需要，可以将国有资产管理的部分工作交由有关单位完成。有关单位根据受托管理范围，对行政事业单位国有资产实行监督管理，并对财政部门负责。

第三级是行政事业单位，对本单位占有、使用的国有资产实施具体管理。

（三）行政事业性国有资产的配置

行政事业性国有资产的配置是指财政部门、主管部门、行政事业单位根据行政事业单位履行职能的需要，按照国家有关法律、法律法规制定的程序，通过购置或者调剂等方式为行政事业单位配备资产的行为。

1. 配置原则

首先，行政事业单位配置国有资产以履行职责的需要为原则，与行政单位的机构编制人数、职能设置、业务发展规划等要求相适应。在制定资产配置计划时，应根据行政任务的需要，在充分考虑利用现有资产的基础上，同有关业务部门具体研究确定。

其次，行政事业单位的资产配置应当严格按照规定标准配置。对没有配置标准的资产，应在满足工作需要的前提下，根据实际情况，从严配置。所需经费是部门预算的一个组成部分，必须按照部门预算的要求，细化其预算编制，在规定时间内报送财政部门，经财政部门批准后、严格按批准的经费及配置标准实施。行政事业单位在配置资产时，应当根据《中华人民共和国政府采购法》的相关规定进行。

再次，资产配置应当做到科学合理，优化资产结构。行政事业单位应当根据工作需要，科学合理地编制配置规划或计划，充分发挥存量资产的作用，避免重复配置。通过加强资产存量管理与增量配置管理，实现资产的优化配置，提高资产的使用效益。

最后，行政事业单位的资产配置必需必须遵循勤俭节约、从严控制的原则。财政部门对要求配置的资产，能通过调剂解决的，原则上不重新购置。反对盲目追求高标准、高档次，不计行政成本，盲目增加配置数量和提高配置档次，造成资产的闲置浪费。

2. 购置资产时的报批

购置有规定配备标准的资产，除国家另有规定外，应当按下列程序报批：① 行政单位的资产管理部门会同财务部门审核资产存量，提出拟购置资产的品目、数量，测算经费额度，经单位负责人审核同意后报同级财政部门审批，并按照同级财政部门要求提交相关材料；② 同级财政部门根据单位资产状况对行政单位提出的资产购置项目进行审批；③ 经同级财政部门审批同意，各单位可以将资产购置项目列入单位年度部门预算，并在编制年度部门预算时将批复文件和相关材料一并报同级财政部门，作为审批部门预算的依据。未经批准，不得列入部门预算，也不得列入单位经费支出。目前，从全国来说，行政单位国有资产中国家规定有统一配置标准的主要是房屋、土地、车辆等。土地的划拨和出让，由国务院或省级人民政府审批。中央和地方省级党政机关新建办公楼项目，无论规模大小，一律报国务院审批。车辆购置项目，应当列入部门预算，报财政部门审批。

（四）行政事业性国有资产的使用

行政事业单位占有国有资产的目的是为了使用，以满足提供公共管理和公共服务的职能。

1. 日常管理规定

行政事业单位应当根据国有资产管理的规章制度，结合本单位的实际情况，制定本单位内部资产管理的具体办法，从制度上保证国有资产安全和完整、提高利用效率、防止国有资产流失。日常管理规定应当包含以下内容：资产购置审批制度，资产采购制度，资产入库登记制度，资产保管清查制度，资产领用交回制度，资产处置和报废审批制度，资产管理岗位奖惩制度，内部审计和考评制度，资产统计报告制度。

2. 对外出租、出借、担保的管理

除法律另有规定外，行政事业单位占有使用的资产不应用来对外投资或出租、出借、担保。国家允许利用行政事业资产进行经营活动，是基于弥补行政事业单位财政经费供给不足和许多行政事业单位自身具有创收能力、可以通过投资等方式来满足自身事业发展需要的现实考虑。但是目前，行政事业单位出租出借国有资产的现象非常普遍，没有应有的审批程序加以制约，造成了国有资产的大量流失。因此，《办法》规定行政事业单位拟将占有、使用的国有资产对外出租、出借的，必须事先上报同级财政部门审核批准。未经批准，不得对外出租、出借。行政单位出租、出借的国有资产形成的收入，按照政府非税收入①管理的规定，实行“收支两条线”管理；事业单位对外投资收益以及利用国有资产出租、出

---

① 根据财政部《关于加强政府非税收入管理的通知》(财综[2004]53 号)的规定：政府非税收入是指除税收以外，由各级政府、国家机关、事业单位、代行政府职能的社会团体及其他组织依法利用政府权力、政府信誉、国家资源、国有资产提供特定公共服务、准公共服务取得并用于满足社会公共需要或准公共需要的财政资金，是政府财政收入的重要组成部分，是政府参与国民收入分配和再分配的一种形式。按照建立健全公共财政体制的要求，政府非税收入管理范围包括：行政事业性收费、政府性基金、国有资源有偿使用收入、国有资产有偿使用收入、国有资产经营收益、彩票公益金、罚没收入、以政府名义接收的捐赠收入、主管部门集中收入以及政府财政资金产生的利息收入等。社会保障基金、住房公积金不纳入政府非税收入管理范围。

借和担保等取得的收入，除国家另有规定的外，应当纳入单位预算，统一核算，统一管理。

3. 对行政单位使用国有资产的禁止性规定

随着社会主义市场经济改革和机构改革的推进，20 世纪八九十年代，各级党政机关陆续组建了一批公司和企业集团等经济实体，这对于转变政府职能、妥善安置机关分流人员、发展第三产业起到了一定的积极作用。党政机关举办经济实体，是特定历史时期下的特定产物。但随着党政机关经商现象的迅速膨胀，出现了一些值得注意的问题，如组建政企不分的“翻牌公司(集团)”，以权经商，强买强卖，垄断经营等。这些问题的出现，引起了广大企业和群众的不满，对于深化企业改革，加强党的建设和政权建设，建立社会主义市场经济体制极为不利。

对于这种历史特定时期下的产物，《办法》规定对应脱钩而没有脱钩的经济实体，应当按照国家关于党政机关与所办经济实体脱钩的规定尽快进行脱钩，转为独立核算、自负盈亏的法人企业。在脱钩前，应当按照企业财务制度，进行产权界定和登记，确保国有资产的安全和完整。财政部门和行政单位应当按照国家有关规定对其经济效益、收益分配以及使用情况进行严格监管。未脱钩经济实体上交给行政单位的国有资产占用费等收入，属于政府非税收入，按照“收支两条线”的原则，纳入财政专户管理，严禁行政单位截留、挤占、坐支和挪用国有资产有偿使用收入发放津贴补贴、福利和开支招待费等；未脱钩的经济实体不得以发放奖金、福利、承担费用等形式抵顶上缴国有资产有偿使用收入。

行政单位在国有资产管理工作中不得以任何形式用占有、使用的国有资产举办经济实体，不得组建任何类型的经济实体或者以部门名义向经济实体投资、入股以及接受各类经济实体的挂靠。除国家另有规定外，各级事业单位不得利用财政资金对外投资，不得买卖期货、股票，不得购买各种企业债券、各类投资基金和其他任何形式的金融衍生品或进行任何形式的金融风险投资，不得在国外贷款债务尚未清偿前利用该贷款形成的资产进行对外投资等①。

(五) 行政事业性国有资产的处置

行政事业性国有资产处置，是指行政事业单位国有资产产权的转移及核销，包括各类国有资产的无偿转让、出售、置换、报损、报废等。行政事业单位在使用国有资产的过程中，必然会出现资产毁损、灭失和闲置的情况，这就需要对这些

① 参见《关于进一步规范和加强行政事业单位国有资产管理的指导意见》(财资[2015]90 号)。

国有资产进行处置。行政事业单位需处置的国有资产范围包括：① 闲置资产；② 因技术原因并经过科学论证，确需报废、淘汰的资产；③ 因单位分立、撤销、合并、改制、隶属关系改变等原因发生的产权或者使用权转移的资产；④ 盘亏、呆账及非正常损失的资产；⑤ 已超过使用年限无法使用的资产；⑥ 依照国家有关规定需要进行资产处置的其他情形。

行政事业单位处置国有资产报财政部门批准，未经批准不得处置。行政事业单位国有资产处置的一般程序为：申报、审核、审批、处理、调账、备案。即行政事业单位国有资产处置应当由单位资产管理部门会同财务部门、技术部门审核鉴定，提出意见，按审批权限由自己单位或报送主管部门或财政部门审批。具体的审批权限一般划分为以下三种：一是属于由行政事业单位自己的审批权限，处置完成后，定期向主管部门及财政部门备案；二是属于由主管部门的审批权限，处置完成后，定期向财政部门备案；三是属于由财政部门的审批权限①。

获批之后行政事业单位应当按照公开、公正、公平的原则进行国有资产处置。行政单位国有资产处置，主要包括以下几种形式：① 无偿转让(调剂)，是指以无偿的方式变更行政单位国有资产占有、使用权的一种资产处置形式；② 出售，是指以有偿转让的方式变更行政单位国有资产所有权或占有、使用权的一种资产处置形式；③ 置换，是指以非货币性交易的方式变更行政单位国有资产的所有权或占有、使用权的一种资产处置形式；④ 报废，是指由于行政单位国有资产已达到使用年限而出现老化、损坏、市场型号淘汰等，经科学鉴定或按有关规定，已不能继续使用，必须进行产权注销的一种资产处置形式；⑤ 报损，是指行政单位国有资产发生呆账损失、非正常损失等，必须按有关规定进行产权注销的一种资产处置形式。行政事业单位国有资产处置收入属于国家所有，应当按照政府非税收入管理的规定，实行“收支两条线”管理。

(六) 事业性国有资产的产权登记管理

《行政单位国有资产管理暂行办法》未对行政单位占用国有资产的产权登记作出规定，只是规定行政单位自身要对占用的国有资产进行账卡管理。《事业单位国有资产管理暂行办法》对事业单位的产权登记管理做了明确规定。所谓事业单位国有资产产权登记，是指国家对事业单位占有、使用的国有资产进行登记，依法确认国家对国有资产的所有权和事业单位对国有资产的占有、使用权的行为。产权登记管理的主要内容为以下。

---

① 参见郑慧军.《浅析行政事业单位国有资产处置相关问题》,《中国外资》2014 年第 4 期。

1. 登记机关

登记机关为财政部门或其授权的主管部门。事业单位应当向同级财政部门或者经同级财政部门授权的主管部门申报、办理产权登记，并由财政部门或者授权部门核发《事业单位国有资产产权登记证》，《事业单位国有资产产权登记证》是国家对事业单位国有资产享有所有权，单位享有占有、使用权的法律凭证，由财政部统一印制。

2. 产权登记的内容

事业单位国有资产产权登记的内容主要包括：① 单位名称、住所、负责人及成立时间；② 单位性质、主管部门；③ 单位资产总额、国有资产总额、主要实物资产额及其使用状况、对外投资情况；④ 其他需要登记的事项。

3. 产权登记的事由

事业单位在下列情况下应当进行国有资产产权登记：① 新设立的事业单位，办理占有产权登记；② 发生分立、合并、部分改制，以及隶属关系、单位名称、住所和单位负责人等产权登记内容发生变化的事业单位，办理变更产权登记；③ 因依法撤销或者整体改制等原因被清算、注销的事业单位，办理注销产权登记。

（七）行政事业性国有资产的评估管理

1. 评估事由

行政单位有下列情形之一的，应当对相关资产进行评估：① 行政单位取得的没有原始价格凭证的资产；② 拍卖、有偿转让、置换国有资产；③ 依照国家有关规定需要进行资产评估的其他情形。

事业单位和行政单位进行国有资产的评估事由有较大不同，事业单位有下列情形之一的，应当对相关国有资产进行评估：① 整体或者部分改制为企业；② 以非货币性资产对外投资；③ 合并、分立、清算；④ 资产拍卖、转让、置换；⑤ 整体或者部分资产租赁给非国有单位；⑥ 确定涉讼资产价值；⑦ 法律、行政法规规定的其他需要进行评估的事项。

行政单位国有资产评估项目实行核准制和备案制。实行核准制和备案制的项目范围、权限由财政部门另行规定。

2. 评估主体

行政单位国有资产评估的委托主体确定，有两种情况：一种以行政单位为委托主体；另一种以财政部门为委托主体。具体以谁作为委托主体，则要根据行政单位国有资产管理工作的需要来予以明确。

行政事业性国有资产评估工作均应当委托具有资产评估资质的资产评估机构进行，资产评估机构独立作出评估，不受委托单位的干涉。财政部为全国资产评估主管部门，依法负责审批管理、监督全国资产评估机构，统一制定资产评估机构管理制度。省级财政部门负责对本地区资产评估机构进行审批管理和监督。资产评估协会负责对资产评估行业进行自律性管理，协助资产评估主管部门对资产评估机构进行管理与监督检查。

3. 评估管理的机构和方式

财政部门负责本级行政事业性国有资产的评估管理，管理的方式包括核准制和备案制。财政部门认为应当报其核准的重大项目的评估报告需由财政部门核准后方能生效，其他一般项目的评估报告报财政部门备案即可。

二、资源性国有资产管理制度

(一) 资源性国有资产的定义

资源性国有资产是指在人们现有的知识、科技水平条件下，通过开发使用能带来一定经济价值的国有自然资源。从其性质上来说，资源性国有资产是一种尚未进入流通领域的国有资产。资源性国有资产具有如下特征：①

第一，资源性国有资产所有权上具有垄断性。从我国的相关法律法规中可以看到，虽然有些资源可以由集体所有，比如耕地，但是更多的资源都是国家专有的，其他任何主体都不得拥有所有权。国有资源所有权上的垄断性是由两个因素决定的：其一，国有资源所具有的自然垄断性；其二，是由我国以社会主义公有制为主体的经济制度所决定的。

第二，资源性国有资产的范围具有相对性。所谓范围的相对性是指国有资源的范围是可变动的。因其这种变动的原因主要来自两个方面。其一是科学技术的不断发展，新的自然资源的作用为人们所认识和社会中不断加以利用，因此国有资源的种类不断扩大。其二是社会经济活动所引起的国有资源产权变更导致的国有资源范围的变化。比如，碳排放在若干年前从严格意义上来说上不属于国有资产的范围，但是随着《联合国气候变化框架公约的京都议定书》的签订，碳排放权已经成为可交易的对象，从而变为资源性国有资产的一种。自然资源转变为资源性国有资产一般要具备以下条件：一是处于自然界的某一存置空间；二是能用货币计量；三是能为人们所拥有和控制；四是能为人类带来经济效

① 参见谢次昌.《国有资产法》，法律出版社 1999 年版，第 7－8 页。

益;五是能够用现代技术取得。

第三,资源性国有资产具有私人财产性(private good)。私人财产性决定了该国有资产能否进入流通领域。经济学上认为私人财产必须具备排他性和竞争性。排他性是指能够产生私人所有权的国有资源,比如矿产资源、渔业资源等。不具有排他性的国有资产无法进入流通领域,从而成为市场交易的标度,比如自然景观、历史景观、珍稀野生动植物等,这类国有资产不属于资源性国有资产的范围。此外,资源性的国有资产也必须具备竞争性。竞争性是指对于某一资源的消费会阻碍其他消费者的消费。某些资源虽然名义上归国家所有,但是其消费不具有竞争性,比如良好的环境资源、国防设施,等等,从而也适宜由市场进行资源配置。

第四,资源性国有资产具有有价性。与上述的私人财产性相联系,资源性国有资源都具有一定的商业价值。这主要表现在两个方面:其一,当国家许可某一资源性国有资产进入流通领域时,被授予该许可的主体必须支付一定的对价;其二,被授予该资源性国有资产的主体可以通过经营该资产获得经济上的回报。

相对于已经进入流通领域的国有资产来说,资源性国有资产管理的目的不在于增值保值,而在于确权以及维持其可持续性的存在,以待未来的商业开发。因此,资源性国有资产的管理模式跟企业国有资产和行政事业国有资产的管理模式有所差异。我国资源性国有资产实行"国家统一所有,政府分级管理"的管理体制。具体来说,一切资源性国有资产的所有权都属于国家,由国务院代表国家统一行使所有权,国务院资源管理部门行使资源性国有资产的具体管理工作;地方人民政府和地方人民政府资源管理部门负责本行政区域的资源性国有资产的管理工作。

经过多年的改革实践,我国关于资源类国有资产的管理机制已经得到了很大的改善,但是时至今日我国资源类国有资产产权界定依然不够不清晰,从而导致资源类国有资产所有者权益难以实现。这里面主要存在两方面的问题。一是多头管理,权责不清。目前在我国,除了国土资源部负责矿产资源、土地资源、海洋资源的统一管理外,其他自然资源(比如,水利、煤炭、有色金属、石油化工等)由十几个部委、局、公司各管自摊,没有统一的规划与协调。二是政资不分,政府身份双重化。政府代表全国人民对资源类国有资产进行管理,在资源类国有资产管理体制中,政府既是相关政策的制定者,又是监督者,同时还是执行政策的主体,导致了我国资源类国有资产管理政资不分的现象,政府过度参与资源类国有资产的经营与监督[①]。这些都需要在今后深化改革的过程中加以完善。

（二）国有土地管理

土地是人类赖以生存的最重要的自然资源。我国目前由于建设速度与经济规模的不断扩大，人口剧增，土地资源紧缺问题一直很严重，突出表现在以下两个方面：第一，大面积土地质量退化；第二，土地浪费严重，优良耕地不断减少。因此有必要对土地资源立法加以监管，以期达到合理利用土地，切实保护耕地，促进社会主义经济的可持续性发展。《土地管理法》是我国进行土地资源管理的基本法律。

城市市区土地属于国家所有，农村及城市郊区的土地一般属于集体所有，但也有依照法律规定属于国家所有的。其他任何组织或者个人不得拥有土地所有权。国家土地所有权由国务院统一行使。国务院土地行政主管部门统一负责全国土地的管理和监督工作。省、自治区、直辖市人民政府根据国务院有关规定确定县级以上地方人民政府土地行政主管部门的职责。

国家所有的土地，可以通过划拨、出让和承包的方式将使用权交给单位和个人。划拨是指县级以上人民政府依法批准，在土地使用者缴纳补偿、安置等费用后将该幅土地交付其使用，或者将土地使用权无偿交付给土地使用者使用的行为。划拨适用于下列建设用地：① 国家机关用地和军事用地；② 城市基础设施用地和公益事业用地；③ 国家重点扶持的能源、交通、水利等项目用地；④ 法律、行政法规规定的其他用地。出让是指国家将国有土地使用权在一定年限内出让给土地使用者，由土地使用者向国家支付土地使用权出让金的行为。除划拨的土地外，国家对国有土地实行有偿使用、有期限使用的原则，出让就是实现该原则的具体方式。国有土地可以由单位或者个人承包经营，从事种植业、林业、畜牧业、渔业生产。

此外，国家建立土地统计制度，对土地利用状况进行动态监测。各级人民政府应当依据国务院制定的国民经济和社会发展规划、国土整治和资源环境保护的要求、土地供给能力以及各项建设对土地的需求，组织编制土地利用总体规划。土地利用总体规划实行分级审批制度，按照下列原则进行编制：① 严格保护基本农田，控制非农业建设占用农用地；② 提高土地利用率；③ 统筹安排各类、各区域用地；④ 保护和改善生态环境，保障土地的可持续利用；⑤ 占用耕地与开发复垦耕地相平衡。土地利用规划一经批准，必须严格执行。确需修改的，

① 参见郭志勇，李万虎.《资源类国有资产管理探究》，《行政事业资产与财务》2016 年第 1 期。

须经原批准机关批准；未经批准，不得改变土地利用总体规划确定的土地用途。

任何单位和个人进行建设，需要使用土地的，必须依法申请使用国有土地。建设占用土地，涉及农用地转为建设用地的，应当办理农用地转用审批手续。征收基本农田、超过35公顷非基本农田耕地、超过70公顷的其他土地必须由国务院批准。征收土地的，按照被征收土地的原用途给予补偿。

（三）国有矿产资源管理

矿产资源属于国家所有，由国务院行使国家对矿产资源的所有权。地表或者地下的矿产资源的国家所有权，不因其所依附的土地的所有权或者使用权的不同而改变。国有矿产资源可以通过授予探矿权和采矿权的方式进行勘查和开采。国家实行探矿权、采矿权有偿取得的制度。勘查和开采矿产资源，必须依法分别申请、经批准取得探矿权、采矿权，并办理登记。矿产资源的开发权一般由国务院地质矿产主管部门审批。探矿权、采矿权原则上不得转让。但是，在下列两种情形中，国有矿山企业可以转让其探矿、采矿权。第一，探矿权人有权在划定的勘查作业区内进行规定的勘查作业，有权优先取得勘查作业区内矿产资源的采矿权。探矿权人在完成规定的最低勘查投入后，经依法批准，可以将探矿权转让他人。第二，已取得采矿权的矿山企业，因企业合并、分立，与他人合资、合作经营，或者因企业资产出售以及有其他变更企业资产产权的情形而需要变更采矿权主体的，经依法批准可以将采矿权转让他人采矿。

（四）国有森林资源管理

森林资源与其他资源性国有资产在所有权人类别上有所区别。森林资源既可以由国家、集体所有，也可以由个人所有。国有森林资源是集体、个人所有之外的森林资源。其所有权属于国家，国务院代表国家统一行使国有森林、草原的所有权，国务院授权国务院林业主管部门对森林资源进行统一管理。县级以上地方人民政府林业主管部门，主管本地区的林业工作。乡级人民政府设专职或者兼职人员负责林业工作。

（五）国有草原资源管理

我国的草原资源由国家和集体共同所有。国家所有的草原，由国务院代表国家行使所有权。草原资源的监督管理工作由国务院草原行政主管部门统一进行，县级以上地方人民政府草原行政主管部门主管本行政区域内草原监督管理工作。国有草原可以交予全民所有制单位、集体经济组织等使用，由县级以上政府登记，核发使用权证。国家对草原保护、建设、利用实行统一规划制度。在编制草原保护、建设、利用规划，相关部门应当依据国民经济和社会发展规划，并遵循下列原则：① 改善生态环境，维护生物多样性，促进草原的可持续利用；② 以现有草原为基础，因地制宜，统筹规划，分类指导；③ 保护为主、加强建设、分批改良、合理利用；④ 生态效益、经济效益、社会效益相结合。

（六）国有水资源法律制度

水资源，包括地表水和地下水。水资源属于国家所有，其所有权由国务院代表国家行使。但农村集体经济组织的水塘和由农村集体经济组织修建管理的水库中的水，归各该农村集体经济组织使用。国家对水资源依法实行取水许可制度和有偿使用制度，国务院水行政主管部门负责全国取水许可制度和水资源有偿使用制度的组织实施。

水资源的管理体制较之其他资源性国有资产的管理体制略有不同，它实行的是流域管理与行政区域管理相结合的管理体制。所谓流域管理，是指根据水资源的流动性特点，对跨越多个行政区域的江河、湖泊按流域设置管理机构，流域设置管理机构对所辖流域内的水资源进行管理。具体来说，我国的水资源管理体制是：国务院水行政主管部门负责全国水资源的统一管理和监督工作；国务院水行政主管部门在国家确定的重要江河、湖泊设立的流域管理机构，在所管辖的范围内行使法律、行政法规规定的和国务院水行政主管部门授予的水资源管理和监督职责；县级以上地方人民政府水行政主管部门按照规定的权限，负责本行政区域内水资源的统一管理和监督工作。

三、非资源性国有资产管理

（一）非资源性国有资产的定义

非资源性的国有资产是指不能够进行市场交易并进入私人流通领域的国有资产，或者说是资源性国有资产之外的其他国有资产，一般包括自然景观、历史人文遗产、非物质文化遗产等。非资源性国有资产具有以下特征。

第一，非资源性国有资产具有公共财产性（public good）。经济学上认为公共财产具有两个属性：不排他性和不竞争性。不排他性是指非资源性国有资产无法被某个特定的私人主体所拥有，或者不适宜由私人主体进行经营，从而无法进行商业交易。不竞争性是指该类国有资产的消费不会阻碍其他消费者的消费。

第二，非资源性国有资产的经营具有国家垄断性。非资源性国有资产也具有一定的商业价值，但是由于其不具有私人财产的排他性和竞争性，因此不适合由私人主体进行经营。另外，非资源性国有资产的开发往往具有规模效应，且容易造成对环境资源的破坏，因此也适宜于国家统一规划进行开发经营。

第三，非资源性国有资产具有相对性。类似于资源性国有资产，非资源性国有资产的范围也是可变动的，其变动的原因主要来自两个方面：第一因为科学技术的进步导致非资源性国有资产的范围扩大；第二是随着社会的发展人们对于非资源性资产的认识发生变化，比如非物质文化遗产逐渐成为国有资产保护的对象之一。

（二）国家重点公园管理

国家重点公园，是指具有重要影响和较高价值，且在全国有典型性、示范性或代表性的公园。具备下列条件之一可以申报国家重点公园：① 园林历史悠久，代表一定时代的优秀园林作品，具有较高的历史价值；② 利用自然条件和人文条件，因地制宜建造公园，展现中国风景园林的设计艺术，具有较高的艺术价值；③ 公园的人文景观与中国的历史文化、重大历史事件、重要历史人物等相联系，具有重要的文化价值；④ 在濒危动植物研究和保护、科普教育、生物多样性宣传等方面，具有重要的研究和保护价值；⑤ 公园内历史遗存、动植物资源丰富，自然地质独特，具有重要的保护价值。任何单位和个人不得擅自改变国家重点公园的功能，不得侵占国家重点公园的用地，不得擅自改变国家重点公园的用地性质，不得出让、变相买卖国家重点公园的资源，不得进行经营性开发和上市。

（三）文物管理

我国境内地下、内水和领海中遗存的一切文物，属于国家所有。国有不可移动文物的所有权不因其所依附的土地所有权或者使用权的改变而改变。文物也可被集体或者私人所有[①]。国务院文物行政部门主管全国文物保护工作。地方各级人民政府负责本行政区域内的文物保护工作。县级以上地方人民政府承担文物保护工作的部门对本行政区域内的文物保护实施监督管理。

我国的文物主要包括：① 具有历史、艺术、科学价值的古文化遗址、古墓葬、古建筑、石窟寺和石刻、壁画；② 与重大历史事件、革命运动或者著名人物有关的以及具有重要纪念意义、教育意义或者史料价值的近代现代重要史迹、实物、代表性建筑；③ 历史上各时代珍贵的艺术品、工艺美术品；④ 历史上各时代重要的文献资料以及具有历史、艺术、科学价值的手稿和图书资料等；⑤ 反映历史上

---

① 根据最高人民法院《关于贯彻执行〈中华人民共和国民法通则〉若干问题的意见（试行）》第 93 条规定："公民、法人对于挖掘、发现的埋藏物、隐藏物如果能够证明属其所有，而且根据现行的法律、政策又可以归其所有的，应当予以保护。"

各时代、各民族社会制度、社会生产、社会生活的代表性实物。此外,具有科学价值的古脊椎动物化石和古人类化石视同文物。文物按其历史、艺术重要性,可以分为珍贵文物和一般文物。珍贵文物分为一级文物、二级文物、三级文物。此外,文物按其可移动性,可以分为可移动文物和不可移动文物。

国务院文物行政部门在各级文物保护单位中,选择具有重大历史、艺术、科学价值的确定为全国重点文物保护单位,或者直接确定为全国重点文物保护单位,报国务院核定公布。保存文物特别丰富并且具有重大历史价值或者革命纪念意义的城市,由国务院核定为历史文化名城。保存文物特别丰富并且具有重大历史价值或者革命纪念意义的城镇、街道、村庄,由省级政府核定为历史文化街区、村镇。

(四) 非物质文化遗产管理

非物质文化遗产,是指我国各族人民世代相传并视为其文化遗产组成部分的各种传统文化表现形式,以及与传统文化表现形式相关的实物和场所。包括:① 传统口头文学以及作为其载体的语言;② 传统美术、书法、音乐、舞蹈、戏剧、曲艺和杂技;③ 传统技艺、医药和历法;④ 传统礼仪、节庆等民俗;⑤ 传统体育和游艺;⑥ 其他非物质文化遗产。

国家对非物质文化遗产采取认定、记录、建档等措施予以保存,对体现中华民族优秀传统文化,具有历史、文学、艺术、科学价值的非物质文化遗产采取传承、传播等措施予以保护。国务院文化主管部门负责全国非物质文化遗产的保护、保存工作;县级以上地方人民政府文化主管部门负责本行政区域内非物质文化遗产的保护、保存工作。

国家鼓励和支持开展非物质文化遗产代表性项目的传承、传播。国务院文化主管部门和省、自治区、直辖市人民政府文化主管部门对本级人民政府批准公布的非物质文化遗产代表性项目,可以认定代表性传承人。

【参考文献】

1. 史际春,龙毕敏,李政浩.《企业国有资产法理解与适用》,中国法制出版社 2009 年版。

2. 钱卫清,鲁哈达.《企业国有资产法条文释义与典型案例》,中国法制出版社 2009 年版。

3. 顾功耘等.《国有资产法论》,北京大学出版社 2010 年版。

4. 陈雄根.《国有资产监管法律制度研究》,中国经济出版社 2012 年版。

5. 李曙光.《国有资产法律保护机制研究》,经济科学出版社 2015 年版。

【思考题】

1. 国有资产的分类及其意义。
2. 国有资产法的性质。
3. 国家出资企业出资人的权利及行使。
4. 国家出资企业的关联交易。
5. 企业国有资本经营预算。
6. 行政事业单位国有资产的处置。

【案例实训】

1. 甲公司与某市经济技术开发区总公司("乙公司")系该市市政工程有限公司("丙公司")的股东,其中乙公司在丙公司中占有 10%的股份,属国有法人股。后来,乙公司拟将其所持的 10% 的股份转让。丙公司召开全体股东会会议,代表公司 80% 股权的股东表示同意。因该股份属国有资产,乙公司向该市国有资产管理办公室("国资办")出具请示报告,要求将其所持的法人股向社会公开转让。国资办作出批复,同意将该法人股向社会公开转让。甲公司不服,对该批复提起行政诉讼。法院经过审理后认为:乙公司在丙公司的 10% 法人股系国有资产。此类资产实行国家统一所有,政府分级监管,单位占有、使用的管理体制。对此类资产行使监督管理职能是基于资产所有权而产生,而非行使行政法律法规所赋予的行政管理职权。因此,被告对乙公司股权转让的要求作出同意的批复,系履行企业国有资产出资人职责的行为,而不是基于行政管理职权而作出的具体行政行为。故原告甲公司起诉被告国资办所作出的批复行为,不属于人民法院行政诉讼的受案范围。依照《最高人民法院关于执行〈中华人民共和国行政诉讼法〉若干问题的解释》第四十四条第一款第(一)项之规定,裁定驳回原告的起诉。

请思考:

(1) 国家出资企业中的国有股份转让必须遵循什么程序?

(2) 该案中履行出资人在行使职责的时候存在什么样的问题?

(3)《企业国有资产法》在该问题上是否存在漏洞?

2. 某县某厂原厂长李某在没有报经主管部门和该县国有资产管理局审批同意的情况下,与某运输公司签订了买卖合同,将土地使用权、旧设备、旧房屋等国有资产以 3 000 元的低价转让。后该县人民检察院接到群众举报后,委托某咨信资产评估事务所,对上述转让财产进行了评估,总价为 48 万多元,造成国有资产流失 47 万多元。为保护国有资产不受侵犯,该县国有资产管理局诉至法院,请求判令某厂和某运输公司两被告的买卖协议无效。

请思考:

(1)《企业国有资产法》对于国家出资企业的转让财产是如何规定的?

(2) 国家出资企业的财产转让行为在何种情况下无效?

3. 甲企业为国有企业,以其厂房和其附着的范围内的国有土地使用权为抵押物,向银行借款。当甲企业的还款期限到期时,甲企业无力还款,银行将债务人(抵押人)甲企业和买受人乙公司诉至法院。在起诉过程中,丙公司主张其拥有该国有土地的使用权。

请思考:

(1) 甲企业能否以其厂房和附着范围内的国有土地向银行抵押?

(2) 甲企业与丙公司之间的产权纠纷应当遵循何种程序进行解决?

(3) 法院在受理过程中发现该担保抵押没有遵守《企业国有资产法》的相关程序。此时,法院宣告该抵押合同无效是否合理?

第五章
国有企业法

【本章导读】

国有企业法是指调整国有企业在设立、组织及运作过程中的法律规范总称。国有企业是指资本全部或主要由国家投入，该资本或该资本形成的股份归国家所有的企业。本章重点介绍国有企业法以下几方面的知识点：国有企业的概念、类型、功能及其法律地位；国有企业法的性质、特征及其法律体系；国有公司的设立原则、设立方式与组建途径及非公司制国有企业组织机构；国有公司法人治理，包括国有独资公司组织机构及国有企业“新三会”公司治理。

第一节 国有企业法概述

一、企业的特征与基本类型

（一）企业的特征

企业是一种经济组织，在法律上通常以法人形态出现，即《民法通则》第 3 章第 2 节所指的企业法人，有别于其他机关、事业单位和社会团体法人等组织。因此，企业是指依法设立，以营利为目的①，具有独立或相对独立法律人格的经营

① 企业虽以营利为主要目的，但在考虑股东利益最大化之余，企业也须善尽其社会责任。例如，《公司法》第 5 条第 1 款规定：“公司从事经营活动，必须遵守法律、行政法规，遵守社会公德、商业道德，诚实守信，接受政府和社会公众的监督，承担社会责任。”

性组织。一般说来,企业具有以下几点特征。

1. 企业是依法设立的组织

企业的组织形态只能在法律规定范围进行选择,而不能由投资者自行决定企业的组织形态。例如,公司型企业在我国只允许设立有限责任公司和股份有限公司,学理上的两合公司和无限责任公司不在允许范围之内,并且关于公司组织的规范为强行规定,不得以章程加以排除。因此,国有企业如选择公司组织形式,也只能设立有限责任公司或股份有限公司。

2. 企业是从事经营性活动的组织

企业与其他组织最大不同在在于经营性[①],经营的目的主要是为了营利,但经营性与营利性不能画等号。企业一般是以营利为目的的,但国家参与投资设立的为社会提供公共产品的企业,就可以不以营利为目的。例如,政府设立的水、电、公共交通等公益企业,有时候就不以营利为目的。国有企业毕竟是一种特殊的企业,虽其在整体经济地位的重要性不可言喻,且国有企业成立初衷往往不是基于营利,而是为了履行一定的社会职能,这点有别于一般的私人企业,是毋庸置疑的。

3. 企业是具有独立或相对独立法律人格的经营性组织

不同类型的企业具有不同的法律地位。从企业是否具有独立财产来承担责任,可以分为具有独立或相对独立法律人格的经营性组织,前者例如公司型企业,具有独立法人资格;后者如独资企业或合伙企业,则为非法人企业。国有企业大多具有法人资格。

(二) 企业的基本类型

企业按不同标准,可以分为不同种类的企业。例如,依投资人的出资方式和责任形式,企业可分为个人独资企业、合伙企业和公司企业。依投资者是否有涉外因素,可分为内资企业和外商投资企业(包括中外合资经营企业、中外合作经营企业和外资企业)。依所有制性质不同,可分为国有企业、集体企业和私营企业。依生产经营规模不同,企业可分为大型企业、中型企业和小型企业。依法律地位的不同,企业可分为法人企业和非法人企业。此外,还可依行业或营业性质和所在地域等不同进行分类。如从法律适用重要意义的角度而言,可分为以下基本类型。

---

① 例如,《公司法》(2014 年修订)第 211 条第 1 款规定:“公司成立后无正当理由超过六个月未开业的,或者开业后自行停业连续六个月以上的,可以由公司登记机关吊销营业执照。即为落实公司的经营性所为的安排。”

1. 有限责任公司

有限责任公司的成立与行为依据在法律适用上主要是《公司法》,当中又可细分为以下三类不同的有限责任公司:① 一般有限责任公司,适用《公司法》第2章规定;② 国有独资公司,适用《公司法》第2章第4节规定;③ 一人有限责任公司,适用《公司法》第2章第3节规定。

2. 股份有限公司

股份有限公司的成立与行为依据在法律适用上主要也是《公司法》,当中又可分为以下三类不同的股份有限公司:① 一般股份有限公司,适用《公司法》第4章规定;② 上市公司:适用《公司法》第4章第5节规定。

3. 外商投资企业

外商投资企业不存在统一的外商投资法,而是分别就不同形式的外商投资企业制定有不同的基本法律法规。共同特点在于,外商投资企业(无论其形式)的成立变动,均须经过商务部门的审批。具体可分为以下三大类,也有合称为三资企业法。① 中外合资经营企业:其成立与行为依据在法律适用上主要是《中外合资经营企业法》、《中外合资经营企业法实施条例》;② 中外合作经营企业:其成立与行为依据在法律适用上主要是《中外合作经营企业法》、《中外合作经营企业法实施细则》;③ 外商独资企业:其成立与行为依据在法律适用上主要是《外商独资企业法》、《外商独资企业法实施细则》。

在法律适用上,有两点值得特别注意。第一,外商投资企业原则上适用三资企业法,但三资企业法没有规定的部分,仍应适用《公司法》①。值得注意的是,2015年1月19日商务部公布《中华人民共和国外国投资法(草案征求意见稿)》,向社会公开征求意见。未来此法一旦通过,《中外合资经营企业法》、《外资企业法》和《中外合作经营企业法》将同时废止,实现外资的三法合一。第二,根据《中外合资经营企业法》第4条第1款,合营企业的形式为有限责任公司。因此,中外合资经营企业原则上不能以股份有限公司形态出现,故外商投资股份有限公司,在法律适用的依据不是三资企业法,而是《关于设立外商投资股份有限公司若干问题的暂行规定》。

4. 全民所有制企业

全民所有制企业的成立及其行为的依据是《全民所有制工业企业法》。全民

---

① 《公司法》(2014年修订)第217条:"外商投资的有限责任公司和股份有限公司适用本法;有关外商投资的法律另有规定的,适用其规定。"

所有制工业企业是依法自主经营、自负盈亏、独立核算的社会主义商品生产和经营单位。企业的财产属于全民所有，国家依照所有权和经营权分离的原则授予企业经营管理。企业对国家授予其经营管理的财产享有占有、使用和依法处分的权利。企业依法取得法人资格，以国家授予其经营管理的财产承担民事责任①。

5. 集体所有制企业集体

集体所有制企业集体又可分为城镇集体所有制企业和乡村集体所有制企业，前者适用《城镇集体所有制企业条例》；后者适用《乡村集体所有制企业条例》。

6. 个人独资企业

个人独资企业的成立与行为依据是《个人独资企业法》。个人独资企业，是指依照本法在中国境内设立，由一个自然人投资，财产为投资人个人所有，投资人以其个人财产对企业债务承担无限责任的经营实体②。

7. 合伙企业

合伙企业，是指自然人、法人和其他组织依法在中国境内设立的普通合伙企业和有限合伙企业。普通合伙企业由普通合伙人组成，合伙人对合伙企业债务承担无限连带责任，其中国有独资公司、国有企业、上市公司以及公益性的事业单位、社会团体不得成为普通合伙人③。其法律适用主要是《合伙企业法》的第二章关于普通合伙企业规定。有限合伙企业由普通合伙人和有限合伙人组成，普通合伙人对合伙企业债务承担无限连带责任，有限合伙人以其认缴的出资额为限对合伙企业债务承担责任④。有限合伙过去只出现在个别地方立法中⑤，目前已放宽限制，其法律适用主要是《合伙企业法》的第三章有限合伙企业规定。

8. 股份合作制企业

股份合作制企业，是指以企业职工出资为主或者全部由企业职工出资构成企业法人财产，合作劳动，民主管理，按劳分配和按股分红相结合的企业法人。目前没有统一的法律法规级别的立法，主要依据是地方性法规、规章。例如，《上海市股份合作制企业暂行办法》(1997 年 5 月 17 日上海市人民政府发布)。

---

① 参见《全民所有制工业企业法》第 2 条。

② 参见《个人独资企业法》第 2 条。

③ 参见《合伙企业法》第 3 条。

④ 参见《合伙企业法》第 2 条第 3 款。

⑤ 例如，《杭州市有限合伙管理暂行办法》(杭州市政府令第 174 号，2001 年 10 月 26 日)。

9. 几类特殊类型企业

(1) 私营企业。私营企业是指企业资产属于私人所有、雇工 8 人以上的盈利性的经济组织①。其法律适用依据是《私营企业暂行条例》(1988 年,1998 年修订)、《私营企业暂行条例施行办法》(1989 年施行)。

(2) 乡镇企业。乡镇企业,是指农村集体经济组织或者农民投资为主,在乡镇(包括所辖村)举办的承担支持农业义务的各类企业②。其法律适用依据是《乡镇企业法》(1997 年施行)。

此外,根据《个体工商户》第 2 条,有经营能力的公民,依照规定经工商行政管理部门登记,从事工商业经营,为个体工商户。个体工商户在性质上属于公民的特殊形式,不属于企业,其法律适用依据是《个体工商户条例》(2011 年,2014 年修订)。个体工商户申请转变为企业组织形式,如符合法定条件,登记机关和有关行政机关应当为其提供便利。

二、国有企业的概念与类型

(一) 国有企业的概念

西方学者一般把国有企业分为三种:第一种是政府及其部门控制的没有独立人格的企业,其财务在一定程度上与政府预算有着直接联系;第二种是公法人企业,是指依照专门的法律设立和经营的国有企业;第三种是政府控制的上市公司,即依照私法设立和经营,政府作为股东,依民商法及公司法参与其决策和经营的企业③。在此分类中,前两种是特殊企业,总的来说是非竞争性或政策性经营的企业;后一种国有企业则可以适用普通企业法和一般的企业分类,政府除对企业及公派人员实行廉政监督等之外,对企业的设立和运作通常不作特殊规定④。

国有企业在我国法律上并未给予统一而明确的界定,只在《公司法》、《全民

---

① 《私营企业暂行条例》第 2 条。

② 《乡镇企业法》第 2 条第 1 款。

③ 参见[德] 沃尔夫·弗里德曼.《各国公有企业的法律形式》,《法学译丛》1991 年第 1 期。

④ 特殊企业是相对于普通企业而言的,其特殊性在于受特别法调整,在组织上一般不受公司法、合伙企业法等普通企业法调整,在发达国家和地区也不需作商事登记。它之所以"特"的根本原因是它的公共性,所以特殊企业主要是由政府兴办或发起兴办的,这就导致特殊企业和国有企业的概念在外延上基本吻合,或者从属于国有企业的概念。参见史际春.《经济法(第二版)》,中国人民出版社 2010 年版,第 128 页。

所有制工业企业法》等法律中对某些类别的国有企业有所涉及[①],因而只能从学理上给予界定。根据理论界通行的解释,国有企业是指资本全部或主要由国家投入,该资本或该资本形成的股份归国家所有的企业[②]。

国有企业是否具备法人资格,有的国家认为国有企业必然是法人。如日本将直营事业以及公社、公团、事业团、公库、金库、特殊银行、营团、特殊公司等受特别法调整的国有企业归入特别法人[③]。而实际上,在国有企业当中,有的具有法人资格,也有不具有法人资格[④]。例如,国有企业之间,或者以国有企业为主导、而与其他所有制主体之间建立的合伙型国有企业,这样的企业具有国有企业的性质,但并非法人组织。

（二）国有企业的类型

对国有企业的分类标准不是唯一的,从不同的功能出发,可以对国有企业进行不同的分类。

（1）按照国有资产参与企业资本程度,国有企业可以分为单纯国有企业,即国有独资公司,以及国有资本参与的企业。其中国有资本参与的企业,如按其控制程度大小,可分为国有控股企业与国有参股企业。

国有独资公司由政府全额出资,受《公司法》规范。这类企业以社会公共目标为主,经济目标居次。这类企业主要是典型的自然垄断企业和资源类企业,如铁路、自来水、天然气、电力、机场等。因此,这类企业的产品或服务应该按边际成本或平均成本定价,以此来实现社会福利的最大化,而不是谋求从消费者那里攫取更多的剩余。

国有控股公司由政府出资控股,受《公司法》规范。这类企业兼具社会公共目标和经济目标,以经济目标支撑社会公共目标。这类企业主要是准自然垄断企业和国民经济发展的支柱产业,如电子、汽车、医药、机场等。这类企业不直接提供公共服务,而是通过向国家财政上缴股息和红利,间接提供公共服务。如果这类企业不得不履行一些公共职能,由此造成的损失,则由国家财政给予补偿。

---

① 例如,全民所有制工业企业主要是根据行政命令或者规章设立和调整的企业,属于西方学者分类中的第一类国有企业。《全民所有制工业企业法》第 2 条第 1 款规定,“全民所有制工业企业是依法自主经营、自负盈亏、独立核算的社会主义商品生产和经营单位。”

② 参见漆多俊主编.《经济法学》,武汉大学出版社 2004 年版,第 289 页。

③ 参见《现代日本经济事典》,中国社会科学出版社、日本总研出版股份公司 1982 年版,第 586—592 页。

④ 李国海.《论股份制改革条件下国有企业的法律界定》,《法商研究》2001 年第 5 期。

严格来说，国有参股公司应该称之为“国家参股公司”或“政府参股公司”，这类企业不是国有企业，政府只是普通参股者，受到《公司法》规范。这类企业与一般竞争性企业无异，没有强制性社会公共目标，经济目标居主导。政府参股只是为了壮大国有经济的实力。除此之外，政府对这类企业没有任何其他附加的义务。

此种分类意义在于，市场经济体制下，为维护市场竞争公平性，避免与民争利，如果没有特别政策或公益性考虑，应当优先设立国有控股企业或国有参股企业。另一方面，不同所有制资本联合经营的企业，基于所有者对其投资收益的关心，为追求利润最大化，将使企业经营效率提高。

2015 年 8 月《中共中央、国务院关于深化国有企业改革的指导意见》对国有企业的股权结构实施分类改革：① 主业处于充分竞争行业和领域的商业类国有企业，要积极引入其他国有资本或各类非国有资本实现股权多元化，国有资本可以绝对控股、相对控股，也可以参股，并着力推进整体上市。② 主业处于关系国家安全、国民经济命脉的重要行业和关键领域、主要承担重大专项任务的商业类国有企业，要保持国有资本控股地位，但支持非国有资本参股。③ 公益类国有企业原则上采取国有独资形式，也可以通过购买服务、特许经营、委托代理等方式，鼓励非国有企业参与经营。

(2) 按照法律适用的不同，国有企业可以分为传统国有制企业和国有公司制企业，这是我国国有企业的一种特殊分类。传统国有制企业适用《全民所有制工业企业法》，国有公司制企业除针对国有公司的特殊规定外，原则上适用的是《公司法》。《中共中央、国务院关于深化国有企业改革的指导意见》特别提到国有企业主业处于充分竞争行业和领域的商业类国有企业，原则上要实行公司制股份制改革。

(3) 按是否以营利为主要目的，国有企业可分为普通国有企业和特殊国有企业。普通国有企业以营利为主要目的，国家不要求其承担政策性义务，也不给予特殊的政策补贴或优惠。特殊国有企业在较大程度受到政策及国家为其规定的特殊性任务约束，不以营利为主要目的，政府在不同程度上以行政命令或政策对企业的经营行为进行干预。如我国的三大政策性银行等。因此，在企业发生政策性亏损，由国家财政给予补贴或以其他方式予以调整。从实质上看，国家或政府基于社会要求或公共利益，通常对国有企业加以一定程度的控制，即使是以营利为目的的国有企业也不例外。当然，国家控制的目的、任务、程度和侧重点等因不同类别国有企业而存在差异。

(4) 按照主营业务和核心业务范围的不同，国有企业可为商业类国有企业和公益类国有企业。为适应新经济形势，配合国有企业改革的实际需要，2015年12月7日，经国务院同意，国有资产监督管理委员会、财政部、国家发展和改革委员会联合印发了《关于国有企业功能界定与分类的指导意见》，今后将按以上两种模式来对国有企业进行分类改革。基于两者有不同的功能，其相应的监管、考核与激励措施也各自不同。值得注意的是，商业类国有企业和公益类国有企业的分类模式并不是一成不变的，各地应该根据经济社会发展和国家战略的需要，结合企业不同发展阶段承担的任务和发挥的作用，在保持相对稳定的基础上，适时进行动态调整。

三、国有企业的功能与法律地位的特殊性

（一）国有企业的功能

一般说来，国有企业主要有以下功能：① 财政目的功能：作为满足政府公共支出来源之一；② 社会目的功能：与国计民生有关的水电等重要公用物品的提供，基于政策性与公益性，须由政府加以控制；③ 经济目的功能：通过国家直接投资经营，调节社会经济结构和运行，促进整体经济协调、稳定和发展[①]。此外，早期70年代末期实施经济体制改革之前，在计划经济制下，国有企业还承载着另一特殊的革命性目的功能——成为实现社会主义公有制的工具[②]。

从1993年《宪法》确立了实施社会主义市场经济以来，一方面坚持社会主义公有制，一方面也承认非公有制对市场经济的有益补充，转变国有企业大而全，国有企业越多越好观念。具体通过放松对外资企业、个体企业及私营企业的限制来增加非国有经济的分量，即使在不触及国有企业的存量，也相对减少国有企业增量。随着改革的深入，并进一步采取“抓大放小”、“股份制改革”以及等方式来绝对地减少国有企业的增量。因此，在过去国有企业扮演重要角色的革命性目的功能基本上已被舍弃，国有企业的功能定位已发生根本性的回复。

虽然革命性目的的功能已被舍弃，但国有企业仍被寄予扩大财源的厚望。然而，政府的财源除通过国有企业收益之外，还可通过税收、国债、基金等方式得到满足。因此，国有企业不应把财政性目的作为主要目的[③]，国有企业的改革应

① 漆多俊.《对国有企业几个基本问题的再认识》,《经济学家》1996年第2期。
② 漆多俊.《国有企业改革的基本思路》,《经济与法》1995年第2期。
③ 漆多俊主编.《中国经济组织法》,中国政法大学出版社2003年版,第46页。

重点凸出国有企业的社会目的功能与经济目的功能。根据《中共中央、国务院关于深化国有企业改革的指导意见》所提出分类推进国有企业改革的思路，商业类国有企业的定位是以增强国有经济活力、放大国有资本功能、实现国有资产保值增值为主要目标；公益类国有企业的定位是以保障民生、服务社会、提供公共产品和服务为主要目标。

（二）国有企业法律地位的特殊性

国有企业既然作为落实特定政策性与公益性，以及调节社会经济的工具存在，此种功能定位，即决定了国有企业与国家的特殊关系。故国有企业虽是市场主体之一，但其法律地位仍与一般企业不同，是一种特殊的私法人。

企业法既有公法规范，也有私法规范，但一般企业的公法规范较少。由于国有企业的性质除具有一般市场主体的经济性私法人主体外，也兼具有行政性经济组织的特性。因此，不论是《全民所有制工业企业法》或《公司法》中公法的规定都是比较多的。相应地，国有企业的自治程度相对较低。一般企业享有更多的私法自治，但国有企业的许多重大事项需经国家主管机关同意，显示国有企业治理的特殊性。

四、国有企业法的性质和特征

（一）国有企业法的含义

国有企业法是指调整国有企业内外部组织关系的法①。它可以有形式的和实质的、狭义的和广义的之分。

形式的国有企业法，是指以国有企业或全民所有制企业为名、调整国有企业关系的专门法律，在我国就是《全民所有制工业企业法》。实质的国有企业法，则指各种调整国有企业组织关系的法，既包括调整单纯国有的企业尤其是传统国有企业的法律法规，也包括对国有主体或国有财产投资经营进行调整的公司法，“三资”企业法，商业银行法，特殊企业法等法律制度；这里的国有企业法主要包括直接调整国有资产投资经营的企业关系的法律规范，也包括相关的法人制度等等。狭义的国有企业法，是指调整普通国有企业、公司的法律、法规。广义的国有企业法，在外延上与实质国有企业法的概念一致。

（二）国有企业法的性质

国有企业法在总体上属于经济法的范畴，既属于经济法中的主体制度或企

① 史际春.《经济法(第二版)》，中国人民大学出版社 2010 年版，第 134 页。

业制度的组成部分，又属于国家投资经营法的组成部分。在以所有制形式为标准划分企业形态的阶段，国有企业曾经是我国的一种极为重要的企业类型。在传统的企业法律形态体系下，国有企业不仅是体现国家特殊政策指向的载体，而且也是为《民法通则》等法律所承认的民事主体之一种。在这种背景下，国有企业法被主要当作有关市场主体的立法。

在市场经济条件下，我国的企业形态的划分已经逐步过渡到以产权形式、责任承担方式和企业组织形式为标准，企业形态体系已经主要由公司、合伙企业和独资企业组成，国有企业等企业形态目前是作为进行分别立法、体现特殊政策的对象而存在的，国有企业本身也采取了多种形式。国有企业在法律上之独特性主要体现在与国家的关系方面，即国家对其采取的特殊政策上，而不是在企业的组织结构等方面。国有企业法作为市场主体法的特性已经逐步淡化，而作为国家政策法的特性却在逐步加强。

（三）国有企业法的特征

国有企业法除了具有组织法（兼具行为法）的一般特征外，也具有政策法的特征。国有企业是作为国家调节社会经济的手段和工具而出现的，这决定了国有企业与国家之间的特殊关系，而其外在表现就是国家对国有企业采取的政策的特殊性。为满足国家调节社会经济的需要，国家对国有企业适用特殊的政策，一方面在金融、税收等方面对国有企业给予优惠，另一方面又要求国有企业服从于国家调节社会经济的大局。

第二节 国有企业法的产生、发展及其立法构成

一、国有企业法的产生和发展

国有企业并非社会主义革命的产物，它是在经济社会化条件下，由国家来承担公共产品提供、发展和调控经济、参与公开市场操作等职能的产物。新中国成立后，我国对国有企业长期没有立法，而用政策和行政手段进行调整。行政手段的调整，表现为中央和地方党政的各种规定、指示、命令、通知，等等。改革开放以前有关国有企业的级别较高的规范性文件，即中共中央于 1961 年颁发的《国营工业企业工作条例（草案）》（简称《工业七十条》）。其指导思想是把国有制视

为一家，在一家之内自然不需要法，只要家长式的管理就行了①。

改革开放以后，从1979年开始扩大国营企业自主权的改革开始，国务院有关部门酝酿起草"国营工厂法"，于1983年由国务院先行颁布《国营工业企业暂行条例》，这是新中国成立后关于国有企业的第一个比较系统的行政法规。在"两权分离"第二波企业改革中，国有企业法的起草于1984年再次提上日程，并于1988年由七届全国人大第一次会议正式通过《全民所有制工业企业法》。该法试图将国有企业应有的权利及法人治理——厂长（经理）负责制、职工代表大会制等，用法律的形式确定下来。

国有企业公司化改造则可追溯至20世纪70年代开始的中外合资经营。1979年颁布的《中外合资经营企业法》和1988年颁布的《中外合作经营企业法》，开创了国有财产、国有企业和外商合资、合作经营的新局面。随后，国有企业制度的改革和完善不可避免地与建立规范的公司制有机地结合起来。1992年，国家体改委等部门联合下发了《股份制企业试点办法》、《股份有限公司规范意见》和《有限责任公司规范意见》等15个规范性文件，首次在全国范围内建立了统一的公司制度。接着，八届全国人大常委会第五次会议于1993年，审议通过了《公司法》。1993年，中共中央《关于建立社会主义市场经济体制若干问题的决定》中规定："国有企业实行公司制度，是建立现代企业制度的有益探索。规范的公司，能够有效地实现出资者所有权与企业法人财产权的分离，有利于政企分开、转化经营机制，企业摆脱对行政机关的依赖，国家解除对企业承担的无限责任；有利于筹集资金、分散风险。"②《公司法》和其后由国家国有资产管理局颁布的《国有企业财产监督管理条例》，均以"法人财产权"的概念，界定企业投资者或股东与企业或公司的关系。这是我国国有企业和公司制度相结合、与国际惯例接轨在法律上的重要标志。

2003年，中共中央《关于完善社会主义市场经济体制若干问题的决定》中规定：坚持公有制的主体地位，发挥国有经济的主导作用。积极推行公有制的多种有效实现实行，加快调整国有经济布局和结构。要适应经济市场化不断发展的趋势，进一步增强公有制的活力……完善国有资本有进有退、合理流动的机制，进一步推动国有资本更多地投向关系国家安全和国民经济命脉的重要行业

① 史际春.《经济法(第二版)》，中国人民大学出版社2010年版，第134页。

② 中共中央《关于建立社会主义市场经济体制若干问题的决定》，参见人民网：http：//www.people.com.cn/GB/shizheng/252/5089/5106/5179/20010430/456592.html，2012年8月29日最后访问。

和关键领域，增强国有经济的控制力。其他行业和领域的国有企业，通过自查重组和结构调整，在市场公平竞争汇总优胜劣汰。发展具有国际竞争力的大公司大企业集团，继续放开搞活国有中小企业①。这无疑是对公有制实现形式认识的另一重要发展。

2003 年，国有资产监督管理委员会成立，代表国家履行出资人职责，随后各地方国资委也陆续成立。这一阶段国企改革的重点主要是继续调整国有经济的布局和结构、建立和完善国有资产监督管理体制和继续推进产权多元化。2013 年党的十八届三中全会《决定》提出积极发展混合所有制经济，强调国有资本、集体资本、非公有资本等交叉持股、相互融合的混合所有制经济是基本经济制度的重要实现形式。伴随着 2015 年《中共中央、国务院关于深化国有企业改革的指导意见》、2015 年《国务院关于国有企业发展混合所有制经济的意见》（国发〔2015〕54 号文）等文件的出台，国企改革顶层设计的步伐将有望进一步加快落实到具体法律制度的安排上。

二、国有企业法人财产权

我国国有企业法与公司法，因法律上一项有争议的规定而获得了内在统一，即有关企业、公司法人财产权的问题。我国国有企业改革实施以来，一批企业成为行业龙头、成为“明星”企业，活力、动力、竞争力明显加强，这是改革之功。但从总体上看，已有的改革还没有从根本上解决国有企业活力、动力、竞争力不足的问题，绝大多数国有企业与真正的现代企业制度还有相当的距离。主流意见认为，国企必须实现企业法人制度，落实企业法人财产权，这是国企改革最本质的要求和最根本的目的，也是国有企业的出路所在。

《公司法》第 3 条规定：“公司是企业法人，有独立的法人财产，享有法人财产权。”第 4 条规定：“公司股东依法享有资产收益、参与重大决策和选择管理者等权利。”在公司法人制度形成之后，财产的所有权已经被分解成两部分，出资者所有权和公司法人财产所有权。前者是抽象的或虚拟的所有权，后者是具体的或实在的所有权。与此同时，同一财产就发生了两种完全不同的和相对独立的运动过程：一种是虚拟财产权的运动过程，即股权的运动过程。这种运动过程是独立于生产过程之外，通常是在股票市场上实现自我的繁衍与增值，有时也可实

① 国有企业改制法律法规编辑委员会编：《国有企业改制法律法规新编》，中国水利水电出版社、知识产权出版社 2005 年版，第 15 页。

现虚拟所有权向具体所有权的回归(比如,将股权出卖换回货币),其中包括放大和缩小规模的回归;另一种是实际的产权运动过程,即由股权出让募集而来的法人财产所有权运动过程。这种运动过程通常都包括投入和产出的全部生产和再生产过程,通过这种运动过程不仅创造物质产品,而且使公司法人财产所有权不断放大,即价值的或大或小部分的增值。目前,我们继续在对国有企业进行改革,并在改革中实现企业制度创新,有相当一部分国有企业通过各种途径和形式改造成现代公司即股份公司制。

1994 年,国务院颁布的《国有企业财产监督管理条例》中对法人财产权做了相应规定,国有企业享有法人财产权,依法独立支配国家授予其经营的财产,政府和监督机构不得直接支配企业法人的财产,国家对企业承担的财产责任以投入企业的资本额为限,企业以其全部的法人财产独立承担民事责任。把握法人财产权概念的准确的含义,对于理论和实践中理顺产权关系、建立现代企业制度、推动国企改革都具有重大的作用。从我们以上的分析可以体会到,这里需要强调的是不能过分夸大确立法人财产权制度的作用,要把它放在中国市场经济的大环境中去准确地把握其意义。法人财产权制度的确立仅仅是为现代企业制度的建立准备了基础性的条件,还需要企业的领导机制、激励机制、监督机制、保障机制等制度的设置和完善与其相适应。当然,最关键的还是司法阶段,要确定能保障正确的理论、政策得到较好的落实。

三、国有企业法的立法体系

我国的国有企业法大致由以下几个方面构成。

(1)《宪法》的有关规定。《宪法》是规定我国各项社会经济制度的基本法,它对国有企业也作了原则性的规定。《宪法》第 7 条规定:“国有经济,即社会主义全民所有制经济,是国民经济中的主导力量,国家保障国有经济的巩固和发展。”这是实行社会主义制度的经济宣言。国有经济要以国有企业的活动来支撑。《宪法》第 16 条规定:“国有企业在法律规定的范围内有权自主经营;国有企业依照法律规定,通过职工代表大会和其他形式,实行民主管理。”

(2)《全民所有制工业企业法》及其配套法规。对于尚未改制的国有企业,从法律上说仍适用《全民所有制工业企业法》及其配套法规,如《全面所有制工业企业承包责任制暂行条例》、《全民所有制工业企业转换经营机制条例》等。

(3)《公司法》及其相关法规和有关国有企业改制的法规。公司法和商业银行法、保险法以及中外合资、合作经营企业法调整各种所有制主体,包括国有主体的投资经营活动；而针对国有企业股份制改造或国有主体参与中外合资、合作的法规和规章，也是我国国有企业法的特有组成部分，如《股份有限公司国有股权管理暂行规定》、《境外上市企业股份制改组工作程序》、《关于出售国有小型企业产权的暂行办法》等。2008年9月16日发布的《关于规范国有企业职工持股、投资的意见》(国资发改革[2008]139号)，对国有企业改制中职工持股行为、国有企业职工投资关联企业的行为，国有企业与职工持股、投资企业的关系等职工持股、投资的有关问题进行规范，加强对国有企业职工持股、投资的管理和监督。

(4) 与企业和公司法相衔接，有关国有财产投资经营、国有资本或经营性国有资产管理的法律、法规，主要有2009年出台的《企业国有资产法》、财政部2009年3月出台的《金融企业国有资产转让管理办法》等。这类法规所要解决的，是国家作为所有权人将国有财产投资经营及实施有效监督管理，也即政府在市场经济条件下如何做好“老板”的问题。

(5) 有关特殊国有企业的法规。我国的特殊企业迄今都是国有企业，包括国务院有关设立和管理诸如政策性银行、中国长江三峡工程开发公司、有关竣工和航天等特殊企业的决定和规章等，此外也包括《邮政法》、《铁路法》和《中国人民银行法》等的有关内容。

(6) 与国有企业密切相关的其他法律、法规。有些法律、法规，一般而言并不属于国有企业法，如竞争法、会计法、破产法、社会保障法等，但其中也有许多内容与国有企业法不可截然分开。如《企业破产法》中的关于企业重整等规定；《反垄断法》中涉及企业兼并、股权收购等规定都是与国有企业法有所交叉的。

第三节　国有企业设立、组建及其组织机构

一、国有公司[①]的设立原则

涉及国有公司的设立的法律制度较为广泛，包括国有公司的设立方式和途

① 国有企业的设立与组建，既包括在原已存在非国有企业的基础上通过将非国有企业改制为国有企业的方式组建国有企业，也包括完全新设立国有企业。国有企业的设立和组建在不同的历史时期有不同的内容，也有不同的特征。自1992年以来，国有企业更多地采用了国有公司的法律形态。因此，国有公司将是本节优先和重要的讨论对象。

径、国有公司的设立原则、国有公司的设立条件和程序等。在这些内容中,有些属于一般公司均应适用的规定,有些则只是国有公司才能适用,或者主要为国有公司所适用的规定。本节我们将讲述与国有公司的设立具有独特联系的法律制度。

公司设立的原则是指公司设立的基本依据及立法者对公司设立的基本态度。关于公司设立的主义,理论上有四种模式:放任主义、特许主义、核准主义以及准则主义。从国有公司的设立实践来看,准则主义、核准主义和特许主义都同时存在,只不过其适用范围和适用对象各有所不同。

(一) 准则主义

准则主义是指设立公司不需要事前报有关主管机关审批,只要符合法律规定的成立条件,即可向企业登记机关申请登记,登记机关审查符合法定要件后,即准予设立公司。

《公司法》(2014 年修订,下同)第 6 条第 1 款规定:“设立公司,应当依法向公司登记机关申请设立登记。符合本法规定的设立条件的,由公司登记机关分别登记为有限责任公司或者股份有限公司”;《公司法》第 23 条规定:“设立有限责任公司,应当具备下列条件:(1) 股东符合法定人数;(2) 有符合公司章程规定的全体股东认缴的出资额;[①](3) 股东共同制定公司章程;(4) 有公司名称,建立符合有限责任公司要求的组织机构;(5) 有公司住所。”《公司法》(2014 年修订)第 76 条规定:“设立股份有限公司,应当具备下列条件:(1) 发起人符合法定人数;(2) 发起人认购和募集的股本达到法定资本最低限额;(3) 股份发行、筹办事项符合法律规定;(4) 发起人制订公司章程,采用募集方式设立的经创立大会通过;(5) 有公司名称,建立符合股份有限公司要求的组织机构;(6) 有公司住所。”由此可知,立法者对于公司设立的态度原则上采取准则主义。

对于竞争性行业的国有有限责任公司,由于它们与政府之间并不存在行业准入与管制的问题,而只与工商行政管理部门之间存在着市场及竞争秩序的维持与管理问题。因此,凡符合公司设立条件者,不必经过政府部门的事先审批即可依法设立国有公司。

(二) 核准主义

核准主义又称许可主义或审批主义,乃指公司设立除具备法定一般要件外,

---

① 在 2014 年的公司法修订中,将公司的法定最低注册资本制改为认缴制,对设立有限责任公司提供更便利的条件。

还须经政府行政主管机关进行审查批准方可成立。《公司法》第6条第2款规定“法律、行政法规规定设立公司必须报经批准的，应当在公司登记前依法办理批准手续”，可见非国有公司的设立例外可采核准主义。

当代一般很少采用核准主义，只是从国民经济整体发展的需要出发，对关系国计民生的特殊行业给予必要的行业进入管制，要求从事特殊经营行业的公司必须履行事先审批手续。目前，我国对外贸、金融、交通、邮电、新闻出版、医药卫生等行业要求特殊审批，意欲进入上述管制行业的公司，其设立必须依法报经审批。对于上述特殊领域，国有企业无论在数量上，还是在规模上都是占据主导方向。因此，核准主义仍将是国有公司的主要设立原则。

（三）特许主义

特许主义这种企业设立原则主要是依据特别法、专门法规或行政命令设立企业，或国家权力机关特许设立企业。其中又分为两类：一种是国家为每一个具体的企业制订专门的法律，由该法予以特别调整，此种情况又称“法定主义”；另一种是制订特别法或专门法规，对符合条件者，经特许而设立公司。

特许主义通行于公司制度形成的早期，由于特许主义导致人为垄断，妨碍社会经济的发展，到19世纪逐步为人抛弃，不再适用于商事公司。目前只有少数国有公司的设立适用特许主义原则。如国务院决定设立的行业总公司、长江三峡开发总公司等，其组织和经营管理不完全适用公司法，并有经国务院特别批准的规章，因而学术界一般将其视为特许公司。

二、国有公司的设立方式与组建途径

（一）国有公司的设立方式

作为一种特殊形态的公司，公司法关于公司设立的有关规定无疑同样适用于国有公司，但是国有公司毕竟具有不同于普通商事公司之处，其设立活动必然有其自身的特殊性。

我国《公司法》规定了公司的两种设立方式：发起设立和募集设立。国有公司同样涉及这两种方式。所谓发起设立，也称共同设立或单纯设立，是指公司的资本由发起人全部认购，不向发起人之外的任何人募集而设立公司。募集设立，又称渐次设立或复杂设立，是指发起人仅认购公司一定比例的股份，其余部分向外公开募集的公司设立方式。由于有限责任公司属于封闭性公司，不能向社会公开发行股份，所以设立国有有限责任公司只能采取发起设立方式；相反，对于可以向外发行股份的国有股份有限公司而言，它既可采取发起方式设立，也可采取募集方式设立。

（二）国有公司的组建途径

股东投资入股是普通商事公司组建的基本途径，但是国有公司的特殊性和表现形式的多样化，决定了其组建途径的多元化：单独投资设立；合股设立；通过股权收购变民营企业为国有公司；通过对原有国有企业的改建而设立。

1. 单独投资设立

依照《公司法》第 64 条第 2 款的规定，国家授权投资的机构或者国家授权的部门可以依法单独投资设立国有独资的有限责任公司，即国有独资公司。国家是该种公司的唯一股东，由国家授权投资的机构或授权的部门代表国家行使股权。采取这种组建方式无须其他投资者的配合，其资金来源主要是国家的财政拨款，因而具有法律关系和设立程序较为简单的特点。但是对其投资主体的资格及适用的范围都有相应的要求和限制，未经国家授权的一般国有主体不得采用该种方式设立公司。

2. 合股设立

国有主体（包括国家授权投资的机构或国家授权的部门以及国有企事业单位等）以国家授权经营或依法可支配的国有资产入股，联合其他的投资者（包括国有主体和非国有的民间主体）一起设立有限责任公司或股份有限公司。这是公司设立的一种传统方式。采取这种设立方式需要其他投资者的配合，涉及的法律关系与设立程序也相对复杂。

3. 通过股权收购变民营企业为国有公司

除上述几种方式外，国有主体还可以通过收购非国有企业部分或全部产权的方式，使企业性质发生转变，变民营企业为国家控股或者拥有全部股权的国有公司，这也是国有公司形成的一种重要渠道。

三、非公司制国有企业组织机构

非公司制国有企业主要是以工厂制形式存在，其组织机构包括厂长、职工代表大会、企业管理委员会。我国工厂制的国有企业实行厂长负责制。职工代表大会是企业实行民主管理的基本形式，是职工行使民主管理权力的机构。企业管理委员会既不是权力机构，也不是决策机构，仅仅是协助厂长决策的机构。

（一）厂长

1. 厂长的产生与其法律地位

根据《全民所有制工业企业厂长工作条例》第 44 条规定，担任厂长者必须具备一定的政治、业务与知识水平条件。厂长的产生除国务院另有规定外，由政府主管部门根据企业的情况采取下列一种方式：① 政府主管部门委任或者招聘；② 企业职工代表大会选举。在传统的非公司制国有企业中，厂长处于企业经营管理的重要地位。根据《全民所有制工业企业法》第 7 条第 1 款规定，我国工厂制的国有企业实行厂长负责制，即由厂长对企业生产经营管理统一领导，全面负责。厂长既享有广泛的职权，也要承担较重要的职责。厂长在企业中处于中心地位，并且是企业唯一的法定代表人。

2. 厂长的职权

厂长领导企业的生产经营管理工作，行使下列职权：

(1) 依照法律和国务院规定，决定或者报请审查批准企业的各项计划。

(2) 决定企业行政机构的设置。

(3) 提请政府主管部门任免或者聘任、解聘副厂级行政领导干部。法律和国务院另有规定的除外。

(4) 任免或者聘任、解聘企业中层行政领导干部。法律另有规定的除外。

(5) 提出工资调整方案、资金分配方案和重要的规章制度，提请职工代表大会审查同意。提出福利基金使用方案和其他有关职工生活福利的重大事项的建议，提请职工代表大会审议决定。

(6) 依法奖惩职工；提请政府主管部门奖惩副厂级行政领导干部。

(二) 职工代表大会

按照法律规定享有政治权利的企业职工，均可当选为职工代表。职工代表享有法定的权利，其权利的行使也受法律保障。职工代表大会的工作机构是企业工会委员会。企业工会负责职工代表大会的日常工作。

职工代表大会行使下列职权：① 听取和审议厂长关于企业的经营方针、长远规划、年度计划、基本建设方案、重大技术改造方案、职工培训计划、留用资金分配和使用方案、承包和租赁经营责任制方案的报告，提出意见和建议。② 审查同意或者否决企业的工资调整方案、奖金分配方案、劳动保护措施、奖惩办法以及其他重要的规章制度。③ 审议决定职工福利基金使用方案、职工住宅分配方案和其他有关职工生活福利的重大事项。④ 评议、监督企业各级行政领导干部，提出奖惩和任免的建议。⑤ 根据政府主管部门的决定选举厂长，报政府主管部门批准。

(三) 企业管理委员会

《全民所有制工业企业法》第 47 条规定："企业设立管理委员会或者通过其

他形式,协助厂长决定企业的重大问题。”可见,企业管理委员会既不是权力机构,也不是决策机构,仅仅是协助厂长决策的机构。企业管理委员会由企业各方面的负责人和职工代表组成。具体包括:厂长、副厂长、总工程师、总经济师、总会计师、党委书记、工会主席、团委书记和职工代表大会选出的职工代表等。厂长任管理委员会主任。

所称重大问题是指下列三者之一:① 经营方针、长远规划和年度计划、基本建设方案和重大技术改造方案,职工培训计划,工资调整方案,留用资金分配和使用方案,承包和租赁经营责任制方案。② 工资列入企业成本开支的企业人员编制和行政机构的设置和调整。③ 制订、修改和废除重要规章制度的方案。最后上述重大问题的讨论方案只能由厂长提出。

第四节 国有公司法人治理

一、国有独资公司组织机构

根据《公司法》第 64 条第 2 款的规定:“国有独资公司,是指国家单独出资、由国务院或者地方人民政府授权本级人民政府国有资产监督管理机构履行出资人职责的有限责任公司。”国家单独出资,是指公司的资本全部由国家直接提供,公司的资产全部归国家所有。由国务院或者地方人民政府授权本级人民政府国有资产监督管理机构履行出资人职责,是指履行出资人职责的只有一家机构,而且是各级国有资产监督管理机构,其他机构或部门均不能履行出资人职责。国有独资公司在组织机构设置方面具有如下重要特点。

(一) 国有独资公司不设股东会

《公司法》第 66 条规定:“国有独资公司不设股东会,由国有资产监督管理机构行使股东会职权。国有资产监督管理机构可以授权公司董事会行使股东会的部分职权,决定公司的重大事项,但公司的合并、分立、解散、增减注册资本和发行公司债券,必须由国有资产监督管理机构决定;其中,重要的国有独资公司合并、分立、解散、申请破产的,应当由国有资产监督管理机构审核后,报本级人民政府批准。前款所称重要的国有独资公司,按照国务院的规定确定。”由以上规定可以看出,国有独资公司不设股东会,这可以说是国有独资公司与一般公司在组织机构设置上的最大区别。

国有独资公司不设股东会,股东会职权由国有资产监督管理机构行使,国有资产监督管理机构可以授权公司董事会行使股东会的部分职权。这意味着在一般情况下,国有独资公司的股东会职权被分解成两部分:一部分归国有资产监督管理机构;另一部分归董事会。对于某些重要的国有独资公司,股东会职权行使甚至还涉及了相应级别的人民政府,公司合并、分立、解散、申请破产的,应当由国有资产监督管理机构审核后,报本级人民政府批准。

由上述可知,国有资产监督管理机构职权要小于一般有限责任股东会的职权,其专属职权如下:① 公司的合并、分立、解散、增减注册资本和发行公司债券(《公司法》第 66 条);② 委派董事会成员(《公司法》第 67 条第 2 款);③ 委派监事会成员(《公司法》第 70 条第 2 款)。

(二) 国有独资公司董事会的组成和职权不同于一般有限责任公司

根据《公司法》第 67 条规定:"国有独资公司设立董事会,依照本法第四十七条、第六十七条的规定行使职权。董事每届任期不得超过三年。董事会成员中应当有公司职工代表。董事会成员由国有资产监督管理机构委派;但是,董事会成员中的职工代表由公司职工代表大会选举产生。董事会设董事长一人,可以设副董事长。董事长、副董事长由国有资产监督管理机构从董事会成员中指定。"同时结合《公司法》第 68 条规定可以观察得知,国有独资公司董事会的组成和运作具有以下几项不同于一般有限责任公司的特点:

(1) 国有独资公司董事会职权大于一般有限责任公司的董事会。由于国有独资公司不设股东会,部分股东会职权由董事会行使,使得董事会职权有所扩大。

(2) 董事会的组成与一般有限责任公司有所不同。国有独资公司的董事会应当有公司职工代表,这是强制性规定,虽然《公司法》第 44 条第 2 款规定"其他有限责任公司董事会成员中可以有公司职工代表",但后者是任意性的规定。同时,由于国有独资公司的股东是单一的,也由于国有独资公司没有股东会,因此,除了职工代表董事经由选举产生外,其他董事会成员由国有资产监督管理机构委派。另外,董事长和副董事长也由国有资产监督管理机构指定,而不由董事会选举产生。

(三) 国有独资公司监事会的组成和职权也不同于一般有限责任公司

在 1999 年之前,《公司法》并没有对国有独资公司的监事会作出规定。关于国有独资公司的监督机构,当时的《公司法》是这样规定的:"国家授权投资的机构或者国家授权的部门依照法律、行政法规的规定,对国有独资公司的国有资产实施监督管理。”可见，以前的公司法没有规定国有独资公司设立专门的监督机构，也即国有独资公司不设监事会。

1999 年 12 月全国人大常委会对《公司法》进行了局部修改。修改后的《公司法》关于国有独资公司监事会是这样表述的：“国有独资公司监事会主要由国务院或者国务院授权的机构、部门委派的人员组成，并有公司职工代表参加。监事会的成员不得少于 3 人。监事会行使本法第 54 条第 1 款第(一)、(二)项规定的职权和国务院规定的其他职权。监事列席董事会会议。董事、经理及财务负责人不得兼任监事”。全国人大常委会对《公司法》的这种修正，体现了立法部门对有关呼吁的积极回应。在实践中，由于原来的《公司法》没有为国有独资公司规定监事会或监事，已经给国有企业的经营带来了监督不严的问题。所以，不论是理论界还是实践部门，都一直呼吁将国有独资公司的监督机构设置还原到公司法关于公司内部机构设置的一般原则上去。

2006 年颁布的《公司法》对于国有独资公司监事会的规定基本维持了 1999 年修正后的状况。只做了少许的修改。在《公司法》中，有关国有独资公司监事会的规定是这样的：“国有独资公司监事会成员不得少于五人，其中职工代表的比例不得低于三分之一，具体比例由公司章程规定。监事会成员由国有资产监督管理机构委派；但是，监事会中的职工代表由公司职工代表大会选举产生。监事会主席由国有资产监督管理机构从监事会成员中指定。监事会行使本法第五十四条第(一)项至第(三)项规定的职权和国务院规定的其他职权。”

众所周知，国有独资公司是一种特殊的有限责任公司。将上述规定与《公司法》关于一般的有限责任公司的监事会(监事)的规定相比较，我们可以看出两者的主要区别：

(1) 是否设立监事会的弹性程度不同。国有独资公司必得设立监事会，而根据《公司法》第 51 条，有限责任公司，股东人数较少和规模较小的，可以设 1 至 2 名监事，而不设立监事会。

(2) 监事的产生办法不同。国有独资公司监事会主要由国有资产监督管理机构委派的人员组成，并有公司职工代表参加，其中职工代表的比例不得低于三分之一。而一般的有限责任公司的监事会由股东代表和适当比例的公司职工代表组成，具体比例由公司章程规定。

(3) 监事会的职权不同。根据《公司法》第 53 条，一般有限责任公司的监事会或者监事行使的法定职权总共有 7 项。而国有独资公司的监事会只行使其中的第(一)至(三)项职权。此外，国有独资公司的监事会还行使国务院规定的其他职权,这项规定是一般有限责任公司监事会所不具备的。

(4) 关于任期的规定不同。根据《公司法》第 52 条的规定,一般有限责任公司监事的任期每届为 3 年。监事任期届满,连选可以连任。而《公司法》对国有独资公司的监事并没有规定任期。

(四) 国有独资公司负责人及高级管理人员在其他公司或经济组织任职受到限制

《公司法》第 69 条规定:"国有独资公司的董事长、副董事长、董事、高级管理人员,未经国有资产监督管理机构同意,不得在其他有限责任公司、股份有限公司或者其他经济组织兼职。"这是对于国有独资公司负责人及高级管理人员的特别规定,一般的有限责任公司并无相似规定。

董事长、副董事长、董事属于国有独资公司的负责人,公司高级管理人员则主要是指公司的经理、副经理、财务负责人以及公司章程规定的其他人员等。国有独资公司的负责人与高级管理人员履行公司经营管理以及日常决策的重大职权,其忠诚与否与公司的经营状况有非同一般的关系,而国有独资公司由于不设股东会,来自股东的监督处于缺位状态,因此,更需强调负责人与高级管理人员对公司的忠诚义务。《公司法》特别规定国有独资公司的负责人和高级管理人员未经允许不能在其他公司或经济组织任职,这是符合国有独资公司的特性的。

国有独资公司的负责人和高级管理人员的上述任职限制与竞业禁止的规定有所不同。竞业禁止规定在一般公司中也有体现。国有独资公司的上述任职限制既包括竞业禁止的内容,也包括竞业禁止以外的其他任职限制,即使其他公司或经济组织与国有独资公司之间不存在竞业关系,国有独资公司的负责人和高级管理人员未经允许也不能到这些机构任职。

二、国有企业"新三会"公司治理

我国国有企业存在的问题关键在于没有一种既能使企业经营者放手大胆经营,又能够有效监督、约束其行为,确保"老板"到位、保障所有者权益得以实现的方法或制度。迄今人们找到的解决方法就是公司制的法人治理,即股东(大)会、董事会和监事会制度,称为"新三会"。

(一) 股东(大)会

股东(大)会是公司的权力机构或意思机关,在有限公司中称为股东会,在股份公司中称为股东大会。公司依法也可能不设股东会,而以董事会作为权力机构或疑似机关。依《中外合资经营企业法》、《中外合作经营企业法》和《外资企业法》,外商投资的有限公司一般不设股东会;依《公司法》的规定,一人有限公司、国有独资公司也不设股东会。

公司的资本来源于股东,股东对公司拥有所有者权益,有权就公司的决策和事宜表达自己的意志。但这种意志的表达,不能采取个别股东直接向董事会或经理发号施令的方式,而只能通过股东(大)会的形式,形成股东的共同意志,令董事会和经理执行或实施。公司的一切重大问题,在设立股东(大)会的情况下,应由其按照少数股权服从多数股权的原则作出决议,即所谓资本多数决,在此基础上形成公司法人的意志。

《公司法》第37、99条对股东(大)会的职权作了规定:① 决定公司的经营方针和投资计划;② 选举和更换非由职工代表担任的董事、监事,决定有关董事、监事的报酬事项;③ 审议批准董事会的报告;④ 审议批准监事会或者监事的报告;⑤ 审议批准公司的年度财务预算方案、决算方案;⑥ 审议批准公司的利润分配方案和弥补亏损方案;⑦ 对公司增加或者减少注册资本作出决议;⑧ 对发行公司债券作出决议;⑨ 对公司合并、分立、解散、清算或者变更公司形式作出决议;⑩ 修改公司章程;⑪ 公司章程规定的其他职权。

《公司法》第102条规定:"股东(大)会会议由董事会召集,董事长主持。董事长因特殊原因不能履行职务时,由副董事长主持;副董事长不能履行职务或者不履行职务的,由半数以上董事共同推举1名董事主持。"《公司法》第43条,规定了有限责任公司股东会的议事方式和表决程序。股东会的开会程序是保证股东会正常召开的重要手段。由于股东会是由全体股东共同组成的,不同的股东代表不同的利益,如果没有规范的程序,当不同方面的股东利益发生矛盾的情况下,就可能出现利益难以协调从而影响会议正常召开的现象。为此,法律规定,股东会的议事方式和表决程序,除法律另有规定的以外,由公司章程规定。

尽管如此,鉴于股东会是公司的权力机构,它要讨论的问题是有关企业经营方向及其他经营活动中的重大问题。为避免对一些问题的讨论出现偏差,发生异常情况或有些公司开会程序规定不具体等问题,公司法在确认股东会的议事方式和表决程序由公司章程规定的同时,对一些特定问题的讨论等也规定了一些特别的程序,主要包括:① 股东会对公司增加或者减少注册资本、分立、合并、解散或者变更公司形式作出决议,必须经代表三分之二以上表决权的股东通过。这一规定较通常的二分之一以上表决权通过的规定,扩大了利益保护的范围。② 公司可以修改章程,但修改公司章程的决议,必须经代表三分之二以上表决权的股东通过。③ 股东会会议由股东按照出资比例行使表决权。④ 股东会的首次会议由于尚未形成会议召开方法，故应由出资最多的股东召集和主持，依照公司法规定行使职权。⑤ 股东会会议分为定期会议和临时会议：定期会议应当按照公司章程的规定按时召开。临时会议由代表四分之一以上表决权的股东，三分之一以上董事或者监事提议召开。⑥ 公司设立董事会的，股东会会议由董事会召集，董事长主持，董事长因特殊原因不能履行职务时，由董事长指定的副董事长或者其他董事主持。⑦ 召开股东会会议，应当于会议召开 15 日以前通知全体股东。股东会应当对所议事项的决定作成会议记录，出席会议的股东应当在会议记录上签名等。

无论公司章程有无规定，股东会会议的有关问题涉及上述方面的，都必须按规定的程序执行。程序未做规定而章程有规定的，则可依章程规定的程序执行。此外，《公司法》(2014 年修订)第 105 条规定，股东(大)会选举董事、监事，可以根据章程的规定或者股东(大)会的决议，实行累积投票制[①]。

按照公司法的基本理念，公司治理机制的设计应当体现资本控制原则，即出资者应当能够体现公司运营的“命脉”。正是基于此，公司重大事项的决策权均在股东(大)会。但在国有独资公司中，为了防止政府干预公司事务，重蹈政企不分的覆辙，将一般公司中股东会的诸多权力授予董事会行使是理性的制度安排。但“矫枉不能过正”，对于涉及公司合并、分离、解散等“根本性”事项，还是应当由出资人代表来决定[②]。

值得重视的是，对于国有企业的公司制改革来说，小股东利益的保护或受损也是其成败所系焦点之一。在公司法的诸多制度中，如股东大会召集权、提案权、质询权、表决权排除、累积投票权、异议权等，最重要的应归结为诉权，即诉诸法院请求保护其作为股东所享有的各项合法权益的权利。股东诉讼分为直接诉讼[③]和派生诉讼或代表诉讼[④]。而股东派生诉权由英美衡平法所创设，现通行于各发达国家。晚近发达国家的学说和判例更主张董事和大股东等对小股东负有

---

① 所谓累积投票制，是指股东(大)会选举董事或者监事时，每一股份拥有与应选董事或者监事人数相同的表决权，股东拥有的表决权可以集中使用。

② 顾功耘，等著.《国有资产法论》，北京大学出版社 2010 年版，第 142 页。

③ 直接诉讼是指股东因其自益权遭受损害而寻求救济所提起的诉讼，如请求保护其取得股利、查阅公司账簿或记录、行使新股优先认购权、要求损害赔偿等的诉讼。

④ 派生诉讼是英美法的称谓，大陆法的相应称谓是代表诉讼，是指公司的合法权益受到控制股东、董事和经理人员等的侵害，而公司怠于诉诸法律追究其责任或行使其他权利的，股东为维护公司利益，可以自己的名义代表公司向侵害人提起的诉讼。

信托义务或法定义务、不得滥用权利、应当诚实守信等，认为小股东可对不法损害公司利益的董事和大股东等直接提起诉讼，这是一种更有力的直接诉讼。

（二）董事会

董事会是公司的经营决策机关。董事会执行股东（大）会决议，负责公司的日常经营决策。中外合资、中外合作的有限公司不设股东会的，董事会则是公司的权力机关，有权决定公司的一切重大问题。国有独资公司的董事会由股东授权行使公司重大事项决定权，但公司的合并、分立、解散、增减资本和发行公司债券，仍需由国家授权投资的机构或部门决定。

不同领域的国有公司董事会，其功能以及具体人员构成有所不同。大体而言，对于竞争性领域的国有公司，应当促使其进行商业化运作，在董事会的构建中，应当尽量去除行政干预；而对于非竞争性领域的国有公司，尽管要实行市场化运作，但其本身所含有的“政治功能”不可磨灭，就其本质而言，应属于一个既有公法因素又有私法色彩的经济实体，在董事会的构建中，必然难以做到绝对的“政企分离”。

《公司法》第 47 条对有限责任公司董事会的职权以列举的方式做了规定，包括召集股东会会议，并向股东会报告工作；执行股东会的决议；决定公司的经营计划和投资方案；制订公司的年度财务预算方案、决算方案；制订公司的利润分配方案和弥补亏损方案；制订公司增加或者减少注册资本以及发行公司债券的方案；制订公司合并、分立、解散或者变更公司形式的方案；决定公司内部管理机构的设置；决定聘任或者解聘公司经理及其报酬事项，并根据经理的提名决定聘任或者解聘公司副经理、财务负责人及其报酬事项；制定公司的基本管理制度；公司章程规定的其他职权。另依《公司法》第 108 条第 4 款的规定，股份有限公司董事会职权适用有限责任公司董事会的规定。

对于非竞争性领域的国有公司，可以建立包涵内部董事（包括职工董事）、政府董事（或股东董事）、独立董事在内的董事会。通过政府董事，体现政府意志、反映该类企业的本质；通过独立董事，体现经营需求，促使决策的科学化；通过执行董事与职工董事，满足内部职工的基本权益和内在要求。在各方利益诉求充分展现与相互制衡的基础上，通过董事会这个平台，最大限度地实现公司目标。

（三）监事会

公司监事会作为公司内部专门行使监督权的监督机构，是公司法人治理结构的一个重要组成部分。监事会监督权的合理安排及有效行使，是防止董事独断专行、保护股东投资权益和公司债权人权益的重要措施。

所谓监事，是指由股东大会选举产生的，监督业务执行状况和检查公司财务状况的自然人。根据我国《公司法》规定，有限责任公司与股份有限公司设监事会，其成员不得少于 3 人。监事会应包括股东代表和适当比例的公司职工代表，其中职工代表比例不得低于三分之一，具体比例由章程规定。监事会中的职工代表由公司职工通过职工代表大会、职工大会或者其他形式民主选举产生。股东人数较少或者规模较小的有限责任公司，可以设 1～2 名监事，不设监事会。

监事会设主席一人，股份有限公司可以设副主席。监事会主席(股份有限公司监事会副主席)由全体监事过半数选举产生。监事会主席召集和主持监事会会议；有限责任公司监事会主席不能履行职务或者不履行职务的，由半数以上监事共同推举一名监事召集和主持监事会会议。股份有限公司监事会主席不能履行职务或者不履行职务的，由监事会副主席召集和主持监事会会议；监事会副主席不能履行职务或者不履行职务的，由半数以上监事共同推举 1 名监事召集和主持监事会会议。公司董事、高级管理人员不得兼任监事。

监事的任期每届 3 年，连选可以连任。监事任期届满未及时改选，或者监事在任期内辞职导致监事会成员低于法定人数的，在改选出的监事就任前，原监事仍应当依照法律、行政法规和公司章程的规定，履行监事职务。

《公司法》第 53 条规定，监事会、不设监事会的公司的监事行使下列职权：检查公司财务；对董事、高级管理人员执行公司职务的行为进行监督，对违反法律、行政法规、公司章程或者股东会决议的董事、高级管理人员提出罢免的建议；当董事、高级管理人员的行为损害公司的利益时，要求董事、高级管理人员予以纠正；提议召开临时股东会会议，在董事会不履行本法规定的召集和主持股东会会议职责时召集和主持股东会会议；向股东会会议提出提案；依照本法第一百五十二条的规定，对董事、高级管理人员提起诉讼；公司章程规定的其他职权。

在外派监事会制度中，《国有企业监事会条例》规定，政府授权机构向国有企业派出监事会和向重点大型企业派出稽查特派员，专门负责对企业财务和企业领导人员的经营管理行为进行监督。国家向中央级企业派驻监事会主席的任职资格是副部级，各省市派驻的监事会主席是副厅(局)级，可见，在监事会主席的选择上，政治素养的要求高于对专业水平的要求。由于外派监事会制度在我国尚处于初创阶段，在执行中出现一些问题也在所难免，还需要在今后的监督实践中不断探索和完善。

（四）国有企业法人治理机制的改革趋向

为贯彻党的十八大和十八届三中、四中全会精神，结合2015年的《中共中央、国务院关于深化国有企业改革的指导意见》、2015年的《国务院关于国有企业发展混合所有制经济的意见》及2016年国有企业"十项改革试点"落实计划的要点来看，未来国有企业法人治理的改革趋向有以下几方面重点。

1. 健全董事会治理结构

一方面让董事会在经理层成员选聘、业绩考核、薪酬分配等方面有相应职权，以充分发挥董事会的决策作用。另一方面要加强董事会内部的制衡约束，国有独资、全资公司的董事会均应有职工代表，董事会外部董事应占多数，落实一人一票表决制度，董事对董事会决议承担责任。

2. 建立国有企业领导人员分类分层管理制度

推行职业经理人制度，畅通现有经营管理者与职业经理人身份转换信道。董事会按市场化方式选聘和管理职业经理人，合理增加市场化选聘比例，加快建立退出机制。推行企业经理层成员任期制和契约化管理。

3. 完善法人治理的激励机制配套措施

完善国有企业负责人薪酬分类管理制度，建立健全职业经理人薪酬管理制度。对市场化选聘的职业经理人实行市场化薪酬分配机制。探索国有企业如何实行员工持股，以充分调动广大职工积极性①。

4. 深化国有企业内部用人制度改革

建立分级分类的企业员工市场化公开招聘制度，依法规范企业各类用工管理，真正形成企业各类管理人员的合理流动机制。

5. 加强和改进党对国有企业的领导

充分发挥国有企业党组织政治核心作用，把加强党的领导和完善公司治理统一起来。将党建工作总体要求纳入国有企业章程，同时明确国有企业党组织在公司法人治理结构中的法定地位，原则上党组织书记、董事长一般由一人担任。

6. 建立健全混合所有制企业治理机制

党的十八大和十八届三中、四中全会精神提出发展混合所有制经济是深化国有企业改革的重要举措。2015年的《国务院关于国有企业发展混合所有制经济的意见》进一步从确立和落实企业市场主体地位、健全混合所有制企业法人治

① 例如，《国有科技型企业股权和分红激励暂行办法》(财资〔2016〕4号文)。

理结构及推行混合所有制企业职业经理人制度等来建立健全混合所有制企业治理机制。

【参考文献】

1. 漆多俊.《中国经济组织法》,中国政法大学出版社 2003 年版。
2. 漆多俊.《经济法学》,高等教育出版社 2009 年版。
3. 杨紫烜.《经济法(第四版)》,北京大学出版社 2010 年版。
4. 顾功耘,等.《国有资产法论》,北京大学出版社 2010 年版。
5. 史际春.《经济法(第二版)》,中国人民大学出版社 2010 年版。
6. 王先林,等.《经济法学专题研究》,法律出版社 2013 年版。
7. 王新红.《国有企业法律制度研究》,中央编译出版社 2015 年版。

【思考题】

1. 试述设立国有企业的目的。
2. 简述国有企业的定义。
3. 简述国有企业功能界定分类及其改革的实益。
4. 论述国有企业在法律地位上的特殊性。
5. 分析国有企业法人财产权的内涵及其独立性。
6. 国有公司与全民所有制工业企业有何不同?
7. 论述全民所有制工业企业的经营自主权。
8. 分析国有企业设立的要件。
9. 论述国有独资公司治理与一般有限公司的区别。
10. 论述国有企业如何实施员工持股。

【案例实训】

1. 位于江苏省镇江市的东方房地产开发有限公司成立于 1994 年 4 月,并由股东付月庆任董事长。2003 年 5 月,镇江丹徒区建设局突然称东方公司是房地产开发有限国有企业,强行免去了付月庆的董事长的职务,任命区建设局下属另一家单位的领导姚某接替其职务。2004 年 9 月,丹徒区财政局下发了《关于镇江市东方房地产开发有限公司产权界定的通知》(镇徒财国[2004]35 号文件),该通知以文件的形式,将东方房地产开发有限公司确认为国有资产。

2004 年 10 月，付月庆和束龙圣、王海平三个股东将丹徒区财政局告上了法院，要求撤销该局的产权界定。并通过行政诉讼，要求将国有企业改回非国有企业。被告丹徒区财政局称，1994 年东方房地产开发有限公司成立时，是由丹徒县房地产开发公司与众多股东合股组成的，其中丹徒县房地产开发公司以价值 102 万元的房屋作为股份。随后原丹徒县工商局发现，丹徒县房地产开发公司投资的这些房屋正处于抵押状态，而用抵押登记的房屋作为股权投入是无效行为，于是要求东方房地产开发有限公司召开股东大会，调整该公司的股权投入。但被告丹徒区财政局认为，丹徒县房地产开发公司的确以房屋初始投入了 102 万元注册资本，应享有东方公司 102 万元的股权；而付月庆等人初始投入收据上写的事由是"集资款"，既然股东出资为集资款就不能享有股份，故东方房地产开发有限公司在法律上性质是国有企业。

原告称，1999 年原丹徒县工商局认定抵押房产作股权无效之后，东方房地产开发有限公司便召开股东大会，同意丹徒县房地产开发公司将房屋收回。东方房地产开发有限公司也办理了企业变更登记，自此东方房地产开发有限公司里就再也没有国有资产。至于虽名义为"集资款"，但实质上仍然是各个股东自己掏钱。

最后法院判决确认镇江市丹徒区财政局对东方公司的产权界定通知违法，并根据"谁投资，谁拥有产权"的原则，认定东方房地产开发有限公司性质上应当是有限公司①。

请思考：

(1) 如何认定企业是否属于国有企业，其标准为何？

(2) "集资款"的法律性质为何？

(3) 本案对于企业的有何重要的启示意义？

2. 2004 年 11 月 29 日，新加坡上市公司中航油因错判油价走势，在石油期货投资上累计亏损 5.5 亿美元，决定向新加坡高等法院申请破产保护。中航油公司在新加坡注册成立，其治理结构完全按照新加坡关于上市公司监管的要求建立，因此中航油公司并不缺乏完善的公司治理结构和相应的制度安排。中航油事件的发生，说明了即使是形式上十分完备、规范的公司治理结构并不能保证一定是有效的。总裁陈久霖个人仍然可以凌驾于制度之上，违反

① 案例来源：《股份制企业被界定为国有企业 三股东状告财政局》，参见中国新闻网 http://www.china.com.cn/chinese/law/877468.htm，最后访问日期：2012 年 9 月 14 日。

国家有关期货方面的规定，违规进行期权投机交易和场外期货交易，完全绕开董事会自己操盘进行交易，使公司治理的一系列制度安排都形同虚设，不能发挥应有的作用[①]。

请思考：

(1) 请结合本案说明，公司的事前监督机制是否不到位？

(2) 公司高管是否应为损失承担相应的法律责任？

---

① 案例来源.《公司治理结构与内部控制结合分析》，参见 http://www.caexpo.org/gxgzw/jyck/t20060320_58788.html，最后访问日期：2012 年 9 月 14 日。

第六章 反垄断法

【本章导读】

反垄断法是反对限制竞争、维护自由公平竞争和经济活力的法律规范的总称。反垄断法所规制的垄断与经济学上的垄断既有联系，又有区别。本章在分析了垄断和反垄断法的含义以及反垄断法中的适用除外和相关市场界定的基础上，着重介绍了反垄断法的实体制度，包括禁止垄断协议、禁止滥用市场支配地位、控制经营者集中和禁止滥用行政权力排除、限制竞争，并介绍了反垄断法的实施制度，包括反垄断执法体制、反垄断执法程序制度、反垄断法律责任制度和反垄断法的适用除外。

第一节 反垄断法概述

一、反垄断法所规制的垄断

从最一般的意义上来说，垄断是作为竞争的对立面而存在的，表现为对竞争的排除或者限制。在经济学上，垄断是指在市场经济条件下，一个或多个企业对于特定市场的独占，因此经济学主要关注垄断作为市场结构的方面。正是从这个意义上，微观经济学一般将市场类型或者市场结构分为完全竞争市场、完全垄断市场、不完全竞争市场（垄断竞争市场）和寡头垄断市场①。垄断的意义在于市场主体的少数甚至唯一，对供给进而对价格的控制，竞争则呈现相反的情形。

---

① 参见马洪主编.《什么是社会主义市场经济》，中国发展出版社 1993 年版，第 23－24 页。

反垄断法所规制的垄断与经济学中的垄断虽然有着密切的联系，但又有着重要的区别。与经济学上的垄断概念定义的是一种客观市场状态不同，法律所规范的是特定主体的特定行为。同时，与经济学定义垄断是为了分析一定市场结构或市场状态的经济效果不同，法律规范垄断则是要明确应予禁止的行为的范围以及执法机关应如何操作。

各国反垄断法中并没有关于垄断的一般性定义，而只是根据各自需要解决的主要问题侧重从某个方面或者角度对相关问题加以规定，并且各国因其具体国情、法律文化和垄断的主要表现等差异而对垄断有着不完全相同甚至完全不同的界定方法，但它们的重点一般均不放在市场结构上，而是放在市场行为上，并且主要着眼于其消极后果，因而受到法律禁止或者限制的垄断要同时具备危害性和违法性的构成要件。前者是指某种行为或者状态导致某一生产或者流通领域的竞争受到实质性的排除或者限制；后者则是指某种行为或者状态违反了法律的明文规定。由此也决定了反垄断法并不反对所有的垄断(包括状态和行为)，更不是一概地反对大企业，而有各自特定的对象或者范围，即只是控制、反对那些实质性排除、限制竞争且具有违法性的垄断状态和垄断行为。

因而，可以概括地说，反垄断法所规制的垄断是指特定主体在经济活动中排除、限制竞争的状态或者行为。具体说来，垄断是指经营者①或者其他主体单独或者联合地采取经济的或者非经济的手段，在特定市场实行排他性控制，从而排除、限制竞争的状态或者行为。它不仅表现为实质性限制竞争的状态(垄断状态)，而且更多地表现为各种实质性限制竞争的行为(垄断行为)；它可以是单个经营者的单独行为，也可以是两个或者两个以上经营者之间的联合或者默契行为；它通常是指经营者以经济手段追求或者滥用垄断地位的行为，即所谓的经济性垄断，但有时也包括行政主体以非经济手段(滥用行政权力)从事的排除、限制竞争行为，即所谓的行政性垄断。此外，由于反垄断法都有除外规定，因此广泛意义上的垄断除包括法律所禁止或者限制的非法垄断以外，还包括法律所允许和保护的合法垄断，这后者除了法律一般未予以明确规定的垄断状态外，还包括法律明确规定的某些垄断行为。可见，这里的垄断定义是对反垄断法中各种具体垄断的一般性的概括。

虽然垄断包括垄断状态和垄断行为，但从实际情况来看，垄断行为是各国反

---

① 我国《反垄断法》第12条第1款规定："本法所称经营者，是指从事商品生产、经营或者提供服务的自然人、法人和其他组织。"

垄断法的主要规制对象，在多数国家还是唯一的规制对象。不过，大多数的垄断行为又是与垄断状态相联系的，即以某种垄断状态为前提或目的的结构性行为。如果某个国家的反垄断法完全是采取行为主义的，则其反垄断法所规制的垄断就可以仅界定为垄断行为。我国《反垄断法》在第 1 条立法目的、第 2 条适用范围中都明确规定是“垄断行为”，并在第 3 条对其进行了明确界定，即“本法规定的垄断行为包括：(一) 经营者达成垄断协议；(二) 经营者滥用市场支配地位；(三) 具有或者可能具有排除、限制竞争效果的经营者集中。”

需要说明的是，在反垄断法中没有必要人为地去区分垄断与限制竞争，因为垄断本来就是对竞争的排除或者限制，垄断行为与限制竞争行为的基本含义是一致的。

二、反垄断法的概念、内容和地位

(一) 反垄断法的含义和发展概况

反垄断法是反对限制竞争、维护自由公平竞争和经济活力的法律规范的总称。它与禁止以违反诚实信用原则和其他公认的商业道德等不正当手段从事市场竞争行为、维护公平竞争秩序的反不正当竞争法共同构成完整的竞争法。

反垄断法虽是通称，但它在不同的国家或者地区有着不同的称谓。例如，在美国一般称为反托拉斯法；德国的相关立法称为反限制竞争法，又通称反卡特尔法；欧共体和有些国家称为竞争法(此即狭义上的竞争法)；还有叫公平交易法、管制限制性商业行为法等。虽然名称各异，但它们所规制的对象是大致相同的，即各种垄断或者限制竞争行为。当然，在不同的称谓和立法体例下，它所包含的内容可能不完全相同，如我国台湾地区的“公平交易法”就同时包括了反垄断法和反不正当竞争法两部分内容。

虽然反垄断、维护竞争的思想可以追溯到古希腊奴隶社会和中国战国时期①，这方面的法律规范最早可以追溯到古罗马时代②，但是现代意义上的反垄断法却是以 1890 年美国的《谢尔曼法》③为标志的。经过 120 多年的发展，目前

---

① 参见汪海波为戚聿东所著《中国现代垄断经济研究》一书所写的序及该书第 21—22 页，经济科学出版社 1999 年版。

② 参见[联邦德国]闵策励.《联邦德国的反垄断法》，《法学研究》1986 年第 6 期。

③ 该法的全称是《保护贸易和商业不受非法限制和垄断侵害法》。

世界上大约有120个国家和地区有了自己的反垄断法。反垄断法在一百多年的发展演变中，逐渐趋于成熟和完善，尤其是美国和欧盟的反垄断立法、执法和司法都比较成熟，对其他国家和地区的反垄断法也有着重要的影响。总体说来，各国反垄断法呈现出调整的范围越来越广泛、国际化程度越来越高以及受经济学理论和经济政策的影响越来越大的明显趋势。

在我国，自实行以市场为取向的经济体制改革以来，随着市场竞争机制的引入并发挥越来越重要的作用，相应地产生了从法律上反对垄断、保护竞争的要求，并逐步形成了若干反垄断法律规范。早在1980年10月，国务院就颁布了《关于开展和保护社会主义竞争的暂行规定》，首次提出了反垄断的任务。此后，国家有关法规、法规性文件和规章中又对相应领域内的反垄断问题作了一些规定。在1992年党的十四大确立建立社会主义市场经济体制的改革目标以后，我国的经济体制改革进入了一个新的阶段，市场竞争机制的地位和作用更为重要，在新的基础上也出现了相关的反垄断法律规范。1993年12月1日实施的《反不正当竞争法》，其第二章规定了11种应予禁止的不正当竞争行为，但其中有5种行为通常被视为垄断行为，即公用企业等滥用独占地位的行为、政府及其所属部门滥用行政权力限制竞争行为、低价倾销行为、非法搭售行为以及串通招投标行为。国家工商行政管理局发布的《关于禁止公用企业限制竞争行为的若干规定》和《关于串通招标投标行为的暂行规定》等还对有关行为进行了细化。1998年5月1日实施的《价格法》第14条规定的不正当价格行为中有不少也属于垄断行为。2000年1月1日实施的《招标投标法》也包含有相关的反垄断条款。此外，国务院于2001年4月21日发布施行了《关于禁止在市场经济活动中实行地区封锁的规定》是我国目前关于地区封锁这种典型的行政垄断行为的比较集中、具体的规定。

为适应全面、系统地控制非法垄断、保护自由公平竞争的需要，有必要制定一部比较完整的反垄断法。在经过13余年的反复酝酿和修改之后，《中华人民共和国反垄断法》(以下简称《反垄断法》)终于在2007年8月30日由十届全国人大常委会第二十九次会议通过，自2008年8月1日起施行。该法的制定和实施标志着我国反垄断基本法律制度的确立。

(二) 反垄断法的基本制度框架

尽管各国的反垄断法在立法模式和具体内容上存在差异，但是它们在基本的制度框架上则是大致相同的。这种制度框架都包括反垄断实体制度和反垄断实施制度两个基本的组成部分。

现代各国反垄断法的实体制度一般是由禁止联合限制竞争制度、禁止滥用市场支配地位制度、控制企业结合制度这三个最基本的方面组成①。其他的一些具体制度都是附属于这些基本制度或由这些基本制度派生出来的。例如,适用除外与豁免制度是反垄断法中的一个重要内容,但它们往往是分别附属于前面三个制度的,构成它们各自的有机组成部分,而且在不同时期的具体范围和重要性程度是不同的,因而一般可不作为独立的基本制度存在。当然,反垄断法的这些基本制度在不同国家其侧重点可能不完全相同,而且,少数国家还有一些特别的制度,如日本反垄断法中特有的垄断状态规制制度。总体来说,这些规定各有其具体的价值目标,但又结合在一起实现反垄断法的整体目标。其中,反垄断法对规模经济效益的维护主要是通过其允许垄断状态或者垄断地位本身和豁免某些垄断行为的规定来实现的。这种协调使得反垄断法对自由公平竞争的维护不以牺牲规模经济效益为代价,相反,可以在一定条件下和一定程度上实现两者的统一。而在我国,反垄断法律制度的实体内容除了上述各国所共同具有的基本内容以外,还有一个重要方面的内容,即禁止行政性垄断的制度②。这项制度也是一些经济转型国家反垄断法的一项重要内容。

除了实体制度外,反垄断法基本制度框架还应当包括实施制度,并且后者在整个反垄断法律制度中占有重要的地位,发挥重要的作用。反垄断法的基本实施制度主要包括反垄断执法机构的设置及其职责权限的制度、反垄断执法程序制度和反垄断法律责任制度,在不少国家还包括反垄断法的域外适用制度。

(三) 反垄断法的地位和特征

反垄断法是现代经济法中最典型和最核心的内容之一,是维护市场经济正常发展所不可或缺的重要法律。作为经济法的一个组成部分,反垄断法典型地体现了平衡协调、社会本位、实质公正等经济法的基本原则和理念。而且,由于竞争机制是最基本的市场运行机制,因此以确保竞争机制正常发挥作用的反垄断法是市场经济条件下的一项基本法律制度。在一些发达市场经济国家,反垄断法甚至被视为"经济宪法"、"市场经济的基石"和"自由企业大宪章",可见其对

① 它们在我国《反垄断法》中分别体现为第二章"垄断协议"、第三章"滥用市场支配地位"和第四章"经营者集中"所规定的相关法律制度。

② 我国《反垄断法》第五章"滥用行政权力排除、限制竞争"专章规定了行政性垄断方面的法律制度。

于市场经济发展的重要性。

反垄断法具有明显的国家干预性、社会本位性和经济政策性等特征。反垄断法是现代国家为弥补民法调整的不足而自觉干预市场的产物,其基本价值目标是通过保护竞争和维护竞争秩序来实现实质公平和社会整体效率,以维护社会的整体利益。反垄断法的政策性更加明显,这不仅表现在反垄断法的制定、修改本身与国家的经济政策密切相关,而且其执法和司法活动也带有很强的政策性,从而具有较大的灵活性,同样的法条在不同的国家以及不同国家的不同时期的执行情况可能有很大的差异。"条文大同小异的反垄断法,在美国被执行的力度就比在诸如日、韩等国要严厉得多;在美国,不同时期对反垄断法的执行力度也是不一样的。"[①]正是由于竞争法的政策性明显,因此它在很多国家往往被称为竞争政策法。英国的约翰·亚格纽认为竞争法"是与经济政策紧密相关的法律领域,因而并不是特别适合于司法推理。"[②]这对有关执法者和司法者的经济理论素养和政策水平提出了更高的要求。

三、反垄断法中的适用除外制度

(一) 反垄断法中的适用除外的含义与依据

反垄断法中的适用除外,是指基于某种政策考虑,对特定行业、特定组织或特定行为不适用反垄断法的一项法律制度。各国反垄断法的适用除外规定主要采取两种方式:一是由反垄断法本身直接加以规定;二是在有关特别法中加以规定。此外,个别国家还通过司法判例确定某些领域不适用反垄断法。

与反垄断法的适用除外密切相关的一个概念是豁免。对于两者的关系,学者间的理解是很不一致的。有的认为两者是完全不同的,不能混淆;有的将两者完全等同看待,认为只是对同一概念的不同翻译;有的认为两者是包含关系,豁免只是适用除外的一种情形。有关立法中对这两个概念的使用也不是很严格、严谨。在严格意义上讲,反垄断法的适用除外和豁免确实是不同的,两者应是并列的关系。适用除外是指在反垄断法中或者通过其他法律特别规定某些行业或者领域不适用反垄断法,它无须任何机关的许可,它又被称为"本来的适用除外";而豁免则是依照反垄断法应当或者可以禁止的行为,基于法律规定的免责

---

① 史际春,邓峰著.《经济法总论》,法律出版社 1998 年版,第 59 页。

② [英] 约翰·亚格纽著.《竞争法》,徐海,等译,南京大学出版社 1992 年版,第 18 页。

条件，而不认定其违法，不追究其行为责任。豁免有时需要向特别机关申报并获得批准，它又被称为“后退的适用除外”。[①] 由于适用除外和豁免在本质上都是不适用反垄断法，其作用和理论基础也基本相同，加上学术文献和相关立法中往往对这两者不做严格的区分，为行文的方便，本书也在广义上使用“适用除外”的概念，其既包括“本来的适用除外”（狭义上的适用除外），也包括“后退的适用除外”（豁免）。

适用除外制度是反垄断法中的一项重要的制度，对于促进国家经济发展，实现国家产业政策，维护社会公共利益具有重要作用。其依据在于垄断的二重性以及反垄断法价值目标的非唯一性。在反垄断法中，维护和促进竞争是最基本的目标，但还必须同时考虑到一个国家或者地区其他的经济社会目标，在某些情况下，允许限制竞争可能对整体经济或者公共利益更有利。适用除外制度在本质上是反垄断法的目标与其他经济、社会目标协调的结果，是法律权衡利弊后的理性选择。

（二）反垄断法适用除外的制度内容

从有关国家和地区反垄断法在不同时期的规定来看，属于适用除外的范围大致包括特定的行业、特定的组织、特定的行为以及其他某些特殊性质的问题。其中，特定的行业主要是自然垄断行业、金融业、农业、实行国家专营专卖的行业以及体育行业的某些项目等；特定的组织主要是工会、特定企业组合等组织；特定行为主要是指那些可以依法豁免的卡特尔行为；其他特殊性质的问题主要是知识产权的行使问题。这些类别的划分是相对的，它们之间往往是相互交叉的，尤其是最终都会落脚到具体的行为上。而且，在不同的国家和地区以及在不同的时期，可以作为反垄断法适用除外的范围是不一致的，但在总体上呈现出适用除外的范围逐步缩小的趋势。一方面，自然垄断行业中的电信、电力、铁路等行业的适用除外都逐渐被各国（地区）废止；另一方面，对卡特尔的豁免也日渐趋严，范围越来越小。同时，反垄断法的适用除外并非全面的、绝对的豁免，而是有条件的、相对的豁免。例如，对一些公用事业部门，可以允许其独占地位（垄断状态）的豁免，但不能允许其独占地位的滥用（垄断行为）；一些国家对银行保险业允许其在利息、费用以及其他方面进行某种协调和合作，但其本身不属于可以保

① “本来的适用除外”和“后退的除用除外”之分类见［日］木元锦哉，等著.《经济法》，日本青林书院1986年版，第151页。这里转引自王保树.《论反垄断对行政垄断的规制》，载王晓晔编.《反垄断法与市场经济》，法律出版社1998年版，第137页。

持独占地位的行业;出口企业和中小企业的豁免一般也只限于某些方面的协调、联合行为,而不是全面豁免适用反垄断法的各种规定。

《反垄断法》根据我国的实际情况,并借鉴其他国家的最新做法,初步建立了我国的适用除外制度,但这些规定是分散在不同地方的。

(1) 关于特定行业经营者的垄断状态的适用除外。《反垄断法》第 7 条规定:"国有经济占控制地位的关系国民经济命脉和国家安全的行业以及依法实行专营专卖的行业,国家对其经营者的合法经营活动予以保护,并对经营者的经营行为及其商品和服务的价格依法实施监管和调控,维护消费者利益,促进技术进步。""前款规定行业的经营者应当依法经营,诚实守信,严格自律,接受社会公众的监督,不得利用其控制地位或者专营专卖地位损害消费者利益。"这可看做对特定行业经营者的垄断状态作为反垄断法的适用除外,但是这些行业经营者的行为仍然要适用反垄断法。

(2) 关于特定的垄断协议的豁免。《反垄断法》第 15 条规定了特定的垄断协议(卡特尔)豁免适用反垄断法的基本情形与条件。具体内容请见本章第二节。

(3) 关于经营者集中的豁免。《反垄断法》第 28 条规定:"经营者集中具有或者可能具有排除、限制竞争效果的,国务院反垄断执法机构应当作出禁止经营者集中的决定。但是,经营者能够证明该集中对竞争产生的有利影响明显大于不利影响,或者符合社会公共利益的,国务院反垄断执法机构可以作出对经营者集中不予禁止的决定。"这实际上是运用合理原则进行利弊的权衡。

(4) 关于知识产权正当行使行为的适用除外。《反垄断法》第 55 条规定:"经营者依照有关知识产权的法律、行政法规规定行使知识产权的行为,不适用本法;但是,经营者滥用知识产权,排除、限制竞争的行为,适用本法。"这条规定既明确将行使知识产权的正当行为不适用反垄断法,同时又规定对滥用知识产权排除、限制竞争的行为仍然进行反垄断法规制,因此不能笼统地将知识产权作为反垄断法的适用除外领域。需要说明的是,滥用知识产权排除、限制竞争的行为不是一种独立的垄断行为类型,按其具体表现形式,分别或者同时构成垄断协议、滥用市场支配地位或者排除、限制竞争的经营者集中。

(5) 关于农业生产经营活动的适用除外。《反垄断法》第 56 条规定:"农业生产者及农村经济组织在农产品生产、加工、销售、运输、储存等经营活动中实施的联合或者协同行为,不适用本法。"

四、反垄断法中的相关市场界定

(一)相关市场界定的含义与意义

任何竞争行为(包括具有或者可能具有排除、限制竞争效果的行为)均发生在一定的市场范围内。界定相关市场就是明确经营者竞争的市场范围。在禁止经营者达成垄断协议、禁止经营者滥用市场支配地位、控制具有或者可能具有排除、限制竞争效果的经营者集中等反垄断执法工作中,均可能涉及相关市场的界定问题。科学合理地界定相关市场,对识别竞争者和潜在竞争者、判定经营者市场份额和市场集中度、认定经营者的市场地位、分析经营者的行为对市场竞争的影响、判断经营者行为是否违法以及在违法情况下需承担的法律责任等关键问题,具有重要的作用。因此,相关市场的界定通常是对竞争行为进行分析的起点,是反垄断执法工作的重要步骤。

《反垄断法》第 12 条第 2 款规定:"本法所称相关市场,是指经营者在一定时期内就特定商品或者服务(以下统称商品)进行竞争的商品范围和地域范围。"在反垄断执法实践中,通常需要界定相关商品市场和相关地域市场。相关商品市场,是根据商品的特性、用途及价格等因素,由需求者认为具有较为紧密替代关系的一组或一类商品所构成的市场。这些商品表现出较强的竞争关系,在反垄断执法中可以作为经营者进行竞争的商品范围。相关地域市场,是指需求者获取具有较为紧密替代关系的商品的地理区域。这些地域表现出较强的竞争关系,在反垄断执法中可以作为经营者进行竞争的地域范围。当生产周期、使用期限、季节性、流行时尚性或知识产权保护期限等已构成商品不可忽视的特征时,界定相关市场还应考虑时间性。在技术贸易、许可协议等涉及知识产权的反垄断执法工作中,可能还需要界定相关技术市场,考虑知识产权、创新等因素的影响。

为指导我国反垄断法实施中的相关市场的界定工作,国务院反垄断委员会于 2009 年 5 月 24 日发布了《关于相关市场界定的指南》,明确了界定相关市场的基本依据、一般方法和假定垄断者测试的分析思路。

(二)界定相关市场的基本依据

1. 替代性分析

在反垄断执法实践中,相关市场范围的大小主要取决于商品(地域)的可替代程度。在市场竞争中对经营者行为构成直接和有效竞争约束的,是市场中存在需求者认为具有较强替代关系的商品或能够提供这些商品的地域,因此界定相关市场主要从需求者角度进行需求替代分析。当供给替代对经营者行为产生的竞争约束类似于需求替代时，也应考虑供给替代。

2. 需求替代

需求替代是指根据需求者对商品功能用途的需求、质量的认可、价格的接受以及获取的难易程度等因素，从需求者的角度确定不同商品之间的替代程度。原则上，从需求者角度来看，商品之间的替代程度越高，竞争关系就越强，就越有可能属于同一相关市场。

3. 供给替代

供给替代是指根据其他经营者改造生产设施的投入、承担的风险、进入目标市场的时间等因素，从经营者的角度确定不同商品之间的替代程度。原则上，其他经营者生产设施改造的投入越少，承担的额外风险越小，提供紧密替代商品越迅速，则供给替代程度就越高，界定相关市场尤其是在识别相关市场参与者时就应考虑供给替代。

（三）界定相关市场的一般方法

1. 界定相关市场的方法概述

界定相关市场的方法不是唯一的。在反垄断执法实践中，根据实际情况，可能使用不同的方法。界定相关市场时，可以基于商品的特征、用途、价格等因素进行需求替代分析，必要时进行供给替代分析。在经营者竞争的市场范围不够清晰或不易确定时，可以按照“假定垄断者测试”的分析思路来界定相关市场。无论采用何种方法界定相关市场，都要始终把握商品满足消费者需求的基本属性，并以此作为对相关市场界定中出现明显偏差时进行校正的依据。

2. 界定相关商品市场考虑的主要因素

从需求替代角度界定相关商品市场，可以考虑的因素包括但不限于以下各方面。

(1) 需求者因商品价格或其他竞争因素变化，转向或考虑转向购买其他商品的证据。

(2) 商品的外形、特性、质量和技术特点等总体特征和用途。商品可能在特征上表现出某些差异，但需求者仍可以基于商品相同或相似的用途将其视为紧密替代品。

(3) 商品之间的价格差异。通常情况下，替代性较强的商品价格比较接近，而且在价格变化时表现出同向变化趋势。在分析价格时，应排除与竞争无关的因素引起价格变化的情况。

(4) 商品的销售渠道。销售渠道不同的商品面对的需求者可能不同,相互之间难以构成竞争关系,则成为相关商品的可能性较小。

(5) 其他重要因素。例如,需求者偏好或需求者对商品的依赖程度;可能阻碍大量需求者转向某些紧密替代商品的障碍、风险和成本;是否存在区别定价等。

从供给角度界定相关商品市场,一般考虑的因素包括:其他经营者对商品价格等竞争因素的变化作出反应的证据;其他经营者的生产流程和工艺,转产的难易程度,转产需要的时间,转产的额外费用和风险,转产后所提供商品的市场竞争力,营销渠道等。任何因素在界定相关商品市场时的作用都不是绝对的,可以根据案件的不同情况有所侧重。

3. 界定相关地域市场考虑的主要因素

从需求替代角度界定相关地域市场,可以考虑的因素包括但不限于以下各方面:

(1) 需求者因商品价格或其他竞争因素变化,转向或考虑转向其他地域购买商品的证据。

(2) 商品的运输成本和运输特征。相对于商品价格来说,运输成本越高,相关地域市场的范围越小,如水泥等商品;商品的运输特征也决定了商品的销售地域,如需要管道运输的工业气体等商品。

(3) 多数需求者选择商品的实际区域和主要经营者商品的销售分布。

(4) 地域间的贸易壁垒,包括关税、地方性法规、环保因素、技术因素等。如关税相对商品的价格来说比较高时,则相关地域市场很可能是一个区域性市场。

(5) 其他重要因素。例如,特定区域需求者偏好,商品运进和运出该地域的数量。

从供给角度界定相关地域市场时,一般考虑的因素包括:其他地域的经营者对商品价格等竞争因素的变化作出反应的证据;其他地域的经营者供应或销售相关商品的即时性和可行性,如将订单转向其他地域经营者的转换成本等。

(四) 假定垄断者测试的分析思路

假定垄断者测试是界定相关市场的一种分析思路,可以帮助解决相关市场界定中可能出现的不确定性,目前为各国和地区制定反垄断指南时普遍采用。依据这种思路,人们可以凭借经济学工具分析所获取的相关数据,确定假定垄断者可以将价格维持在高于竞争价格水平的最小商品集合和地域范围,从而界定相关市场。

假定垄断者测试一般先界定相关商品市场。首先从反垄断审查关注的经营者提供的商品(目标商品)开始考虑,假设该经营者是以利润最大化为经营目标的垄断者(假定垄断者),那么要分析的问题是,在其他商品的销售条件保持不变的情况下,假定垄断者能否持久地(一般为1年)小幅(一般为5%～10%)提高目标商品的价格。目标商品涨价会导致需求者转向购买具有紧密替代关系的其他商品,从而引起假定垄断者销售量下降。如果目标商品涨价后,即使假定垄断者销售量下降,但其仍然有利可图,则目标商品就构成相关商品市场。

如果涨价引起需求者转向具有紧密替代关系的其他商品,使假定垄断者的涨价行为无利可图,则需要把该替代商品增加到相关商品市场中,该替代商品与目标商品形成商品集合。接下来分析如果该商品集合涨价,假定垄断者是否仍有利可图。如果答案是肯定的,那么该商品集合就构成相关商品市场;否则还需要继续进行上述分析过程。

随着商品集合越来越大,集合内商品与集合外商品的替代性越来越小,最终会出现某一商品集合,假定垄断者可以通过涨价实现盈利,由此便界定出相关商品市场。

界定相关地域市场与界定相关商品市场的思路相同。首先从反垄断审查关注的经营者经营活动的地域(目标地域)开始,要分析的问题是,在其他地域的销售条件不变的情况下,假定垄断者对目标地域内的相关商品进行持久(一般为1年)小幅涨价(一般为5%～10%)是否有利可图。如果答案是肯定的,目标地域就构成相关地域市场;如果其他地域市场的强烈替代使得涨价无利可图,就需要扩大地域范围,直到涨价最终有利可图,该地域就是相关地域市场。

在使用假定垄断者测试界定相关市场时需要注意一些具体问题。原则上,选取的基准价格应为充分竞争的当前市场价格。但在滥用市场支配地位、共谋行为和已经存在共谋行为的经营者集中案件中,当前价格明显偏离竞争价格,选择当前价格作为基准价格会使相关市场界定的结果不合理。在此情况下,应该对当前价格进行调整,使用更具有竞争性的价格。此外,一般情况下,价格上涨幅度为5%～10%,但在执法实践中,可以根据案件涉及行业的不同情况,对价格小幅上涨的幅度进行分析确定。在经营者小幅提价时,并不是所有需求者(或地域)的替代反应都是相同的。在替代反应不同的情况下,可以对不同需求者群体(或地域)进行不同幅度的测试。此时,相关市场界定还需要考虑需求者群体和特定地域的情况。

第二节 反垄断法的实体制度

一、禁止垄断协议

《反垄断法》第二章规定了“垄断协议”。由于垄断协议的反竞争性质更明显，因此禁止垄断协议制度是反垄断法中最受关注、制裁最严厉的部分。

（一）垄断协议的概念与类型

所谓垄断协议，就是指两个或两个以上的经营者，采取协议或默契等形式，共同对特定市场的竞争加以限制的行为。《反垄断法》第13条第2款将垄断协议解释为“排除、限制竞争的协议、决定或者其他协同行为”。相对于垄断状态而言，垄断协议属于垄断行为；相对于滥用市场支配地位和经营者集中等结构性垄断行为而言，垄断协议属于非结构性垄断行为；相对于滥用市场支配地位在多数情况下由单个经营者所实施，垄断协议则总是由双方或多方所实施，因此它又被称为共同行为。由于这种行为以经营者之间的协议为典型形式，因此它又被称为协议限制竞争或者协议垄断。

垄断协议的构成，首先要求主体须为两个或两个以上的经营者，单个经营者无法形成协议或者实施联合一致的行为。在许多国家，行业协会和股东会的决定也被视为经营者间的协议。行业协会是非营利性的企业自我管理、自我服务的自律性组织，但其成员一般是竞争性、营利性的，经营者很可能通过行业协会进行通谋以固定价格、限制产量、瓜分市场等，所以要对其加以控制。

共谋作为垄断协议的要件，是指两个或两个以上的经营者关于限制其活动的有意思联络，并基于这种有意思联络而形成的一致性行动，也就是各方基于共同的意思，实施了共同的行为。按照不同的表现形式，共谋可以分为协议型和默契型。前者是以比较明确的协议形式进行的。这种协议既可以表现为正式的书面合同，也可以表现为口头约定，还可以表现为有关联合组织的决议；后者则没有书面或口头的协议，而是以各方心照不宣的某种默示协调行动。在这里，共同的意思是共同的行为的前提，这种共同的意思若有明确的书面协议可以直接证明当然比较容易认定，但在经营者之间没有明确的书面协议的情况下，由于缺少直接的证据加以证明，这时共同的意思往往难以认定。有些国家的法律还规定了在这种情况下的推定制度。我国国家工商总局《工商行政管理机关禁止垄断协议行为的规定》和国家发改委《反价格垄断行政执法程序规定》分别对此作了进一步的细化规定。根据前者第三条的规定，认定其他协同行为，应当考虑下列因素：① 经营者的市场行为是否具有一致性；② 经营者之间是否进行过有意思联络或者信息交流；③ 经营者能否对一致行为作出合理的解释。认定其他协同行为；还应当考虑相关市场的结构情况、竞争状况、市场变化情况、行业情况等。根据后者第六条的规定，认定其他协同行为，应当依据下列因素：① 经营者的价格行为具有一致性；② 经营者进行过有意思联络。认定协同行为还应考虑市场结构和市场变化等情况。

垄断协议的实施使得参加经营者之间原来的竞争受到限制，或者使得参加经营者以外的其他经营者的交易受到限制。这种对竞争的限制性既是垄断协议行为的后果，也是它的构成要件。垄断协议行为既可以发生在处于同一经济阶段有着直接竞争关系的经营者之间，也可以发生在处于不同经济阶段而有着买卖关系的经营者之间，但都表现为各方共同对商品或服务的价格、数量、地区、对象等进行限制，从而阻碍、扭曲了正常的市场竞争和市场交易。与经营者集中不同，垄断协议通常形成于在相关市场占有相当份额的经营者之间，在大部分情况下，其内容都会对经营者之间的竞争产生直接的影响，而且约束、限制也正是各种协议的精髓，因此垄断协议限制竞争属于一般情况，而不限制竞争则属例外情形。

垄断协议可以从不同的角度加以分类。其中，从参与经营者之间的相互关系的角度，可以分为横向垄断协议和纵向垄断协议。

(1) 横向垄断协议，简称横向限制，是指两个或两个以上因生产或销售同一类型产品或提供同一类服务而处于相互直接竞争中的经营者，通过共谋而实施的限制竞争行为。经营者之间的横向限制一般又可称为卡特尔，它非常典型地体现了垄断协议的特点。卡特尔维持了分散的、表面上看来似乎是竞争性的市场结构，但由于众多分散的企业采取协调或统一行动，因此其社会经济效果实际相当于特定市场上的行业垄断。而行业垄断的结果必然导致产量下降，价格上升，技术进步缓慢，消费者整体利益受损，资源配置无效益。同时，多个经营者的卡特尔行为或联合行为与单个经营者的垄断不同，它一般不会带来规模经济效益、有利于创新等积极效应。因此，这种行为常常要受到比较严格的管制。

(2) 纵向垄断协议，简称纵向限制，是指两个或两个以上在同一产业中处于不同阶段而有买卖关系的经营者，通过共谋而实施的限制竞争行为。其主要类型有维持转售价格、搭售、独家经营、独占地区以及其他限制交易方营业自由的行为。与横向限制不同,纵向限制不是发生在直接竞争者之间,它一般是非竞争者之间达成的协议,对于生产的社会化、经济的协调发展具有一定的积极意义,如保证产品或服务质量、商业声誉以及消费者安全,消除免费搭车现象,促进售后服务,增强不同品牌的同类商品间的竞争等。它对竞争的危害相对于横向限制来说较小,因而它在各国受到的管制程度也较小,往往要区分不同的类型而分别对待。

(二) 垄断协议的法律确认与豁免

《反垄断法》第二章对垄断协议进行了集中规定。其中,第 13 条首先规定了横向限制,即禁止具有竞争关系的经营者达成下列垄断协议: ① 固定或者变更商品价格的;② 限制商品的生产数量或者销售数量的;③ 分割销售市场或者原材料采购市场的;④ 限制购买新技术、新设备或者限制开发新技术、新产品的;⑤ 联合抵制交易的;⑥ 国务院反垄断执法机构认定的其他垄断协议。同时,第 14 条也规定了纵向限制,即禁止经营者与交易相对人达成下列垄断协议: ① 固定向第三人转售商品的价格;② 限定向第三人转售商品的最低价格;③ 国务院反垄断执法机构认定的其他垄断协议。此外,第 16 条还明确规定:“行业协会不得组织本行业的经营者从事本章禁止的垄断行为。”

在禁止垄断协议制度中,针对特定行为的豁免规定是其重要组成部分。不过,现在很多国家有逐步限制豁免范围的趋势。例如,德国 1998 年第六次修订《反限制竞争法》时取消了对折扣卡特尔、出口卡特尔和进口卡特尔的豁免规定;日本在 1999 年废止了不景气卡特尔制度。此外,对垄断协议的处罚往往也是非常严厉的。

《反垄断法》也规定了垄断协议受到豁免的情况,即经营者能够证明达成的协议属于下列情形之一的,不适用上述第 13 条、第 14 条的禁止规定: ① 为改进技术、研究开发新产品的;② 为提高产品质量、降低成本、增进效率,统一产品规格、标准或者实行专业化分工的;③ 为提高中小经营者经营效率,增强中小经营者竞争力的;④ 为实现节约能源、保护环境、救灾救助等社会公共利益的;⑤ 因经济不景气,为缓解销售量严重下降或者生产明显过剩的;⑥ 为保障对外贸易和对外经济合作中的正当利益的;⑦ 法律和国务院规定的其他情形。其中,属于前款第一项至第五项情形,不适用有关禁止规定的,经营者还应当证明所达成的协议不会严重限制相关市场的竞争,并且能够使消费者分享由此产生的利益。这里虽然规定的是“不适用”,但是从其性质上来看应当属于“豁免”。

二、禁止滥用市场支配地位

《反垄断法》第三章规定了“滥用市场支配地位”。禁止滥用市场支配地位制度在反垄断法中属于行为规制的范畴，但又是与结构有关的行为规制，即结构性行为规制。由于具有市场支配地位的经营者具有滥用这种地位的可能性，其相对于其他经营者更容易从事违法行为，因而反垄断法需要对其进行“特别的关照”——监督、控制。反垄断法首先要对市场支配地位进行界定，以确定行为的主体；同时，市场支配地位本身并不违法，只有在具有市场支配地位的经营者有滥用这种市场支配地位的行为时，才受到反垄断法的禁止，因此需要对滥用市场支配地位的行为进行确认。

（一）市场支配地位的界定

对市场支配地位进行界定是禁止滥用市场支配地位制度的一项重要的基础性工作。市场支配地位是经营者的一种状态，拥有这种地位意味着经营者在相关市场上，拥有决定产品产量、价格和销售等各方面的控制能力。尽管各国反垄断法中不一定都使用市场支配地位的概念，而分别有垄断状态、独占、垄断力以及占有经济优势等不同的称谓，但它们所指的经济现象却是大致相同的。

总体来说，市场支配地位是指经营者在特定市场上具有控制商品价格、排除市场竞争的力量。《反垄断法》第 17 条第 2 款将市场支配地位解释为“经营者在相关市场内具有能够控制商品价格、数量或者其他交易条件，或者能够阻碍、影响其他经营者进入相关市场能力的市场地位。”依据市场支配地位实质含义的这种集中概括，市场支配地位存在不同的具体情形。

在认定市场支配地位时，市场份额无疑也是一个基本的衡量标准。因为，在一般情况下，只有当一个经营者独家占有或几个经营者共同占有某一市场的相当大的市场份额时，其才有足够的实力排除竞争，控制市场。当然，市场份额也并非是认定市场支配地位的唯一因素，其他相关因素也是很重要的，尤其是新竞争者进入市场的障碍和市场上替代商品的情况。《反垄断法》第 18 条规定：“认定经营者具有市场支配地位，应当依据下列因素：① 该经营者在相关市场的市场份额，以及相关市场的竞争状况；② 该经营者控制销售市场或者原材料采购市场的能力；③ 该经营者的财力和技术条件；④ 其他经营者对该经营者在交易上的依赖程度；⑤ 其他经营者进入相关市场的难易程度；⑥ 与认定该经营者市场支配地位有关的其他因素。”

尽管在认定市场支配地位时市场份额不是唯一的因素，但是考虑到在多数情况下，市场份额又是最重要和最直观的因素，为增强法律规范的严密性和可操作性，还需要在上述情况之外根据市场份额作出必要的法律推断，因此《反垄断法》第19条第1款规定，有下列情形之一的，可以推定经营者具有市场支配地位：① 一个经营者在相关市场的市场份额达到二分之一的；② 两个经营者在相关市场的市场份额合计达到三分之二的；③ 三个经营者在相关市场的市场份额合计达到四分之三的。同时，该条第2款又规定：有前款第二项、第三项规定的情形，其中有的经营者市场份额不足十分之一的，不应当推定该经营者具有市场支配地位。这是考虑到市场份额太小的经营者是难以确认其取得市场支配地位的。不过，既然是推定，被推定具有市场支配地位的经营者有进行反驳或者推翻推定的权利。该条第3款即规定：被推定具有市场支配地位的经营者，有证据证明不具有市场支配地位的，不应当认定其具有市场支配地位。

（二）滥用市场支配地位行为的法律确认与抗辩

市场支配地位本身并不违法，只有对这种地位加以滥用才是违法的，因此，如何确认滥用市场支配地位行为就成为关键的问题。一般说来，滥用市场支配地位是具有市场支配地位的经营者凭借该地位，在相关市场上实质性地限制竞争，违背公共利益，损害消费者利益的行为。在这里，经营者之所以能够实施滥用行为，就是因为其具有了市场支配地位，该行为在有效竞争的市场上是不可能实现的。同时，滥用其市场支配地位行为给市场上的有效竞争带来了危害，使同业竞争者和交易相对人的利益受到损害。

滥用市场支配地位行为可以分为两种基本类型：一是针对同业竞争者所实施的滥用行为；另一类则是针对交易相对人所实施的滥用行为。前者主要包括低价销售（掠夺性定价）、独家交易、搭售（兼有前者和后者的两种性质）等；后者主要包括价格歧视等差别待遇、拒绝交易、强制交易和垄断性高价等。针对同业竞争者所实施的滥用行为的构成主要包括无正当理由妨碍了他人的公平竞争，并且产生了实质性的影响；针对交易相对人所实施的滥用行为的构成则主要是其不正当或不公平。

《反垄断法》第17条对滥用市场支配地位行为作了若干列举，并设有兜底条款，即经营者滥用市场支配地位的行为包括：① 以不公平的高价销售商品或者以不公平的低价购买商品；② 没有正当理由，以低于成本的价格销售商品；③ 没有正当理由，拒绝与交易相对人进行交易；④ 强制交易相对人与其进行交易，或者没有正当理由，限定交易相对人只能与其进行交易或者只能与其指定的经营者进行交易；⑤ 没有正当理由，搭售商品或者在交易时附加其他不合理的交易条件;⑥ 没有正当理由,对条件相同的交易相对人在交易价格等交易条件上实行差别待遇;⑦ 国务院反垄断执法机构认定的其他滥用市场支配地位的行为。

以上规定涉及禁止不公平要价、掠夺性定价、拒绝交易、强制交易、搭售、差别待遇等具体滥用市场支配地位的行为,并设有兜底条款,是比较完整和全面的。反垄断法对滥用市场支配地位的规制是采取合理原则的,即被指控实施了滥用市场支配地位行为的经营者可以对有关指控进行抗辩,为自己的行为进行法律辩护。如果处于市场支配地位的经营者能够对自己被指控滥用市场支配地位的行为作出了客观合理的解释,例如所采取的行为是为了维护自己合法利益的恰当手段,并且主观上出于善意,反垄断执法机构和法院就可以对其不以滥用行为认定。

三、控制经营者集中

《反垄断法》第四章规定了"经营者集中"。控制经营者集中制度是对企图形成或加强潜在的市场支配力的事前预防、控制,旨在维护合理的市场结构,防止市场力量的过度集中。为此,需要从法律上确定经营者集中的概念、确定控制经营者集中的标准和程序。

(一) 经营者集中的概念和类型

经营者集中,是指两个或两个以上的经营者相互合并,或者一个或多个经营者通过收购或者其他方式对其他经营者进行控制,从而导致相互关系上的持久变迁的行为。《反垄断法》对经营者集中的界定采取列举的方式,并且其内容也与其他国家和地区的规定基本一致。根据该法第 20 条的规定,经营者集中是指下列情形:① 经营者合并;② 经营者通过取得股权或者资产的方式取得对其他经营者的控制权;③ 经营者通过合同等方式取得对其他经营者的控制权或者能够对其他经营者施加决定性影响。

由于经营者合并是经营者集中最主要、最典型的形式,也是反垄断法控制经营者集中制度的主要规制对象,因此在分析经营者集中时往往将合并作为典型。就经营者合并来说,人们一般都承认其对社会具有积极作用和消极作用的两面性。一般说来,经营者合并的积极方面主要表现在:经营者合并有利于实现规模经济效益,增强经营者的实力和发展后劲,促进大企业间激烈的竞争;有利于实现资源的优化配置,促进产业结构、产品结构和企业结构的合理化;有利于在实现优胜劣汰的过程中减少对社会的冲击;有利于增强本国企业的国际竞争力等。但从反垄断法的角度看,经营者合并也可能存在对社会的消极影响,主要表现在：经营者合并直接会带来市场竞争者的消灭、减少，这会形成或加强合并后经营者的市场支配力量，并可以迅速推动经济的集中，甚至可以导致少数经营者独占或寡占市场的情况，有可能破坏有效竞争的市场结构，形成市场竞争的障碍，带来垄断所固有的弊端，尤其是可能使消费者的选择受到影响。

虽然经营者集中较之于垄断协议来说，一般不会存在“自身违法”的问题，而且，在经济全球化的背景下，各国为了增强自己的国际竞争力而有逐步放松对经营者集中限制的趋势，但是作为反垄断法一个有机组成部分的控制经营者集中制度不会完全被取消，改变的只是其对经营者集中规制的具体方式和宽严程度。法律对于经营者集中行为管制的目的和方式不在于禁止，而在于控制。

在许多国家和地区，经营者集中以其影响市场的效果和程度为标准，可以分为横向集中、纵向集中和混合集中。为叙述方便，这里还是以作为经营者集中典型形式的合并来加以说明。近20年来，美国为了突出对横向合并的关注，而更直接将经营者合并划分为横向合并和非横向合并。非横向合并实际上包括了纵向合并和混合合并。欧盟现在也采取这样的分类。

所谓横向合并，又叫水平合并，是指因生产或销售同类产品，或者提供同种服务而处于相互直接竞争中的经营者之间的合并。由于它是直接竞争者间的合并，可以迅速扩大合并经营者的规模，增加市场份额，带来的规模经济效益最明显；但同时，由于它直接减少了市场上独立经营者的数量，通常会直接影响市场结构，对市场竞争的危害也更直接，因此各国反垄断法对经营者合并的控制主要是集中在对横向合并的控制上。当然，这主要是指具有市场支配地位经营者之间的合并，若是中小经营者之间的合并，它们还能起到加强其市场竞争力，以更有效地参加到与具有市场支配地位经营者的竞争中去的作用。

所谓纵向合并，又叫垂直合并，是指同一产业中处于不同阶段而实际上有买卖关系的经营者之间的合并，也即某种产品的卖方和买方之间的合并或上游经营者与下游经营者间的合并。它可以使合并经营者在销售和供应上减少了外部竞争的压力，节约交易成本，提高生产效率，并且一般不妨碍不同品牌的同类产品间的竞争，因此它对市场竞争的影响比横向合并要小，且是间接的。但当纵向合并涉及的范围过广，也可能对竞争性的市场结构产生一定的影响，它有可能加强甚至扩大合并一方原有的市场优势，促进某一市场的集中化，因而对这种合并也应予以一定的控制。

所谓混合合并，一般是指既不存在竞争关系，也不存在买卖关系的企业之间的合并，即跨行业的经营者合并。混合合并可以使生产不同产品的经营者使用共同的销售渠道，共同研制和开发新产品，减少市场风险，从而使合并各方从中获得益处，适应了现代企业多角化经营的需要，有利于实现范围经济效益。相对于横向合并和纵向合并来说，混合合并对市场结构影响较小，从而对市场竞争影响不大，因此各国反垄断法对于混合合并的控制较为宽松。但由于它可能间接地传导、放大经营者的优势，影响其他市场的竞争，因而仍应加以一定的控制。

可见，不同类型的经营者合并有着不同的特点，它们对竞争的影响方式和程度不同，因而受反垄断法控制的程度也不尽相同。其中，横向合并虽然在不同国家、不同时期的合并总数中所占的比例不同，但其所受到的控制却是最严格的。

（二）经营者集中的法律规制方式

有关国家和地区反垄断法对经营者集中的管制形式有事后监督审查制和事前申报审查制。事后监督审查制是指在经营者集中后，由反垄断主管机构（有的需事先向该机构登记）或者私人对集中的经营者提起诉讼时，司法机构才予以审查，若判定违法，则取消该集中，并可能对有关经营者进行处罚。事前申报审查制则是经营者集中须向有关主管机关申报，经审查许可后方可进行集中，若审查后未经许可而擅自集中，则会被命令取消，并要受到相应的处罚。一般是根据一定的市场份额标准、交易额标准等要求达到该标准的经营者集中才需要申报。在早期，有关国家的反垄断立法一般是实行事后监督审查制，而目前则有很多国家和地区的反垄断立法将事后监督审查与事前申报审查结合起来，这样有利于反垄断主管机构更及时、更主动地控制经营者集中。对经营者集中实行事前申报审查制的，又可进一步分为申请许可制和申报异议制的不同情形。在这方面，有关国家和地区的反垄断法也是根据需要不断地进行调整的。

《反垄断法》涉及申报标准的规定采取了事前申报审查制，因为它规定经营者集中达到一定标准的应当事先向国务院反垄断主管机构申报。同时规定，国务院反垄断执法机构应当自收到经营者提交的符合该法规定的文件、资料之日起 30 日内，对申报的经营者集中进行初步审查，作出是否实施进一步审查的决定，并书面通知经营者。国务院反垄断执法机构作出决定前，经营者不得实施集中。国务院反垄断执法机构作出不实施进一步审查的决定或者逾期未作出决定的，经营者可以实施集中。因此，它又是采取申报异议制。这种体现事前申报且实行异议制精神的经营者集中规制方式是比较符合我国实际需要的，既能达到控制经营者集中行为的目的，又能节约成本，提高效率。

（三）经营者集中审查的内容与标准

反垄断执法机构对经营者集中的审查，无论是事后的监督审查，还是事前的申报审查，也不论是在实行申请许可制下的审查，还是在实行申报异议制下的审查，都涉及哪些经营者集中需要申报、对哪些内容进行审查以及审查中采取什么标准的问题。在这方面，各个国家或地区的反垄断法并没有一个一致的固定的模式和做法，一般是根据合理原则进行逐案分析，要考虑多种相关因素，进行综合平衡，因而具有较大的灵活性。

由于经营者集中一般是有利于提高效率的，大多数的经营者集中无须进行审查；同时，经营者集中是大量的、频繁发生的，反垄断主管机构也不可能对所有的集中行为进行审查，因此在反垄断法中确定一个适当的申报标准非常重要。这一标准既要使得那些有较大限制竞争可能性的经营者集中得到必要的审查和有效的控制，又要使得那些基本上不会限制竞争的经营者集中能够及时、顺利地进行，防止政府的不必要干预，减少交易和行政管理的成本。在这方面，有关国家和地区根据不同时期的情况作出各自的规定。对此，《反垄断法》第 21 条规定："经营者集中达到国务院规定的申报标准的，经营者应当事先向国务院反垄断执法机构申报，未申报的不得实施集中。"

2008 年 8 月 1 日国务院第 20 次常务会议通过了《国务院关于经营者集中申报标准的规定》，并在 2008 年 8 月 3 日公布施行。根据该规定，经营者集中达到下列标准之一的，经营者应当事先向国务院商务主管部门申报，未申报的不得实施集中：① 参与集中的所有经营者上一会计年度在全球范围内的营业额合计超过 100 亿元人民币，并且其中至少两个经营者上一会计年度在中国境内的营业额均超过 4 亿元人民币；② 参与集中的所有经营者上一会计年度在中国境内的营业额合计超过 20 亿元人民币，并且其中至少两个经营者上一会计年度在中国境内的营业额均超过 4 亿元人民币。营业额的计算，应当考虑银行、保险、证券、期货等特殊行业、领域的实际情况，具体办法由国务院商务主管部门会同国务院有关部门制定。经营者集中未达到该规定第三条规定的申报标准，但按照规定程序收集的事实和证据表明该经营者集中具有或者可能具有排除、限制竞争效果的，国务院商务主管部门应当依法进行调查。

2009 年 7 月 15 日，商务部、中国人民银行、中国银行业监督管理委员会、中国证券监督管理委员会、中国保险监督管理委员会发布了《金融业经营者集中申报营业额计算办法》，自公布之日起 30 日后施行。该办法分别规定了银行业金融机构、证券公司、期货公司、基金管理公司的营业额要素包括的项目，并规定上述经营者集中申报营业额的计算公式为：营业额＝(营业额要素累加－营业税金及附加)×10％；保险公司集中申报营业额的计算公式为：营业额＝(保费收入－营业税金及附加)×10%，其中，保费收入＝原保险合同保费收入＋分入保费－分出保费。

反垄断执法机构在对经营者集中进行控制时，其基本任务就是根据一定的标准判断该集中是否会在相关市场上实质性地限制竞争，或者权衡它给竞争带来的消极影响是否会超过它给社会带来的积极影响。为此，首先必须界定经营者集中所涉及的相关市场；然后，根据若干相关因素确定打算集中的经营者在相关市场上的地位，确定这些集中会对市场竞争带来什么样的影响，从而决定对该集中是否给予许可。在这一过程中，反垄断执法机构需要考虑各种相关的因素，如市场集中度、市场份额、市场进入障碍、经济效率、对消费者利益的影响、破产危险以及国际竞争力等。这些因素是非常复杂的，既有较为清晰的量化标准如市场份额与集中度，又有较为模糊的政策标准如社会公共利益、经济效益，彼此相互制衡。在不同的国家、不同的时期，反垄断执法机构在确定审查的内容和标准时所要考虑的着重点是不同的，对类似问题的判断结果及采取的具体措施也可能不尽一致。

《反垄断法》第 27 条规定了审查经营者集中应当考虑下列因素：① 参与集中的经营者在相关市场的市场份额及其对市场的控制力；② 相关市场的市场集中度；③ 经营者集中对市场进入、技术进步的影响；④ 经营者集中对消费者和其他有关经营者的影响；⑤ 经营者集中对国民经济发展的影响；⑥ 国务院反垄断执法机构认为应当考虑的影响市场竞争的其他因素。

反垄断执法机构在审查这些事项后，所得出的结论将有三种情形：批准、禁止以及批准但附加限制。对此，《反垄断法》第 28 条规定："经营者集中具有或者可能具有排除、限制竞争效果的，国务院反垄断执法机构应当作出禁止经营者集中的决定。但是，经营者能够证明经营者集中对竞争产生的有利影响明显大于不利影响，或者符合公共利益的，国务院反垄断执法机构可以作出对经营者集中不予禁止的决定。"该法第 29 条还进一步规定："国务院反垄断执法机构对不予禁止的经营者集中，可以决定附加减少集中对竞争产生不利影响的限制性条件。"第 30 条规定："国务院反垄断执法机构应当将禁止经营者集中的决定或者对经营者集中附加限制性条件的决定，及时向社会公布。"

关于经营者集中申报、审查的具体程序，商务部在 2009 年 11 月发布了《经营者集中申报办法》和《经营者集中审查办法》，均自 2010 年 1 月 1 日起施行。

《反垄断法》第 31 条还规定："对外资并购境内企业或者以其他方式参与经营者集中，涉及国家安全的，除依照本法规定进行经营者集中审查外，还应当按照国家有关规定进行国家安全审查。"这是关于经营者集中的反垄断审查同国家安全审查的衔接性规定。

四、禁止滥用行政权力排除、限制竞争

在我国，反垄断法实体制度除了上述各国所共同具有的基本内容以外，还有一个重要方面的内容，即对行政性垄断规制的规定。《反垄断法》第五章规定了“滥用行政权力排除、限制竞争”。

（一）行政性垄断的含义与类型

行政性垄断是我国学者在研究垄断或限制竞争行为时，为与传统的市场经营主体的垄断或限制竞争行为（经济性垄断）相区别而提出来的。对行政性垄断没有一个统一的表述，这里可将其做最简略界定，即行政性垄断是指行政主体滥用行政权力排除、限制市场竞争的行为。这表明，行政性垄断的主体不是一般的市场经营主体，而是行政主体，即行政机关和法律、法规授权的具有管理公共事务职能的组织；其行为也不是经营市场主体自身的经济行为，而是行政主体滥用其行政权力的行为，并由此导致对市场竞争的实质限制。这里，“滥用行政权力”是判定构成行政性垄断的基本标准。

行政性垄断的具体表现是多种多样的。根据行政性垄断的表现形式和形成原因，可将其分为地区垄断、部门垄断和其他滥用行政权力实施的垄断三类。其中，地区垄断又称为地区封锁，是指某一地区的行政主体为保护本地区的经济利益，滥用行政权力排除、限制外地经营者参与本地市场竞争或本地经营者参与外地市场竞争的行为。这是最典型、最普遍的行政性垄断，国务院在 2001 年 4 月 21 日发布的《关于禁止在市场经济活动中实行地区封锁的规定》第 4 条列举了实践中常见的 8 种地区垄断行为。部门垄断是指行政主体为保护本部门的经济利益，滥用行政权力实施排除、限制其他部门经营者参与本部门市场竞争的行为。其他滥用行政权力实施的垄断，是指除地区垄断和部门垄断之外的其他行政性垄断情形，如强制实施交易和强制实施垄断协议（如联合定价、拒销、拒购等）等。此外，作为一种行政行为，行政性垄断既可以表现为抽象行政性行为，也可以表现为具体行政行为。

（二）行政性垄断的法律规制

“无论在过去、现在还是将来，政府限制竞争的行为都是对竞争危害最甚的行为。”①因此，许多国家、尤其是经济转型国家（如俄罗斯、乌克兰等）的反垄断

---

① 王晓晔著.《竞争法研究》，中国法制出版社 1999 年版，第 2 页。

法对行政性垄断进行了规制。《反垄断法》出台前，在《反不正当竞争法》等有关法律法规中就已包含有一部分这方面的规范。

《反垄断法》采取原则规定和典型行为列举相结合的方式对行政性垄断行为进行规制。一方面，在该法总则第 8 条原则禁止行政性垄断，即“行政机关和法律、法规授权的具有管理公共事务职能的组织不得滥用行政权力，排除、限制竞争”；另一方面，该法又在第五章专章规定“滥用行政权力排除、限制竞争”，用 6 个条文分别规定了行政性垄断的主要表现形式，即指定交易、妨碍商品在地区之间自由流通、招投标活动中的地方保护、排斥或者限制在本地投资或者设立分支机构、强制经营者从事垄断行为、制定含有排除、限制竞争内容的规定。其具体规定如下。

(1) 行政机关和法律、法规授权的具有管理公共事务职能的组织不得滥用行政权力，以任何方式限定或者变相限定单位和个人只能经营、购买、使用指定的经营者提供的商品。

(2) 行政机关和法律、法规授权的具有管理公共事务职能的组织不得滥用行政权力，实施下列行为，妨碍商品在地区之间自由流通：① 对外地商品设定歧视性收费项目、实行歧视性收费标准，或者规定歧视性价格；② 对外地商品规定与本地同类商品不同的技术要求、检验标准，或者对外地商品采取重复检验、重复认证等歧视性技术措施，限制外地商品进入本地市场；③ 采取专门针对外地商品的行政许可，限制外地商品进入本地市场；④ 设置关卡或者采取其他手段，阻碍外地商品进入或者本地商品运出；⑤ 妨碍商品在地区之间自由流通的其他行为。

(3) 行政机关和法律、法规授权的具有管理公共事务职能的组织不得滥用行政权力，以设定歧视性资质要求、评审标准或者不依法发布信息等方式，排斥或者限制外地经营者参加本地的招标投标活动。

(4) 行政机关和法律、法规授权的具有管理公共事务职能的组织不得滥用行政权力，采取与本地经营者不平等待遇等方式，排斥或者限制外地经营者在本地投资或者设立分支机构。

(5) 行政机关和法律、法规授权的具有管理公共事务职能的组织不得滥用行政权力，强制经营者从事本法规定的垄断行为。

(6) 行政机关不得滥用行政权力，制定含有排除、限制竞争内容的规定。

值得关注的是，国务院于 2016 年 6 月 1 日印发《关于在市场体系建设中建立公平竞争审查制度的意见》(国发[2016]34 号)，要求建立公平竞争审查制度，防止出台新的排除限制竞争的政策措施，并逐步清理废除已有的妨碍公平竞争的规定和做法。这意味着建设我国统一开放、竞争有序的市场体系和落实中共中央和国务院提出的“逐步确立竞争政策的基础性地位”的要求，迈出了关键的一步。

第三节　反垄断法的实施制度

一、反垄断执法体制

（一）反垄断执法体制概述

自由公平的竞争秩序的确立与维护仅有反垄断法实体规范本身是不够的，还需要有相应的执法机构保证这些规范的有效执行。设置专门的反垄断执法机构是反垄断法作为现代经济法的典型和核心部分不同于民商法的一个重要方面。建立完善的执法体制对于反垄断法的有效实施是至关重要的。这主要涉及反垄断执法机构的设置及其内部的组成以及与外部其他机构之间的关系。

各国反垄断法在设立专门机构负责执行反垄断法上是一致的，但在设置一个什么样的机构即在具体的体制上却有各自不同的做法。在机构设置的数量上，有的国家由一个机关作为反垄断执法机构，有的国家则由两个或者两个以上的机关作为反垄断执法机构。在专门机构的性质及隶属关系上，有的国家的反垄断执法机构具有准司法性，有的国家则以纯行政机关作为反垄断执法机构。在与反不正当竞争执法机构的关系上，有的国家实行反垄断执法机构与反不正当竞争执法机构合一，即由一个机构统一来执行两个法(或两方面内容合在一起的法)，有的国家则实行反垄断执法机构与反不正当竞争执法机构的分立，或者有反垄断执法机构而没有专门的反不正当竞争行政执法机构。总之，在反垄断执法机构的具体设置体制上各国的做法是不完全一致的，存在着这样或那样的差异。各国的不同做法是在各自特定的历史条件下由多种因素所决定的决策者政策选择的结果。

（二）《反垄断法》所确立的反垄断执法体制

建立什么样的反垄断执法体制一直是我国制定反垄断法过程中的重点和难点问题，备受各方关注。《反垄断法》最终确立了反垄断委员会与反垄断执法机构共存的“二元模式”，或者说建立了所谓的“双层次多机构”的执法体制。《反垄断法》第9条规定:“国务院设立反垄断委员会,负责组织、协调、指导反垄断工作,履行下列职责:(一)研究拟订有关竞争政策;(二)组织调查、评估市场总体竞争状况,并发布评估报告;(三)制定、发布有关反垄断指南;(四)协调国务院反垄断执法机构、国务院有关部门和监管机构的反垄断执法工作;(五)协调重大反垄断案件的处理;(六)国务院规定的其他职责。国务院反垄断委员会的组成和工作规则由国务院规定。”第10条规定:“国务院规定的承担反垄断执法职责的机构(以下统称国务院反垄断执法机构)依照本法规定,负责反垄断执法工作。国务院反垄断执法机构根据工作需要,可以授权省、自治区、直辖市人民政府相应的机构,依照本法规定负责有关反垄断执法工作。”

根据2008年7月和8月先后公布的国务院有关机构的“三定”方案,国家工商总局、国家发改委和商务部分别负责相关的反垄断执法工作。其中,国家工商总局负责垄断协议、滥用市场支配地位、滥用行政权力排除限制竞争的反垄断执法(价格垄断行为除外)等方面的工作①;国家发改委依法查处价格垄断行为;商务部依法对经营者集中行为进行反垄断审查②。这样,我国既不是实行反垄断执法机构与反不正当竞争执法机构的完全合一,也不是实行反垄断执法机构与反不正当竞争执法机构的完全分立,而是实行既分立又有交叉(国家工商总局及其授权的省级工商部门负有大部分的反不正当竞争执法和部分的反垄断执法职责)。针对现有的反垄断执法体制,为使其能够有效发挥作用,需要理顺一系列的关系,包括国务院反垄断委员会与国务院反垄断执法机构之间的关系,三个主要的反垄断执法机构(国家工商总局、国家发改委和商务部)之间的关系,管制性产业的监管机构与三个主要的反垄断执法机构之间的关系,国务院反垄断执法机构与其授权的执行反垄断工作的省级人民政府的相应机构之间的关系以及反垄断行政执法机构与司法机关(法院)之间的关系③。

二、反垄断执法程序制度

(一)反垄断执法程序制度概述

反垄断执法程序制度是反垄断法律制度中不可缺少的组成部分。《反垄断

① 同时还负责依法查处不正当竞争、商业贿赂、走私贩私等经济违法行为。

② 同时还负责指导企业在国外的反垄断应诉工作,开展多双边竞争政策交流与合作。此外,还承担《反垄断法》规定的国务院反垄断委员会具体工作。

③ 参见时建中.《反垄断法实施仍有四难》,《瞭望》2008年第32期。

法》第六章专门规定了对涉嫌垄断行为的调查,确立了垄断案件调查的基本程序制度。此外,在《反垄断法》其他部分的制度中也有与调查程序直接相关的内容。例如,第四章关于经营者集中控制制度中有很多是程序问题;又如,第46条第2款关于垄断协议法律责任制度中宽大(lenience)规则也涉及相应的程序问题。此外,《反垄断法》第45条还借鉴有关国家和地区的经验,规定了我国关于垄断案件的协商和解的程序制度。

需要说明的是,《反垄断法》规定的垄断案件的调查程序不适用于国务院反垄断委员会,该委员会的组成和工作规则由国务院规定。而且,《反垄断法》第六章规定的垄断案件调查程序只适用于对垄断协议、滥用市场支配地位和经营者集中三类垄断案件,而不适用于行政性垄断案件,后者仍然适用处理行政机关之间关系的法律程序。

总体来说,《反垄断法》建立起了我国垄断案件调查程序法律制度的基本框架,其在总体上是合理的、可行的。但是,相关程序规则还是比较原则性的、粗线条的,在《反垄断法》的实施中还会面临很多需要进一步解决的问题。例如,《反垄断法》规定的程序制度与一般行政程序制度的关系问题,反垄断程序规则的进一步细化问题。为细化反垄断执法的程序规则,国家工商总局于2009年6月发布了《工商行政管理机关查处垄断协议、滥用市场支配地位案件程序》和《工商行政管理机关制止滥用行政权力排除、限制竞争行为程序规定》,均自2009年7月1日起施行。国家发改委也于2010年12月29日发布了《反价格垄断行政执法程序规定》,自2011年2月1日起施行。

(二)《反垄断法》规定的垄断案件调查的一般程序

反垄断执法机构依法对涉嫌垄断的行为进行调查。任何单位和个人对涉嫌垄断行为,都有权向反垄断执法机构举报。反垄断执法机构应当为举报人保密。举报采用书面形式并提供相关事实和证据的,反垄断执法机构应当进行必要的调查。

反垄断案件的调查,按照下列程序进行,并采取相应的措施:① 进入被调查的经营者的营业场所或者其他有关场所进行检查;② 询问被调查的经营者、利害关系人或者其他有关单位和个人,要求其说明有关情况;③ 查阅、复制被调查的经营者、利害关系人或者其他有关单位和个人的有关单证、协议、会计账簿、业务函电、电子数据等文件、资料;④ 查封、扣押相关证据;⑤ 查询经营者的银行账户。采取前款规定的措施,应当向反垄断执法机构主要负责人书面报告,并经批准。

反垄断执法机构的工作人员在实施调查时，应当出示证明其身份的有效证件，未出示的，被调查者可以拒绝调查。调查人员应当制作调查笔录，并经被调查者签字。此外，在进行反垄断调查时，执法人员不得少于两人。被调查的经营者、利害关系方或者其他有关单位和个人应当配合反垄断执法机构实施反垄断调查，如实陈述意见、提供相关材料和信息。但是，反垄断执法机构及其工作人员对执法过程中知悉的商业秘密负有保密义务。

反垄断执法机构对涉嫌垄断行为调查核实后，认为构成垄断行为的，应当依法作出处理决定，并可以向社会公布。

对反垄断执法机构依据该法第 28 条、第 29 条作出的决定不服的，可以依法先申请行政复议；对行政复议决定不服的，可以依法提起行政诉讼。对反垄断执法机构作出的前款规定以外的决定不服的，可以依法申请行政复议或者提起行政诉讼。

（三）《反垄断法》规定的非正式的协商和解程序

在一般情况下，反垄断案件在被正式受理后，就要进入调查程序，并且要经过审理、作出裁决才能结束。这需要经过比较长的过程，往往耗时费力。一些国家和地区为解决这个问题，允许反垄断执法机构在反垄断案件的调查过程中、最后的裁决之前与被调查者进行协商和解。如果经过协商，被调查者同意停止或者改变被指控的行为，并保证今后不再从事违反反垄断法的行为时，反垄断执法机构就可以停止调查，撤销案件。不同的国家在这方面的具体操作上有些细微差别，但基本精神是一致的。有的由反垄断执法机构与被调查者直接达成和解即可生效，有的要求双方达成的和解协议还要经过法院批准才能最终生效。通过协商和解的非正式程序结束反垄断案件的调查，对于被调查者来说，可以避免漫长的调查和诉讼程序对自己经营活动的影响，还可以避免通过正式程序最后可能要承担的严重后果，只需承诺自己现在及将来不再实施某种行为即可；对于反垄断执法机构来说，可以在达到让被调查者停止垄断行为的目的的情况下，尽快了结该类案件，以便集中精力于那些重要的、复杂的、对方又不愿让步的案件。

《反垄断法》第 45 条借鉴了有关国家和地区的经验，规定了垄断案件调查中协商和解的程序制度，或者称为经营者的承诺制度。其内容是：对反垄断执法机构调查的涉嫌垄断行为，被调查的经营者承诺在反垄断执法机构认可的期限内采取具体措施消除该行为后果的，反垄断执法机构可以决定中止调查。中止调查的决定应当载明被调查的经营者承诺的具体内容。反垄断执法机构决定中止调查的，应当对经营者履行承诺的情况进行监督。经营者履行承诺的，反垄断执法机构可以决定终止调查。但是,有下列情形之一的,反垄断执法机构应当恢复调查:① 经营者未履行承诺的;② 作出中止调查决定所依据的事实发生重大变化的;③ 中止调查的决定是基于经营者提供的不完整或者不真实的信息作出的。这里将是否接受和解的主动权完全赋予了反垄断执法机构,以便其视情况(主要看是否因此损害社会公共利益)作出是否接受和解的决定。这样,是否进入和解程序不是被调查人的一项权利,如果公共利益需要通过正式的法律途径解决,那么反垄断执法机构可以不接受和解,继续进行调查、处理。同时,这里的和解协议也不需要经过法院的批准,直接在反垄断执法机构与被调查者之间达成即可生效,以提高效率,并确保反垄断执法机构的权威性。

三、反垄断法律责任制度

(一) 反垄断行政责任制度

在反垄断法中,行政责任占有重要地位。行政责任形式不需由当事人申请,而由有关行政机关依职权主动适用,故具有直接性和及时性,这对维护和及时恢复被非法垄断行为破坏了的市场秩序是非常有效的。对于行政责任的形式,我国《行政处罚法》第 8 条共规定了 7 种,即警告、罚款、没收违法所得和非法财物、责令停产停业、暂扣或吊销许可证执照、行政拘留以及法律法规规定的其他行政处罚。《反垄断法》对行政性垄断还加了“上级机关责令改正”和“行政处分”。从实践中和外国的情况来看,反垄断法中的行政责任一般多采用罚款形式。此外,有些国家的法律还规定,对于违反反垄断法的企业高级管理人员还可解除其执业资格。《反垄断法》对于经济性垄断的三种形式也规定了以罚款为主的行政责任形式。

根据《反垄断法》第 46 条的规定,经营者违法达成并实施垄断协议的,由反垄断执法机构责令停止违法行为,没收违法所得,并处上一年度销售额 1%以上 10%以下的罚款;尚未实施所达成的垄断协议的,可以处 50 万元以下的罚款。经营者主动向反垄断执法机构报告达成垄断协议的有关情况并提供重要证据的,反垄断执法机构可以酌情减轻或者免除对该经营者的处罚。行业协会违反该法规定,组织本行业的经营者达成垄断协议的,反垄断执法机构可以处 50 万元以下的罚款;情节严重的,社会团体登记管理机关可以依法撤销登记。

其中,第 46 条第 2 款的规定是我国《反垄断法》借鉴有关国家和地区的经验,针对垄断协议建立的“宽大制度”。这是由于经营者之间通过协议、决定或其他一致做法实施垄断协议往往是秘密进行的,反垄断执法机构很难获取必要的证据，为了有效分化、瓦解这些卡特尔联盟，对于主动自首、告发的参与者规定相应的宽大处理原则是很有必要的。根据《工商行政管理机关禁止垄断协议行为的规定》第 11 条和第 12 条的规定，经营者主动向工商行政管理机关报告所达成垄断协议的有关情况并提供重要证据的，工商行政管理机关可以酌情减轻或者免除对该经营者的处罚。工商行政管理机关决定减轻或者免除处罚，应当根据经营者主动报告的时间顺序，提供证据的重要程度，达成、实施垄断协议的有关情况以及配合调查的情况确定。重要证据是指能够对工商行政管理机关启动调查或者对认定垄断协议行为起到关键性作用的证据，包括参与垄断协议的经营者、涉及的产品范围、达成协议的内容和方式、协议的具体实施情况等。对第一个主动报告所达成垄断协议的有关情况、提供重要证据并全面主动配合调查的经营者，免除处罚。对主动向工商行政管理机关报告所达成垄断协议的有关情况并提供重要证据的其他经营者，酌情减轻处罚。根据《反价格垄断行政执法程序规定》第 14 条的规定，经营者主动向政府价格主管部门报告达成价格垄断协议的有关情况并提供重要证据的，政府价格主管部门可以酌情减轻或者免除对该经营者的处罚。第一个主动报告达成价格垄断协议的有关情况并提供重要证据的，可以免除处罚；第二个主动报告达成价格垄断协议的有关情况并提供重要证据的，可以按照不低于 50%的幅度减轻处罚；其他主动报告达成价格垄断协议的有关情况并提供重要证据的，可以按照不高于 50%的幅度减轻处罚。重要证据是指对政府价格主管部门认定价格垄断协议具有关键作用的证据。

根据《反垄断法》第 47～49 条的规定，经营者违法滥用市场支配地位，由反垄断执法机构责令停止违法行为，没收违法所得，并处上一年度销售额 1%以上 10%以下的罚款。经营者违法实施集中的，由国务院反垄断执法机构责令停止实施集中、限期处分股份或者资产、限期转让营业以及采取其他必要措施恢复到集中前的状态，可以处 50 万元以下的罚款。对于前述所涉及的罚款，反垄断执法机构确定具体罚款数额时，应当考虑违法行为的性质、程度和持续的时间等因素。

对于行政性垄断行为的法律责任，《反垄断法》第 51 条规定："行政机关和法律、法规授权的具有管理公共事务职能的组织滥用行政权力，实施排除、限制竞争行为的，由上级机关责令改正；对直接负责的主管人员和其他直接责任人员依法给予处分。反垄断执法机构可以向有关上级机关提出依法处理的建议。法律、行政法规对行政机关和法律、法规授权的具有管理公共事务职能的组织滥用行政权力实施排除、限制竞争行为的处理另有规定的，依照其规定。"

（二）反垄断民事责任制度

虽然民事责任在反垄断法中没有在反不正当竞争法中所占的比重大，但是反垄断法同样需要民事责任形式，这是由反垄断法的利益保护结构以及民事责任的特有功能所决定的。

在《反垄断法》中，仅第 50 条规定了民事责任，即"经营者违反本法规定的行为给他人造成损失的，应当依法承担赔偿责任。"这一规定比较笼统，但还是确立了我们反垄断民事诉讼的基本依据。为正确审理因垄断行为引发的民事纠纷案件，《最高人民法院关于审理因垄断行为引发的民事纠纷案件应用法律若干问题的规定》(简称"《垄断司法解释》")于 2012 年 5 月 3 日发布。该司法解释根据反垄断法的规定，结合侵权责任法、合同法、民事诉讼法等相关法律，规定了起诉、案件受理、管辖、举证责任分配、诉讼证据、民事责任及诉讼时效等问题，建立了我国反垄断民事诉讼的基本框架，进一步明晰了反垄断法相关规定的具体含义。其主要内容有以下几点。

关于垄断民事纠纷案件的基本类型与原告资格。《垄断司法解释》第 1 条规定了垄断民事纠纷案件的两种基本类型：一是因垄断行为受到损失而引起的诉讼，通常属于侵权诉讼；二是因合同内容、行业协会的章程等违反反垄断法而发生争议引起的诉讼，这种情况既可能是合同诉讼，也可能是其他诉讼。根据该条的规定，在垄断民事诉讼中，只要原告有证据证明因垄断行为受到损失，或者因合同内容、行业协会的章程等违反反垄断法而发生争议，均可以提起诉讼，要求垄断行为人承担民事责任。

关于原告的起诉方式，《垄断司法解释》第 2 条规定："原告既可以直接向人民法院提起民事诉讼，也可以在反垄断执法机构认定构成垄断行为的处理决定发生法律效力后向人民法院提起民事诉讼。只要符合法律规定的受理条件，人民法院均应当受理。"也就是说，反垄断民事诉讼不需要以行政执法程序前置为条件。

关于垄断民事纠纷案件的管辖。《垄断司法解释》第 3 条规定："第一审垄断民事纠纷案件，由省、自治区、直辖市人民政府所在地的市、计划单列市中级人民法院以及最高人民法院指定的中级人民法院管辖。经最高人民法院批准，基层人民法院可以管辖第一审垄断民事纠纷案件。"这就确定了垄断民事纠纷案件的集中管辖制度。这是考虑到反垄断民事纠纷案件有其特殊性，主要体现在其较高的专业性、复杂性和较大的影响力。

关于举证责任问题。从反垄断民事诉讼实践来看，原告取证难、证明垄断行为难已经成为反垄断民事司法的难题。如果不缓解这一难题，垄断行为受害人的权益就难以得到有效维护，反垄断民事司法的职能和作用就难以有效发挥。为此，《垄断司法解释》根据反垄断法、民事诉讼法的有关规定及法律原则和精神，对于举证责任分配、免证事实、专家证据等问题作了解释和细化。在举证责任分配方面，《垄断司法解释》区分不同的垄断行为类型，明确了当事人的举证责任分配。例如，对于明显具有严重排除、限制竞争效果的特定横向垄断协议，由被告对被诉垄断协议不具有排除、限制竞争的效果承担举证责任；对于公用企业以及具有独占经营资格的经营者滥用市场支配地位的案件，适当减轻原告的举证责任。同时，《垄断司法解释》还引导当事人通过专家证人、专家意见的方式帮助查明案件事实。这些措施的引入，对于适当减轻原告的证明难度具有一定的作用。

此外，《垄断司法解释》还对垄断行为人的民事责任承担、诉讼时效问题等做了规定。根据该解释第 14 条的规定，被告实施垄断行为，给原告造成损失的，根据原告的诉讼请求和查明的事实，人民法院可以依法判令被告承担停止侵害、赔偿损失等民事责任。

（三）反垄断刑事责任制度

在经济文化迅速发展、社会及其成员的素质不断提高的情况下，“泛刑罚化”和淡化自由刑、生命刑的“刑罚罚金化”是两个并行不悖的趋势①。但在反垄断法中是否规定刑事责任，这在学者间的看法和各国的做法上是不完全一致的。目前，多数国家的反垄断法中都明确规定了刑事责任，但对于垄断行为适用的刑事责任一般只规定了罚金和监禁两种责任形式。

我国反垄断法草案原来有一个笼统的刑事责任条款，即经营者实施垄断行为“构成犯罪的，依法追究刑事责任。”但是，在 2007 年 6 月全国人大常委会第二次审议的草案中已经没有关于垄断行为刑事责任的规定。最后通过的《反垄断法》也没有这方面的规定②。

虽然《反垄断法》没有规定垄断行为的刑事责任，但我国一些单行法中却对具体限制竞争行为的刑事责任做了明确规定。比如《招标投标法》第 53 条规定：

① 参见史际春，邓峰著.《经济法总论》，法律出版社 1998 年版，第 144 页。

② 虽然我国《反垄断法》在第 52 条和第 54 条中涉及刑事责任条款，但其所适用的对象并不是垄断行为，而是拒绝向反垄断执法机构提供有关材料、信息等行为和反垄断执法机构工作人员滥用职权等行为。

"投标人相互串通投标或者与招标人串通投标的……构成犯罪的,应依法追究刑事责任。"而串通投标行为属于比较典型的垄断协议。

四、反垄断法的域外适用

(一) 反垄断法域外适用的含义与现状

所谓反垄断法的域外适用,是指一国依据某种原则将其反垄断法适用于在本国以外发生的某些垄断行为。其目的是要防止在本国领域以外发生的垄断行为对本国经济造成的危害。

根据传统国际法的原则,一国法律对其在领域内发生的行为具有约束力,此即属地管辖原则;一国法律对其在领域外的本国公民和法人的行为也具有约束力,此即属人管辖原则。而在现代国际法中,属地管辖原则被延伸,即不仅对在本国领域内的行为,而且对那些发生在本国领域外但在本国完成或对本国有直接影响的行为都有管辖权。前者被称为客观地域管辖原则,后者被称为主观属地管辖原则。显然,反垄断法的域外适用涉及的是主观属地管辖原则。由于这一原则适用的结果有可能使各国对同一事项都可以主张管辖权,因而难免会发生法律冲突。

反垄断法的域外适用中影响最大也是最有争议的是效果原则。这一原则首先不是制定法上的明文规定,而是美国法院在判例中发展起来的。1945 年,美国第二巡回上诉法院在"美国诉美国铝公司"一案的判决中确立了美国反托拉斯法域外适用的"效果原则"。根据这一原则,在美国以外订立的合同或从事的行为,如果其意图影响且在事实上影响了美国的商业,那么法院就可以对该合同行为享有管辖权,追究有关公司的反托拉斯责任,而不论该行为者是否为美国国民。此后,美国根据这一影响原则,广泛地在其领土以外适用其反托拉斯法,追究外国企业的法律责任。当然,自 20 世纪 70 年代以来,美国在立法和司法中都对反垄断法的域外适用效力作出了一定的限制。美国法院在一些案件的审理中采取其他一些原则来对效果原则进行限制或修正。例如,在某些情形下应当考虑国际礼让,要对美国利益和其他国家的利益进行比较分析。

美国依据效果原则将其反托拉斯法域外适用的做法,首先遭到了不少国家的反对和谴责。一些国家通过外交途径进行抗议,有些国家进行有针对性的法律抵制。但同时,一些国家和地区又纷纷仿效美国,也主张自己反垄断法的域外效力。经济合作发展组织(OECD)对其成员国竞争法的推荐意见《竞争法基本框架》中也指出:"竞争法应适用于所有在国内产生实质性影响的事件,包括境外发生而在境内产生了后果的事件。"[①]这说明,主张反垄断法的域外适用已经成为各国反垄断法的中普遍做法。

(二) 我国反垄断法的域外适用

随着经济全球化的趋势日益明显和我国正式加入了 WTO,我国将更大规模地和更加频繁地参加到国际经济贸易中去,国际市场的垄断行为对我国市场的影响日益明显,尤其是国际卡特尔和跨国公司的大规模并购。因此,只有规定我国反垄断法的域外效力才能在对外开放中更好地维护我国的主权和经济利益。另一方面,在其他国家(尤其是我国的主要贸易伙伴)已经规定了其反垄断法域外效力的情况下,我国也需要采取相对应的措施,以免在国际贸易活动中处于不利的地位。

基于此,我国在制定反垄断法时规定其域外适用效力几乎是必然的选择,即我国制定反垄断法应当明确规定其适用于那些发生在境外但对我国境内的市场和消费者有着不利影响的限制竞争行为。

由于效果原则是目前许多国家反垄断法中明确规定或在实际执法中依循的确定域外适用的主要原则,因此我国反垄断法规定效果原则应该是没有问题的,也是无法避免的。这可以使我国反垄断法与其他采取同样原则的多数国家的反垄断法对等适用,使我国可以在跨国竞争活动中主动采取法律行动,维护国家经济安全和经营者的正当权益,同时也有利于在平等协商的基础上与其他国家竞争执法机构解决双方经贸活动中出现的问题,在有关国际协调中增加谈判筹码和自我保护能力。对此,《反垄断法》在总则第 2 条中也规定了我国反垄断法的域外效力,即"中华人民共和国境外的垄断行为,对境内市场竞争产生排除、限制影响的,适用本法。"不过,鉴于很多国家(包括美国)现在对该原则都作出了直接或间接的限制,或者在实际操作时很慎重,因此我国在处理反垄断法的域外适用时也要作出必要的限定。可以考虑将该行为产生"直接的、实质性的且可以合理预见的"限制或者不利影响作为适用的基本要件;同时,在具体执行中要求反垄断执法机构和法院权衡、分析多种相关因素。这样,就可以比较合理地确定我国对外国经营者在我国境外实施的某些限制竞争行为的管辖权,既可使我国的主权和经济利益得到维护,又不容易造成与他国的利益冲突或遭到他国的质疑。

---

① 参见《各国反垄断法汇编》编选组编.《各国反垄断法汇编》,人民法院出版社 2001 年版,第 745 页。

【参考文献】

1. 王先林著.《竞争法学》(第二版),中国人民大学出版社 2015 年版。

2. 王先林主编.《中国反垄断法实施热点问题研究》,法律出版社 2011 年版。

3. 王晓晔著.《反垄断法》,法律出版社 2011 年版。

4. 尚明主编.《反垄断法理论与中外案例评析》,北京大学出版社 2008 年版。

5. 王先林著.《知识产权与反垄断法——知识产权滥用的反垄断问题研究》(第 3 版),法律出版社 2016 年版。

6. [美] 欧内斯特·盖尔霍恩,威廉姆·科瓦契奇,斯蒂芬·卡尔金斯.《反垄断法与经济学》,法律出版社 2009 年版。

【思考题】

1. 什么是反垄断法所规制的垄断?
2. 相关市场界定的意义与方法是什么?
3. 简述垄断协议的含义和类型。
4. 如何认定滥用市场支配地位行为?
5. 反垄断法如何对待经营者集中?
6. 如何认识行政性垄断行为?
7. 试述我国的反垄断执法体制。
8. 简述我国反垄断法中的经营者承诺制度和宽大制度。
9. 根据相关司法解释分析垄断民事案件中的主要法律问题。

【案例实训】

1. 2009 年 3 月 18 日中华人民共和国商务部发布公告,决定禁止美国可口可乐公司(简称可口可乐公司)与中国汇源果汁集团有限公司(简称中国汇源公司)的经营者集中。

2008 年 9 月 18 日,可口可乐公司向商务部递交了申报材料。9 月 25 日、10 月 9 日、10 月 16 日和 11 月 19 日,可口可乐公司根据商务部要求对申报材料进行了补充。11 月 20 日,商务部认为可口可乐公司提交的申报材料达到了《反垄断法》第二十三条规定的标准,对此项申报进行立案审查,并通知了可口可乐公司。由于此项集中规模较大、影响复杂,2008 年 12 月 20 日,初步阶段审查工作结束后，商务部决定实施进一步审查，书面通知了可口可乐公司。在进一步审查过程中，商务部对集中造成的各种影响进行了评估，并于 2009 年 3 月 20 日前完成了审查工作。

根据《反垄断法》第 27 条，商务部从如下几个方面对此项经营者集中进行了全面审查：① 参与集中的经营者在相关市场的市场份额及其对市场的控制力；② 相关市场的市场集中度；③ 经营者集中对市场进入、技术进步的影响；④ 经营者集中对消费者和其他有关经营者的影响；⑤ 经营者集中对国民经济发展的影响；⑥ 汇源品牌对果汁饮料市场竞争产生的影响。

立案后，商务部对此项申报依法进行了审查，对申报材料进行了认真核实，对此项申报涉及的重要问题进行了深入分析，并通过书面征求意见、论证会、座谈会、听证会、实地调查、委托调查以及约谈当事人等方式，先后征求了相关政府部门、相关行业协会、果汁饮料企业、上游果汁浓缩汁供应商、下游果汁饮料销售商、集中交易双方、可口可乐公司中方合作伙伴以及相关法律、经济和农业专家等方面意见。

审查工作结束后，商务部依法对此项集中进行了全面评估，确认集中将产生如下不利影响：① 集中完成后，可口可乐公司有能力将其在碳酸软饮料市场上的支配地位传导到果汁饮料市场，对现有果汁饮料企业产生排除、限制竞争效果，进而损害饮料消费者的合法权益。② 品牌是影响饮料市场有效竞争的关键因素，集中完成后，可口可乐公司通过控制"美汁源"和"汇源"两个知名果汁品牌，对果汁市场控制力将明显增强，加之其在碳酸饮料市场已有的支配地位以及相应的传导效应，集中将使潜在竞争对手进入果汁饮料市场的障碍明显提高。③ 集中挤压了国内中小型果汁企业生存空间，抑制了国内企业在果汁饮料市场参与竞争和自主创新的能力，给中国果汁饮料市场有效竞争格局造成不良影响，不利于中国果汁行业的持续健康发展。

为了减少审查中发现的不利影响，商务部与可口可乐公司就附加限制性条件进行了商谈。商谈中，商务部就审查中发现的问题，要求可口可乐公司提出可行解决方案。可口可乐公司对商务部提出的问题表述自己的看法，并先后提出了初步解决方案及其修改方案。经过评估，商务部认为可口可乐公司针对影响竞争问题提出的救济方案，仍不能有效减少此项集中产生的不利影响。

鉴于上述原因，根据《反垄断法》第 28 条和第 29 条，商务部认为，此项经营者集中具有排除、限制竞争效果，将对中国果汁饮料市场有效竞争和果汁产业健康发展产生不利影响。鉴于参与集中的经营者没有提供充足的证据证明集中对竞争产生的有利影响明显大于不利影响或者符合社会公共利益，在规定的时间内，可口可乐公司也没有提出可行的减少不利影响的解决方案，因此，决定禁止此项经营者集中。

请思考商务部这项裁决的合理性和值得改进之处。

2. 原告唐山市人人信息服务有限公司(下称人人公司)诉称，为提高旗下“全民医药网”的点击率，该公司和百度河北代理商签订了《竞价排名协议》。竞价排名是搜索引擎商推出的一种业务。当用户键入某关键词进行搜索时，支付了费用的厂商的名字会在检索页面的前列优先出现，用户点击搜索的结果进入厂商的主页时，搜索引擎服务商即向厂商收取一定费用。“全民医药网”参与竞价排名的时间为2008年3月至9月。最初几个月，双方合作愉快。同年6月开始，“全民医药网”减少投入，逐渐把竞价支付价格调到最低。之后的7月初，“全民医药网”发现其网址在百度搜索后的链接急剧减少，由以前的8万多条信息锐减到只剩下一个页面的4条记录。以2008年7月10日为界，“全民医药网”的月访问量从前一个月的88 095IP锐减至18 340IP，日均访问量从2 936IP锐减至611IP。而查询其他搜索引擎的结果发现，“全民医药网”被收录情况都没有明显变化。人人公司认为，由于减少了竞价排名投入，其网站被百度恶意屏蔽，百度的行为属于滥用市场支配地位的垄断行为，为此要求法院判决百度赔偿其损失人民币1 029 461.85元，同时承担恢复原状的民事责任，解除对“全民医药网”的屏蔽并彻底全面恢复收录。

对此，百度否认“屏蔽”的指控，称百度减少对“全民医药网”的收录，使其在特定时间受到搜索结果限制，是因为该网站存在大量垃圾链接，受到了百度反作弊机制的处罚，与竞价排名推广没有任何关系。“垃圾外链是搜索网站重点打击的作弊行为，各个搜索引擎都有反作弊机制。”

对于百度的市场支配地位问题，原告提出包括百度网站自己发布的公司新闻等多份证据，证明百度在中国搜索引擎市场的份额在60%以上。百度方面则认为，原告提供几份证据效力有问题，不足采信。而且，“相关数据只是一个时间节点上的，不具有参考意义”。百度方面还认为，除了竞价排名之外，搜索网站、网民和被搜索网站之间不存在交易行为，搜索引擎是为网民提供的免费服务，并不因此获利，因此免费搜索不构成反垄断法上的“相关市场”，也就谈不上市场垄断。竞价排名属于一种付费推广方式，和在门户网站设置付费链接以及其他付费推广方式的功能一样，竞价排名也不单独构成一个“相关市场”。因此，“百度并不具有市场支配地位”。

而原告认为,搜索引擎已经由营销方式上升为社会大众获取信息的重要渠道,搜索引擎的“客观、公正”显得非常重要。具有市场支配地位的搜索网站,对其他网站的屏蔽行为具有“生杀予夺”的效果,容易被用来“要挟”客户参与竞价排名,具有强迫交易的性质,当属《反垄断法》打击的违法行为。

由于涉及很多技术问题,原被告双方均申请相关技术人员,作为专家证人到庭进行解释说明。

经过审理,北京市第一中级人民法院于2009年12月18日作出判决。法院认为,原告没有证据能够证明百度公司具有市场支配地位,其减少对“全民医药网”的收录的行为正当。因此,我国首例网络反垄断案以原告败诉告终。但法院首次在判决书中认定,搜索引擎市场是由反垄断法调整的市场。

请思考:

(1) 本案中的相关市场如何界定?

(2) 百度公司是否具有市场支配地位?

(3) 百度公司的行为是否属于滥用市场支配地位行为? 若是,属于哪一类行为?

(4) 法院能否在反垄断法的明确规定之外认定其他的垄断行为?

3. 2010年1月8日,广东省某市政府召开政府工作会议,会议的主要内容是落实省政府加强道路交通安全管理,推广应用卫星定位汽车行驶记录仪。会议相关决议以“市政府工作会议纪要2010年第6期”的形式印发相关部门执行。在会议纪要中,市政府明确指定新时空导航科技有限公司(以下简称新时空公司)自行筹建的卫星定位汽车行驶监控平台为市级监控平台,要求该市其余几家GPS运营商必须将所属车辆的监控数据信息上传至新时空公司平台。此后,该市物价局依据该会议纪要,又批复同意新时空公司对其他GPS运营商收取每台车每月不高于30元的数据接入服务费。2010年5月12日,该市政府办公室印发了《强制推广应用卫星定位汽车行驶记录仪工作方案》,明确要求全市重点车辆必须将实时监控数据接入市政府指定的市级监控平台。2010年11月11日,该市政府又召开政府工作会议,形成“市政府工作会议纪要2010年第79期”,重申了上述要求,并要求交警部门对未将监控数据上传至新时空公司平台的车辆,一律“不予通过车辆年审”。

2011年1月26日,该市易流科技有限公司等3家汽车GPS运营商联名向广东省工商局投诉,反映该市政府在强制推广汽车GPS工作中的行政行为涉嫌滥用行政权力排除、限制竞争。3月25日,3家企业又向广东省人民政府法制办公室就该市政府上述行政行为提起行政复议。广东省工商局经济检查局经调查发现，截至2010年底，该市共有GPS运营商11家，其中新时空公司、威霸公司、易流公司等运营商建有企业监控平台。在确定新时空公司自建的监控平台为市级平台以前，该市所有GPS运营商管理的车辆监控信息均由其直接上传至省级监控数据中心。由于市政府不恰当的介入，严重破坏了当地GPS运营商的市场竞争格局。首先，新时空公司是GPS运营商之一，不具有政府行政管理职能，将其自行投资建设的卫星定位汽车行驶监控平台作为市级监控平台，实际上是限定其他GPS运营商接受新时空公司这一经营者提供的数据接收、上传和分发服务。其次，新时空公司对该市其他GPS运营商预收2011年下半年每辆车每月30元的数据接入服务费，否则，其他GPS运营商的数据不能接入市级监控平台。这造成其他GPS运营商在接受政府监管时，不得不接受新时空公司提供的有偿服务。最后，市政府要求市交警部门对未将监控数据上传至新时空平台的车辆采取不予通过车辆年审的强制措施，使得新时空公司变成了其他GPS运营商正常经营必须依赖的对象，严重破坏了该市汽车GPS运营服务市场的竞争格局。

工商机关认定，该市政府的行政行为超出了法定权限和上级有关政策要求，干预了企业正常经营活动，导致排除、限制竞争的后果，违反了《反垄断法》的规定，构成行政机关滥用行政权力排除、限制竞争行为。在国家工商总局的指导下，广东省工商局向广东省政府正式作出“依法纠正该市政府上述滥用行政权力排除、限制竞争行为”的建议。2011年6月12日，广东省政府作出复议决定，认为该市政府上述行政行为违反《反垄断法》第八条、第三十二条和《道路交通安全法》第十三条的规定，属于滥用行政职权，其行为明显不当，决定撤销其具体行政行为。该市政府根据省政府决定，纠正了其滥用行政权力排除、限制竞争的行为，恢复了该市汽车GPS运营市场的竞争格局。

请思考，滥用行政权力排除限制竞争行为与经营者的垄断行为在表现形式和处理方式上有什么不同。

第七章
反不正当竞争法

【本章导读】

反不正当竞争法是禁止以违反公认的商业道德的手段从事市场竞争行为，维护公平竞争秩序的一类法律规范的通称。本章在分析不正当竞争行为的含义和构成要件以及反不正当竞争法的性质和一般条款的基础上，着重介绍了6类典型的不正当竞争行为，包括市场混淆、商业贿赂、虚假宣传、侵犯商业秘密、不当有奖销售和商业诋毁，并介绍了我国反不正当竞争执法机构及其职权以及反不正当竞争法律责任制度。

第一节　反不正当竞争法概述

一、不正当竞争的概念与构成要件

（一）不正当竞争的基本含义

不正当竞争的概念存在广义和狭义之分。广义上的不正当竞争包括垄断行为在内，而狭义上的不正当竞争则是与垄断行为并列的。随着《中华人民共和国反不正当竞争法》(以下简称《反不正当竞争法》)在1993年、《反垄断法》在2007年相继出台，我国已经现实地走上了反不正当竞争与反垄断分别立法的道路，在狭义上理解和运用不正当竞争的概念已逐渐成为共识和必然的选择。

从各国有关反不正当竞争的立法来看，对不正当竞争的界定在表述方式和侧重上并不完全一致。比较代表性的是1909年德国《反不正当竞争法》第1条关于一般条款的规定，即不正当竞争是“在营业中为竞争目的采取违反善良风俗的行为。”1986年修订的瑞士不正当竞争法规定:“不正当竞争是指任何欺骗性商业行为,或以其他手段,违反诚实信用原则的任何商业行为。”1988年的西班牙《商标法》第87条规定:“任何违反工业或商业诚实交易惯例的竞争均构成不正当竞争行为。”具有重要意义的是,1883年的保护工业产权巴黎公约在其1925年的海牙修订本中规定了不正当竞争行为的定义,即第10条之二:“凡在工商业活动中违反诚实经营的竞争行为即构成不正当竞争行为。”这已成为公认的关于不正当竞争的经典性定义。在《WIPO1996年关于反不正当竞争保护的示范规定》中,其第1条第1款除规定其基本保护之外,还仿效《巴黎公约》的第10条之二第(2)款,对不正当竞争行为规定了总定义:凡在工商业活动中违反诚实的习惯做法的行为或做法构成不正当竞争行为①。

《反不正当竞争法》第2条第2款规定:“本法所称的不正当竞争,是指经营者违反本法规定,损害其他经营者的合法权益,扰乱社会经济秩序的行为。”这虽然并不能算是一个完整的定义,但是只要将它与该法其他条文、特别是第1条和第2条第1款的规定联系起来看,其基本含义和构成要件还是比较清楚的。

一般说来,不正当竞争是指在市场交易中,采取违反诚实信用原则或者其他公认的商业道德的手段,损害其他经营者、消费者合法权益或者社会公共利益,扰乱市场竞争秩序的行为。不正当竞争的范围比较广泛,既包括其他法律、法规中已有明文规定的行为,也包括其他有关法律、法规中没有明文规定的行为,只要它在实质内容和基本精神上是与以诚实信用为核心的商业道德相违背的。

(二) 不正当竞争的构成要件

由于对不正当竞争的立论基础有不同的认识,关于对不正当竞争行为的构成要件也随之有不同的看法。法国早期的判例与学说都认为构成不正当竞争应具备四个要件,即行为人必须有过失,第三人受有损害,行为与损害之间须有因果关系,须有竞争要素,因而不正当竞争行为被视为民事侵权行为。不过,晚期的判例已不同于早期的判例,不再强调“恶意”。而且在事实上,对于不正当竞争行为责任与一般民事责任的要件,在解释上仍有宽严之分。如对竞争的损害的解释较一般侵权行为责任为宽,以鼓励正常竞争,尊重道德义务。另外,现在也不再强调必须在同业者间才有不正当竞争的存在,而仅着重于“不正当”的性质,其保护范围并不限于同一行业。这特别适用于驰名商标、商号的保护。由于美国不正当竞争的观念是由判决经验推衍出来的,对于不正当竞争的构成要件,一

① 参见郑成思主编.《知识产权研究》第六卷,中国方正出版社1998年版,第276、287页。

般依每一案件的特殊事实与情况加以判断。一般地，凡欠缺公平交易要素的，就可以基于衡平原则对付加害人。美国对于不正当竞争的取缔，主要目的是保护诚实商人，处罚加害者以及保护消费者免受欺骗，而且多数判决特别强调保护消费者。

《反不正当竞争法》对于不正当竞争行为的构成要件没有作出明确的规定，我国这方面的司法实践也没有提供非常清晰、完整的答案。基于我国的现实需要和国际的发展趋势，可以将不正当竞争行为的构成要件大致作如下概括。

1. 不正当竞争行为的主体是各类市场交易活动的参加者

《反不正当竞争法》规定的不正当竞争行为的主体是“经营者”，即“从事商品经营或营利性服务的法人、其他经济组织和个人”。这里存在从不同角度对“经营者”进行界定的问题，即分别从主体资格的角度和从行为的角度进行的界定。依前者，只有具有经营（商品经营和营利性服务）的法定资格（权利能力）的人才可以成为经营者。这样，企业职工（如在侵犯商业秘密中）、单位的法定代表人或具体经办人（如在商业贿赂中）、无照经营的人等就不能包括在内。而依后者，只要参与或从事市场行为，不论是否具有法定的经营主体资格，都可以属于《反不正当竞争法》上的经营者。依《反不正当竞争法》规定的情况看，后一种理解更具有合理性和可行性。1995 年，国家工商行政管理局发布的《关于禁止侵害商业秘密行为的若干规定》第 3 条第 4 款将“权利人的职工违反合同约定或者违反权利人保守商业秘密的要求，披露、使用或者允许他人使用其所掌握的权利人商业秘密”规定为侵害商业秘密的一种形式，将职工直接纳入经营者的范畴[①]。当然，无论进行何种解释，政府及其所属部门都不可能被纳入经营者的范围之内。它们不参与竞争，也无所谓从事不正当竞争行为，只是其行为有可能限制竞争或者构成垄断行为。在讨论对《反不正当竞争法》进行修订时，一般都主张不限定不正当竞争行为的主体，而应包括一切市场交易活动的行为人。这样有利于在更广泛的范围内适用反不正当竞争法，使其真正成为“不管法”。

2. 不正当竞争行为在客观方面表现为行为人实施了与诚实信用原则或者其他公认的商业道德相悖的行为

不正当竞争行为的具体表现存在很多的差异，但无论是市场混淆、虚假宣传和商业诋毁，还是侵犯商业秘密、商业贿赂等，其共同的实质都是不劳而获，与市场经济中诚实信用原则和其他公认的商业道德的要求相背离。可见，不正当竞

① 参见孔祥俊.《反不正当竞争法的适用与完善》，法律出版社 1998 年版，第 70—72 页。

争行为违法性或者不正当性的实质正在于它直接违反了体现法律精神的以诚实信用为核心的商业道德。诚实信用由一般的道德规范上升到市场经济的法律原则，尤其是成为反不正当竞争法的基本原则从而成为确定竞争行为正当与否的最具实质性的要件，这体现了市场经济对某些基本道德规范内在的、更大的需求，是道德规范法律化的结果。它要求当事人在交易活动中应当诚实待人，恪守信用，不得进行任何欺诈或其他侵权的行为。美国法律哲学家博登海默在论述法律与道德的关系时，认为存在一个具有实质性的法律规范制度，其目的是保证和加强道德规则的遵守，而这些道德规则乃是一个社会的健全所必不可少的。他还特别指出，在不公平竞争法中，由法院和立法机构所进行的一些变革，必须归因于道德感的加强和精炼，同时伴随这些变革的还有一种信念，即商业社会必须依靠比道德谴责更为有效的保护手段，才能抵制某些应受指责的毫无道德的商业行为①。从这个角度来说，反不正当竞争也就是维护社会所公认的商业道德。

3. 不正当竞争的行为人主观上具有过错

不正当竞争行为既然是不正当的行为，即经营者从事的与诚实信用原则或其他公认商业道德相悖的行为，因而在认定不正当竞争行为时通常应以主体具有主观过错为要件。这表明，不正当竞争行为不仅在客观上而且在主观上都具有应受谴责性。行为人的主观过错一般可以从是否具有损害竞争对手的目的和动机、是否具有自己牟取利益的目的和动机、是否或应否知道损害他人利益以及是否违反合同或商业习惯等方面来判断。《最高人民法院关于审理不正当竞争民事案件应用法律若干问题的解释》(法释〔2007〕2 号)在第 1 条第 2 款规定："在不同地域范围内使用相同或者近似的知名商品特有的名称、包装、装潢，在后使用者能够证明其善意使用的，不构成反不正当竞争法第五条第(二)项规定的不正当竞争行为。"这也从另一个方面体现了认定不正当竞争行为时的过错责任原则。在实践中，为更有效地保护受害者，一些国家规定这种过错采用推定的方法确定，即如果行为人不能证明其没有过错即推定其有过错。对于自己知道或者应当知道的合同或商业习惯，仍然违反，就足以表明其有过错。

4. 不正当竞争行为所侵害的客体是经营者利益、消费者利益和社会公共利益

不正当竞争行为所侵犯的客体往往不是单一的，而是多重的。基于不正当

---

① 参见[美] E・博登海默.《法理学—法哲学及其方法》，华夏出版社 1987 年版，第 62、73、74 节。

竞争的性质,经营者实施不正当竞争行为首先是侵害了竞争对手的利益。不正当竞争行为有时是侵害特定竞争对手的利益,如市场混淆、商业诋毁、侵犯商业秘密等;有时是侵害不特定竞争对手的利益,如商业贿赂、虚假宣传、不当有奖销售等。

不正当竞争行为不仅侵害竞争对手的利益,而且也侵害交易相对人尤其是消费者的利益。消费者是经营者在市场竞争中争夺的对象。不正当竞争行为有时是在损害经营者利益的同时间接损害消费者的利益,有时则是直接损害了消费者的利益,特别是在市场混淆和虚假宣传行为中,消费者是直接的受害者,或者说是通过消费者利益受损进而影响竞争者的利益。

此外,不正当竞争行为还损害了代表社会公共利益的市场竞争秩序,因为不正当竞争行为直接扭曲了作为市场经济基本机制的竞争机制,使公平竞争的市场秩序受到破坏,公众也就不能享有公平竞争所带来的社会福利。

(三) 关于不正当竞争行为认定中的竞争关系问题

在认定不正当竞争行为时,除了前面四个方面的要素外,往往还涉及竞争要素的问题。对此在不同国家、不同时期的规定和做法是不完全一致的。总体来说,这方面经历了一个从严格强调到逐步淡化的过程,现在一般并不强调行为人和受害者之间的直接竞争关系。这实际上是与反不正当竞争法所保护的客体范围不断扩大相关的。

一般来说,不正当竞争作为一种市场竞争行为,是在市场经济活动中有着某种竞争关系的主体之间发生的,行为人实施不正当竞争行为仍是为了竞争。这与垄断行为不一样,垄断是一种反竞争行为,它不允许竞争(排斥和限制竞争),哪怕是不正当竞争。竞争本身存在多种情况,包括卖者之间的竞争、买者之间的竞争以及买者和卖者之间的竞争,而卖者(经营者)之间的竞争则是主要的。在卖者之间的竞争中又有部门内竞争和部门间竞争。其中,同一部门或者行业的卖者之间为争夺同一市场的竞争是最典型、最直接的竞争。不正当竞争行为的构成不一定都要求行为人与受害者之间存在这种直接的竞争关系。

反不正当竞争法上的竞争关系往往比反垄断法意义上的竞争关系的范围要广泛。在反垄断法中,竞争关系一般是指商品之间具有替代关系(相同或者近似的商品)的经营者之间的相互争夺交易机会的关系,这是狭义上的竞争关系。而在反不正当竞争法中,竞争关系往往是广义上的竞争关系。实际上,这个问题与不正当竞争行为主体问题是联系在一起的。据学者分析,不正当竞争行为中的竞争关系可以归为三种基本类型:一是行为人与他人之间存在着直接竞争关系，不正当竞争行为是一种不道德地排斥竞争对手的商业行为；二是经营者虽未排挤竞争对手的竞争，但通过不正当竞争手段获取竞争优势的行为，主要是搭没有竞争关系的经营者的便车，获取竞争优势的行为；三是以不正当手段破坏他人竞争优势的行为①。其中，只有第一种情形属于典型的竞争关系，但后两种又确实对市场公平竞争造成了破坏。

为体现这一点，一些国家和地区往往将不正当竞争行为称为不公平交易行为，以淡化这里的竞争要素。这在国际上已经形成了一种趋势。例如，《巴黎公约》第 10 条之二关于不正当竞争行为的理解和认定，是建立在何为竞争行为之上的；而《WIPO1996 年关于反不正当竞争保护的示范规定》并不明确论及于此。这主要考虑到，不正当竞争行为也可能产生于并无直接或实际竞争关系的场合。该示范规定对此还在注释中提供了一个示例：有人将一驰名商标用于完全不同的商品上，尽管该使用人与驰名商标所有人不存在竞争关系，但如此使用却与竞争有关，因为这种使用使他获得了相对于未使用驰名商标的竞争者的不正当优势，这种优势可能有助于使用人的商品销售。其实，早在 20 世纪 50 年代就有学者提议将《巴黎公约》第 10 条之二中关于不正当竞争的概念扩及(有限度的)非竞争行为上。上述示范规定则是就此作出的正式改进。该示范规定第 2 条至第 6 条将《巴黎公约》第 10 条之二中的“竞争者”(competitor)改称为企业(enterprises)。同时，依据该示范规定第 5 条，即使消费者协会或新闻机构不与某一领域生产经营者直接发生竞争关系，但若其活动或陈述不顾事实而偏向第三者，间接造成其他生产经营者商誉之贬损，也应承担侵权责任②。

在我国的执法实践中，对不正当竞争行为中的竞争关系也是作广义理解的，主要强调行为对公平竞争的破坏，而不特别强调行为人与受害者之间存在直接的竞争关系。例如，国家工商行政管理局在《关于在非相同非类似商品上擅自将他人知名商品特有的名称、包装、装潢作相同或者近似使用的定性处理问题的答复》中指出：“仿冒知名商品特有的名称、包装、装潢的不正当竞争行为一般发生在相同或类似商品上，但经营者在非相同、非类似商品上，擅自将他人知名商品特有的名称、包装、装潢作相同或者近似使用，造成或者足以造成混淆或者误认的，亦违反《反不正当竞争法》第 2 条第(二)项的规定认定为不正当竞争行为，并

---

① 参见孔祥俊.《反不正当竞争法若干问题研究》，徐杰主编《经济法论丛》第 1 卷，法律出版社 2000 年版，第 494—495 页。

② 参见郑友德，焦洪涛.《反不正当竞争的国际通则》，《知识产权》1999 年第 2 期。

按《反不正当竞争法》及国家工商行政管理局《关于禁止仿冒知名商品特有的名称、包装、装潢的不正当竞争行为的若干规定》的有关规定查处。”

二、反不正当竞争法的概念与性质

（一）反不正当竞争法的概念与发展概况

反不正当竞争法是禁止以违反公认的商业道德的手段从事市场竞争行为，维护公平竞争秩序的一类法律的通称。

有商品生产和商品交换，就有竞争；有竞争，就有相对于一时一地、与当时当地人们的观念相违背的不正当竞争。作为竞争的副作用之一，不正当竞争行为从商品经济产生并发展到一定程度时，便伴随着竞争而产生了。相应地，在早期（如古罗马法）的一些法律制度中就有某些反不正当竞争性质的规范。进入资本主义社会后，伴随着不正当竞争行为的蔓延，在许多国家的民商法典、刑法典以及判例中，相继有了规范此类行为的规定。但它们在长期的历程中是少量而分散的，不能形成专门意义上的反不正当竞争法。

一般认为，现代意义上的反不正当竞争法是从19世纪中期法国民法典中的规定和英国关于“冒充”诉讼(action for passing off)判例所确定的一些原则中发展而来的。当时，英国法院处理了大量的擅自使用他人商业名称和产品、服务标记等方面的案件，其在处理这些案件中所确立的原则影响了邻近国家的立法。在法国，1850年法院根据民法典1382条对某些案件所作的判决中，最早出现了“不正当竞争”的概念，即未侵犯工业产权，但在某些商业活动中导致欺诈或使人误解或对此负有责任的行为，构成不正当竞争行为。而在德国，法院不主张把民法典的侵权条款延伸到不正当商业惯例。对盗用他人商号或标志，诋毁他人商业信誉，侵害他人商业秘密之类的不正当竞争行为，试图通过制定专门的法律加以规范。于是，在1896年德国制定了世界上第一部专门的《反不正当竞争法》，后被1909年制定的新的《反不正当竞争法》所代替。该法后经多次修订，其中2004年7月进行的规模最大的一次修订主要是为了与欧共体有关的指令相协调。其他国家大多也制定了各自的反不正当竞争法。虽然美国没有专门的反不正当竞争法成文，但其有反不正当竞争法的判例法，其反托拉斯法中也附带规定了反不正当竞争的内容，最主要的是1914年的《联邦贸易委员会法》第5条，1946年的《兰哈姆法》(经1989年修订)第43条(a)也是其反不正当竞争法的重要渊源。

在国际层面，1883年的《保护工业产权巴黎公约》在其1900年布鲁塞尔修订本中要求制止不正当竞争,并在1925年的海牙修订本中规定了不正当竞争行为的定义。欧共体在竞争方面的规则虽然主要是在反垄断法方面的,但是其也为协调成员国的反不正当竞争法而发布相关的指令,以保护消费者的利益,主要包括禁止虚假广告的规定,比较广告的指令,以及关于以直接广告为目的而主动向消费者发布信息的指令。

我国反不正当竞争法律制度是随着市场取向的改革的不断深入而逐步建立和发展起来的。在20世纪80年代的有关法规如1982年的《广告管理暂行条例》和1983年的《国营工业企业暂行条例》中涉及禁止有关不正当竞争行为的条款,一些地方也进行了专门的反不正当竞争立法。为适应市场经济发展的需要,八届全国人大常委会三次会议在1993年9月2日通过了《反不正当竞争法》,自1993年12月1日起实施。以该法为核心,包括相关法律、行政法规、部门行政规章和地方性法规等多种法律渊源的反不正当竞争法律制度基本形成。在其他有关法律如《产品质量法》、《消费者权益保护法》、《广告法》、《价格法》、《招标投标法》等中有一些反不正当竞争的法律规范。自《反不正当竞争法》实施以来,国家工商行政管理局陆续制定了配套的行政规章,主要有《关于禁止有奖销售活动中的不正当竞争行为的若干规定》(1993年12月)、《关于禁止公用企业限制竞争行为的若干规定》(1993年12月)、《关于禁止仿冒知名商品特有的名称、包装、装潢的不正当竞争行为的若干规定》(1995年7月)、《关于禁止侵犯商业秘密行为的若干规定》(1995年11月)、《关于禁止商业贿赂行为的暂行规定》(1996年11月)和《关于禁止串通招标投标行为的暂行规定》(1998年1月)等。这些规章对《反不正当竞争法》作了细化、补充和发展。另外,许多省、市、自治区、经济特区、省辖市以及享有立法权的较大的市先后颁布了地方性的反不正当竞争法规。最高人民法院于2007年1月12日发布了《关于审理不正当竞争民事案件应用法律若干问题的解释》,自2007年2月1日起施行。

《反不正当竞争法》实施以来,对于鼓励和保护公平竞争,制止不正当竞争行为,保护经营者和消费者的合法权益,保障社会主义市场经济的健康发展,无疑起到了积极的作用,该法已成为我国社会主义市场经济法律体系的重要组成部分。但是,由于在该法制定之时,我国社会主义市场经济体制刚刚确立,市场经济发展中的许多问题还没有得到充分的表现和暴露,更难以反映到法律中去,再加上立法本身也存在一些问题,所以从该法实施以来的情况来看,法律本身存在不少的问题,需要修改完善。经过千呼万唤和各方面多年的努力,《中华人民共和国反不正当竞争法(修订草案送审稿)》①(以下简称送审稿)终于由国务院法制办公室在2016年2月25日开始公开征求意见。同时,该法的修订已经在《国务院2016年立法工作计划》中被列入第一类即"全面深化改革急需的项目","要根据改革进程和改革方案,抓紧办理,尽快完成起草和审查任务"②。这意味着实施了《反不正当竞争法》的首次修订工作明显提速。

(二) 反不正当竞争法与反垄断法的关系

反不正当竞争法作为现代竞争法的重要组成部分,与反垄断法有着密切的联系。

就立法模式而言,对反不正当竞争法和反垄断法两大部分的处理主要有三种情况:一是反不正当竞争与反垄断合并立法,如我国台湾公平交易法、澳大利亚交易行为法等;二是反不正当竞争与反垄断分别立法,如德国、日本;三是反垄断立法中主要规定反垄断,附带涉及不正当竞争,同时以其他法律控制不正当竞争,如美国。

反不正当竞争法和反垄断法在竞争保护上有着共同的取向和积极作用,它们都是对市场竞争行为进行规制,都有利于维护竞争者和消费者的合法利益,对维护自由公平的市场竞争秩序来说,两者都是必不可少的,因而两者在功能上是相互补充的,并且在内容上有相互交叉的部分(特别是滥用市场支配地位行为),在一些国家或地区甚至采取合并立法,并由同一的执法机构负责执行。但是,它们在作用机制和实体内容方面又存在重要的差别。

第一,产生的背景与法律渊源不同。不正当竞争行为在简单商品经济时代和自由竞争的资本主义时代就已产生和存在。因此,在古罗马法上就已经有一些针对不正当竞争行为的规定;大陆法系国家的民法典中和早期的普通法上也有针对不正当竞争行为的规定。反不正当竞争法有多种法律表现形式,既有专门的成文法,也有判例法和民法中关于侵权行为的规定等。其规定和适用主要针对较为具体的侵权行为。而垄断行为则主要是在垄断资本主义产生之后出现的,是现代社会化大生产的产物。因此,反垄断法的产生时间要晚于广泛意义上的反不正当竞争法。反垄断法主要表现为专门的成文法,其规定和适用的灵活

① 参见《国务院法制办公室关于公布〈中华人民共和国反不正当竞争法(修订草案送审稿)〉公开征求意见的通知》,http://www.chinalaw.gov.cn/article/cazjgg/201602/20160200480277.shtml,最后访问日期2016-04-20。

② 参见《国务院办公厅关于印发国务院2016年立法工作计划的通知》,http://www.gov.cn/zhengce/content/2016-04/13/content_5063670.htm,最后访问日期2016-04-20。

性和政策性更强。

第二，规制的目的和侧重点不同。反不正当竞争法的目的是为了防止竞争过度，消除恶性竞争的影响，主要是保障具体交易场合特定当事人之间的利益平衡，侧重维护微观的竞争秩序，追求局部和个案的公正，保障静态的财产权和人身权，可以说是经济领域的侵权法。反垄断法的目的则是防止竞争不足，保护竞争机制本身不受扭曲，竞争不被排除或限制，主要是维护宏观的竞争秩序，侧重追求整体和宏观的效率，实现动态的交易安全。如果说反不正当竞争法侧重维护公平竞争，那么反垄断法侧重于维护自由竞争。

第三，规制对象的性质和违法的构成不同。反不正当竞争法规制的是不正当竞争行为，这种行为在性质上是违反商业道德的，在分析时只存在是否构成的问题，而不存在适用除外和豁免的问题。而反垄断法所规制的既包括垄断行为，也包括垄断状态，而且垄断行为也大多是结构性垄断行为，这种行为的违法性一般不直接涉及商业道德，而且具有相对性和动态性，在分析时往往根据不同情形分别采取本身违法原则和合理原则，需要大量运用经济分析方法，并存在适用除外和豁免的问题。

第四，规制方法与责任形式不同。反不正当竞争法主要是事后规制，以民事制裁（主要靠私人提起损害赔偿诉讼）手段为主，辅以行政制裁和刑事制裁的手段。反垄断法则既有事前规制，如调查市场结构情况、对经营者集中进行事前审查等，也有事后规制，以行政制裁手段为主，辅以民事制裁和刑事制裁手段，并且救济措施既有行为性的，也有结构性的，如对特定的经营者进行分拆或者责令实施集中的经营者恢复到集中前的状态。因此，反垄断法较之反不正当竞争法具有更多的公法因素。

反不正当竞争法和反垄断法的这些区别表明，将两者分别立法，可能更加合理。当然，两者应当彼此协调，以实现保护市场竞争的共同目标。

（三）反不正当竞争法的性质

基于上述反不正当竞争法与反垄断法的主要区别，反不正当竞争法相较于反垄断法来说更多地体现了私法性质，以致有人将其归为民事侵权法的范畴。在这个意义上可以说，反不正当竞争法是侵权行为法在竞争领域的延伸和专门化。但是，现代反不正当竞争法并非单纯的私法，而是越来越多地渗入了公法的因素，因此兼具公法和私法的性质，与反垄断法一样都属于经济法的范畴。

不正当竞争确实是一种侵权行为，即损害他人人身权利和财产权利的行为。不正当竞争作为一种侵权行为，行为人不仅侵害了竞争对手的利益，而且也侵害了其他交易主体，特别是消费者的利益，损害了社会公共利益，扰乱了市场竞争秩序。但是，不正当竞争又不同于一般的民事侵权行为，其最大的不同点在于，它除了损害作为一般民(商)事主体的经营者和消费者的利益以外，还直接破坏了市场经济的最基本的机制——竞争机制。竞争本来是一种奖惩兼施(通过优胜劣汰)的市场机制，而不正当竞争却破坏了这种竞争性制裁和奖励的市场机制。通过不正当竞争，如假冒他人驰名商标，一方面使其行为者(其产品往往质次价高)不能受到竞争的惩罚——经营不景气、亏损甚至破产倒闭，反而可以获得利润甚至是暴利；另一方面，遭受假冒侵权的经营者却受到声誉上和经济上的损失，甚至被挤出市场，这样就造成了优者不胜、劣者不汰甚至惩罚优胜者的局面，正常的竞争机制无法发挥作用。由于通过假冒等不正当竞争同样可以获利，有时这种利润还相当高，因此经营者提高产品质量和管理水平的动力和压力也就没有了。总之，不正当竞争会使正常的市场竞争机制发生扭曲，破坏公平竞争的市场秩序。这也就决定了不正当竞争不仅仅是一种单纯的民事侵权行为，而且还是一种严重损害市场竞争机制的行为。基于此，许多国家除了将不正当竞争作为民事侵权行为进行民事制裁外，还将一些不正当竞争行为作为行政违法甚至刑事违法行为，追究相应的行政责任和刑事责任。我国也是主要基于对公平竞争秩序的维护而反不正当竞争的。当然，这同时也就保护了其他经营者和消费者的合法权益。因此，从经济法的观点来看，不正当竞争属于但不限于民事侵权行为。这是认识反不正当竞争法性质的基础。

反不正当竞争法的性质与其利益保护结构是密切相联系的。反不正当竞争法并非单一地保护竞争者的利益，尽管这是反不正当竞争法所保护的最初和基本的利益。现代反不正当竞争法的利益保护呈结构状态，即如前所述是三重的，即经营者(竞争者)的利益、消费者的利益以及竞争所代表的社会公众或整体利益。当然，在这三者之间有着直接与间接之分、主要与次要之别。

三、反不正当竞争法的一般条款问题

(一) 反不正当竞争法一般条款的含义与功能

就世界各国的反不正当竞争法来说，为了加强法律调整的针对性和可操作性，它们非常重视对各种具体的不正当竞争行为的列举。但同时，对不正当竞争行为设概括条款也可以说是有关立法的通例，并构成了其重要内容。

反不正当竞争法的一般条款是相对于具体条款而言的，是指反不正当竞争法中设立的包含了不正当竞争行为构成要件的概括规范。与那些禁止某种不正当竞争行为的具体条款不同，一般条款并不指向某种特定的不正当竞争行为，而是将法律中没有列举的其他不正当竞争行为全部归入该条款而加以禁止。反不正当竞争法一般条款的主要功能在于补充法律具体条款的漏洞，起到兜底的作用，从而增强法律的适应性和稳定性。

在各个国家和地区的反不正当竞争法和相关的国际立法文件中，一般条款的具体表述虽然形式各异，但其最核心的内容是以诚实信用原则和其他公认的商业道德。在反不正当竞争法中，诚实信用既是基本的法律原则，也是认定不正当竞争行为的一般条款。其他公认的商业道德可以看做是诚实信用原则的具体化，例如公平原则是诚实信用原则维持当事人之间利益平衡的要求。

（二）《反不正当竞争法》中的一般条款问题

《反不正当竞争法》第 2 条第 1 款规定："经营者应当遵守自愿、平等、公平、诚实信用的原则，遵守公认的商业道德。"这就确定了该法包括诚实信用在内的基本原则。该条第 2 款却规定："本法所称的不正当竞争，是指经营者违反本法的规定，损害其他经营者的合法权益，扰乱社会经济秩序的行为。"这使得该条不是一个严格意义上的一般条款，因为"违反本法的规定"就限定了认定不正当竞争行为的范围，即从立法本意来看，该法将应依法制裁的不正当竞争行为严格限定在其第二章所列明的 11 种情况，不允许执法机关在此之外进行认定。主要由参加起草该法的同志撰写的著作也明确提到，《反不正当竞争法》第二章所列明的各项不正当竞争行为就是该法所承认的不正当竞争行为，也就是说不正当竞争行为需要依法制裁的只限于第二章列明的各项，除非法律另有规定，是不允许执法机关随意认定的。这就表明我国《反不正当竞争法》具有明显的封闭性。究其原因，是"考虑到我国执法机关实际水平状况，不能给予这种权力。让一个基层的执法部门对需要根据经济形势进行判断的不正当竞争行为进行认定是无法想象的事情。""如果允许判断，将导致一种危险：将很多正当行为当作不正当竞争行为进行制裁……"[①]这在一定程度上反映了当时立法机关对执法机关的不信任。

从我国的现实的情况看，上面这种考虑是有客观依据的。一方面，我国确实面临着执法机关人员素质有待提高的问题。法律赋予其过大的自由裁量权会增加执法的主观随意性，导致许多混乱，与法治的要求背道而驰。但另一方面，完全封闭性的严格规则也会带来另一种弊端，它会带来法律的僵化，使法律从通过

---

① 参见孙琬钟主编.《反不正当竞争法实用全书》，中国法律年鉴社 1993 年版，第 26 页。

之日起就开始滞后于社会生活的实际。法律也不是越确定越好，特别是反不正当竞争法所要确定的不正当竞争行为本身的一个很大特点正在于其不确定性和包容性，反不正当竞争法甚至有“不管法”之称。人的想象力是难以预测的，竞争者在竞争过程中采取的手段也是复杂多样、不断翻新的，并从中产生出种种不正当竞争行为，在立法时对这些行为是无法穷尽的，因此前述许多国家和地区立法在规定不正当竞争行为时并没有将其封闭起来，而是通过以诚实信用原则为核心的一般条款使被具体列举之外的可能产生的其他不正当竞争行为也在法律调整的范围之内。这样的一般条款就可起到防止反不正当竞争法封闭性的作用。

由此可以看出，我国现行《反不正当竞争法》存在着明显的封闭性的缺陷，而且这种缺陷不是纯粹立法技术上的，而是立法指导思想上的，或者说是由立法指导思想引起的立法技术上的缺陷。为了克服由于法律的封闭性带来的僵化、迟滞的弊端，必须从合理解释现行规定和完善立法两方面入手，充分发挥反不正当竞争法一般条款的灵活性强、包容量大的功能。

从合理解释现行规定的角度讲，既不能完全拘泥于字面而将我国《反不正当竞争法》第 2 条第 2 款理解为不具有任何一般条款的意义，又不能脱离立法原意将其解释为完全的一般条款，而是从现行规定的现状出发，考虑到不同领域法律问题的性质，将其理解为有限的一般条款。由于行政违法行为实行法定主义，对于须予以行政处罚而《反不正当竞争法》又未列举的不正当竞争行为，按照该法第 2 条第 2 款将其确认为不正当竞争行为没有意义，除非其他法律、行政法规、地方性法规另有规定；而由于民事违法行为不实行法定主义，对于受害人请求民事赔偿而《反不正当竞争法》又未列举的不正当竞争行为，法院则可以根据个案将其确认为不正当竞争行为，判令行为人承担民事责任①。但是，这种解释毕竟是在具体法律规则不明确情况下的无奈之举，存在着确定性和有效性方面的欠缺。从根本上说，这类问题的有效解决需要我国相关立法的完善。

从完善立法的角度讲，在调整立法指导思想的基础上，可以去掉该法第 2 条第 2 款“违反本法的规定”几个字，或者在第二章增加规定“其他不正当竞争行为”条款作为兜底条款。这样，执法机关就可以依据第 2 条第 1 款和第 2 款的公平和诚实信用等原则条款在被具体列举的不正当竞争行为之外去认定其他不正当竞争行为，将第 2 条真正改造成我国反不正当竞争法的一般条款，从而大大增强该法的灵活性和适应性，也可在一定程度上维持该法的稳定性。因为该法的

---

① 参见孔祥俊.《反不正当竞争法的适用与完善》，法律出版社 1998 年版，第 54 页。

列举规定是不全面、不严密的,在所列举的典型的不正当竞争行为之外还存在大量的不正当竞争行为,如果因为新出现一种或几种不正当竞争行为就去修改法律,势必损害其应有的稳定性。在这里,诚实信用原则等一般条款由于其内容非常抽象,包容量大,内涵和外延均不确定,因而其在实质上是对执法机关自由裁量权的授予。当然,考虑到根据一般条款确认的不正当竞争行为的行政责任也应实行法定,因此需要在法律责任部分规定其相应的责任条款。此外,考虑到我国目前执法人员的素质随执法机关的级别高低而依次递减的状况,立法授予执法机关在现有法律具体规定之外认定其他不正当竞争行为的权力就不应是普遍的,而是有级别限制的,最好限定在中央一级,最多也只能放到省一级。

第二节 典型的不正当竞争行为

一、市场混淆行为

(一) 市场混淆行为的概念

市场混淆行为是指在市场交易中,经营者擅自使用与他人商业标识相同或者近似的标识,导致或者可能导致其商品或者服务与他人的商品或者服务相混淆的行为。

对于市场混淆行为,学界还使用了其他称谓,主要有"欺骗性交易行为"、"仿冒行为"。这些概念所要表达的基本含义是一致的,但角度和侧重点不同,而且范围大小也有差异。其中,"欺骗性交易行为"的表述侧重于从交易相对人或者消费者的角度来看行为的性质,但其所包括的范围比较广泛,因为像虚假宣传等行为在性质上也应属于欺骗性交易行为;"仿冒行为"的表述主要强调行为的手段,但其范围比较窄,因为导致混淆的手段除了仿冒外,还有其他方式,并且仿冒也难以涵盖假冒的情形,因为虽然假冒和仿冒都是擅自使用他人的商业标识,但在程度上有不同:假冒一般是指直接使用他人的商业标识,即将他人商业标识作为相同商标使用;而仿冒则是指模仿使用他人的商业标识,并足以引人误解,即将他人的商业标识作为相似商标使用。相对来说,"市场混淆行为"的表述侧重于强调行为的后果,其范围较为适中。不过,由于这些称谓各自所指的基本含义是一致的,所以在实际使用中,对这些称谓可不作严格的区分,尤其是"市场混淆行为"与"仿冒行为"通常是可以相互通用的。

作为一种典型的不正当竞争行为，市场混淆行为的本质特征是擅自使用他人的商业标识，盗用他人商业标识上所凝结的商业信誉或商品声誉，从而导致市场上相关商品或者服务的混淆以及消费者的误认误购，不仅损害了其他经营者的利益，也损害了消费者的利益，扰乱了市场竞争秩序。

（二）市场混淆行为的主要类型

《反不正当竞争法》第 5 条规定了四种类型的市场混淆行为，即经营者不得采用下列不正当手段从事市场交易：损害竞争对手：假冒他人的注册商标；擅自使用知名商品特有的名称、包装、装潢，或者使用与知名商品近似的名称、包装、装潢，造成和他人的知名商品相混淆，使购买者误认为是该知名商品；擅自使用他人的企业名称或者姓名，引人误认为是他人的商品；在商品上伪造或者冒用认证标志、名优标志等质量标志，伪造产地，对商品质量作引人误解的虚假表示。

1. 假冒他人注册商标

这里首先需要对假冒他人注册商标的范围加以界定。我国的学界和实务界对此有所谓的广义、中义和狭义的理解。广义的理解认为假冒他人注册商标包括我国《商标法》第 52 条侵犯注册商标专用权的 5 种情形，即与商标侵权同义；中义的理解认为假冒他人注册商标是指该条第 1 项的行为，即未经商标注册人的许可，在同一种商品或者类似商品上使用与其注册商标相同或者近似的商标的；狭义的理解认为假冒他人注册商标与我国《刑法》第 213 条假冒注册商标罪规定的情形一致，即未经注册商标所有人许可，在同一种商品上使用与其注册商标相同的商标。从假冒本身的含义来看，狭义的理解比较准确；而从反不正当竞争法的性质和功能来看，这里应作中义的理解。因此，这里实际上既有假冒，也有仿冒。

《反不正当竞争法》规定禁止假冒他人的注册商标虽然强调了假冒他人注册商标也是不正当竞争行为，但是并没有真正从反不正当竞争法的角度去规范，因为反不正当竞争法应从维护公平竞争秩序出发将商标作为一种商业标识进行规范，而不是从纯粹的商标管理的角度进行规范。因此，凡是利用他人商标导致市场上发生混淆的行为都应受到其禁止，而不论该商标是否已经注册。这需要在今后的修订中完善。

2. 仿冒他人知名商品特有的名称、包装、装潢

对这种行为的规范是反不正当竞争法的重要任务，且历史悠久，它克服了专门的知识产权保护范围的不足。《反不正当竞争法》对这种行为的构成规定了两个限制条件：一是侵犯的客体是他人的知名商品；二是擅自使用造成了购买者

的误认。国家工商行政管理局1995年发布的《关于禁止仿冒知名商品特有的名称、包装、装潢的不正当竞争行为的若干规定》对相关问题作了具体的规定。最高人民法院2007年发布的《关于审理不正当竞争民事案件应用法律若干问题的解释》也以近一半的篇幅对此行为作了规定。

根据最新的司法解释，在中国境内具有一定的市场知名度，为相关公众所知悉的商品，应当认定为这里的“知名商品”。人民法院认定知名商品，应当考虑该商品的销售时间、销售区域、销售额和销售对象，进行任何宣传的持续时间、程度和地域范围，作为知名商品受保护的情况等因素进行综合判断。原告应当对其商品的市场知名度负举证责任。在不同地域范围内使用相同或者近似的知名商品特有的名称、包装、装潢，在后使用者能够证明其善意使用的，不构成这里的不正当竞争行为。因后来的经营活动进入相同地域范围而使其商品来源足以产生混淆，在先使用者请求责令在后使用者附加足以区别商品来源的其他标识的，人民法院应当予以支持。这种由在后使用者附加区别性标识，其目的是使客观上足以产生市场混淆的商品能够因为另外附加的显著性区别标识而区别开来，从而有利于正常的市场竞争和保护购买者的合法权益。

“特有的名称、包装、装潢”是指具有区别商品来源的显著特征的商品的名称、包装、装潢。有下列情形之一的，人民法院不认定为知名商品特有的名称、包装、装潢：① 商品的通用名称、图形、型号；② 仅仅直接表示商品的质量、主要原料、功能、用途、重量、数量及其他特点的商品名称；③ 仅由商品自身的性质产生的形状，为获得技术效果而需有的商品形状以及使商品具有实质性价值的形状；④ 其他缺乏显著特征的商品名称、包装、装潢。但第①、②、④项规定的情形经过使用取得显著特征的，可以认定为特有的名称、包装、装潢。

知名商品特有的名称、包装、装潢中含有本商品的通用名称、图形、型号，或者直接表示商品的质量、主要原料、功能、用途、重量、数量以及其他特点，或者含有地名，他人因客观叙述商品而正当使用的不构成不正当竞争行为。商标法禁用的标志不得作为商品的名称、包装、装潢依照反不正当竞争法获得保护。由经营者营业场所的装饰、营业用具的式样、营业人员的服饰等构成的具有独特风格的整体营业形象，可以认定为“装潢”。

“造成和他人的知名商品相混淆，使购买者误认为是该知名商品”是指足以使相关公众对商品的来源产生误认，包括误认为与知名商品的经营者具有许可使用、关联企业关系等特定联系。在相同商品上使用相同或者视觉上基本无差别的商品名称、包装、装潢，应当视为足以造成和他人知名商品相混淆。认定与知名商品特有名称、包装、装潢相同或者近似,可以参照商标相同或者近似的判断原则和方法。

在中国境内进行商业使用,包括将知名商品特有的名称、包装、装潢或者企业名称、姓名用于商品、商品包装以及商品交易文书上,或者用于广告宣传、展览以及其他商业活动中,应当认定为这里的"使用"。

3. 擅自使用他人的企业名称或者姓名

名称权、姓名权是民事主体的一项重要人身权。擅自使用他人的企业名称或者姓名,引人误认为是他人商品的行为属于营业主体混同的情况。经营者在自己的营业活动中使用他人的企业名称或者姓名,造成与其他企业名称或者姓名相混同,使消费者误以为该企业的商品或者服务是其他企业的商品或服务。此种行为既侵犯了消费者的权益,又损害了经营者的商誉和经济利益,属于一种不正当竞争行为。

根据最新的司法解释,企业登记主管机关依法登记注册的企业名称,以及在中国境内进行商业使用的外国(地区)企业名称,应当认定为这里的"企业名称";具有一定的市场知名度、为相关公众所知悉的企业名称中的字号,可以认定为这里的"企业名称"。在商品经营中使用的自然人的姓名,应当认定为这里的"姓名"。具有一定的市场知名度、为相关公众所知悉的自然人的笔名、艺名等,可以认定为这里的"姓名"。

4. 伪造、冒用质量标志、伪造产地

在商品上伪造或者冒用认证标志、名优标志等质量标志,伪造产地,对商品质量作引人误解的虚假表示的行为,属于商品质量混同的不正当竞争行为。《反不正当竞争法》这里的规定与该法第 9 条有交叉的地方,即都是对商品质量作引人误解的虚假表示,只是采取的方式和载体不同。

认证标志、名优标志等是证明产品达到国家规定质量标准的一种标志。这是国家对某种产品质量优秀的一种确认,是企业和该商品或服务的一种很高的荣誉。所以,名优标志等能给经营者带来持续和更大的经济效益,也是伪造、冒用名优标志等质量标志不正当竞争行为侵害的主要对象。伪造、冒用名优标志等行为的目的主要是使得他人对商品质量产生混淆,以次充好,以侵占合法经营者名优产品的市场份额,损害消费者的权益。

产地是指商品的地理来源。由于有些产品的质量或其他特征受制于特定地区的气候、土壤、水质甚至人文等因素,因此产地往往与商品的质量、声誉等密切相关。产地是消费者在同类商品中进行选择的一个重要因素,因而也成为经营者争夺交易机会的一个重要手段。伪造产地的目的是为了使购买者对商品的地理来源从而对商品质量发生混淆，获取不应有的利益，因此也是一种不正当竞争行为。

二、商业贿赂行为

（一）商业贿赂行为的概念

商业贿赂，是指经营者为销售或者购买商品而采用财物或者其他手段贿赂对方单位或者个人的行为。这里的财物，是指现金和实物，包括经营者为销售或者购买商品，假借促销费、宣传费、赞助费、科研费、劳务费、咨询费、佣金等名义，或者以报销各种费用等方式，给付对方单位或者个人的财物。这里的其他手段，是指提供国内外各种名义的旅游、考察等给付财物以外的其他利益的手段。商业贿赂作为一种不正当竞争行为，往往使那种实际上没有竞争力的商品获得很好的交易条件和机会，而实际上有竞争力的商品和经营者反而遭到淘汰，人为扭曲了市场竞争机制。

《反不正当竞争法》第 8 条规定："经营者不得采用财物或者其他手段进行贿赂以销售或者购买商品。在账外暗中给予对方单位或者个人回扣的，以行贿论处；对方单位或者个人在账外暗中收受回扣的，以受贿论处。""经营者销售或者购买商品，可以以明示方式给对方折扣，可以给中间人佣金。经营者给对方折扣、给中间人佣金的，必须如实入账。接受折扣、佣金的经营者必须如实入账。"原国家工商行政管理局 1996 年 11 月 15 日发布的《关于禁止商业贿赂行为的暂行规定》对相关问题进行了细化。

（二）商业贿赂行为的具体认定

在认定商业贿赂行为时涉及许多具体界线的把握。其中，经营者的职工采用商业贿赂手段为经营者销售或者购买商品的行为，应当认定为经营者的行为。虽然商业贿赂行为的具体形态多种多样，但是其在我国的一个典型的和多发性的形式是回扣，因此如何准确地认定回扣并将其与类似行为相区别，是对商业贿赂行为进行认定中的一个重要问题。

回扣，是指经营者销售商品时在账外暗中以现金、实物或者其他方式退给对方单位或者个人的一定比例的商品价款。账外暗中，是指未在依法设立的反映其生产经营活动或者行政事业经费收支的财务账上按照财务会计制度规定明确如实记载，包括不记入财务账、转入其他财务账或者做假账等。在账外暗中给予对方单位或者个人回扣的，以行贿论处；对方单位或者个人在账外暗中收受回扣的，以受贿论处。

同时，《反不正当竞争法》又区分非法的回扣与合法的折扣和佣金。经营者销售商品，可以以明示方式给予对方折扣。经营者给予对方折扣的，必须如实入账；经营者或者其他单位接受折扣的，必须如实入账。这里的折扣，即商品购销中的让利，是指经营者在销售商品时，以明示并如实入账的方式给予对方的价格优惠，包括支付价款时对价款总额按一定比例即时予以扣除和支付价款总额后再按一定比例予以退还两种形式。这里所称的明示和入账，是指根据合同约定的金额和支付方式，在依法设立的反映其生产经营活动或者行政事业经费收支的财务账上按照财务会计制度规定明确如实记载。同时，经营者销售或者购买商品，可以以明示的方式给中间人佣金。经营者给中间人佣金的，必须如实入账；中间人接受佣金的，必须如实入账。这里所称佣金，是指经营者在市场交易中给予为其提供服务的具有合法经营资格的中间人的劳务报酬。

此外，经营者在商品交易中不得向对方单位或者其个人附赠现金或者物品。但按照商业惯例赠送小额广告礼品的除外。违反这一规定的，视为商业贿赂行为。

三、虚假宣传行为

（一）虚假行为的概念

所谓虚假宣传，是指在市场交易中，经营者利用广告或者其他方法，对其商品或者服务作与实际情况不符的公开宣传，导致或者足以导致购买者产生误解的行为。《反不正当竞争法》第 9 条规定："经营者不得利用广告或者其他方法，对商品的质量、制作成分、性能、用途、生产者、有效期限、产地等作引人误解的虚假宣传。""广告的经营者不得在明知或者应知的情况下，代理、设计、制作、发布虚假广告。"

（二）虚假宣传行为的具体认定

虚假宣传包括虚假广告和其他虚假宣传行为。根据《广告法》的规定，广告是指商品经营者或者服务提供者承担费用，通过一定媒介和形式直接或者间接地介绍自己所推销商品或者所提供的服务的商业广告。原国家工商行政管理局在《关于认定处理虚假广告问题的批复》中将虚假广告解释为不真实的广告。其他虚假宣传的形式是多种多样的。例如，雇佣或者伙同他人进行欺骗性的销售诱导；现场虚假的演示和说明；张贴、散发、邮寄虚假的产品说明书和其他宣传材料；在经营场所对商品作虚假的文字标注、说明或者解释；通过大众传播媒介作虚假的宣传报道等。

从字面上看,“引人误解”和“虚假”都是宣传的限定词,而且虚假的宣传和引人误解的宣传都有可能使消费者作出错误的意思表示,甚至上当受骗,但是它们各自所指的情况并不完全相同。实际上,引人误解的宣传与虚假宣传是交叉的关系。反不正当竞争法主要关注的是引人误解的宣传。基于此,最高人民法院《关于审理不正当竞争民事案件应用法律若干问题的解释》第 8 条规定:“以明显的夸张方式宣传商品,不足以造成相关公众误解的,不属于引人误解的虚假宣传行为。”

该司法解释还规定:“人民法院应当根据日常生活经验、相关公众一般注意力、发生误解的事实和被宣传对象的实际情况等因素,对引人误解的虚假宣传行为进行认定。经营者具有下列行为之一,足以造成相关公众误解的,可以认定为引人误解的虚假宣传行为: ① 对商品作片面的宣传或者对比的;② 将科学上未定论的观点、现象等当作定论的事实用于商品宣传的;③ 以歧义性语言或者其他引人误解的方式进行商品宣传的。”

四、侵犯商业秘密行为

(一) 商业秘密的概念和特点

按照《反不正当竞争法》第 10 条第 3 款的规定,商业秘密是指不为公众所知悉、能为权利人带来经济利益、具有实用性并经权利人采取保密措施的技术信息和经营信息。

商业秘密不仅具有稀缺性、价值性和可转让性等特征,而且以技术信息和经营信息表现出来的商业秘密,具有无形性、一定的专有性、标的的可复制性等,因此商业秘密具有知识产权的基本特征。在现代社会,商业秘密是一种重要的知识产权。基于此,世界贸易组织《与贸易有关的知识产权协议》(WTO/TRIPs)已经明确地将商业秘密作为“未披露的信息”纳入了应当受到保护的七类知识产权中。相对于专利而言,商业秘密具有非独占性、存续期间的不确定性、秘密性以及自动取得和事后确认性等特征。

在知识经济和信息化时代的今天,商业秘密作为一种重要的信息,其价值也愈加凸显,并受到人们的重视,成为经营者获取竞争优势的重要资源。保护商业秘密既是鼓励创新的需要,也是维护公平竞争秩序的需要。在我国,除《反不正当竞争法》第 10 条的原则规定外,1995 年原国家工商行政管理局发布的《关于禁止侵害商业秘密行为的若干规定》和 2007 年最高人民法院发布的《关于审理不正当竞争民事案件应用法律若干问题的解释》又对其做了细化规定。

（二）商业秘密的构成要件

商业秘密的构成要件包括秘密性、商业价值性和保密性（管理性）。

秘密性即为不为公众所知悉，是指有关信息不为其所属领域的相关人员普遍知悉和容易获得。它应当同时具备不为"普遍知悉"和"并非容易获得"两个具体条件。为便于掌握和具体认定，最高人民法院《关于审理不正当竞争民事案件应用法律若干问题的解释》第9条第2款具体列举了属于公众知悉的信息的6种情形：① 该信息为其所属技术或者经济领域的人的一般常识或者行业惯例；② 该信息仅涉及产品的尺寸、结构、材料、部件的简单组合等内容，进入市场后相关公众通过观察产品即可直接获得；③ 该信息已经在公开出版物或者其他媒体上公开披露；④ 该信息已通过公开的报告会、展览等方式公开；⑤ 该信息从其他公开渠道可以获得；⑥ 该信息无须付出一定的代价而容易获得。

商业价值性即能为权利人带来经济利益、具有实用性，是指有关信息具有现实的或者潜在的商业价值，能为权利人带来竞争优势。

保密性（管理性）即保密措施，是指权利人为防止信息泄漏所采取的与其商业价值等具体情况相适应的合理保护措施。人民法院应当根据所涉信息载体的特性、权利人保密的意愿、保密措施的可识别程度、他人通过正当方式获得的难易程度等因素，认定权利人是否采取了保密措施。具有下列情形之一，在正常情况下足以防止涉密信息泄漏的，应当认定权利人采取了保密措施：① 限定涉密信息的知悉范围，只对必须知悉的相关人员告知其内容；② 对于涉密信息载体采取加锁等防范措施；③ 在涉密信息的载体上标有保密标志；④ 对于涉密信息采用密码或者代码等；⑤ 签订保密协议；⑥ 对于涉密的机器、厂房、车间等场所限制来访者或者提出保密要求；⑦ 确保信息秘密的其他合理措施。

商业秘密中的技术信息和经营信息，包括设计、程序、产品配方、制作工艺、制作方法、管理诀窍、客户名单、货源情报、产销策略、招投标中的标底及标书内容等信息。其中的客户名单，一般是指客户的名称、地址、联系方式以及交易的习惯、意向、内容等构成的区别于相关公知信息的特殊客户信息，包括汇集众多客户的客户名册，以及保持长期稳定交易关系的特定客户。客户基于对职工个人的信赖而与职工所在单位进行市场交易，该职工离职后，能够证明客户自愿选择与自己或者其新单位进行市场交易的，应当认定没有采用不正当手段，但职工与原单位另有约定的除外。

（三）侵犯商业秘密行为的认定

按照《反不正当竞争法》第10条第1、2款的规定，下列行为属于侵犯商业秘密：① 以盗窃、利诱、胁迫或者其他不正当手段获取权利人的商业秘密；② 披露、使用或者允许他人使用以前项手段获取的权利人的商业秘密；③ 违反约定或者违反权利人有关保守商业秘密的要求，披露、使用或者允许他人使用其所掌握的商业秘密；④ 第三人明知或者应知前款所列违法行为，获取、使用或者披露他人的商业秘密。权利人的职工违反合同约定或者违反权利人保守商业秘密的要求，披露、使用或者允许他人使用其所掌握的权利人的商业秘密也应认定为侵犯商业秘密的行为。

根据商业秘密的属性，他人只要没有采用不正当手段或者违反合同约定获取商业秘密，都不构成违反反不正当竞争法的行为。通过自行开发研制或者反向工程等方式获得的商业秘密就不认定为侵犯商业秘密行为。反向工程是指通过技术手段对从公开渠道取得的产品进行拆卸、测绘、分析等而获得该产品的有关技术信息。但是，当事人以不正当手段知悉了他人的商业秘密之后，又以反向工程为由主张获取行为合法的，不予支持。

在对侵犯商业秘密行为的行政处理和司法诉讼中，当事人之间举证责任的承担是一个非常重要的问题，并往往与处理的结果直接相联。《反不正当竞争法》对此并没有作出规定，但行政规章和司法解释分别作了规定，而且在有些方面并不完全一致。前者规定，权利人能证明被申请人所使用的信息与自己的商业秘密具有一致性或者相同性，同时能证明被申请人有获取其商业秘密的条件，而被申请人不能提供或者拒不提供其所使用的信息是合法获得或者使用的证据的，工商行政管理机关可以根据有关证据，认定被申请人有侵权行为。这类似学理上的“接触＋相同－合理来源”的侵权认定方式。后者却规定，当事人指称他人侵犯其商业秘密的，应当对其拥有的商业秘密符合法定条件、对方当事人的信息与其商业秘密相同或者实质相同以及对方当事人采取不正当手段的事实负举证责任。其中，商业秘密符合法定条件的证据，包括商业秘密的载体、具体内容、商业价值和对该项商业秘密所采取的具体保密措施等。这又是“谁主张，谁举证”的民事诉讼一般举证原则。这需要在修订《反不正当竞争法》时加以明确和统一。

五、不当有奖销售行为

（一）有奖销售行为的概念

有奖销售是指经营者提供商品或者提供服务，附带性地向购买者提供物品、金钱或其他经济上利益的行为。包括：奖励所有购买者的附赠式有奖销售和奖励部分购买者的抽奖式有奖销售。凡以抽签、摇号等带有偶然性的方法决定购买者是否中奖的，均属于抽奖方式。经政府或者政府有关部门依法批准的有奖募捐及其他彩票发售活动，不属于此处所称的有奖销售。

有奖销售作为一种市场促销手段，如果运用不当就会将竞争引向歧途损害消费者的利益，因此那些违背善良风俗或者带有欺骗性的有奖销售应被禁止。《反不正当竞争法》13条规定了经营者不得从事的有奖销售行为。原国家工商行政管理局1993年12月发布了《关于禁止有奖销售活动中不正当竞争行为的若干规定》。

（二）不当有奖销售行为的认定

下列欺骗性的有奖销售应被禁止：① 谎称有奖销售或者对所设奖的种类，中奖概率，最高奖金额，总金额，奖品种类、数量、质量、提供方法等作虚假不实的表示；② 采取不正当的手段故意让内定人员中奖；③ 故意将设有中奖标志的商品、奖券不投放市场或者不与商品、奖券同时投放市场；故意将带有不同奖金金额或者奖品标志的商品、奖券按不同时间投放市场；④ 其他欺骗性有奖销售行为，这由省级以上工商行政管理机关认定。省级工商行政管理机关作出的认定，应当报国家工商行政管理总局备案。

抽奖式的有奖销售，最高奖金额不得超过5 000元。非现金的物品或者其他经济利益作奖励的，按照同期市场同类商品或者服务的正常价格折算其金额。

经营者不得利用有奖销售手段推销质次价高的商品。这里的“质次价高”，由工商行政管理机关根据同期市场同类商品的价格、质量和购买者的投诉进行认定，必要时会同有关部门认定。

经营者举办有奖销售，应当向购买者明示其所设奖的种类、中奖概率、奖金金额或者奖品种类、兑奖时间、方式等事项。属于非现场即时开奖的抽奖式有奖销售，告知事项还应当包括开奖的时间、地点、方式和通知中奖者的时间、方式。经营者对已经向公众明示的前述事项不得变更。在销售现场即时开奖的有奖销售活动，对超过500元以上奖的兑奖情况，经营者应当随时向购买者明示。

六、商业诋毁行为

（一）商业诋毁行为的概念

商业诋毁，或称诋毁商誉、商业诽谤，是指在市场交易中，捏造、散布虚伪事实，损害竞争对手的商业信誉和商品声誉，削弱竞争对手的竞争能力的行为。

商誉包括商业信誉和商品声誉。商业信誉是指经营者通过公平竞争和诚实经营所取得的良好的社会综合评价。商品声誉是指经营者制造或者销售的某种特定商品的良好社会评价。严格来说，商品声誉是商业信誉的一个组成部分。商誉作为经营者在商业形象方面享有的良好社会评价，其特点是与特定经营者或其产品、服务相联系，主要涉及特定经营者的市场形象。商誉是经营者重要的无形资产，也是市场竞争力的重要组成部分，是企业形象和文化的外在表现与社会认同。竞争者为了取得优势地位而散播谣言，使某一或某些主体或者其商品的形象受到损害，从而减少市场的需求，是一种典型的不正当竞争行为，与诚实信用原则和其他公认的商业道德相悖。这也是反不正当竞争法要对其进行规制的原因所在。

《反不正当竞争法》就在第 14 条规定："经营者不得捏造、散布虚伪事实，损害竞争对手的商业信誉、商品声誉。"

（二）商业诋毁行为的认定

商业诋毁行为的表现形式是多种多样的，主要包括：在公开场合用散布公开信、召开新闻发布会、在新闻媒体上刊登广告等形式诋毁；利用虚假广告或者不正当的比较广告贬低别人，抬高自己；直接向竞争对手的固定业务客户编造、散布虚伪事实，诋毁竞争对手的商誉；在自己的产品包装或者说明书上贬低竞争对手等。诋毁商誉可以是针对特定的竞争对手的，也可以是针对不特定竞争者的，后者尤其表现在不正当的比较广告中。

根据《反不正当竞争法》第 14 条的规定，商业诋毁行为的构成应当具备以下要件：第一，行为的主体是经营者，并且行为人与受害者之间具有竞争关系；第二，行为人主观上具有过错；第三，行为人在客观上有诋毁行为，即捏造、散布虚伪事实的行为；第四，行为的后果是被诋毁者的商业形象或商品形象方面的社会评价降低或有降低的可能性。这使得反不正当竞争法上的诋毁商誉行为不同于民法上一般的侵害名誉权的行为。

七、其他不正当竞争行为

《反不正当竞争法》除了规定以上 6 种典型的不正当竞争行为外，还规定了另外 5 种不正当竞争行为，但其在性质上应属于垄断行为或者不正当竞争行为。由于这些行为在性质上属于上一章的滥用市场支配地位行为或者垄断协议，而且《反垄断法》中也有相应的规定，因此在今后修订《反不正当竞争法》时需要删除或者调整这些内容，以保持两部法律之间的内在协调。这里对其作简单的介绍。

（一）强制性交易行为

强制性交易行为，是指公用企业或者其他依法具有独占地位的经营者，限定他人购买其指定的经营者的商品，排斥其他经营者公平竞争的行为。《反不正当竞争法》第6条规定："公用企业或者其他依法具有独占地位的经营者不得限定他人购买其指定的经营者的商品，以排挤其他经营者的公平竞争。"这里规定的只是滥用市场支配地位的一种形式，即指定交易（限定购买）行为。

原国家工商行政管理局1993年12月发布了《关于禁止公用企业限制竞争行为的若干规定》。根据该规定，公用企业是指涉及公用事业的经营者，包括供水、供电、供热、供气、邮政、电信、交通运输等行业的经营者。公用企业在市场交易中，不得实施下列限制竞争的行为：① 限定用户、消费者只能购买和使用其附带提供的相关商品，而不得购买和使用其提供的符合技术标准要求的同类商品；② 限定用户、消费者只能购买和使用其指定的经营者生产或者经销的商品，而不得购买和使用其他经营者提供的符合技术标准要求的同类商品；③ 强制用户、消费者购买其提供的不必要的商品及配件；④ 强制用户、消费者购买其指定的经营者提供的不必要的商品；⑤ 以检验商品质量、性能等为借口，阻碍用户、消费者购买、使用其他经营者提供的符合技术标准要求的其他商品；⑥ 对不接受其不合理条件的用户、消费者拒绝、中断或者削减供应相关商品，或者滥收费用；⑦ 其他限制竞争的行为。

（二）滥用行政权力限制竞争行为

滥用行政权力限制竞争行为，即行政性垄断行为，是指政府及其所属部门滥用行政权力限制市场竞争的行为。《反不正当竞争法》第7条规定："政府及其所属部门不得滥用行政权力，限定他人购买其指定的经营者的商品，限制其他经营者正当的经营活动。""政府及其所属部门不得滥用行政权力，限制外地商品进入本地市场，或者本地商品流向外地市场。"

这里规定的只是两种比较典型的行政性垄断行为，即指定交易和地区封锁。关于指定交易，其在形式上类似于公用企业的指定交易行为，只是主体的性质不同。关于地区封锁，国务院在2001年4月21日发布了《关于禁止在市场经济活动中实行地区封锁的规定》。

（三）搭售和附加其他不合理交易条件的行为

搭售和附加不合理交易条件也是滥用市场支配地位的典型行为之一，本来是指具有市场支配地位的经营者，违背交易相对人的意愿，在交易中搭配销售其他商品或附加其他不合理交易条件的行为。由于搭售是附加不合理交易条件的一种,两者在本质是一致的,因此往往简称为搭售。搭售将两种或者两种以上产品捆绑成一种产品进行销售,以致购买者为得到其所想要的产品就必须购买其他产品的商业行为,前一种产品为搭售的产品,或称之为"结卖品",后一种产品为被搭售的产品,或称之为"搭卖品"。

《反不正当竞争法》第 12 条规定:"经营者销售商品,不得违背购买者的意愿搭售商品或者附加其他不合理的条件。"这里并没有限定实施搭售行为的主体为具有市场支配地位的条件,但从实际情况来看,能够实施搭售和附加其他不合理交易条件行为的企业都是具有某种明显优势的,否则,其无法实施。因此,这种行为违背了购买者的意愿,侵害了购买者的自主选择权,带有明显的不公平竞争的性质。同时,搭售使得行为人在竞争中获得不正当的优势,或者使自己的竞争优势加强,又带有限制竞争的性质。

搭售行为在某些情况下有一些合理的因素,如产生最佳的经济技术效益、确保产品质量和消费者安全等,因此对其按照合理原则进行分析,只有不具有合理性的搭售才是非法的。

(四) 低价倾销行为

低价倾销,又称掠夺性定价,是指经营者采用在一定的市场上和一定的时期内,以排挤竞争对手为目的,以低于成本的价格销售商品的行为。虽然在市场经济条件下经营者有自主定价的自由,但是不合理的定价(包括低价)有可能破坏公平竞争,因而要受到禁止。实际上,低价倾销是滥用市场支配地位的一种表现,因而也属于垄断行为。

《反不正当竞争法》第 11 条规定:"经营者不得以排挤竞争对手为目的,以低于成本的价格销售商品。"在这里,也没有限定经营者具有市场支配地位。该行为构成的两个要件是在主观上具有排挤竞争对手的目的,指客观上是以低于成本的价格销售商品。但在具体认定时,还需要考虑产生或者可能产生排挤竞争对手的后果,如行为人的实力、以低于成本的价格销售商品的持续时间、受到排挤的竞争对手的数量和规模等。

但是,有下列情形之一的,不属于不正当竞争行为:销售鲜活商品;处理有效期限即将到期的商品或者其他积压的商品;季节性降价;因清偿债务、转产、歇业降价销售商品。显然,在这些情形下,经营者没有排挤竞争对手的目的。

(五) 串通招投标行为

串通招投标是垄断协议的一种特殊形式,是指招标者与投标者之间或者投标者与投标者之间采用不正当手段,对招标投标事项进行串通,以排挤竞争对手或者损害招标者利益的行为。

招标投标是在建设工程承包、成套设备或者其他商品的购买、企业承包经营和租赁经营、土地使用权出让、经营场所出租等领域广泛采用的竞争性交易方式。其中,招标是指招标者为购买商品或者让他人完成一定的工作,通过发布招标通知或者投标邀请书等形式,公布特定的标准和条件,公开或者书面邀请投标者投标,从中选择中标者的行为。实施招标行为的人为招标者,包括项目主办人和代理招标活动的中介机构。投标是指投标者按照招标文件的要求,提出自己的报价及相应条件的行为。实施投标行为的人为投标者。串通招投标是一种严重破坏自由公平竞争机制的行为。

《反不正当竞争法》第 15 条规定:“投标者不得串通投标,抬高标价或者压低标价。投标者和招标者不得相互勾结,以排挤竞争对手的公平竞争。”1998 年 1 月原国家工商行政管理局发布了《关于禁止串通招标投标行为的暂行规定》。

招标者相互之间不得从事以下串通投标行为:① 投标者之间相互约定,一致抬高或者压低投标报价;② 投标者之间相互约定,在招标项目中轮流以高价位或者低价位中标;③ 投标者之间先进行内部竞价,内定中标人,然后再参加投标;④ 投标者之间其他串通投标行为。

投标者和招标者不得进行相互勾结,实施下列排挤竞争对手的公平竞争的行为:① 招标者在公开开标前,开启标书,并将投标情况告知其他投标者,或者协助投标者撤换标书,更改报价;② 招标者向投标者泄露标底;③ 投标者与招标者商定,在招标投标时压低者或者抬高标价,中标后再给投标者或者招标者额外补偿;④ 招标者预先内定中标者,在确定中标者时以此决定取舍;⑤ 招标者和投标者之间其他串通招标投标行为。

第三节　反不正当竞争执法与责任制度

一、反不正当竞争执法机构及其职权

(一) 反不正当竞争执法机构

《反不正当竞争法》规定:“县级以上人民政府工商行政管理部门对不正当竞争行为进行监督检查;法律、行政法规规定由其他部门监督检查的,依照其规

定。"因此,我国的反不正当竞争法的执法机构主要是工商行政管理机关。由于工商行政管理部门是国家经济监督管理部门和行政执法部门,其本身就有规范市场行为的综合职能,而且相对比较超脱,因此比较适合作为反不正当竞争的执法部门。

但是,法律、行政法规规定由其他部门监督检查的,依照其规定。例如,根据《产品质量法》的规定,产品质量监督机关有权查处经营者在产品上伪造产地、伪造或者冒用他人的厂名、厂址,伪造或者冒用认证标志等质量标志的行为;根据《药品管理法》的规定,药品监督管理部门负责药品生产、经营等领域的不正当竞争行为的监督检查;根据国务院的有关规定,保险领域的不正当竞争行为由保险监管机构查处。

(二) 反不正当竞争执法机构的职权

县级以上监督检查部门对不正当竞争行为,可以进行监督检查。监督检查部门享有相应的法定职权:① 按照规定程序询问被检查的经营者、利害关系人、证明人,并要求提供证明材料或者与不正当竞争行为有关的其他资料;② 查询、复制与不正当竞争行为有关的协议、账册、单据、文件、记录、业务函电和其他资料;③ 检查与《反不正当竞争法》第 5 条规定的不正当竞争行为有关的财物,必要时可以责令被检查的经营者说明该商品的来源和数量,暂停销售,听候检查,不得转移、隐匿、销毁该财物。

监督检查部门工作人员监督检查不正当竞争行为时,应当出示检查证件。监督检查部门在监督检查不正当竞争行为时,被检查的经营者、利害关系人和证明人应当如实提供有关资料或者情况。

二、反不正当竞争法律责任制度

(一) 民事责任制度

经营者违反《反不正当竞争法》规定,给被侵害的经营者造成损害的,应当承担损害赔偿责任,被侵害的经营者的损失难以计算的,赔偿额为侵权人在侵权期间因侵权所获得的利润;并应当承担被侵害的经营者因调查该经营者侵害其合法权益的不正当竞争行为所支付的合理费用。

被侵害的经营者的合法权益受到不正当竞争行为损害的,可以向人民法院提起诉讼。根据《关于审理不正当竞争民事案件应用法律若干问题的解释》,对于侵犯商业秘密行为,商业秘密独占使用许可合同的被许可人提起诉讼的,人民法院应当依法受理。排他使用许可合同的被许可人和权利人共同提起诉讼,或者在权利人不起诉的情况下，自行提起诉讼，人民法院应当依法受理。普通使用许可合同的被许可人和权利人共同提起诉讼，或者经权利人书面授权，单独提起诉讼的，人民法院应当依法受理。

人民法院对于侵犯商业秘密行为判决停止侵害的民事责任时，停止侵害的时间一般持续到该项商业秘密已为公众知悉时为止。但是，判决停止侵害的时间如果明显不合理的，可以在依法保护权利人该项商业秘密竞争优势的情况下，判决侵权人在一定期限或者范围内停止使用该项商业秘密。

确定反不正当竞争法第 10 条规定的侵犯商业秘密行为的损害赔偿额，可以参照确定侵犯专利权的损害赔偿额的方法进行；确定反不正当竞争法第 5 条、第 9 条、第 14 条规定的不正当竞争行为的损害赔偿额，可以参照确定侵犯注册商标专用权的损害赔偿额的方法进行。

因侵权行为导致商业秘密已为公众所知悉的，应当根据该项商业秘密的商业价值确定损害赔偿额。商业秘密的商业价值，根据其研究开发成本、实施该项商业秘密的收益、可得利益、可保持竞争优势的时间等因素确定。

反不正当竞争法第 5 条、第 9 条、第 10 条、第 14 条规定的不正当竞争民事第一审案件，一般由中级人民法院管辖。各高级人民法院根据本辖区的实际情况，经最高人民法院批准，可以确定若干基层人民法院受理不正当竞争民事第一审案件，已经批准可以审理知识产权民事案件的基层人民法院，可以继续受理。

（二）行政责任制度

反不正当竞争法之所以对不正当竞争行为规定行政责任，是因为不正当竞争行为不仅侵害竞争对手和客户的私人利益，而且还侵害社会公共利益，需要国家主动干预。对于不正当竞争行为的行政责任，《反不正当竞争法》对除了掠夺性定价、搭售和商业诋毁三种行为外，分别规定了 8 种行为相应的行政责任（体现了行政违法行为法定原则）。主要涉及责令停止违法行为、消除影响、罚款、没收违法所得、吊销营业执照等。其中，第 23 条和第 30 条分别对两类违法行为的行政责任作了特殊规定。

根据该法第 23 条的规定："公用企业或者其他依法具有独占地位的经营者，限定他人购买其指定的经营者的商品，以排挤其他经营者的公平竞争的，省级或者设区的市的监督检查部门应当责令停止违法行为，可以根据情节处以 5 万元以上 20 万元以下的罚款。被指定的经营者借此销售质次价高商品或者滥收费用的，监督检查部门应当没收违法所得，可以根据情节处以违法所得 1 倍以上 3

倍以下的罚款。”

根据该法第 30 条规定:“政府及其所属部门违法限定他人购买其指定的经营者的商品、限制其他经营者正当的经营活动,或者限制商品在地区之间正常流通的,由上级机关责令其改正;情节严重的,由同级或者上级机关对直接责任人员给予行政处分。被指定的经营者借此销售质次价高商品或者滥收费用的,监督检查部门应当没收违法所得,可以根据情节处以违法所得 1 倍以上 3 倍以下的罚款。”

(三) 刑事责任制度

《反不正当竞争法》对于不正当竞争行为的刑事责任的追究只作原则性规定,而 1997 年修订的《刑法》对于相关不正当竞争行为的刑事责任作了规定。其主要内容包括以下几种。

《反不正当竞争法》第 21 条第 2 款有“销售伪劣商品,构成犯罪的,依法追究刑事责任”的规定,刑法第三章第一节规定了“生产、销售伪劣商品罪”。因此,仿冒知名商品特有的名称、包装和装潢的行为,如果涉及“销售伪劣商品,构成犯罪的”,可以依照刑法第三章第一节有关“生产、销售伪劣商品罪”的相应规定,追究刑事责任。

《反不正当竞争法》第 22 条第 2 款有“经营者采用财物或者其他手段进行贿赂以销售或者购买商品的,构成犯罪的,依法追究刑事责任”的规定。刑法对于受贿罪和行贿罪都有相应的规定。例如,刑法第 163 条有公司、企业人员受贿罪的规定,第 164 条有向公司、企业人员行贿罪的规定,第 8 章有贪污贿赂罪的规定。

此外,《刑法》第 219 条关于侵犯商业秘密罪的规定和第 3 章第 8 节扰乱市场秩序罪中的有关规定,也可以作为追究相应的不正当竞争犯罪行为的刑事责任的依据。

【参考文献】

1. 王先林著.《竞争法学》(第二版),中国人民大学出版社 2015 年版。

2. 韩赤峰,等著.《中外反不正当竞争法经典案例》,知识产权出版社 2010 年版。

3. 种明钊主编.《竞争法》,法律出版社 2008 年版。

4. 孔祥俊著.《反不正当竞争法原理》,知识产权出版社 2005 年版。

5. 孔祥俊著.《反不正当竞争法的创新性适用》,中国法制出版社 2014

年版。

6. 本书编写组.《反不正当竞争法律理解与适用(第 2 次修订增补版)》，中国工商出版社 2009 年版。

【思考题】

1. 构成不正当竞争行为的要件有哪些?
2. 如何理解反不正当竞争法的性质?
3. 如何理解我国《反不正当竞争法》中的一般条款?
4. 市场混淆行为有哪些类型?
5. 回扣与折扣、佣金的区别是什么?
6. 商业秘密的构成要件有哪些? 如何认定商业秘密侵权行为?
7. 我国《反不正当竞争法》规定的垄断或限制竞争行为有哪些?
8. 我国《反不正当竞争法》规定的执法机构和法律责任制度如何?

【案例实训】

1. 河北汇特小肥羊餐饮连锁有限公司(简称河北汇特)曾是内蒙古小肥羊餐饮连锁有限公司(简称小肥羊餐饮公司)的加盟店，合同期满后，河北汇特未经小肥羊餐饮公司许可，以河北汇特名义继续使用“小肥羊”。小肥羊餐饮公司遂向石家庄市中级人民法院起诉河北汇特不正当竞争、侵害其特有名称权和注册商标权。

一审法院在审理后认为，“小肥羊”系对一两岁小羊的习惯叫法，不具有显著区别特性，这也正是“小肥羊”注册商标申请被驳回的原因。“小肥羊”已为众多餐饮企业所使用，并加上了具有特色的服务名称，并不会导致消费者误认。因此，“小肥羊”不构成特有名称，而是涮羊肉餐饮服务行业的通用名称。原告无权限制被告使用，且被告正常使用该通用名称也并未侵犯原告的注册商标权。小肥羊餐饮公司不服一审法院的判决，上诉至河北省高级人民法院。

二审法院在审理后认为：第一，“消费者是否可以自然地将该名称和特定经营者以及服务联系起来”是判断是否构成知名服务的特有名称的标准。本案中小肥羊餐饮公司首先将“小肥羊”用于餐饮服务行业，且通过自己的经营使其具有了特定含义，相关消费者能够把“小肥羊”与小肥羊餐饮公司相联系，故“小肥羊”已构成知名服务的特有名称。河北汇特在明知的情况下，未经小肥羊餐饮公司许可，擅自在公司名称和店面牌匾等地方使用“小肥羊”的服务名称，存在“搭车”行为，侵害了小肥羊餐饮公司知名服务的特有名称权，构成不正当竞争，应当承担相应的民事责任。第二，商标注册后未实际使用，不会引起消费者的混淆，他人使用并不构成侵犯商标权。小肥羊餐饮公司注册了“小肥羊”商标后从未实际使用过，不存在消费者混淆的问题，故河北汇特不构成对“小肥羊”注册商标的侵权。

基于此，二审判决撤销一审判决，河北汇特立即停止使用“小肥羊”名称，并向小肥羊餐饮公司支付损害赔偿费用。

请结合案例思考知名商品或者服务的特有名称的认定标准。

2. 原告北京一得阁墨业有限责任公司(简称“一得阁公司”)是2004年7月7日由北京一得阁墨汁厂更名而来。第二被告高辛茂于1978年调入一得阁墨汁厂工作，1987年后任副厂长、副经理等职务，曾主管生产、行政、劳动、技术检验、市场开发等工作。一得阁墨汁厂于1967年研制成功了“北京墨汁”，又于20世纪80年代研制开发了“一得阁墨汁”和“中华墨汁”。1996年5月24日，上述两种产品被列为北京市国家秘密技术项目。1997年7月14日，一得阁工贸集团还成立了保密委员会，高辛茂任副组长。此外，一得阁公司还自1995年开始研制开发了“云头艳墨汁”，并于2003年正式投产。2003年5月，一得阁公司与高辛茂正式解除劳动关系。

第一被告北京传人文化艺术有限公司(简称“传人公司”)成立于2002年1月9日，高辛茂出资20万元，是该公司最大的股东，其妻为法定代表人。几个月后，传人公司从一家碳黑厂购买了碳黑(一得阁墨汁厂在上一年就从这家厂购碳黑生产墨汁)，年底便生产出了“国画墨汁”、“书法墨汁”、“习作墨汁”三种产品。

一得阁公司认为上述三种产品的品质、效果与其生产的“一得阁墨汁”、“中华墨汁”、“北京墨汁”相同或非常近似。一得阁公司认为其墨汁配方及生产工艺等是其商业秘密，高辛茂泄露了该公司生产墨汁的商业秘密，与该公司形成不正当竞争，造成了该公司的经济损失。2003年7月，一得阁公司向北京市第一中级人民法院起诉，要求判令传人公司及高辛茂两被告停止侵犯其商业秘密的行为，赔偿经济损失3万元。

两被告则辩称：传人公司生产的墨汁是他们独立开发研制的产品。原告没有证据证明被告方侵犯了其商业秘密，更无证据证明被告方的墨汁配方、生产工艺与一得阁公司的相同。

一得阁公司提供了证据：一得阁墨汁和中华墨汁在 1996 年 5 月被列为北京市国家秘密技术项目，保密期限为长期。一得阁墨汁厂生产的上述墨汁均在生产配料通知单上加注了“秘密”字样，在实际生产中还采取了主料、辅料分开的办法对墨汁配方进行保密。

北京市第一中级人民法院认为，原告对墨汁配方采取了合理的保密措施，其墨汁配方具有不为公众所知悉、能带给一得阁公司经济利益、具有实用性的特征，应作为商业秘密依法受到保护。高辛茂与一得阁公司虽未签订保密协议，但高辛茂确曾长期担任一得阁墨汁厂主管技术的副厂长，且在 1997 年后还担任了一得阁工贸集团保密委员会的副组长，接触过一得阁公司的上述商业秘密，不管在离职前或离职后均承担保守一得阁公司商业秘密的义务。法院对两被告称其墨汁配方是独立开发的说法不予支持。作为一个没有专门技术人员的新企业，要在短时间里生产出高档的墨汁产品，没有现成的墨汁配方是不可能的。结合高辛茂在与一得阁公司解除劳动关系前，以最大股东身份参与组建传人公司的事实，法院认定，被告高辛茂违背了保守原告一得阁公司商业秘密的义务，不可避免地向另一被告传人公司披露了其掌握的一得阁的墨汁配方，该公司非法使用高辛茂披露的墨汁配方进行生产，侵犯了原告的商业秘密。

北京市第一中级人民法院根据《民法通则》和《反不正当竞争法》的规定，一审判决：自判决生效之日起至原告一得阁公司的商业秘密解密止，被告高辛茂不得披露其掌握的原告的商业秘密，也不得参与墨汁产品的生产；被告传人公司不得披露、使用被告高辛茂向其披露的原告的商业秘密，停止生产、销售墨汁产品；并将其库存的墨汁产品交法院予以销毁；两被告共同赔偿原告经济损失 3 万元。

两被告不服一审判决，向北京市高级人民法院提起上诉。该院于 2005 年 9 月 9 日作出驳回上诉、维持原判的终审判决。

请结合案例思考商业秘密的认定和商业秘密侵权行为的构成要件。

3. 原告杭州娃哈哈集团公司(以下简称娃哈哈集团)以被告珠海巨人高科技集团公司(以下简称巨人集团)有不正当竞争行为为由，向浙江省杭州市中级人民法院提起诉讼。原告诉称：“娃哈哈儿童营养液”是本公司研制生产的产品，其广告词“喝了娃哈哈，吃饭就是香”已经家喻户晓。该产品先后获全国最受欢迎的保健产品、国家星火二等奖、中国优质保健品金奖等 20 余项大奖，销售额近年来一直保持在全国同类产品的领先地位。原告也由于此产品在海内外享有较高的商业信誉和商品声誉，1995 年初，被告巨人集团生产了一种与“娃哈哈儿童营养液”类似的产品“巨人吃饭香”投放全国市场，并专门印制了一种《巨人集团健康产品销售书、巨人大行动》的宣传册子，在全国各地的食品、医药等销售单位、消费者中广为散发。该宣传册子中称“据说娃哈哈有激素，造成小孩早熟，产生许多现代儿童病”。为此，全国各地娃哈哈产品的销售商和消费者纷纷要求原告对此作出解释。被告的这一行为，致使娃哈哈儿童营养液在全国各地的销售量下跌，出现了1987年投产以来的第一次负增长，就连原告“大本营”杭州市的销售量也难逃厄运。截止到1995年12月31日，原告由此减少销售收入4 492.92万元，直接经济损失达673.938万元。更为严重的是，原告良好的商业信誉、商品声誉和企业形象也因此而受到了极大损害。被告的行为已构成不正当竞争，侵害了原告的合法权益。故请求法院判令被告立即停止损害原告商业信誉和商品声誉的不正当竞争行为；要求被告赔偿直接经济损失673.938万元和名誉损失费320万元；并要求被告公开赔礼道歉、恢复影响及承担本案诉讼费用等。被告巨人集团未作书面答辩。

杭州市中级人民法院经审理查明：原告娃哈哈集团的产品“娃哈哈儿童营养液”经鉴定，证明不存在含“有激素，造成小孩早熟，产生许多现代儿童病”的问题。原告举证充分，经查证明所诉属实。杭州市中级人民法院认为，《中华人民共和国反不正当竞争法》第14条规定：“经营者不得捏造、散布虚伪事实，损害竞争对手的商业信誉、商品声誉。”被告巨人集团散布虚伪事实损害原告的商品声誉，是不正当竞争行为，依照反不正当竞争法第20条的规定，应当承担侵权损害赔偿责任，并应当承担原告因调查其不正当竞争行为所支付的合理费用。据此，杭州市中级人民法院依照《中华人民共和国民事诉讼法》第85条的规定，在查明事实、分清是非的基础上主持调解。被告表示要对自己的侵权行为进行反思并引以为戒。被告的态度得到原告的谅解。

在法院的主持下，双方于1996年10月7日达成调解协议如下：① 被告巨人集团承认有不正当竞争行为，给原告娃哈哈集团的商业信誉和商品声誉造成损害，愿意承担相应的法律责任。② 巨人集团停止不正当竞争行为。在本案结束后，双方以新闻发布会形式，由巨人集团向娃哈哈集团赔礼道歉，消除影响。具体时间与方式双方另行商定。③ 巨人集团向娃哈哈集团赔偿直接经济损失人民币200万元，由巨人集团以相等价值的房产折抵。具体手续由双方按有关规定办理。④ 上述款项由巨人集团在1996年10月10日支付给娃哈哈集团。巨人集团向娃哈哈集团补偿其他费用190 340元。⑤ 娃哈哈集团放弃其他诉讼请求。案件受理费59 660元由巨人集团负担。

1997 年 1 月 22 日，巨人集团与娃哈哈集团在杭州联合召开新闻发布会，由巨人集团向娃哈哈集团公开道歉，并履行调解协议中赔偿娃哈哈集团经济损失的义务。

请结合案例思考商业诋毁行为的构成要件。

第八章
消费者权益保护法

【本章导读】

消费者权益保护法是以消费者为主体,以消费者权益为核心,保护消费者权益的专门法。本章在分析消费者的含义及其法律保护的必要性以及消费者权益保护法的性质、特点和调整范围的基础上,着重介绍我国消费者依法享有的 9 项权利和经营者应承担的 14 项义务,消费者权益的国家保护和社会保护,消费者权益争议的解决途径和损害消费者权益行为的法律责任。

第一节　消费者权益保护法概述

一、消费者与消费者权益保护

消费者一般是指为满足生活需要而购买、使用商品或者接受服务的个体社会成员。它是作为社会再生产过程的重要环节和一切社会经济活动起点的消费活动的主体。消费者的存在必须具备两个条件：第一,必须有商品生产和商品交换;第二,必须有同消费者相依存的商品经营者。没有这两个条件,就没有特定意义上的消费者。由此可以看出,损害消费者利益的现象不是人类产生以来就有的。在原始社会,生产力水平极其低下,人们为了生存而共同劳动,共同分享劳动成果。那时没有商品,也没有买卖关系,当然也没有生产者、销售者、服务提供者①与消费者之分,所以不存在消费者问题。

---

①　商品生产者、销售者和服务提供者一般可统称为经营者。

消费者问题是指在市场交易中消费者利益受到损害的问题，它是社会经济发展到一定阶段所产生的特有现象，是商品经济条件下经营者与消费者分离的结果。消费者问题产生的原因大致有三：第一，只有商品经济形态才将从事社会活动的人按经营者和消费者分开，并在他们之间产生经济上的利益冲突。第二，在商品经济形态下，价值规律起着普遍的支配作用，这种作用是通过价格围绕价值的上下波动来实现的。在具体劳动转化为抽象劳动，个别劳动转化为社会劳动的过程中，经营者为了顺利地实现使用价值的过渡而得到价值，往往不惜采取各种手段，甚至损害消费者的利益。第三，商品经济是以市场而存在的，市场供求情况的变化，也会给消费者利益带来一定的影响。一般说来，当市场上某一类商品供大于求，出现买方市场时，对消费者就比较有利；而当市场上某一类商品供不应求，出现卖方市场时，对消费者就不太有利，消费者的选择就会受到很大的限制，被迫接受苛刻的条件。此外，市场上买方和卖方之间还有一个力量对比问题，而消费者总是处于劣势地位，在同经营者的较量中总是表现为“弱者”，容易吃亏上当。总之，损害消费者利益和保护消费者的问题是随着商品经济的发展而产生的，是商品经济本身难以避免的一种现象①。

随着商品经济的发展，特别是到了现代市场经济阶段，生产的社会化和技术化程度的提高与经营规模的扩大使得消费者在市场交易中越来越处于软弱和从属的地位，其利益受到损害的现象也越来越普遍。面对在商品经济发展过程中日益严重的损害消费者利益的问题，各国消费者自发地组织起来，掀起了维护自身权益的消费者运动。

消费者运动首先兴起于美国。第一个消费者协会是1891年在纽约市成立的。1898年，一些地方组织结合为一个全国性联盟，即全国消费者同盟，这是世界上第一个全国性消费者组织。美国最早的消费者运动以争取洁净食品和药品为目标；到20世纪60年代以后，运动规模进一步扩大，运动所涉及的问题也由食品卫生等一般领域深入到诸如汽车安全等较高级的领域。从世界范围来看，消费者运动是在20世纪40年代后期兴起的。第二次世界大战后，为了使消费者取得更大的发言权并保护消费者的利益，各种消费者组织应运而生。1960年，国际消费者组织联盟（IOCU）在美国、英国、荷兰、澳大利亚、比利时等5国消

---

① 参见谢次昌主编.《消费者保护法通论》，中国法制出版社1994年版，第10－12页。

费者组织的发起下宣布成立①。此后,消费者运动和消费者组织的发展更为迅速,保护消费者运动已经在国际上成了一股不可抗拒的潮流。

我国的消费者运动始于20世纪80年代初,是在改革开放和商品经济的发展过程中各种消费者问题日益突出的情况下兴起的。1984年12月,中国消费者协会经国务院批准成立。此后,我国保护消费者的运动便有组织地大规模地开展起来,消费者组织在全国各地迅速建立起来。消费者组织的广泛建立和消费者运动的蓬勃兴起,极大地推动了消费者权益保护工作的开展。

消费者运动的目的和作用之一就是通过它的强大社会影响力,促使国家采取各种手段和措施来保护消费者的利益。在消费者利益受损还不是普遍现象、消费者尚没有形成群体的力量的时候,国家只是按照一般的法律规则,采取个别的行政或司法措施来解决消费者权益的受损事件。随着消费者利益受损现象越来越普遍、突出,甚至已发展成为严重社会问题,随着消费者运动广泛兴起,保护作为“弱者”的消费者已成为社会关注的焦点,国家便需要制定和实施专门的法律来保护消费者的利益,以维持消费者与经营者之间的利益平衡。没有这种有效的法律保障,个别消费者要想与事实上处于强势的经营者交涉并取胜,那几乎是不可能的。今天,消费者保护法律制定和实施的状况已经作为衡量一个国家社会经济发达程度、人权保障水平和法治完善程度的一个重要标志。

各国消费者保护立法大致上有两种类型:第一,未制定消费者权益保护基本法,而是通过众多的单行法规,共同构成消费者权益保护的法律体系,这以美国为典型。第二,既有消费者权益保护基本法,又有许多单行法规。这以日本、英国、韩国、俄罗斯、西班牙、印度、泰国等为代表。从发展趋势来看,越来越多的国家在立法上选择了第二种类型。我国现在也是属于这一类型。一方面,在先后制定的许多相关法律、法规如《商标法》、《食品卫生法》、《药品管理法》、《计量法》、《标准化法》、《产品质量法》、《反不正当竞争法》、《广告法》、《价格法》等都包括了一些直接保护消费者利益的内容,不少法律、法规还将保护消费者利益作为立法宗旨之一;另一方面,我国也制定和实施了保护消费者权益的专门法、基本法——第八届全国人大常委会四次会议通过了《中华人民共和国消费者权益保护法》(1993年10月31日通过,1994年1月1日起施行,以下简称《消费者权益保护法》),并在20年后于2013年10月25日由第十二届全国人大常委会五次

① 1995年1月23日国际消费者组织联盟更名为国际消费者联会(简称CI),总部由海牙移至伦敦,现拥有115个国家和地区的220多个消费者组织作为其会员。

会议决定修改，修改的决定自 2014 年 3 月 14 日起实施。这标志着我国消费者权益保护法已发展到了一个比较完备、完善的阶段。

为使世界各国在消费者保护立法上有一致努力的目标，联合国大会 1985 年 4 月 9 日通过了第 39/248 号决议，核准了保护消费者准则。这套准则明确了保护消费者的目标和一般原则，特别是明确了消费者的权利和各国政府的责任；规定了消费领域方方面面的各种准则以及各国政府在保护消费者问题上的合作。

目前，世界各国消费者保护法的发展呈现出以下特点：第一，立法日趋完备，从最初的计量、质量、价格、安全、卫生等领域，扩展到信用卡、环境保护等新领域；第二，在立法中确认消费者的权利已成为普遍趋势；第三，有关保护消费者权益的措施逐渐完备并具体化，尤其是对政府和企业提出了更高的要求；第四，设立保护消费者权益的行政协调机构或者专门机构，如日本的保护消费者会议、泰国的消费者保护委员会；第五，加重侵害消费者合法权益行为的法律责任，除严格规定行政责任和刑事责任外，还规定了对消费者有利的民事责任，如无过错责任制度、举证责任倒置制度、惩罚性赔偿金制度等。

二、消费者权益保护法的性质和特点

消费者权益保护法是以消费者为主体，以消费者权益为核心，保护消费者权益的专门法。它是在突破传统民商法一般原则的基础上形成的，在性质上属于具有现代经济法的范畴，具有突出的直接社会性，体现了对消费者与经营者之间事实上不平等关系的法律矫正，或者对他们之间事实上平等关系的刻意以维持。基于这种基本性质，消费者保护法具有自己明显的特点。以下，结合我国《消费者权益保护法》对此做一简要分析。

1. 对经济上处于弱者地位的消费者给以特别的保护

从法律地位上讲，消费者与经营者属于平等的主体，应受到同等的保护。但实际上，在具体的交易过程(实现消费的过程)中，相对于经营者来说，消费者又处于明显的弱者地位。这主要表现在：第一，消费者是分散的个人，而经营者大多是有组织的法人，有些还是具有很强实力的大公司，或者掌握着某些消费品和服务的专营权，并且容易达成协议或者默契来对付消费者。尤其是在一些商品处于卖方市场的情况下，消费者更是难以真正以平等主体的身份与经营者相抗衡。在许多场合，消费合同表现为格式合同，合同条件由销售者和服务方单方决定，消费者作为相对方，要么全盘接受，要么全盘拒绝，其可以自由选择和平等协商的范围很小，而在多数情况下不得不接受对方的苛刻条件，甚至包括对方的质量侵权免责条款。第二，现代消费品的技术含量空前提高，功能日趋复杂化，消费者往往缺乏相应的技术知识，不得不在很大程度上依赖于经营者的指示、说明，也就容易受到虚假欺诈的指示说明的损害。第三，消费者作为单个的、分散的个人或家庭，其经济承受能力较低，其利益受损害后的影响很大，往往难以承受，在同经营者进行交涉索赔时往往要受到时间、经费和知识等多方面的限制。基于这些情况，仅仅依靠民商法的一般规定难以全面、充分地使消费者利益受到保护，因而在此之外还要有一种使经济上处于弱者地位的消费者的利益真正得到保障的法律机制。消费者权益保护法正是担负起平衡、协调消费者和经营者的关系，使消费者在实质上实现平等的重任。为此，消费者保护法明显向消费者倾斜。例如，我国《消费者权益保护法》只规定了消费者享有的权利，没有按照权利义务对等的原则规定消费者的义务，经营者的权利，并规定了特别的保护措施。这种倾斜在形式上似乎不公平，然而它正是要以这种形式上的不公平达到追求实质上公平的目标，鲜明地体现了经济法的实质正义的基本原则和理念。

2. 设立专门的保护机构和特别的保护措施

民法只是一般地规定当事人的权利义务，而不专门设立保护这些权利的机构，当事人的权利受到侵害时，只能求助于司法程序，并且实行不告不理原则。消费者保护法则往往设立相应的保护机构，并充分发挥其他社会力量以促进消费者权利的实现。当前，世界各国都设立有很多这样机构，如美国的联邦贸易委员会、消费品安全委员会、消费者事务办公室，法国的竞争消费局，德国的商品检验基金会，日本的保护消费者会议，泰国的消费者保护委员会和执行官等。此外，各国还成立了许多综合性或专业性的消费者群众组织。这些政府机构和团体都有一定的保护消费者的职能。当消费者利益受到损害时，他们一般有权作出行政处理或有权代表消费者提起诉讼。我国《消费者权益保护法》规定了各类国家机关在保护消费者权益方面的职责，并特别规定，各级人民政府工商行政管理部门①和其他有关行政部门应当依照法律、法规的规定，在各自的职责范围内，采取措施，保护消费者的合法权益。这种专门机构对具体交易关系（消费关系）的介入体现了国家对合同自由的适当干预。

① 目前，在国家工商行政管理总局设有消费者权益保护局，地方工商行政管理局相应地设有消费者权益保护处、科。

同时，民法的保护只能在事后，而消费者保护法的保护可以在事前；即使是在事后，民法的保护需要当事人自己提出诉讼，而消费者权益保护法有时并不需要由当事人自己提出，而直接规定经营者的某种作为义务。在这方面，许多国家在消费者权益保护法中确认的缺陷产品的“召回”制度就是一个典型的体现。民事责任的适用通常有一个前提条件，必须是在发生纠纷以后，还要有一方提出请求。而适用像“召回”这样的措施，未必要产生纠纷。比如汽车出现缺陷，主要是生产者发现有缺陷，即使现在没有产生纠纷，或者没有在受害人提出请求的情况下，生产者也应该履行召回的义务，应该把有缺陷的汽车召回，并且在一定条件下政府应当主动干预。

3. 确立特别的法律责任制度

大陆法系传统的民法一般实行补偿性赔偿或者赔偿实际损失的制度，而消费者权益保护法往往还同时实行惩罚性赔偿制度或者额外赔偿制度，并且还直接作出行政和刑事处罚的规定，以有效制裁违法者，并切实保护消费者的合法权益。例如，我国《消费者权益保护法》第 55 条规定：“经营者提供商品或者服务有欺诈行为的，应当按照消费者的要求增加赔偿其受到的损失，增加赔偿的金额为消费者购买商品的价款或者接受服务的费用的三倍；增加赔偿的金额不足五百元的，为五百元。法律另有规定的，依照其规定。”“经营者明知商品或者服务存在缺陷，仍然向消费者提供，造成消费者或者其他受害人死亡或者健康严重损害的，受害人有权要求经营者依照本法第四十九条、第五十一条等法律规定赔偿损失，并有权要求所受损失二倍以下的惩罚性赔偿。”①这种超过其实际损失的额外赔偿制度也体现了对消费者利益的特别保护。而且，该法还在法律责任一章中专门规定了行政责任和刑事责任。这样，可综合运用不同法律责任形式在制止违法行为、保护消费者利益方面各自的独特作用。

当然，保护消费者不仅仅是专门的消费者权益保护法的任务，包括民法在内的其他法律部门也越来越重视对消费者的保护。比如，我国 1999 年 3 月 15 日通过的《合同法》第 39～41 条关于格式条款的规则以及第 53 条关于免责条款的规则等就直接体现了保护消费者的原则和精神。这体现了现代法律

① 在 2013 年 10 月修改前的《中华人民共和国消费者权益保护法》第 49 条的规定是：“经营者提供商品或者服务有欺诈行为的，应当按照消费者的要求增加赔偿其受到的损失，增加赔偿的金额为消费者购买商品的价款或者接受服务的费用一倍。”

的普遍的社会性色彩。但它与具有直接社会性的专门消费者保护法毕竟是不同的。

三、消费者权益保护法的调整范围

任何一部法律都有自己特定的调整范围,这决定着该法律的内容,也体现出其特色。消费者权益保护法作为调整国家在保护消费者权益过程中发生的社会关系的专门法,无疑是以消费者为中心的。其调整范围具体取决于法律对消费者的界定。我国消费者权益保护法的调整范围体现在《消费者权益保护法》第 2 条和第 3 条中。该法第 2 条规定:“消费者为生活消费需要购买、使用商品或者接受服务,其权益受本法保护;本法未作规定的,受其他有关法律、法规保护。”这里所确定的调整范围既有与多数国家做法一致的地方,也有从我国实际情况出发而有自身特色的地方。

1. 从消费的性质看,是指生活消费,但也包括特定情况下的生产消费

消费从其性质上可以分为两类:生活消费和生产消费。生活消费是指人们为满足物质、文化生活需要消耗各种生产资料、劳务和精神产品的过程和行为。它既是社会生产的对象和动力,又是恢复和发展劳动力必不可少的条件,也是保证生产过程不断进行的前提。生产消费则是指物质资料生产过程中生产资料和劳动力的消费,它属于生产过程本身,消费的结果是生产了新产品,因而人们一般不将其作为消费,而作为生产本身。尽管生产消费也会影响生活消费,但它对消费者来说只是一种间接的影响。对生产消费的调整原则和方法在很多方面与对生活消费的调整有着很大的不同,因而一般不将其纳入消费者权益保护法的调整范围。《消费者权益保护法》作为一般性规定,它也仅调整生活消费,不调整生产消费①。

但是,该法在附则第 62 条中又规定:“农民购买、使用直接用于农业生产的生产资料,参照本法执行。”这实际上是将特殊情况下的生产消费作为一种例外也纳入了该法的调整范围。本来,农民购买、使用直接用于农业生产的生产资料在性质上应属于生产消费,本不属消费者权益保护法调整的范围。之所以作出这样的规定,主要是考虑到我国目前农民和农业的实际情况。我国是一个农业大国,农业是国民经济的基础,在普遍实行以家庭联产承包为主的农业生产经营

① 在我国当前消费者知假买假索赔案中,人们对于“为生活消费需要”的理解很不相同,这直接关系到购买者消费者身份的认定。本专题将在第三部分对此进行讨论。

责任制的情况下，一方面，农村生产力还很不发达，农业规模经营和农业社会化生产的程度很低，基本上还是农户的分散经营，这使农业的生产消费与工业生产消费差别很大，而与生活消费的情况更接近，联系也更密切，与农业生产资料的经营者相比，农民也表现为“弱者”；另一方面，农民购买、使用的农业生产资料如种子、农药、化肥等的假冒伪劣情况非常严重，在不少地方因此造成了范围很广泛、后果非常严重的损害，而农民在遭受损害后又往往缺少适当的途径和方式寻求到有力的保护。在这种情况下，《消费者权益保护法》作出这样的特别规定是非常必要的，同时也表现为其调整范围上的一个重要特点。

2. 从消费的主体看，应该是指自然人及其家庭

个人或者自然人作为主体，受消费者权益保护法的调整，这是无疑的、一致的。但是，在此之外，单位能不能作为主体，也受消费者权益保护法调整，这方面的做法和看法是不一致的。国外消费者权益保护法一般只将个人作为消费主体纳入其调整范围，而我国的一些地方性消费者权益保护法规则将单位也作为消费主体纳入调整范围。在制定我国消费者权益保护法过程中，这方面不同意见的争论是非常激烈的，曾经是讨论的热点之一①。一种意见认为，消费者权益保护法的立法目的是保护在市场交易中处于弱者地位的个体社会成员，而单位是有组织的群体，并不像个人那样处于弱者地位。单位在生活消费中，当其合法权益受损害时，可以依照有关合同法等法律法规寻求保护。而且，单位本身是不能直接进行生活消费的，最终仍表现为个人消费，承担消费者权益的主体仍然是个人，并且，单位本身也承担着保护消费者权益的义务。作为这种意见在法律起草中的反映，我国消费者权益保护法最初草案在其第 2 条规定中，除现在的内容外，还有第 2 款，即“前款所称消费者，是指消费者个人”。另一种意见则认为，单位购买、使用商品和接受服务的目的有两种：一是为了生产经营；一是为本单位成员满足物质、文化生活需要。当单位处于第二种情况时，就是消费者。而且，每一个单位为本单位成员满足物质、文化生活需要而购买、使用商品和接受服务时，与经营者相比同样处于不平等的地位，也是弱者，同样需要受到保护。有的甚至提出社会组织和团体利益“更应该和更需要从法律上加以特别的保护”，把整个组织团体，甚至经营者也看做消费者，因为在社会上“没有单纯的消费阶层”。显然这后面两种看法实际上就是否定了消费者权益保护法本身存在的必要性，因而属于极端的情形。不过，主张消费者权益保护法也应将一定情况下单

① 参见谢次昌主编.《消费者保护通论》，中国法制出版社 1994 年版，第 3－5 页。

位的生活消费也纳入调整范围的人也是相当多的。这主要是考虑到我国现实中单位购买生活资料最后用于个人消费的情况比较普遍，如单位购买副食品供食堂制作饭菜、单位购买电风扇、自行车等供职工工作时使用等，对其加以特殊保护，对充分保护最终消费者个人有着重要意义。基于我国的这种特殊国情，最后通过的《消费者权益保护法》删去了原第2条第2款。

结合这种立法过程和立法原意，应当认为我国《消费者权益保护法》主要调整个人的生活消费，但同时也调整一定情况下的单位生活消费。不过，从国际的通行做法和消费者权益保护法的宗旨出发，还是应当将消费者限定在自然人及其家庭的范畴，单位或组织一般不作为消费者权益保护法所指的消费者对待。

3. 从消费的手段和客体看，是指购买、使用商品或者接受服务

消费者购买商品和接受服务的行为属于消费活动，将其纳入消费者权益保护法的调整范围是理所当然的，因为它们都表现为消费者以支付货币代价为条件而直接从对方获得了商品或者服务。但对于使用商品这一消费形式，是否纳入消费者权益保护法的调整范围，则是一个有争议、做法不一致的问题。当然，提出这个问题的前提是商品的购买者和使用者并不是同一个的情况，如将购买的生活消费品赠与他人使用，在别人家里看电视等。在这种情况下，商品的使用者在使用商品的过程中，也有可能因产品质量问题而受到损害。我国《消费者权益保护法》也将这种情况纳入其调整范围反映了其对消费者的保护是全方位的、充分的。同样，在接受服务的时候，也存在支付费用者与实际接受服务者不一致的问题，如某人买票他人乘车等。这种情况同样可看做在《消费者权益保护法》的调整范围之内。

另外，我国《消费者权益保护法》在调整范围问题上还有一个重要特点，那就是在界定消费者的含义的同时，还就经营者的经营行为作出规定。该法第3条规定："经营者为消费者提供其生产、销售的商品或者提供服务，应当遵守本法；本法未作规定的，应当遵守其他有关法律、法规。"经营者的经营行为不属于消费行为，不属于专门的消费者权益保护法的调整范围，而由其他相关的法律、法规的调整。但是，在消费活动中，消费者又是与经营者相对应而存在的，消费者利益受到损害一般是由经营者的经营行为直接引起的，因而专门的消费者保护法在规定消费者的含义、明确这方面的基本调整领域的同时，将经营者的那些与消费者生活消费息息相关的经营行为也纳入其调整范围，这会使该法的调整范围更完整，对消费者权益的保护更充分、更有效。

第二节 消费者的权利和经营者的义务

一、消费者的权利

(一) 消费者权利的意义、性质与发展演变

消费者权益保护法作为保护消费者权益的专门性法律,其基本内容就是有关消费者权利的确认及保障措施方面的规定,而消费者权利的确认又是整个消费者权益保护法的前提和基础。若没有这种确认,其他方面的问题就无从谈起;这种确认的范围就直接决定消费者受国家保护的程度。

消费者的权利,是指消费者依法可以为一定行为或不为一定行为,或者要求他人为一定行为或不为一定行为,以满足自身利益的资格或可能性。消费者的权利是消费者利益在法律上的表现。而消费者利益则是消费者在消费过程中获得的物质或精神方面的好处或有利条件。通过规定权利来保护利益是立法的一般规律。如果法律不赋予消费者一定的权利,那么在消费者利益遭受侵害时就没有保护的依据。权利与利益是形式与内容的关系,权利是保护利益的形式或实现手段,属于上层建筑,而利益则是权利保护的内容,属于经济基础,两者的性质与层次并不相同。如此看来,将两者合称为"权益"并不是很恰当,若在其前再加"合法"则更显重复。不过,这种用法在我国很普遍,已约定俗成,并在许多立法(包括《消费者权益保护法》)中都有表现[①]。

消费者的权利在性质上属于民事权利(人身权和财产权),也是基本人权,这是毫无疑义的。但是,仅仅认识到这点还是不够的,消费者权利还具有高于普通民事权利的性质。因为,一般民事权利乃是基于"经济人对经济人的平等关系"上的权利,而消费者权利所产生的关系即经营者与消费者的关系,虽然是法律地位上平等的关系,但又是强者对弱者的关系。消费者权利正是以这种强者对弱者的不平等关系为基础,其目的即在于对消费者的弱者地位予以补救。日本经济法学者今村成和指出,消费者权利的本质,应当从消极面、防卫面上考察,即作为对于妨碍人的权利实现之状态的排除请求权。日本另一经济法学者金泽良雄

① 参见谢次昌主编.《消费者保护通论》,中国法制出版社 1994 年版,第 118 - 120 页。

则进一步指出，消费者权利，与其既是权利，莫如说是“作为弱者的消费者的失地回复的手段”。因此，说消费者权利属于民事权利并未能触及其实质①。这是前述对其进行特别保护的基础。《法制日报》2003 年 1 月 18 日第 1 版就原国家计委 2003 年 1 月 7 日《关于规范运输业退票费有关问题的函》进行的“短评”中就鲜明地提出：“消费者的权利高于普通民事权利”。这是具有非常重要意义的。本来，从一般法律意义上说，旅客退票，是对约定的运输合同的解除，属于违约行为，既然是违约，就应当承担违约责任。但是，从国家计委出台的意见来看，国家计委作为国务院价格主管部门，没有采纳铁路、民航等运输部门关于退票费属于违约金的提法。国家计委的意见从保护消费者合法权益出发，让旅客退票只承担运输部门在退票环节的损失，而不是运力上的空位损失，是在更高的层面上实现了法律的正义和公平。这就更加符合国家和公众的利益。

消费者的权利源于消费者运动和法律对消费者的保护。尽管法律对于消费者的特别保护可追溯到 19 世纪末期，但第一次明确提出消费者的权利并加以概括总结的，则是美国总统肯尼迪。1962 年 3 月 15 日，肯尼迪在向国会提出的《关于保护消费者权益的总统特别国情咨文》中首次提出了著名的消费者的四项权利，即消费安全保障的权利，正确了解商品的权利，自由选择商品和服务的权利，就消费事务提出意见的权利。鉴于这项咨文的重大历史意义，国际消费者组织将 3 月 15 日定为“国际消费者权益日”。从此，消费者权利逐渐为世界所公认，并在这四项权利的基础上进一步发展。1985 年 4 月 9 日联合国大会通过了《保护消费者准则》，国际消费者组织联盟提出了消费者的八项权利：① 有权得到必须的物品和服务借以生存；② 应该得到公平的价格和选择；③ 应该得到安全；④ 应有足够的资料；⑤ 可以寻求咨询；⑥ 应该得到公平的赔偿和法律援助；⑦ 应该获得消费者教育；⑧ 应该享受一个健康的环境。1984 年底成立的中国消费者协会在其章程中提出，消费者享有六项权利，即：了解商品和服务的权利；选择商品和服务的权利；获得商品和服务安全、卫生的权利；监督商品和服务价格、质量的权利；对商品和服务提出意见的权利；受到商品和服务损害时有索取赔偿的权利。

法律对消费者权利的确认既要考虑到保护消费者利益的现实需要，又要考虑到国家经济文化水平所决定的可能性，因为权利不决定于人们的主观愿望，而

---

① 参见屈茂辉.《消费者权利探微》,《消费经济》1995 年第 2 期。

是“永远不能超过社会的经济结构以及经济结构制约的文化发展”①。如果不顾经济、技术和文化的现实水平，对经营者提出过于苛刻的要求，那么这样的法律规定难以实际执行，而且最终会因为影响生产发展而损及消费者的利益，因此对消费者的保护应是充分的，但也不是绝对的、无条件的。我国《消费者权益保护法》最终确认了九个方面的消费者权利。

（二）我国消费者权利的具体内容

（1）安全保障权。这是消费者最基本的权利，是其他一切权利的前提。它又包括人身安全权和财产安全权。这里的人身安全权是指生命健康安全权，即消费者在购买、使用商品和接受服务时，享有保持身体各器官及其功能的完整以及生命不受危害的权利。只有人身安全权得到了保障，消费者的消费才能正常进行，也才谈得上享有其他权利。因此，人身安全是消费者最为关注的问题，是必须予以保障的消费者的权利。财产安全权是消费者在购买、使用商品和接受服务时，享有财产安全不受损害的权利。财产安全涉及消费者生活的物质基础，与消费者的基本生活与生存条件息息相关。因而，同样是消费者不可缺少的基本权利，它同人身安全权一起构成了消费者安全权的完整内容。《消费者权益保护法》第7条规定：“消费者在购买、使用商品和接受服务时享有人身、财产安全不受损害的权利。”“消费者有权要求经营者提供的商品和服务，符合保障人身、财产安全的要求。”这就使我国宪法、民法等规定的公民基本权利在消费领域得到具体体现和切实保障。事实上，从美国总统肯尼迪提出的四项消费者权利中的第一条“有权获得商品的安全保障”到当今已制定了消费者权益保护法的各国和一些国际组织，都对安全保障权给予了特别的关注，并且许多国家的消费者权益保护法均将这一权利作为消费者权利的第一项加以确认。

（2）知悉真情权，简称知情权。具体是指消费者在购买使用商品和接受服务时，有权对商品和服务的真实和具体情况进行全面和充分的了解。这也是消费者的一项基本权利，为消费者在消费活动中所必不可少，是消费者进行消费的前提。消费者产生购买、使用某种商品或者接受某项服务的愿望以及真正与经营者建立某种消费关系，都是建立在对有关情况有一定认识和了解的基础上的。尤其是在当今社会化大生产和科技飞速发展的条件下，保证消费者知悉其购买、使用的商品和接受的服务的真实和具体的情况有着特殊的意义。在当今社会，

---

① 中共中央马克思恩格斯列宁斯大林著作编译局编选.《马克思恩格斯选集》(第3卷)，人民出版社1972年版，第12页。

商品的品种繁多，技术含量提高，功能各异而且复杂，服务领域也呈现出这样的特点，再加上消费者的具体要求也是千差万别的，如果消费者对商品和服务的真实和具体情况没有真正全面和充分的了解，就难以作出正确的消费选择，往往会因盲目选择而利益受到损害。特别是在经营者故意隐瞒、歪曲真实情况的时候，消费者因上当受骗而利益遭受损害更是不可避免的。因此，为切实保障消费者的利益，消费者权益保护法就必须赋予消费者知悉实情的权利，这也是各国消费者权益保护法的共同做法。就是一些没有消费者保护基本法的国家，也制定专门性规定，以保证消费者对商品和服务的情况有充分的了解。《消费者权益保护法》第8条对知悉真情权作出规定："消费者享有知悉其购买、使用的商品或者接受的服务的真实情况的权利。""消费者有权根据商品或者服务的不同情况，要求经营者提供商品的价格、产地、生产者、用途、性能、规格、等级、主要成分、生产日期、有效期限、检验合格证明、使用方法说明书、售后服务，或者服务的内容、规格、费用等有关情况。"这既明确了消费者享有知悉商品或者服务真实情况的权利，又明确了消费者享有知悉商品或者服务具体情况的权利。

(3) 自主选择权。这是指消费者享有自主选择商品或者服务的权利，即消费者有权根据自己的意愿和要求对商品和服务加以选择，不受任何强制和胁迫。这实际上是民法通则和合同法关于民事法律行为平等自愿原则和合同自由原则的具体体现，因为消费者在购买商品、接受服务时与经营者之间是一种合同关系，自然应受到主体独立平等、交易行为自主自愿的合同法基本原则的约束。只是由于消费者处于一种"弱者"地位，仅靠合同法的保护还不够，需要消费者权益保护法的特别保护。基于此，《消费者权益保护法》第9条规定："消费者享有自主选择商品或者服务的权利。""消费者有权自主选择商品或服务的经营者，自主选择商品品种或者服务方式，自主决定购买或者不购买任何一种商品，接受或者不接受任何一项服务。""消费者在自主选择商品或者服务时，有权进行比较、鉴别和挑选。"这些内容与合同自由原则的内容即是否订立合同的自由、与谁订立合同的自由、决定合同内容与方式的自由等基本是对应的、一致的，只是从保护消费者的角度进行规定的。这些内容归结到一点就是保证消费者购买商品或者接受服务时必须自愿，任何威胁、强迫或者其他违背消费者意愿使其作出消费选择的行为都是对消费者自主选择权的侵害。

(4) 公平交易权。这是指消费者在购买商品或者接受服务时享有以公正合理的条件进行交易的权利。这也是民法通则和合同法的平等、自愿、公平、等价有偿和诚实信用等原则的要求和具体体现。消费者购买商品或者接受服务作为一种交易行为，当然必须遵守这些原则，但由于消费者在与经营者进行这种交易时往往处于“弱者”地位，因而也需要专门法律的特别保护。《消费者权益保护法》第 10 条明确规定：“消费者享有公平交易的权利。”“消费者在购买商品或者接受服务时，有权获得质量保障、价格合理、计量正确等公平交易条件，有权拒绝经营者的强制交易行为。”这表明，消费者以一定数量的货币是否换回有质量保障、等量价值的商品或服务，是衡量消费者经济利益是否得到保障的重要标志。质量是指商品或服务的优劣程度，它反映商品或服务必须符合国家的强制性标准。价格是价值的货币表现，它反映出等价交换、质价相符、货值其价的尺度。价格合理要求商品或服务的价格与其价值相符。计量是用一个规定已知量和同一类型的未知量相比而加以测定的，是保证市场交易数量公平的手段。计量正确与价格合理一样，直接涉及消费者的经济利益。强制交易行为首先是对消费者自主选择权的侵犯，但它同时也往往侵犯了消费者的公平交易权，因为消费者在失去选择商品或服务的自主性以后，其交易的公平条件也是难以保证的；相反，往往是对公平交易条件的直接破坏。

(5) 依法求偿权。这是指消费者因购买使用商品或者接受服务受到人身、财产损害的，享有依法获得赔偿的权利。依法求偿权是实现消费者其他权利特别是安全权的保障，是弥补消费者所受损害的必不可少的救济性权利。这一权利对于消费者非常重要，也为世界各国的法律和一些重要的国际性组织的重视和关注，并以各自的方式作出明确规定。《消费者权益保护法》不仅在第 11 条作出原则规定，还在第六章和第七章进一步规定了消费者实现这一权利的具体途径和范围。消费者既可对人身权的损害行使求偿权(包括精神损害赔偿)，也可对财产权的损害行使求偿权。人身权的损害既包括生命健康权的损害，也包括其他方面人身权如姓名权、名誉权、人身自由、人格尊严的损害。财产权的损害既包括购买、使用的商品本身的损害，也包括由此引起的其他财产损害或财产性支出。另外，消费者除行使求偿权以外，还可以根据不同情况依法单独或同时行使其他的补救性权利，如恢复原状、返还财产、恢复名誉和赔礼道歉等。

(6) 依法结社权。这是指消费者享有依法成立维护自身合法权益的社会团体的权利。这是《消费者权益保护法》第 12 条赋予消费者的又一基本权利。它既是对消费者组织合法性的肯定，也是对宪法基本原则的具体化。我国宪法第 35 条规定了公民的结社自由，即为了达到某一共同的目的而依照法律规定的手续结成某种社会团体的自由。成立消费者社会团体就是公民行使结社自由的体现。本来，消费者与经营者在交易关系中的地位平等，但消费者往往在实际上是处于一种弱者和劣势地位，仅靠单个、分散的消费者是难以与经营者相抗衡的。在这种情况下，法律赋予消费者成立一个能够有效维护自身合法权益的社会团体的权利便是非常必要的。消费者团体作为一个组织，其力量是单个、分散的消费者所无法相比的，也是政府职能部门所无法替代的。《消费者权益保护法》不仅规定了消费者的依法结社权，而且还专章对消费者组织加以规定①。

(7) 知识获得权。这是指消费者享有获得有关消费和消费者权益保护方面的知识的权利。《消费者权益保护法》第 13 条的这一规定是以宪法第 46 条"公民有受教育的权利和义务"的规定为依据，并且是该规定的具体化。消费者的知识获得权是消费者维护自己合法权益的重要保障。如果消费者缺乏有关消费和消费者权益保护方面的必要知识，消费者利益的保护就无从谈起。尤其是在现代社会，商品和服务高度复杂化，经营者的经营行为日益广告化，法律赋予消费者获得有关消费和消费者权益保护方面的知识的权利是非常必要的。有关消费的知识，其包括的范围很广，主要包括有关当前社会消费状况、消费水平和正确的消费方式的知识，有关商品和服务的基本常识，有关市场的基本知识等。有关消费权益保护的知识主要包括有关消费者合法权益的法律规定，消费者权益保护的组织和机构以及消费争议的解决途径等方面的知识。但同时，获得知识的行为是双向的，有传授知识的一方，也有接受教育、学习知识的一方，需要双方协作和配合。因此，《消费者权益保护法》在规定消费者享有获得有关消费和消费者权益保护方面的知识的权利的同时，也规定："消费者应当努力掌握所需商品或者服务的知识和使用技能，正确使用商品，提高自我保护的意识。"这是该法对于消费者义务所做唯一一处明确规定。这实际上也是与宪法对公民受教育权的规定是一致的，因为按照该规定，受教育既是公民的权利，也是公民的义务。

(8) 受尊重权。这是指消费者在购买、使用商品和接受服务时，享有其人格尊严、民族风俗习惯得到尊重的权利。这也是宪法和民法通则有关公民人格尊严、人身自由不受侵犯权利的规定在消费领域的具体体现。人格尊严是公民的一项基本权利，是公民人身权利的重要组成部分，是指公民的姓名权、名誉权、肖像权、人身自由权等应当受到的尊敬与重视。在消费领域，消费者的人格尊严受

---

① 不过，鉴于我国的消费者协会属于"官办的社会团体"，因此它们还说不上是消费者依据消费者权益保护法第 12 条规定的"消费者结社权"自愿成立的民间消费者团体。有学者认为，从比较法上考察，中国消费者协会相当于日本的国民生活中心和韩国的消费者保护院，后两者都是经费由政府拨给、干部由政府任命的实施消费者保护政策的准行政组织。地方消费者协会，相当于日本地方政府的消费生活中心。参见梁慧星.《中国的消费者政策和消费者立法》，《法学》2000 年第 5 期。

到尊重，其自尊心与自爱心不受伤害，个人价值不受贬低，是消费者应享有的起码权利。但由于种种原因，消费者的这一权利经常受到侵犯，尤其是消费者的名誉权遭侵犯的情况更为突出。常常表现为受到经营者的挖苦、讥讽、谩骂、无端被怀疑、盘查，甚至搜查、强行扣留、限制人身自由等。《消费者权益保护法》第14条对消费者人格尊严受到尊重权利的规定就是针对我国现实生活中的这种严重情况而作出的，意义非常重大，表明其对消费者合法权益的保护是全面和充分的。同时，我国宪法也明确规定各民族都有保持或改革自己风俗习惯的自由，在消费领域中，消费者的民族风俗习惯也必须得到尊重。在我国这样一个统一的多民族国家里，法律明确规定消费者享有民族风俗习惯得到尊重的权利有着特殊的意义，不仅使消费者的权利能得到全方位的确认和保护，而且有利于维护民族团结和国家的安定。在消费领域，民族风俗习惯主要是指少数民族消费者在服饰、饮食、礼节、居住等方面的风俗习惯，经营者和其他消费者必须予以尊重。尊重消费者人格尊严、民族风俗习惯是社会文明进步的表现，也是尊重保障人权的重要内容。消费者在购买、使用商品和接受服务时，除了享有人格尊严、民族风俗习惯得到尊重的权利以外，个人信息依法受到保护也是消费者的一些重要权利，这在现代信息网络环境下显得尤为必要。2013年修改后的《消费者权益保护法》在第29条通过具体规定经营者在这方面的义务来加以保障。

(9) 监督批评权。这是指消费者享有对商品和服务以及保护消费者权益工作进行监督和提出批评、建议的权利。消费者的监督批评属于社会监督的范畴，也是实现社会监督的重要途径。由于商品和服务以及保护消费者权益工作的优劣好坏与消费者的利益息息相关，消费者的感受最深切、最直接，因而消费者的监督批评也最积极、最切实。《消费者权益保护法》第15条明确规定："消费者享有对商品和服务以及消费者权益工作进行监督的权利。""消费者有权检举、控告侵害消费者权益的行为和国家机关及其工作人员在保护消费者权益工作中的违法失职行为，有权对保护消费者权益工作提出批评、建议。"这不仅赋予了消费者的监督批评权，而且也明确了这一权利内容和行使方式。这对于切实维护消费者自身的合法权益，促进经营者提高商品和服务的质量，促进消费者权益保护工作的有效开展，促进国家机关及其工作人员工作作风的改进都有着重要的意义。

二、经营者的义务

在消费者权益保护关系中，消费者与经营者、国家之间是一种三角关系，因而消费者权利的真正实现还有赖于经营者和国家的义务的切实履行。尤其是在消费者和经营者的交易关系中，消费者的权利与经营者的义务存在着直接的、对应关系。一般说来，消费者的权利就是经营者的义务；反之，经营者的义务也就是消费者的权利。消费者权益保护法只有在规定消费者权利的基础上，进一步明确经营者的义务，通过法律规范的约束和强制，促进经营者切实履行自己的义务，才能使消费者的权利得到真正实现。因此，对经营者义务的确认是消费者权益保护法的一项重要内容和保障措施，也构成了《消费者权益保护法》确认消费者权利的一个特点。但是，我国消费者的权利与经营者的义务也不是一一对应的，有些权利是直接对应于国家机关的职责，当然，更多的还是两方面的因素结合在一起的。这样，经营者的义务并不能完全与消费者的权利对应起来，也就是说，消费者的有些权利并不能直接确定为经营者的义务，而经营者的某些义务也需要与消费者的权利相对应的范畴以外加以延伸和具体化。

经营者的义务是十分广泛的，许多方面在有关法律法规中已有表现，但从消费者权益保护的角度来看，这些分散的规定不利于增强消费者权益保护意识，而且有些规定也不够全面，针对性和操作性也不足，因而消费者权益保护法从其特有的保护消费者权益的角度规定经营者的义务，既是必要的，也是可行的。当然，在具体规定时，既要全面、具体，也要防止不必要的重复，并能做到与消费者的权利相对应，这要求在规定时，概括性条款与具体条款相结合、全面与重点兼顾，以突出其针对性和可操作性。《消费者权益保护法》第三章根据我国经济生活的需要和可能，并借鉴了国外相关立法的经验，集中规定了经营者的 14 项义务①。这 14 项义务与消费者的 9 项权利共同构成了《消费者权益保护法》的核心内容。由于经营者的义务在该法关于消费者权利和其他地方的规定都直接或者间接地涉及，因此以下仅引用这 14 项义务的规定，不再展开分析。

(1) 依法定或约定履行义务。《消费者权益保护法》第 16 条规定："经营者向消费者提供商品或者服务，应当依照本法和其他有关法律、法规的规定履行义务。""经营者和消费者有约定的，应当按照约定履行义务，但双方的约定不得违背法律、法规的规定。""经营者向消费者提供商品或者服务，应当恪守社会公德，诚信经营，保障消费者合法权益；不得设定不公平、不合理的交易条件，不得强制交易。"

(2) 听取意见和接受监督的义务。《消费者权益保护法》第 17 条规定："经营者应当听取消费者对其提供的商品或者服务的意见，接受消费者的监督。"

---

① 2013 年修改之前规定的是 10 项义务。

(3) 提供安全保障的义务。《消费者权益保护法》第18条规定:"经营者应当保证其提供的商品或者服务符合保障人身、财产安全的要求。对可能危及人身、财产安全的商品和服务,应当向消费者作出真实的说明和明确的警示,并说明和标明正确使用商品或者接受服务的方法以及防止危害发生的方法。""宾馆、商场、餐馆、银行、机场、车站、港口、影剧院等经营场所的经营者,应当对消费者尽到安全保障义务。"

(4) 依法采取必要措施的义务。《消费者权益保护法》第19条规定:"经营者发现其提供的商品或者服务存在缺陷,有危及人身、财产安全危险的,应当立即向有关行政部门报告和告知消费者,并采取停止销售、警示、召回、无害化处理、销毁、停止生产或者服务等措施。采取召回措施的,经营者应当承担消费者因商品被召回支出的必要费用。"

(5) 提供真实情况的义务。《消费者权益保护法》第20条规定:"经营者向消费者提供有关商品或者服务的质量、性能、用途、有效期限等信息,应当真实、全面,不得作虚假或者引人误解的宣传。""经营者对消费者就其提供的商品或者服务的质量和使用方法等问题提出的询问,应当作出真实、明确的答复。""经营者提供商品或者服务应当明码标价。"

(6) 表明真实名称和标记的义务。《消费者权益保护法》第21条规定:"经营者应当标明其真实名称和标记。""租赁他人柜台或者场地的经营者,应当标明其真实名称和标记。"

(7) 出具购货凭证和服务单据的义务。《消费者权益保护法》第22条规定:"经营者提供商品或者服务,应当按照国家有关规定或者商业惯例向消费者出具发票等购货凭证或者服务单据;消费者索要发票等购货凭证或者服务单据的,经营者必须出具。"

(8) 保证商品或者服务符合要求的义务。《消费者权益保护法》第23条规定:"经营者应当保证在正常使用商品或者接受服务的情况下其提供的商品或者服务应当具有的质量、性能、用途和有效期限;但消费者在购买该商品或者接受该服务前已经知道其存在瑕疵,且存在该瑕疵不违反法律强制性规定的除外。""经营者以广告、产品说明、实物样品或者其他方式表明商品或者服务的质量状况的,应当保证其提供的商品或者服务的实际质量与表明的质量状况相符。""经营者提供的机动车、计算机、电视机、电冰箱、空调器、洗衣机等耐用商品或者装饰装修等服务,消费者自接受商品或者服务之日起六个月内发现瑕疵,发生争议的,由经营者承担有关瑕疵的举证责任。"

(9)依法或依约履行“三包”或其他责任的义务。《消费者权益保护法》第 24 条规定:“经营者提供的商品或者服务不符合质量要求的,消费者可以依照国家规定、当事人约定退货,或者要求经营者履行更换、修理等义务。没有国家规定和当事人约定的,消费者可以自收到商品之日起七日内退货;七日后符合法定解除合同条件的,消费者可以及时退货,不符合法定解除合同条件的,可以要求经营者履行更换、修理等义务。”“依照前款规定进行退货、更换、修理的,经营者应当承担运输等必要费用。”

(10)依法接受消费者退货的义务。《消费者权益保护法》第 25 条规定:“经营者采用网络、电视、电话、邮购等方式销售商品,消费者有权自收到商品之日起七日内退货,且无须说明理由,但下列商品除外:(一) 消费者定作的;(二) 鲜活易腐的;(三) 在线下载或者消费者拆封的音像制品、计算机软件等数字化商品;(四) 交付的报纸、期刊。”“除前款所列商品外,其他根据商品性质并经消费者在购买时确认不宜退货的商品,不适用无理由退货。”“消费者退货的商品应当完好。经营者应当自收到退回商品之日起七日内返还消费者支付的商品价款。退回商品的运费由消费者承担;经营者和消费者另有约定的,按照约定。”

(11) 不以格式条款等方式损害消费者利益的义务。《消费者权益保护法》第 26 条规定:“经营者在经营活动中使用格式条款的,应当以显著方式提请消费者注意商品或者服务的数量和质量、价款或者费用、履行期限和方式、安全注意事项和风险警示、售后服务、民事责任等与消费者有重大利害关系的内容,并按照消费者的要求予以说明。”“经营者不得以格式条款、通知、声明、店堂告示等方式,作出排除或者限制消费者权利、减轻或者免除经营者责任、加重消费者责任等对消费者不公平、不合理的规定,不得利用格式条款并借助技术手段强制交易。”“格式条款、通知、声明、店堂告示等含有前款所列内容的,其内容无效。”

(12) 尊重消费者人身权的义务。《消费者权益保护法》第 27 条规定:“经营者不得对消费者进行侮辱、诽谤,不得搜查消费者的身体及其携带的物品,不得侵犯消费者的人身自由。”

(13) 提供特定信息的义务。《消费者权益保护法》第 28 条规定:“采用网络、电视、电话、邮购等方式提供商品或者服务的经营者,以及提供证券、保险、银行等金融服务的经营者,应当向消费者提供经营地址、联系方式、商品或者服务的数量和质量、价款或者费用、履行期限和方式、安全注意事项和风险警示、售后服务、民事责任等信息。”

(14) 依法收集和使用消费者个人信息的义务。《消费者权益保护法》第 29

条规定:“经营者收集、使用消费者个人信息,应当遵循合法、正当、必要的原则,明示收集、使用信息的目的、方式和范围,并经消费者同意。经营者收集、使用消费者个人信息,应当公开其收集、使用规则,不得违反法律、法规的规定和双方的约定收集、使用信息。”“经营者及其工作人员对收集的消费者个人信息必须严格保密,不得泄露、出售或者非法向他人提供。经营者应当采取技术措施和其他必要措施,确保信息安全,防止消费者个人信息泄露、丢失。在发生或者可能发生信息泄露、丢失的情况时,应当立即采取补救措施。”“经营者未经消费者同意或者请求,或者消费者明确表示拒绝的,不得向其发送商业性信息。”

第三节　消费者权益的国家保护和社会保护

一、消费者权益的国家保护

对消费者权益的保护,不仅经营者承担有直接的义务,国家也应承担起职责,保护消费者的权益不受侵害。由于消费者处于弱者地位,需要国家运用公权力对经营者与消费者之间的利益关系进行干预,从而达到两者利益上的平衡。国家采取措施,保障消费者依法行使权利,维护消费者的合法权益。依据《消费者权益保护法》的规定,国家对消费者合法权益的保护主要体现在以下几个方面。

(一)立法保护

通过立法来保护消费者权益是消费者权益国家保护的独特内容,是其他各种保护的基础和保障。国家通过制定有关消费者权益的法律、法规来保护消费者利益。除了制定专门的《消费者权益保护法》作为保护消费者权益的基本法外,还制定了《反不正当竞争法》、《反垄断法》、《产品质量法》、《食品安全法》、《广告法》、《农产品质量安全法》、《流通领域食品安全管理办法》、《药品广告审查办法》、《欺诈消费者行为处理办法》、《产品质量申诉处理办法》、《部分商品修理更换退货责任规定》等法律法规,以便实现从不同角度、不同领域来保护消费者权益。

《消费者权益保护法》第 30 条规定:“国家制定有关消费者权益的法律、法规、规章和强制性标准,应当听取消费者和消费者协会等组织的意见。”这是为了确保相关法律、法规、规章和强制性标准能够真正体现对消费者权益的保护。

(二) 行政保护

由政府的性质和职能所决定,消费者权利的国家保护主要是通过各级人民政府及其部门的日常行政管理和执法来实现的。《消费者权益保护法》第 31 条规定:“各级人民政府应当加强领导,组织、协调、督促有关行政部门做好保护消费者合法权益的工作,落实保护消费者合法权益的职责。”“各级人民政府应当加强监督,预防危害消费者人身、财产安全行为的发生,及时制止危害消费者人身、财产安全的行为。”第 32 条规定:“各级人民政府工商行政管理部门和其他有关行政部门应当依照法律、法规的规定,在各自的职责范围内,采取措施,保护消费者的合法权益。”“有关行政部门应当听取消费者及其社会团体对经营者交易行为、商品和服务质量问题的意见,及时调查处理。”第 33 条规定:“有关行政部门在各自的职责范围内,应当定期或者不定期对经营者提供的商品和服务进行抽查检验,并及时向社会公布抽查检验结果。”“有关行政部门发现并认定经营者提供的商品或者服务存在缺陷,有危及人身、财产安全危险的,应当立即责令经营者采取停止销售、警示、召回、无害化处理、销毁、停止生产或者服务等措施。”我国政府部门的设置和职能的界定都体现了这一要求。

(三) 司法保护

有关国家机关应当依照法律、法规的规定,惩处经营者在提供商品和服务中侵害消费者合法权益的违法犯罪行为。这是保护消费者权益的一个重要方面,也是《消费者权益保护法》第 34 条所明确规定的,即“有关国家机关应当依照法律、法规、规章和强制性标准的规定,惩处经营者在提供商品和服务中侵害消费者合法权益的违法犯罪行为。”该法第 35 条还要求,人民法院应当采取措施,方便消费者提起诉讼。对符合《中华人民共和国民事诉讼法》起诉条件的消费者权益争议,必须受理,及时审理。

由于消费者权益争议往往涉及的金额并不大,完全按照一般民事诉讼程序来审理往往耗时费事,诉讼成本也比较高,为使消费者权益争议尽快得到解决,2012 年 8 月 31 日修改后的《中华人民共和国民事诉讼法》借鉴一些国家和地区的做法,建立了小额诉讼程序,以便及时审理简单的小额消费纠纷,克服普通民事诉讼程序维权效率不高的问题。该法第 162 条规定:“基层人民法院和它派出的法庭审理符合本法第 157 条第 1 款规定的简单的民事案件,标的额为各省、自治区、直辖市上年度就业人员年平均工资百分之三十以下的,实行一审终审。”同时,该法的这次修改还确立了我国的公益诉讼制度,使得不特定的组织或者个人根据法律法规的授权，对侵害或者可能侵害消费者公共利益的不法经营者的违法行为向人民法院提起诉讼，从而更好地维护消费者的合法权益。该法第55条规定："对污染环境、侵害众多消费者合法权益等损害社会公共利益的行为，法律规定的机关和有关组织可以向人民法院提起诉讼。"

2016年4月24日最高人民法院公布了《关于审理消费民事公益诉讼案件适用法律若干问题的解释》(法释[2016]10号)，自2016年5月1日起施行。该解释明确了消费民事公益诉讼原告资格、适用范围、消费领域社会公共利益类型化、管辖法院、原告处分权限制、公益诉讼与私益诉讼的关系、请求权类型及责任承担方式、裁判既判力等问题。

二、消费者权益的社会保护

保护消费者的合法权益是全社会的共同责任，国家鼓励、支持一切组织和个人对损害消费者合法权益的行为进行社会监督。消费者权益的社会保护包括的内容很多，其中大众传播媒介的舆论监督和消费者组织的保护最为重要。

（一）大众传播媒介

在保护消费者权益的过程中，广播、电视、报刊和网络等大众传播媒介的舆论监督起着非常重要的作用。以往很多涉及侵犯消费者权益的一些大案、要案，往往是最大众传播媒介的报道下引起社会关注，也在大众传播媒介的监督下得到有关执法机构的及时有效处理的。因此，《消费者权益保护法》第6条第3款规定："大众传播媒介应当做好维护消费者合法权益的宣传，对损害消费者合法权益的行为进行舆论监督。"

（二）消费者组织

消费者依靠个体的力量来维护其权益往往比较困难，而通过一个组织体来维护权益则相对容易。在我国，消费者协会和其他消费者组织是依法成立的对商品和服务进行社会监督的保护消费者合法权益的社会团体。这样的消费者组织者维护消费者权益中发挥着非常重要的、难以被替代的作用。中国消费者协会1984年12月26日在北京成立。目前，我国各省、市、县都普遍设立了消费者协会等消费者组织，形成了遍布全国的消费者权益保护网。为此，《消费者权益保护法》第五章专门确认了消费者组织的合法地位、性质及职能。

在性质上，消费者组织是非营利的、公益性的社会团体，因此其不得从事商品经营和营利性服务，不得以牟利为目的向社会推荐商品和服务。

根据《消费者权益保护法》第37条的规定："消费者协会履行下列职责：

① 向消费者提供消费信息和咨询服务，提高消费者维护自身权益的能力，引导文明、健康、节约资源和保护环境的消费方式；② 参与制定有关消费者权益的法律、法规、规章和强制性标准；③ 参与有关行政部门对商品和服务的监督、检查；④ 就有关消费者合法权益的问题，向有关部门反映、查询，提出建议；⑤ 受理消费者的投诉，并对投诉事项进行调查、调解；⑥ 投诉事项涉及商品和服务质量问题的，可以委托具备资格的鉴定人鉴定，鉴定人应当告知鉴定意见；⑦ 就损害消费者合法权益的行为，支持受损害的消费者提起诉讼或者依照本法提起诉讼；⑧ 对损害消费者合法权益的行为，通过大众传播媒介予以揭露、批评。各级人民政府对消费者协会履行职责应当予以必要的经费等支持。消费者协会应当认真履行保护消费者合法权益的职责，听取消费者的意见和建议，接受社会监督。依法成立的其他消费者组织依照法律、法规及其章程的规定，开展保护消费者合法权益的活动。”

第四节 消费者权益的法律救济

一、消费者权益争议的解决

（一）消费者权益争议的解决途径

消费者权益争议是消费者与经营者在买卖商品、接受和提供服务中因权利义务关系而产生的纠纷。争议的当事人一方是消费者，另一方是经营者。消费者权益争议是一种民事纠纷。《消费者权益保护法》第 39 条规定了解决争议的五种途径。

（1）与经营者协商和解。争议发生后，消费者可以直接向经营者交涉、索赔，达成和解协议，解决消费纠纷。这是解决争议最简便的途径。

（2）请求消费者协会或者依法成立的其他调解组织调解。消费者协会作为中间调解人，在消费者和经营者之间进行调解，使双方自愿达成和解协议。此时消费者协会并非消费者的代理人，其必须在查明事实，分清是非，明确责任的基础上依法进行调解。消费者协会的调解是一种民间性质的调解，其调解形成的和解协议不具有法律强制力，其履行依赖于双方自愿。消费者也可以请求依法成立的其他调解组织进行调解。

（3）向有关行政部门投诉。争议发生后，消费者可以根据商品或者服务的性质及侵害事由向工商行政管理机关、产品质量监督部门及其他有关专业行政管理部门投诉。有关行政部门对消费者的投诉,应予接受,并及时答复和处理。

(4) 向仲裁机构申请仲裁。对于符合仲裁条件的消费者权益争议,不论是否经过了协商、调解、投诉,消费者都可以向仲裁机构申请仲裁,通过仲裁来解决纠纷。

(5) 向人民法院起诉。消费者权益争议双方如果没有签订仲裁条款或者协议,可以直接向人民法院起诉,通过诉讼程序来解决争议。

(二) 确定损害赔偿责任主体的原则

当消费者的合法权益受到损害时,消费者可以依法要求经营者承担损害赔偿责任。对于确定承担损害赔偿责任的主体,一般按以下原则来进行。

1. 由生产者、销售者、服务者承担

(1) 消费者在购买、使用商品时,其合法权益受到损害的,可以向销售者要求赔偿。销售者赔偿后,属于生产者的责任或者属于向销售者提供商品的其他销售者的责任的,销售者有权向生产者或者其他销售者追偿。

(2) 消费者或者其他受害人因商品缺陷造成人身、财产损害的,可以向销售者要求赔偿,也可以向生产者要求赔偿。属于生产者责任的,销售者赔偿后,有权向生产者追偿。属于销售者责任的,生产者赔偿后,有权向销售者追偿。

(3) 消费者在接受服务时,其合法权益受到损害的,可以向提供服务者要求赔偿。

2. 由变更后的企业承担

消费者在购买、使用商品或者接受服务时,其合法权益受到损害,因原企业分立、合并的,可以向变更后承受其权利义务的企业要求赔偿。

3. 由营业执照的使用人或者持有人承担

使用他人营业执照的违法经营者提供商品或者服务,损害消费者合法权益的,消费者可以向其要求赔偿,也可以向营业执照的持有人要求赔偿。

4. 由展览会的举办者、柜台的出租者承担

消费者在展览会、租赁柜台购买商品或者接受服务,其合法权益受到损害的,可以向销售者或者服务者要求赔偿。展览会结束或者柜台租赁期满后,也可以向展览会的举办者、柜台的出租者要求赔偿。展览会的举办者、柜台的出租者赔偿后,有权向销售者或者服务者追偿。

5. 由网络交易平台提供者承担

消费者通过网络交易平台购买商品或者接受服务,其合法权益受到损害的,

可以向销售者或者服务者要求赔偿。网络交易平台提供者不能提供销售者或者服务者的真实名称、地址和有效联系方式的，消费者也可以向网络交易平台提供者要求赔偿；网络交易平台提供者作出更有利于消费者的承诺的，应当履行承诺。网络交易平台提供者赔偿后，有权向销售者或者服务者追偿。网络交易平台提供者明知或者应知销售者或者服务者利用其平台侵害消费者合法权益，未采取必要措施的，依法与该销售者或者服务者承担连带责任。

6. 由从事虚假广告行为的经营者、广告的经营者、发布者以及其他主体承担

消费者因经营者利用虚假广告或者其他虚假宣传方式提供商品或者服务，其合法权益受到损害的，可以向经营者要求赔偿。广告经营者、发布者发布虚假广告的，消费者可以请求行政主管部门予以惩处。广告经营者、发布者不能提供经营者的真实名称、地址和有效联系方式的，应当承担赔偿责任。广告经营者、发布者设计、制作、发布关系消费者生命健康商品或者服务的虚假广告，造成消费者损害的，应当与提供该商品或者服务的经营者承担连带责任。社会团体或者其他组织、个人在关系消费者生命健康商品或者服务的虚假广告或者其他虚假宣传中向消费者推荐商品或者服务，造成消费者损害的，应当与提供该商品或者服务的经营者承担连带责任。

7. 社会团体、社会中介机构承担。

《产品质量法》第 58 条规定："社会团体、社会中介机构对产品质量作出承诺、保证，而该产品又不符合其承诺、保证的质量要求，给消费者造成损失的，与产品的生产者、销售者承担连带责任。"

消费者向有关行政部门投诉的，该部门应当自收到投诉之日起 7 个工作日内，作出处理。

二、损害消费者行为的民事责任

（一）承担民事责任的条件

经营者提供商品或者服务有下列情形之一的，除《消费者权益保护法》另有规定外，应当依照其他有关法律、法规的规定，承担民事责任：① 商品或者服务存在缺陷的；② 不具备商品应当具备的使用性能而在出售时未作说明的；③ 不符合在商品或者其包装上注明采用的商品标准的；④ 不符合商品说明、实物样品等方式表示的质量状况的；⑤ 生产国家明令淘汰的商品或者销售失效、变质的商品的；⑥ 销售的商品数量不足的；⑦ 服务的内容和费用违反约定的；⑧ 对

消费者提出的修理、重作、更换、退货、补足商品数量、退还贷款和服务费用或者赔偿损失的要求，故意拖延或者无理拒绝的；⑨ 法律、法规规定的其他损害消费者权益的情形。

经营者对消费者未尽到完全保障义务，造成消费者损害的，应当承担侵权责任。

（二）侵犯消费者人身权的民事责任

经营者提供商品或者服务，造成消费者或者其他受害人人身伤害的，应当赔偿医疗费、护理费、交通费等为治疗和康复支出的合理费用，以及因误工减少的收入。造成残疾的，还应当赔偿残疾生活辅助具费和残疾赔偿金。造成死亡的，还应当赔偿丧葬费和死亡赔偿金。

经营者侵害消费者的人格尊严、侵犯消费者人身自由或者侵害消费者个人信息依法得到保护的权利的，应当停止侵害、恢复名誉、消除影响、赔礼道歉，并赔偿损失。

经营者有侮辱诽谤、搜查身体、侵犯人身自由等侵害消费者或者其他受害人人身权益的行为，造成严重精神损害的，受害人可以要求精神损害赔偿。

（三）侵犯消费者财产权的民事责任

经营者提供商品或者服务，造成消费者财产损害的，应当依照法律规定或者当事人约定承担修理、重作、更换、退货、补足商品数量、退还货款和服务费用或者赔偿损失等民事责任。经营者以预收款方式提供商品或者服务的，应当按照约定提供。未按照约定提供的，应当按照消费者的要求履行约定或者退回预付款；并应当承担预付款的利息和消费者必须支付的合理费用。依法经有关行政部门认定为不合格的商品，消费者要求退货的，经营者应当退货。

（四）惩罚性赔偿责任

我国《消费者权益保护法》第 55 条（原第 49 条）规定："经营者提供商品或者服务有欺诈行为的，应当按照消费者的要求增加赔偿其受到的损失，增加赔偿的金额为消费者购买商品的价款或者接受服务的费用的三倍；增加赔偿的金额不足五百元的，为五百元。法律另有规定的，依照其规定。""经营者明知商品或者服务存在缺陷，仍然向消费者提供，造成消费者或者其他受害人死亡或者健康严重损害的，受害人有权要求经营者依照本法第四十九条、第五十一条等法律规定赔偿损失，并有权要求所受损失二倍以下的惩罚性赔偿。"

这一规定确立了我国的惩罚性赔偿制度，也是曾引起广泛讨论的"王海现象"产生的直接依据。这一规定在我国 1999 年的《合同法》第 131 条中又得到了进一步的确认。2009年的《食品安全法》第96条和《侵权责任法》第47条也确立了各自的惩罚性赔偿制度。

《消费者权益保护法》确认消费领域中的惩罚性赔偿金制度，这在立法上是一大突破，其特别保护消费者的意图非常明显。虽然惩罚性赔偿制度的实行不可避免地会带来一些副作用，主要是对受害人所带来的追求不当利益的倾向，但是相对于特别保护消费者和打击、制止生产和销售假冒伪劣产品行为的积极作用来说，这种副作用是微不足道的，即使现实地发生了也只能看做是追求更大利益时的一种较小的代价，即“两利相衡取其重、两害相衡取其轻”。在惩罚性赔偿的利弊选择上，其积极作用远比其副作用更具有价值。充分认识到《消费者权益保护法》第55条特别保护消费者和有效制止恶意侵权行为的立法意图，对于正确理解该条在适用中的若干具体问题，尤其是引起广泛争议的“知假买假”问题具有重要的意义。在对该条进行理解时，除了从法条上来理解并不能得出“知假买假”者不是消费者、不受《消费者权益保护法》保护的结论以外，最主要的还是应当从经济法的“社会本位”原则和理念来看问题，因为《消费者权益保护法》规定惩罚性赔偿制度的目的不仅仅、甚至也主要不是为了直接交易的当事人双方的利益，而主要是着眼于社会公共(公众)利益，而将“知假买假”排除在《消费者权益保护法》的保护范围之外，无疑是不利于保护社会公共利益的，不利于对广大消费者利益的保护①。

适用《消费者权益保护法》第55条的一个重要前提是，经营者在提供商品或者服务时有欺诈行为。欺诈行为是指一方当事人故意告知对方虚假情况，或者故意隐瞒真实情况，诱使对方当事人作出错误的意思表示的行为。作为内心意思的欺诈，一般要根据行为人的外部行为来推断。因此，一旦消费者证明经营者将假货当作真货出售，便可以初步认定经营者具有故意出售假货、欺骗消费者的故意，然后，应由经营者对其故意的不存在负举证责任，若无相反证据，则认为欺诈要件满足。同时，特定请求人的主观状态并不影响《消费者权益保护法》第55条的适用。如果经营者的行为足以误导一般(不特定)消费者，它就构成欺诈，即

① 2013年12月9日发布的《最高人民法院关于审理食品药品纠纷案件适用法律若干问题的规定》也明确了“知假买假”不影响消费者主张权利。该规定第3条规定：“因食品、药品质量问题发生纠纷，购买者向生产者、销售者主张权利，生产者、销售者以购买者明知食品、药品存在质量问题而仍然购买为由进行抗辩的，人民法院不予支持。”同时，最高人民法院在2014年2月12日就相关问题答复《中国消费者报》记者采访时表示，法律规定的消费者定义并未将知假买假者排除在消费者之外，上述《规定》也并未将职业打假人排除在知假买假者之外。

使特定请求人为“知假买假”仍是如此。反之,如果它不足以误导一般(不特定)消费者,它就不构成欺诈,即使该请求人确实发生了误解也是如此。因此,相对于普通民事案件来说,这里对欺诈的认定标准相对宽松,其构成中所谓相对人的误解不限于个案中特定人的误解。

三、损害消费者行为的行政责任和刑事责任

经营者有下列情形之一,除承担相应的民事责任外,其他有关法律、法规对处罚机关和处罚方式有规定的,依照法律、法规的规定执行;法律、法规未作规定的,由工商行政管理部门或者其他有关行政部门责令改正,可以根据情节单处或者并处警告、没收违法所得、处以违法所得 1 倍以上 10 倍以下的罚款,没有违法所得的,处以 50 万元以下的罚款;情节严重的,责令停业整顿、吊销营业执照:

(1) 提供的商品或者服务不符合保障人身、财产安全要求的;

(2) 在商品中掺杂、掺假,以假充真,以次充好,或者以不合格商品冒充合格商品的;

(3) 生产国家明令淘汰的商品或者销售失效、变质的商品的;

(4) 伪造商品的产地,伪造或者冒用他人的厂名、厂址,篡改生产日期,伪造或者冒用认证标志等质量标志的;

(5) 销售的商品应当检验、检疫而未检验、检疫或者伪造检验、检疫结果的;

(6) 对商品或者服务作虚假或者引人误解的宣传的;

(7) 拒绝或者拖延有关行政部门责令对缺陷商品或者服务采取停止销售、警示、召回、无害化处理、销毁、停止生产或者服务等措施的;

(8) 对消费者提出的修理、重作、更换、退货、补足商品数量、退还货款和服务费用或者赔偿损失的要求,故意拖延或者无理拒绝的;

(9) 侵害消费者人格尊严、侵犯消费者人身自由或者侵害消费者个人信息依法得到保护的权利的;

(10) 法律、法规规定的对损害消费者权益应当予以处罚的其他情形。

经营者有前款规定情形的,除依照法律、法规规定予以处罚外,处罚机关应当记入信用档案,向社会公布。

经营者违反本法规定提供商品或者服务,侵害消费者合法权益,构成犯罪的,依法追究刑事责任。

经营者违反本法规定,应当承担民事赔偿责任和缴纳罚款、罚金,其财产不足以同时支付的,先承担民事赔偿责任。

经营者对行政处罚决定不服的，可以依法申请行政复议或者提起行政诉讼。

经营者对行政处罚决定不服的，可以自收到处罚决定之日起 15 日内向上一级机关申请复议，对复议决定不服的，可以自收到复议决定书之日起 15 日内向人民法院提起诉讼；也可以直接向人民法院提起诉讼。

此外，以暴力、威胁等方法阻碍有关行政部门工作人员依法执行职务的，依法追究刑事责任；拒绝、阻碍有关行政部门工作人员依法执行职务，未使用暴力、威胁方法的，由公安机关依照《中华人民共和国治安管理处罚条例》的规定处罚。国家机关工作人员玩忽职守或者包庇经营者侵害消费者合法权益的行为的，由其所在单位或者上级机关给予行政处分；情节严重，构成犯罪的，依法追究刑事责任。

【参考文献】

1. 李昌麒，许明月编著.《消费者保护法》(第三版)，法律出版社 2012 年版。

2. 王先林，何宗泽主编.《消费者权益保护法》，安徽人民出版社 2009 年版。

3. 李适时主编.《中华人民共和国消费者权益保护法释义(最新修正版)》，法律出版社 2013 年版。

4. 全国人大法工委民法室编.《消费者权益保护法立法背景与观点全集 》，法律出版社 2013 年版。

5. 吴景明主编.《消费者权益保护法案例评析》，对外贸易大学出版社 2010 年版。

6. 徐士英主编.《产品召回制度：中国消费者的福音》，北京大学出版社 2008 年版。

【思考题】

1. 如何理解消费者权益保护法中的“消费者”？
2. 相对于民法来说，消费者权益保护法有哪些特点？
3. 如何理解消费者权利的性质？
4. 我国消费者享有哪些基本权利？
5. 经营者对消费者应当承担哪些义务？
6. 如何理解消费者组织的性质和职能？
7. 当消费者的权益受到损害时，如何确定承担损害赔偿责任的主体？
8. 如何理解《消费者权益保护法》第 55 条所确立的惩罚性赔偿制度？

【案例实训】

1. 1995 年 3 月 8 日晚 7 时许，17 岁的女孩贾国宇与家人及邻居在位于北京市海淀区的春海餐厅聚餐时，发生卡式炉爆炸，导致贾国宇容貌被毁，并丧失 30%的劳动能力。今后她还需治疗等费用约 5 万元至 6 万元，再行手术费用 1 万元，但治疗后面部及双手仍将遗留部分瘢痕难以消除。春海餐厅使用的是北京国际气雾剂有限公司生产的边炉石油气，龙口市厨房配套设备用具厂生产的卡式炉。经鉴定，边炉石油气罐的爆炸是由于气罐不具备盛装边炉石油气的承压能力引起，卡式炉也存在漏气的可能性。为此，贾国宇向法院提起诉讼，要求损害赔偿。

北京市海淀区人民法院于 1997 年 3 月 15 日对本案作出判决：判令北京国际气雾剂有限公司、龙口市厨房配套设备用具厂连带赔偿贾国宇治疗费 6 247.20元，营养品费 3 809.48 元，护理费 7 051.50 元，交通费 4 293.90 元，残废者生活自助具费 3 559.35 元，残废者生活补助费 78 296.40 元，今后治疗费 70 000 元，残疾赔偿金 10 000 元，总计 273 257.83 元。气雾剂公司承担 70%的责任，厨房用具厂承担 30%的责任。

请结合本案，思考经营者对消费者的义务以及消费者权益受侵害时的救济。

2. 2012 年 1 月 28 日，微博实名认证用户罗迪发布微博称：“朋友一家 3 口前天在三亚吃海鲜，3 个普通的菜被宰近 4 000 元。他说是被出租车推荐的。邻座一哥们指着池里一条大鱼刚问价，店家手脚麻利将鱼捞出摔晕，一称 11 斤，每斤 580 元共 6 000 多元。那哥们刚想说理，出来几个大汉，只好收声认栽”。该微博发布后，引起网友的热议，一些网友纷纷转帖并留言称自己也遭遇过类似情况。三亚工商、物价、公安、质监、食品药品监督管理局等 5 部门先后介入调查此事。2 月 2 日，三亚市物价局公布三亚海鲜品社会平均批发参考价格，作为海鲜排档销售价格的计算依据，市民游客可根据公示价格计算出最高销售价格。若发现海鲜排档不按最高销售价格标价，可拨打电话向物价部门投诉。

请结合这起事件，思考政府部门、大众媒体在保护消费者权益方面的职责。

3. 1995 年春天，山东某厂的年轻业务员王海来北京出差。他偶然买到一本介绍消费者权益保护法的书。他为当时的消费者保护法第 49 条所吸引。为了验证这一规定的可行性，他来到隆福大厦，见到一种标明“日本制造”，单价 85 元的“索尼”耳机。他怀疑这是假货，便买了一副，找到索尼公司驻京办事处。经证实为假货后，他返回隆福大厦，又买了 10 幅相同的耳机，然后要求商场依照当时的消费者保护法第 49 条的规定予以加倍赔偿。商场同意退回第一副耳机并赔偿 200 元,但拒绝对后 10 副给予任何赔偿,理由是,他是“知假买假”,“钻法律的空子”。王海感到愤怒。他相信自己的目的不是赚钱而是维护消费者的利益,因而决心继续战斗。同年秋天,王海再度来京。他光顾了多家商店,购买了他认为是假货的商品,经证实后便向商家要求加倍赔偿。多数商店满足了他的要求,但也有少数加以拒绝。

王海的举动被新闻媒介披露后,在全国范围内引起反响。他被多数普通百姓甚至被许多经营者当作英雄加以赞誉,同时也使制假售假者感到震惊。1996 年初,王海转战到中国南方,在许多大商场买假索赔,1996 年 11 月,王海在天津的一家法院成了胜利者。他紧随何山诉乐万达商行案之后,状告伊势丹有限公司销售电话有欺诈行为。结果,他依据当时的消费者保护法第 49 条获得了加倍赔偿。但王海的诉讼行为并不是每次都能取得胜利,有些地方支持了他的诉讼请求,有些地方则驳回他所诉讼请求。

结合王海打假的情况,思考《消费者权益保护法》第 55 条的适用条件。

第九章

产品质量法

【本章导读】

产品质量与人们的生活息息相关。产品存在质量问题不但会造成人身伤害和财产损失,还会扰乱社会经济秩序。本章在分析产品、产品质量以及产品质量法等相关基本概念的基础上,以《产品质量法》为依据,介绍了我国产品质量监督管理体制和我国产品质量监督管理制度的主要内容,生产者和销售者的产品质量义务,并从产品质量责任的含义和特点入手,阐释了我国相关法律所规定的产品质量的民事责任、行政责任和刑事责任的基本制度。

第一节 产品质量法概述

一、产品质量与产品质量问题

(一) 产品的含义

讲到产品质量首先需要界定产品本身的含义。而从一些国家及有关国际组织的产品责任立法来看,在产品的界定方法和产品范围大小上是不完全一致的。例如,美国在立法中采取了概括兼排除的方法,对产品的范围作了较为广泛、灵活的界定,英国在立法中对产品的定义极其广泛和具体,德国在立法中对于产品的界定范围相对狭窄,而欧盟的立法对于产品的界定采取了列举的方法。

在我国,《中华人民共和国产品质量法》(以下简称《产品质量法》)着眼于物品的加工性和商业流通性,对产品的定义采用了概括式的规定,并以此为标准界定产品的范围。该法第 2 条第 2 款规定:“本法所指产品是指经过加工、制作,用于销售的产品。”第3款规定:“建设工程不适用本法规定;但是,建设工程使用的建筑材料、建筑构配件和设备,属于前款规定的产品范围的,适用本法规定。”此外,该法第73条进一步规定:“军工产品质量监督管理办法,由国务院、中央军事委员会另行制定。因核设施、核产品造成损害的赔偿责任,法律、行政法规另有规定的,依照其规定。”从上述规定来看,我国《产品质量法》对“产品”采用了概括式规定,并将初级农产品、建设工程、军工产品排除在外。

由此可以看出,产品必须具备两个条件:一是必须经过加工、制作。这就将未经加工、制作的天然产品以及初级农产品等排除在外。关于“加工”,各国产品责任法均未界定。综合各国案例及报告中的表述,“加工”是指工业加工,并且必须改变产品某些基本特性。二是必须用于销售。只要是为了销售而加工、制作的产品,无论是基于营销目的的无偿赠送,还是作为福利而交付给消费者或使用者,以及以有偿方式提供他人使用,都应认定为《产品质量法》中规定的“产品”。

归纳而言,产品有广义和狭义之分。狭义的产品是《产品质量法》所确定的产品,它是指以销售为目的,通过工业设计、加工、手工制作等生产方式获得的具有特定使用性能的物品,是人类运用生产资料对劳动对象加工、改造而成的物质成果;各种自然物,未经加工天然形成的产品及初级农产品,不属于《产品质量法》中所规范的产品,如种植业、畜牧业、渔业产品,石油,原煤,天然气等,但这些自然物经过加工后的产物,如将鱼加工后得到的鱼干以及将煤燃烧后产生的电力等,都属于产品;广义的产品则包括上述初级农产品。初级农产品被排除在《产品质量法》规定的“产品”之外,是因为已存在专门规范农产品质量安全的法律法规。例如,我国在2006年专门制定了《农产品质量安全法》来调整在农产品的生产、流通和消费过程中发生的社会关系。

《产品质量法》还规定了一些产品的例外。例如,有些纯为科学研究或为自己使用而加工、制作的产品,虽然符合了加工制作的条件,但并不用于销售,也不属于《产品质量法》的所调整的产品;同时,根据各国的惯例,建设工程等不动产和军工产品不属于产品的范畴。

近年来,因输血而感染艾滋病、各类病毒性肝炎的事件时有发生。这提出了血液是否为《产品质量法》所规定的“产品”的问题。对此,法学界意见不一。2009年12月26日通过、2010年7月1日实施的《侵权责任法》第59条规定:“因药品、消毒药剂、医疗器械的缺陷,或者输入不合格的血液造成患者损害的,患者可以向生产者或者血液提供机构请求赔偿,也可以向医疗机构请求赔偿。”从这一规定可以看出,医疗上的血液已经被纳入了“产品”的范畴。

（二）产品质量

产品质量是指产品在正常的使用条件下，为满足合理的使用要求所必须具备的物质、技术、心理和社会特征的总和。根据国际标准化组织制订的国际标准——《质量管理和质量保证——术语》(ISO8402—1994)，产品质量是指产品"实体满足规定和隐含需要的能力特性的总和"。该国际标准同时还解释："在某些条件下，需求或者暗示是需要被明确的；而且随着时间的变化，它们也是在不断变化中的；需要有时被认为是具有特殊标准的特征，此特征包括可用性、可靠性、表现特征、安全、经济和环境等。"

法律上对于产品质量的规范主要表现在对产品质量的衡量标准上。首先，产品应当符合消费者对其基本功能的要求。这意味着产品具备能够实现预定目的或规定用途的能力，它是产品质量最基本的要求之一；其次，产品应具有安全性，即产品在使用过程中不存在危害人身、财产和环境的情况，保证使用者的人身安全及社会安全；最后，产品应具有持续使用性及可维修性，即除了一次性产品外，产品应该能达到一定的使用寿命或者无故障工作时间，并且当产品发生故障时，能迅速通过修理恢复其功能。

（三）产品质量问题

产品质量问题是指产品因其质量缺陷而造成使用者人身伤害或财产损失的问题。产品质量问题包括产品瑕疵和产品缺陷，产品瑕疵主要是指：不具备产品应当具备的使用性能而事先未作说明的，不符合在产品或者其包装上注明采用的产品标准的，不符合以产品说明、实物样品等方式表明的质量状况的。产品缺陷是指产品存在危及人身、财产安全的不合理危险；如产品有保障人体健康，人身、财产安全的国家标准、行业标准的，是指不符合该标准，其主要包括设计上的缺陷、制造上的缺陷和指标上的缺陷。

产品质量问题是社会商品经济高度发达的产物。18 世纪末的工业技术革命使商品经济迅速发展，商品生产逐渐形成了一些前所未有的特点，如产品制造技术化，产品功能复杂化，产品产销方式多样化、环节多层化，产品经营广告化及产品流转国际化。这些特点使得产品损害事故不断发生，产品质量问题日益严重，各国政府便开始采取相应的措施予以规范解决，主要是通过制定、实施有关产品安全的法律、法规和采取一定的事后救济手段的方式。一方面要求产品的生产经营者保证产品的安全，并进行监督管理，以便减少产品损害事故的发生；另一方面使损害事故中的受害者能够得到损失赔偿。其中，最重要的、也是各国政府所普遍采用的，就是产品质量责任。另外，有的国家设立一定的基金，在损害事故发生后对受害者迅速给予一定的补偿，例如新西兰。这些措施能够从事前预防和事后补偿及处罚等方面进行规范，也共同构成了解决产品质量问题的完整体系。

二、产品质量法的概念和特点

（一）产品质量法的概念及其调整对象

产品质量法是调整在产品的设计、生产以及流通过程中，因产品质量而产生的社会关系的法律规范的总称。它的调整对象主要包括两类社会关系：产品质量监督管理关系和产品质量责任关系。产品质量监督管理关系是指在国家对生产企业、销售企业的产品质量进行监督管理过程中产生的社会关系。国家通过各级技术质量监督部门、工商行政管理部门对产品质量进行监督检查、行使行政处罚权，因此与市场经营主体发生了法律关系，这是国家管理职能的一种表现。产品质量责任关系是指由于产品缺陷而产生的产品的设计者、生产者、销售者与产品的用户或消费者之间的社会关系，这是因产品质量问题引起的，包括因产品缺陷导致的人身、财产损害。因此，产品质量责任关系实质是在生产者、销售者、消费者之间所产生的损害赔偿法律关系。

（二）产品质量法的特点

我国《产品质量法》是产品质量管理法和产品责任法的统一体，其具有以下突出的特点。

(1) 综合性。产品质量法的综合性特征体现在内容、责任及调整手段上。从内容上看，产品质量法包括产品质量的监督管理、生产者和销售者的产品质量义务和相应的责任等；从责任上看，产品质量法所规定的法律责任不仅包括民事责任，还包括行政责任、刑事责任；从调整手段上看，产品质量法既涉及公法的调整手段，又有私法的调整手段，体现了公法与私法的相互融合。

(2) 系统性。产品质量法对产品的生产、运输、保管、销售等各个环节进行了系统的管理和监督，努力保证产品质量，减少产品质量问题的发生，最大限度地保护用户、消费者利益。同时，动员国家、社会、企业、个人等上下内外一切力量，进行全方位的综合治理，系统地解决产品质量问题。

(3) 社会性。从我国产品质量法对产品质量监督管理的规定上可以看出，它既明确了产品责任，保护用户、消费者的利益，又维护社会经济秩序和社会利益，体现出对社会个体利益和整体利益保护的协调统一。

（三）产品质量法的立法状况

总体来说，世界各国对于产品质量所采取的立法模式主要有两种：一种通常叫质量法或产品质量法，如罗马尼亚的第七号法律《产品质量和服务质量法律》，波兰的《关于产品、服务、工程和建筑项目质量法》；另一种通常叫产品责任法，美国、日本、西欧国家基本上都采用制定产品责任法的形式。这两种立法模式的主要区别在于：产品责任法仅明确生产者或销售者对其生产或销售的产品应承担的责任，不涉及生产者或销售者如何管理产品，也不涉及政府部门如何监督产品。而质量法通常是规定衡量质量的基准，生产者或销售者如何实行质量保证，国家各级部门如何监督等。

我国产品质量法体系由法律、其他法律规范，以及一般法律中的有关产品质量的规定等几部分组成。《产品质量法》是基本法，它是经济法的一个重要组成部分。我国现行的《产品质量法》是1993年2月22日第七届全国人民代表大会常务委员会通过，2000年7月8日第九届全国人民代表大会常务委员会第一次修正，2009年8月27日第十一届全国人民代表大会常务委员会第二次修正。该法目前共6章74条，是一部综合性的法律规范。它调整产品质量监督管理关系和产品责任关系，其立法宗旨是加强对产品质量的监督管理，提高产品质量水平，明确产品质量责任，保护消费者的合法权益，维护社会经济秩序，体现了国家干预市场的精神。

其他法律规范，主要包括《计量法》、《标准化法》、《食品安全法》、《药品管理法》、《食品安全法》、《工业产品质量责任条例》、《产品质量认证管理条例》、《缺陷汽车产品召回管理规定》、《乳品质量安全监督管理条例》等专门法律或者规定；另外，还有其他法中有关产品质量的相关规定，如《民法通则》、《合同法》、《消费者权益保护法》。特别重要的是，为确保食品安全，2009年2月28日第十一届全国人大常委会第七次会议通过了《中华人民共和国食品安全法》，自2009年6月1日起施行。此外，最高人民法院于2013年12月9日发布了《关于审理食品药品纠纷案件适用法律若干问题的规定》。

第二节　产品质量监督管理

一、产品质量监督管理体制

（一）产品质量监督

根据国家标准GB6583186，质量监督是指为保证质量要求，由用户或第三方对程序、方法、条件、产品、过程和服务进行连续评价，并按照规定标准或合同要求对记录进行分析[①]。所谓产品质量监督管理,是指对产品质量监督活动的计划、组织、指挥、调解和监督制度的总称。我国的产品质量监督方式主要包括企业自我监督、社会监督、国家监督。国家监督是由代表国家的政府专职机构进行监督,可以分为抽查型质量监督和评价型质量监督。抽查型质量监督是国家质量监督机构在市场上通过抽取样品进行监督检验,对照检验标准检验其是否合格,从而责成企业采取改进措施,直到达到技术标准的要求;评价型质量监督是指国家质量监督部门通过对企业的生产条件、产品质量考核合格后,颁发某种证书,确认和证明这一产品已经达到要求的质量水平。我国的产品质量法中的产品认证制度、国家颁发许可证制度等属于国家监督的具体形式。

(二) 产品质量监督管理体制

产品质量监督管理体制是指划分中央与地方之间以及部门之间产品质量监督管理权限的法律制度。我国《产品质量法》第 8 条规定:"国务院产品质量监督部门主管全国产品质量监督工作。国务院有关部门在各自的职责范围内负责产品质量监督工作。县级以上地方产品质量监督部门主管本行政区域内的产品质量监督工作。县级以上地方人民政府有关部门在各自的职责范围内负责产品质量监督工作。"因此,我国的产品质量监督管理机构主要有两类:一类是各级政府的质量监督管理部门等专门机构;另一类是工商、卫生、医药等其他行政管理部门[②]。

国务院产品质量监督部门及县级以上地方产品质量监督部门分别主管全国或地方本行政区域内的产品质量监督工作。"国务院产品质量监督部门",按照现行的国务院机构设置,是指国家质量监督检验检疫总局。"县级以上地方产品质量监督部门",是指各省、自治区、直辖市人民政府的产品质量监督部门以及作为省级人民政府产品质量监督部门直属机构的设在市、县一级的产品质量监督部门。

2001 年,国务院将国家质量技术监督局与国家出入境检验检疫局合并,组建中华人民共和国国家质量监督检验检疫总局(简称国家质检总局)。国家质量监督检验检疫总局是国务院主管全国质量、计量、出入境商品检验、出入境卫生

---

① 李昌麒主编.《经济法学》,法律出版社 2008 年版,第 366 页。

② 我国相关的监管体制还处于变动之中。目前,全国大部分的区县一级都将工商局、质量监督检验检疫局和食品药品监督管理局三个机构整合为统一的市场监督管理局。有的省市在地市一级也在进行这种尝试。

检疫、出入境动植物检疫、进出口食品安全和认证认可、标准化等工作,并行使行政执法职能的直属机构。为加强对全国认证认可工作的统一领导和监督管理,组建中国国家认证认可监督管理委员会,为国家质检总局管理的事业单位。国家认证认可监督管理委员会是国务院授权的履行行政管理职能,统一管理、监督和综合协调全国认证认可工作的主管机构。保留中国国家标准化管理委员会,为国家质检总局管理的事业单位。国家标准化管理委员会是国务院授权的履行行政管理职能,统一管理、监督和综合协调全国标准化工作的主管机构。

地方质量技术监督局和原国家出入境检验检疫局设在各地的出入境检验检疫机构不实行合并,管理体制及业务不变。各地出入境检验检疫机构由国家质量监督检验检疫总局继续实行垂直管理体制,机构名称不变。省(自治区、直辖市)质量技术监督局仍为同级人民政府的工作部门,体制和机构名称不变。

国家工商行政管理部门也是重要的质量监督管理部门。国家质量监督检验检疫总局和国家工商行政管理总局在质量监督方面的职责分工为:国家质量监督检验检疫总局负责生产领域的产品质量监督管理,国家工商行政管理总局负责流通领域的商品质量监督管理。国家工商行政管理总局在实施流通领域商品质量监督管理中查出的属于生产环节引起的产品质量问题,移交国家质量监督检验检疫总局处理。按照上述分工,两部门必须密切配合,对同一问题不能重复检查,重复处理。

依照产品质量法规定,产品质量监督部门质量监督工作的主要职责包括:统一规划和组织对产品质量的监督抽查,发布产品质量监督抽查结果的公告;责令监督抽查质量不合格的企业限期改正;负责对企业质量体系认证机构和产品质量认证机构的认可;对违反产品质量法规定的行为进行调查并可在法定范围内采取必要的强制措施;对违反产品质量法规定的行为依法实施行政处罚等。

二、产品质量监督管理制度的主要内容

根据产品质量法规定,产品质量监督管理制度主要是从企业、产品、监督检查以及质量问题解决等几个方面进行规范,包括企业质量体系认证制度、产品质量认证制度、产品质量检验制度及产品召回制度等,这些制度都是由产品质量法来进行规范,并且互相之间具有一定的联系,互相依存,在产品质量监理管理领域相互作用。

(一) 企业质量体系认证制度

企业质量体系认证是指国务院产品质量监督部门或由它授权的部门认可的

认证机构，依据国际通用的“质量管理和质量保证”系列标准，对企业的质量体系和质量保证能力进行审核，通过颁发企业质量体系认证证书，证明企业的质量体系和质量保证能力符合相应要求的制度。《产品质量法》第 14 条规定：“国家根据国际通用的质量管理标准，推行企业质量体系认证制度。企业根据自愿原则可以向国务院产品质量监督部门认可的或者国务院产品质量监督部门授权的部门认可的认证机构申请企业质量体系认证。经认证合格的，由认证机构颁发企业质量体系认证证书。”

通过企业质量体系认证制度开展质量体系认证工作，促进企业在管理和技术等方面采取有效措施，在企业内部建立起可靠的质量保证体系，以保证产品质量；而对企业自身来讲，通过质量体系认证机构的认证，即意味着企业的质量保证能力获得了有关权威机构的认可，从而可以提高企业的质量信誉，扩大企业的知名度，增强企业竞争优势。

企业质量体系认证的依据是国家质量技术监督局颁布的 GB/TI9000—ISO9000 系列国家标准。该标准等同于国际标准化组织（ISO）推荐采用的 ISO9000“质量管理和质量保证”系列国际标准。目前，世界上有许多国家和地区等同或等效采用该系列标准，并把生产者具备 ISO9000 质量标准作为购买产品的前提条件。采用该系列标准已被公认为是通向国际市场的通行证。企业质量体系认证是第三方的评价活动，第三方独立于生产者和用户、消费者之外，和任何一方都没有经济利益关系，体现公正性和客观性，能够得到社会的信任。

（二）产品质量认证制度

产品质量认证，也称产品认证，是指依据具有国际水平的产品标准和技术要求，经过认证机构确认并通过颁发认证证书和产品质量认证标志的形式，证明产品符合相应标准和技术要求的合格评定活动。《产品质量法》第 14 条同时规定：“国家参照国际先进的产品标准和技术要求，推行产品质量认证制度。企业根据自愿原则可以向国务院产品质量监督部门认可的或者国务院产品质量监督部门授权的部门认可的认证机构申请产品质量认证。经认证合格的，由认证机构颁发产品质量认证证书，准许企业在产品或者其包装上使用产品质量认证标志。”

推行产品质量认证制度的目的，是通过对符合认证标准的产品颁发认证标志，便于消费者识别，指导消费者购买自己满意的商品；也有利于提高经认证合格的企业和产品的市场信誉，给销售者带来信誉和更多的利润，增强产品的市场竞争能力，以激励企业加强质量管理，并帮助生产者建立健全有效的质量体系，提高产品质量水平并能节约大量社会检验费用。我国的产品质量认证机构是由不同类产品所归属的认证委员会以第三方机构的身份进行，以达到公平公正的要求。

产品质量认证，根据认证内容的不同，可以分为安全认证和合格认证。安全认证是指以安全标准为依据进行的认证或只对产品中有关安全的项目进行的认证。合格认证是指对产品的全部性能、要求，依据标准或相应技术要求进行的认证。产品经认证机构审查符合标准，则颁发产品质量认证证书，准许企业在该申请的产品上使用经批准的产品质量认证标志。同时，认证机构应当对其认证的产品实施有效的跟踪调查，认证的产品不能持续符合认证要求的，认证机构应当暂停其使用直至撤销认证证书，并予公布。

作为自愿认证原则的例外，为了保护国家安全、防止欺诈行为、保护人体健康或者安全、保护动植物生命或者健康、保护环境，国家对某些产品实行强制性认证(CCC 认证)。国家质检总局、国家认证认可监督管理委员会联合发布必须实行强制性认证的产品目录。凡列入强制性产品认证目录内的产品应当经过认证并标注认证标志后，方可出厂、销售、进口或者在其他经营活动中使用。我国强制性认证的产品包括电子电器、电信、汽车与摩托车、安全玻璃、童车等二十三大类 172 种。

（三）产品质量监督检查制度

《产品质量法》第 15 条规定："国家对产品质量实行以抽查为主要方式的监督检查制度，对可能危及人体健康和人身、财产安全的产品，影响国计民生的重要工业产品以及消费者、有关组织反映有质量问题的产品进行抽查。抽查的样品应当在市场上或者企业成品仓库内的待销产品中随机抽取。"这意味着，国家产品质量监督检查机关根据监督抽查的需要，可对产品进行抽查检验。在抽查检验时，为保证检验的公正，法律规定抽查的样品应当在待销产品中随机抽取；为防止增加企业的负担，不得向被检查人收取检验费用，抽取样品的数量也不得超过检验的合理需要。

根据《产品质量法》的规定，对依法进行的产品质量监督检查，生产者、销售者不得拒绝。生产者、销售者对抽查结果有异议的，可以在规定的时间内向监督抽查部门或者上级产品质量监督部门申请复检。同时，国务院和省、自治区、直辖市人民政府的产品质量监督部门应当定期发布其监督抽查的产品的质量状况公告。政府质量信息发布是消费者知情权的基本要求，也是行使监督权的前提条件，政府有关部门必须依法履行该项职责。

（四）产品召回制度

产品召回制度是指产品进入流通领域后，发现存在可能危害消费者人身及财产安全的缺陷时，由制造商、进口商或者经销商依法从市场上收回，并免费对其进行修理或更换，以消除该缺陷产品可能引起的人身伤害、财产损失的制度。世界上第一个确立产品召回制度的国家是美国，美国国会于1966年出台了《国家交通与机动车安全法》，正式确立汽车召回制度，明确汽车制造商负有信息公开及对汽车进行免费修理的义务。其后，美国国会在多项有关产品质量和消费者人身财产安全的立法中引入了召回制度，并通过了《消费者产品安全法》、《儿童玩具安全法》、《汽车保用法》等相关法律法规。目前，世界上许多国家都建立了产品召回制度。我国在2004年3月15日由国家质量监督检验检疫总局、国家发展和改革委员会、商务部、海关总署联合制定发布了《缺陷汽车产品召回管理规定》；同年8月，国家质量监督检验检疫总局又正式发布了《缺陷汽车产品召回信息系统管理办法》、《缺陷汽车产品召回专家库建立与管理办法》、《缺陷汽车产品调查和认定实施办法》和《缺陷汽车产品检测与实验监督管理办法》，建立了汽车产品召回制度。2007年，国家质量监督检验检疫总局颁布了《食品召回管理规定》，建立了系统的食品召回制度，2009年2月颁布的《食品安全法》首次以法律的形式确立了食品召回制度。2009年12月26日第十一届全国人民代表大会常务委员会第十二次会议通过的《侵权责任法》正式以法律的形式确立了产品召回制度。该法第46条规定："产品投入流通后发现存在缺陷的，生产者、销售者应当及时采取警示、召回等补救措施。未及时采取补救措施或者补救措施不力造成损害的，应当承担侵权责任。"2013年10月修改的《中华人民共和国消费者权益保护法》第19条、33条和56条也进一步完善了我国的产品召回制度。

"能引起危害的缺陷产品"的存在，是导致产品召回的主要原因。该"缺陷产品"并不是指个别产品的缺陷，而是指同一批次的产品中存在着"系统性缺陷"，而这种系统性缺陷会危害消费者、使用者或者社会公众的人身及财产安全。产品召回责任的承担者是该缺陷产品的制造商和进口商，而产品的销售商、租赁商有协助义务，他们应配合、协助制造商、进口商进行产品召回。

欧盟《关于人身伤亡的产品责任的欧洲公约》认为："考虑了包括介绍产品在内的所有情况后，若产品未给人们提供有权期待的安全"则该产品存在缺陷。英国1978年的《消费者保护法》认为："如果产品的安全性没有达到人们通常有权期望的程度，那么产品就存在着缺陷。"美国的《统一产品责任法》认为："如果并且只有在下列情形下，可以证明产品存在缺陷：（一）产品制造上存在不合理的不安全性；（二）产品设计上存在不合理的不安全性；（三）未给予适当警告或指示，致使产品存在不合理的不安全性；（四）产品不符合产品销售者的明示担保，致使产品存在不合理的不安全性。”

我国《产品质量法》第 46 条规定:“本法所称缺陷,是指产品存在危及人身、他人财产安全的不合理的危险;产品有保障人体健康和人身、财产安全的国家标准、行业标准的,是指不符合该标准。”

根据《缺陷汽车产品召回管理规定》,召回分为制造商的主动召回和主管部门的指令召回。对于制造商、销售商、租赁商、修理商违反法律规定,不承担相应义务的,质量监督检验检疫部门应当责令其改正,并予以警告,情节严重的,处以相应罚款。

2004 年 9 月,国家质量监督检验检疫总局批准成立国家质检总局缺陷产品管理中心,在业务上接受总局的指导和委托,专门负责缺陷产品召回日常管理工作。

第三节 产品质量义务

一、生产者的产品质量义务

《产品质量法》第 3 章规定了生产者和销售者的产品质量义务。产品生产者的义务主要包括以下几种。

(一) 保证产品的内在质量

生产者应当对其生产的产品质量负责。保证产品质量是生产者的首要义务,产品质量应当符合以下要求:

(1) 不存在危及人身、财产安全的不合理的危险,有保障人体健康,人身、财产安全的国家标准、行业标准的,应当符合该标准。这是法律对生产者保证产品安全而提出的要求以及判定产品是否符合安全要求的依据。

(2) 具备产品应当具备的使用性能,但是,对产品存在使用性能的瑕疵作出说明的除外。在这里,“产品应具有应有的使用性能”,即指产品应具有适销性和有用性。这是消费者购买产品的一个重要前提。

(3) 符合在产品或其包装上注明采用的产品标准,符合以产品说明、实物样品等方式表明的质量状况。这是生产者生产的产品的内在质量应当符合生产者自身对产品质量作出的保证和承诺。

其中,前两项义务是生产者对产品质量应承担的默示担保义务,后一项义务是生产者对产品质量应承担的明示担保义务。

（二）使用符合要求的产品标识

产品标识可以用文字、符号、标记、数字、图案等表示。《产品质量法》规定产品或其包装上的标识应当符合以下要求。

(1) 有产品质量检验合格证明。

(2) 有中文标明的产品名称、生产厂名和厂址。

(3) 根据产品的特点和使用要求，需要标明产品规格、等级、所含主要成分的名称和含量的，用中文相应予以标明；需要事先让消费者知晓的，应当在外包装上标明，或者预先向消费者提供有关资料。

(4) 限期使用的产品，应当在显著位置清晰地标明生产日期和安全使用期或失效日期。

(5) 使用不当，容易造成产品本身损坏或者可能危及人身、财产安全的产品，有警示标志或者中文警示说明。

(6) 裸装的食品和其他根据产品的特点难以附加标识的裸装产品，可以不附加产品标识。

为了贯彻执行有关产品质量标识的规定，国家质量技术监督局于 1997 年发布实施了《产品标识标注规定》，引导企业正确标注标识。

（三）履行特殊产品的包装义务

产品包装是指为在产品运输、储存、销售过程中保护产品，方便运输，促进销售，按一定技术方法而采用的容器、材料及辅助物并在包装物上附加有关标识的总称。

《产品质量法》只规定了生产者对某些特殊产品的包装应当履行的义务：易碎、易燃、易爆、有毒、有腐蚀性、有放射性等危险物品以及储运中不能倒置和其他有特殊要求的产品，其包装质量必须符合相应要求，依照国家有关规定作出警示标志或中文警示说明，标明储运注意事项。这是对特殊产品包装要求的规定。

（四）不得违反生产者的禁止性规范

为了确保产品质量，《产品质量法》还规定了生产者不得从事若干特定的行为，这是生产者的不作为义务。如果生产者作出法律所禁止的行为，就要承担相应的法律责任。《产品质量法》对生产者禁止性行为的规定如下。

(1) 不得生产国家明令淘汰的产品。国家明令淘汰的产品是指国务院有关行政部门依据其行政职能，对消耗能源、污染环境、疗效不明确、毒副作用大、技术明显落后的产品，按照一定的程序，采用行政的措施，通过发布行政文件的形式,向社会公布自某日起禁止生产、销售的产品。

(2) 不得伪造产地,不得伪造或冒用他人的厂名、厂址。伪造产品产地是指在甲地生产产品,而在产品标识上标注乙地的地名的质量欺诈行为。伪造或者冒用他人厂名、厂址是指非法标注他人厂名、厂址标识,或者在产品上编造、捏造不真实的生产厂厂名和厂址以及在产品上擅自使用他人的生产厂厂名和厂址的行为。

(3) 不得伪造或冒用认证标志等质量标志。质量标志是指表明产品质量状况的证书、标记。比较常见的质量标志包括我国政府有关部门批准或认可的产品质量认证标志、企业质量体系认证标志、名优标志、国外的认证标志、原产地域产品专用标志、免检标志等。伪造或者冒用认证标志等质量标志是指在产品、标签、包装上,用文字、符号、图案等方式非法制作、编造、捏造或非法标注质量标志以及擅自使用未获批准的质量标志的行为。

(4) 生产产品,不得掺杂、掺假,不得以假充真,以次充好,不得以不合格产品冒充合格产品。掺杂、掺假是指生产者、销售者在产品中掺入杂质或者造假,进行质量欺诈的违法行为。以假充真是指以此产品冒充与其特征、特性等不同的其他产品,或者冒充同一类产品中具有特定质量特征、特性的产品的欺诈行为;以次充好是指以低档次、低等级产品冒充高档次、高等级产品或者以旧产品冒充新产品的违法行为;以不合格产品冒充合格产品是指以质量不合格的产品作为或者充当合格产品,其结果是,致使产品中有关物质的成分或者含量不符合国家有关法律、法规、标准或者合同要求。

二、销售者的产品质量义务

产品是通过销售到达用户、消费者手里的,销售者是保障产品质量和安全的最后关口,《产品质量法》对销售者也有严格要求。依据《产品质量法》有关规定,销售者主要承担以下义务。

(一) 建立并执行进货检查验收制度

《产品质量法》第 33 条规定:“销售者应当建立进货检查验收制度,验明产品合格证明和其他标识。建立并执行进货检查验收制度,既是法律规定的销售者应承担的义务,也是区分生产者和销售者产品质量责任的依据。检查验收的内容包括产品标识、合格证明和其他标识,销售者有义务从产品标识检查、产品感官检查和必要的产品内在质量的检验等方面进行查验。如果在验收中发现产品的质量、品种、规格、产品标识不符合规定,销售者应当提出书面异议，要求供货方予以解决，如果销售者不提出异议，其应承担责任。通过从销售者渠道再次查验质量，可以减少或杜绝假冒伪劣产品流入市场，加强质量监督和管理。”

(二) 保持销售的产品的质量

销售者通过采取一系列保管措施，使销售产品的质量保持着生产者、供货者将产品交付给销售者时的质量状况，即进货时的质量状况。销售的产品，其质量的特征和特性如安全性、适用性等，不得发生不合理的变化。

(三) 保证销售的产品标识符合要求

销售者销售的产品的标识应当符合《产品质量法》第 27 条对生产的产品或其包装上的标识的规定。(1) 有产品质量检验合格证明；(2) 有中文标明的产品名称、生产厂名和厂址；(3) 根据产品的特点和使用要求，需要标明产品规格、等级、所含主要成分的名称和含量的，用中文相应予以标明；需要事先让消费者知晓的，应当在外包装上标明，或者预先向消费者提供有关资料；(4) 限期使用的产品，应当在显著位置清晰地标明生产日期和安全使用或者失效日期；(5) 使用不当，容易造成产品本身损坏或者可能危及人身财产安全的产品，应当有警示标志或中文警示说明。

(四) 不得违反销售者的禁止规范

为了确保产品质量，《产品质量法》还规定了销售者不得从事若干特定的行为，这是销售者的不作为义务。如果销售者作出法律所禁止的行为，就要承担相应的法律责任。《产品质量法》对销售者禁止性行为的规定如下：

(1) 不得销售国家明令淘汰并停止销售的产品和失效、变质的产品。失效、变质产品，指产品失去了原有的效力、作用，产品发生了本质性变化，失去了应有使用价值。

(2) 不得伪造产地，不得伪造或冒用他人的厂名、厂址。

(3) 不得伪造或冒用认证标志等质量标志。

(4) 销售产品，不得掺杂、掺假，不得以假充真，以次充好，不得以不合格产品冒充合格产品。

三、网络服务商的产品质量义务

一般来说，电子商务活动中网络服务商并无保证产品质量的义务，但是在某些特殊情况下，由于网络服务商未能尽到质量审查的义务而需要对消费者承担一定的责任。这主要是指消费者在网络服务商开办的网站向网站注册商家购买商品，在购买商品出现质量问题后向商家索赔，发现商家提供了虚假的注册信息而该网络服务商拒绝披露该商家的真实信息，消费者因此要求网络服务商承担赔偿责任。

第四节　产品质量责任制度

一、产品质量责任的含义和特点

（一）产品质量责任的含义

产品质量责任是指产品生产者、销售者以及对产品质量义务相关人不履行产品质量义务而应承担的法律后果。从我国《产品质量法》规定来看，产品质量责任是一种综合责任，即因产品瑕疵、缺陷而形成的民事责任、行政责任和刑事责任的综合表现。

（二）产品质量责任的特点

法律责任是指因损害法律上的义务关系所产生的相关主体所应当承担的法定强制的不利后果[①]。作为法律责任范畴的产品质量责任当然具有法律责任的一般特点，如强制性、行为的违法性、制裁性等。但与一般法律责任相比，产品质量责任又有自己的特点，主要包括以下几点。

(1) 综合性。产品质量责任不仅包括民事责任，而且还包括行政责任和刑事责任，因此具有责任综合性的特点。但就某一具体的产品质量责任承担来说，并不一定表现为全部三种责任，有可能是一种民事责任，也有可能是行政责任，还可能是刑事责任，或者是三种责任的综合。

(2) 公法责任与私法责任的结合性。就产品责任而言，民事责任具有私法性质，遵循当事人“意思自治”原则来处理，国家并不主动干预；而行政责任和刑事责任则具有公法性质，国家在符合法律规定的情况下，有权进行主动、积极的干预。

(3) 责任原因的复杂性。产品质量责任发生的原因包括因违反合同而产生的违约责任、因产品缺陷造成人身伤害或财产损失而产生的侵权责任，以及因违反产品质量监督管理法规而产生的责任。因此，其责任原因具有复杂性

---

① 参见孙笑侠.《公、私法责任分析》,《法学研究》1994 年第 6 期。

特点。

（三）产品质量责任与产品责任

产品责任与产品质量责任并不是相同的概念。产品责任又称为产品损害赔偿责任、产品侵权责任，是指产品生产者、销售者或者与该产品缺陷有关的第三人因生产、销售有缺陷产品致使他人遭受人身伤害、财产损失所应承担的民事赔偿责任。

产品质量责任与产品责任的主要区别为：第一，责任的性质和范围不同。产品质量责任是一种集民事责任、行政责任和刑事责任为一体的综合责任；而产品责任则只是民事责任中的一种特殊侵权责任；第二，责任的主体不同。产品质量责任的主体不仅包括生产者、销售者，还包括对产品质量负有义务的其他人，如依法应承担连带责任的产品的运输者、保管者、仓储者等，而产品责任的承担者仅限于产品的生产者、销售者，一般不包括其雇员；第三，责任的原因不同。产品质量责任发生的原因很多，包括违反产品质量监督管理法规的责任、违反合同的责任和因产品缺陷而致人身、财产损害的责任；而产品责任仅指因产品缺陷而致人身、财产损害的责任；第四，责任的条件和时间不同。就产品质量责任而言，只要产品质量不符合默示担保或明示担保义务之一，无论是否造成实际损害，都应承担相应的责任，它可以产生于产品的生产、储运、销售、管理、使用过程中的任何一个环节；而就产品责任而言，承担责任的条件是产品存在缺陷，并且实际造成了他人人身伤害、财产损失，没有损害事实则不产生产品责任。

产品质量责任和产品责任的联系在于，产品质量责任包含产品责任，产品责任是产品质量责任中的侵权责任。

二、产品质量的民事责任

产品质量的民事责任包括产品质量的瑕疵担保责任（合同责任）和产品责任（侵权责任）。其中，产品责任的内容非常丰富。

（一）产品质量的瑕疵担保责任

产品的瑕疵担保责任是指产品的生产者、销售者违反了担保义务而应承担的民事法律后果。这种担保义务包括默示的担保义务和明示的担保义务。默示担保非依当事人的意思表示而是依法产生的，又分为适销性默示担保和适合特定用途的默示担保。明示担保即明示采用的产品标准、合同、产品说明、实物样品或以其他方式表明的质量指标。明示担保是生产者、销售者自身对产品质量所作的保证和承诺，可以用产品说明、产品标识、广告、样品或其他方式表示。它是基于当事人的意思表示而产生的。

《产品质量法》第 40 条规定："售出的产品有下列情形之一的，销售者应当负责修理、更换、退货；给购买产品的消费者造成损失的，销售者应当赔偿损失：① 不具备产品应当具备的使用性能而事先未作说明的；② 不符合在产品或者其包装上注明采用的产品标准的；③ 不符合以产品说明、实物样品等方式表明的质量状况的。其中，属于前者的是违反默示担保的责任，属于后两者的是违反明示担保的责任。"

销售者依照前款规定负责修理、更换、退货、赔偿损失后，属于生产者的责任或者属于向销售者提供产品的其他销售者（以下简称供货者）的责任的，销售者有权向生产者、供货者追偿。

销售者未能按照规定给予修理、更换、退货或者赔偿损失的，由产品质量监督部门或者工商行政管理部门责令改正。

生产者之间，销售者之间，生产者与销售者之间订立的买卖合同、承揽合同有不同约定的，合同当事人按照合同约定执行。

（二）产品责任

产品责任或产品质量侵权责任是产品的生产者、销售者对其生产、销售的缺陷产品造成他人人身和其他财产损失而应承担的民事赔偿责任。这种责任产生的基本依据是产品存在缺陷。

1. 缺陷的含义

关于"缺陷"的含义，各国的表述不尽相同，但其核心基本一致，即认为"产品缺陷"是指产品存在着不合理的危险性。相比较而言，我国相关法律并未统一使用"缺陷"的概念。相反，《民法通则》、《产品质量法》中分别使用了"质量不合格"、"瑕疵"和"缺陷"这三个术语。"质量不合格"是"质量合格"的反义词，其含义非常丰富，既可是一般的质量问题，也可能是具有不合理的危险性的产品。因此，《民法通则》第 122 条使用"质量不合格"有失妥当，而按其立法本意应为"产品缺陷"。"缺陷"与"质量不合格"的根本区别在于，"缺陷"所关注的是产品实际中的安全，而"质量不合格"所关注的则是产品的既定要求，两者是交叉关系。就"瑕疵"而言，相关法律如《产品质量法》、《消费者权益保护法》及《合同法》虽然加以使用，但均未对其加以界定。通常认为，"瑕疵"一般是产品的质量、性能、用途、外观等方面存在不合格情形，但不存在危及人身、财产安全的危险，只是产品的使用性能、约定品质及产品的经济价值或多或少降低。作这样的理解方符合相关法律的立法原意。例如,《消费者权益保护法》第22条第1款规定:“经营者应当保障在正常使用商品或者接受服务的情况下其提供的商品或者服务应当具有的质量、性能、用途和有效期限;但消费者在购买该商品或者接受该服务前已经知道其存在瑕疵的除外。”这里的“瑕疵”应是非缺陷产品,因为对危及人身、财产安全的产品,即使消费者愿意购买,经营者也不得提供。产品瑕疵责任属于合同责任的范畴,其责任承担形式主要是围绕在瑕疵的产品本身如何进行补救,如修理、更换、退货等。

关于“缺陷”,我国《产品质量法》采取了“不合理危险”和“生产标准”这两项标准进行了界定。该法第46条规定:“本法所称缺陷,是指产品存在危及人身、他人财产安全的不合理的危险;产品有保障人体健康和人身、财产安全的国家标准、行业标准的,是指不符合该标准。”从该规定来看,“缺陷”,一是指“产品存在危及人身、他人财产安全的不合理的危险”;二是指“产品有保障人体健康和人身、财产安全的国家标准、行业标准的,是指不符合该标准”。首先,凡存在“不合理的危险”的产品即为缺陷产品,但对此如何进行具体判断,我国《产品质量法》未予明确。其次,凡不符合保障人体健康和人身、财产安全的国家标准、行业标准的产品即为缺陷产品。所谓国家标准,是对全国经济、技术发展有重大意义而必须在全国范围内统一的标准,它包括保障人体健康,人身、财产安全的技术要求等。对需要在全国范围内统一的技术要求,应当制定国家标准。行业标准是指在全国某个行业范围内统一实施的标准。对没有国家标准而又需要在全国某个行业范围内统一的技术要求,可以制定行业标准。国家标准、行业标准又分为强制性标准和推荐性标准。保障人体健康,人身、财产安全的标准属于强制性标准。

产品缺陷一般包括设计缺陷、制造缺陷和指示缺陷三种类型。“设计缺陷”,是指产品在设计上存在不安全、不合理的因素;“制造缺陷”是指产品在生产或制造过程中产生的不安全因素,如制造过程不符合设计规范,未达到设计要求,其所使用的原材料或零部件不合格等;“指示缺陷”是指产品的警示说明、警示标志上没有清晰明了地告知消费者的使用规范、应当注意的使用方法以及提醒消费者应预防的危险等。

2. 产品责任的归责原则

产品责任的归责原则,就是据以确定行为人主观过错是否为产品责任构成要件的原则。产品责任的归责原则是产品责任构成要件的前提和基础,它贯穿于产品责任法的始终,是解决产品责任问题的重要理论依据。从产品责任发展的历史来看，产品责任经历了由过错责任到严格责任的演变过程。我国《产品质量法》就产品生产者、销售者承担产品责任的归责原则作了区别规定。

对于生产者承担产品责任的原则，《产品质量法》第41条规定了严格责任原则，即“因产品存在缺陷造成人身、缺陷产品以外的其他财产损害的，生产者应当承担赔偿责任。生产者能够证明有下列情形之一的，不承担赔偿责任：① 未将产品投入流通的；② 产品投入流通时，引起损害的缺陷尚不存在的；③ 将产品投入流通时的科学技术水平尚不能发现缺陷的存在的。”《侵权责任法》第41条也规定：“因产品存在缺陷造成他人损害的，生产者应当承担侵权责任。”

对于销售者承担产品质量责任的原则，《产品质量法》第42条规定了过错责任原则，即“由于销售者的过错使产品存在缺陷，造成人身、他人财产损害的，销售者应当承担赔偿责任。”“销售者不能指明缺陷产品的生产者也不能指明缺陷产品的供货者的，销售者应当承担赔偿责任。”《侵权责任法》第42条也规定：“因销售者的过错使产品存在缺陷，造成他人损害的，销售者应当承担侵权责任。销售者不能指明缺陷产品的生产者也不能指明缺陷产品的供货者的，销售者应当承担侵权责任。”

3. 产品责任的抗辩事由

产品生产者虽依严格责任原则承担产品责任，但在有些情况下让生产者承担全部产品责任有失公平。故各国及有关国际组织均规定了产品生产者可抗辩或免责的具体事由。根据我国《产品质量法》第41条第2款规定，生产者不承担赔偿责任的抗辩事由包括：

(1) 未将产品投入流通的。也即生产者未将产品投入市场销售，如生产者所生产的产品尚处于检验阶段或刚刚制造出来而未进行销售等。在这种情况下，即使产品有缺陷并可能造成他人人身或财产损害，生产者也不承担赔偿责任。

(2) 产品投入流通时，引起损害的缺陷尚不存在的。换言之，如果生产者能够证明产品的缺陷是在其产品投入流通后产生的，生产者即可免责。

(3) 将产品投入流通时的科学技术水平尚不能发现缺陷的存在的。这又被称为发展的缺陷，它本身非为独立的缺陷，或为设计上的缺陷，或为指示上的缺陷。按照这一免责条件，该产品的缺陷依当时的科学技术水平是未知的或不可知悉的，即使以后因为科学技术水平发展而发现该产品有缺陷，受害人也不能以此为由而主张赔偿。

4. 产品责任的损害赔偿范围

根据《产品质量法》第 44 条的规定,因产品存在缺陷造成受害人人身伤害的,侵害人应当赔偿医疗费、治疗期间的护理费、因误工减少的收入等费用;造成残疾的,还应当支付残疾者生活自助具费、生活补助费、残疾赔偿金以及由其扶养的人所必需的生活费等费用;造成受害人死亡的,并应当支付丧葬费、死亡赔偿金以及由死者生前扶养的人所必需的生活费等费用。因产品存在缺陷造成受害人财产损失的,侵害人应当恢复原状或者折价赔偿。受害人因此遭受其他重大损失的,侵害人应当赔偿损失。《侵权责任法》第 16 条规定:“侵害他人造成人身损害的,应当赔偿医疗费、护理费、交通费等为治疗和康复支出的合理费用,以及因误工减少的收入。造成残疾的,还应当赔偿残疾生活辅助具费和残疾赔偿金。造成死亡的,还应当赔偿丧葬费和死亡赔偿金。”该法第 19 条同时规定:“侵害他人财产的,财产损失按照损失发生时的市场价格或者其他方式计算。”

5. 产品损害赔偿的诉讼时效和请求权期间

受害人因产品缺陷而致使人身、财产损害,若主张赔偿,必须在法定期间内提出请求。我国《产品质量法》第 45 条第 1 款规定:“因产品存在缺陷造成损害要求赔偿的诉讼时效期间为二年,自当事人知道或者应当知道其权益受到损害时起计算。”第 2 款规定:“因产品存在缺陷造成损害要求赔偿的请求权,在造成损害的缺陷产品交付最初消费者满十年丧失;但是,尚未超过明示的安全使用期的除外。”我国《产品质量法》不仅规定了产品责任的诉讼时效,而且还规定了一个权利请求权的期限。

(三) 产品质量民事争议的解决

关于产品质量纠纷的解决方法,《产品质量法》第 47 条规定:“因产品质量发生民事纠纷时,当事人可以通过协商或调解解决。当事人不愿通过协商、调解解决或者协商、调解不成的,可以根据当事人各方的协议向仲裁机构申请仲裁;当事人各方没有达成仲裁协议或者仲裁协议无效的,可以直接向人民法院起诉。”由此,解决产品质量民事纠纷可以采取协商、调解、仲裁、诉讼的方式进行。

三、产品质量的行政责任和刑事责任

除了民事责任外,由产品质量所引起的责任还包括行政责任和刑事责任。产品质量责任的行政责任主要是行政处罚,根据《产品质量法》的规定,行政处罚的方式主要包括责令停止生产和销售、没收违法产品、罚款、没收违法所得、责令公开更正、吊销营业执照等。生产者、销售者违反《产品质量法》,并触犯了刑法的严重违法行为,还要承担刑事责任,这在《刑法》中主要表现为"生产、销售伪劣商品罪",根据情节的不同,其刑罚主要包括罚金、没收财产、拘役、有期徒刑、无期徒刑和死刑。

(一) 生产、销售不合格产品的行政和刑事法律责任

(1) 生产、销售不符合保障人体健康和人身、财产安全的国家标准、行业标准的产品,责令停止生产、销售,没收违法生产、销售的产品,并处违法生产、销售产品(包括已售出和未售出的产品)货值金额等值以上3倍以下的罚款;有违法所得的,并处没收违法所得;情节严重的,吊销营业执照;构成犯罪的,依法追究刑事责任。

所谓货值金额是指当事人违法生产、销售产品的数量(包括已售出的和未售出的产品)与其单件产品标价的乘积。对生产的单件产品应当以销售明示的单价计算;对销售的单件产品标价应当以销售者货签上标明的单价计算。生产者、销售者没有标价的,按照该产品被查处时该地区市场零售价的平均单价计算。

(2) 生产者、销售者在产品中掺杂、掺假,以假充真,以次充好,或者以不合格产品冒充合格产品的,责令停止生产、销售,没收违法生产、销售的产品,并处违法生产、销售产品货值金额50%以上3倍以下的罚款;有违法所得的,并处没收违法所得;情节严重的,吊销营业执照;构成犯罪的,依法追究刑事责任。

(3) 生产国家明令淘汰的产品的,销售国家明令淘汰并停止销售的产品的,责令停止生产、销售,没收违法生产、销售的产品,并处违法生产、销售产品货值金额等值以下的罚款;有违法所得的,并处没收违法所得;情节严重的,吊销营业执照。

(4) 销售失效、变质的产品的,责令停止销售,没收违法销售的产品,并处违法销售产品货值金额2倍以下的罚款;有违法所得的,并处没收违法所得;情节严重的,吊销营业执照;构成犯罪的,依法追究刑事责任。

(二) 以欺诈手段生产、销售产品的行政和刑事法律责任

生产者、销售者伪造产品的产地的,伪造或者冒用他人厂名、厂址的,伪造或冒用认证标志等质量标志的,责令改正,没收违法生产、销售的产品,并处违法生产、销售产品货值金额等值以下的罚款;有违法所得的,并处没收违法所得;情节严重的,吊销营业执照。

（三）产品标识不当的法律责任

产品标识不符合上述对产品或其包装上的标识的要求的，责令改正；有包装的产品标识，不符合《产品质量法》第27条第4项、第5项的（限期使用的产品，应当在显著位置清晰地标明生产日期和安全使用期或失效日期；使用不当，容易造成产品本身损坏或者可能危及人身、财产安全的产品，有警示标志或者中文警示说明），情节严重的，责令停止生产、销售，并处违法生产、销售产品货值金额30%以下的罚款；有违法所得的，并处没收违法所得。

（四）国家机关及其工作人员的行政和刑事法律责任

《产品质量法》还规定了国家机关及其工作人员违反产品质量法应承担的法律责任。

(1) 各级人民政府工作人员和其他国家机关工作人员有下列情形之一的，依法给予行政处分；构成犯罪的，依法追究刑事责任：① 包庇、放纵产品生产、销售中违反《产品质量法》行为的；② 向从事违反《产品质量法》规定的生产、销售活动的当事人通风报信，帮助其逃避查处的；③ 阻挠、干预产品质量监督部门或者工商行政管理部门依法对产品生产、销售中违反《产品质量法》规定的行为进行查处，造成严重后果的。

(2) 产品质量监督部门在产品质量监督抽查中超过规定的数量索取样品或者向被检查人收取检验费用的，由上级产品质量监督部门或者监察机关责令退还；情节严重的，对直接负责的主管人员和其他直接责任人员依法给予行政处分。

(3) 产品质量监督部门或者其他国家机关违反《产品质量法》第25条的规定，向社会推荐生产者的产品或者以监制、监销等方式参与产品经营活动的，由其上级机关或者监察机关责令改正，消除影响，有违法收入的予以没收；情节严重的，对直接负责的主管人员和其他直接责任人员依法给予行政处分。产品质量检验机构有前款所列违法行为的，由产品质量监督部门责令改正，消除影响，有违法收入的予以没收，可以并处违法收入1倍以下的罚款；情节严重的，撤销其质量检验资格。

(4) 产品质量监督部门或者工商行政管理部门的工作人员滥用职权、玩忽职守、徇私舞弊，构成犯罪的，依法追究刑事责任；尚不构成犯罪的，依法给予行政处分。

此外，根据《产品质量法》第70条的规定，吊销营业执照的行政处罚由工商行政管理机关决定，其他行政处罚由产品质量监督部门或工商行政管理部门按照国务院规定的职权范围决定。法律、行政法规对行使行政处罚权的机关另有规定的,依照有关规定执行。

当事人对行政处罚决定不服的,可以在接到处罚通知之日起15日内向作出处罚决定的机关的上一级机关申请复议;当事人也可在接到处罚通知之日起15日之内,直接向人民法院起诉。复议机关应当在接到复议申请之日起60日内作出复议决定。当事人对复议决定不服的,可以在接到复议决定之日起15日内向人民法院起诉。复议机关逾期不作出复议决定的,当事人可以在复议期满之日起15日内向人民法院起诉。

当事人逾期不申请复议也不向人民法院起诉,又不履行处罚决定的,作出处罚决定的机关可以申请人民法院强制执行。

【参考文献】

1. 李昌麒主编.《经济法学》(第二版),法律出版社2008年版。

2. 漆多俊主编.《经济法学》(第二版),高等教育出版社2010年版。

3. 张世煜主编.《我国产品质量安全监督管理》,中国计量出版社2012年版。

4. 张云,徐楠轩编著.《产品质量法教程》,厦门大学出版社2012年版。

5. 何永军主编.《质量法学》,北京师范大学出版社2011年版。

【思考题】

1. 简述产品质量法的概念和特点。
2. 《产品质量法》中的"产品"的范围是如何界定的?
3. 什么是产品召回制度?
4. 生产者和销售者的产品质量义务各有哪些?
5. 产品责任与产品质量责任是什么关系?
6. 请举例说明什么是"缺陷产品"。
7. 简要说明我国产品质量责任的制度框架。

【案例实训】

1. 2011年8月,李某在家里煮饭时,高压锅突然爆炸,李某被锅盖击中头部,抢救无效死亡。李某的丈夫赵某将高压锅送至高压锅质理检测机构,专家鉴定的结论是:高压锅爆炸的直接原因是高压锅的设计存在问题,导致锅盖上的排气孔堵塞。由于高压锅的生产厂家距离遥远,赵某要求此高压锅的销售商——某商场承担损害民事赔偿责任。但商场声称缺陷不是由自己造成的,而且商场在出售这种高压锅(尚处于试销期)的时候已与买方签订有一份合同,约定如果产品存在质量问题,商场负责退货,并双倍返还货款,因而商场只承担双倍返还货款的违约责任。

请思考:

(1) 赵某可否向该商场请求承担责任?为什么?

(2) 赵某可以请求违约责任还是侵权赔偿责任?

2. 从2008年6月开始,甘肃等地报告多例婴幼儿泌尿系统结石病例,调查发现患儿多有食用三鹿牌婴幼儿配方奶粉的历史。后经相关部门调查确认,石家庄三鹿集团股份有限公司生产的三鹿牌婴幼儿配方奶粉受到三聚氰胺污染,该污染可导致人体泌尿系统产生结石。这次产品质量事故,对多地婴幼儿的身体健康造成了损害,社会影响恶劣。

请结合我国产品质量法的相关规定,分析石家庄三鹿集团股份有限公司的违法行为并给出处罚意见。

3. 李某在"飞猫"网站向商家"幸福旗舰店"购买价值30 000元的灶具,经鉴定为不合格产品,但经查实该商家在"飞猫"网站提供的有关企业名称、经营地址均为虚假,李某无法向"幸福旗舰店"请求退货并赔偿损失,便依据"飞猫"网站规则,向该网站请求退还货款并履行产品质量保障义务的承诺,赔付120 000元,并承担因维权产生的检测费、交通费等共计10 000元。请结合产品质量法的相关知识,对本案进行分析。

4. 2001年6月15日,丰都盐业公司向重庆索特公司购进了320吨索特加工盐。同月28日,郎广荣从丰都盐业公司购进了该批索特加工盐5吨。数十日后,郎广荣发现自己加工的榨菜变为褐黑色。郎广荣遂于2001年10月18日诉至重庆市丰都县人民法院,请求判令丰都盐业公司及重庆索特公司赔偿加工的榨菜损失。2001年12月3日,丰都县法院依法委托国家轻工业井矿盐质量监督检测中心对样盐进行了检验,该中心次日即出具检测报告,结论为:根据GB5461—2000标准检验,委托样品所检项目氟含量达标准规定要求;亚铁氰根含量5次平行测定分析结果差异较大,各次测定结果均超出标准规定要求,表明样品中添加的亚铁氰化钾极不均匀,离散度大。同时从来样的外观检查,可见数粒黄色结晶物,经检验为固体亚铁氰化钾。检测专家在对该报告的说明中称样盐中的晶体亚铁氰化钾为固体添加。另查明,重庆索特公司在生产工艺中添加亚铁氰化钾采用湿法加入而非固体添加。2002 年 5 月 22 日,丰都县法院委托丰都县质量技术检测中心对郎广荣加工的榨菜进行了检测,结论为:该批榨菜的重量为 143.15 吨,经抽样检验,菜块色泽已变为褐色,不符合 GB/T1011—1998 标准的要求,为不合格榨菜①。

请思考,二被告是否应当承担赔偿责任?为什么?

① 案例来源.重庆市[2005]渝三中民再终字第 61 号判决书。

第十章
财　政　法

【本章导读】

财政法主要是调整国家财政收支及财政管理有关法律规范的总称。除财政法的体系、法源、功能及其基本原则等具有总论性质的说明外，本章还重点介绍了三方面的内容：预算法律制度，包括预算收支范围、预算权的配置、预算管理程序及其相应的监督与法律责任；国债法律制度，包括国债的分类、国债的发行、转让和偿还及其管理；政府采购法律制度，包括政府采购法的基本原则、具体适用范围、政府采购方式与程序、政府采购合同及其救济制度。

第一节　财政法概述

一、财政与财政法

（一）财政的意义与基本特征

“无财即无政”，可见国家职能的实现离不开财政。从行为面来看，财政是指一系列行为，国家为了实现公共需要而参与国民收入分配的活动，主要包含财政收入、财政支出、财政平衡和财政管理等四大部分。从制度面来看，财政是指上述一系列行为背后所依据的规则，包含法律规定的显性制度和尚未得到法律确认但实际存在的隐性制度。最后，财政是一种社会关系。具体包含国家机关和财政相对人之间的财政行政关系，以及财政相对人之间的财政经济关系，或是两者兼之的关系[①]。

作为公共经济的一部分，财政与私经济中的公司财务和家庭理财有很大的不同，财政具有以下特征：第一，财政的主体是国家。财政是国家为实现其职能的需要，依照一定法律规定和程序进行的公权力行为。第二，财政目的在于实现公共需要，即所谓“取之于民，用之于民”。国家通过财政收支与管理，主要是为了向社会提供公共物品，而非以营利为目的，有别于私人经济追求利润之最大化[②]。

（二）财政法的概念与调整对象

财政法是经济法的重要部门，特别是在保障社会公平和宏观经济调控方面扮演重要角色。从形式上说，财政法是调整财政关系的法规范总称。而实质意义的财政法是指建立在民主宪政基础上，以增进全民福利和社会发展为目标，调整财政关系的法规范总称[③]。据此，我们认为，财政法是宪法在财政领域的具体化，落实宪法关于人民基本权利的要求。

财政法的调整对象与财政的定义是分不开的，故根据上述财政意义可得知，财政法的调整对象可以表述为一系列财政行为，或是一种财政制度或是财政关系。不论是财政行为或财政制度以及财政关系，都离不开是否具有公共性以及公共性大小。所谓公共性，是指某种物品或服务由于具有外部性，私经济主体无法提供或不适合由私经济来提供，即不能通过市场等价交换来取得，而须由财政来负担。对于财政法的调整对象，一般可分为财政收入关系、财政支出关系和财政管理关系。

1. 财政收入关系

财政收入关系是指因筹集和取得财政资金而发生的社会关系，具体包括税收征收实体与程序关系、费用征收实体与程序关系、资产收益实体与程序关系及公债发生实体与程序关系。

2. 财政支出关系

财政支出关系是指因分配和使用财政资金而发生的社会关系，具体包括财政采购实体与程序关系、财政投资实体与程序关系、财政贷款实体与程序关系及财政转移支付实体与程序关系。

---

① 刘剑文，熊伟.《财政税收法》（第五版），法律出版社 2011 年版，第 5 页。

② 张守文.《财政法学》（第三版），中国人民大学出版社 2011 年版，第 4 页。

③ 刘剑文，熊伟.《财政税收法》（第五版），法律出版社 2011 年版，第 7 页。

3. 财政管理关系

财政管理关系是指因管理财政资金而发生的社会关系，具体包括财政预算关系、审计监督关系和国库经理关系。

二、财政法的体系和法源

（一）财政法的体系

财政法体系与财政法调整对象具有密切的对应关系，根据财政收入、财政支出与财政管理，结合法学体系一致性与功能的要求，我们可将财政法体系分为以下六大类①：财政基本法、财政收入法、财政支出法、财政预算法、财政监督法及财政平衡法。

1. 财政基本法

财政基本法主要是指涉及财政法的具有普遍效力的基本制度。财政基本法具有宪法性文件效力。例如，财政法的基本原则、财政权力的分配、政府间的财政关系、财政收入和支出的形式等，都需要在财政基本法中加以规范。目前，宪法缺乏有关财政制度方面的规定，为使财政领域法律规范能够得到统一实施，避免法律规范间产生体系上矛盾性或不协调性，有制定财政基本法之必要。

2. 财政收入法

财政收入中最主要来源是税收，现代国家也因此被称为“税收国家”。因此，税法成为现代财政收入法的主体。其次是公债法和种类繁多的各类收费法。此外，还包括彩票法和一些特别的财产收益法。广义上而言，财政法包括税法，但也有基于税法的特殊性而将其排除在财政法之外的论点。公债也是现代国家财政收入的重要形式，可分为国债和地方债。虽然公债具有有偿性，不同于税收的无偿性，但由于涉及财政健全性，并涉及代际负担分配，因此仍须依法为之，并受民意监督。公债法内容主要包括公债规模控制、公债风险预警、公债发行、公债使用、公债偿还和公债管理。

费用是政府基于一定受益关系或行政管制目的而收取代价的总称，具体包括规费（行政规费及使用规费）、收益费和特别公课三种形式。目前有关收费的规范零散并且层级不高，存在收费不规范、随意性大等乱象，有待让收费进入法律调整的范围，落实收费法定。资产收益是指国家对一定资产的使用、收益或处分而获取的收入，其形式包括土地出让金收入、矿产使用费收入、国有资产投资

---

① 刘剑文，熊伟.《财政税收法》（第五版），法律出版社 2011 年版，第 11－13 页。

收入以及国有资产转让收入，等等。彩票也是另类政府获取收入的形式，如福利彩票和体育彩票等。目前由《彩票管理条例》和《彩票管理条例实施细则》对彩票进行专门规范，主要内容包括彩票的发行、销售、开奖、兑奖及彩票资金管理等。

3. 财政支出法

财政支出法主要包括财政采购法、财政投资法、财政贷款法及财政转移支付法。目前除《政府采购法》外，其余领域还缺乏明确法律规范，使财政支出权力留有较大的自由裁量空间。《政府采购法》主要规范政府采购当事人、政府采购方式、政府采购程序、政府采购的质疑与投诉等。财政转移支付法主要规范政府间无对价的资金拨付行为。财政投资法主要规范政府对公用企业、基础设施等投资行为。财政贷款法主要规范中央政府对地方政府，同级地方政府间以及上级地方政府对下级地方政府的借贷行为。

4. 财政预算法

理论上，政府的所有收入都应该纳入预算，所有的开支也需有预算作为支出依据。因此，预算成为人民监督政府财政权的重要方式。根据 1995 年实施至今的《预算法》，其主要内容包括预算管理职权、预算收支范围、预算编制、预算审查和批准、预算执行、预算调整与决算等。

5. 财政监督法

财政监督法内容涉及财政监督机关的设立、财政监督机关权限和监督程序等。目前的财政监督机关为审计机关，因此财政监督法的表现形式即通过《审计法》来体现。

6. 财政平衡法

财政平衡法是涉及政府间财政收支的划分与均衡，是基于财政自我负责，财政分权的必然结果。目前，财政平衡法大多由国务院制定，财政利益的分配完全掌握在中央，这不利于财政分配的公平，应由超越两者的第三方根据合理的因素来制定分配标准较为妥当。

（二）财政法的法源

根据法规范位阶的效力，财政法的法源可以分为财政宪法、财政法律、财政行政法规及财政规章等。

1. 财政宪法

现行《宪法》中涉及财政条款的有“中华人民共和国公民有依照法律纳税的义务。”（《宪法》第 56 条）；全国人民代表大会行使审查和批准国家的预算和预算执行情况报告的职权（《宪法》第 62 条第 10 款）；全国人民代表大会常务委员会在全国人民代表大会闭会期间，行使审查和批准国家预算在执行过程中所必须作的部分调整方案职权(《宪法》第67条第5款)；民族自治地方的自治机关有管理地方财政的自治权。凡是依照国家财政体制属于民族自治地方的财政收入，都应当由民族自治地方的自治机关自主地安排使用(《宪法》第117条)。但对于最能够体现财政宪法精神与地位的财政分权、财政法基本原则等没有入宪，为财政法学理论与实务的发展留下宽广的研究空间。

2. 财政法律

根据《立法法》(2015最新修订，下同)第8条第6款及第9款规定，关于税种的设立、税率的确定和税收征收管理等税收基本制度以及财政基本制度只能依法律形式出现，即学理上所称财政法定原则与税收法定原则。目前，以法律位阶出现的财政性法律例如《预算法》、《审计法》、《企业所得税法》、《个人所得税法》、《税收征收管理法》及《政府采购法》。值得注意的是，根据《立法法》(2015最新修订)第9条规定："财政税收基本制度如果尚未制定法律者，全国人民代表大会及其常务委员会有权作出决定，授权国务院可以根据实际需要，对其中的部分事项先制定行政法规。"但关于财政税收基本制度应该保留给全国人大或其常委会，禁止以授权立法形式出现。

另外，根据《香港特别行政区基本法》及《澳门特别行政区基本法》规定①，特别行政区保持财政独立，其财政收入全部用于自身需要，不上缴中央人民政府。中央人民政府不在特别行政区征税。特别行政区的财政预算以量入为出为原则，力求收支平衡，避免赤字，并与本地生产总值的增长率相适应；特别行政区实行独立的税收制度；特别行政区参照原实行的低税政策，自行立法规定税种、税率、税收宽免和其他税务事项。因此，特别行政区保留的财政法律和特别行政区立法机关制定的财政法律，也属于财政法中具有法律位阶地位的法源。

3. 财政行政法规和财政规章

与财政税收事项的广泛性相比，财政法律仅占其中很小一部分，大量的财政行政法规和财政规章成为财政法的主要形态。例如，《预算法实施条例》、《审计法实施条例》、《企业所得税法实施条例》、《个人所得税法实施条例》、《税收征收管理法实施细则》及《发票管理办法》等。

制定行政法规虽是国务院职权，但并非一切财政税收事项都能以行政法规

---

① 参见《香港特别行政区基本法》第106～108条、《澳门特别行政区基本法》第104～106条。

形式出现，对于财政税收基本制度属于法律保留，只有全国人大或其常委会才有权制定。如果欲以行政法规方式来规范财政税收基本制度，根据《立法法》(2015最新修订)第10条规定："全国人大或其常委会的授权决定应当明确授权的目的、事项、范围、期限以及被授权机关实施授权决定应当遵循的原则等。"同时，被授权机关应当严格按照授权目的和范围行使该项权力。且被授权机关不得将该项权力转授给其他机关。因此，原则上财政行政法规只能规范财政税收基本事项以外的非基本事项。

根据《立法法》第80条第2款规定："部门规章更不能制定财政税收方面的基本制度，只能限于执行法律或者国务院的行政法规、决定、命令的具体技术性或操作性的事项。"

4. 地方性财政法规、自治条例和单行条例

根据《立法法》第72条规定："省、自治区、直辖市的人民代表大会及其常务委员会根据本行政区域的具体情况和实际需要，在不同宪法、法律、行政法规相抵触的前提下，可以制定地方性财政法规。较大的市的人民代表大会及其常务委员会根据本市的具体情况和实际需要，在不同宪法、法律、行政法规和本省、自治区的地方性法规相抵触的前提下，可以制定地方性财政法规，报省、自治区的人民代表大会常务委员会批准后施行。"

再者，根据《立法法》第73条规定："除法律保留的财政基本制度外，其他财政事项国家尚未制定法律或者行政法规者，省、自治区、直辖市和较大的市根据本地方的具体情况和实际需要，可以先制定地方性财政法规。在国家制定的法律或者行政法规生效后，地方性法规同法律或者行政法规相抵触的规定无效，制定机关应当及时予以修改或者废止。"

最后，根据《立法法》第74条规定："经济特区所在地的省、市的人民代表大会及其常务委员会根据全国人民代表大会的授权决定，制定地方性财政法规，在经济特区范围内实施。"根据《立法法》第75条规定："民族自治地方的人民代表大会有权依照当地民族的政治、经济和文化的特点，制定自治条例和单行条例。其中涉及财政税收内容，自治条例和单行条例可以依照当地民族的特点，对法律和行政法规的规定作出变通规定，但不得违背法律或者行政法规的基本原则，不得对宪法和民族区域自治法的规定以及其他有关法律、行政法规专门就民族自治地方所作的规定作出变通规定。"

5. 国际条约

这里的国际条约主要是指国际税收协议。截至2016年3月，中国对外已与

101个国家签订避免双重征税协定[①]。其中值得一提的是，税收协议的位阶在法律之上，根据《税收征收管理法》第91条及《企业所得税法》第58条规定："中国同外国缔结的有关税收的条约、协定同中国法有不同规定的，依照条约、协定的规定办理。"

三、财政法的功能与基本原则

（一）财政法的功能

财政法的功能可以从两方面来观察：一方面是服务于财政职能；另一方面是对财政权力的规范。前者又可分为保障分配公平、保障稳定及保障调控的功能[②]。后者又可分为财政权力授予功能、财政权力规范功能及财政权力监督功能[③]。

1. 保障分配公平

财政行为的两个重要阶段是财政收入和财政支出，前者主要是通过税收方式参与经济成果的第一次分配，后者则通过政府支出对第一次的分配结果进行再分配。财政法在第一次与第二次分配过程中，除实现国家职能外，最重要的不是财政收入或财政支出越多越好，而是体现过程中的分配公平。其中，以财政支出的分配公平最为重要，因为财政支出再分配如果不能体现公平，意味着需要更多的收入来应对，其结果将可能形成劫贫济富的不良后果。

2. 保障稳定

财政目的是为了满足公共需要，而如果公共需要长期得不到有效满足或分配不公，不仅影响经济的稳定增长，也会影响社会的安定。因此，财政法以保障分配公平为基础，进而用以保障经济社会的稳定为宗旨。

3. 保障调控的功能

通过财政法实施宏观调控，来保证财政收支的大致平衡，并通过财政分配手段，引导投资和资金流向，调整产业结构并使之合理化，以利于经济总量的平衡。

4. 财政权力的授权功能

财政法的授权功能可以体现在组织法和行为法。只有具备财政组织法上的

---

① 参见国家税务总局网页 http：//www.chinatax.gov.cn/n810341/n810770/index.html，最后访问日期：2016年3月1日。

② 张守文.《财政法学》(第三版)，中国人民大学出版社2011年版，第23-24页。

③ 刘剑文，熊伟.《财政税收法》(第五版)，法律出版社2011年版，第24-25页。

依据，财政机关才能合法拥有财政权力。在行为法上，随着国家职能日益扩张，消极的具体授权已不能满足实际需要，一般性授权有其必要性，并能进一步发挥财政法的稳定性功能。

5. 财政权力的规范功能

财政法的规范功能主要是通过各种财政行为的主体要件、实体标准、程序要件和法律后果来为各种财政行为或各种财政权力的界限起到规范与引导作用。

6. 财政权力的监督功能

财政监督的目的在于通过外部机关的强制，规范财政权力的合法行使。例如，审计机关的主要功能即为此。另外，还有立法机关对行政机关的监督，上级行政机关对下级行政机关的监督，以及行政相对人通过提起行政诉讼方式。

（二）财政法的基本原则

财政法的基本原则是指对财政立法行为、财政行政行为以及财政司法行为能起到具有普遍性指导意义的基础规范。财政法的基本原则主要可以分为以下四部分：财政法定原则、财政平等原则、财政适度健全原则和财政绩效原则①。除基本原则外，在财政法体系中，还存在一些仅仅在某方面具有约束的原则，如预算法中的公开原则、统一性原则，税法中的量能课税原则，解决中央与地方关系的财政分权原则等等。

1. 财政法定原则

在法治国家中，税收法定原则除了在依法征税中被强调外，更进一步延伸至依法进行财政活动。人民对财政支出利益的参与分配，也非得完全放任行政机关自由为之。基于法治国家追求正义与公平之要求，也有以法律为规范之必要。而其具体内容可再细分为财政权力(利)义务法定原则及财政程序上合法性原则。

(1) 财政权力(利)义务法定原则。财政法定原则的具体内容，首推财政权力(利)义务法定原则。为了规范政府在授权范围内行使财政权力(利)，履行义务，用以保护财政相对人的合法权益。财政权力(利)义务的要件，须由立法者经由法律预先地加以决定，以明确财政关系中利益分配的法律界线。

(2) 财政程序合法性原则。财政法定原则不仅在实体法上表现出国家保留

① 参见刘剑文，熊伟.《财政税收法》(第五版)，法律出版社 2011 年版，第 16 - 21 页；张守文.《财政法学》(第三版)，中国人民大学出版社 2011 年版，第 34 - 35 页。

要求,并且国家在合乎法定程序的前提下行使权力[①],用以保障财政行为的透明度和公正性,此即财政程序合法性原则。程序合法性的要求,是依法行政原则在程序法层面上的应有之义,强调的是财政主体依法实行财政行为,这不仅是权利,同时更具有义务的属性。法律规范对于财政主体而言,非仅为限制其不得为一定行为的拘束,同时也为促使其积极作为之动力,但前提是须符合程序合法的要求。

2. 财政平等原则

财政平等原则是宪法平等原则在财政领域的延伸与具体实践,在制度上主要体现为一种无差别的平等对待,禁止无正当理由的差别对待。具体可分为:财政收入方面落实义务人的平等负担;财政支出方面落实权利人的平等受益等。

(1) 义务人的平等负担。在税收方面,平等主要表现在量能课税,纳税人按照其负担能力之有无及大小来履行纳税义务;在费用征收方面,公平主要体现在直接受益关联程度上,受益程度不同的人,费用承担标准也应有所不同。

(2) 权利人的平等受益。权利人的平等受益主要体现在财政支出方面的无差别对待,相同情况应为相同处理,在没有合理事由下,不能对受益群体给予不当的区别对待。例如,在最低生活保障制度的实施不仅限于城市,农村也应一体适用。

3. 财政适度健全原则

财政活动的核心是财政收支的适度与健全,财政收入的适度体现了一种公平负担的精神,即国家财政要取之有度,必须考虑国民的承受力。财政支出适度原则,要求国家必须谨慎使用和管理取自国民的资源。收支适度才能实现收支的健全均衡,而在公债发行不可避免的情况下,收支的健全均衡强调是一种动态的平衡过程。在这样动态平衡过程中,对于财政适度健全原则更要认真对待,防控因公债规模超出预警线所引发的财政危机。

4. 财政绩效原则

除了考虑财政平等原则外,与之相对应的是财政绩效原则,其所关心的问题是财政职能实现的有效性。财政绩效原则可细分财政效率原则和财政效益原则两部分。前者是指财政法的调整应有效促进资源的配置,并降低财政主体的行政成本;后者是指国家应考虑以较小的投入方式来取得更多的公共物品。但在考虑国家绩效利益的同时,财政平等的重要性毋宁也是必须加以考虑的重要

---

① 财政程序包含财政立法程序、财政行政程序、财政监督程序和财政救济程序。

因素。

第二节 预 算 法

一、预算与预算法概述

（一）预算的概念和分类

1. 预算的概念

预算，或称政府预算、财政预算，是指一国政府依法定程序编制、审查和批准的政府年度财政收支的计划①。预算一般由中央政府总预算和地方政府预算构成。从形式上看，预算是反映政府各项收支指标和收支总额的状况。从内容上看，国家预算编制是政府对财政收支的计划安排，预算执行是财政收支的实现过程，决算则是国家预算执行的总结。因此，预算反映了政府财政活动的范围、方向和政策理念。预算是政府组织分配财政资金的重要工具，也是宏观调控的重要政策工具，对于一个国家的社会和经济的发展有着很重要的促进作用。

2. 预算的分类

(1)中央预算和地方预算

预算编制是采一级政府一级预算原则。中央预算是反映中央政府及其职能部门的财政收支计划，一般由最高立法机关审批，对中央政府的财政行为具有拘束力；地方预算是由本级议会审批，对所属区域政府具有拘束力。

(2) 单式复算和复式预算

单式预算是指政府将财政年度内的全部财政收支汇编于单一格式内的总预算表，对于各项财政收支的经济性质，不再予以细分。复式预算是指政府将本年度的全部预算收支，分别按不同的经济性质划分，编成两个及其以上的预算。随着政府社会福利职能的不断扩大，政府收支范围不断拓宽，单式复算已不合现实需要，逐步为复式预算所替代。目前，中央预算和地方各级政府预算都是按照复式预算来进行编制。

（二）预算法的概念和分类

预算法是调整预算关系的法律规范的总称，主要是涉及预算资金的筹集、分

---

① 刘剑文，熊伟.《财政税收法》(第五版)，法律出版社 2011 年版，第 120 页。

配、使用和管理过程中所发生的社会关系。从预算法所包含的内容以及有效时间的不同来看，预算法体系主要由基本预算法、特别预算法和年度预算法构成。

(1) 基本预算法是指规定预算管理级次及权限、预算编制、执行和决算等活动过程中应当遵循的基本原则等基本问题的法律规范的总和，一般由国家最高立法机关制定，效力等级高、有效时间长、相对稳定，是制定其他预算法规的依据。例如，1995 年 1 月 1 日起施行的《预算法》就是预算基本法。

(2) 特别预算法是指为了保证国家某种特殊预算需要，如战争特别预算、公债偿还特别预算、重大自然灾害特别预算等而制定的法律规范。

(3) 年度预算法是指为了编制计划年度的国家预算而制定的法律，或者是由国会批准的年度预算法案。如，前苏联、东欧等国为执行国家预算法，每年都颁布年度预算法，其有效年度只限于计划年度。一般而言，现在各国经各级权力机构批准的某一年度的预算报告，由于具有法律效力故都属于年度预算法的范畴。

在我国，1951 年 8 月 19 日中央人民政府政务院颁布了《预算决算暂行条例》，这是我新中国成立后的第一个预算管理法规。随着改革的深入，经济体制的变化，1991 年 9 月 6 日，国务院发布了《国家预算管理条例》。这个条例反映了我国财政体制改革的成果。为了适应社会主义市场经济体制的发展和财政改革的需要，1994 年 3 月 22 日由全国人民代表大会八届二次会议通过了《预算法》，自 1995 年 1 月 1 日起实施。

《预算法》是国家组织预算收支、管理预算工作的主要法律依据，其地位可说是我国规范预算活动的基本法。《预算法》自实施以来，对“强化预算的分配和监督职能、健全国家对预算的管理、加强国家宏观调控”发挥了重要的作用，但是，《预算法》的缺陷和不足难以满足社会经济发展的需要。2004 年《预算法》修改被列入第十届全国人大立法规划，党的十八届三中全会《决定》明确提出：“财政是国家治理的基础和重要支柱”以及“科学的财税制度是促进社会公平、实现国家长治久安的制度保障”。2011 年 12 月、2012 年 6 月、2014 年 4 月历经全国人大常委会三次审议《预算法》(修订)后，2014 年 8 月 31 日，第十二届全国人大常委会第十次会议表决通过了修订《预算法》的决定，这标志着有“经济宪法”之称的《预算法》完成了近 20 年来的首次修订。目前，《预算法实施条例》也正在修改过程中。

相较于原《预算法》，新《预算法》具有以下五大变化：一是允许省一级政府发行地方政府债券用于建设投资；二是要求预算在规定时限内进行全面公开，并要求政府部门在规定时限内公开部门预算；三是预算要按经济和功能细化分类；四是要求确立全口径预算；五是对于市场竞争能有效调节的事项，不设立专项转移支付。

（三）预算的法律性质

《预算法》(2014 年最新修订，下同)第 13 条规定："经本级人民代表大会批准的预算，非经法定程序，不得调整。"那么，非经法定程序，政府是否有权力不执行预算？经人大批准通过的法定预算，是否仅具有授权效力？中央政府以及各级政府是否有预算执行的政策裁量权，此涉及预算性质是否为法律之讨论。

从预算法的观点而言，政府的财政部门固然须根据预算法来完成预算的编制与执行，人大进而为预算的审查与批准。虽说预算是政府基于施政需求而来，当然须因政策的变更而加以调整，甚至拒绝使用预算资金。但即使预算的执行为行政裁量权，政府部门也有义务不得作出违背预算法规定或精神的逾越行为。因此，预算是否具备法律位阶固然重要，但更重要的为预算具有拘束政府部门使用财政资金的效力，政府部门应尊重人大对于预算权力的行使，依法使用预算资金，财政资金使用的过与不及，原则上都是有悖预算法的精神与宗旨的。

二、预算的基本原则

（一）预算公开原则

预算公开原则是指预算的依据以及预算的编制、审批、执行、决算整个过程都必须依法通过相应方式向社会公开。具体来说，预算公开主要包括三个：① 预算的依据也即预算所依据的背景材料、说明、解释等必须依法公开；② 预算编制、审批、执行、变更、决算的过程必须公开；③ 预算的内容即批准的预算内容必须公开[①]。

（二）预算真实性原则

预算真实性原则是指预算收支数字必须真实、准确，符合实际，预算的编制、审批、执行都应以各级政府的情况报告为依据。为此，《预算法》第 36 条第 2 款规定："各级政府、各部门、各单位应当依照本法规定，将所有政府收入全部列入

① 华国庆.《预算法基本原则与中国预算法的完善》，参见中国财税法网 http：//www.cftl.cn/show.asp? c_id=555&a_id=3823，最后访问日期：2012 年 8 月 22 日。

预算，不得隐瞒、少列。”

（三）预算完整性原则

预算完整性原则，是指国家预算应包括全部财政收支，反映全部财政活动。不应有预算以外的财政收支，也不应有预算规定以外的财政活动。

（四）预算统一性原则

预算统一性原则，是指各级预算收支要按照统一的口径、程序来计算和编制，任何机构的收支都要以总额列入预算，所有地方政府预算连同中央预算一起共同组成统一的预算。

（五）预算年度性原则

世界各国采取的预算年度有历年制和跨年制两种。预算年度，又称财政年度或会计年度，是国家预算收支的起止期限，通常为1年。《预算法》第18条采用历年制，规定预算年度自公历1月1日起，至12月31日止。预算年度性原则是指预算必须按预算年度编制，不应把本预算年度以外的财政收入列入本年度预算之中。

三、预算的收支范围

（一）预算收入

预算收入包括一般公共预算收入、政府性基金预算收入、国有资本经营预算收入及社会保险基金预算收入等五大类。中央一般公共预算收入是指按照分税制财政管理体制，纳入中央预算、地方不参与分享的收入，包括中央本级收入和地方按照规定向中央上解的收入。地方一般公共预算收入是指按照分税制财政管理体制，纳入地方预算、中央不参与分享的收入，包括地方本级收入和上级政府对本级政府的税收返还和转移支付、下级政府的上解收入。一般公共预算收入的来源包括税收收入、行政事业性收费收入、国有资源（资产）有偿使用收入、转移性收入和其他收入。

1. 税收收入

近几年来税收收入占预算内收入的比例高达90%以上，截至2016年6月，除固定资产方向调节税停征外，实际开征的税种有以下17种：① 增值税；② 消费税；③ 关税；④ 车辆购置税；⑤ 企业所得税；⑥ 个人所得税；⑦ 土地增值税；⑧ 房产税；⑨ 城镇土地使用税；⑩ 契税；⑪ 耕地占用税；⑫ 资源税；⑬ 船舶吨税；⑭ 车船税；⑮ 印花税；⑯ 城市建设维护税；⑰ 烟叶税。其中，自2016年5月1日起，营业税改按增值税来征收。

2. 行政事业性收费收入

行政事业性收费收入是指国家机关、事业单位、依法行使政府职能的社会团体及其他组织根据法律、法规规定，依照国务院及本省、自治区、直辖市政府规定程序批准，在实施社会公共管理，以及在向自然人、法人和其他组织提供特定公共服务过程中，向规定对象按规定标准收取费用形成的收入。

3. 国有资源（资产）有偿使用收入

国有资源（资产）有偿使用收入包括矿藏、水流、海域、无居民海岛以及法律规定属于国家所有的森林、草原等国有资源有偿使用收入，专用储备物资等国有资产处置收入，保障性住房配租配售收入等非经营性国有资产收入及经营性国有资产收入等。

4. 转移性收入

转移性收入包括上级税收返还、转移支付，下级上解收入，调入资金，以及按照财政部规定列入转移性收入的无隶属关系政府的无偿资助。

5. 其他收入

此类收入是指除上述以外各类收入以外的收入，主要包括罚没收入及捐赠收入等。

根据《预算法实施条例》（修订草案征求意见稿），政府性基金预算收入是定在一定期限内向特定对象征收、收取或者以其他方式筹集的收入，包括政府性基金各项目收入和转移性收入。国有资本经营预算收入包括国有独资企业、国有独资公司按照规定上缴国家的利润收入，国有资本控股和参股公司获得的股息红利收入、国有产权转让收入、清算收入以及其他国有资本经营收入，但依照国务院规定应当缴入一般公共预算的收入除外。社会保险基金预算收入包括各项社会保险基金保险费收入、一般公共预算安排补助及其他收入。

（二）预算支出

预算支出包括一般公共预算支出、政府性基金预算支出、国有资本经营预算支出及社会保险基金预算支出等五大类。一般公共预算支出可分为中央一般公共预算支出和地方一般公共预算支出。中央预算支出是指按照分税制财政管理体制，由中央财政承担并列入中央预算的支出，包括中央本级支出和中央对地方的税收返还和转移支付。地方一般公共预算支出是指按照分税制财政管理体制，由地方财政承担并列入地方预算的支出，包括地方本级支出和对上级政府的上解支出及对下级政府的税收返还和转移支付。一般公共预算支出如按照其功能分类，包括一般公共服务支出，外交、公共安全、国防支出，农业、环境保护支出，教育、科技、文化、卫生、体育支出，社会保障及就业支出和其他支出。一般公共预算支出如按照其经济性质分类，包括工资福利支出、商品和服务支出、资本性支出和其他支出。

政府性基金预算支出包括与政府性基金预算收入相对应的各项支出和向一般公共预算调出资金等转移性支出。国有资本经营预算支出包括资本性支出和其他支出，以及向一般公共预算调出资金等转移性支出。转移性支出包括上解上级的支出，对下级的税收返还、转移支付，调出资金，以及按照财政部规定列入转移性支出的给予无隶属关系政府的无偿资助。社会保险基金预算支出包括各项社会保险待遇支出及其他支出。

（三）非税收入的管理

1. 从预算外资金到非税收入的演变

根据《国务院关于加强预算外资金管理的通知》（国发[1996]29 号）以及财政部在 1996 年 11 月 18 日所发布的《预算外资金管理实施办法》有关规定，预算外资金，是指国家机关、事业单位和社会团体为履行或代行政府职能，依据国家法律、法规和具有法律效力的规章而收取、提取和安排使用的未纳入国家预算管理的各种财政性资金。

2000 年前后，理论界和一些地方政府的财政部门已经开始使用政府非税收入的概念代替预算外收入，并且逐渐被中央政府采纳。2001 年，在《财政部、中国人民银行关于印发财政国库管理制度改革试点方案的通知》（财库[2001]24 号）文件中，第一次在国家正式文件中出现“非税收入”一词。2003 年 5 月财政部、国家发展和改革委员会、监察部、审计署印发《关于加强中央部门和单位行政事业性收费等收入“收支两条线”管理的通知》（财综[2003]29 号）中，第一次尝试对“非税收入”的内涵进行界定：“中央部门和单位按照国家有关规定收取或取得的行政事业性收费、政府性基金、罚款和罚没收入、彩票公益金和发行费、国有资产经营收益、以政府名义接受的捐赠收入、主管部门集中收入等属于政府非税收入。”

为了加强政府非税收入管理，规范政府收支行为，健全公共财政职能，保护公民、法人和其他组织的合法权益，财政部于 2016 年 3 月 15 日制定了《政府非税收入管理办法》（财税[2016]33 号），自颁布之日起施行。今后省级财政部门可以根据《政府非税收入管理办法》的规定，结合各地区实际情况，制定非税收入管理的具体实施办法。

2. 非税收入管理的范围

非税收入是政府财政收入的重要组成部分，应当纳入财政预算管理。所称非税收入，是指除税收以外，由各级国家机关、事业单位、代行政府职能的社会团体及其他组织依法利用国家权力、政府信誉、国有资源（资产）所有者权益等取得的各项收入。具体包括以下 12 类：① 行政事业性收费收入；② 政府性基金收入；③ 罚没收入；④ 国有资源（资产）有偿使用收入；⑤ 国有资本收益；⑥ 彩票公益金收入；⑦ 特许经营收入；⑧ 中央银行收入；⑨ 以政府名义接受的捐赠收入；⑩ 主管部门集中收入；⑪ 政府收入的利息收入；⑫ 其他非税收入，但不包括社会保险费、住房公积金（指计入缴存人个人账户部分）。

3. 非税收入管理体制

非税收入实行分类分级管理。根据非税收入不同类别和特点，各地应探索和建立符合本地实际的非税收入管理制度。各级财政部门应当完善非税收入管理工作机制，建立健全非税收入管理系统和统计报告制度。设立和征收非税收入，应当由法定权责机关依法予以批准，任何部门和单位不得违反规定设立非税收入项目或者设定非税收入的征收对象、范围、标准和期限。另一方面，取消、停征、减征、免征或者缓征非税收入，以及调整非税收入的征收对象、范围、标准和期限，也应当由法定权责机关依法予以批准，不许越权批准。

非税收入可以由财政部门直接征收，也可以由财政部门委托的执收单位征收。未经财政部门批准，不得改变非税收入执收单位。法律、法规对非税收入执收单位已有规定的，从其规定。各级财政部门应当加强非税收入执收管理和监督，不得向执收单位下达非税收入指标。执收单位不得违规多征、提前征收或者减征、免征、缓征非税收入。非税收入收缴实行国库集中收缴制度，应当全部上缴国库，任何部门、单位和个人不得截留、占用、挪用、坐支或者拖欠。

为规范执收单位的征收行为，从源头上杜绝乱收费，并确保依法合规的非税收入及时足额上缴国库，各级财政部门应当通过加强非税收入票据管理。非税收入票据是征收非税收入的法定凭证和会计核算的原始凭证，包括非税收入通用票据、非税收入专用票据和非税收入一般缴款书。执收单位不依法开具规定票据者，缴纳义务人有权拒付款项。非税收入票据存根的保存期限通常为 5 年。保存期满需要销毁者，报经原核发票据的财政部门查验后销毁。

非税收入实行分成者，应当按照事权与支出责任相适应的原则确定分成比例，并按下列管理权限予以批准：① 涉及中央与地方分成的非税收入，其分成比例由国务院或者财政部规定；② 涉及省级与市、县级分成的非税收入，其分成比例由省级人民政府或者其财政部门规定；③ 涉及部门、单位之间分成的非税收入，其分成比例按照隶属关系由财政部或者省级财政部门规定。未经国务院和省级人民政府及其财政部门批准，不得对非税收入实行分成或者调整分成比例。违法设立、征收、缴纳、管理非税收入的行为，依照《预算法》、《财政违法行为处罚处分条例》和《违反行政事业性收费和罚没收入收支两条线管理规定行政处分暂行规定》等国家有关规定追究法律责任；涉嫌犯罪者，依法移送司法机关处理。

四、预算权的配置

（一）各级权力机关的预算权

1. 全国人大及其常委会

全国人民代表大会审查中央和地方预算草案及中央和地方预算执行情况的报告；批准中央预算和中央预算执行情况的报告；改变或者撤销全国人民代表大会常务委员会关于预算、决算的不适当的决议。

全国人民代表大会常务委员会监督中央和地方预算的执行；审查和批准中央预算的调整方案；审查和批准中央决算；撤销国务院制定的同宪法、法律相抵触的关于预算、决算的行政法规、决定和命令；撤销省、自治区、直辖市人民代表大会及其常务委员会制定的同宪法、法律和行政法规相抵触的关于预算、决算的地方性法规和决议。

2. 各级地方人大及其常委会

县级以上地方各级人民代表大会审查本级总预算草案及本级总预算执行情况的报告；批准本级预算和本级预算执行情况的报告；改变或者撤销本级人民代表大会常务委员会关于预算、决算的不适当的决议；撤销本级政府关于预算、决算的不适当的决定和命令。

县级以上地方各级人民代表大会常务委员会监督本级总预算的执行；审查和批准本级预算的调整方案；审查和批准本级政府决算；撤销本级政府和下一级人民代表大会及其常务委员会关于预算、决算的不适当的决定、命令和决议。

3. 乡级人民代表大会

设立预算的乡、民族乡、镇的人民代表大会审查和批准本级预算和本级预算执行情况的报告；监督本级预算的执行；审查和批准本级预算的调整方案；审查和批准本级决算；撤销本级政府关于预算、决算的不适当的决定和命令。

（二）各级政府机关的预算权

1. 国务院

国务院编制中央预算、决算草案；向全国人民代表大会作关于中央和地方预算草案的报告；将省、自治区、直辖市政府报送备案的预算汇总后报全国人民代表大会常务委员会备案；组织中央和地方预算的执行；决定中央预算预备费的动用；编制中央预算调整方案；监督中央各部门和地方政府的预算执行；改变或者撤销中央各部门和地方政府关于预算、决算的不适当的决定、命令；向全国人民代表大会、全国人民代表大会常务委员会报告中央和地方预算的执行情况。

2. 县级以上地方各级政府

县级以上地方各级政府编制本级预算、决算草案；向本级人民代表大会作关于本级总预算草案的报告；将下一级政府报送备案的预算汇总后报本级人民代表大会常务委员会备案；组织本级总预算的执行；决定本级预算预备费的动用；编制本级预算的调整方案；监督本级各部门和下级政府的预算执行；改变或者撤销本级各部门和下级政府关于预算、决算的不适当的决定、命令；向本级人民代表大会、本级人民代表大会常务委员会报告本级总预算的执行情况。

3. 乡级政府

乡、民族乡、镇政府编制本级预算、决算草案；向本级人民代表大会作关于本级预算草案的报告；组织本级预算的执行；决定本级预算预备费的动用；编制本级预算的调整方案；向本级人民代表大会报告本级预算的执行情况。

(三) 各级政府部门的预算权

1. 国务院财政部门

国务院财政部门具体编制中央预算、决算草案；具体组织中央和地方预算的执行；提出中央预算预备费动用方案；具体编制中央预算的调整方案；定期向国务院报告中央和地方预算的执行情况。

2. 地方各级政府

地方各级政府财政部门具体编制本级预算、决算草案；具体组织本级总预算的执行；提出本级预算预备费动用方案；具体编制本级预算的调整方案；定期向本级政府和上一级政府财政部门报告本级总预算的执行情况。

五、预算管理程序

(一) 预算编制

1. 预算编制依据

(1) 各级政府编制年度预算草案的依据：国民经济和社会发展计划、财政中长期计划以及有关的财政经济政策；本级政府的预算管理职权和财政管理体制确定的预算收支范围；上一年度预算执行情况和本年度预算收支变化因素；上级政府对编制本年度预算草案的指示和要求。

(2) 各部门、各单位编制年度预算草案的依据：本级政府的指示和要求以及本级政府财政部门的部署；本部门、本单位的职责、任务和事业发展计划；本部门、本单位的定员定额标准；本部门、本单位上一年度预算执行情况和本年度预算收支变化因素。

2. 预算编制内容

(1) 中央预算的编制内容：本级预算收入和支出；上一年度结余用于本年度安排的支出；返还或者补助地方的支出；地方上解的收入。中央财政本年度举借的国内外债务和还本付息数额应当在本级预算中单独列示。

(2) 地方各级政府预算的编制内容：本级预算收入和支出；上一年度结余用于本年度安排的支出；上级返还或者补助的收入；返还或者补助下级的支出；上解上级的支出；下级上解的收入。

3. 预算编制程序

国务院于每年11月10日前向省、自治区、直辖市政府和中央各部门下达编制下一年度预算草案的指示，提出编制预算草案的原则和要求。财政部根据国务院编制下一年度预算草案的指示，部署编制预算草案的具体事项，规定预算收支科目、报表格式、编报方法，并安排财政收支计划。

中央各部门应当根据国务院的指示和财政部的部署，结合本部门的具体情况，提出编制本部门预算草案的要求，具体布置所属各单位编制预算草案。中央各部门负责本部门所属各单位预算草案的审核，并汇总编制本部门的预算草案，于每年12月10日前报财政部审核。

省、自治区、直辖市政府根据国务院的指示和财政部的部署，结合本地区的具体情况，提出本行政区域编制预算草案的要求。县级以上地方各级政府财政部门审核本级各部门的预算草案，编制本级政府预算草案，汇编本级总预算草案，经本级政府审定后，按照规定期限报上一级政府。省、自治区、直辖市政府财政部门汇总的本级总预算草案，应当于下一年1月10日前报财政部。财政部审核中央各部门的预算草案，编制中央预算草案；汇总地方预算草案，汇编中央和地方预算草案。

4. 政府举债行为的管理

中央一般公共预算中必需的部分资金，可以通过举借国内和国外债务等方式筹措。举借债务应当控制适当的规模，对中央一般公共预算中举借的债务实行余额管理，余额的规模不得超过全国人民代表大会批准的限额。国务院财政部门具体负责对中央政府债务的统一管理。

经国务院批准的省、自治区、直辖市的预算中必需的建设投资的部分资金，可以在国务院确定的限额内，通过发行地方政府债券举借债务的方式筹措。举借债务的规模，由国务院报全国人民代表大会或者全国人民代表大会常务委员会批准。省、自治区、直辖市依照国务院下达的限额举借的债务，列入本级预算调整方案，报本级人民代表大会常务委员会批准。举借的债务应当有偿还计划和稳定的偿还资金来源，并且只能用于公益性资本支出，不得用于经常性支出。除前所述情形，地方政府及其所属部门不得以任何方式举借债务。

地方政府及其所属部门不得为任何单位和个人的债务以任何方式提供担保，但法律另有规定的除外。国务院建立地方政府债务风险评估和预警机制、应急处置机制以及责任追究制度。国务院财政部门对地方政府债务实施监督。

（二）预算审批

1. 预算的初步审查

国务院财政部门应当在每年全国人民代表大会会议举行的45日前，将中央预算草案的主要内容提交全国人民代表大会财政经济委员会进行初步审查。省、自治区、直辖市、设区的市、自治州政府财政部门应当在本级人民代表大会会议举行的30日前，将本级预算草案的主要内容提交本级人民代表大会有关的专门委员会或者根据本级人民代表大会常务委员会主任会议的决定提交本级人民代表大会常务委员会有关的工作委员会进行初步审查。

县、自治县、不设区的市、市辖区政府财政部门应当在本级人民代表大会会议举行的30日前，将本级预算草案的主要内容提交本级人民代表大会常务委员会进行初步审查。

2. 预算的审查和批准

《预算法》第43条规定："中央预算由全国人民代表大会审查和批准。地方各级政府预算由本级人民代表大会审查和批准。"全国人民代表大会和地方各级人民代表大会对预算草案及其报告重点审查下列内容：① 上一年预算执行情况是否符合本级人民代表大会预算决议的要求；② 预算安排是否符合本法规定；③ 预算安排是否贯彻国民经济和社会发展的方针政策，收支政策是否切实可行；④ 重点支出和重大投资项目的预算安排是否适当；⑤ 预算的编制是否完整；⑥ 对下级政府的转移性支出预算是否规范、适当；⑦ 预算安排举借的债务是否合法、合理，是否有偿还计划和稳定的偿还资金来源；⑧ 与预算有关重要事项的说明是否清晰。

中央预算草案经全国人民代表大会批准后，为当年中央预算。财政部应当自全国人民代表大会批准中央预算之日起 30 日内，批复中央各部门预算。中央各部门应当自财政部批复本部门预算之日起 15 日内，批复所属各单位预算。地方各级政府预算草案经本级人民代表大会批准后，为当年本级政府预算。县级以上地方各级政府财政部门应当自本级人民代表大会批准本级政府预算之日起 20 日内，批复本级各部门预算。地方各部门应当自本级财政部门批复本部门预算之日起 15 日内，批复所属各单位预算。

为规范转移支付的行为，中央对地方的一般性转移支付应当在全国人民代表大会批准预算后 30 日内正式下达。中央对地方的专项转移支付应当在全国人民代表大会批准预算后 90 日内正式下达。省、自治区、直辖市政府接到中央一般性转移支付和专项转移支付后，应当在 30 日内正式下达到本行政区域县级以上各级政府。县级以上地方各级预算安排对下级政府的一般性转移支付和专项转移支付，应当分别在本级人民代表大会批准预算后的 30 日和 60 日内正式下达。对自然灾害等突发事件处理的转移支付，应当及时下达预算；对据实结算等特殊项目的转移支付，可以分期下达预算，或者先预付后结算。

（三）预算执行

1. 各级政府的职责

各级预算由本级政府组织执行，具体工作由本级政府财政部门负责。各级政府、各部门、各单位的支出必须按照预算执行。预算年度开始后，各级政府预算草案在本级人民代表大会批准前，本级政府可以先按照上一年同期的预算支出数额安排支出；预算经本级人民代表大会批准后，按照批准的预算执行。各部门、各单位不得截留或者动用应当上缴的预算收入，也不得将不应当在预算内支出的款项转为预算内支出。用于预算执行中的资金周转，不得挪作他用。

2. 各级政府财政部门的职责

各级政府财政部门必须依照法律、行政法规和国务院财政部门的规定，及时、足额地拨款，并遵循下列原则：① 按照预算拨款，即按照批准的年度预算和用款计划拨款，不得办理无预算、无用款计划、超预算、超计划的拨款，不得擅自改变支出用途；② 按照规定的预算级次和程序拨款，即根据用款单位的申请，按照用款单位的预算级次和审定的用款计划，按期核拨，不得越级办理预算拨款；③ 按照进度拨款，即根据各用款单位的实际用款进度和国库库款情况拨付资金。

3. 国库职责

国库是办理预算收入的收纳、划分、留解和库款支拨的专门机构。国库分为中央国库和地方国库。中央国库业务由中国人民银行经理。未设中国人民银行分支机构的地区，由中国人民银行商财政部后，委托有关银行办理。地方国库业务由中国人民银行分支机构经理。未设中国人民银行分支机构的地区，由上级中国人民银行分支机构商有关的地方政府财政部门后，委托有关银行办理。具备条件的乡、民族乡、镇，应当设立国库。具体条件和标准由省、自治区、直辖市政府财政部门确定。

中央国库业务由中国人民银行经理，地方国库业务依照国务院的有关规定办理。中央国库业务应当接受财政部的指导和监督，对中央财政负责。地方国库业务应当接受本级政府财政部门的指导和监督，对地方财政负责。省、自治区、直辖市制定的地方国库业务规程应当报财政部和中国人民银行备案。各级国库必须按照国家有关规定，及时准确地办理预算收入的收纳、划分、留解和预算支出的拨付。各级国库必须凭本级政府财政部门签发的拨款凭证于当日办理库款拨付，并将款项及时转入用款单位的存款账户，不得占压财政部门拨付的预算资金。中央国库与地方国库应当按照有关规定向财政部门编报预算收入入库、解库及库款拨付情况的日报、旬报、月报和年报。

（四）预算调整

1. 预算调整的概念

经全国人民代表大会批准的中央预算和经地方各级人民代表大会批准的地方各级预算，在执行中出现下列情况之一的，应当进行预算调整：① 需要增加或者减少预算总支出；② 需要调入预算稳定调节基金；③ 需要调减预算安排的重点支出数额；④ 需要增加举借债务数额。

在预算执行中，因上级政府返还或者给予补助而引起的预算收支变化，不属于预算调整。接受返还或者补助款项的县级以上地方各级政府应当向本级人民代表大会常务委员会报告有关情况；接受返还或者补助款项的乡、民族乡、镇政府应当向本级人民代表大会报告有关情况。此外，不同预算科目间的预算资金需要调整使用的，必须按照国务院财政部门的规定报经批准，这也不属于预算调整的范围。

原则上，在预算执行中，各级政府一般不制定新的增加财政收入或者支出的政策和措施，也不制定减少财政收入的政策和措施；必须作出并需要进行预算调整的，应当在预算调整方案中作出安排。

2. 预算调整的审批程序与未经审批的后果

各级政府对于必须进行的预算调整，应当编制预算调整方案。预算调整方案由政府财政部门负责具体编制。预算调整方案应当列明调整的原因、项目、数额、措施及有关说明。中央预算的调整方案必须提请全国人民代表大会常务委员会审查和批准。县级以上地方各级政府预算的调整方案必须提请本级人民代表大会常务委员会审查和批准;乡、民族乡、镇政府预算的调整方案必须提请本级人民代表大会审查和批准。地方各级政府预算的调整方案经批准后,由本级政府报上一级政府备案。

未经批准,不得调整预算。未经批准调整预算,各级政府不得作出任何使原批准的收支平衡的预算的总支出超过总收入或者使原批准的预算中举借债务的数额增加的决定。对违反前款规定作出的决定,本级人民代表大会、本级人民代表大会常务委员会或者上级政府应当责令其改变或者撤销。

(五) 决算

1. 决算草案的编制

决算草案由各级政府、各部门、各单位,在每一预算年度终了后按照国务院规定的时间编制。各部门对所属各单位的决算草案,应当审核并汇总编制本部门的决算草案,在规定的期限内报本级政府财政部门审核。各级政府财政部门对本级各部门决算草案审核后发现有不符合法律、行政法规规定者,有权予以纠正。

2. 决算草案的审查和批准

国务院财政部门编制中央决算草案,报国务院审定后,由国务院提请全国人民代表大会常务委员会审查和批准。县级以上地方各级政府财政部门编制本级决算草案,报本级政府审定后,由本级政府提请本级人民代表大会常务委员会审查和批准。乡、民族乡、镇政府编制本级决算草案,提请本级人民代表大会审查和批准。县级以上各级政府决算草案经本级人民代表大会常务委员会批准后,本级政府财政部门应当自批准之日起 20 日内向本级各部门批复决算。各部门应当自本级政府财政部门批复本部门决算之日起 15 日内向所属各单位批复决算。县级以上地方各级政府应当自本级人民代表大会常务委员会批准本级政府决算之日起 30 日内,将本级政府决算及下一级政府上报备案的决算汇总,报上一级政府备案。

六、法律监督和违法责任

为了加强对预算活动的管理,切实贯彻预算法制,保障预算工作的顺利进行,《预算法》专章规定了对中央和地方预算、决算进行监督的规范。

《预算法》第 83 条、第 84 条、第 85 条规定:“全国人大及其常委会对中央和地方预算、决算进行监督。县级以上地方各级人大及其常委会对本级和下级政府预算、决算进行监督。乡、民族乡、镇人民代表大会对本级预算、决算进行监督。”“各级人民代表大会和县级以上人大常委会有权就预算、决算中的重大事项或者特定问题组织调查,有关的政府、部门、单位和个人应当如实反映情况和提供必要的材料。”“各级人大和县级以上各级人大常委会举行会议时,人大代表或者常委会组成人员,依照法律规定程序就预算、决算中的有关问题提出询问或者质询,受询问或质询的有关的政府或者财政部门必须及时给予答复。”

《预算法》第 86 条规定:“国务院和县级以上地方各级政府应当在每年六月至九月期间向本级人民代表大会常务委员会报告预算执行情况。”第 87 条、88 条、89 条则分别规定“各级政府监督下级政府的预算执行,下级政府应当定期向上一级政府报告预算执行的情况”;“各级政府财政部门负责监督检查本级各部门及其所属各单位预算的执行,并向本级政府和上一级政府财政部门报告预算执行情况”;“县级以上政府审计部门依法对预算执行、决算实行审计监督。对预算执行和其他财政收支的审计工作报告应当向社会公开”。

凡是违反《预算法》的规定或经批准生效的预算,负有直接责任的人,都要依法承担一定的法律责任。根据《预算法》的规定,承担预算法律责任有以下四类型:

(1) 有下列行为之一者,责令改正,对负有直接责任的主管人员和其他直接责任人员追究行政责任:未依法编制、报送预算草案、预算调整方案、决算草案和部门预算、决算以及批复预算、决算者;违法进行预算调整者;未依法对有关预算事项进行公开和说明者;违法设立政府性基金项目和其他财政收入项目者;违法使用预算预备费、预算周转金、预算稳定调节基金、超收收入者;违法开设财政专户者。

(2) 有下列行为之一者,责令改正,对负有直接责任的主管人员和其他直接责任人员依法给予降级、撤职、开除的处分:未将所有政府收入和支出列入预算或者虚列收入和支出者;违法多征、提前征收或者减征、免征、缓征应征预算收入者;截留、占用、挪用或者拖欠应当上缴国库的预算收入者;违法改变预算支出用途者;擅自改变上级政府专项转移支付资金用途者;违法拨付预算支出资金,办理预算收入收纳、划分、留解、退付或者违法冻结、动用国库库款或者以其他方式支配已入国库库款者。

(3) 违法举借债务或者为他人债务提供担保,或者挪用重点支出资金,或者在预算之外及超预算标准建设楼堂馆所，责令改正，对负有直接责任的主管人员和其他直接责任人员给予撤职、开除的处分。

(4) 有下列行为之一者，责令改正，追回骗取、使用的资金，有违法所得的没收违法所得，对单位给予警告或者通报批评，对负有直接责任的主管人员和其他直接责任人员依法给予处分：违法改变预算收入上缴方式者；以虚报、冒领等手段骗取预算资金者；违法扩大开支范围、提高开支标准者；其他违反财政管理规定的行为。

第三节 国 债 法

一、国债的意义、特点与功能

(一) 国债的意义与特点

国债是指政府为财政目的，以其信用为基础，按照债的一般原理，通过向社会筹集资金所形成的公法债权债务关系。国债具有自愿性，不同于税收的强制性。此外，国债是一种特殊的债权债务关系，同一般民法上的债权债务关系有以下特点①：

(1) 从国债法律关系的主体来看，国债的债权人可能是国内外的公民、法人或其他组织，也可能是某一国家或地区的政府及国际金融组织；而债务人一般只能是政府，可能是中央政府或地方政府。

(2) 从国债法律关系的性质来看，国债法律关系的发生、变更与消灭更多体现的政府单方面的意志。尽管与其他财政法律关系相比，国债法律关系属于平等法律关系；但与一般债权债务关系相比，则又体现了一定的隶属性和国家政策性。

(3) 从国债法律关系的履行来看，国债是以国家信用和财力作担保，一般不再需要特别担保，属信用等级最高、安全性最好的债权债务关系，其债权不能实现的风险很小。地方债务的履行可能性虽然没有国债来得高，但相比其他商业债务，仍然具有较高的履行可能性。

(二) 国债的功能

国债是政府财政收入来源之一，故除具有满足财政目的的功能之外，还具有以

---

① 刘剑文，熊伟.《财政税收法》(第五版)，法律出版社 2011 年版，第 74 页。

下功能。

1. 弥补财政赤字

弥补财政赤字是国债最基本的功能。根据《预算法》第27条规定:"中央政府的公共预算不列赤字。中央预算中必需的建设投资的部分资金,可以通过举借国内和国外债务等方式筹措,但是借债应当有合理的规模和结构。"弥补财政赤字一般可能动用税收或增加发行通货或举债方式为之。通过税收方式虽能迅速筹集资金,解决旧有赤字问题,但税负过重可能影响生产者积极性,税基减少,新的赤字可能再度发生与扩大。增加发行通货虽能在短期间内解决赤字,但可能会引起通货膨胀,无疑是饮鸩止渴。可见,国债同财政赤字是紧密联系的,通过发行国债方式解决赤字是较为合适并可行的。我们可以认为,弥补财政赤字是国债最开始与最基本的功能。

2. 对财政预算的调剂

由于财政收入以税收为主,不同税种所形成的税收收入会受到不同因素影响,因此政府的收支会出现季节性的不平衡,出现季节性赤字。通过发行国债方式,可以灵活调剂财政收支过程中所出现的季节性资金短缺。

3. 对国民经济运行进行宏观调控

政府通过发行国债可以适度吸收游资,有利于增加社会总供给,以求实现社会总需求与总供给的平衡。另外,由于企业投资倾向于选择回收期短、利润较高的项目,通过国债发行方式,可以调控投资方向,优化产业结构。

二、国债的分类

(一) 短期国债、中期国债和长期国债

国债一般都有约定期限内还本付息的内容,按偿还期限不同可分为:短期国债、中期国债和长期国债。短期国债通常是指期限在1年以内的国债;中期国债是指期限在1年以上、10年以下的国债;长期国债则是指期限在10年以上的国债。由于短期国债发行日期和偿还日期相距较近,具有较大的灵活性,国家可根据需要随时发行,因而常作为补充财政资金不足的经常性手段,并成为中央银行的公开市场业务的主要对象。中期国债由于它可以使国家较长时间内使用国债资金,且其偿还期限并不太长,易为债权人所接受。长期国债由于其期限过长,持券人面临货币贬值风险较大,因而不易推销。

(二) 国家内债和国家外债

按发行是否在境内的不同,国债可以分为国家内债和国家外债,简称为内债

和外债。国家内债，是指在本国境内发行的国债，其债权人一般是本国企业和居民，其发行收入和还本付息以本国货币支付。国家外债，是指在本国境外发行的国债。其债权人一般为外国政府、国际组织或外国企业和居民，其发行收入和还本付息须以外币支付。在证券市场日益发达情况下，内债和外债是可以互相转换，但应注意保持适度规模，以免酿成严重的经济和政治问题。

（三）赤字国债、建设国债和特种国债

按使用用途的不同，国债可分为赤字国债、建设国债和特种国债。赤字国债是指用于弥补财政赤字的国债。建设国债是指用于增加国家对经济领域投资的国债。特种国债是指为实施某种特殊政策或为特定用途而发行的国债。

（四）上市国债、非上市国债

按是否能在证券市场自由流通，国债可分为上市国债和非上市国债。上市国债是指依法在证券市场上可自由买卖的国债，其价格取决于市场供求。非上市国债是指依法在证券市场上不能自由买卖的国债，这类国债一般期限较长，利率较高，多采无记名方式发行，只能由政府以现金偿还或转变为其他国债。

三、国债的发行、转让和偿还

（一）国债的发行

1. 国债的发行对象

目前，中国国债的持有人以个人投资者者居多，但过多的个人参与国债交易市场，可能使国债市场的投机性趋强。未来发行对象和交易对象应重点考虑商业银行、保险公司、养老基金、医疗基金以及投资基金等机构投资者。

2. 国债的发行方法①

(1) 公募法

公募法是指由国家公开向社会公众募集国债的方法，又可分为直接公募法和间接公募法两种。直接公募法是指由财政部门直接或通过邮政部门及其他通信系统向社会公众募集国债，并由国库承担发行费用和全部损失。间接公募法是指政府与金融系统事先约定，由金融系统承购全部国债，代理国家向社会公众募集国债，并依约定承担发行费用和风险责任。直接公募法和间接公募法有其各自的优缺点，互为补充。

---

① 张守文.《财政法学》(第三版)，中国人民大学出版社 2011 年版，第 93 - 94 页。

(2) 公卖法

公卖法是指由政府通过委托经纪人在证券交易所出售国债的方法。公卖法与公募法的主要区别在于,公卖国债的价格由证券市场供求行情决定,具有波动性;公募国债的价格由国家确定,国家可以掌握主动权。

(3) 摊派法

摊派法是指由政府将国债发行额分配给各地区、各部门、各单位,或者用国债来全部或部分顶替现金偿还债务或支付经费的方法。这种发行方法具有一定的强制性,不符合国债认购自愿的学理要求。

3. 国债发行价格

国债发行价格是指国债发行时的出售价格。国债发行的价格不一定就是国债的票面金额,它会因发行方式的不同而有变化:第一种是采平价发行,即国债发行价格与国债票面金额相同;第二种方式是采折价发行,即国债发行价格低于国债票面价值,偿还时则按票面价值返还本金;第三种方式是采溢价发行,即国债发行价格高于国债票面价值,偿还时仍按票面价值返还本金,因而使发行收入额大于未来还本额。从财政目的角度来看,平价发行最为有利,在不考虑宏观调控因素下,按照票面出售国债,有助于经济稳定,有助于避免国债投机行为。

(二) 国债的转让

国债持有者在必要时可以到国债流通市场转让国债。办理国债转让业务的中介机构主要是各类证券公司,其中介转让方式主要有两种:① 代理买卖,即由中介机构根据国债出售人或购买人的委托,按其指定的价格、数额和交易期限代其买卖国债;② 自营买卖,即由中介机构用自己的资金向国债出售人买入国债,然后再将其售出。

(三) 国债的偿还

学理上债务消灭的法定事由主要有清偿、抵销、混同等事由,而国债消灭的法定事由则以清偿为主。至于国债清偿的资金主要来源于税收、国债投资项目收益以及举借新债等。至于具体的偿还方式主要有四种:[①]直接清偿法、买销清偿法、抽签清偿法及轮次清偿法。

(1) 直接清偿法,指政府或其委托金融机构按照所合约偿还条件进行清偿,可以一次性清偿也可以分期分批清偿。

(2) 买销清偿法,指在国债最终偿还期前,政府在证券市场购国债,当国债

---

① 刘剑文,熊伟.《财政税收法》(第五版),法律出版社 2011 年版,第 79 页。

到期时已全部为政府所持有。

(3) 抽签清偿法,指政府通过定期抽签来确定应清偿的国债方法。

(4) 轮次偿还法,指政府按照债券号码的一定顺序分次清偿国债的方法。

四、国债的管理

(一) 国债管理的原则[①]

国债管理一般遵循以下原则:① 促进经济的稳定成长:国债除了具有满足财政目的的功能外,也附带有促进经济稳定与增长的宏观政策功能,国债管理也应为此服务,遵循促进经济的稳定成长来管理国债;② 减少国债的流动性:为了更好地实现国债的财政政策与调控目标,应尽可能减少国债的流动性,避免大量国债集中于短期市场,诱发短期投机行为;③ 利息成本最小化:尽可能降低国债利息总量,减轻国家财政负担;④ 兼顾投资者利益:为使国债交易能够体现双赢,在国债利率、期限的选择与确定方面,也应考虑投资者的利益和需要。

(二) 国债规模的管理

国债规模的管理主要是指对国债总额的调控。国家的当年发行取决于政府的需要外,但年度发行规模会影响到国债总额,因此需要进行合理规划。至于衡量国债规模指针主要有国债依存度(国债发行额与国家财政支出之比)、国债负担率(国债余额与国民生总额之比)、国家偿还率(国债还本付息额与国家财政收入之比)等。国债总额宜有适度的上限比例作为预警,避免政府因过度依赖国债,以避免引爆财政危机。

(三) 国债结构的管理

不同类型的国债会有不同的所有者和不同的偿还期限,从而形成国债的所有权结构和期限结构。通过改变所有权结构,会影响到社会经济运行的稳定发展。例如,个人持有国债一般不会引发通货膨胀,而商业银行持有国债则能膨胀信用。因此,在追求充分就业时可扩大个人持有国债份额,经济萧条时可增加商业银行持有国债份额。又如中长期国债比短期国债有利于经济稳定,当经济稳定目标更重要时,就需要加大中长期国债的比重。

(四) 国债利率的管理

国债利率是指政府因举债所支付的利息额和借入本金额之间的比率,利率的确定主要参考以下因素:金融市场利率水平、政府信用状况和社会资金供给

---

① 张守文.《财政法学》(第三版),中国人民大学出版社 2011 年版,第 96 - 98 页。

量。而国债利率的高低，不仅会影响国家财政负担，而且会影响人们对购买国债、投资和银行存款的选择，还会影响市场利率的变动。

关于国债利率的确定，一种观点认为，对国债实行高利率，会加重国家付息的财政压力，减少私人投资，升高市场利率，这就不利于生产投资，不利于经济发展和充分就业。另一种观点认为，对国债实行高利率，能够给资本拥有者带来较高利息收入，提高人们的投资积极性，这有利于经济发展。随着银行存款利率市场化改革的深入，由于国债偿付安全度比银行高，目前一般认为国债利率不宜太高。

第四节　政府采购法

一、政府采购及其法律调整

（一）政府采购的意义与特性

政府采购，又称公共采购，是指各级国家机关、事业单位和团体组织，为了开展日常政务活动或为社会公众提供公共服务的需要，使用财政资金采购货物、工程和服务的行为。政府采购与一般的商业采购相比较，主要具有以下特点：① 主体的特定性：政府采购的当事人一方为公部门机关；② 资金来源的财政性：资金来源为财政资金，具有明显的公共性；③ 目的的公共性：政府采购的目的是为了政府和公共利服务，不具营利性；④ 过程的公开性：政府采购由于涉及公共资金的使用，需要更为严格的监督，并通过专门立法规范。政府采购与同为财政支出的转移支付相比也有不同，它是直接参与市场交易并获取一定对价的财政支出。

（二）政府采购的法律调整

由于政府采购既涉及财政资金的使用，又涉及经济的调节和市场的公平竞争环境，故除需要受到国内法律的调整，并且还受到国际层面的公约的影响。改革开放以来，部分经济较发达城市开始进行规范政府采购制度的试点，如 1995 年上海市财政局率先开始试点。1998 年深圳市制定了第一部规范政府采购行为的地方性法规——《深圳经济特区政府采购条例》。随后 1998 年 11 月第九届全国人大常委会第五次会议将《政府采购法》纳入立法规划，并于 2002 年 6 月 29 日经第九届全国人大常委会第二十八次会议于审议通过《政府采购法》，并于

2003年1月1日起施行。

在国际层面，则有《政府采购协议》(GPA)的国际规范，《政府采购协议》是世界贸易组织(WTO)的一项多边协议，目标是促进成员方开放政府采购市场，扩大国际贸易。为此，《政府采购协议》纳入了国民待遇原则、最惠国待遇原则，强调国与国间致力建立公平的非歧视性的政府采购制度。GPA由WTO成员自愿签署，目前有美国、欧盟等共41个国家和地区签署了协议。中国目前虽尚未获准加入《政府采购协议》，但随着世界经济全球化，各国采购市场的相互开放，符合国际标准的政府采购制度应当是大势所趋。

二、政府采购法的基本内容与宗旨

(一) 政府采购法的基本内容①

1. 政府采购模式的选择

政府采购模式可以分为统一采购的集中采购模式，以及分散采购的自行采购模式。立法上不同的选择，将事关当事人权利义务与政府采购的管理体制。

2. 政府采购的主体

政府采购的主体一般包括主管机关、采购方、供应方和中介机构。主管机关多为财政机关；采购方一般是需要所购对象的国家机关、事业单位、团体组织；采购中介机构是指招标代理机构或采购代理机构。

3. 政府采购的资金来源、对象与方式

资金来源一般是指财政性资金，包括财政拨款以及采购方的各种收入。政府采购的对象一般可分为货物、工程和服务；政府采购的方式包括招标和谈判等。

(二) 政府采购法的立法宗旨

政府采购法的立法宗旨主要体现在以下五方面：① 规范政府采购行为；② 提高政府采购资金的使用效益；③ 维护国家利益和社会公共利益；④ 保护政府采购当事人的合法权益；⑤ 促进廉政建设②。由于政府采购数额的庞大，其往往成为政府调控经济的重要手段，规范政府采购具有如下的价值意义③：① 提高财政资金流向的透明度和财政资金的使用效率；② 与相关的经济政策或社会

① 张守文.《财政法学》(第三版)，中国人民大学出版社2011年版，第101－102页。

② 参见《政府采购法》第1条。

③ 张守文.《财政法学》(第三版)，中国人民大学出版社2011年版，第100页。

政策配合，影响经济结构的调整和经济总量平衡；③ 保护国内产业[1]；④ 提高国际竞争力等。立法的宗旨应当适度反映法的价值，由上可知，现行政府采购法的立法宗旨在一定程度上体现了政府采购法的制度价值。

三、政府采购法的基本原则

根据《政府采购法》第 3 条规定："政府采购法所遵循的原则有以下四项，即公开透明原则、公平竞争原则、公正原则和诚实信用原则。"

（一）公开透明原则

公开透明原则是指政府采购的信息与所进行的程序都必须依法公开进行。其中至少包括政府采购的项目要求、政府采购合同条件、采购过程以及最终成交结果等信息应公开。针对采购行为要逐项做好采购纪录以被审查监督，供货商并可对有关程序进行质疑或投诉或提起诉讼救济。为了确保政府采购的公开透明，《政府采购法》中有多个条文落实此项立法原则之要求。

例如，政府采购的信息应当在政府采购监督管理部门指定的媒体上及时向社会公开发布，但涉及商业秘密的除外(《政府采购法》第 11 条)。供应商认为采购文件、采购过程和中标、成交结果使自己的权益受到损害的，可以在知道或者应知其权益受到损害之日起七个工作日内，以书面形式向采购人提出质疑(《政府采购法》第 52 条)。质疑供应商对采购人、采购代理机构的答复不满意或者采购人、采购代理机构未在规定的时间内作出答复的，可以在答复期满后十五个工作日内向同级政府采购监督管理部门投诉(《政府采购法》第 55 条)。投诉人对政府采购监督管理部门的投诉处理决定不服或者政府采购监督管理部门逾期未作处理的，可以依法申请行政复议或者向人民法院提起行政诉讼(《政府采购法》第 58 条)。政府采购项目的采购标准应当公开。采用该法规定的采购方式者，采购人在采购活动完成后，应当将采购结果予以公布(《政府采购法》第 63 条)。

（二）公平竞争原则

政府采购作为财政支出方式，是一种政府调节市场的行为，如作为采购类型，是一种市场行为。因此，政府采购法兼有财政法和市场规制法的双重归属。现代西方发达国家基于以下理由更侧重政府采购法的市场规制法属性：① 政府采购在采购市场中的份额越来越大，供应商之间的竞争越来越激烈，发挥政府采

---

① 《政府采购法》第 10 条规定："政府采购应当采购本国货物、工程和服务。但有下列情形之一的除外……"对于"本国货物、工程和服务"还需要国务院出台实施条例或者有关管理办法加以具体界定。

购法的竞争规制功能，对于维护市场竞争的自由和公平，意义越来越大；② 在经济全球化的大趋势中，西方发达国家强调政府采购法的市场规制功能，有助于打破政府采购市场的壁垒，支持本国产品打入外国政府采购市场；③ 将政府采购法纳入财政法体系，旨在加强财政支出管理，而西方发达国家实行规范化的政府采购已有很长历史，其预算法对政府采购的约束已较为健全和有力，足以保证对财政支出的有效管理，于是财政支出管理对政府采购法的依存有所减弱。

目前，《政府采购法》所确立的政府采购制度建立不久，财政支出管理还存在很多问题，财政"重收轻支"的现象较为普遍，《预算法》的约束力也不够强。在财政制度改革的过程中，建立完备的政府采购法制，对于深化财政支出改革、强化预算法治观念、加强财政调控功能等诸多方面，大有裨益。我们在强调政府采购法的财政法归属的同时，也要充分考虑其促进各类企业在市场上平等竞争的重要作用。

因此，任何单位和个人不得采用任何方式，阻挠和限制供应商自由进入本地区和本行业的政府采购市场(《政府采购法》第 5 条)。采购人有权自行选择采购代理机构，任何单位和个人不得以任何方式为采购人指定采购代理机构(《政府采购法》第 19 条第 2 款)。采购人可以根据采购项目的特殊要求，规定供应商的特定条件，但不得以不合理的条件对供应商实行差别待遇或者歧视待遇(《政府采购法》第 22 条第 2 款)。政府采购当事人不得相互串通损害国家利益、社会公共利益和其他当事人的合法权益；不得以任何手段排斥其他供应商参与竞争(《政府采购法》第 25 条第 1 款)。任何单位和个人不得违反本法规定，要求采购人或者采购工作人员向其指定的供应商进行采购(《政府采购法》第 64 条第 2 款)。

(三) 公正原则

政府采购的公正原则是指与政府采购活动有相关利害者的回避制度，以及独立的采购代理机构制度等。故在政府采购活动中，采购人员及相关人员与供应商有利害关系的，必须回避。供应商认为采购人员及相关人员与其他供应商有利害关系的，可以申请其回避(《政府采购法》第 12 条)。政府采购监督管理部门不得设置集中采购机构，不得参与政府采购项目的采购活动。采购代理机构与行政机关不得存在隶属关系或者其他利益关系(《政府采购法》第 60 条)。上述规定对于确保政府采购程序与结果的公正性，无疑是具有重要的积极意义。

(四) 诚实信用原则

诚实信用原则是履行合同的基本原则，这是公法与私法的共通性原则，不因是政府采购合同而有例外，也不因政府采购法没有此原则的规定，而可以主张不适用。因此，《政府采购法》第 3 条规定政府采购应当遵循诚实信用原则，毋宁是宣示意义大于实质意义。为了进一步体现诚实信用原则之要求，《政府采购法》第 25 条第 2 款规定供应商不得以向采购人、采购代理机构、评标委员会的组成人员、竞争性谈判小组的组成人员、询价小组的组成人员行贿或者采取其他不正当手段谋取中标或者成交。《政府采购法》第 25 条第 3 款规定采购代理机构不得以向采购人行贿或者采取其他不正当手段谋取非法利益。

四、政府采购法的适用范围

（一）政府采购的采购人

采购人是指依法进行政府采购的国家机关、事业单位、团体组织（《政府采购法》第 15 条）。政府采购有别于一般商业采购的更重要原因在于其使用财政性资金。由此可知，政府采购法对采购人主体的界定是采用特定组织和使用财政性资金的标准，并且没有将国有企业纳入范围。国有企业不适用政府采购法，主要是考虑到国有企业的资金并非全部是财政性资金，其采购活动关系到生产效率，故不能完全适用政府采购法来执行采购①。考虑到军事采购物品的保密特殊性，军事采购法规由中央军事委员会另行制定（《政府采购法》第 86 条）。

（二）政府采购的对象

政府采购的对象是货物、工程和服务。所称货物，是指各种形态和种类的物品，包括原材料、燃料、设备、产品等。商标专用权、著作权、专利权等知识产权视同货物。所称工程，是指建设工程，包括建筑物和构筑物的新建、改建、扩建、装修、拆除、修缮以及与建设工程相关的勘察、设计、施工、监理等。所称服务，是指除货物和工程以外的其他政府采购对象，包括各类专业服务、信息网络开发服务、金融保险服务、运输服务，以及维修与维护服务等。

为避免采购成本高于采购标的而丧失采购效率，将达不到一定金额的采购项目排除在政府采购法的适用范围之外。另一方面，为避免规避法律的适用，禁止拆分采购对象。为此，《政府采购法》第 28 条规定，采购人不得将应当以公开招标方式采购的货物或者服务化整为零或者以其他任何方式规避公开招标采购。

---

① 刘剑文，熊伟.《财政税收法》（第五版），法律出版社 2011 年版，第 61 页。

(三) 政府采购的除外适用

以下特定类型或区域的采购行为不适用《政府采购法》：① 使用国际组织和外国政府贷款进行的政府采购，贷款方、资金提供方与中方达成的协议对采购的具体条件另有规定的，可以适用其规定，但不得损害国家利益和社会公共利益(《政府采购法》第 84 条)；② 对因严重自然灾害和其他不可抗力事件所实施的紧急采购和涉及国家安全和秘密的采购(《政府采购法》第 85 条)；③ 军事采购(《政府采购法》第 86 条)；④ 境外采购(《政府采购法》第 2 条第 1 款的反面解释)。

五、政府采购的方式、程序和政府采购合同

(一) 政府采购的方式与程序

关于政府采购的方式，除国务院政府采购监管部门认定的其他采购方式外，《政府采购法》第 26 条还规定了以下五种方式，分别是：公开招标、邀请招标、竞争性谈判、单一来源采购及询价。政府采购程序，基本上包括从预算编制与审批开始，经过采购人所选择的采购方式及其程序、直到对供应商履约的验收和支付。对于不同类型的采购方式，除公开招标与邀请招标另有专门的《招投标法》规范外，《政府采购法》也规定了相配套的程序。

1. 公开招标方式与程序

公开招标因透明度相对其他方式来得高，且有利于节约财政资金，是政府采购的主要方式。但因特殊情况需要采用公开招标以外的采购方式的，应当在采购活动开始前获得设区的市、自治州以上政府采购监管部门的批准。采购人不得将应当以公开招标方式采购的货物或者服务化整为零或者以其他任何方式规避公开招标采购。

根据《招投标法》有关规定，采公开招标方式的程序计有：招标、投标、开标、评标和中标等程序。此外，在招标采购中，出现下列情形之一者，应予废标[①]：① 符合专业条件的供应商或者对招标文件作实质响应的供应商不足三家者；② 出现影响采购公正的违法、违规行为者；③ 投标人的报价均超过了采购预算，采购人不能支付者；④ 因重大变故，采购任务取消者。废标后，采购人应当将废标理由通知所有投标人。废标后，除采购任务取消情形外，应当重新组织招标。同时如需要采取其他方式采购者，应当在采购活动开始前获得设区的市、自

① 《政府采购法》第 36 条。

治州以上人民政府采购监督管理部门或者政府有关部门批准[①]。

2. 邀请招标方式与程序

适用于具有特殊性，只能从有限范围的供应商处采购，或采用公开招标方式的费用占政府采购项目总价值的比例过大的采购(《政府采购法》第29条)。邀请招标方式比照公开招标程序为之，不同者在于采购人应当从符合相应资格条件的供应商中，通过随机方式选择三家以上的供应商，并向其发出投标邀请书。

3. 竞争性谈判方式与程序

以下情形之一可适用竞争性谈判方式：① 于招标后没有供应商招标或者没有合格标的或者重新招标未能成立；② 技术复杂或者性质特殊，不能确定详细规格或者具体要求；③ 采用招标所需时间不能满足用户紧急需要；④ 不能事先计算出价格总额(《政府采购法》第30条)。

采用竞争性谈判方式采购的，应当遵循下列程序(《政府采购法》第38条)：① 成立谈判小组。谈判小组由采购人的代表和有关专家共三人以上的单数组成，其中专家的人数不得少于成员总数的三分之二；② 制定谈判文件。谈判文件应当明确谈判程序、谈判内容、合同草案的条款以及评定成交的标准等事项；③ 确定邀请参加谈判的供应商名单。谈判小组从符合相应资格条件的供应商名单中确定不少于三家的供应商参加谈判，并向其提供谈判文件；④ 谈判。谈判小组所有成员集中与单一供应商分别进行谈判。在谈判中，谈判的任何一方不得透露与谈判有关的其他供应商的技术资料、价格和其他信息。谈判文件有实质性变动的，谈判小组应当以书面形式通知所有参加谈判的供应商；⑤ 确定成交供应商。谈判结束后，谈判小组应当要求所有参加谈判的供应商在规定时间内进行最后报价，采购人从谈判小组提出的成交候选人中根据符合采购需求、质量和服务相等且报价最低的原则确定成交供应商，并将结果通知所有参加谈判的未成交的供应商。

4. 单一来源方式与程序

以下情形之一可适用单一来源方式：① 适用于只能从唯一供应商处采购；② 发生了不可预见的紧急情况不能从其他供应商处采购的；③ 必须保证原有采购项目一致性或者服务配套的要求，需要继续从原供应商处添购，且添购资金总额不超过原合同采购金额百分之十(《政府采购法》第31条)。采取单一来源方

① 《政府采购法》第37条。

式采购者,采购人与供应商应当在保证采购项目质量和双方商定合理价格的基础上进行采购。

5. 询价方式与程序

适用于采购的货物规格、标准统一,现货货源充足且价格变化幅度小(《政府采购法》第 32 条)。采取询价方式采购者,应当遵循下列程序(《政府采购法》第 40 条):① 成立询价小组。询价小组由采购人的代表和有关专家共三人以上的单数组成,其中专家的人数不得少于成员总数的三分之二。询价小组应当对采购项目的价格构成和评定成交的标准等事项作出规定;② 确定被询价的供应商名单。询价小组根据采购需求,从符合相应资格条件的供应商名单中确定不少于三家的供应商,并向其发出询价通知书让其报价;③ 询价。询价小组要求被询价的供应商一次报出不得更改的价格;④ 确定成交供应商。采购人根据符合采购需求、质量和服务相等且报价最低的原则确定成交供应商,并将结果通知所有被询价的未成交的供应商。

(二) 政府采购合同

政府采购合同的法律适用,根据《政府采购法》第 43 条规定应适用合同法。采购人和供应商之间的权利和义务,应当按照平等、自愿的原则以合同方式约定。采购人可以委托采购代理机构代表其与供应商签订政府采购合同。由采购代理机构以采购人名义签订合同的,应当提交采购人的授权委托书,作为合同附件。

政府采购合同应当采用书面形式。采购人与中标、成交供应商应当在中标、成交通知书发出之日起 30 日内,按照采购文件确定的事项签订政府采购合同。国务院政府采购监督管理部门应当会同国务院有关部门,规定政府采购合同必须具备的条款。政府采购项目的采购合同自签订之日起 7 个工作日内,采购人应当将合同副本报同级政府采购监督管理部门和有关部门备案。

中标、成交通知书对采购人和中标、成交供应商均具有法律效力。中标、成交通知书发出后,采购人改变中标、成交结果的,或者中标、成交供应商放弃中标、成交项目的,应当依法承担法律责任。经采购人同意,中标、成交供应商可以依法采取分包方式履行合同。政府采购合同分包履行者,中标、成交供应商就采购项目和分包项目向采购人负责,分包供应商就分包项目承担责任。政府采购合同履行中,采购人需追加与合同标的相同的货物、工程或者服务的,在不改变合同其他条款的前提下,可以与供应商协商签订补充合同,但所有补充合同的采购金额不得超过原合同采购金额的百分之十。

政府采购合同的双方当事人不得擅自变更、中止或者终止合同。政府采购合同继续履行将损害国家利益和社会公共利益的，双方当事人应当变更、中止或者终止合同。有过错的一方应当承担赔偿责任，双方都有过错的，各自承担相应的责任。

六、政府采购合同的救济制度

政府采购救济机制是供应商与采购实体以及政府有关部门在政府采购活动中发生争议而寻求合法解决的制度。《政府采购法》规定的救济程序如下：

（一）询问

供应商对政府采购活动事项有疑问的，可向采购人提出询问，采购人应及时作出答复，但答复内容不得涉及商业秘密。

（二）质疑

供应商认为采购文件、采购过程和中标、成交结果使自己的权益受到损害的，可在知道或者知道其权益受到损害之日起 7 个工作日内，以书面形式向采购人提出质疑。采购人应在收到供应商的书面质疑后 7 个工作日内作出答复，并以书面形式通知质疑供应商和其他有关供应商，但答复内容不得涉及商业秘密。

（三）投诉

质疑供应商对采购人、采购代理机构的答复不满意或者采购人、采购代理机构未在规定的时间内作出答复的，可以在答复期满后 15 个工作日内向同级政府采购监督管理部门投诉。政府采购监督管理部门应当在收到投诉后 30 个工作日内，对投诉事项作出处理决定，并以书面形式通知投诉人和与投诉事项有关的当事人。政府采购监督管理部门在处理投诉事项期间，可以视具体情况书面通知采购人暂停采购活动，但暂停时间最长不得超过 30 日。

（四）提起行政复议或行政诉讼

投诉人对政府采购监督管理部门的投诉处理决定不服或者政府采购监督管理部门逾期未作处理者，可以依法申请行政复议或者向人民法院提起行政诉讼。

【参考文献】

1. 刘剑文，熊伟.《财政税收法》(第六版)，法律出版社 2015 年版。
2. 熊伟.《财政法基本问题》，北京大学出版社 2012 年版。
3. 蒋熙辉.《中国非税收入制度新探索》，社会科学文献出版社 2012 年版。

4. 张守文.《财政法学》(第三版),中国人民大学出版社 2011 年版。

5. 杨紫烜主编.《经济法》(第四版),北京大学出版社 2010 年版。

6. 漆多俊主编.《经济法学》,高等教育出版社 2009 年版。

7. 威廉·波纳,安迪森·维金著.《债务帝国》,李莉,石继志译. 中信出版社 2009 年版。

8. 刘剑文主编.《财税法学研究评述》,高等教育出版社 2004 年版。

9. 刘剑文主编.《财税法学案例与法理研究》,高等教育出版社 2004 年版。

10. 王绍光,胡鞍钢.《中国国家能力报告》,牛津大学出版社 1994 年版。

【思考题】

1. 论述财政法的地位与功能。
2. 论述财政民主与财政公开的法治保障。
3. 简述预算的性质。
4. 分析预算法与宪法的关系。
5. 简述对政府发债行为的管理。
6. 论述国债发行的类型。
7. 论述国债发行的原则与限制。
8. 分析政府采购合同法的功能属性。
9. 政府采购合同法的功能属性。
10. 简述政府采购合同的法律性质。

【案例实训】

1. 2004 年 10 月,国家发改委和卫生部作为政府采购机关,共同委托中介机构对国家医疗救治体系项目进行公开招标。其中包括采购 300 台总价值接近 3 000万元的血气分析仪。沃尔公司的投标价格在所有投标供应商中最低产品质量也有保证,但却未中标,中标者为投标价格最高的一家公司。2004 年 12 月 21 日,沃尔公司针对卫生部在政府采购过程中存在的问题向政府采购的监管部门国家财政部提出投诉。但财政部并未在法定期限内给予答复,2005 年 3 月 23 日,沃尔公司以财政部行政以不作为为由,向北京市一中法院提起行政诉讼。审理中,财政部称其已将沃尔公司的投诉转给了国家发改委,并电话告知了沃尔公司。财政部表示,对国家重大建设项目招标投标活动的投诉,由发改委受理并作出处理决定,财政部不存在违法行为。

2006年12月8日，北京市一中法院经过审理，根据《政府采购法》规定，各级人民政府财政部门是负责政府采购监督管理的部门，依法履行对政府采购活动的监督管理职责。北京市第一中级人民法院作出一审判决，财政部被认为行政不作为，一审败诉。但财政部认为，依据2000年实施的《招标投标法》，以及同年原国家计委发布的规章：对国家重大建设项目招标投标活动的投诉，由国家发展和改革委员会受理并作出处理决定。财政部不是法定监督人。财政部对一审判决不服，2006年12月22日向北京市高级人民法院提出上诉，要求撤销一审判决①。

请思考：

(1) 财政部认为本案争议的采购对象属于重大项目，如何解释重大项目？

(2) 本案中标者为投标价格最高的公司，形式程序与中标理由是否合法？

(3) 结合《政府采购法》相关规定与本案，如何解决财政部门监督管理职能实现难的问题？

2. 2002年1月11日下午，湖南沅陵县十三届人民代表大会第六次会议对沅陵县2001年财政预算执行报告和2002年财政预算草案报告进行表决。表决结果，沅陵县2001年财政预算执行报告和2002年财政预算草案报告遭否决未获通过。本案是我国少有政府预算报告未获通过案件。为此，大会主席团临时召开第四次主席团会议，并提请与会人大代表表决《关于授权沅陵县人大常委会在闭会期间对沅陵县2001年财政预算执行情况和2002年财政预算草案报告进行再审的决议(草案)》。同时，财政暂时按照上一年同期的预算支出数额安排支出，待下次人大会议批准后，再按批准的预算执行。

2月25日沅陵县十三届人大常委会举行第三十次会议，逐项审议《预算收支编制方案》。财政部门会后对财政预算报告(草案)进行修正，改变十三届人民代表大会第六次会议中的赤字预算，对工资支出、公务经费和专项经费等支出做了相应调整。4月16日县十三届人大常委会举行第三十一次会议决定召开十三届人民代表大会第七次会议，提请审议并批准财政预算报告。5月16日，沅陵县十三届人民代表大会第七次会议审议并批准沅陵县2001年财政预算执行报告和2002年财政预算草案报告②。

---

① 案例来源.《政府采购第一案六年难终审》，参见网易新闻网 http://news.xinhuanet.com/comments/2007-08/01/content_6459342.htm。最后访问日期：2012年9月14日。

② 案例来源.参见王新红主编.《经济法：案例与材料分析》，高等教育出版社2008年版，第173页。

请思考：

(1) 政府预算报告未通过的事由有哪些?

(2) 政府预算报告遭否决的效果及其责任归属是什么?

(3) 政府预算报告遭否决的补救措施有哪些?

第十一章
税　　法

【本章导读】

本章主要包括税法概述、税收实体法律制度、税收征收管理法律制度、税收争议与法律责任四个方面内容。首先从税收和税法的概念出发，重点阐释税法的构成要素；接着以不同的税法要素为基点，讲解不同税种的税收实体法律制度，并在税收原则和税收实体法律制度的基础上，讲解税收征收管理法律制度；最后学习税收争议解决制度与税收法律责任相关重要内容。

第一节　税法概述

一、税收的概念和特征

（一）税收的概念和特征

税收，又称税捐或租税，是指国家或其他公法团体为实现公共职能，凭借其政治权力而依法、强制、无偿地取得财政收入的活动。

与财政活动的其他形式相比，税收具有强制性、固定性和无偿性的特点。强制性，是指国家以其政治权力为保障，无须纳税人同意即可向纳税人强制征税。固定性，是指有权机关制定的税收法律法规应当明确征税对象、税率等课税要素，国家必须在法定的范围内征税。无偿性，是指国家无偿取得税收收入，无须向纳税人支付任何对价，也不需要事后返还。税收的三个特点紧密联系、不可分割，是区别于其他财政收入的基本标志。

(二) 税收的分类

依据不同的标准,税收可以分为不同的种类。

1. 直接税和间接税

以税负能否转嫁为标准,税收可分为直接税和间接税。凡税负不能转嫁,依税法的规定纳税人与实际负税人为同一主体的税为直接税,如个人所得税和企业所得税;依税法的规定纳税人只是间接承担税负,可以将税负转嫁给他人的税为间接税,如各种流转税。

2. 流转税、所得税与财产税

以课税对象为标准,税收可以分为流转税、所得税与财产税。由于课税对象是税收的核心要素,是区分不同税种的主要标准,因此这种分类也是税收最基本、最重要的分类,本书也采用此种分类。

流转税,或称商品税,是指以商品或服务在流转过程中的流转额为课税对象所征收的税,如增值税、营业税、关税和消费税等;所得税,是指以一定纳税期限内的收益额或所得额为课税对象的税,如个人所得税和企业所得税等;财产税,是指以法律规定的特定财产为课税对象所征收的税,如房产税、资源税、车船税和契税等。

3. 中央税、地方税和中央地方共享税

以税权归属为标准,税收可以分为中央税、地方税和中央地方共享税。这里的税权,包括税收立法权、税收管理权和税收收入权等。凡税权属于中央政府的税收,为中央税,简称国税;凡税权属于地方政府的税收,为地方税;凡是立法权属于中央,税收收入权由中央和地方按比例共享的税收,为中央与地方共享税,简称共享税。

4. 从量税与从价税

以计税依据为标准,税收可以分为从量税和从价税。凡以课税对象的数量、重量和容量等标准从量计征的税,为从量税,也称单位税或"从量计税",如车船税等;凡以课税对象的价格为标准从价计征的税种,为从价税,也称"从价计征",如增值税等。

5. 其他分类

除以上比较常见的分类外,税收还有许多分类方式。如,以税收与价格的关系为标准,税收可以分为价内税与价外税;以税收收入形式为标准,税收可分为实物税和货币税;以征税标准是否具有依附性,税收可分为独立税和附加税。

二、税法的概念和体系

税法是建立在一定物质生活基础之上的，由国家制定、认可和解释的，并由国家强制力保证实施的调整税收关系的规范系统。简言之，税法是调整税收关系的法律规范系统。这个定义反映了税法的本质和基本特征，指出了税法的基本任务和调整范围，并说明税法是建立在一定物质基础之上的上层建筑。

税收与税法既有联系，又有区别。差别表现在，税收属于国家经济活动，属于经济基础，而税法属于法律制度，属于上层建筑；税收与税法也存在密切联系，税收必须严格依照税法的规定进行，税法既为税收提供法律依据和保障，同时又对税收行为进行规范和约束。

税法体系是指一国之内各类税法规范所构成的协调统一的整体，大体上包括税收实体法和税收程序法。税收程序法主要包括税收的征管、处罚和救济等方面的内容。我国目前的税收实体法实行“一税一法”的原则构建，即一个税种对应一部税法；根据课税对象的不同，税收实体法可以进一步分为流转税法、所得税法和财产税法三大类。税收实体法和税收程序法相辅相成，共同构成了完整的税法体系。

三、税法的构成要素

税法要保障国家职能的实现，如果相关主体的行为或者事实符合税法规定的课税要素，则该主体就应负有税法上的纳税义务，成为纳税人。税法的构成要素，又称课税要素，是指所有税种所共有且必需的基本构成要素的总称。税法的构成要素包括实体法上的构成要素和程序法上的构成要素，具体包括以下几种。

（一）税法主体

税法的主体，即税收法律关系的主体，指税收法律关系中享有权利和承担义务的当事人，包括征税主体和纳税主体两大类。

征税主体，主要为国家；在实际征税活动中，由国家授权的各级税务机关、海关以及财政机关为实际征税主体。纳税主体，又称纳税人、纳税义务人，指税法规定负有纳税义务的自然人、法人和其他组织。一般而言，广义上的纳税人除了税法规定的负有纳税义务的人或组织之外，还包括扣缴义务人，即税法规定的、负有代收代缴、代扣代缴义务之人。扣缴义务人不承担实际的税款，可以从税务机关按扣缴所得税款获得一定比例的手续费。

（二）征税客体

征税客体，也称征税对象或课税对象，指税法主体所共同指向的对象或标的，是各个税种区分的主要标志。征税对象按照性质的不同，可以分为流转额、所得额和财产三大类。

（三）税率

税率，指应纳税额与计税依据之间的数量关系或比率。税率是衡量税负高低的重要指标，它反映了征税的深度，是税法的核心要素。税率可以分为比例税率、累进税率和定额税率三种。

1. 比例税率

比例税率，指对同一征税对象，不论其数额大小，均按同一比例计算应纳税额的税率。比例税率一般适用于流转税领域。

2. 累进税率

累进税率，又称等级税率，指随着征税对象的数额由低到高逐级累进的税率。累进税率一般适用于对所得额的征税，征税对象数额越大，税率越高。累进税率又可以进一步细分为全额累进税率、超额累进税率、超率累进税率、超倍累进税率。其中全额累进税率和超倍累计税率我国目前没有采用。

3. 定额税率

定额税率，又称固定税额，指按照征税对象的一定计量单位直接规定固定的税额。定额税率不受价格变动的影响，一般适用于从量计征。

（四）税目和计税依据

税目与计税依据是对征税对象在质与量方面的具体化。税目，即税法规定的征税的具体项目。税目是征税对象的具体化，代表了征税的广度。计税依据，也称税基，是在标的物已经确定的前提下，对其进行计算的依据或标准。

（五）税收特别措施

税收特别措施包括税收优惠措施和税收重课措施两类。

税收优惠措施，是指减轻或者免除纳税人的税负，从而使其获得税收上的优惠的各种措施的总称。税收优惠措施一般都是与一定的经济政策和社会政策有关，最主要的是税收减免，包括报批类减免和备案类减免两大类。

税收重课措施，是指依法加重纳税人的税收负担的各种措施的总称，如税款的加成和加倍征收等。

（六）纳税环节、时间和地点

纳税环节，指税法规定的征税对象在从生产到消费的流转过程中应当缴纳税款的环节。纳税时间,也称纳税期限,指纳税义务发生后纳税人依法缴纳税款的期限,可以分为纳税计算期和税款缴库期。纳税地点,指纳税人依据税法规定向征税机关申报纳税或者缴纳税款的具体地点,主要有机构所在地、经济活动发生地、财产所在地、报关地等。

四、税法的原则

(一) 税法基本原则

1. 税收法定原则

税收法定原则,指税收主体的权利义务必须由法律加以规定,税法的各类构成要素都必须且只能由法律予以明确规定。税收法定原则的主要内容包括: ① 税收要素法定。税收主体、征税客体、计税依据、税率等课税要素必须并且只能由有权机关制定或认可的法律加以规定。② 税收要素明确。税收要素应当在法律中明确规定,应当避免出现模糊和不确定的规定。③ 征税合法。税收的程序应当由法律予以明确规定,税收应当由法定机关依照税法规定的程序进行征收。

税收法定主义的意义不仅仅在于要求落实纳税人的同意权,实现课税要素法定,还要求税务机关严格在法律限定的权力范围内行政,不得要求纳税人多缴纳税款,也不得擅自决定减免税①。2015 年 3 月 15 日,十二届全国人大三次会议通过的新《立法法》,将第 8 条原先规定实行法律保留的"税收基本制度"细化为"税种的设立、税率的确定和税收征收管理等税收基本制度",在税收法定上迈出巨大的一步,而接下来一个阶段的问题将是贯彻税收法定,即清理授权立法和增加税收"法律"的供给。

2. 税收公平原则

税收公平原则,也称税收公平主义,指纳税人法律地位平等和纳税人之间的税收负担公平。税收负担公平,指纳税人之间的税收负担必须根据纳税人的经济负担能力或纳税能力分配。经济情况和纳税能力相同,税负相同,即横向公平;经济情况和纳税能力不等,税负不同,即纵向公平。

3. 税收效率原则

税收效率原则,指以最少的人力、物力和财力获得最多的税收,取得最佳的资源优化配置效果,最大限度地促进经济发展。税收效率原则包括行政效率和经济效率两个方面。行政效率原则要求国家的税法制度设计和税收征管应当最

---

① 熊伟.《重申税收法定主义》,《法学杂志》2014 年第 2 期。

大限度地降低征管成本，节约国家和纳税人的征收费用。税收经济原则要求国家应当充分发挥税收对国民经济的宏观调控作用，促进经济的持续、稳定增长。

（二）税法适用的原则

税法适用的原则是在税法的解释、税收的征纳等具体适用税法的过程中应遵循的准则。

1. 实质课税原则

实质课税原则是指对于某种情况不能仅依据其外观和形式确定是否应予课税，而应根据实际情况，尤其应当注意根据其经济目的和经济生活的实质，判断是否符合课税要素，以求公平、合理、有效地进行课税。

实质课税的目的在于体现量能课税的意旨，以符合生存权之保障及平等原则的要求，在实质课税的实践中，除了在国家与纳税义务人之垂直关系应保留给纳税义务人生存发展之余地之外，在纳税义务人之水平关系，也应该遵守量能课税原则之平等课征的要求，维护税捐行政及经济上的中立性①。虽然在我国税法中，量能平等负担原则还不是税法的基本原则，但是造成我国目前收入分配不公的局面，二次分配中税收调节机制缺失难辞其咎。在这种情况下，党的十八大提出了解决收入分配失衡问题，缩小分配贫富差距的目标。实现这一目标要求“量能平等负担”成为我国税法的基本原则。实质课税原则是量能负担原则在税法解释和适用中的具体表现，那么，量能负担原则成为税法适用与解释的准则就没有悬念了②。

2. 诚实信用原则

诚实信用原则要求征纳双方在履行各自的义务时，都应讲信用，诚实地履行义务，而不得违背对方的合理期待和信赖，也不得以许诺错误为由而反悔。诚信原则的适用有利于保护当事人的信赖利益，但该原则的适用也须严格加以限制，且应满足下列条件：① 税收行政机关对纳税人提出了构成信赖对象的正式主张；② 纳税人的信赖值得保护；③ 纳税人已信赖税收行政机关的表示并据此已为某种行为③。

3. 禁止类推适用原则

一般情况下，依据税收法定原则，在税法上应禁止类推适用，这同样是税法

---

① 参见黄茂荣著.《法学方法与现代税法》，北京大学出版社 2011 年版，第 191－192 页。

② 许多奇.《论税法量能平等负担原则》，《中国法学》2013 年第 5 期。

③ 参见［日］金子宏著.《日本税法原理》. 刘多田，等译. 中国财政经济出版社 1989 年版，第 86 页。

适用的一项原则。因为税法作为侵权性规范,必须保持其稳定性,因而应依文义解释,或参照税法的宗旨进行解释,而不得做任意的扩张或类推解释。

4. 禁止溯及课税原则

禁止溯及课税原则要求新颁布实施的税收实体法仅对其生效后发生的应税事实或经济关系产生效力,而不能对其生效之前所发生的应税事实或经济关系溯及课税,这有助于防止纳税人的财产受到不当侵害。该原则在税法上往往表现为"实体从旧,程序从新"的原则。

另外,依据一般的法理,税法在适用中还应该遵循法律优先原则、新法优先于旧法、特别法优先于一般法、实体从旧、程序从新原则,在诉讼发生时,税收程序法优先于税收实体法,以保证国家课税权的实现。

第二节 税收实体法律制度

一、流转税法律制度

流转税,也称为商品税或"商品与劳务税",是以商品的流转额和劳务收入作为征税对象的一类税。流转税负担普遍,课税隐蔽性强,主要包括增值税、消费税、营业税和关税,是我国税收收入的主要来源。

(一) 增值税法

1. 增值税概述

增值税,是以商品在流转过程中产生的增值额为计税依据而征收的一种商品税。其中,增值额指生产者或经营者在一定期间的生产经营活动过程中新创造的价值。由于增值税的征收对象为增值额,"道道课征、税不重征"的征收方式既可以消除重复征税,又具有相互稽查的作用,而且不会影响到资源配置的效果。

根据扣除项目的不同以及法定的增值额的内容,增值税可以分为生产型增值税、收入型增值税和消费型增值税三种。我国2009年之前实行的是生产型增值税,在部分地区试点消费型增值税之后,2009年实行了增值税的全面转型,生产型增值税变为消费型增值税。

目前,我国增值税适用的法律依据主要为《中华人民共和国增值税暂行条例》(以下简称《增值税暂行条例》,2008年修订)及其《中华人民共和国增值税暂行条例实施细则》(2011 年修订)等。

2. 纳税主体

增值税的纳税主体,即增值税纳税人,是指在我国境内销售货物或者提供加工、修理、修配劳务、提供应税服务以及从事进口货物的单位和个人。

从税法地位和税款计算角度,增值税的纳税主体可分为“一般纳税人”和“小规模纳税人”①。小规模纳税人是指年销售额在法定标准之下,并且会计核计不健全,不能按规定报送有关税务资料的纳税人,其不得使用增值税专用发票,也不能进行税款抵扣,只能采用简易计税法。一般纳税人则是指小规模纳税人以外的其他纳税人,可以使用增值税专用发票,采用抵扣法缴纳增值税款。

在目前全行业推行“营改增”的情况下,增值税的范围有所扩大,一般纳税人与小规模纳税人应税销售额也有不同的区分标准,生产货物或提供应税劳务,或以其为主,并兼营批发或零售以 50 万元为划分点;批发或零售货物以 80 万元为划分点;提供应税服务以 500 万元为划分点。

3. 征税范围

增值税的征税范围包括三个方面,即销售货物、提供应税劳务、提供应税服务和进口货物,其中销售货物是增值税的主要来源。

(1) 销售货物。销售货物是指在我国境内有偿转让货物的所有权。其中,货物主要指有形动产,包括电力、热力、气体等。

视同销售是指税法将符合条件的某些不属于销售范围或尚未实现的货物销售的行为视为销售行为而进行的征税,如将货物交付其他单位或者个人代销、将自产或者委托加工的货物用于非增值税应税项目、销售代销货物等。

混合销售是指销售行为既涉及货物又涉及非增值税应税劳务。除另有规定外,从事货物的生产、批发或者零售的企业、企业性单位和个体工商户的混合销售行为,视为销售货物,应当缴纳增值税;其他单位和个人的混合销售行为,视为销售非增值税应税劳务,不缴纳增值税②。

(2) 提供应税劳务。应税劳务,即加工、修理修配劳务,具体是指有偿提供

① 另外,应税服务年销售额超过规定标准的其他个人不属于一般纳税人,不经常提供应税服务的非企业性单位、企业和个体工商户可选择按照小规模纳税人纳税。参见《财政部、国家税务总局关于将铁路运输和邮政业纳入营业税改征增值税试点的通知》(财税〔2013〕106 号)附件一。

② 与混合销售容易混淆的是兼营行为和混业经营,兼营行为是指兼营非增值税劳务的行为,混业经营纳税人兼有不同税率或者征收率的销售货物、提供应税劳务或者应税服务的,应当分别核算销售额,未分别核算的从高适用税率。

加工、修理修配劳务，不包括单位或个体工商户聘用的员工为本单位或雇主提供加工、修理修配劳务。所谓加工，是指受托加工货物，即委托方提供原料及主要材料，受托方按照委托方的要求，制造货物并收取加工费的业务。所谓修理修配，是指受托对损伤和丧失功能的货物进行修复，使其恢复原状和功能的业务。

（3）提供应税服务。应税服务是指陆路运输服务、水路运输服务、航空运输服务、管道运输服务、邮政普遍服务、邮政特殊服务、邮政其他服务、研发和技术服务、信息技术服务、文化创意服务、物流辅助服务、有形动产租赁服务、鉴证咨询服务、广播影视服务等。

（4）进口货物。进口货物是指货物从境外进入我国关境内。

4. 税率

增值税的税率分为五档：第一档是基本税率17%，适用于全部应税劳务和绝大部分销售或者进口货物。第二档是低税率13%，主要适用于四大类：① 生活必需品，如粮食、食用植物油、自来水、暖气、冷气、热水、煤气、石油液化气、天然气、沼气、居民用煤炭制品；② 文化产品，如图书、报纸、杂志；③ 农业生产用品，如饲料、化肥、农药、农机、农膜；④ 国务院规定的其他货物。第三档是低税率11%，适用于交通运输业、邮政服务业及基础电信业。第四档是低税率6%，适用于研发和技术服务、信息技术服务、文化创意服务、物流辅助服务、鉴证咨询服务、广播影视服务。第五档是零税率，除国务院另有规定外，仅适用于出口货物。

纳税人兼营不同税率的货物或者应税劳务，应当分别核算不同税率的货物或者应税劳务的销售额；未分别核算销售额的，从高适用税率。小规模纳税人销售货物或者应税劳务，实行按照销售额和征收率计算应纳税额的简易办法，并不得抵扣进项税额，适用3%的征收率。

5. 应纳税额的计算

（1）一般纳税人应纳税额计算方法

$$应纳税额=当期销项税额-当期进项税额$$

一般纳税人应缴税额计算采取“抵扣法”，当期销项税额小于当期进项税额不足抵扣时，其不足部分可以结转下期继续抵扣。

A. 当期销项税额计算公式

$$当期销项税额=当期销售额\times税率$$

纳税人销售货物或者提供应税劳务、应税服务，按照销售额和税法规定的税率计算并向购买方收取的增值税额，为销项税额。由于增值税为价外税，因此一般纳税人销售货物或者提供应税劳务，采用销售额和销项税额合并定价方法的，按下列公式计算销售额：

销售额＝含税销售额÷(1＋税率)

销售额是指纳税人销售货物或者提供应税劳务、应税服务，向购买方收取的全部价款和价外费用，但是不包括收取的销项税额。价外费用，包括价外向购买方收取的手续费、补贴、基金、集资费、返还利润、奖励费、违约金、滞纳金、延期付款利息、赔偿金、代收款项、代垫款项、包装费、包装物租金、储备费、优质费、运输装卸费以及其他各种性质的价外收费，但不包括代收代缴的消费税、符合条件的代垫运输费用、符合条件的代为收取的政府性基金或者行政事业性收费、销售货物的同时代办保险等而向购买方收取的保险费，以及向购买方收取的代购买方缴纳的车辆购置税、车辆牌照费。

B. 当期进项税额计算方式

当期进项税额是指纳税人购进货物或者接受应税劳务、应税服务已支付或承担的增值税额。一般情况是凭票抵扣，特殊情况下是计算抵扣，在增值税电子发票已经全面推进的情况下，凭票抵扣将走向无纸化和规范化。目前税法规定的准予从销项税额中抵扣的进项税额有：

① 从销售方取得的增值税专用发票上注明的增值税额；

② 从海关取得的完税凭证上注明的增值税额；

③ 购进免税农产品，除取得增值税专用发票或者海关进口增值税专用缴款书外，准予抵扣的进项税额计算公式为：进项税额＝买价×扣除率13%；

④ 购进或者销售货物以及在生产经营过程中支付运输费用的，准予抵扣的进项税额计算公式为：进项税额＝运输费用金额×扣除率13%。

依据税法规定，不得抵扣的进项税额包括：

① 取得的增值税扣税凭证不符合法律、行政法规或者国务院税务主管部门有关规定的；

② 用于非增值税应税项目、免征增值税项目、集体福利或者个人消费的购进货物或者应税劳务；

③ 非正常损失的购进货物及相关的应税劳务；

④ 非正常损失的在产品、产成品所耗用的购进货物或者应税劳务；

⑤ 国务院财政、税务主管部门规定的纳税人自用消费品；

⑥ 上述第②项至第⑤项规定的货物的运输费用和销售免税货物的运输费用。

(2) 小规模纳税人应纳税额的计算方法

应纳税额＝销售额×征收率3％

小规模纳税人销售货物或者提供应税劳务、应税服务采用销售额和应纳税额合并定价方法的，按下列公式计算销售额：

销售额＝含税销售额÷(1＋征收率)

小规模纳税人因销售货物退回或者折让退还给购买方的销售额，应从发生销售货物退回或者折让当期的销售额中扣减。

(3) 进口货物应纳税额的计算方式

应纳税额＝组成计税价格×税率

其中，组成计税价格＝关税完税价格＋关税；如果属于应征消费税的货物，其组成计税价格中应加计消费税额，即组成计税价格＝关税完税价格＋关税＋消费税。

6. 税收减免

纳税人销售额未达到国务院财政、税务主管部门规定的增值税起征点的，免征增值税；达到起征点的，依照税法规定全额计算缴纳增值税。此外，依据《增值税暂行条例》的规定，以下项目免征增值税：

(1) 农业生产者销售的自产农产品；

(2) 避孕药品和用具；

(3) 古旧图书；

(4) 直接用于科学研究、科学试验和教学的进口仪器、设备；

(5) 外国政府、国际组织无偿援助的进口物资和设备；

(6) 由残疾人的组织直接进口供残疾人专用的物品；

(7) 销售的自己使用过的物品。

以上只是增值税最基础的规定，其中销售额的确定、营改增后进项税额的抵扣、出口退税等问题还有很多更加详细的规定，在实践中财政部和国家税务总局出台的增值税优惠政策也比较庞杂，每年都会有一些新的政策调整，具体运用的时候需要更加细致。

（二）营业税法

1. 营业税概述

营业税，也称销售税，是以应税商品或应税劳务（“营改增”除外）的营业额为计税依据的一种流转税。营业税具有税源普遍、税负较轻和征收成本较低等特点。营业税在我国是一个与增值税并行的税种，随着“营改增”的推行，营业税的征税范围在不断缩小，2012 年 1 月 1 日我国开始在上海市对于交通运输业（陆路运输、航空运输、水路运输、管道运输）和部分现代服务业（研发和技术、信息技术文化创意、物流辅助、有形动产租赁和鉴证咨询）实施“营改增”改革试点①，自 2013 年 8 月 1 日，在全国范围内试点，同时增加广播影视服务②。2014 年 1 月 1 日起，试点范围增加铁路运输业和邮政服务业。2014 年 6 月 1 日，将电信业纳入试点范围③。目前，建筑业、房地产业、生活服务业、金融保险业四大行业的“营改增”还在艰难推进之中。

目前，我国营业税适用的法律依据主要为《中华人民共和国营业税暂行条例》（以下简称《营业税暂行条例》，2008 年修订）及《中华人民共和国营业税暂行条例实施细则》（2011 年修订）等。

2. 纳税主体

营业税的纳税主体，即营业税的纳税人，是在中华人民共和国境内提供本条例规定的劳务、转让无形资产或者销售不动产的单位和个人。

3. 征税范围

营业税的征税范围为有偿提供应税劳务、转让无形资产和销售不动产三类。

（1）有偿提供应税劳务。依据营业税暂行条例及其实施细则和“营改增”相

---

① 2011 年 11 月 16 日，财政部和国家税务总局发布经国务院同意的《财政部、国家税务总局关于印发〈营业税改征增值税试点方案〉的通知》（财税[2011]110 号），同时印发了《交通运输业和部分现代服务业营业税改征增值税试点实施办法》、《交通运输业和部分现代服务业营业税改征增值税试点有关事项的规定》和《交通运输业和部分现代服务业营业税改征增值税试点过渡政策的规定》，明确从 2012 年 1 月 1 日起，在上海市交通运输业和部分现代服务业开展营业税改征增值税试点。

② 财政部和国家税务总局 2013 年 5 月 24 日联合印发《财政部 国家税务总局关于在全国开展交通运输业和部分现代服务业营业税改征增值税试点税收政策的通知》（财税[2013]37 号），进一步明确从 2013 年 8 月 1 日起在全国范围内开展交通运输业和部分现代服务业营业税改征增值税试点的相关税收政策。

③ 2014 年 4 月 30 日，财政部、国家税务总局联合发布《财政部国家税务总局关于将电信业纳入营业税改征增值税试点的通知》（财税[2014]43 号），从 2014 年 6 月 1 日起电信业正式纳入“营改增”范围。

关规定，应税劳务包括：建筑业、金融保险业（部分“营改增”）[①]、文化体育业（部分“营改增”）、娱乐业、服务业（部分“营改增”）税目征收范围的劳务。加工和修理、修配，以及单位或者个体工商户聘用的员工为本单位或者雇主提供条例规定的劳务，不属于营业税法规定的劳务（非应税劳务）。

（2）转让无形资产（部分“营改增”）[②]。转让无形资产，指转移或让与无形资产的使用权或所有权。股权转让以及以无形资产投资、入股，参与利益分配，共同承担投资风险的行为，不征收营业税。

（3）销售不动产。销售不动产，指转让不动产所有权行为，包括销售建筑物及其他土地附着物。纳税人有下列情形之一的，视同发生应税行为：① 单位或者个人将不动产或者土地使用权无偿赠送其他单位或者个人；② 单位或者个人自己新建（以下简称自建）建筑物后销售，其所发生的自建行为；③ 财政部、国家税务总局规定的其他情形。

4. 税率

营业税实行比例税率，共分为3%、5%、5%～20%三档九种。

（1）3%税率：建筑业、文化体育业（部分“营改增”）；

（2）5%税率：金融保险业（部分“营改增”）、服务业（部分“营改增”）、转让无形资产（部分“营改增”）、销售不动产；

（3）5%～20%税率：娱乐业。

纳税人兼有不同税目的应当缴纳营业税的劳务（以下简称应税劳务）、转让无形资产（部分“营改增”）或者销售不动产，应当分别核算不同税目的营业额、转让额、销售额（以下统称营业额）；未分别核算营业额的，从高适用税率。

5. 应纳税额计算

营业税按照其营业额和规定的税率计算应纳税额。应纳税额计算公式：

$$应纳税额=营业额\times税率$$

纳税人的营业额为纳税人提供应税劳务、转让无形资产或者销售不动产收取的全部价款和价外费用。但是，下列情形除外：

（1）纳税人将承揽的运输业务分给其他单位或者个人的，以其取得的全部

---

① 金融保险业科目下有形动产融资租赁已“营改增”，参见《财政部、国家税务总局关于将铁路运输和邮政业纳入营业税改征增值税试点的通知》（财税〔2013〕106号）附件一。

② 转让商标权、专利权、非专利技术、著作权和商誉已“营改增”，参见《财政部、国家税务总局关于将铁路运输和邮政业纳入营业税改征增值税试点的通知》（财税〔2013〕106号）附件一。

价款和价外费用扣除其支付给其他单位或者个人的运输费用后的余额为营业额。

(2) 纳税人从事旅游业务的,以其取得的全部价款和价外费用扣除替旅游者支付给其他单位或者个人的住宿费、餐费、交通费、旅游景点门票和支付给其他接团旅游企业的旅游费后的余额为营业额。

(3) 纳税人将建筑工程分包给其他单位的,以其取得的全部价款和价外费用扣除其支付给其他单位的分包款后的余额为营业额。

(4) 外汇、有价证券、期货等金融商品买卖业务,以卖出价减去买入价后的余额为营业额。

(5) 国务院财政、税务主管部门规定的其他情形。

6. 税收减免

纳税人营业额未达到起征点的,一律免征营业税;达到或超过起征点的,应就其营业额的全额征税。依照《营业税暂行条例》的规定,下列项目免征营业税:

(1) 托儿所、幼儿园、养老院、残疾人福利机构提供的育养服务,婚姻介绍,殡葬服务。

(2) 残疾人员个人提供的劳务。

(3) 医院、诊所和其他医疗机构提供的医疗服务。

(4) 学校和其他教育机构提供的教育劳务,学生勤工俭学提供的劳务。

(5) 农业机耕、排灌、病虫害防治、植物保护、农牧保险以及相关技术培训业务,家禽、牲畜、水生动物的配种和疾病防治。

(6) 纪念馆、博物馆、文化馆、文物保护单位管理机构、美术馆、展览馆、书画院、图书馆举办文化活动的门票收入,宗教场所举办文化、宗教活动的门票收入。

(7) 境内保险机构为出口货物提供的保险产品。

除前款规定外,营业税的免税、减税项目由国务院规定。任何地区、部门均不得规定免税、减税项目。

7. 营业税改增值税试点

为进一步解决货物和劳务税制中的重复征税问题,完善税收制度,支持现代服务业的发展,国家从 2012 年 1 月 1 日开始,在上海地区的交通运输和部分现代服务业开展深化增值税制度改革试点,逐步地将目前征收营业税的行业改为征收增值税。

依照改革试点方案以及相关实施办法,在现行增值税 17%标准税率和 13%低税率基础上,新增 11%和 6%两档低税率。其中,租赁有形动产等适用 17%

税率，交通运输业、建筑业等适用11%税率，其他技术研发、文化创意、物流等部分现代服务业适用6%税率。试点纳税人原享受的技术转让等营业税减免税政策，调整为增值税免税或即征即退；现行增值税一般纳税人向试点纳税人购买服务，可抵扣进项税额；试点纳税人原适用的营业税差额征税政策，试点期间可以延续；原归属试点地区的营业税收入，改征增值税后仍归属试点地区。

把营业税改征增值税，有利于消除重复征税，增强服务业的竞争能力，促进社会专业化分工，推动三次产业融合；有利于降低小额纳税人税负，扶持小微企业发展，带动扩大就业；有利于推动产业结构调整，促进科技创新。将增值税征收范围覆盖所有的货物和劳务，不仅是与世界通行做法接轨，也是健全有利于科学发展的税收制度的必然选择。

（三）消费税法

1. 消费税概述

消费税，即货物税，是以特定的消费品的流转额为计税依据而征收的一种流转税。消费税征收范围有限，征收环节单一，税负容易转嫁给消费者。目前，我国消费税适用的法律依据主要为《中华人民共和国消费税暂行条例》（以下简称《消费税暂行条例》）及其《实施细则》（2008年修订）等。

2. 纳税主体

消费税的纳税主体是在我国境内生产、委托加工和进口本条例规定的消费品的单位和个人，以及国务院确定的销售本条例规定的消费品的其他单位和个人。个人，是指个体工商户及其他个人；境内，是指生产、委托加工和进口属于应当缴纳消费税的消费品的起运地或者所在地在境内。

3. 征税范围

自2014年12月调整后，消费税总共有15个税目，可以概括为以下几类消费品：

（1）因对人体健康、社会秩序和生态环境可能造成危害而需要进行控制的消费品，如烟、酒、鞭炮和烟火、木质一次性筷子、实木地板、电池、涂料。

（2）奢侈品、非生活必需品，如贵重首饰及珠宝玉石、化妆品、高尔夫球及球具、高档手表。

（3）高耗能的高档消费品，如小汽车、游艇、摩托车。

（4）石油类消费品，如成品油。

4. 税率

消费税的税率有两类，即比例税率和定额税率。多数税目适用比例税率，如化妆品适用30%税率；定额税率主要适用于成品油税目及啤酒、黄酒两个子目，如黄酒税率为240元/吨。

5. 应纳税额的计算

消费税实行从价定率、从量定额，或者从价定率和从量定额复合计税（简称复合计税）的办法计算应纳税额。应纳税额计算公式：

实行从价定率办法计算的应纳税额＝销售额×比例税率；

实行从量定额办法计算的应纳税额＝销售数量×定额税率；

实行复合计税办法计算的应纳税额＝销售额×比例税率＋销售数量×定额税率。

6. 税收减免

消费税的减免项目较少。纳税人出口应税消费品，除国家限制出口的以外，免征消费税；纳税人自产自用的应税消费品，用于连续生产应税消费品的，不纳税。

二、所得税法律制度

所得税，是以所得为征税对象并由获取所得的主体缴纳的税的总称，主要包括企业所得税和个人所得税。所得税属于直接税，比例税率与累进税率并用，在税款缴纳上实行总分结合，计税依据的确定比较复杂。

（一）企业所得税法

企业所得税，又称公司所得税，是以企业在一定期间内的纯所得为征税对象的一种所得税。目前，我国企业所得税适用的法律依据主要为《中华人民共和国企业所得税法》（以下简称《企业所得税法》）及《中华人民共和国企业所得税法实施条例》（2007年颁布）等。

1. 纳税主体

企业所得税的纳税主体为在中国境内的企业和其他取得收入的组织，不包括个人独资企业、合伙企业。我国采用注册地和实际管理机构的双重标准，将企业所得税的纳税主体分为居民企业和非居民企业两类。

居民企业，是指依法在中国境内成立，或者依照外国（地区）法律成立但实际管理机构在中国境内的企业。非居民企业，是指依照外国（地区）法律成立且实际管理机构不在中国境内，但在中国境内设立机构、场所的，或者在中国境内未设立机构、场所，但有来源于中国境内所得的企业。所谓实际管理机构，是指对企业的生产经营、人员、账务、财产等实施实质性全面管理和控制的机构。

居民企业与非居民企业的划分对于纳税主体有重要影响。根据税法规定，居民企业应当就其来源于中国境内、境外的所得缴纳企业所得税。非居民企业在中国境内设立机构、场所的，应当就其所设机构、场所取得的来源于中国境内的所得，以及发生在中国境外但与其所设机构、场所有实际联系的所得，缴纳企业所得税。非居民企业在中国境内未设立机构、场所的，或者虽设立机构、场所但取得的所得与其所设机构、场所没有实际联系的，应当就其来源于中国境内的所得缴纳企业所得税。

2. 征税范围

企业所得税的征税范围，包括纳税主体以货币形式和非货币形式从各种来源取得的收入，包括销售货物所得、提供劳务所得、转让财产所得、股息红利等权益性投资所得、利息所得、租金所得、特许权使用费所得、接受捐赠所得和其他所得。

所谓源于中国境内外所得，按照以下原则确定：① 销售货物所得，按照交易活动发生地确定；② 提供劳务所得，按照劳务发生地确定；③ 转让财产所得，不动产转让所得按照不动产所在地确定，动产转让所得按照转让动产的企业或者机构、场所所在地确定，权益性投资资产转让所得按照被投资企业所在地确定；④ 股息、红利等权益性投资所得，按照分配所得的企业所在地确定；⑤ 利息所得、租金所得、特许权使用费所得，按照负担、支付所得的企业或者机构、场所所在地确定，或者按照负担、支付所得的个人的住所地确定；⑥ 其他所得，由国务院财政、税务主管部门确定。

3. 税率

企业所得税在各国大都适用比例税率，对此主要有两种解释：① 企业所得税实质不是对人税，计税的依据也不是个人的综合负担能力，因此实行累进税率意义不大。② 公司所得税实质上最终由股东负担，公司纯所得的多少与股东收入的多少并无确定关系，对公司所得适用累进税率征税，并不能真正起到调节股东个人收入分配差距的作用。

我国企业所得税的税率为比例税率，分为一般税率和优惠税率。

(1) 一般税率。一般税率包括居民企业、非居民企业取得非预提所得适用的 25%和非居民企业取得预提所得时适用的 20%两档税率。

(2) 优惠税率。依据《企业所得税法》的规定，符合条件的小型微利企业，减按 20%的税率征收企业所得税(年所得 20 万元以下有所得减半规定)。国家需要重点扶持的高新技术企业，减按15%的税率征收企业所得税。非居民企业取得预提所得时，减按10%的税率征收企业所得税。

4. 应纳税额的计算

（1）应纳税额的计算公式。应纳税额＝应纳税所得额×税率－税收优惠减免额－税收抵免额。

（2）应纳税额的具体确定。应纳税所得额（简称“应税所得”）为企业所得税的计税依据，即纳税人每一纳税年度的收入总额减去准予扣除项目后的金融，其计算公式为：

应税所得＝收入总额－不征税收入－免税收入－法定扣除项目－允许弥补的以前年度亏损额。

① 收入总额是指企业以货币形式和非货币形式从各种来源取得的收入的总和，包括销售货物收入、提供劳务收入、转让财产收入、股息和红利等权益性投资收益、利息收入、租金收入、特许权使用费收入、接受捐赠收入以及其他收入。其他收入，具体指企业资产溢余收入、逾期未退包装物押金收入、确实无法偿付的应付款项、已作坏账损失处理后又收回的应收款项、债务重组收入、补贴收入、违约金收入、汇兑收益等。

② 不征税收入，包括财政拨款，依法收取并纳入财政管理的行政事业性收费、政府性基金，国务院规定的其他不征税收入。

③ 免税收入，包括国债利息收入，符合条件的居民企业之间的股息、红利等权益性投资收益，在中国境内设立机构、场所的非居民企业从居民企业取得与该机构、场所有实际联系的股息、红利等权益性投资收益，符合条件的非营利组织的收入。

④ 法定扣除项目。企业实际发生的与取得收入有关的、合理的支出，包括成本、费用、税金、损失和其他支出，准予在计算应纳税所得额时扣除。

⑤ 不得扣除项目。在计算应纳税所得额时，下列支出不得扣除：向投资者支付的股息、红利等权益性投资收益款项；企业所得税税款；税收滞纳金；罚金、罚款和被没收财物的损失；在年度利润总额12%以内的公益性捐赠以外的捐赠支出；赞助支出；未经核定的准备金支出；与取得收入无关的其他支出。

⑥ 允许弥补的以前年度亏损。企业纳税年度发生的亏损，准予向以后年度结转，用以后年度的所得弥补，但结转年限最长不得超过5年。企业在汇总计算缴纳企业所得税时，其境外营业机构的亏损不得抵减境内营业机构的盈利。亏

损，是指企业依照企业所得税法及其实施条例的规定将每一纳税年度的收入总额减除不征税收入、免税收入和各项扣除后小于零的数额。

⑦ 非居民企业预提所得的应税所得。非居民企业取得预提所得时，按照下列方法计算其应税所得额：股息、红利等权益性投资收益和利息、租金、特许权使用费所得，以收入全额为应纳税所得额；转让财产所得，以收入全额减除财产净值后的余额为应纳税所得额；其他所得，参照前两项规定的方法计算应纳税所得额。

(3) 税收抵免。依据我国《企业所得税法》的规定，税收抵免包括直接限额抵免法和间接限额抵免法两种。税收抵免是消除对居民企业境外所得国际重复征税的方法之一。

① 直接限额抵免法。直接限额抵免法，指居住国对某居民纳税人在所得来源地国缴纳的税额，允许用来直接抵扣该居民纳税人所应汇总缴纳居住国的相应税额，但抵扣额不得超过该部分境外所得依居住国税法计算的税额。

依据《企业所得税法》规定，居民企业来源于中国境外的所得已在境外缴纳的所得税税额，可以从其当期应纳税额中抵免，抵免限额为该项所得依照本法规定计算的应纳税额；超过抵免限额的部分，可以在以后5个年度内，用每年度抵免限额抵免当年应抵税额后的余额进行抵补。

已在境外缴纳的所得税税额，是指企业来源于中国境外的所得依照中国境外税收法律以及相关规定应当缴纳并已经实际缴纳的企业所得税性质的税款。抵免限额，是指企业来源于中国境外的所得，依照企业所得税法及其实施条例的规定计算的应纳税额。除国务院财政、税务主管部门另有规定外，该抵免限额应当分国(地区)不分项计算，计算公式如下：抵免限额＝中国境内、境外所得依照企业所得税法和及其实施条例的规定计算的应纳税总额×来源于某国(地区)的应纳税所得额÷中国境内、境外应纳税所得总额。5个年度，是指从企业取得的来源于中国境外的所得，已经在中国境外缴纳的企业所得税性质的税额超过抵免限额的当年的次年起连续5个纳税年度。

② 间接限额抵免法。间接限额抵免法，是指母公司所在的居住国允许母公司以间接通过其外国子公司缴纳的相应于股息所得的那部分外国公司所得税来抵扣母公司应缴其居住国公司所得税的一部分，但抵扣额不得超过该部分境外所得依居住国税法计算的税额。

间接抵免的计算方法与直接抵免类似。我国《企业所得税法》规定："居民企业从其直接或者间接控制的外国企业分得的来源于中国境外的股息、红利等权益性投资收益,外国企业在境外实际缴纳的所得税税额中属于该项所得负担的部分,可以作为该居民企业的可抵免境外所得税税额,在本法第二十三条规定的抵免限额内抵免。”

(二) 个人所得税法

个人所得税,是对个人(自然人)在一定期间取得的应税所得征收的一种所得税。个人所得税实行分类所得税制,征税面小,税负从轻,扣除从宽,在保障财政收入和实现社会政策方面具有重要作用。

目前,我国个人所得税适用的法律依据主要为《中华人民共和国个人所得税法》(以下简称《个人所得税法》)及《中华人民共和国个人所得税法实施条例》(2011年修订)等。

1. 纳税主体

按照住所和时间标准,我国个人所得税的纳税主体可以划分为居民纳税人和非居民纳税人。在中国境内有住所,或者无住所而在境内居住满一年的个人,因从中国境内和境外取得的所得纳税,为居民纳税人。在中国境内无住所又不居住或者无住所而在境内居住不满一年的个人,因从中国境内取得的所得纳税,为非居民纳税人。居民纳税人负有无限纳税义务,其所取得应税所得,无论来源均需要在中国纳税,而非居民纳税人承担有限的纳税义务,只就其来源于中国境内的所得在中国缴纳个人所得税。

所谓境内居住满一年,是指在一个纳税年度(即公历1月1日到12月31日)中在中国境内居住365日。临时离境的,不扣减日数。临时离境,是指在一个纳税年度中一次不超过30日或者多次累计不超过90日的离境。

2. 征税范围

个人所得税以个人取得的所得为征税对象,征税范围具体包括11个税目:工资、薪金所得;个体工商户的生产、经营所得;对企事业单位的承包经营、承租经营所得;劳务报酬所得;稿酬所得;特许权使用费所得;利息、股息、红利所得;财产租赁所得;财产转让所得;偶然所得;经国务院财政部门确定征税的其他所得。

3. 税率

个人所得税法根据税目的不同,规定了三种不同的税率。

(1) 工资、薪金所得。适用3%～45%的七级超额累进税率。

(2) 个体工商户的生产、经营所得和对企事业单位的承包经营、承租经营所得。适用5%～35%的五级超额累进税率。

(3) 其他各类所得。特许权使用费所得,稿酬所得,劳务报酬所得,利息、股息、红利所得，财产租赁所得，财产转让所得，偶然所得和其他所得等全部适用20%的比例税率，但以下情况存在特殊规定：

① 稿酬所得，适用比例税率，税率为20%，并按应纳税额减征30%。

② 劳务报酬所得，适用比例税率，税率为20%。对劳务报酬所得一次收入畸高的，即个人一次取得的应纳税所得额超过2万元的，实行加成征收。

③ 个人出租居住用房取得的所得减按10%税率计税。

个人所得税税率表一
(工资、薪金所得适用)

级数	全月应纳税所得额	税率(%)
1	不超过1 500元的	3
2	超过1 500元至4 500元的部分	10
3	超过4 500元至9 000元的部分	20
4	超过9 000元至35 000元的部分	25
5	超过35 000元至55 000元的部分	30
6	超过55 000元至80 000元的部分	35
7	超过80 000元的部分	45

(注：本表所称全月应纳税所得额是指依照税法规定，以每月收入额减除费用3 500元以及附加减除费用后的余额)

个人所得税税率表二
(个体工商户的生产、经营所得和对企事业单位的承包经营、承租经营所得适用)

级数	全年应纳税所得额	税率(%)
1	不超过15 000元的	5
2	超过15 000元至30 000元的部分	10
3	超过30 000元至60 000元的部分	20
4	超过60 000元至100 000元的部分	30
5	超过100 000元的部分	35

(注：本表所称全年应纳税所得额是指依照税法的规定，以每一纳税年度的收入总额减除成本、费用以及损失后的余额。)

4. 应纳税额计算

我国个人所得税法实行分项扣除、分项定率、分项征收的计征办法，其计算公式为：

应纳税额＝应税所得额×税率。

各个税目的具体计算方式如下：

(1) 工资、薪金所得，以每月收入额减除费用 3 500 元后的余额，为应纳税所得额。

(2) 个体工商户的生产、经营所得，以每一纳税年度的收入总额减除成本、费用以及损失后的余额，为应纳税所得额。

(3) 对企事业单位的承包经营、承租经营所得，以每一纳税年度的收入总额，减除必要费用后的余额，为应纳税所得额。

(4) 劳务报酬所得、稿酬所得、特许权使用费所得、财产租赁所得，每次收入不超过 4 000 元的，减除费用 800 元；4 000 元以上的，减除 20％的费用，其余额为应纳税所得额。

(5) 财产转让所得，以转让财产的收入额减除财产原值和合理费用后的余额，为应纳税所得额。

(6) 利息、股息、红利所得，2013 年 1 月 1 日以后，个人从公开发行和转让市场取得的上市公司股票，持股期间在 1 个月以内(含)的，其股息红利所得全额计入应纳税所得额；持股期限在 1 个月以上至 1 年的(含)，暂减按 50％计入应纳税所得额；持股期限超过 1 年的，暂减按 25％计入应纳税所得额。另外，对于“沪港通”业务，对内地个人投资者通过沪港通投资香港联交所上市股票取得的转让差价所得，自 2014 年 11 月 17 日起至 2017 年 11 月 16 日止，暂免征收个人所得税。对香港市场投资者(包括企业和个人)投资上交所上市 A 股取得的转让差价所得，暂免征收所得税。

(7) 偶然所得和其他所得，不扣费用，以每次收入额为应纳税所得额，但是个人受赠不动产可以扣除赠与过程中的受赠人支付的相关费用。

此外，根据税法的规定，个人将其所得对教育事业和其他公益事业捐赠的部分，按照国务院有关规定从应纳税所得中扣除。

5. 税收减免

在税收减免方面，《个人所得税法》规定比较多，如符合特定条件的奖金，国债利息，福利费、抚恤金、救济金，保险赔款，军人的转业费、复员费等都可以免税;残疾、孤老人员和烈属的所得和因严重自然灾害造成重大损失的情形,经批准可以减征个人所得税。

6. 个人所得税课征模式的完善

由于实际各国的经济发展方式各不相同,加上政治制度和法律制度迥异,个人所得税的课征也存在一些不同,通常有三种模式:分类所得税制度,即把所得依照其来源的不同分为若干类别,对不同类别的所得分别课税;综合所得税制,即将纳税人一定时期的各类所得综合起来,依法计征的制度;分类综合所得税制度,即将分类课征和综合课征相结合的所得税制度。

我国目前的个人所得税实行的是分类所得税制。分类所得虽然计征方便,但是不能很好地体现税收公平原则,不能有效地消除纳税人之间的负担差异。综合所得虽然可以消除这一差异,可以体现纳税人的实际税负差异,最符合量能课税原则,但其也存在一些问题。十八届三中全会决定指出:"要实行分类和综合相结合的个人所得税制。"个人所得税的改革将逐步推进,然而目前税务机关对于纳税人信息的掌控能力不足,改革也只能是以分类所得税为主,逐步逐期地向综合所得税制过渡,不可能一蹴而就[①]。

三、财产税法律制度

财产税是指以财产为征税对象,并由对财产的占有、使用或者收益的主体缴纳的一类税。财产税属于直接税和辅助性税种,税负不易转嫁,且大多为地方性税种。我国目前开征的财产税主要有资源税、房产税、土地使用税、土地增值税、耕地占用税、契税和车船税等。

(一) 资源税法

资源税是对我国境内开发、利用自然资源的单位和个人,就其开发、利用资源的数量或价值征收的一种财产税。目前,我国资源税适用的法律依据主要是《中华人民共和国资源税暂行条例》及其《实施细则》(2011 年修订)等。

1. 纳税主体

资源税的纳税主体为在中国领域及管辖海域开采本条例规定的矿产品或者生产盐的单位和个人。收购未税矿产品的单位为资源税的扣缴义务人。

---

① 刘剑文.《财税法——原理、案例与材料》,北京大学出版社 2015 年版,第 261 页。

2. 征税范围和税率

资源税税目税率表

<table>
<tr><th colspan="2">税 目</th><th>税 率</th></tr>
<tr><td colspan="2">一、原油</td><td>销售额的5%～10%</td></tr>
<tr><td colspan="2">二、天然气</td><td>销售额的5%～10%</td></tr>
<tr><td>三、煤炭</td><td>原煤和以未税原煤加工的洗选煤</td><td>销售额的2%～10%,非跨省油田由省级财政部门在此幅度内提出建议,报省级人民政府决定,跨省油田由财政部、国家税务总局确定</td></tr>
<tr><td rowspan="2">四、其他非金属矿原矿</td><td>普通非金属矿原矿</td><td>每吨或者每立方米0.5～20元</td></tr>
<tr><td>贵重非金属矿原矿</td><td>每千克或者每克拉0.5～20元</td></tr>
<tr><td colspan="2">五、黑色金属矿原矿</td><td>每吨2～30元</td></tr>
<tr><td rowspan="2">六、有色金属矿原矿</td><td>稀土矿</td><td>每吨0.4～60元</td></tr>
<tr><td>其他有色金属矿原矿</td><td>每吨0.4～30元</td></tr>
<tr><td rowspan="2">七、盐</td><td>固体盐</td><td>每吨10～60元</td></tr>
<tr><td>液体盐</td><td>每吨2～10元</td></tr>
</table>

自2014年12月1日起实施煤炭资源税改革,煤炭资源税由从量计征改为从价计征,并对征税范围进行了调整:将用于洗选的自采原煤,由按原煤征税调整为按未税原煤加工的洗选煤征税。但非自采的外购已税原煤加工的洗选煤不重复征收资源税。因此,纳税人同时以自采未税原煤和外购已税原煤加工洗选煤的,应当分别核算;未分别核算的,按自采未税原煤加工的洗选煤计算缴纳资源税。

3. 应纳税额计算

资源税的应纳税额,按照从价定率或者从量定额的办法,分别以应税产品的销售额乘以纳税人具体适用的比例税率或者以应税产品的销售数量乘以纳税人具体适用的定额税率计算。

纳税人开采或者生产不同税目应税产品的,应当分别核算不同税目应税产品的销售额或者销售数量;未分别核算或者不能准确提供不同税目应税产品的销售额或者销售数量的,从高适用税率。

纳税人开采或者生产应税产品,自用于连续生产应税产品的,不缴纳资源税；自用于其他方面的，视同销售，依照该条例缴纳资源税。

（二）房产税法

房产税，是以房产为征收对象，并由对房产拥有所有权或使用权的主体缴纳的一种财产税。目前，我国房产税适用的法律依据主要为《房产税暂行条例》（1986 年颁布）。

1. 纳税主体

房产税的纳税主体为产权所有人。产权属于全民所有的，由经营管理的单位缴纳。产权出典的，由承典人缴纳。产权所有人、承典人不在房产所在地的，或者产权未确定及租典纠纷未解决的，由房产代管人或者使用人缴纳。2008 年 12 月 31 日，国务院发布第 546 号令，废止《城市房地产暂行条例》，自 2009 年 1 月 1 日起，外商投资企业、外国企业和组织及外籍按照《房地产暂行条例》缴纳房产税。

2. 征税范围

房产税的征收对象是在我国境内用于生产经营的房屋，包括城市、县城、建制镇和工矿区的房屋。但是房产的概念并不等于建筑物，判断某一建筑物是否需要征收房产税要用房产的特点来考虑，比如露天游泳池不属于房地产。

依据《房产税暂行条例》的规定，下列房产免纳房产税：国家机关、人民团体、军队自用的房产；由国家财政部门拨付事业经费的单位自用的房产；宗教寺庙、公园、名胜古迹自用的房产；个人所有非营业用的房产（房产税改革试点城市除外）；经财政部批准免税的其他房产。

3. 税率

房产税实行比例税率，依照房产余值计算缴纳的，税率为 1.2%；依照房产租金收入计算缴纳的，税率为 12%。

4. 应纳税额计算

房产税的计税依据为房屋余值或租金收入。其中，房产余值是依照房产原值一次减除 10%～30%后的余值；没有房产原值作为依据的，由房产所在地税务机关参考同类房产核定。

5. 房产税改革

由于房产税开征时，我国尚未进行住房制度改革，城镇个人拥有住房的情况极少，而且居民收入水平普遍较低，因此，《暂行条例》规定对个人所有的非营业用房产（即个人自住住房，以下简称个人住房）免税。2011 年，国务院同意在部分城市进行对个人住房征收房产税改革试点，具体征收办法由试点省、自治区、直辖市自行制定,拉开了地方房产税改革的序幕。

为调节收入分配,引导个人合理住房消费,根据国务院第136次常务会议有关精神,重庆市和上海市政府率先决定在部分区域进行对部分个人住房征收房产税改革试点,对符合条件的个人购买房屋征收房产税。重庆市的试点文件中规定征税对象为:"个人拥有的独栋商品住宅;个人新购的高档住房;在重庆市同时无户籍、无企业、无工作的个人新购的第二套(含第二套)以上的普通住房。"上海市的试点文件则将征税对象设定为:"本市居民家庭在本市新购且属于该居民家庭第二套及以上的住房(包括新购的二手存量住房和新建商品住房)和非本市居民家庭在本市新购的住房。"

(三) 土地税法

土地税是指以土地为征收对象,由对土地进行占有、使用和收益的主体缴纳的一类税的统称。我国现行土地税法主要有土地使用税法、耕地占用税法和土地增值税法三个税种。

1. 城镇土地使用税法

城镇土地使用税,是对在我国境内使用城镇土地资源的单位和个人,就其实际占用的土地面积定额征收的一种财产税。目前,我国城镇土地税适用的法律依据主要为《中华人民共和国城镇土地税暂行条例》及其《实施细则》(2006年修订)等。

(1) 纳税主体。城镇土地使用税的纳税主体,是在城市、县城、建制镇、工矿区范围内使用土地的单位和个人。

(2) 征税范围和税率。城镇土地使用税的征税范围,包括在城市、县城、建制镇、工矿区范围内的国家和集体所有的土地。城镇土地使用税采用定额幅度差别税率,每平方米年税额如下:① 大城市1.5~30元;② 中等城市1.2~24元;③ 小城市0.9~18元;④ 县城、建制镇、工矿区0.6~12元。

(3) 应纳税额计算。城镇土地使用税以纳税人实际占用的土地面积为计税依据,其计算公式为:应纳税额=实际占用的土地面积×适用税额。

2. 耕地占用税法

耕地占用税,是指对在我国境内占用耕地建房或者从事非农业建设的单位或者个人,以其实际占用的耕地面积为计税依据征收的一种财产税。

目前,我国耕地占用税适用的法律依据主要为《中华人民共和国耕地占用税暂行条例》(2007年修订)及其《实施细则》(2008年修订)等。

(1) 纳税主体。耕地占用税的纳税主体,是在我国境内占用耕地建房或者从事非农业建设的单位或者个人。其中，建房包括建设建筑物和构筑物。

(2) 征税范围和税率。耕地占用税的征税对象是纳税人占用的用于种植农作物的耕地。根据税法规定，占用园地建房或者从事非农业建设的，视同占用耕地征收耕地占用税；农田水利占用耕地的，不征收耕地占用税。

耕地占用税采用地区差别定额税率，即以县级行政区域为单位，按人均占有耕地面积的多少，将全国划分为四类地区，分别适用不同的税率。国务院财政、税务主管部门根据人均耕地面积和经济发展情况确定各省、自治区、直辖市的平均税额，各地适用税额，由省、自治区、直辖市人民政府在法定的税额幅度内，根据本地区情况核定。农村居民占用耕地新建住宅，按照当地适用税额减半征收耕地占用税。

(3) 应纳税额计算。耕地占用税以纳税人实际占用的耕地面积为计税依据，按照规定的适用税额一次性征收，其计算公式：应纳税额＝实际占用的耕地面积×适用税率。

3. 土地增值税法

土地增值税是指对转让土地权利而获取利益的主体，就其土地的增值额征收的一种财产税[①]。我国目前土地增值税适用的法律依据主要为《中华人民共和国土地增值税暂行条例》(1993 年)及其《实施细则》(1995 年)等。

(1) 纳税主体。转让国有土地使用权、地上的建筑物及其附着物(以下简称转让房地产)并取得收入的单位和个人，为土地增值税的纳税主体，应当依法缴纳土地增值税。

(2) 征税范围和税率。土地增值税的征税对象为转让房地产的收入。土地增值税按照纳税人转让房地产所取得的增值额和税法规定的四级超额累进税率计算征收：

① 增值额未超过扣除项目金额 50%的部分，税率为 30%。

② 增值额超过扣除项目金额 50%、未超过扣除项目金额 100%的部分，税率为 40%。

③ 增值额超过扣除项目金额 100%、未超过扣除项目金额 200%的部分，税率为 50%。

④ 增值额超过扣除项目金额 200%的部分，税率为 60%。

---

① 值得注意的是对于土地增值税的分类理论上有“所得税”和“财产税”不同的观点，如国家税务总局编撰的《中华人民共和国税收基本法规》(2015 年)将其归入所得税。

(3) 应纳税额计算。土地增值税按照纳税人转让房地产所取得的增值额和规定的税率计算征收,其计算公式为:

应纳税额=增值额×税率-扣除项目金额×速算扣除系数

纳税人转让房地产所取得的收入减除规定扣除项目金额后的余额,为增值额。纳税人转让房地产所取得的收入,包括货币收入、实物收入和其他收入。

依据《土地增值税暂行条例》的规定,下列情况下免征土地增值税:① 纳税人建造普通标准住宅出售,增值额未超过扣除项目金额百分之二十的;② 因国家建设需要依法征收、征用、收回的房地产。

(四) 车辆购置税法和车船税法

1. 车辆购置税法

车辆购置税是指对在我国境内购置应税车辆的单位和个人,按其所购置的车辆价格的比率征收的一种财产税。我国目前车辆购置税适用的法律依据主要是《中华人民共和国车辆购置税暂行条例》(2000 年颁布)及《车辆购置税征收管理办法》(2005 年)等。

(1) 纳税主体。车辆购置税的纳税主体,是指在我国境内购置应税车辆的单位和个人。购置,包括购买、进口、自产、受赠、获奖或者以其他方式取得并自用应税车辆的行为。

(2) 征税范围和税率。车辆购置税的征收范围包括汽车、摩托车、电车、挂车、农用运输车。车辆购置税的税率为 10%。

(3) 纳税额计算。车辆购置税实行从价定率的办法计算应纳税额,应纳税额的计算公式为:

应纳税额=计税价格×税率

车辆购置税的计税价格根据不同情况,按照下列规定确定:① 纳税人购买自用的应税车辆的计税价格,为纳税人购买应税车辆而支付给销售者的全部价款和价外费用,不包括增值税税款。② 纳税人进口自用的应税车辆的计税价格的计算公式为:计税价格=关税完税价格+关税+消费税。③ 纳税人自产、受赠、获奖或者以其他方式取得自用的应税车辆的计税价格,由主管税务机关参照本条例第七条规定的最低计税价格核定。

2. 车船税法

车船税是指对在我国境内的法定的车辆、船舶(以下简称“车船”)的所有人或管理人定额征收的一种税。目前,车船税适用的法律依据主要是《中华人民共和国车船税法》及《中华人民共和国车船税法实施细则》(2011 年颁布)等。

(1) 纳税主体。在中华人民共和国境内属于税法规定的车辆、船舶的所有人或者管理人,为车船税的纳税人。从事机动车第三者责任强制保险业务的保险机构为机动车车船税的扣缴义务人,应当在收取保险费时依法代收车船税。

(2) 征税范围和税率。车船税的征税对象为车辆和船舶,包括依法应当在车船登记管理部门登记的机动车辆和船舶,以及依法不需要在车船登记管理部门登记的在单位内部场所行驶或者作业的机动车辆和船舶。

(3) 税率和应纳税额计算。车船税主要以车船数量或吨位为计税依据,实行从量定额征收,其计算公式为:应纳税额=车船税计税依据×适用税额。

车船税税目税额表

<table>
<tr><th colspan="2">税 目</th><th>计税单位</th><th>年基准税额</th><th>备 注</th></tr>
<tr><td rowspan="7">乘用车〔按发动机汽缸容量(排气量)分档〕</td><td>1.0 升(含)以下的</td><td rowspan="7">每辆</td><td>60～360 元</td><td rowspan="7">核定载客人数9人(含)以下</td></tr>
<tr><td>1.0 升以上至 1.6 升(含)的</td><td>300～540 元</td></tr>
<tr><td>1.6 升以上至 2.0 升(含)的</td><td>360～660 元</td></tr>
<tr><td>2.0 升以上至 2.5 升(含)的</td><td>660～1 200 元</td></tr>
<tr><td>2.5 升以上至 3.0 升(含)的</td><td>1 200～2 400 元</td></tr>
<tr><td>3.0 升以上至 4.0 升(含)的</td><td>2 400～3 600 元</td></tr>
<tr><td>4.0 升以上的</td><td>3 600～5 400 元</td></tr>
<tr><td rowspan="2">商用车</td><td>客 车</td><td>每辆</td><td>480～1 440 元</td><td>核定载客人数9人以上,含电车</td></tr>
<tr><td>货 车</td><td>整备质量每吨</td><td>16～120 元</td><td>包括半挂牵引车、三轮汽车和低速载货汽车等</td></tr>
</table>

续表

税　目		计税单位	年基准税额	备　注
挂车		整备质量每吨	按照货车税额的50%计算	
其他车辆	专用作业车	整备质量每吨	16～120 元	不包括拖拉机
	轮式专用机械车		16～120 元	
摩托车		每辆	36～180 元	
船舶	机动船舶	净吨位每吨	3～6 元	拖船、非机动驳船分别按照机动船舶税额的 50%计算
	游　艇	艇身长度每米	600～2 000 元	

（五）契税法

契税是指以所有权发生转移变动的不动产为征税对象，向产权承受人征收的一种财产税。我国目前契税适用的法律依据主要是《中华人民共和国契税暂行条例》(1997 年颁布)。

1. 纳税主体

契税的纳税主体为在中国境内转移土地、房屋权属的过程中，承受土地的使用权和房屋的所有权的单位和个人。

2. 征税范围和税率

契税的征税范围包括转移土地、房屋的权属的下列行为：① 国有土地使用权出让；② 土地使用权转让，包括出售、赠与和交换，但不包括农村集体土地承包经营权的转移；③ 房屋买卖；④ 房屋赠与；⑤ 房屋交换(交换价格相等的，免征契税)。

土地、房屋权属以下列方式转移的，视同土地权转让、房屋买卖或房屋征税：① 以土地、房屋权属作价投资、入股；② 以土地、房屋权属抵债；③ 以获奖方式承受土地、房屋权属；④ 以预购方式或预付集资建房款方式承受土地、房屋权属。

契税实行幅度比例税率，税率幅度为 3%～5%。

3. 应纳税额计算

具体适用的税率，由省级人民政府在幅度内按照本地区的实际情况确定，并报财政部和国家税务总局备案。其应纳税额计算公式为：应纳缴税额＝计税依据×税率。

四、其他税收法律制度

（一）印花税法

印花税是指对经济活动和经济交往中书立、使用、领受具有法律效力的凭证的行为所征收的一种税。我国目前印花税适用的法律依据主要为《中华人民共和国印花税暂行条例》(1988年)。

1. 纳税主体

印花税的纳税主体是在中国境内书立、领受应税凭证的单位和个人，具体包括立合同人、立账簿人、立据人、领受人和使用人等。

2. 征税范围和税率

印花税的征税范围包括13个税目，可包括以下几个方面：① 合同或具有合同性质的凭证，包括依法订立的各类合同，以及具有合同效力的协议、契约、合约、单据、确认书及其他各种名称的凭证，即合同法中的十大有名合同；② 产权转移书据，包括财产所有权、著作权、商标专用权、专利权和专有技术使用权等产权在买卖、继承、赠与、交换、分隔时所立的书据；③ 营业账簿，即单位或个人记载经营活动的财务会计核算账簿；④ 权利许可证照，包括政府部门发给的房屋产权证、工商营业执照、商标注册证、专利证、土地使用证等；⑤ 经财政部确定征税的其他凭证。

印花税的税率有比例税率和定额税率两种。凡计税依据为凭证所载明的金额的，适用比例税率。其中，各类有名合同均用适用比例税率，分为万分之零点五、万分之三、万分之五和万分之十共四档。产权转移书据按其所载金额的万分之五贴花。自2008年9月19日起，对买卖、继承、赠与所书立的A股、B股股权转让书据的出让方按其书立时证券市场当日实际成交价格的千分之一征收证券(股票)交易印花税，对受让方不再征税。

凡计税依据为应税凭证的件数的，适用定额税率。上述记载资金的账簿以外的其他账簿，以及权力、许可证照、按件贴花5元。

3. 应纳税额计算

印花税的计算公式：应纳税额＝应税金额或凭证件数×适用税率。

应纳税额不足0.1元的，免纳印花税；在0.1元以上的，其税额不满0.05元的不计，满0.05元未满0.1元的按0.1元计税。

同一凭证，因载有两个或两个以上经济事项而适用不同税目税率，如分别记载金额，则应分别计算应纳税额，相加后按合计税额贴花；如未分别记载的，按税率高的计税贴花。

（二）环境保护税法

2015年6月10日，国务院法制办公布了由财政部、国家税务总局、环保部三部门联合起草的《环境保护税法（征求意见稿）》[①]，并向社会各界征求意见。酝酿近十年之久的环保税征收，也将进入倒计时。

环境保护税是对大气污染物、水污染物、固体废物和噪声等征收的一种税，是在排污费制度基础上发展而来。现行排污费制度始于1982年2月国务院颁布的《征收排污费暂行办法》。2002年1月，国务院通过了《排污费征收使用管理条例》。然而，由于现行排污费制度存在征收范围过窄、征收标准过低、征收力度不足、征收效率低以及不能按照法定用途使用等问题，导致违法成本低或守法成本高，从而难以为降低污染排放提供有效激励，不利于环境质量的明显改善。此外，由于排污费收入主要归地方财政，中央财政不参与对排污费的分配，削弱了中央对环境污染调控的调控能力。因此，对我国现行环境税费制度进行必要的改革，开征专门的环境税并取代原有的排污费，是“费改税”的延续和持续推进的一个重要方面，也是落实税收法定原则的重要步骤。

1. 纳税主体

2015年1月1日起施行的新环境保护法规定，排污费的缴纳人为排放污染物的企业事业单位和其他生产经营者。为与排污费有关规定相衔接，征求意见稿规定，环境保护税的纳税人，为在中华人民共和国领域以及管辖的其他海域，直接向环境排放应税污染物的企业事业单位和其他生产经营者。

2. 征收对象和范围

环保税的征税对象分为大气污染物、水污染物、固体废物和噪声等4类，具体税目按照税目税额表的规定执行。对大气污染物、水污染物的征收范围，按每一排放口的污染物种类数以污染当量数从大到小的顺序，最多不超过3项（重金属污染物为5项）。省级人民政府可以根据本地区污染物减排的特殊需要，增加同一排放口征收环保税的应税污染物种类数。

---

① http://www.pkulaw.cn/fulltext_form.aspx?Db=protocol&Gid=1090525830&keyword=%e7%8e%af%e5%a2%83%e4%bf%9d%e6%8a%a4%e7%a8%8e&EncodingName=&Search_Mode=accurate 最后访问日期：2016-02-25。

3. 税额

征求意见稿规定的税额标准与现行排污费的征收标准基本一致。省级人民政府可以统筹考虑本地区环境承载能力、污染排放现状和经济社会生态发展目标要求,在规定的税额标准上适当上浮应税污染物的适用税额,并报国务院备案。为落实《大气污染防治行动计划》《节能减排"十二五"规划》、新环境保护法等要求,促使企业减少污染物排放,征求意见稿规定,对超标、超总量排放污染物的,加倍征收环保税。对依照环境保护税法规定征收环保税的,不再征收排污费。

第三节 税收征收管理法律制度

一、税收征收管理法的含义与适用范围

税收征收管理法,简称税收征管法,是调整在税收征纳及其管理过程中发生的社会关系的法律规范的总称。我国目前税收征收管理适用的法律依据主要为《中华人民共和国税收征收管理法》(2015 年修订,以下简称《税收征管法》)①。

在《税收征管法》的适用范围方面规定:"凡依法由税务机关征收的各种税收的征收管理,均适用本法。关税及海关代征税收的征收管理,依照法律、行政法规的有关规定执行。中华人民共和国同外国缔结的有关税收的条约、协定同本法有不同规定的,依照条约、协定的规定办理。"

二、税务管理法律制度

税务管理法律制度是规范国家税务机关依据税法对税务活动进行决策、组织、计划、协调和监督检查等一系列活动的法律制度的总称。税务管理法律制度主要包括税务登记、账簿凭证管理和纳税申报三大制度。

① 根据 2015 年 4 月 24 日第十二届全国人民代表大会常务委员会第十四次会议《关于修改〈中华人民共和国港口法〉等七部法律的决定》第三次修正,将第 33 条修改为:"纳税人依照法律、行政法规的规定办理减税、免税。""地方各级人民政府、各级人民政府主管部门、单位和个人违反法律、行政法规规定,擅自作出的减税、免税决定无效,税务机关不得执行,并向上级税务机关报告。"整体变化不大。

(一) 税务登记制度

税务登记,又称纳税登记,是纳税人在开业、歇业前以及生产及生产经营期间发生有关变动时,在法定时间内就其经营情况向所在地税务机关办理书面登记的制度。

1. 设立税务登记

企业以及企业在外地设立的分支机构和从事生产、经营的场所,个体工商户和从事生产、经营的事业单位(以下统称从事生产、经营的纳税人)自领取营业执照之日起 30 日内,持有关证件,向税务机关申报办理税务登记。税务机关应当自收到申报之日起 30 日内审核并发给税务登记证件。

2. 变更税务登记

从事生产、经营的纳税人,税务登记内容发生变化的,自工商行政管理机关办理变更登记之日起 30 日内,持有关证件向税务机关申报办理变更税务登记。

3. 注销税务登记

从事生产、经营的纳税人,在向工商行政管理机关申请办理注销登记之前,持有关证件向税务机关申报办理注销税务登记。

除了以上三种制度外,税务登记还包括外出经营报验、停业复业和扣缴税款登记等制度。对纳税人填写的税务登记表、提供的资料和证件,税务机关应该自收到之日起 30 内审核完毕,对符合规定的,予以受理,并发给税务登记证件。

(二) 账证管理制度

账簿、凭证是纳税人记录生产经营活动,进行经济核算的主要工具,也是税务机关确定应纳税额,进行财务监督和税务检查的重要依据。

1. 设置账簿

除经税务机关批准可以不设置账簿的个体工商户外,所有从事生产经营的纳税人和扣缴义务人都应按照国务院财政、税务主管部门的规定设置账簿。账簿包括总账、明细账、日记账及其他辅助账簿。

2. 财务、会计制度及其处理办法的管理

从事生产经营的纳税人应当将其财务、会计制度或者财务、会计处理办法和会计核算软件报送税务机关备案。当上述财务、会计制度或办法与有关规定相抵触时,应依有关规定计算应纳税款、代扣代缴和代收代缴税款。

3. 税控装置

国家根据税收征管的需要,积极推广使用税控装置。纳税人应当按照规定安装、使用税控装置,不得损毁或擅自改动税控装置。值得一提的是,为适应税收现代化建设需要，着眼于税制改革的长远规划，满足增值税一体化管理要求，切实减轻基层税务机关和纳税人负担，国家税务总局对现行增值税发票系统进行了整合升级，并要求2015年内将增值税发票系统升级版推行到所有增值税纳税人，覆盖所有增值税发票。

4. 账簿、凭证的保管

从事生产、经营的纳税人、扣缴义务人必须按有关规定确定的期限妥善保管账簿、记账凭证、完税凭证及其他有关资料。账簿、会计凭证、报表、完税凭证及其他有关资料应当保存10年。但涉外企业的会计凭证、账簿和报表，至少要保存15年；私营企业的会计凭证、账簿的保存期为15年，月、季度会计报表为5年；年度会计报表和税收年度决算报表要永久保存。

（三）纳税申报制度

纳税申报制度，是纳税义务发生后，纳税人按期向税务机关申报与纳税有关各类事项的一种制度。纳税申报即是纳税人履行纳税义务和扣缴义务人履行代扣代缴、代收代缴义务的法定手续，也是税务机关办理税收征收业务、核定应纳税凭证的主要依据。

1. 纳税申报的范围

纳税人和扣缴义务人在主管税务机关依法确定的纳税期限或者扣缴税款期限内，无论有无应税收入、所得及其他应税项目，或无论有无代扣、代收税款，均应依照法律、行政法规规定或者税务机关依照法律、行政法规规定所确定的申报期限、申报内容到主管税务机关办理纳税申报。

2. 纳税申报的内容

纳税人在办理纳税申报时如实填写纳税申报表。纳税申报表内容包括税种、税目，应纳税项目或者应代扣代缴、代收代缴税项目，适用税率或者单位税额、计税依据，扣除项目及标准，应纳税额或者应代扣代缴、代收代缴税款，税款所属期限等。

3. 纳税申报的方式

纳税人、扣缴义务人可以直接到税务机关办理纳税申报或者报送代扣代缴、代收代缴税款报告表，也可以按照规定采取邮寄、数据电文或其他方式办理上述申报，报送事项。

4. 纳税申报的期限

纳税人、扣缴义务人必须在法律、行政法规规定或者税务机关依法确定的申报期限，到主管税务机关办理纳税申报或者报送代扣代缴、代收代缴税款报告表。一般而言，以 1 日、3 日、5 日、10 日、15 日为一期纳税的，应于期满后 5 日内申报纳税；以 1 个月为一期纳税的，应于期满后 10 日内申报纳税。

纳税人、扣缴义务人不能按期办理纳税申报或者报送代扣代缴、代收代缴税款报告表的，经税务机关核准，可以延期申报。

三、税款征收法律制度

税款征收法律制度是指规范征税机关依法将纳税主体的应纳税款征收入库的各类活动的法律制度的总称。税款征收法律制度是税收征管工作的中心环节，主要包括税款征收方式、税额确定制度和纳税期限制度。

（一）税款征收方式

税款征收的方式是指税务机关依照税法规定和纳税人生产经营、财务管理情况以及便于征收和保证国家税款及时足额入库的原则而采取的具体组织税款入库的方法。

1. 查账征收

由税务机关在规定的期限内，依法对纳税主体报送的纳税申报表和有关财务报表、资料等进行审核，填开纳税缴款书，并由纳税人自行缴纳税款的征收方式。查账征收应用得最为普遍，它要求纳税人的财务会计制度必须健全，且能够正确计算应纳税额。

2. 查定征收

由税务机关对纳税人的生产经营情况予以查实，并据以核定其应纳税额的一种征收方式。适用于生产经营规模较小，账册不健全的小型企业。

3. 查验征收

由税务机关对某些难以进行源泉控制的征收对象，通过查验证、照和实物，据以征税而采取的一种征收方式。这种征收方式适用于经营品种比较单一、经营地点、时间和商品来源不固定的纳税人。

4. 定期定额征收

由税务机关根据纳税人生产经营等方面的具体情况，定期对纳税人的应纳税额予以核定，并定期进行相关税种合并征收的一种方式。主要适用于账册不健全，因而对其生产经营收入难以查实的个体工商户。

5. 代扣代缴、代收代缴

扣缴义务人在向纳税人支付或收取款项时，对纳税人的应纳税额代为扣缴或者收缴的征收方式。它有利于加强税收的源泉控制，降低税收的成本。

6. 委托代征

由税务机关委托有关单位代为征收税款的一种方式。通常适用于征收少数零星、分散的税收。

7. 自核自缴

由纳税人依法自行计算应纳税额，自行审核并填开税款交款书后，自己直接到指定的银行交款的一种征收方式。适用于财务会计制度健全、纳税意识较强，且经县级以上税务机关批准可以采取该方式的大中型企业等。

（二）税额确定制度

1. 应纳税额的确定方式

应纳税额的确定方式主要有两种：一是申报确定方式，是指原则上应根据纳税人的申报确定应纳税额，只是在纳税人未自动申报或者申报不适当的情况下，才由征税机关再重新确定的方式。二是官方的确定方式，是指纳税人的应纳税额完全根据征收机关的行政处分来加以确定的方式。一般来说，税法未规定纳税人负有纳税申报义务的，都采用该方式来确定应纳税额。

2. 征税机关对纳税人的应纳税额享有确定权

在申报确定方式下，如申报的应纳税额与依实际情况应缴纳的税额有出入，征税机关有权依法重新进行核定、调整和更正。在官方确定方式下，应纳税额则完全依靠征税机关的核定加以确定。此外，在某种情况下，征税机关还有调整权，主要是针对纳税人利用关联企业进行转移定价而减少税基的情形。

（三）纳税期限制度

纳税期限，指纳税主体在税收征纳过程中履行纳税义务的期限，包括：① 纳税义务发生的时间，即纳税人发生应税行为，应承担纳税义务的起始时间。② 计算期限，即法律、行政法规规定的或者税务机关依法确定的纳税人据以计算应纳税额的期限。③ 税款缴库期限，即纳税计算期满后，纳税人报缴税款的法定期限。

纳税人、扣缴义务人按照法律、行政法规规定或者税务机关依照法律、行政法规的规定确定的期限，缴纳或者解缴税款。纳税人因有特殊困难，不能按期缴纳税款的，经省、自治区、直辖市国家税务局、地方税务局批准，可以延期缴纳税款，但是最长不得超过3个月。

另外，税收征管法还规定了两类征税期限，即补征期和追征期。因税务机关的责任，致使纳税人、扣缴义务人未缴或者少缴税款的，税务机关在3年内可以要求纳税人、扣缴义务人补缴税款，但是不得加收滞纳金。因纳税人、扣缴义务人计算错误等失误,未缴或者少缴税款的,税务机关在 3 年内可以追征税款、滞纳金;有特殊情况的,追征期可以延长到 5 年。

四、税款征收保障法律制度

(一) 税收保全制度

税收保全制度是指在规定的纳税期限届满之前,由于纳税人的行为或者某种客观原因,致使国家税款有不能实现的危险时,税法规定的一系列保证国家税款及时足额缴纳的制度总称。

为实现保全税收的目的,税务机关可以依法采取以下依次递进的各项税收保全措施:① 责令限期缴纳税款。税务机关有根据认为从事生产、经营的纳税人有逃避纳税义务行为的,可以在规定的纳税期之前,责令限期缴纳应纳税款。② 责令提供纳税担保。在限期内发现纳税人有明显的转移、隐匿其应纳税的商品、货物以及其他财产或者应纳税的收入的迹象的,税务机关可以责成纳税人提供纳税担保。③ 通知停付。如果纳税人不能提供纳税担保,经县以上税务局(分局)局长批准,税务机关可以书面通知纳税人开户银行或者其他金融机构冻结纳税人的金额相当于应纳税款的存款。④ 扣押查封。如果纳税人不能提供纳税担保,经县以上税务局(分局)局长批准,税务机关可以扣押、查封纳税人的价值相当于应纳税款的商品、货物或者其他财产。⑤ 限制出境,即清税离境制度。欠缴税款的纳税人或者其法定代表人需要出境的,应当在出境前向税务机关结清应纳税款、滞纳金或者提供担保。未结清税款、滞纳金,又不提供担保的,税务机关可以通知出境管理机关阻止其出境。其中,第③、④项不受顺序限制,可以选择其一。纳税人在规定期限内缴纳税款的,税务机关必须立即解除税收保全措施。

(二) 强制执行制度

强制执行制度是指在纳税主体未履行其纳税义务,经由征税机关采取一般的税收征收措施仍然无效的情况下,通过采取强制执行措施,以保障税收征纳秩序和税款入库的制度。

从事生产、经营的纳税人、扣缴义务人未按照规定的期限缴纳或者解缴税款,纳税担保人未按照规定的期限缴纳所担保的税款,由税务机关责令限期缴纳,逾期仍未缴纳的,经县以上税务局(分局)局长批准,税务机关可以采取下列强制执行措施:

(1) 书面通知其开户银行或者其他金融机构从其存款中扣缴税款。

(2) 扣押、查封、依法拍卖或者变卖其价值相当于应纳税款的商品、货物或者其他财产，以拍卖或者变卖所得抵缴税款。

(3) 税务机关采取强制执行措施时，对前款所列纳税人、扣缴义务人、纳税担保人未缴纳的滞纳金同时强制执行。

个人及其所扶养家属维持生活必需的住房和用品，不在强制执行措施的范围之内。

(三) 税收优先权制度

税收优先权，是指税务机关征收税款与其他债权的实现发生冲突时，税款的征收原则上优先于其他债权的实现。税收优先权反映的是两种或者更多种不同的权利及其代表的利益发生冲突，法律所作出的选择。承认税收优先权的原因在于，税收是国家维护公共利益的重要物质基础，具有强烈的公益性。一般而言，税收优先权是指相对于私法上的优先权，而在税收债权相互之间并不存在优先权，即国税与地税之间不存在优先权，国税与国税、地税与地税之间也不存在优先权[①]。

税务机关征收税款，税收优先于无担保债权，法律另有规定的除外；纳税人欠缴的税款发生在纳税人以其财产设定抵押、质押或者纳税人的财产被留置之前的，税收应当先于抵押权、质权、留置权执行。纳税人欠缴税款，同时又被行政机关决定处以罚款、没收违法所得的，税收优先于罚款、没收违法所得。税务机关应当对纳税人欠缴税款的情况定期予以公告。

纳税人有欠税情形而以其财产设定抵押、质押的，应当向抵押权人、质权人说明其欠税情况。抵押权人、质权人可以请求税务机关提供有关的欠税情况。

(四) 税收代位权和撤销权制度

欠缴税款的纳税人因怠于行使到期债权，或者放弃到期债权，或者无偿转让财产，或者以明显不合理的低价转让财产而受让人知道该情形，对国家税收造成损害的，税务机关可以依照合同法第七十三条、第七十四条的规定行使代位权、撤销权。税务机关依照前款规定行使代位权、撤销权的，不免除欠缴税款的纳税人尚未履行的纳税义务和应承担的法律责任。

之所以规定税收代位权和撤销权制度，是为了避免欠缴税款的纳税人长期拖欠税款，不积极行使自己的到期债权，甚至以无偿转让财产或者低价转让财产的方式，逃避偿还欠缴的税款，损害国家利益。

(五) 其他税款征收的保障制度

《税收征管法》及其《实施细则》在规定税收保全、税收强制执行、税收代位

① 刘剑文.《财税法——原理、案例与材料》，北京大学出版社 2015 年版，第 313 页。

权、撤销权的基础上,还制定了一些有助于税款征收的保障制度。此外,针对征收实践中出现的一些具体问题,还规定了欠税公告制度,欠税设定担保说明制度,合并、分立时的税款缴纳制度,处分不动产和大额资产报告制度等。

五、税收稽查法律制度

广义上的税收稽查法律制度,是指规范税务机关依法对纳税人、扣缴义务人履行纳税义务、扣缴义务所进行的税务检查和处理工作的法律制度的总称。狭义的税务稽查法律制度,不包括税务处理程序,仅指税务调查程序法律制度。税务稽查法律制度有助于查处偷漏税和逃骗税等违法行为,确保税收收入足额入库,也有利于促使纳税人加强经济核算,提高经济效益。《税收征管法》及其《实施细则》对于税务检查作了比较详细的规定,随着电子信息技术的发展,电子计算机和互联网在税收征收管理中的大量运用,税务稽查的作用更加突出,国家税务总局于2009年12月发布了《税务稽查工作规程》,2010年1月1日开始执行。

(一) 税务稽查的内容

1. 检查纳税人执行国家税收政策和税收法规的情况

进行税务稽查,首先要审查纳税人是否遵守国家税收政策和税收法规;是否自觉履行纳税义务;有无隐瞒收入、乱摊成本、虚报费用、少计利润等行为;有无偷税、漏税、拖欠税款、挪用截留税款、骗税以及多缴、错缴等问题。

2. 检查纳税人遵守财经纪律和财会制度的情况

进行税务稽查,就是考核纳税人是否遵守财经纪律和财务会计制度,检查有无弄虚作假、贪污挪用及其他违反财经纪律和财务会计制度的行为。

3. 检查纳税人的生产经营的经济核算情况

通过税务稽查,了解企业的各项管理制度是否健全,生产经营方向是否端正,产品结构是否合理,产、供、销各环节是否协调,技术改造和新产品开发措施是否落实,帮助企业改善经营管理,加强经济核算,健全内部管理制度。

4. 检查纳税人遵守和执行税收征管制度的情况

检查其有无不按纳税程序办事和违反征管制度的问题。

(二) 税务稽查的权利(力)和义务

1. 税务机关的权力和义务

税务机关在税务稽查中享有的权力主要包括:① 查账权;② 场地、经营情况检查权;③ 责成提供资料权;④ 询问权;⑤ 单证检查权;⑥ 存款账户、储蓄存款查询权;⑦ 取证权;⑧ 采取税收保全措施和税收强制执行措施权。其承担的义务主要包括：① 示证检查义务；② 资料退还义务；③ 保守秘密义务；④ 回避义务；⑤ 行使存款账户、储蓄存款查询权时的义务；⑥ 采取税收保全实施时的义务。

2. 被检查人和第三人的权利和义务

被检查人的主要权利是拒绝非法检查权。主要义务包括：① 接受检查的义务；② 如实反映情况的义务；③ 提供有关资料的义务。

3. 第三人在税务稽查中的权利和义务

所谓税务稽查中的第三人，是指与被稽查对象存在业务联系，能对查清案情提供帮助的单位和个人。依据《税收征管法》第54条的授权，税务机关能够检查的第三人的范围仅限于车站、码头、机场、银行、邮政企业及其分支机构。第三人在税务稽查中的主要权利是拒绝非法检查权；主要义务是配合税务机关的检查，接受询问和提供有关资料。

(三) 税务稽查的程序

1. 确定稽查对象

确定稽查对象实际上是一个选案和立案的过程。实践中，一般应当通过以下方法产生税务稽查对象：① 采用计算机选案分析系统进行筛选；② 根据稽查计划按征管户数的一定比例筛选或者随机抽样选择；③ 根据公民举报、有关部门转办、上级交办、情报交换的资料确定。

2. 稽查的实施

稽查的实施需要注意如下几个问题：① 稽查人员的回避。税务人员征收税款和查处税收违法案件，与纳税人、扣缴义务人或者税收违法案件有利害关系的，应当回避。② 稽查的事前通知。除特殊情况外，实施稽查前应当向纳税人发出书面稽查通知，告知其稽查时间和需要准备的材料等。③ 稽查的合法性提示。税务机关派出的人员进行税务检查时，应当出示税务检查证和税务检查通知书，并有责任为被检查人保守秘密；未出示税务检查证和税务检查通知书的，被检查人有权拒绝检查。④ 税务机关的调查手段。税务机关实施税务检查时，可以采取询问、调取账簿资料和实地稽查等手段进行。⑤ 税务机关的取证规则。税务机关调查税务违法案件时，对与案件有关的情况和资料，可以记录、录音、录像、照相和复制。

3. 稽查的审理

在税法实务中，根据证据材料得出最终结论的过程，称之为税务稽查审理，即得出稽查结论。税务稽查审理工作由专门人员负责，必要时还可以组织有关税务人员会审。审理结束时，审理人员应当提出综合性审理意见，制作《审理报告》和《税务处理决定书》，履行报批手续后，交由有关人员执行。对构成犯罪应当移送司法机关的，制作《税务违法案件移送书》，经局长批准后移送司法机关处理。如果稽查人员认为被查对象不存在问题，审理人员审理后确认的，则应制作《税务稽查结论》，并通知被查对象。

第四节 税收争议与法律责任

一、税收争议解决制度

税收争议解决制度，是指解决征税机关与相对人(包括纳税主体和非纳税人主体)之间因确认或者实施税收法律关系而产生的纠纷的法律制度。

(一) 税务纠纷的解决方式

纳税人、扣缴义务人、纳税担保人等税务行政相对人与税务机关在税收征管过程中发生的税务纠纷，通常有两种解决方式，即税务行政复议与税务行政诉讼。两者之间在性质、受理机关、适用程序、审查机关的职权及法律效力等方面都有所不同。但是，它们之间存在较为密切的联系，这种联系主要有两种模式：复议前置模式和复议选择模式。复议前置模式，是指税务行政相对人不服行政机关的处理决定时，必须先申请税务行政复议，对复议决定不服方能向法院提起税务行政诉讼，即税务行政复议是税务行政诉讼的必经程序。复议选择模式，是指税务行政相对人既可以先向行政机关申请复议，对复议决定不服再向法院提起诉讼，也可以不经过复议而直接向法院提起税务行政诉讼。

(二) 税务行政复议

税务行政复议，是税务行政相对人对税务机关作出的处罚、强制执行措施等具体行政行为不服，依法向上一级税务机关或者本级人民政府提出申诉，由上一级税务机关等复议机关对该具体行政行为进行审查并作出裁决的一项行政司法活动。我国关于税务行政复议的法律、法规主要是《税收征管法》、1999 年 4 月 29 日第九届全国人大第九次会议通过并于同年 10 日 1 日起施行的《行政复议法》(根据 2009 年 8 月 27 日第十一届全国人民代表大会常务委员会第十次会议《关于修改部分法律的决定》修正)、2007 年 5 月 23 日国务院第 177 次常务会议通过《中华人民共和国行政复议法实施条例》和国家税务总局发布的《税务行政复议规则》(2010 年 2 月 10 日国家税务总局令第 21 号公布,根据 2015 年 12 月 28 日国家税务总局令第 39 号《国家税务总局关于修改〈税务行政复议规则〉的决定》修正)。

根据我国税法规定,税务行政相对人对下列税务具体行政行为不服的,可以申请复议:税务机关作出的征税行为;税务机关作出的责令纳税人提交纳税保证金或者提供纳税担保的行为;税务机关采取的税收保全措施;税务机关没有及时解除税收保全措施,使纳税人的合法权益遭受损失的行为;税务机关作出的通知出境管理机关阻止出境的行为;税务机关采取的税收强制执行措施;税务机关作出的税务行政处罚行为;税务机关不予依法办理或者答复的行为;税务机关作出的取消增值税一般纳税人资格的行为;税务机关作出的其他税务具体行政行为。

依法提起税务行政复议的税务当事人为税务行政复议申请人,具体包括纳税人、扣缴义务人、纳税担保人和其他税务当事人。申请人申请税务行政复议,可以书面申请,也可以口头申请。口头申请的,复议机关应当当场记录申请人的基本情况、税务行政复议请求、申请复议的主要事实、理由和时间。

纳税人和其他税务当事人对税务机关作出的征税行为不服,应当先向复议机关申请税务行政复议;对税务行政复议决定不服,再向人民法院起诉。并且,申请人按照此项规定申请税务行政复议,必须先按照税务机关根据法律、行政法规确定的税额、期限缴纳或者解缴税款及滞纳金,然后自收到税务机关填发的缴款凭证之日起 60 日以内提出税务行政复议申请。

复议机关收到税务行政复议申请以后,应当在 5 日以内进行审查。对于不符合规定者,决定不予受理,并书面告知申请人。对于符合规定,但是不属于本机关受理者,应当告知申请人向有关机关提出申请。对符合规定的税务行政复议申请,自复议机关法制工作机构收到之日起即为受理,应书面告知申请人。

(三) 税务行政诉讼

税务行政诉讼,是指公民、法人和其他组织认为税务机关或其工作人员作出的税务具体行政行为违法或者不当,侵害了其合法权益,依法向人民法院提起行政诉讼,由人民法院依法审理并作出裁判的司法活动。税务行政诉讼对于行政相对人来说是一种司法救济手段,对于税务机关来说也是一种司法监督手段。

根据《中华人民共和国行政诉讼法》(2014 年 11 月 1 日第十二届全国人民代表大会常务委员会第十一次会议《关于修改〈中华人民共和国行政诉讼法〉的决定》修正)和有关税收法律、法规的规定,税务行政诉讼的范围与税务行政复议的范围基本一致，具体如下：税务机关作出的征税行为；税务机关作出的责令纳税人提交纳税保证金或提供纳税担保行为；税务机关作出的行政处罚行为；税务机关采取的税收保全措施；税务机关没有及时解除税收保全措施，使纳税人等合法权益遭受损失的行为；税务机关采取的税收强制执行措施；税务机关委托代扣代缴义务人所作出的代扣代收税款的行为；税务机关不予依法办理或者答复的行为；税务机关作出的取消增值税一般纳税人资格的行为；税务机关作出的通知出境管理机关阻止出境行为；税务机关作出的其他税务具体行政行为；税务复议机关的复议行为，一是复议机关改变原具体行政行为，二是期限届满，税务机关不予答复。

税务行政诉讼的参加人包括原告、被告、共同诉讼人、第三人和诉讼代理人。其中，必不可少的是原告和被告，应当清楚其含义和范围。税务行政诉讼的原告是指认为税务机关及其工作人员的具体税务行政行为侵犯其合法权益，依法向人民法院提起税务行政诉讼的纳税人、扣缴义务人、纳税担保人等税务当事人。税务行政诉讼的被告，是指其实施的税务具体行政行为被原告指控侵犯其合法权益并由人民法院通知应诉的税务机关。

人民法院应当自税务行政案件立案之日起 5 日以内，将起诉状副本发送被告(即税务机关)。被告应当自收到起诉状副本之日起 15 日以内，向人民法院提交作出税务具体行政行为的有关材料，并提出答辩状。人民法院应当自收到答辩状之日起 5 日以内将答辩状副本发送原告①。被告不提出答辩状的，不影响人民法院审理。诉讼期间，原则上不停止税务具体行政行为的执行。

(四)《行政诉讼法》的修改对于税务行政诉讼的影响②

2014 年，我国《行政诉讼法》经历了第一次大的修改，此次修改主要是针对实践中的立案难、审理难、执行难等问题，从保障当事人诉讼权利、完善管辖制度、诉讼参加人制度、证据制度、判决形式等十个方面进行完善，对于税务行政诉讼也存在一定的影响。

第一，涉税行政诉讼立案成功率提高。第 51 条和第 52 条明确指出：“人民法院在行政案件立案过程中，即使不立案，也应当出具不予立案的裁定，而原告可以据此向上一级法院上诉。”该项条款的增加无疑是增大了涉税行政诉讼案件

---

① 中华人民共和国行政诉讼法(2014 年修正)，第 67 条。

② http://tax.hexun.com/2014-11-04/170038299.html，来源于和讯税务网站，原文作者为华税律师事务所。

立案的成功率，从根本上解决了涉税行政诉讼立案难的问题。

第二，确保了涉税行政案件审理的独立性。第3条第2款规定："行政机关及其工作人员不得干预、阻碍人民法院受理行政案件。"虽然这是一个宣示性的条款，但体现了在行政诉讼中对法院独立行使审判权的保障。

第三，涉税诉讼的解决更加有利于纳税人权利保护。第18条第2款规定："高级人民法院可以确定若干基层人民法院跨行政区域管辖第一审行政案件。"一些基层法院人、财、物受制于地方和行政机关，导致一些案子不能判、不好判、不敢判。这次修改在很大程度上可以解决法院的"地方化"问题对公正审判造成的影响，从体制层面给行政审判注入了一剂十分有效的"强心针"。根据该条规定，金额较大的涉税案件，尤其是其金额大到足以影响地方司法中立性的案件，可以申请跨区管辖，纳税人权利将得到更充分的保护。

第四，保障纳税人胜诉后权益实现。第96条第2款规定："行政机关在规定期限内不履行的，从期满之日起，对该行政机关负责人按日处五十元至一百元的罚款。"将原有对行政机关按日罚款，改为对行政机关负责人按日罚款，实际上是增加了对行政机关负责人工作的监督力度。该条款明确了行政首脑负责制的原则，使得行政机关负责人可以有效发挥其监督、领导的职责，确保涉税案件争议解决后，纳税人权益的实现。

二、税收法律责任

税收法律责任，是指税收法律关系的主体因违反税收法律规范所应承担的法律后果。准确、及时、全面追究税收违法者的法律责任，有利于维护正常的税收分配关系和税收征收管理关系，确保国家的税收收入，预防、打击税收违法犯罪行为，维护纳税人的合法权益。

根据我国税法规定，不同税法主体的权利义务不同，因此其违法应承担的税收法律责任也不同，大致可分四种情况：纳税人的法律责任、扣缴义务人的法律责任、税务人员和税务机关的法律责任及其他税务当事人的法律责任。

（一）纳税人的法律责任

纳税人依其违法程度不同，可能承担行政法律责任，也可能承担刑事法律责任，主要有以下几种情况。

1. 违反税务管理有关规定的行为及其法律责任

根据我国《税收征管法》，纳税人违反税务管理规定的行为主要有以下几种：① 不按照规定的期限申报办理、变更或者注销登记；② 不按照规定设置、保管账簿或者保管记账凭证和有关资料;③ 不按照规定财务、会计制度或者财务、会计处理办法和会计核算软件报送税务机关备查;④ 不按规定将其全部银行账号向税务机关报告;⑤ 不按照规定安装、使用税控装置,或者擅自改动税控装置;⑥ 不办理税务登记;⑦ 不按照规定使用税务登记证件,或者转借、涂改、损毁、买卖、伪造税务登记证件;⑧ 逃避、拒绝或者以其他方式阻挠税务机关的税务检查。

纳税人的第①至第⑤种违法行为,由税务机关责令限期改正,可以处 2 000 元以下的罚款;情节严重的,处 2 000 元以上 1 万元以下的罚款。纳税人的第⑥种违法行为,税务机关责令限期改正;逾期不改正的,经税务机关提请,由工商行政管理机关吊销营业执照。纳税人的第⑦种违法行为,由税务机关处2 000元以上 1 万元以下的罚款,情节严重的,处 1 万元以上 5 万元以下罚款。纳税人的第⑧种违法行为,由税务机关责令改正,可以处 1 万元以下的罚款;情节严重的,处 1 万元以上 5 万元以下的罚款。

2. 违反税款征收规定的行为及其法律责任

(1) 违反纳税申报规定的行为及其法律责任。根据《税收征管法》的规定,纳税人未按规定的期限办理纳税申报和报送纳税资料的,由税务机关责令限期改正,可以处 2 000 元以下的罚款;情节严重的,可以处 2 000 元以上 1 万元以下的罚款。纳税人不如实纳税申报,不缴或者少缴应纳税款的,由税务机关追缴其不缴或者少缴的税款、滞纳金,并处不缴或者少缴的税款 50%以上 5 倍以下的罚款。

(2) 偷税行为及其法律责任。偷税,是指纳税人伪造、变造、隐匿、擅自销毁账簿、记账凭证,或者在账簿上多列支出或者不列、少列收入,或者经税务机关通知申报而拒不申报或者进行虚假的纳税申报,不缴或者少缴应纳税款的行为。《税收征管法》规定,纳税人偷税的,由税务机关追缴其不缴或者少缴的税款、滞纳金,并处不缴或者少缴的税款 50%以上 5 倍以下的罚款;构成犯罪的,依法追究刑事责任。

(3) 逃避追缴欠税的行为及其法律责任。纳税人欠缴应纳税款,采取转移或者隐匿财产的手段,妨碍税务机关追缴欠缴的税款的,由税务机关追缴欠缴的税款、滞纳金,并处欠缴税款 50%以上 5 倍以下的罚款;构成犯罪的,依法追究刑事责任。

(4) 骗取出口退税的行为及其法律责任。以假报出口或者其他欺骗手段,骗取国家出口退税款的,由税务机关追缴其骗取的退税款,并处骗取税款 1 倍以上 5 倍以下的罚款;构成犯罪的,依法追究刑事责任。此外,对骗取国家出口退税款的，税务机关可以在规定期间内停止为其办理出口退税。

(5) 抗税行为及其法律责任。以暴力、威胁方法拒不缴纳税款的，是抗税。纳税人抗税的，除由税务机关追缴其拒缴的税款、滞纳金外，依法追究刑事责任。情节轻微，未构成犯罪的，由税务机关追缴其拒缴的税款、滞纳金，并处拒缴税款1倍以上5倍以下罚款。

(6) 逾期未缴纳税款行为及其法律责任。纳税人在规定期限内不缴或者少缴应纳税款，经税务机关责令限期缴纳，逾期仍未缴纳的，税务机关除依法采取强制执行措施追缴其不缴或者少缴的税款外，可以处不缴或者少缴的税款50%以上5倍以下的罚款。

3. 其他违法行为及其法律责任

违法而拒不接受处理的行为及其法律责任、编造虚假计税依据的行为及其法律责任、行贿行为及其法律责任等。

由上可见，纳税人承担法律责任的方式中最常见的是罚款、责令限期改正、责令限期缴纳三种行政处罚。其中，最轻微的处罚，即2 000元以下的罚款，可以由税务所决定。

(二) 扣缴义务人的法律责任

依税法规定，负有代扣代缴、代收代缴税款义务的扣缴义务人，其违法应承担的税收法律责任主要有以几种情形。

1. 违反税款征收管理规定的行为及其法律责任

第一，未按照规定的期限向税务机关报送代扣代缴、代收代缴税款报告表和有关资料的，由税务机关责令限期改正，可以处2 000元以下的罚款；情节严重的，可以处2 000元以上1万元以下的罚款。

第二，采用与纳税人偷税的同样手段，不缴或者少缴已扣、已收税款的，由税务机关追缴其不缴或者少缴的税款、滞纳金，并处不缴或者少缴的税款50%以上5倍以下的罚款；构成犯罪的，依法追究刑事责任。

第三，在规定期限内不缴或者少缴应解缴的税款，经税务机关责令限期缴纳，逾期仍未缴纳的，税务机关除依法采取强制执行措施追缴其不缴或者少缴的税款外，可以处不缴或者少缴的税款50%以上5倍以下的罚款。

第四，应扣未扣、应收而不收税款的，由税务机关向纳税人追缴税款，对扣缴义务人处应扣未扣、应收未收税款50%以上3倍以下的罚款。

2. 其他违法行为及其法律责任

未按照规定设置、保管代扣代缴、代收代缴税款账簿或者保管代扣代缴、代收代缴税款记账凭证及有关资料；扣缴义务人逃避、拒绝或者以其他方式阻挠税务机关检查；编造虚假计税依据；有税收违法行为而拒不接受税务机关处理的，税务机关可以依法要求改正或采取行政措施。

（三）税务机关和税务人员的法律责任

1. 徇私舞弊或玩忽职守行为及其法律责任

第一，税务人员徇私舞弊的，对依法应当移交司法机关追究刑事责任的不移交，情节严重的，依法追究刑事责任。

第二，税务人员徇私舞弊或者玩忽职守，不征或者少征应征税款，致使国家税收遭受重大损失，构成犯罪的，依法追究刑事责任；尚不构成犯罪的，依法给予行政处分。

2. 滥用职权行为及其法律责任

第一，税务机关、税务人员查封、扣押纳税人个人及其所抚养家属维持生活必需的住房和用品的，责令退还，并依法给予行政处分；构成犯罪的，依法追究刑事责任。

第二，税务人员滥用职权，故意刁难纳税人、扣缴义务人的，调离税收工作岗位，并依法给予行政处分。

第三，税务人员违反法律、行政法规的规定，故意高估或者低估农业税计税依据，致使多征或者少征税款，侵犯农民合法权益或者损害国家利益，构成犯罪的，依法追究刑事责任；尚不构成犯罪的，依法给予行政处分。

第四，违反法律、行政法规的规定，擅自作出税收的开征、停征或者减税、免税、退税、补税以及其他同税收法律、行政法规相抵触的决定的，除依法撤销其擅自作出的决定外，补征应征未征税款，退还不应征收而征收的税款，并由上级机关追究直接负责的主管人员和其他直接责任人员的行政责任；构成犯罪的，依法追究刑事责任。

第五，税务机关违反规定擅自改变税收征收管理范围和税款入库预算级次的，责令限期改正，对直接负责的主管人员和其他直接责任人员依法给予降级或者撤职的行政处分。

3. 受贿行为及其法律责任

税务人员利用职务上的便利，收受或者索取纳税人、扣缴义务人财物或者谋取其他不正当利益，构成犯罪的，依法追究刑事责任；尚不构成犯罪的，依法给予行政处分。

4. 打击报复行为及其法律责任

税务人员对控告、检举税收违法违纪行为的纳税人、扣缴义务人以及其他检举人进行打击报复的，依法给予行政处分；构成犯罪的，依法追究刑事责任。

5. 其他违法行为及其法律责任

税务人员勾结、唆使或者协助纳税人、扣缴义务人从事违法活动的；在征收税款或者查处税收违法案件时，未按照税法规定进行回避的；未依法为纳税人、扣缴义务人、检举人保密的；私分扣押、查封的商品、货物或者其他财产的，依照法律规定给与行政处罚，情节严重，构成犯罪的，移交司法机关依法追究刑事责任。

（四）其他税务当事人的法律责任

第一，未经税务机关依法委托征收税款的，责令退还收取的税款，依法给予行政处分或者行政处罚；致使他人合法权益受到损失的，依法承担赔偿责任；构成犯罪的，依法追究刑事责任。

第二，纳税人、扣缴义务人的开户银行或者其他金融机构拒绝接受税务机关依法检查纳税人、扣缴义务人存款账户，或者拒绝执行税务机关作出的冻结存款或者扣缴税款的决定，或者在接到税务机关的书面通知后帮助纳税人、扣缴义务人转移存款，造成税款流失的，由税务机关处 10 万元以上 50 万元以下的罚款，对直接负责的主管人员和其他直接责任人员处 1 000 元以上 1 万元以下的罚款。

第三，《税收征管法实施细则》规定，税务代理人超越代理权限，违反税收法律、行政法规，造成纳税人未缴或者少缴税款的，除由纳税人缴纳应纳税款、滞纳金外，对税务代理人处以 2 000 元以下的罚款。此外，《税收代理试行办法》对税务代理责任也作了具体规定。

第四，非法印制发票的，由税务机关销毁非法印制的发票，没收违法所得和作案工具，并处 1 万元以上 5 万元以下的罚款；构成犯罪的，依法追究刑事责任。

各种税法主体违反税收法律、行政法规应当给予行政处罚的行为，在 5 年内未被发现的，不再给予行政处罚。但触犯刑律的，适用刑法关于追诉时效的规定。

【参考文献】

1. 刘剑文，熊伟著.《税法基础理论》，北京大学出版社 2004 年版。
2. 刘剑文主编.《财税法学》，高等教育出版社 2004 年版。
3. 徐孟洲著.《税法》，中国人民大学出版社 2009 年版。
4. 王健主编.《经济法学》，厦门大学出版社 2009 年版。

5. 徐孟洲主编.《经济法学》,北京师范大学出版社 2010 年版。
6. 王晓晔主编.《经济法学》,中国社会科学出版社 2010 年版。
7. 刘剑文著.《财税法——原理、案例与材料》,北京大学出版社 2015 年版。

【思考题】

1. 简述税收的含义与特征。
2. 简要分析税收公平与效率原则。
3. 税收法律关系的特点包含哪些方面?
4. 流转税的种类有哪些? 请分析营业税改征增值税的利弊。
5. 个人所得税的计算方法如何?
6. 税收保全与税收强制措施的异同点有哪些?

【案例实训】

1. 近期,税务部门发现某市一建筑工程公司半年前给某行政村施工建造了一条村水泥路,取得工程价款 357 650 元,但未进行申报纳税。经询问和调阅有关合同和账簿得知,公司与某行政村在修路前签订了一份建造“村水泥路工程”合同,合同上规定涉及到的有关营业税等税金由甲方(行政村)负责缴纳。根据税法规定,税务人员责成该企业补缴营业税、城建税和教育费附加计 11 695.16 元,加收滞纳金 2 186.99 元。

对于税务部门的上述处理,公司财务人员认为,这项工程所涉及的有关涉税事项在合同中已写得很清楚,营业税等都由行政村缴纳,跟他们无关,税务部门应向行政村去追缴税款。对此,税务人员解释说,纳税人是税法规定直接承担纳税义务的单位和个人,《营业税暂行条例》中所规定的营业税的纳税人是指“在中华人民共和国境内提供本条例规定的劳务、转让无形资产或者销售不动产的单位和个人”。根据税收法律法规规定,该公司为建筑安装营业税的纳税人。《征管法实施细则》第 3 条规定,“纳税人应当按照税收法律、行政法规的规定履行纳税义务,其签订的合同、协议等与税收法律、行政法规相抵触的,一律无效。”《合同法》第 52 条第(5)项规定,“违反法律、行政法规的强制性规定”的合同无效。行政村与该公司签订的建筑工程合同中规定由行政村缴纳营业税违背了税收法律、法规规定,此合同不具备法律效力。因此,该水泥路工程应纳的相关税金应由建筑工程公司而不是行政村缴纳。

请思考,当事人签订的债权合同条款中可以转嫁纳税义务吗?

2. 我国《契税暂行条例》规定:"在中华人民共和国境内转移土地、房屋权属,承受的单位和个人为契税的纳税人,应当依照本条例的规定缴纳契税。"依据2011年《婚姻法》新司法解释的规定,夫妻在婚后想对婚前房产(如果是一方购买一方署名的)加名,就属于房屋权属发生转变。依据《契税暂行条例》规定变更房屋权属,需要征收契税。根据房地产交易中心税务窗口要求,夫妻可以在房产证上加名字,但需要缴税;南京市政府也出台规定,对符合规定的夫妻房产加名征收契税。

"房产加名税"这一新词的产生引起了社会的热议,不少人认为征收契税不合理。不久,财政部和国家税务总局出台文件明确:"婚姻关系存续期间,房屋、土地权属原归夫妻一方所有,变更为夫妻双方共有的,免征契税。"

请思考,房产加名税是否具有合理性和合法性?

3. 某母公司A,通过股权参与方式投资设立子公司B和子公司C。由于购买急需原料紧缺资金,母公司A于是以子公司B的全部财产设定抵押作为其所欠原料款的债务担保。子公司C由于投资决策失误,除血本无归,尚欠外债500万元,被迫破产。公司A与公司B、C相互间有经营上的业务往来,为了节约税收,降低成本,经协商,它们之间的交易均按内部优惠价进行。

税务机关在审查时发现这几家企业之间的内部交易,认为关联企业之间按内部价进行交易不符合税法的规定,要求对其应纳税的收入进行重新调整。

请思考,纳税人应如何规避关联交易的税收调整法律风险?

第十二章
金　融　法

【本章导读】

本章主要介绍金融法的基本概念、基本原则和制度，从金融法的概念入手，分析金融法的调整对象和基本原则，概括描述了金融法总论的基本原理。在金融法的调整对象中，需要重点把握金融调控法律制度和金融监管法律制度两方面的内容。金融调控法律制度主要围绕中央银行法律制度、政策性银行法律制度和外汇管理法律制度展开论述，而金融监管法律制度主要包涵银行业、证券业和保险业三方面的监管制度。

第一节　金融法概述

一、金融的概念、体系和功能

（一）金融的含义

金融，广义即货币资金融通，狭义即具有信用形式的货币资金融通。金融学和金融法中的“金融”，一般取其狭义，即含有信用关系的筹集、分配、流通、使用和管理货币资金的活动。

狭义的金融仅指资金的信用融通活动①。具体而言，金融主要包括货币的发行与回笼，存款的吸收和提取，贷款的发放和回收，票据的承兑与贴现，银行间的拆借，金银和外汇的买卖，国内、国际的货币收付结算，股票、债券等有价证券

① 强力主编.《金融法通论》，高等教育出版社 2010 年版，第 1 页。

的发行和交易,以及投资信托、融资租赁、保险等活动。

从资金融通有无中介来看,金融可分为"直接金融"(direct finance)和"间接金融"(indirect finance)(见图12-1)。前者是指筹资人和投资人直接发生货币资金有偿借贷行为或者投资行为产生的债权债务关系;后者是指融资双方当事人通过银行等金融机构作为媒介而发生资金借贷行为所产生法律上的债权债务关系。

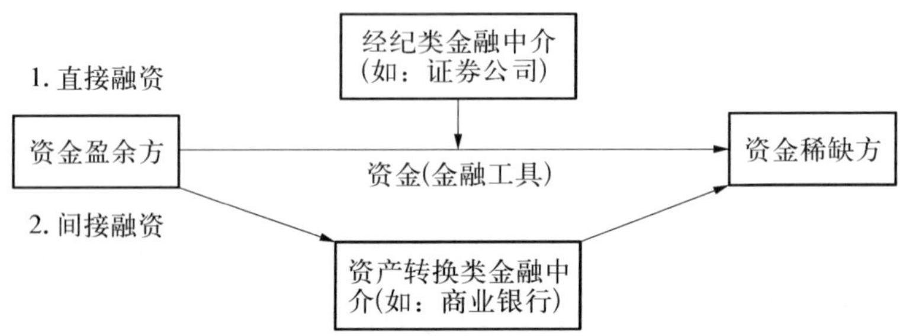

图12-1 直接金融、间接金融及金融体系示意图

金融作为资金营运和融通的枢纽,在国民经济中越来越显现出其天然的、不可或缺的宏观调控的性质。宏观调控是现代国家为克服市场本身固有的局限性,调节社会经济的基本方式之一。具体来说,就是国家从社会经济的宏观和总体角度,运用国家计划、经济政策和各种调节手段,引导和促进社会经济活动,调节市场经济的结构和运行,维护和促进社会经济协调、稳定和发展。

市场经济在资源配置方面的高效性是通过资本的快速融通实现的。正因为如此,市场自身的缺陷如市场障碍、唯利性、滞后性在金融活动中也常常表现出来。金融具有相对的虚拟性,它的运行可以相对脱离真实的生产和经营活动,表现出乘数效应[①]而自我增值。金融具有潜在的风险性,其负债经营方式使其具有信用风险、市场风险、法律风险等,是一个高风险的行业。事实表明,金融活动本身也存在风险,金融体系存在不稳定性和脆弱性,这种风险性和脆弱性还可能随着金融的快速发展而增加。而金融具有很强的公共性和社会性,是国民经济生活的中枢。金融领域的局部紊乱会引起连锁反应,不仅导致资本融通的低速或阻滞,引发市场经济的低效性,而且可能导致金融危机,严重影响整个社会经

① 乘数效应(Multiplier Effect),更完整地说是收入/支出乘数效应,是宏观经济学的一个概念,是指支出的变化导致经济总需求与其不成比例的变化。

济活动的进行，以致引发政治危机和社会动荡。墨西哥金融危机、巴林银行倒闭、东南亚金融危机、拉丁美洲金融风暴等，都给相应的国家和全球造成了难以估量的损失。

在这种情况下，国家对货币资金流通与融通的调节、控制和监督管理便势在必行。国家正是通过对整个社会货币供应量以及货币资金融通结构等的调节控制，维护货币资金流通与融通的正常秩序，保障货币供应规模符合产业经济运行和增长的合理状况的需要，从而促进和引导国民经济朝着国家所希望的方向和轨道运行。

（二）金融体系

金融体系是国民经济体系内围绕资金融通、由相关要素有机构成的子系统。关于金融体系的基本要素，国内外经济学者多认为仅包括金融工具、金融机构和金融市场三部分。然而，任何金融体系都只能在一定的制度框架中运行，相对完备的制度是一切金融体系高效有序运行的基石。因此，金融体系的基本要素，除金融工具、金融机构和金融市场外，还包括金融制度。

1. 金融工具

金融工具是指依一定格式做成、用以证明或创设金融交易各方权利义务的书面凭证。20 世纪 70 年代以来，在存折(存单)、借款合同、股票、债券、商业票据等常见的金融工具的基础上，世界各国特别是发达国家的金融机构，有意识地运用金融工程技术，创造了众多的新型金融工具，包括期货合约、期权合约、货币互换合约、利率互换合约和信用衍生工具等金融创新工具。

2. 金融机构

金融机构是指依法设立、专门经营各种金融业务的组织。结构合理的金融机构体系，对国家金融运行以及经济发展至关重要。根据不同的标准分类，金融机构分为银行和非银行金融机构。根据金融机构的性质和目的，可分为中央银行、政策性金融机构、商业性金融机构。按金融机构的组织形式，可分为有限责任金融机构(含国有独资金融机构)、股份有限责任金融机构、股份合作制金融机构、合作制金融机构。按投资来源，可分为中资金融机构、中外合资金融机构、外资独资金融机构。按金融机构的业务范围，可分为综合性金融机构和专业性金融机构。按金融机构的经营区域，可分为跨国性金融机构、全国性金融机构、地方性金融机构和社区性金融机构。

3. 金融市场

金融市场是指资金融通及相关服务的交易场所或空间，是经济生活中与商品市场、劳务市场和技术市场并列的一种市场。通过金融市场，资金的供求双方直接或借助于信用中介进行资金的融通，并基于资金供求的对比，形成相应的市场“价格”，即利率。根据交易期限的长短，可以将金融市场划分为货币市场和资本市场。货币市场是交易期限在 1 年以内的短期金融交易市场，包括短期存贷市场、同业拆借市场、票据贴现市场、短期债券市场以及大额存单等短期融资工具市场，其功能在于满足交易者的资金流动性需求。资本市场是交易期限在 1 年以上的中长期金融交易市场，主要满足工商企业的中长期投资需求和政府弥补财政赤字的资金需要，包括长期存贷市场和证券市场。按金融交易的交割期限，可以将金融市场划分为现货市场与期货市场。按交易主体和市场范围，可以将金融市场划分为国内金融市场和国际金融市场。

4. 金融制度

金融制度是有关金融交易、金融宏观调控和金融监管相互作用从而形成相对稳定的金融结构和功能的制度框架和程序规则。在我国，金融制度主要以金融立法和政策、我国参加的相关国际条约、相关司法解释为基础。

国家基本金融立法包括 1995 年公布、2003 年修正的《中华人民共和国中国人民银行法》和《中华人民共和国商业银行法》，1998 年公布、2005 年、2013 年和 2014 年依次修订的《中华人民共和国证券法》，1995 年公布、2009 年和 2015 年修订的《中华人民共和国保险法》等。

国家基本金融政策通常是政府对金融体制及其改革作出部署的核心文件，表明政府在金融领域的长远政策取向，对金融立法起着直接的导向作用①。国务院 1983 年《关于中国人民银行专门行使中央银行职能的决定》、1993 年《关于金融体制改革的决定》、1996 年《关于农村金融体制改革的决定》、2003 年《深化农村信用社改革试点方案》、2004 年《关于推进资本市场改革开放和稳定发展的若干意见》、2006 年《关于保险业改革发展的若干意见》、2008 年《国务院办公厅关于当前金融促进经济发展的若干意见》、2012 年《关于鼓励和引导民间资本进入银行业的实施意见》、2015 年《关于促进互联网金融健康发展的指导意见》等，都属于国家基本金融政策的范畴。

(三) 金融的功能

1. 货币供应功能

货币是作为一般等价物的特殊商品。狭义货币的构成包括通货和存款货

① 汪鑫主编.《金融法学》，中国政法大学出版社 2011 年版，第 10 页。

币。通货又称法定货币,包括钞票和铸币,由中央银行垄断发行;存款货币是指可通过支票直接用于支付的活期存款余额,它是货币供应的最重要部分。商业银行因能够多倍创造派生存款,故也是货币供应者。中央银行调控货币供应量,关键在于调控商业银行派生存款的创造。在现代社会,货币供应量并非被动地适应商品交换对媒介的需求;相反,它能动而深刻地影响着国民经济的运行。

2. 资本形成功能

无论对单个的经济体还是总体国民经济,有效的资本形成机制都至关重要。在前资本主义时代,资本形成基本上以业主投资和积累为限。资本主义以后,资本的形成日益开放和社会化,这为生产力的革命性进步创造了条件。然而,离开了金融体系,资本的社会化便无从谈起。丰富的金融工具、有序的金融市场、活跃的金融机构、健全的金融制度,能够极大地降低金融交易成本,提高金融交易的成功率,有效地促进储蓄向投资转化。尤为重要的是,金融体系以其特有方式,即间接融资中商业银行的借贷,直接融资中发达的二级市场,化解资金供需两端流动性错位的矛盾,使得短期流动性不确定的资金,得以转化为需方稳定的、可以长期使用的资本。

3. 支付服务功能

金融体系、特别是其中的商业银行,通过方便、快捷、安全的非现金转账结算服务,为社会提供了有效的支付机制。就当今社会的交易规模、发生频率和市场边界而言,没有现代化的支付手段与之相适应将难以想象。

4. 资源配置功能

货币作为一种抽象的价值符号,赋予交换取得具体生产和生活要素的能力。所以,资金配置实为资源配置的先导。就企业而言,其发展速度、规模扩张、创新素质、竞争能力,无不与它能够支配的资金数量直接相关。只有拥有足够的货币资金,企业才可能吸引优秀人才,采用优质原料,配置先进设备,开发尖端技术,才可能在竞争中立于不败之地。部门、行业、地区、国家也同样如此。在现代经济条件下,金融是货币资金再分配最重要的形式,透过资金配置的功能,金融体系不仅对微观社会经济成分,而且对宏观国民经济,都施加着巨大的影响。

5. 市场约束功能

在充分竞争的市场环境下,审慎、规范经营的优质市场参与者,拥有以更低成本获得更多市场机会的竞争优势。可见,市场本身便具有规范市场行为和市场秩序的功能。由于金融为信用交易,以诚实守信为要素,而各种社会经济成分日益加深对金融的依赖，金融市场的约束能力更显突出。

6. 宏观调控功能

在金融运行中，存在利率、汇率等许多重要变量。政府特别是中央银行，利用各种货币政策工具，调控货币供应总量和信贷结构，调整经济发展的速度与规模，优化资源配置，促进国民经济的持续、健康、稳定与协调发展。

二、金融法的概念和调整对象

（一）金融法的概念

金融法是调整金融关系的法律规范的总称。所谓金融关系，是指金融领域内有关主体之间发生的社会关系。从所调整的金融关系的范围看，金融法有广义和狭义之分。由于金融活动主要是通过银行的各种业务来实现的，银行法是金融法的基本法，处于核心地位，因此狭义的金融法是指银行法。广义的金融法除包括银行法外，还包括货币法、证券法、票据法、信托法和保险法等。

以下主要涉及的范围为广义的金融法。从结构主义的角度来看，金融法的结构即金融关系分为以下三类。

（二）金融法的调整对象

1. 金融私法关系

金融私法关系是指社会经济成员之间因存款、贷款、同业拆借、票据贴现、银行结算、证券买卖、金融信托、金融租赁、外汇买卖、保险等而发生的关系。它属于民法的范畴，或者说是民法的特别法。金融私法关系可以分为资金交易关系和金融中介服务关系①。资金交易关系主要包括间接融资关系、直接融资关系、期货期权等特别融资关系，具有平等、自愿、等价有偿的性质。金融中介服务关系同样具有以上性质，但它是以为资金融通提供的服务为交易对象，而非以资金本身为对象。

2. 金融监管关系

金融监管关系是指国家以及有关的国家机关为保证金融业的安全与稳定，对金融市场、金融市场主体以及金融市场主体之间的交易活动实施监管而产生的关系。广义的金融监管，既包括国家专门机关的监管(法定监管)，也包括金融行业自律组织和金融机构的自我监管(自律)。金融监管关系的特点是监管主体与被监管主体之间地位不平等，前者对后者实行强制，后者对前者必须服从。在

---

① 何立慧主编.《金融法原理》，兰州大学出版社 2004 年版，第 7 页。

任何金融体系下，金融业和金融市场都离不开监管，金融监管不再是金融市场的对立面，而是市场本身一个不可或缺的组成部分。

3. 金融调控关系

金融调控关系是指国家以及有关的国家机关，以稳定金融市场、引导资金流向、控制信用规模为目的，对有关的金融变量实行调节和控制而产生的关系①。金融调控关系包括直接调控关系和间接调控关系。计划经济下多为直接调控关系，由国家以及有关的国家机关等金融调控主体直接下达调控指令，如额度、指标、信贷计划等，硬性要求有关方面严格遵守，忽略市场的作用。而市场经济条件下则多为间接调控，国家参与金融交易活动，通过运用货币政策工具调整有关的金融变量，如存款准备金率、基准利率、再贴现率等，利用市场机制达到调控的目的。

三、金融法的基本原则

金融法的基本原则是调整金融关系，指导立法、司法、行政、守法等环节的最基本的行为准则，是一国金融立法体系贯穿始终的主线和纲领，它通过对若干重大基本问题的定性和定位，对国家金融法制建设起基础性的导向作用②。

（一）以稳定货币为前提促进经济发展的原则

2003年修订的《中国人民银行法》第3条规定："货币政策目标是保持货币币值的稳定，并以此促进经济增长。"经济增长这个概念偏重数量，而经济发展则是数量、质量并重的概念。金融促进经济的发展，必须受客观规律的制约，其中最重要的一条就是必须保持货币币值的稳定。

资金供求平衡是经济稳定和发展的前提和要素，是宏观经济和微观经济对金融业的基本要求。因而，金融法应当按照实现资金供求平衡的要求调整金融关系③。相反，一味追求经济的高增长而非经济地增发货币，固然可能在短期内刺激投资和生产，增加就业，但无疑只是虚假和暂时的经济繁荣，难以长期维持。货币稳定是经济持续、稳定、健康发展的必要条件，应当强化货币政策目标对金融体制的宏观调控职能的约束力。金融体制的宏观调控职能应当按照资金供求总量和结构平衡的要求调控资金供给的规模和结构，稳定币值，并且以此为保

---

① 汪鑫主编.《金融法学》，中国政法大学出版社2011年版，第11页。

② 汪鑫主编.《金融法学》，中国政法大学出版社2002年版，第19页。

③ 漆多俊主编.《经济法学》，武汉大学出版社2005年3月版，第521页。

障,为金融安全创造必要的宏观环境。

(二) 维护金融业稳健与安全的原则

金融业是高风险行业,金融业危机的传递可能导致整个市场崩溃,因此,监管者的任务就是通过开业审查、日常监管、现场检查等措施,促使金融机构在法定范围内稳健经营,降低和防范风险,以提高金融体系的安全性和稳定性。

实现金融业的稳健与安全,必须在完善市场机制的基础上,健全金融法制,严格金融监管。面对国内外金融业出现的一些问题,我国在加快金融立法进程的同时,在改善金融监管上也采取了相应的措施。

(1) 调整了中国人民银行的金融职能,建立起“一行三会”的金融监管体制。中央银行由于垄断了现钞发行权而具备了维护金融稳定的能力和实施金融监管的便利。为了适应变化着的形势,中国人民银行在不断地完善和强化制定和实施货币政策职能,国家在不断地调整金融监管的体制。中国人民银行专门行使中央银行职能 20 年来,金融监管体制经历了几次重大调整。1992 年 12 月,国务院证券委员会和中国证券监督管理委员会成立,与中国人民银行共同管理证券业。1997 年 11 月,原来由中国人民银行监管的证券经营机构划归中国证监会统一监管。1998 年 11 月,中国保险业监督管理委员会成立,负责监管全国商业保险市场。

为了强化金融宏观调控,维护金融稳定,提高银行业监管水平,党中央、国务院作出了分设银行业监督管理委员会的决定。2003 年 4 月,中国银行业监督管理委员会成立,专门行使部分原属中国人民银行的监管职责,统一监管银行、金融资产管理公司、信托投资公司等金融机构。《中国人民银行法》在 2003 年修订后,中国人民银行的职责调整为制定和执行货币政策、维护金融稳定和提供金融服务三个方面,仅保留了必要的监管职责。

(2) 在加强和完善监管机构监管的同时,注重发挥行业自律组织和外部审计师、律师的积极作用。例如,证券商协会、银行公会等机构的金融监管职能日益受到重视。它们所制定的行业自律规则以及对会员所实施的管理,有助于提高金融机构的经营管理水平和金融从业人员的素质,端正行业风气。

(3) 加强预防性监管,防范金融风险。具体包括:严格了金融市场的准入控制,对各类金融机构设立的条件和程序,都作出详细的立法规定;以适度竞争为政策取向,对金融市场的竞争秩序进行了必要的规范和监控;在试点的基础上,全面推行了资产负债比例管理和风险管理,并通过立法建立起了较为科学的量化监控指标体系，包括资本充足率、清偿比率、流动资产比率和集中风险控制比率等。

(三) 保护投资者利益的原则

投资者指的是金融交易中购入金融工具融出资金的所有个人和机构，包括存款人。金融在一定意义上就是投资者通过金融机构间接投资或者通过融资经纪人直接投资。加强对投资者利益的保护，意义非常深远。其一，投资者是资金融通的起点，直接决定着金融市场的存在和规模；其二，投资者是金融市场资金的最终来源，成为金融市场风险的最终承担者；其三，投资者是分散存在的单个法人和自然人，相互间无组织关系，在金融市场上一般处于被金融机构和证券经营机构操纵的状态，众多小投资者还要受少数大投资者操纵；其四，投资者是金融市场不可忽视的社会监督力量，投资者人数众多，遍及各个领域和全体居民，其行为和动态涉及面广，对经济和社会影响力大，对金融市场的监督无处不在。所以，投资者在金融中处于特别重要的地位，金融法应当将投资者利益作为首要保护目标。

立法对投资者利益的优先保护主要体现在以下几个方面：首先，金融法应当全面和明确规定投资者合法权益的内容，其中特别是投资选择权、投资收益权、投资安全权、金融监管参与权等内容。其次，金融法应当对金融机构和融资经纪人施加保护投资者利益的义务，其中最常见、最核心的法律制度有：① 信息披露制度。它赋予金融市场筹资主体(主要是股票和债券发行人)及金融机构依法公开指定信息的义务，用以保证投资者公平地获取信息，并在全面、准确的信息基础上进行投资决策。② 银行保密制度。金融机构必须信守客户秘密，除法律另有规定外，不得向任何人披露所掌握的客户财务资料和其他信息，否则，须赔偿客户由此遭受的损失。③ 禁止实施损害投资者利益的制度。最后，金融法应建立和完善保护投资者利益的其他一系列制度，如存款保险制度、金融交易合同制度和金融监管制度等。

(四) 金融法国际化的原则

所谓金融法的国际化，是指中国金融法律主动顺应国际社会的法律合作、交流、融合、局部统一，乃至全球统一的趋势，实现与国际通则、条约和惯例的接轨，使中国金融法律走向现代化。中国金融法的国际化包括以下两个方面：① 借鉴、吸收国外金融法律中通行的立法体例、法律术语、适用技术和法律程序等，同时，在某些法律原则、价值观上也逐步采用外国法律中某些科学的内容；② 在国内金融法律中采用国际条约和惯例所确定的原则和规则，即确保我国已参加的有关金融国际条约在国内的施行,同时尽量使国内金融法与国际通则、管理保持一致①。

第二节　金融调控法律制度

一、金融调控与金融调控法

(一) 金融调控的必要性

金融调控是指中央银行根据国家经济发展目标,运用货币政策工具对货币供应量和信贷总量、结构的调节和控制,以保证整个经济从宏观上实现总供给与总需求平衡的一系列经济干预措施和活动。

金融调控是宏观调控的重要组成部分,并以其特定的金融调控的对象区别于其他宏观调控措施。金融调控的对象包括货币市场的货币供应量和资本市场的投资规模等。通过货币政策工具调整以及资本市场投资规模控制措施实现货币资金在不同时间和空间的重新分配,以确保货币市场与资本市场的安全、健康、有序发展。

(二) 金融调控法

金融调控法是指调整金融调控关系的法律规范的总和,主要包括中央银行法、政策性银行法、外汇管理法等。

中央银行是金融调控的主要机关,中央银行法主要规定中央银行性质、职责、组织,中央银行的货币政策目标、货币政策工具及其制定和实施程序等内容。

政策性银行法是通过特设专门银行调整政策性金融调控关系,以实现政府特定金融政策目标的法律制度。因此,政策性银行法也被视为金融公法的一种。政策性银行法的内容不仅包括特设政策性银行的组织构成,也包括政策性银行如何直接或者间接从事政策性融资业务以及如何充当政府发展经济、调整产业结构、进行宏观经济调控的手段和工具等内容。

外汇管理法则是调整一国外汇储备、交易、流通管理的法律规范的总和,而实行外汇管理的目的是为了保护本国经济不受外国商品和资本的冲击,维护本国货币和汇率的基本稳定,保持国际收支平衡。

---

① 陆泽峰.《论中国金融法的国际化》,《武汉大学学报》(哲学社会科学版)1997 年第 5 期。

本章介绍中央银行法、政策性银行法和外汇管理法。

二、中央银行法律制度

(一) 中央银行的概念

中央银行(central bank)是一国负责制定和执行国家货币政策,并对银行金融机构和非银行金融机构实行国家宏观调控和金融监管的核心机构。目前,世界各国几乎都设有中央银行,它们的产生有着深刻的社会经济基础,并经历了二三百年的发展历史。《中国人民银行法》第2条规定:"中国人民银行是中华人民共和国的中央银行。"中央银行的出现,意味着一种全新的国家金融管理制度的形成。中央银行具有不同于一般政府机构的显著特点和不同于一般金融机构的明显性质。

(二) 中央银行的性质

各国对中央银行的性质规定不一致。荷兰银行是一个股份有限公司,瑞典国家银行被定义为直属于国会的政府组织,韩国银行则被规定为无资本的特殊法人①。争议的焦点在于:中央银行究竟是国家机关,金融企业(市场主体),也或两者兼而有之②?从目前世界上大多数国家的实际情况看,中央银行在性质上应属于兼具国家机关和金融机构特征的特殊的国家金融机关。

第一,作为国家机关,虽然中央银行的终极目标与国家宏观经济目标相一致,但它带有银行即金融企业的性质,主要表现在以下方面。

(1) 中央银行作为一国的宏观调控机构,必须能独立地制定和实施货币政策,防止政府为了政治需要而牺牲货币政策。因而其领导人的任免、货币政策的制定和实施、监督制约关系等,都不像一般政府机关那样直接隶属于政府并对其负责。

(2) 中央银行与普通银行一样能办理金融信用业务,如存款、贷款、再贴现、票据结算等,既有风险又有收益,并实行资产负债管理,而不像一般政府机关那样完全依靠国家财政预算拨付经费。

(3) 中央银行履行其职能主要通过经济手段,即通过多种的货币政策工具来实现,而货币政策工具属于间接性的调控杠杆。这与一般政府机构主要依靠行政手段直接管理有明显区别。

---

① 陈乐田主编.《银行法》,法律出版社1999年版,第20页。

② 韩龙主编.《金融法》,清华大学出版社、北京交通大学出版社2008年版,第35页。

第二，作为金融机构，中央银行又并非一般的金融企业或普通银行，而是更多地体现出国家机关的性质，主要表现在：

(1) 中央银行是货币发行的银行。中央银行依法垄断货币发行权，它所发行的货币是国内唯一的法定货币。这与普通银行发行银行债券完全不同。

(2) 中央银行是银行的银行。各国银行法一般都规定，中央银行不对工商企业、单位和个人办理业务，只对普通银行和其他金融机构发生银行业务往来。其主要内容是：集中控制普通银行和其他金融机构的存款准备金；为普通银行和其他金融机构提供信贷，承担最后贷款人责任；主持和办理普通银行和其他金融机构间的票据清算业务。

(3) 中央银行是政府的银行。国家加强控制中央银行的资本，高级管理人员的任免程序往往与政府机构行政首长的任免程序相类似。其业务范围主要是代表政府实施金融政策，代理政府管理财政收支，从而充当政府的金融管理机构。

(三) 中央银行的法律地位

中央银行的法律地位，是指通过法律形式规定的中央银行在国家机构体系中的地位。主要是中央银行与国家权力机关、中央政府、地方政府、普通银行的关系。这里关键是规定中央银行在制定和执行金融货币政策、开展业务中应该享有多大的权力或者有多大独立性的问题。中央银行是否应具有独立性，或者说应该具有多大的独立性，长期以来是一个有争议的问题。

赞成中央银行独立性的主要理由是：第一，避免中央银行货币政策的短期化。由于政府容易追求短期的政绩，政治家目光短浅，想赢得选民，如果中央银行听命于政府，受控于政治家，就会使货币政策趋于短期化和极端不稳定，容易产生通货膨胀的恶果；第二，有利于中央银行抵制来自财政的压力，避免通货膨胀的发生；第三，保证货币政策决策的专业性。由于货币政策事关重大而且复杂，因此应当交由熟悉金融运行，政治上中立而能代表公共利益的专业人士进行决策。

反对中央银行独立性的主要理由是：第一，政府对本国经济福利负总责，政府理应控制包括货币政策在内各种宏观经济政策，因此政府应当控制制定和执行货币政策的机构——中央银行；第二，政府控制中央银行有助于协调财政政策和货币政策；第三，少数人决定关系公众利益的货币政策而不负责任以及民选产生的政府不能评判货币政策同样是不民主的；第四，保持中央银行独立性的实践并非总是成功的，例如，独立性较大的美联储曾在 20 世纪 60 年代末和 70 年代推行扩张性货币政策导致严重的通货膨胀,较大的独立性还纵容了美联储的官僚主义作风。

（四）中央银行的分类

1. 中央银行独立性较大型

属于这一类型的有德国、美国、瑞典、瑞士等国的中央银行。此类中央银行直接对国会、议会负责,有权独立制定和执行货币政策,不受政府约束就可以作出对贴现、信贷、公开市场业务以及最低储备要求等方面的决定。其独立性体现在法律赋予中央银行与政府平行的地位,与政府之间不是领导、服从的关系,而是一种相互合作和制衡的关系。如果中央银行的货币政策与政府发生矛盾,则通过协商来解决。其中以德意志联邦银行和美国联邦储备体系最为典型。例如,《美国联邦储备法》规定,联邦储备系统直接向国会负责,理事会每年向众议院议长呈交其业务的详细报告,由该议长将报告提供给国会。国会授权联储委员会可以独立自主地选择合理的政策目标、政策工具和运作方式,无须经总统或联邦政府批准。如政府与联储政策相左,则通过由财政部国务秘书、经济顾问委员会主席和预算局长参加的会议进行磋商解决。

2. 中央银行独立性居中型

英国、日本、加拿大等国的中央银行属于这一类。此类中央银行,法律上隶属于政府财政部门,政府可以对中央银行发布指令监督其业务活动,并有权任免其高层领导,其中央银行的法律地位较之直接对国会或议会负责的中央银行低,但由于实际上政府从未或极少使用这一权力,其在实际业务操作中仍保持着较大的独立性。根据1946年《英格兰银行法》之规定,英国财政部为了公共利益,在必要时可以向英格兰银行发布命令。但实际上,由于英格兰银行与政府密切合作,关系融洽,其总裁与财政部长每月举行磋商,财政部从未向英格兰银行下过命令,英格兰银行实际享有较大的独立性。《日本银行法》规定,日本银行受政府财政监督,大藏相拥有对日本银行一般业务的命令权、监督权。但是日本银行在实际金融活动中仍具有相当大的独立性,日本政府和大藏相不仅从未行使过对日本银行的业务命令权;相反,还为增强日本银行的独立性在法律上做了很大的努力。

3. 中央银行独立性较小型

其代表有意大利、法国、比利时、澳大利亚、巴西、韩国、新加坡等国家的中央银行。尽管中央银行独立性原则已为世界所公认,但这些国家的中央银行无论是在组织管理的隶属关系上,还是在货币政策的制定和执行上,都仍受政府的控制。货币政策的制定和执行须依据政府指令,或根本无权制定货币政策。《意大利银行法》规定,中央银行隶属于财政部,而国家信贷与储蓄委员会拥有制定重大金融政策的权力。意大利银行仅仅是执行机构。比利时政府虽然不直接参与中央银行的运作,但政府的代表有权搁置或否决中央银行的决定。澳大利亚储备银行的主要官员由政府任命,对一些关键性的政策变动,必须事先征得财政部的同意。

关于我国中央银行与政府的关系,中国人民银行是在国务院领导下管理全国金融事业的国家机关,与其他政府机构相比,又具有一定的独立性。《中国人民银行法》规定了下述要点。

(1) 根据《中国人民银行法》第 2 条的规定,中国人民银行在国务院的领导下,制定和实施货币政策,防范和化解金融危险,维护金融稳定。

(2) 中国人民银行拥有相对独立地制定和执行货币政策的权力。根据《中国人民银行法》第 5 条的规定,一方面,就年度货币供应量、利率、汇率和国务院规定的其他重要事项作出的决定,必须报国务院批准后才能执行;另一方面,中国人民银行可对其他有关货币政策管理,自行作出决定并予以执行,只需报国务院备案即可。

(3) 根据《中国人民银行法》第 7 条的规定,中国人民银行在国务院领导下依法独立执行货币政策,履行职责,开展业务,不受地方政府、各级政府部门、社会团体和个人的干涉。

(4)《中国人民银行法》第 10 条规定:"中国人民银行行长的人选,根据国务院总理的提名,由全国人民代表大会决定;全国人民代表大会闭会期间,由全国人民代表大会常务委员会决定,由中华人民共和国主席任免。中国人民银行副行长由国务院总理任免。"

(五) 我国中央银行的组织形式与组织结构

根据《中国人民银行法》和相关法规,中国人民银行的组织机构采取"首长负责制"或"一长负责制"。具体来说,有以下要点。

(1) 行长是中国人民银行的最高决策机构和最高执行机构。《中国人民银行法》第 10 条规定:"中国人民银行设行长一人,副行长若干人。"第 11 条规定:"中国人民银行实行行长负责制。行长领导中国人民银行的工作,副行长协助行长工作。"行长对内领导中国人民银行的工作,对外代表中国人民银行;副行长协助行长工作,其他官员和职员均是行长的下属。行长通过委任将其权力分解下放,但保留最终的权力,并对中国人民银行承担领导责任。

(2) 货币政策委员会是中国人民银行制定货币政策的咨询议事机构。《中国人民银行法》第 12 条第 1 款规定:“中国人民银行设立货币政策委员会。货币政策委员会的职责、组成和工作程序,由国务院规定,报全国人民代表大会常务委员会备案。”从现行法律规定来看,货币政策委员会并不是权力机构,因为行长负责制与合议制相互冲突,它只是咨询议事机构。货币政策委员会由中国人民银行行长、国家外汇管理局局长、中国证券监督管理委员会主席和中国人民银行副行长、国有独资商业银行行长、国家发改委副主任、财政部副部长以及金融专家所组成,主席由中国人民银行行长担任。它的职责是,在综合分析宏观经济形势的基础上,依据国家的宏观经济调控目标,讨论货币政策事项并提出建议。第 12 条第 1 款规定:“中国人民银行货币政策委员会应当在国家宏观调控、货币政策制定和调整中发挥重要作用。”

(3) 总行职能部门。中国人民银行根据履行职责的需要,设立了若干司局级机构,包括办公厅、条法司、金融市场司、金融稳定局、货币政策司、调查统计司、会计财务司、支付结算司、科技司、货币金银局、国库局、国际司、内审司、征信管理局、反洗钱局、研究局等。原非银行金融机构司、外资金融机构管理司、稽核监督司、金融市场管理司等在《中国人民银行法》修订后,整合划归中国银行业监督管理委员会,保险司则划归中国保险监督管理委员会。

(4) 分支机构。分支机构是中国人民银行的派出机构,不具有法人资格,不是地方政府的职能部门,由中国人民银行实行垂直领导。分支机构应当根据职责需要设立,而不按行政区划分设立。

（六）中央银行的宏观调控职能

中央银行的宏观调控职能是指中央银行利用货币政策,对货币供求的状况与行为进行调节与控制,进而实现对社会经济调节与控制的过程。中央银行通过金融调控,不仅要实现预期的货币政策目标,而且要借此干预整个国民经济的运行。这一职能具体表现在以下几个方面。

(1) 利用法定存款准备金手段进行调控。法定存款准备金是指商业银行依法按存款额的一定比例交存中央银行的存款。中央银行在法律赋予的权限范围内规定或调整商业银行交存中央银行的存款准备金率,从而影响和控制商业银行的信用创造能力,间接地控制社会货币的供应量。一般而言,中央银行提高法定存款准备金比率,商业银行上缴中央银行的存款准备金量增加,超额准备金减少,货币乘数变小,商业银行放款数额和信用创造能力降低,其后果是社会货币供应量减少,市场利率提高,银根紧缩。相反,降低存款准备金率,则可得到使货币供应量增加，银根放松，市场利率降低的结果。

（2）利用中央银行基准利率进行调控。基准利率是人民银行公布的商业银行存款、贷款、贴现等业务的指导性利率，各金融机构的存款利率目前可以在基准利率基础上下浮10%，贷款利率则不受限制。通过调整基准利率间接影响商业银行的各种利率，从而达到调整整个市场货币流通量的目的。目前，随着中国利率市场化改革的深入，市场基准利率也逐步形成。2007年1月4日，上海银行间同业拆放利率(Shanghai Interbank Offered Rate, Shibor)开始运行。其首先由信用等级较高的银行组成一个报价团，该报价团成员自主报出人民币同业拆出利率，再对前述报价进行算术平均，从而形成市场基准利率。金融市场正在形成以Shibor为基准的定价群，各种利率之间的比价关系日趋清晰、合理[①]。中国人民银行颁布的《上海银行间同业拆放利率(Shibor)实施准则》确定和调整报价银行团成员，监督和管理Shibor运行，规范报价行与指定发布人行为。

（3）利用再贴现和再贷款手段进行调控。贴现是指票据持有人为获取现金通过贴付一定利息的办法将未到期票据转让给商业银行。再贴现则是指商业银行或其他金融机构将贴现获得的未到期票据转让给中央银行以获得中央银行的现实货币。再贴现手段有两方面的调控作用：一是通过调整再贴现率，影响金融机构准备金和货币供求，达到调节货币供应量的目的。如果中央银行提高再贴现率，商业银行向中央银行通过贴现借款的成本上升，就会减少向中央银行进行贴现，结果就会是金融机构的准备金相应减少，对客户的贷款和投资规模收缩，从而使银根收缩，货币供应量减少。当中央银行降低再贴现率时，作用方向与效果相反。二是通过规定再贴现条件，对资金流向施加影响。当中央银行规定某种票据的再贴现条件优越时，资金就会较容易地流向该种票据背后代表的产业、企业，从而影响金融机构和全社会的资金投向。

（4）利用公开市场业务进行调控。公开市场业务是指中央银行在公开市场上买卖证券和外汇的行为。这种通过契约形式联结和实现的证券买卖行为不同于一般的证券买卖活动，除了买卖一方必须为中央银行外，还有买卖的目的不是为了赢利，而是为了实现一定的货币政策意图。中央银行买入证券，意味着向金融体系注入基础货币，等于增加了货币投放，放松了银根。如果资金流入公众手中，会直接增加货币量；如果流入商业银行，则会引起信用扩张，货币供应量成倍增加。反之，中央银行卖出有价证券，则意味着基础货币从金融体系流回中央银

① 吴志攀.《金融法概论》(第五版)，北京大学出版社2011年版，第19页。

行，增加货币回笼，银根紧缩，货币供应量减少。总之，中央银行通过公开市场业务，可以达到干预金融市场，调节货币供应量和信用规模的目的。

（5）利用其他手段进行调控。除了上述四种一般性调控手段以外，中央银行还利用其他手段进行调控，这些手段包括道义劝告、证券保证金管理、消费信用管理、不动产信用管理、预缴输入保证金管理、优惠利率、贷款总额上限控制、有选择的信贷控制、利率上限控制等。

这些方式都是为货币政策服务的。中国人民银行的职能调整后，可以更加专注于履行其金融宏观调控职能。修改后的《中国人民银行法》强化了中国人民银行制定和执行货币政策有关的职责。具体而言，《中国人民银行法》第 12 条要求中国人民银行货币政策委员会在国家宏观调控、货币政策制定和调整中发挥重要作用；第 23 条增加了中国人民银行在公开市场买卖金融债券这一货币政策工具；第 31 条要求中国人民银行依法监测金融市场的运行情况，对金融市场实施宏观调控，促进金融市场协调发展。

从总体上看，《中国人民银行法》将中国人民银行的职责由原来的 11 项增加为 13 项，并对中国人民银行的职责做了较大的修改。由于监管职能被分离，所以旧法关于“发布有关金融监督管理和业务的命令和规章”修改为“发布与履行与其职责有关的命令与规章”，同时取消了“按照规定审批、监督管理金融机构”的规定。新法还取消了旧法第 4 条第(4)项关于“按照规定监督管理金融市场”的规定，把它分为三个职责，即监督管理银行间同业拆借市场和银行间债券市场；实施外汇管理，监督管理银行间外汇市场；监督管理黄金市场。新的《中国人民银行法》还赋予了中国人民银行一项新职责，即指导、部署金融业反洗钱工作，央行由此肩任起反洗钱职责。

三、政策性银行法律制度

（一）政策性银行的概念与特征

政策性银行，是由政府创立、参股或保证，以贯彻政府经济政策为目标，在特定领域开展金融业务的政策性金融机构。政策性银行一般具有下列特征。

（1）组织上的政府控制性。政策性银行绝大多数都是由政府直接出资创立，是完全归政府所有的政府金融机构。如日本的“二行九库”、韩国的开发银行等；有部分政策性银行不完全是由政府出资设立，但也是由政府参股或保证，实质上还是由政府控制。如法国的对外贸易银行。

（2）经营上的政策性及非营利性。政策性银行是政府为了实现特定的社会经济目标而倡导、出资、参股创立的，这决定了政策性银行在经营方向上要配合政府不同时期的政策意图及重点，发挥其对宏观经济的调节作用，实现政府经济社会发展目标。因此，政策性银行带有浓厚的政策性色彩。但必须明确，不以营利为目的并非不许营利。

(3) 业务领域的针对性。政策性银行有自己特定的业务领域和对象，其资金运用往往是市场经济作用不到的领域，或作用甚微的领域。这些领域是国民经济发展的重要领域，而又不容易得到商业银行的资金融通，这就需要政府的特殊支持和保护，需要政策性资金的投入。政策性银行就是针对某种或某类政策目标，为组织专门的资金供应而设立的。

(二) 政策性银行的特有职能

(1) 补充性职能。即是指政策性银行的活动补充和完善了市场机制的不足或缺陷以及补充了商业银行为主体的金融体系的不足或缺陷。

(2) 倡导性职能。政策性银行的投资、融资决策，往往反映经济的长远目标和政府扶持的意图，在一定程度上能够增强商业性金融机构的信心，消除它们对风险的顾虑，带动它们参与对特定对象的投资或融资。在实际运作中，政策性银行直接的投资或融资可能十分有限，但由此产生的间接倡导效果往往巨大。

(3) 经济调控职能。政策性银行所具有的经济调控职能，是其补充性职能和倡导性职能的必然结果，对于固定资产投资规模的控制、生产力布局的均衡以及产业产品结构的合理化，都能够起到积极的作用。

(三) 政策性银行的法律地位

各国政策性银行在法律地位上有以下共性。

(1) 政策性银行具有法人资格，能够以自己的名义参与民事活动，以其所有或者经营管理的财产独立承担民事责任。

(2) 政策性银行不具有营利的目的，在西方的法律框架中一般认为属于按公法设立的公法法人。

(3) 政策性银行与中央银行不同，不是国家机关，不享有金融行政管理权。

(4) 政策性银行根据特别法而非普通银行法经营业务。

(四) 我国政策性银行及法律制度

1. 中国农业发展银行

中国农业发展银行于 1994 年 11 月 18 日在北京成立，是直属国务院领导的政策性金融机构，其注册资本金为 200 亿元人民币，其中一部分从中国农业银行、中国工商银行现有信贷资金中划转，其余部分由财政部划拨。

(1) 中国农业发展银行的主要任务。根据《中国农业发展银行章程》,中国农业发展银行的主要任务是:按照国家的法律、法规和方针、政策,以国家信用为基础,筹集农业政策信贷资金,承担国家规定的农业政策性业务,代理财政支农资金拨付,为农业和农村经济发展服务。

(2) 业务范围。办理由国务院确定、中国人民银行安排资金并由财政予以贴息的粮、棉、油、肉、糖等主要农副产品的国家专项储备贷款;办理粮、棉、油、肉等农副产品的收购贷款及粮、油调销、批发贷款;办理承担国家粮、油等产品政策性加工任务企业的贷款和棉、麻系统棉花初加工企业的贷款;办理国务院确定的扶贫贴息贷款、老少边穷地区发展经济贷款、贫困县县办工业贷款、农业综合开发贷款以及其他财政贴息的农业方向的贷款;办理国家确定的小型农、林、牧、水利基本建设和技术改造贷款;办理中央和省级政府的财政支农资金的代理拨付,为各级政府设立的粮食风险基金开立专户并代理拨付;发行金融债券;办理业务范围内开户企业事业单位的存款;办理开户企事业单位的结算;境外筹资;办理经国务院和中国人民银行批准的其他业务。

2. 国家开发银行

国家开发银行于 1994 年 3 月 17 日在北京成立,是直属国务院领导的政策性金融机构。国家开发银行注册资本金为人民币 500 亿元,由财政部核拨。

(1) 国家发展银行的主要任务。按照国家的法律、法规和方针、政策筹集和引导社会资金,支持国家的基础建设、基础产业和支柱产业中大中型基本建设和技术改造等政策性项目及其配套工程的建设,从资金来源上对固定资产投资总量进行控制和调节,优化投资结构,提高投资效益,促进国民经济持续、快速、健康地发展。

(2) 业务范围。管理和运用国家核拨的预算内经营性建设基金和贴息资金;向国内金融机构发行金融债券和向社会发行财政担保建设债券;办理有关的外国政府和国际金融组织贷款的转贷,经国家批准在国外发行债券,根据国家利用外资计划筹措国际商业贷款等;向国家基础设施、基础产业和支柱产业的大中型基本建设和技术改造等政策性项目及配套工程发放政策性贷款;办理建设项目贷款条件评审、咨询和担保等业务,为重点建设项目物色国内外合资伙伴,提供投资机会和投资信息;经国务院批准的其他业务。

3. 中国进出口银行

中国进出口银行成立于 1994 年 4 月 26 日,同年 7 月 1 日正式挂牌运营。中国进出口银行是直属国务院领导的政策性金融机构。它不以盈利为目的,专为贯彻国家外贸政策和出口产业政策，直接或间接地从事政策性融资活动，它实行自主、保本经营。

(1) 中国进出口银行的主要任务。按照国家的法律、法规的规定，执行国家宏观金融政策、产业政策和外贸政策，为扩大我国机电产业和成套设备等资本性货物出口提供政策性金融支持，促进出口商品结构的升级换代。

(2) 业务范围。为机电产品和成套设备等资本性货物出口提供出口信贷；办理与机电产品出口信贷有关的外国政府贷款、混合贷款的转贷；办理国际银行间的贷款，组织或参加国际、国内银团贷款；提供出口信贷保险、出口信贷担保、进出口保险和保付代理业务的服务；在境内发行金融债券和在境外发行有价证券；经营批准的外汇业务；参加国际进出口银行组织及政策性金融保险组织；为进出口业务进行咨询和项目评审，为对外经济技术合作和贸易提供服务。

四、外汇管理法律制度

(一) 外汇与外汇管理

外汇，是指以外国货币表示的用于国际结算的各种信用工具和支付手段。我国《外汇管理条例》第三条规定，外汇是指下列以外币表示的可以用作国际清偿的支付手段和资产：

(1) 外国货币，包括纸币、铸币。

(2) 外国支付凭证，包括票据、银行存款凭证、邮政储蓄凭证等。

(3) 外币有价证券，包括政府债券、公司债券、股票等。

(4) 特别取款权①。

(5) 其他外币资产。

外汇管理，又称外汇管制，是指国家通过法律形式对境内的外汇收支、兑换、转移和汇价等实行管理。外汇管理的目的是为了保护本国经济不受外国商品和资本的冲击，维护汇率的基本稳定，保持国际收支平衡。

(二) 外汇管理的类型

各国外汇管理制度主要有三种类型：

① 特别提款权(SDR)是指国际货币基金组织(IMF)根据会员国认缴的份额分配的，可用于偿还国际货币基金组织债务、弥补会员国政府之间国际收支逆差的一种账面资产。其价值目前由美元、欧元、人民币、日元和英镑组成的一篮子储备货币决定。2015 年 11 月 31 日，IMF 执委会宣布人民币进入 SDR 一篮子储备货币。该决议于 2016 年 10 月 1 日起执行。

第一种是严格型外汇管制，即对经常项目和资本项目都实行管制。实行这种外汇管制的国家通常经济比较落后，外汇资金短缺，市场机制不发达，因而试图通过集中分配和使用外汇来达到促进经济发展的目的。

第二种是部分型外汇管制，即对经常项目的外汇交易不实行或者基本不实行外汇管制，但对资本项目的外汇交易进行一定的限制，如法国、日本、意大利等。

第三种是完全自由型外汇管制，即对经常项目和资本项目的外汇交易均不进行限制，外汇可自由兑换、自由流通，如美国、英国、荷兰、瑞士等。

目前，我国外汇管理体制基本上属于部分型外汇管制，对经常项目实行可兑换；对资本项目实行一定的管制；对金融机构的外汇业务实行监管；禁止外币境内计价结算流通；保税区实行有区别的外汇管理等。这种外汇管理体制基本适应我国当前市场经济的发展要求，也符合国际惯例。

（三）我国的外汇管理及其立法

改革开放前，我国一直实行比较严格的外汇管制。改革开放以来，中国外汇管理体制由高度集中的外汇管理体制向与社会主义市场经济相适应的外汇管理体制逐步转变。与此同时，我国的外汇管理立法也随之建立和完善。1980 年 12 月 18 日颁布了我国第一个外汇管理法规——《中华人民共和国外汇管理暂行条例》。1996 年 1 月 29 日颁布《中华人民共和国外汇管理条例》(以下简称《外汇管理条例》)。1997 年 1 月 14 日，国务院修改该条例，明确我国实行人民币经常项目可兑换。2008 年 8 月 6 日，国务院再次修订并颁布了《外汇管理条例》。《外汇管理条例》是我国外汇管理的基本法律依据，该条例对经常项目外汇、资本项目外汇、人民币汇率和外汇市场管理作了明确规定，并规定了相应的法律责任。除《外汇管理条例》外，还有经国务院批准、由国家外汇管理局发布的《外债统计监测规定》、《境外投资外汇管理办法》、《出口收汇核销管理办法》、《国际收支统计申报办法》、《结汇、售汇及付汇管理规定》、《境内机构对外担保管理办法》等规章，这些部门规章也是我国外汇管理法规体系的重要组成部分。

1. 经常项目外汇管理

经常项目，是指国际收支中经常发生的交易项目，包括贸易收支、劳务收支、单方面转换等。《外汇管理条例》对经常项目的外汇管理做了三方面的规定。

(1) 对境内机构的经常项目外汇的管理。境内机构，是指我国境内的企事业单位、国家机关、社会团体、部队等，包括外商投资企业。境内机构的外汇收支或者经营活动，必须适用《外汇管理条例》的规定：境内机构的经常项目外汇收入必须调回境内,并应当按照国务院关于结汇、售汇及付汇管理的规定卖给指定银行,或者经批准在外汇指定银行开立外汇账户,不得违反国家有关规定将外汇擅自存放在境外;境内机构的经常项目用汇,应当按照国务院关于结汇、售汇及付汇管理的规定,持有效凭证和商业单据向外汇指定银行购汇支付;境内机构的出口收汇和进口付汇,应当按照国务院关于出口收汇核销管理和进口付汇核销管理的规定办理核销手续。

(2) 对个人外汇的管理。个人是指中国公民和在中华人民共和国境内居住满1年的外国人。属于个人所有的外汇,可以自行持有,也可以存入银行或者卖给外汇指定银行。个人的外汇储蓄存款,实行存款自愿、取款自由、存款有息、为储户保密的原则。个人因私出境用汇,在规定限额内购汇;超过规定限额的,可以向外汇管理机关申请。个人携带外汇进出境,应当向海关办理申报手续;携带外汇出境,超出规定限额的,还应当向海关出具有效凭证。居住在境内的中国公民持有的外币支付凭证、外汇有价证券等形式的外汇资产,未经外汇管理机关批准,不得携带或者邮寄出境。

(3) 对驻华机构和来华人员外汇的管理。驻华机构是指外国驻华外交机构、领事机构、国际组织驻华代表机构、外国驻华商务机构和国外民间组织驻华业务机构等。《外汇管理条例》规定,外国驻华外交机构、领事机构收取的以人民币支付的签证费、认证费等,需要汇出境外的,可以持有关证明材料向外汇指定银行兑付。其他驻华机构的合法人民币收入,需要汇出境外的,应当持有关证明材料向外汇管理机关申请,凭外汇管理机关的售汇通知单到外汇指定银行兑付。

来华人员是指驻华机构的常驻人员、短期入境的外国人、应聘在境内机构工作的外国人以及外国留学生等。《外汇管理条例》规定,应聘在外商投资企业工作的外籍人员的工资以及其他合法收入,是外汇的,依法纳税后,可以持外汇管理机关规定的有效凭证向外汇指定银行购汇汇出或者携带出境。应聘在境内机构工作的外籍专家的人民币工资以及其他合法收入,依法纳税后,可以向外汇指定银行购汇汇出或者携带出境。

驻华机构和来华人员由境外汇入或者携带入境的外汇,可以自行保存,可以存入银行或者卖给外汇指定银行,也可以持有效凭证汇出或者携带出境。

2. 资本项目外汇管理

资本项目,是指国际收支中因资本输出和输入而产生的资产与负债的增减项目,包括直接投资、各类贷款、证券投资等。按照《外汇管理条例》的规定,境内机构的资本项目外汇收入,除国务院另有规定外,应当调回境内;资本项目外汇收入应在外汇指定银行开立外汇账户；卖给外汇指定银行的，须经外汇管理机关批准。

境内机构向境外投资，在向审批主管部门申请前，由外汇管理机关审查其外汇资金来源；经批准后，按照国务院关于境外投资外汇管理的规定办理有关资金汇出手续。此外，境内机构借用国外贷款、金融机构在境外发行外币债券、提供对外担保，均应按《外汇管理条例》规定经批准后办理。与此同时，国家对外汇实行登记制度。对依法终止的外商投资企业，按照国家有关规定进行清算、纳税后，属于外方投资者所有的人民币，可以向外汇指定银行购汇汇出或者携带出境；属于中方投资者所有的外汇，应当全部卖给外汇指定银行。

2013 年 7 月 4 日，国务院常务会议原则性通过《中国（上海）自由贸易试验区总体方案》，2013 年 9 月 29 日中国（上海）自由贸易试验区（以下简称“自贸区”）正式挂牌成立。自贸区改革中一项重要内容即是促进投融资汇兑便利，具体体现为推动人民币在区内与境外间流动的一系列政策措施，其实质就是扩大资本项目开放。目前资本项下资金流动的诸多限制是我国金融改革的短板，制约了汇率制度改革与人民币国际化进程，我国跨境资金流动的特点同样显示出资本管制的有效性不高，因此，资本项目开放是自贸区金融改革的核心内容之一。通过允许资本自由流动，利用市场化手段调节经济内外平衡，旨在提升自贸区金融市场的开放度，统领人民币跨境使用与外汇管理改革等其他区内改革，推进人民币国际化进程。本次自贸区改革的经验，还将为其他地区的改革提供有效借鉴。

3. 金融机构外汇业务管理

(1) 经营外汇资格。《外汇管理条例》对金融机构外汇业务作出了具体的规定。金融机构经营外汇业务须经外汇管理机关批准，领取经营外汇业务许可证。未经外汇管理机关批准，任何单位和个人不得经营外汇业务。经批准经营外汇业务的金融机构，经营外汇业务不得超出批准的范围。凡经营外汇业务的金融机构，应当按照国家有关规定为客户开立外汇账户，办理有关外汇业务。

(2) 经营外汇业务的规则。金融机构经营外汇业务，应当接受外汇管理机关的检查、监督；应当按照国家有关规定交存外汇存款准备金，遵守外汇资产负债比例的规定，并建立呆账准备金；外汇指定银行办理结汇业务所需的人民币资金，应当使用自有资金；其结算周转外汇，实行比例幅度管理，具体幅度由中国人民银行根据实行情况核定；经营外汇业务的应当向外汇管理机关报送外汇资产负债表、损益表以及其他财务会计报表和资料；如业务终止应向外汇管理机关提出申请，并依法清算外汇债权债务，缴销经营外汇。

（四）人民币汇率管理

汇率是指两国货币之间的交换比率或比价。汇率也称为汇价。人民币汇率是指人民币与外国货币的比价。根据货币比价变动情况，汇率可分为固定汇率、浮动汇率和联合浮动汇率。

1994 年以前，我国曾经实行过单一的固定汇率制[①]。随着经济体制改革的逐步深入，我国开始实行官方汇率和外汇调剂市场汇率并存的汇率双轨制。党的十四大以后，我国实行社会主义市场经济体制，原来的汇率制度已不能适应市场经济发展的需要。为了适应我国改革开放不断深化的要求，国家决定改革汇率制度，实现汇率并轨。根据中国人民银行《关于进一步改革外汇管理体制的公告》的规定：1994 年 1 月 1 日开始，实行人民币汇率并轨。并轨后的人民币汇率，实行以市场供求为基础的、单一的、有管理的浮动制。自 2005 年 7 月 21 日起，我国进一步开始实行以市场供求为基础、参考一篮子货币进行调节、有管理的浮动汇率制度。该次汇率机制改革的主要内容包括两个方面：一是汇率调控的方式。实行以市场供求为基础、参考一篮子货币进行调节、有管理的浮动汇率制度。人民币汇率不再盯住单一美元，而是参照一篮子货币、根据市场供求关系来进行浮动。二是中间价的确定和日浮动区间。中国人民银行于每个工作日闭市后公布当日银行间外汇市场美元等交易货币对人民币汇率的收盘价，作为下一个工作日该货币对人民币交易的中间价格。现阶段，每日银行间外汇市场美元兑人民币的交易价仍在中国人民银行公布的美元交易中间价上下 2%的幅度内浮动，部分非美元货币（包括欧元、日元、港币、英镑等）对人民币的交易价在中国人民银行公布的该货币交易中间价 3%的幅度内活动，浮动率稳定。

（五）外汇市场管理

外汇市场是进行外汇买卖的场所。1994 年，我国建立的全国统一的银行间外汇市场采取了中国外汇交易中心系统的组织形式。交易采取分别报价、撮合成交的竞价交易方式，由计算机系统按价格优先和时间优先的原则对各种报价进行匹配成交。

---

① 所谓固定汇率，是两国货币的比价基本固定，汇率波动被规定在一定幅度内。所谓浮动汇率是指两国货币的比价，依据外汇市场的供求状况，任其自由涨落。根据国家对浮动汇率是否进行干预，浮动汇率又可分为自由浮动汇率和管理浮动汇率。联合浮动汇率是介于固定汇率和浮动汇率之间的汇率，是指联合浮动成员国之间实行固定汇率，联合浮动成员国对非联合浮动成员国实行浮动汇率。

根据《外汇管理条例》规定，经营结汇、售汇业务的金融机构和符合国务院外汇管理部门规定条件的其他机构，可以按照国务院外汇管理部门的规定在银行间外汇市场进行外汇交易。外汇市场交易应遵循公开、公平、公正和诚实信用的原则。

中国人民银行根据货币政策的要求和外汇市场的变化，依法对外汇市场进行调控。国家外汇管理局依法监督、管理外汇市场。

第三节　金融监管法律制度

一、金融监管与金融监管法

(一) 金融监管

金融监管是金融监督管理的简称，是指对银行等金融机构的设立、业务经营及其他活动所进行的监督管理。狭义的金融监管是指金融监管机构依法利用公权力对金融机构和金融活动进行直接限制和约束的一系列行为的总称，是一种外部监管。广义的金融监管还包括金融机构的自我监督管理。

国家对金融业的监管开始于中央银行的产生，历史上不同的国家，由于经济发展水平与金融体制不同，中央银行的产生时间不一，发展路径不同，监管目的也呈现出多样性的特点。但金融业发展到现代，各国都面临着很多相同的问题，因此现代金融监管的目的存在共同性。

金融监管的目的主要包括以下几个方面：

1. 维护金融体系的安全与稳定

金融业是高风险行业，同时是国家与社会的经济安全的重要领域。金融危机不但会导致整个金融市场本身的崩溃，而且会引发社会的政治经济危机。因此，金融体系的安全与稳定至关重要。金融监管的目的之一就是通过开业审查、日常监管、现场检查等措施，促使金融机构在法定范围内稳健经营，降低和防范风险，以提高金融体系的安全性和稳定性。

2. 保护投资者利益

金融市场的投资者是指在金融交易中购入金融工具、融出资金的所有人和机构，包括存款人。投资者是所有金融交易的资金来源，同时金融工具所具有的流动性使他们具有高度分散性和不特定性的特征。由于欠缺信息渠道，判断市场变化能力不足，投资者成为交易中的弱势群体，其权利得不到充分的保护，将会影响到公众对金融市场的信心，而公众的信任和信心，是金融业得以存在和持续发展的基本前提。金融监管只有将投资者利益放在重要的地位，公众的信心才能树立、维持和巩固，金融业才能发展。

3. 促进同业公平竞争

竞争有利于打破垄断，提高服务质量和服务水平。金融监管一方面要保护金融机构的机会均等和地位平等，同时在国家现有金融体制之下，特别是在分业经营的体制下，确保各金融机构在现行法律规定的经营范围内进行业务活动。

按照世界各国的实践，金融监管可分为三种类型：

第一种类型为高度集中的监管体制，由单一的监督机构负责监督管理。英国最具有代表性，英国银行法规定，英国金融服务管理局(FSA)是英国整个金融业的统一监督机构。比利时、瑞士、丹麦等也采用这种体制。

第二种类型为双层多头的监管体制，在中央和地方两级设立多家管理机构共同负责金融监管工作。一般联邦国家采用这种体制，以美国为代表。美国联邦的监管机构有联邦储备系统、联邦存款保险公司、货币监理局、联邦住房贷款银行局、全国信用社管理局等；而在州一级，各州设有银行管理局。各机构按照法律规定的权限共同管理金融市场。

第三种类型为单层多头的管理体制，只在中央一级设立几家管理机构共同进行监管。如法国设有国家信贷委员会、银行委员会、银行规章委员会、法兰西银行等机构负责监管工作，类似的还有澳大利亚等国。我国目前的金融监管体制也可归于此类。

(二) 金融监管法

我国有关金融监管的立法是与我国整个金融市场立法紧密联系在一起的。金融监管的有关规定往往直接体现在相关的金融法律、法规与规章中，连同其他金融规范一同构成了我国的金融法律体系。

目前，我国主要的金融法律包括：《中华人民共和国中国人民银行法》(1995年3月18日通过，2003年12月27日修正)、《中华人民共和国商业银行法》(1995年5月10日通过，2003年12月27日修正)、《中华人民共和国银行业监督管理法》(2003年12月27日通过，2006年10月31日修正)、《中华人民共和国票据法》(1995年5月10日通过，2004年8月28日修正)、《中华人民共和国保险法》(1995年6月30日通过，2009年2月28日、2015年4月24日修订)、《中华人民共和国证券法》(1998年12月29日通过，2005年10月27日、2013年

6月29日、2013年8月31日修正)、《中华人民共和国信托法》(2001年4月28日通过)。

改革开放以来,我国先后发布了诸多金融法规和一系列金融规章。这些金融法规和金融规章,是我国金融监管法律制度的法律渊源。

二、银行业监管法律制度

(一) 银行业监管机构与职能的协调

世界各国的金融监管体制不同,有的实行分业监管,有的实行混业监管或半混业监管;中央银行在有的国家负责金融机构监管,在有的国家则只履行制定、执行货币政策职能。剥离中央银行的金融机构监管职责,由单一监管主体负责所有金融机构的监管,是目前国际的趋势。

改革开放以后,我国曾实行由中国人民银行混业监管的体制。其后,中国人民银行的证券监管、保险监管和银行业监管职责被先后剥离,分别划归中国证券业监督管理委员会(以下简称“证监会”)、中国保险业监督管理委员会(以下简称“保监会”)、中国银行业监督管理委员会(以下简称“银监会”)行使。《商业银行法》第10条规定:“商业银行依法接受国务院银行业监督管理机构的监督管理,但法律规定其有关业务接受其他监督管理部门或者机构监督管理的,依照其规定。”《银行业监督管理法》第6条规定:“国务院银行业监督管理机构应当和中国人民银行、国务院其他金融监督管理机构建立监督管理信息共享机制。”可见,我国目前实行的是以机构性分业监管为主、以功能性监管为补充,重视监管协作的金融监管体制。

中国银监会于2003年4月28日起正式履行职责。作为国务院银行业监督管理机构,它负责下列金融机构及其业务活动的监管:① 银行业金融机构。即在中华人民共和国境内设立的商业银行、城市信用合作社、农业信用合作社等吸收公众存款的金融机构以及政策性银行。② 在中华人民共和国境内设立的金融资产管理公司、信托投资公司、财务公司、金融租赁公司以及中国银监会批准设立的其他金融机构。此外,中国银监会还对上述金融机构以及经其批准在境外设立的金融机构在境外的业务活动实施监督管理。

中国银监会的具体职责包括:① 制定有关银行业金融机构监管的规章制度和办法;② 审查批准银行业金融机构的设立、变更、终止以及业务范围;③ 对银行业股东的资金来源、财务状况、资本补充能力和诚信状况进行审查;④ 审查批准或接受备案银行业金融机构业务范围内的业务品种;⑤ 批准设立银行业金融机构或者从事银行业金融机构的业务活动；⑥ 对银行业金融机构的董事和高级管理人员实行任职资格管理；⑦ 制定银行业金融机构的审慎经营规则（包括风险管理、内部控制、资本充足率、资产质量、损失准备金、风险集中、关联交易、资产流动性等内容）；⑧ 建立银行业金融机构监督管理信息系统，分析、评价银行业金融机构的风险状况；⑨ 对银行业金融机构的业务活动及其风险状况进行现场检查；⑩ 对银行业金融机构的业务活动及其风险状况进行非现场监管；⑪ 对银行业金融机构实行监督管理；⑫ 建立银行业金融机构监督管理评级体系和风险预警机制；⑬ 建立银行业突变事件的发现、报告岗位责任制度；⑭ 负责统一编制、公布全国银行业金融机构的统计数据、报表；⑮ 对银行业自律组织的活动进行指导和监督；⑯ 开展与银行业监督管理有关的国际交流、合作活动。

由于银行监管与货币政策宏观调控的目标密不可分，中国人民银行与银监会之间存在很大的协作空间：① 法规方面的协作。需系统梳理现行金融法律规范，厘清中国人民银行与银监会之间的职责范围与权限；在制定监管法律法规时，充分交换、征求对方意见。② 检查方面的协作。两者同时负有对银行的检查权，虽然检查目标不同，但内容却经常重复。③ 信息共享方面的协作。中国人民银行与银监会同时掌握大量与监管有关的信息，而且许多信息是特有的。如果双方不能充分实现信息共享，将影响双方的监管效率。④ 防范与化解金融风险方面的协作。两者在监管方面最重要的分工是：银监会主要负责防范金融风险，即对金融风险的事前监管；而中国人民银行主要负责化解金融风险，即对金融风险的事后监管。因此，两者的协作是必不可少的。

（二）对商业银行的资本充足率监管

商业银行的资本充足率，是商业银行所持有的资本与其风险加权资产之间的比率，它在一定程度上反应商业银行抵御风险的能力。这里的资本，是监督上的资本（regulatory capital），它不仅包括商业银行股东视角的出资额，还包括法律或监管机构规定的其他具有风险吸收或缓释作用的项目。资本由核心资本的附属资本构成，核心资本占资本总额的比例不得低于 50%。风险加权资产是资产账面价值与风险权数之间的乘积。风险权数的设定，根据资产种类、授信对象、有无担保等不同，所以资产经加权后更能准确反映资产的真实风险。对商业银行实施资本充足率监管的意义在于，它在资本与资产风险之间建立了制约关系：在资本一定的情况下，必须限定风险于相应范围之内，否则，必须充足资本，或者调整资产结构。

1988 年 7 月，巴塞尔银行监管委员会发布《统一国际银行资本衡量与资本标准》,即著名的"巴塞尔资本协议",确立了 8%的最低资本充足率标准。2004 年 6 月,巴塞尔资本协议修改本正式签署。我国对商业银行实施资本充足率监管过程中,参照了巴塞尔资本协议的内容和标准。《商业银行法》规定:"商业银行的资本充足率不得低于 8%。"2004 年 2 月,中国银监会公布了《商业银行资本充足率管理办法》。2010 年 9 月 12 日的巴塞尔银行监管委员会管理层会议上,与会的 27 个成员经济体对《巴塞尔协议 III》达成一致。根据这项协议,商业银行必须上调资本金比率,以加强抵御金融风险的能力。自 2011 年 4 月中国银监会颁布了《关于中国银行业实施新监管标准的指导意见》的 44 号文以来,中国银行业正式拉开了三版巴塞尔协议同时实施的大幕。通过对前期征求意见稿等的修订与完善,中国银监会先后实施了《商业银行资本管理办法(试行)》(2013 年 1 月 1 日),《商业银行杠杆率管理办法(修订)》(2015 年 4 月 1 日)及《商业银行流动性风险管理方法(试行)》(2015 年 10 月 1 日)。

(三) 对商业银行的风险管理

在我国,风险问题也是商业银行立法和商业银行监管关注的焦点。修改前的《商业银行法》规定"商业银行以效益性、安全性、流动性为经营原则",现改为"商业银行以安全性、流动性和效益性为经营原则"。虽然只是顺序上的调整,但传达出立法导向上深刻的变化。

《商业银行法》结合我国实际情况,有重点地就防范信用风险做了原则性规定:① 商业银行发放贷款,应当对借款人的借款用途、偿还能力、还款方式等情况严格审查;② 向商业银行借款应当提供担保,借款人被认定为资信良好的除外;商业银行应当对保证人的偿还能力,抵押物、质物的权属和价值以及实现抵押权、质权的可行性进行严格审查;③ 商业银行贷款,应当实行审贷分离、分级审批的制度;④ 商业银行对同一借款人的贷款余额与商业银行资本余额的比例不得超过 10%;⑤ 商业银行不得向关系人发放信用贷款,向关系人发放担保贷款的条件不得优于其他借款人同类贷款的条件;⑥ 商业银行应当按照国家有关规定,提取呆账准备金,冲销呆账。

根据《银行业监督管理法》,中国银监会应当对商业银行的业务活动及其风险状况进行非现场监管和现场监管;应当建立监督管理信息系统,分析、评价商业银行的风险状况;应当建立监督管理评级体系和风险预警机制,根据商业银行的评级情况和风险状况,确定对其现场检查的频率、范围和需要采取的其他措施。

(四) 商业银行信息披露

商业银行向监管机构披露信息,包括例行主动披露和按要求被动披露两种情况。商业银行应当按照国家有关规定，及时向中国银监会、中国人民银行和国务院财政部门报送年度财务会计报告。中国银监会有权对商业银行进行非现场检查，要求商业银行报送资产负债表、利润表和其他财务会计、统计报表，经营管理资料以及注册会计师出具的审计报告；中国人民银行根据履行职责的需要，也可以要求商业银行报送必要的资产负债表、利润表以及其他财务会计、统计报表和资料。中国银监会有权对商业银行进行现场检查，中国人民银行也有权依照《中国人民银行法》对商业银行进行检查监督，对此商业银行应当积极配合，按照要求提供财务会计资料以及有关经营管理的其他信息。此外，商业银行还应当依法接受审计机关的审计监督。

商业银行应当按照《商业银行法》和中国银监会的规定，如实向社会公众披露财务会计报告、风险管理状况、董事和高级管理人员变更以及其他重大事项等信息。

三、证券业监管法律制度

（一）证券监管法概述

证券监管，是指证券监管机构运用行政、经济和法律的手段，对证券发行、交易以及证券经营机构等主体及其行为进行的规范性监督管理活动。证券市场投资者多、投机性强、敏感度高、突发性强、传导快、社会影响大。因此，只有对证券市场实行有效监管，才能促进证券市场有序、合理、高效运行，充分发挥证券市场融资功能，促进社会资源的合理流动。

各国的证券监管体制大致可分为三种模式：其一，政府主导型，是指政府依法全面监管证券市场主体和行为，证券交易所和证券商协会等机构仅起辅助作用。此种类型以美国为代表。其二，行业自律型，是指以证券交易所及证券商协会等机构为主管理证券市场，政府对证券、政府较少进行干预。这种类型以英国为代表。其三，中间型，这种体制既强调国家立法管理，又注重自律管理，以德国为代表。根据证券法的规定，我国的证券市场应属中间型的管理体制。

证券监管法是指调整证券市场监管关系的法律规范的总和。各国证券监管法的内容均见于其各自的证券法、公司法或单行法中。

（二）我国的证券监管模式

根据我国《证券法》，在监管模式上我国采取政府管制为主，行业自律为辅，管制与自律相结合的模式。管理机构上实行垂直统一管理，剔除了其他中央机关和地方政府对证券业的管理权限，证券监管由一个主管部门行使。证券业协会以自律性组织的形式从行业“自律”的角度，协助证券监管机构执行法律与行政法规。据此，结合其他有关规定，我国证券市场监管模式有以下两个特点。

1. 实行国家集中统一监管制

我国实行以中央机构监管为主，中央机构监管和自律组织监管相结合的证券监管模式。1998 年 10 月 18 日国务院对证券管理体制进行了重大改革，将原有的国务院证券委员会并入中国证券监督管理委员会(简称中国证监会)，取消了其他部门和地方政府对证券市场的管理权限，由中国证监会实行统一监管。证监会对证券市场实施监督管理中的职权有：① 依法制定有关证券市场监督管理的规章、规则，并依法行使审批或者核准权；② 依法对证券的发行、交易、登记、托管、结算，进行监督管理；③ 依法对证券发行人、上市公司、证券交易所、证券公司、证券登记结算机构、证券投资基金管理机构、证券投资咨询机构、资信评估机构以及从事证券业务的律师事务所、会计师事务所、资产评估机构的证券业务活动，进行监督管理；④ 依法制定从事证券业务人员的资格标准和行为准则，并监督实施；⑤ 依法监督检查证券发行和交易的信息公开情况；⑥ 依法对证券业协会的活动进行指导和监督；⑦ 依法对违反证券市场监督管理法律、行政法规的行为进行查处；⑧ 法律法规规定的其他职责；⑨ 批准设立证券公司；⑩ 证券发行监管；⑪ 对证券交易的监管；⑫ 对上市公司收购的监管；⑬ 对证券投资基金的监管。

国务院证券监督管理机构依法履行职责时，有权采取下列措施：① 进入违法行为发生场所调查取证。② 询问当事人和被调查事件有关的单位和个人，要求其对与被调查事件有关的事项作出说明。③ 查阅、复制当事人和被调查事件有关的单位和个人的证券交易记录、登记过户记录、财务会计资料及其他相关文件和资料；对可能被转移或者隐匿的文件和资料，可以予以封存。④ 查询当事人和被调查事件有关的单位和个人的资金账户、证券账户，对有证据证明有转移或者隐匿违法资金、证券迹象的，可以申请司法机关予以冻结。

2. 辅以证券业自律监管

证券业自律监管，是指证券业自律组织通过其行业自律规范对证券机构和证券场所进行的监管。自律组织是通过制定公约、章程、规则、细则等，对证券市场活动进行自我监管的组织。我国目前证券业的自律组织主要有：依法设立的中国证券业协会和证券交易所。

证券业协会是证券业的自律性组织，是社会团体法人。证券业协会依法履行以下职责：① 协助证券监督管理机构教育和组织会员执行证券法律、行政法规;② 依法维护会员的合法权益,向证券监督管理机构反映会员的建议和要求;③ 收集整理证券信息,为会员提供服务;④ 指导会员应遵守的规则,组织会员单位的从业人员的业务培训,开展会员间的业务交流;⑤ 对会员之间,会员与客户之间的纠纷进行调解;⑥ 组织会员就证券业的发展、运作及有关内容进行研究;⑦ 监督、检查会员行为,对违反法律、行政法规或者协会章程的,按照规定给予纪律处分;⑧ 国务院证券监督管理机构赋予的其他职责。

除证券业协会的自律管理外,我国有关立法还规定了证券交易所自律性管理的职责和权利,如制定证券集中竞价交易的具体规则、对在交易所进行的证券交易进行实时监控、对证券交易所从事证券交易的人员违反交易规则予以纪律处分等。这说明,我国证券市场的自律性管理不仅包括证券业协会的自律监管,也包括证券交易所的自律监管。

(三) 证券监管的内容

证券监管的内容,既包括政府监管的内容,也包括行业自律管理的内容。这里主要简要概括中国证监会实施的证券监管。按照证券市场的运作过程,中国证监会的监管可分为证券发行的监管、证券交易的监管、证券退出的监管三个方面。

1. 证券发行的监管

公开发行证券,必须符合法律、行政法规规定的条件,并依法报经中国证监会或国务院授权的部门核准;未经依法核准,任何单位和个人不得公开发行证券。中国证监会对证券发行的监管具体通过发行审核委员会来完成。发行审核委员会是在中国证监会内,由证监会的专业人员和所聘请的外部专家组成,对股票发行申请进行投票表决并提出审核意见的法定机构。证监会2006年发布、2009年修订的《中国证券监督管理委员会发行审核委员会办法》,对发行审核委员会的职责、组成、工作程序等作了详细规定。在核准制下,通过发行审核委员会的实质性审查,证监会能够有效地避免不符合法定条件或法定程序公开发行证券的情况,维护证券市场的健康发展。

针对我国新股发行制度中不断显现的问题,我国新股发行制度已进行多轮改革。党的十八届三中全会在《关于全面深化改革若干问题的决定》中明确指出,要"健全多层次资本市场体系,推进股票发行注册制改革,多渠道推动股权融资,发展并规范债券市场,提高直接融资比重。"在党的十八届三中全会的号召下,我国证券发行体制逐步开始由核准制向注册制过渡。

2. 证券交易的监管

证券交易的监管是证监会监管的核心和重点,它包括对证券交易中各方当事人行为的监管、上市公司收购行为的监管以及上市公司运作的监管等内容：① 证券交易行为的监管。主要是指打击各种违法交易活动，规范当事人的证券交易行为，包括依法取缔非法证券经营机构；依法查处内幕交易行为、操纵市场行为、欺诈投资者行为以及《证券法》禁止的其他行为；对证券公司、证券投资基金管理公司、证券登记结算机构、证券交易所、证券服务机构在证券交易过程中的业务活动，依法实施监督管理，对挪用客户资金、在交易委托中的诱导或欺诈行为等依法予以查处。② 对上市公司的监管。加强上市公司的监管，规范上市公司的运作，是维护证券市场交易秩序的重要环节。近年来，证监会加大了对上市公司的监管力度，包括 2001 年 3 月 19 日发布《上市公司董事长谈话制度实施办法》，2001 年 3 月 29 日发布《上市公司检查办法》，2001 年 8 月 16 日发布《关于在上市公司建立独立董事制度的指导意见》，2002 年 1 月 7 日联合原国家经贸委发布《上市公司治理规则》，2004 年 12 月 7 日发布《关于加强社会公众股股东权益保护的若干规定》，2005 年 12 月 31 日发布《上市公司股权激励管理办法（试行）》，2007 年 6 月与国资委联合发布《国有股东转让所持上市公司股份管理暂行办法》，2008 年 4 月发布《上市公司重大资产重组管理办法》等。③ 上市公司收购行为监管。主要是指对收购人和被收购公司在收购活动中的行为是否符合法律规定的条件和程序进行监管，其重点是保证信息披露及时、准确、真实和完整。

3. 证券退出的监管

在我国现行体制下，虽然证券的暂停上市和终止上市由证券交易所决定，但是由于证券退市极易影响证券市场的稳定和损害投资者的利益，中国证监会仍然应当并且有权对证券退市的过程，特别是对证券交易所的暂停或终止上市决定以及证券发行人履行信息披露义务的情况，实施监督和管理，并对证券退市中的违法行为依法进行查处。在 2011 年 11 月 28 日出台《关于完善创业板退市制度的方案（征求意见稿）》基础上，2012 年 4 月 20 日，深交所正式发布《深圳证券交易所创业板股票上市规则》，该规则自 2012 年 5 月 1 日起施行，创业板退市制度正式实施。2012 年 4 月 29 日，上交所对主板和深交所对中小企业板，分别发布了《关于完善上海证券交易所上市公司退市制度的方案（征求意见稿）》、《关于改进和完善主板、中小企业板上市公司退市制度的方案（征求意见稿）》。在征求意见稿中，沪、深主板退市方案基本相同。主板退市制度的设计基本沿用了创业板的方案。

四、保险业监管法律制度

保险业的监督管理，是指国家保险业监督管理机构按照法律和国务院规定的职权，对保险企业的设立、经营活动以及保险市场等进行监督管理的活动，目的在于保护被保险人和保险当事人的合法权益，保证保险业安全、稳定经营。

过去，我国保险业的监督管理部门是中国人民银行。中国保监会现在是保险业的主要监督管理部门。按照分业经营原则，我国于1999年正式挂牌成立了中国保险业监督管理委员会(简称中国保监会)。《保险法》第9条正式确立了其作为国务院保险监督管理机构的法律地位。保监会的监管职权主要包括以下内容。

(一) 批准保险公司的设立、变更和终止

按照我国《保险法》的规定，设立保险公司，保险公司在中华人民共和国境内外设立分支机构，或设立代表机构，均须由保监会批准。

(二) 核定保险机构的业务范围

保险公司的业务范围由保险监督管理部门核定，保险公司只能在被核定的业务范围内从事保险经营活动。依照2015年修订的《保险法》，核定保险机构的业务范围包括：① 财产保险业务，包括财产损失保险、责任保险、信用保险、保证保险等保险业务；② 人身保险业务，包括人寿保险、年金保险、健康保险、意外伤害保险等保险义务；③ 年金业务，包括企业年金、职业年金等业务；④ 国务院保险监督管理机构批准的与保险有关的其他业务[①]。“分业经营”是世界上大多数国家保险监管的原则，但保险比较发达的国家的保险市场相对完善，分业经营规则逐渐弱化，已经逐步开始向混业经营方向发展。我国在2002年保险法的修改中，加入了允许经营财产保险业务的保险公司经保险监管机构核定，可以经营短期健康保险业务和意外伤害保险业务的规定。

(三) 保险条款和保险费率的监管

《保险法》规定：“关系社会公众利益的保险险种、依法实行强制保险的品种和新开发的人寿保险险种等的保险条款和保险费率，应当报保险监督管理机构批准。”保险条款是保险合同中对投保人和保险人权利义务的规定，由于保险合同是格式合同，保险条款由保险人制订，为了保证条款的公平，监管机构有必要对条款的内容加以适当干预。而保险费率相当于产品的价格，本来应当由保险人制订，并通过市场调节。但在保险市场尚未完善时，保险监督管理机构有必要对保险费率进行监管。保险监督管理机构审批时，应遵循保护社会公众利益和防止不正当竞争的原则。其他保险险种的保险条款和保险费率，应当报保险监

① 参见《中华人民共和国保险法》第96条。

督管理机构备案。我国在 2015 年《保险法》修改中，对人身保险引入了犹豫期制度①。

（四）保险公司资金运用的监管

保险公司的资金运用必须稳健，遵循安全性原则。随着我国保险业的发展，保险公司资金运用已突破原先限于在银行存款、买卖政府债券、金融债券、证券投资基金的范围，更加注意多样化和分散化，并通过科学合理的投资组合，稳步提高投资的收益水平。2004 年 10 月，保监会联合证监会颁布《保险机构投资者股票投资管理暂行办法》，随后，保监会会同银监会、证监会制定了《关于保险机构投资者股票投资交易有关问题的通知》、《保险机构投资者股票投资登记结算业务指南》、《保险公司股票资产托管指引》和《关于保险资金股票投资有关问题的通知》等配套文件，明确了保险资金直接投资股票市场涉及的相关问题。2015 年修订的《保险法》确认保险公司可将保险资金用于：投资股权，投资保险资产管理产品以及以风险管理为目的的运用金融衍生品。保险公司投资重大股权、拓宽保险资金运用管理形式，需经国务院保险监督管理机构批准②。

（五）保险公司偿付能力的监管

保险监管的首要任务是确保保险人的偿付能力。① 偿付能力的监管。2015 年修订的《保险法》第 102 条规定，保险公司应当具有与其风险程度相适应的最低偿付能力。保险公司的偿付能力应当符合下列要求：核心偿付能力充足率和综合偿付能力充足率符合国务院保险监督管理机构规定的标准；实际资本减去最低资本的差额、认可资产减去认可负债的差额不得低于国务院保险监督管理机构规定的数额；保险公司的风险综合评级结果符合国务院保险监督管理机构规定的标准③。② 偿付能力充足率的监管。它等于实际偿付能力额度除以最低偿付能力额度。对偿付能力充足率在 70%以上的公司，保监会可以要求公司提出整改方案并限期达到最低偿付能力额度要求；对偿付能力充足率在 30%～70%之间的公司，保监会还可责令其拍卖不良资产、转让保险业务、限制高级管理人员薪酬水平和在职消费水平、限制公司商业性广告、调整资金运用、停止开展新业务等监管措施；对于偿付能力充足率在 30%以下的公司，保监会可对该保险公司依法实行监管。③ 对再保险的监管。再保险是原保险人与其

① 参见《中华人民共和国保险法》第 48 条。

② 参见《中华人民共和国保险法》第 109 条。

③ 参见《中华人民共和国保险法》第 102 条。

他保险人建立的保险关系。《保险法》规定，保险公司应当按照国务院保险监管机构的规定办理再保险，并审慎选择再保险接受人。

此外，保险业监管还有保险中介市场监管的法律规定，包括保险代理人、保险经纪人以及公估人的监管制度。

【参考文献】

1. 强力主编.《金融法通论》，高等教育出版社 2010 年版。
2. 何立慧主编.《金融法原理》，兰州大学出版社 2004 年版。
3. 汪鑫主编.《金融法学》，中国政法大学出版社 2011 年版。
4. 韩龙主编.《金融法》，清华大学出版社、北京交通大学出版社 2008 年版。
5. 刘少军.《金融法学》，中国政法大学出版社 2008 年版。
6. 吴志攀.《中央银行法律制度研究》，法律出版社 1997 年版。

【思考题】

1. 简述金融体系的构成要素。
2. 试述中央银行的法律地位以及货币政策工具及其调控原理。
3. 试述金融监管的必要性和基本原则。
4. 试述商业银行经营的“安全性、流动性、效益性”原则。
5. 在市场经济条件下，政策性金融存在的价值和特殊职能是什么？
6. 简述证券发行审核制度。

【案例实训】

1. 2008 年 2 月 27 日甲某来到某银行 A 市分行某支行办理存款业务，先用存折取了 8 000 元，又从包内掏出 2 000 元递给银行工作人员张某，要求存款 10 000元。当张某将 2 000 元钱放在点钞机上清点时，发现其中一张 100 元为假钞，张某即向甲某说明情况并要求收缴。甲某说：“你说是假币，你把假币还给我。”张某便耐心地给他解释，并向他出具了《假币收缴凭证》，要他签名。没想到甲某恼羞成怒，对张某和前来劝说的其他工作人员破口大骂，最后在凭证上胡乱签了名。

根据《中国人民银行假币收缴、鉴定管理办法》有关规定，持有假币真伪鉴别资格证的银行工作人员可依法收缴持有人所持假币。持有人若对收缴的假币有异议，可在 3 个工作日内持银行出具的《假币收缴凭证》向中国人民银行 A 市中心支行申请鉴定。持有人如对收缴程序有异议，可在60日内向中国人民银行A市中心支行提出行政复议或依法提起行政诉讼。

请思考，如果收到假币，你会如何处理？这样做是否符合法律规定？

2. 2012年7月，山东省高院对被称为“黄金第一案”的案件作出支持银行的终审判决，引发社会争议。主要案情为：2006年5月30日，被告张某等人在济南泺源工行申请开立了个人银行结算账户，并通过中国工商银行网上银行申请开立了个人账户黄金买卖账户，通过该行提供的黄金买卖交易系统，采用电话银行方式进行黄金买卖交易。自当年6月29日起，张某以远低于银行黄金报价的价格买入，以接近银行黄金报价的价格卖出，即买即卖反复操作，到7月8日，共买入交易65笔，买入黄金1 067 kg，金额1.5亿余元；卖出61笔，卖出黄金1 067 kg，金额1.7亿余元，获利2 100余万元。

济南泺源工行认为，张某等人的上述交易具有明显的恶意操作性质，随即将其交易获利款项划走，并请求法院撤销被告上述126笔黄金买卖交易。张某却认为，自己根据工商银行提供的交易系统，按照正常电话语音提示逐步操作，交易命令得到了系统认可，并不存在违规现象。他要求银行归还其被划走的2 100余万元交易所得。

这起中国工商银行股份有限公司济南泺源支行与张某个人记账式黄金买卖(俗称“纸黄金”交易)合同纠纷案，由济南中院民二庭负责审理。其有一个细节是：“工商银行该交易系统当时存在漏洞，其人为设定是即时报价上下浮动20%就是正常交易，只要不超过20%即是合法交易，系统就会予以确认。其实在20%之内也有非法交易，张某就是钻了这个空子，这些交易其实并非银行本意。

请思考：

(1) 济南泺源工行开展的“纸黄金”买卖业务是否合法？

(2) 银行在“纸黄金”交易过程中，是中介平台还是参与买卖的当事人？

(3) 利用银行系统漏洞得利都是不当得利，本案是否不当得利？是否应追缴所得？当事人是否要担负刑事责任？

(4) 试通过本案分析我国金融监管存在的现实问题及其法律对策。

第十三章 产业政策法

【本章导读】

产业政策法是对产业政策进行法律调整并使其法治化的过程中形成了一个新的法律领域。本章在分析产业政策含义和内容以及对其法律调整必要性的基础上，分析了产业政策法的基本理论框架，包括产业政策法的概念、性质、特征和地位，介绍了产业政策法的基本制度框架，包括产业政策法律制度、产业组织政策法律制度、产业技术政策法律制度和产业布局政策法律制度，并结合《中小企业促进法》，专门分析了产业组织政策法中的中小企业法律制度。

第一节 产业政策法概述

一、产业政策的含义和内容

（一）产业政策的含义与实质

一般认为，产业是指国民经济中以社会分工为基础，在产品和劳务的生产和经营上具有某些相同特征的企业或单位及其活动的集合①。基于经济分析的不同需要，产业划分的标准可以有所不同。例如，产业结构中的“产业”主要着眼于企业的不同原材料、生产工艺技术、产品用途等；而产业组织中的“产业”则主要着眼于提供具有密切替代关系的产品或服务。产业既不是微观经济的概念，也

① 参见简新华主编.《产业经济学》，武汉大学出版社2001年版，第1页。

不是宏观经济的范畴，而是介于两者之间的中观经济概念。微观企业的集合构成产业，产业是国民经济的组成部分，产业的集合与消费者和政府的经济活动构成国民经济。作为构成和制约国民经济及其发展的重要方面，产业的发展状况对国民经济的影响很大。但是，产业不可能自动地或者完全靠市场机制作用自发地实现结构优化、比例协调、布局合理、组织完善、发展健康，要实现这一目标，必须有政府的适当管理和调控。在现代市场经济条件下，政府主要采用制定和执行产业政策的方式对产业的状况及其发展实行必要的干预。

产业政策尽管是20世纪70年代以来才在世界各国广泛使用的概念，但经济学家一般认为，产业政策的实践伴随最古老的产业——农牧业的出现和国家的诞生就已存在了，如鼓励农牧业、抑制商业的政策。现代意义上的产业政策的思想及其实践则是在现代大工业发展的时期开始的。从总体上看，世界各国在运用产业政策时有大体一致的含义，但由于国情不同，出发点不同，各国经济学界对产业政策的经济依据、作用机制和目标等有着不同的认识和理解，从而对产业政策的具体含义解释也不尽相同①。概括地说，产业政策是政府为了实现一定的经济和社会目标而对产业的形成和发展进行干预的各种政策的总和。这里的“干预”应该是一个广义上的概念，包括规划、引导、促进、调整、保护、扶持、限制等方面的含义。“产业政策一般以各个产业为直接对象，保护和扶植某些产业，调整和整顿产业组织，其目的是改善资源配置，实现经济稳定与增长，增强国际竞争力，改善与保护生态环境等。为了实现这些经济性的或社会性的目标，产业政策要求政府对每个产业和企业的生产活动、交易活动进行积极或消极的干预，直接或间接地介入市场的形成和市场机制。”②

产业本身虽然属于中观经济范畴，但是政府的产业政策显然是围绕和服从宏观目标的，因而产业政策往往被认为属于宏观调控政策的范畴③。至于产业的中观，尤其是微观方面，则由产业和企业自身根据市场情况自主决策。事实上，产业政策是现代各国宏观调控政策的重要组成部分。市场经济条件下宏观

---

① 不少产业经济学教材或产业政策论著列举了国内外学者关于产业政策的6种或更多的定义。

② 长谷川启之(日)，梁小民，刘甦朝.《经济政策的理论基础》，中国计划出版社1995年版，第205页。

③ 虽然宏观调控在严格意义上是指政府为实现宏观(总量)平衡，保证经济持续、稳定、协调增长，而对货币收支总量、财政收支总量和外汇收支总量的调节和控制，但由此扩展开来，通常把政府为弥补市场失灵采取的其他措施也纳入宏观调控的范围。参见马洪主编.《什么是社会主义市场经济》，中国发展出版社1993年版，第197页。

调控的各种政策大致可以分为两大类政策体系：一是以财政政策和货币政策为核心的一般宏观经济政策体系；二是以产业结构政策和产业组织政策为主要内容的产业政策体系。前者属于需求管理政策，主要关心经济总量，把经济稳定和总量平衡放在首位，相机抉择，政策时限较短；后者则属于供给管理政策，侧重于调整经济结构，主要着眼于经济发展，从属并服务于国民经济的总体发展战略，是一种中长期政策。这两种政策是政府干预经济活动的两个相辅相成的政策体系，它们各有侧重点，相互补充，而不能相互替代。

产业政策的实质是政府对经济活动的一种自觉干预，以实现特定的政策目标，包括实现经济振兴与赶超、结构调整与转换以及保持经济领先地位与维持经济增长势头等。显然，这种政策是对社会整体利益的维护。“一般说，在产业政策的制定与实施过程中，政府代表的是社会共同利益，而不是某种政府利益。这是产业政策的一大特点，并以此与自由经济下的其他一些政府政策相区别。”① 显然，若从产业政策的目标来看，产业政策对社会整体利益的维护在国际层面上则是为了增强和维持本国经济整体在国际竞争中的有利地位，其实质体现了国家之间的经济竞争，可谓是从个别企业间的较量到国家间的经济竞争。“产业政策是市场竞争的产物，反映一种赶超的思想。”②

同时，在市场经济条件下，政府制定与实施产业政策不是要取代或者排斥市场机制对经济活动的基础性调节，而是在充分尊重并利用市场机制的基础作用的前提下，对市场缺陷的必要补充。第二次世界大战后日本的产业政策能够取得巨大的成功，主要原因之一是产业政策建立在维护企业的经营自主权和重视发挥市场功能的基础上。相反，实行传统计划经济体制的国家实施的排斥市场作用的产业政策，结果往往造成产业结构畸形化，经济效率低下。实际上，那种产业政策完全淹没在当时几乎无所不包的国家计划之中，难以独立存在。现代的产业政策是普遍建立在市场经济的基础上的。

（二）产业政策的基本内容

关于产业政策的体系究竟由哪些部分组成，国内外的经济学界并无一致的说法。有学者认为产业政策的类型有：产业民主化政策；产业保护政策；产业扶植与振兴政策；维护竞争政策；产业区位政策；协助各产业开发海外市场的政策；对衰落产业的合理化及撤销的调整政策；流通政策；防止公害政策等。并认为之

① 陈淮编著.《日本产业政策研究》，中国人民大学出版社 1991 年版，第 3 页。

② 高帆主编.《行政权力与市场经济》，中国法制出版社 1995 年版，第 140 页。

所以把这些政策都归入产业政策，是因为这些政策适用的对象是各产业，即各经济部门或行业。同时，产业政策是与资源配置密切相关的政策。根据资源配置的不同层次，产业政策可以分为产业结构政策和产业组织政策。对各产业部门间资源配置的调整属于产业结构政策，而对某产业内部资源配置状况施加影响的则是产业组织政策①。

虽然我国也有学者认为产业政策由产业结构政策和产业组织政策两部分构成，但似乎更多的学者认为在这两者基础上还应包括其他若干方面的政策。通常认为，产业政策由产业结构政策、产业组织政策、产业技术政策和产业布局政策四部分构成。当然，这个体系不是静态的、封闭的，而是动态的、开放的，可以根据发展的需要而包括新的内容。国务院在1994年发布的《90年代国家产业政策纲要》中也指出："产业政策包括产业结构政策、产业组织政策、产业技术政策和产业布局政策，以及其他对产业发展有重大影响的政策和法规。"这里所谓"其他对产业发展有重大影响的政策和法规"正是体现了动态、开放的要求。例如，可以根据情况将产业国际竞争力政策（产业进出口政策）和产业环境政策（产业可持续发展政策）等包括在内。当然，也有将产业结构政策和产业组织政策以外的产业政策统称为产业发展政策的。实际上，各类产业政策中间存在着彼此交叉渗透的关系，难以截然分开。如果从最广泛的意义上来理解产业结构，那么产业组织、产业技术和产业布局都可以说是结构问题，即分别是产业组织结构、产业技术结构和产业布局结构等，这样产业政策问题也就只是产业结构政策问题。不过，一般还是将产业结构政策与其他产业政策并列。

虽然产业政策的范围不限于产业结构政策和产业组织政策两个方面，但是这两者无疑构成了产业政策最主要和最基本的方面。其中，产业结构政策又包括主导产业选择政策、弱小产业扶植政策和衰退产业调整政策等，产业组织政策又包括反垄断政策、直接规制政策和中小企业政策等。同时，产业政策在各国的侧重点是不同的，并根据各自经济的实际情况而不断进行调整。例如，在日本，产业政策主要是指产业结构政策，重视对产业结构的调整，对新兴产业的扶植等内容，并且在不同的时期（如，经济恢复时期、高速增长时期、产业调整时期和结构转换时期等）又有不同的重点。而在美国，则重视反垄断这类产业组织政策，对产业结构不太重视，但是在20世纪80年代，美国供给学派经济学家强调恢复

① 参见长谷川启之（日），梁小民，刘甦朝.《经济政策的理论基础》，中国计划出版社1995年版，第205－206页。

某些产业的活力，开始注意产业结构改革。尤其是90年代以来，美国政府采取了显著地向高科技产业倾斜的发展政策，相关法规逐步完善，干预领域也日益广泛，取得了明显的效果。我国的产业政策一直是以产业结构政策为重点的，今后可随着经济发展的要求适时作出必要的调整。

二、产业政策的法律调整与产业政策法

我国自20世纪80年代后期开始逐步自觉和明确地制定和执行产业政策。1986年在《国民经济和社会发展第七个五年计划》中第一次正式使用了“产业政策”的概念，并对产业发展提出了系统、具体的规划和政策。1987年党的“十三大”报告中提出：“计划管理的重点应转向制定产业政策，通过综合运用各种经济杠杆，促进产业政策的实现。”1988年，国务院授权国家计委成立产业政策司。1989年3月15日《国务院关于当前产业政策要点的决定》颁布，这是我国第一个正式的关于产业政策的规范性文件。1993年党的十四届三中全会通过的《中共中央关于建立社会主义市场经济体制若干问题的决定》明确提出“制定和实施产业政策作为政府管理国民经济的重要职能和调控手段”。为贯彻党的十四大精神和十四届三中全会决定，根据我国经济发展的现状和趋势，1994年4月，国务院颁布了《90年代国家产业政策纲要》，作为今后制定各项产业政策的指导和依据。1996年4月八届全国人大四次会议通过的《国民经济和社会发展“九五”计划和2010年远景目标纲要》提出了一系列具体的产业政策。

我国的产业政策极少以法律的形势出现，主要为“规划”、“目录”、“纲要”、“决定”、“通知”、“复函”之类的文件，如《船舶工业调整振兴规划》、《船舶工业中长期发展规划》、《国家产业政策指导目录》等。1989年，国务院颁布了《关于当前产业政策要点的决定》，这是我国开始真正意义上探索和运用产业政策的一个重要标志。以此为起点，我国产业政策的运用进入了新的发展阶段。

20世纪90年代以来，我国根据国内外环境和经济、社会发展的需要，借鉴发达国家的成功经验，制定、颁布了多项产业政策，在促进产业结构优化、纠正市场机制缺陷、提高经济增长质量方面发挥了积极而重要的作用。自2000年以来，我国的产业政策几乎涵盖所有产业，更多地表现为对产业内特定企业、特定技术、特定产品的选择性扶持以及对产业组织形态的调控。如2009年我国陆续颁布实施十大重点产业调整与振兴规划，与之配套的实施细则多达160余项，涉及到产业活动的各个方面。此外，由国家制定有关项目经济规模标准和国家重点鼓励发展、限制或禁止投资产业、产品与技术目录，对各类产业进行引导和调

控,也是国家产业政策的重要组成部分。

2000 年以来的产业政策,一方面强调要发挥市场在资源配置中的基础性作用,一方面又强调要加强国家产业政策的引导,目录指导、市场准入、项目审批与核准、供地审批、贷款的行政核准、强制性清理(淘汰落后产能)等行政性直接干预措施进一步被强化,而深化市场体制改革、促进市场机制更好地发挥资源配置功能的具体政策措施相对较少。

在 21 世纪以来的产业政策中,目录指导是一项重要的政策措施。2000 年颁布了《当前国家重点鼓励发展的产业、产品和技术目录(2000 年修订)》,1999—2007 年期间相继发布了四个版本《当前优先发展的高技术产业化重点领域指南》,这是鼓励类的指导目录;1999—2002 年期间相继发布的三批《淘汰落后生产能力、工艺和产品的目录》则是淘汰类目录。2005 年颁布《产业结构调整指导目录(2005 年本)》进一步详细分列了鼓励类、限制类和淘汰类的目录,根据《促进产业结构调整的暂行规定》,对于鼓励的产品和项目,相关部门在项目审批与核准、信贷、税收上予以一定的支持;对于限制类的新建项目则禁止投资,投资管理部门不予审批,金融机构不得提供贷款,土地部门不得供地,等等;对于淘汰项目,不但要禁止投资,各部门、各地区和有关企业要采取有力措施,按照规定限期淘汰。2009 年以来推行的重点产业调整与振兴规划中,将调整《产业结构调整指导目录》和《外商产业投资产业指导目录》作为两项重要的内容。由此可见,我国当前实施的目录指导远远不只是"指导"那么简单,而是直接与项目审批和核准、信贷获取、税收优惠与土地优惠政策的获取等紧密相关,同时限制类目录和淘汰类目录具有强制性实施的特性。因而,在我国的产业政策中,目录指导是具有强烈直接干预市场性质的政策措施。

投资审批与核准和市场准入是中国推行产业政策具有较强约束力的重要手段。2004 年《关于投资体制改革的决定》与《政府核准的投资项目目录》则为政策部门审核和管理各产业内的企业投资提供了依据,这种投资核准也成为推行产业政策的重要措施。在《钢铁产业发展政策》和《汽车产业发展政策》中,投资核准和行业准入对于推行产业政策具有重要作用。产业发展政策中,是否获得投资核准是严控土地和贷款的唯一标准。2006 年的《国务院关于加快推进产能过剩行业结构调整通知》和 2009 年颁布的《关于抑制部分行业产能过剩和重复建设引导产业健康发展的若干意见》中,严格行业准入、严格项目审批和严格控制固定资产投资作为极为重要的政策措施。2009 年以来,作为重点产业调整与振兴规划实施细则的重要措施,政策部门出台一系列行业准入政策。在这些政策中，政府对行业准入的行政管理显著加强，制定了严格的管理程序，政府在行业准入上除环境、安全方面的规定外，还对设备规模与工艺、企业规模、技术经济指标方面设定了一系列详细的准入条件。需要进一步指出的是，符合核准条件和准入条件并不必然被政策部门准入或者核准，政策部门在采取这两个手段时具有比较大的自由裁量空间，更接近于审批的性质。

近来，强制淘汰落后产能成为推行产业政策极为重要的措施。虽然淘汰落后产能包含在此前的产业发展政策和抑制部分行业产能过剩政策中，但这种措施只有通过行政体制的强力推动，才会具有一定的效力。2009年以来，政策部门越来越重视淘汰落后产能工具的使用，并强调通过行政问责制保障淘汰落后产能工作的实施①。在2010年2月颁布的《国务院关于进一步加强淘汰落后产能工作的通知》中，淘汰落后产能工作被赋予了极为重要的意义，强调“采取更加有力的措施，综合运用法律、经济、技术及必要的行政手段”，并进一步加强了问责制的实行和行政上的组织领导。

从经济发展的角度来看，我国产业政策的实施在改革开放30多年来经济保持高度增长中发挥了重要作用，同时不可否认的是产业政策还会在今后的经济转型升级和产业结构调整中发挥积极作用。但另一方面，由于过于注重实施扶持性产业政策，忽视发挥竞争政策作用，导致出现了一系列的问题：虽在经济总量上取得了快速增长，但产业发展深层次结构矛盾也逐步显现；虽在促进大企业发展方面取得积极成效，但阻碍了公平市场经济秩序的建立；企业创新积极性不高，自主创新能力严重不足；产业政策中的优惠补贴审批成为滋生少数干部权力寻租的土壤；扶持性产业政策直接干预企业正常经营，造成资源配置扭曲，效率低下②。

我国一些产业政策本身的执行效果不理想，其原因有多个方面，不重视法律手段在实现产业政策中的作用是一个重要原因。例如，1989年国务院发布的《关于当前产业政策要点的决定》中已明确规定，要严格限制生产超前消费的高耗电产品，但执行效果却令人遗憾，这些产品非但没有受到严格限制，而且发展得越来越红火③。又如，1994年国家计委颁发的《汽车工业产业政策》，其中政策

---

① 参见《钢铁产业调整与振兴规划》、《有色金属产业调整与振兴规划》等重点产业调整与振兴规划文本，以及《关于抑制部分行业产能过剩和重复建设引导产业健康发展的若干意见》。

② 参见上海交通大学竞争法律与政策研究中心课题组.《关于上海“十三五”期间如何发挥竞争政策作用的研究》，《竞争法律与政策评论》(2015年卷)，上海交通大学出版社2015年版，第184—186页。

③ 参见高帆主编.《行政权力与市场经济》，中国法制出版社1995年版，第154页。

目标重点是要解决生产厂点多、投资分散、审批项目乱、重复引进低水平产品、定点厂建设国产化进度慢等问题。但后来的几年并没有达到其预期的效果，许多地方出于地方利益的考虑，仍盲目兴建汽车厂家，致使汽车厂在我国到处开花①。因此，要保证产业政策真正能够得到有效实施，将产业政策法律化是一个重要的举措，也就是要将产业政策的制定和执行切实建立在法治的基础上。因为，产业政策是一种政府政策，也是政府的干预或调控行为，在此领域实行法治就直接表现为政府要依法制定和执行产业政策，要受法律的约束。如果政府制定和执行产业政策的行为不受法治原则的制约，这种产业政策就可能变成行政专权，增加其任意性，产生严重的后果，因为“如果不对公共行政在为追求其目的而采取任何被政府官员认为是便利的手段方面的权力加以限制，那么这种做法便是同法律背道而驰的，因为这将沦为纯粹的权力统治。”②所以，对政府制定和执行产业政策的行为进行法律上的控制是法治国家的必然要求。因此，对产业政策进行法律调整不仅意味着要规制被调控主体的行为，而且也意味着要规制调控主体的行为，而且后一方面占有更重要的地位。

由于产业政策关系到整个经济的中长期目标、各产业间合理的发展比例、一定时期重点产业发展的途径和支撑政策，也关系到全国地区经济的布局和引进国外先进技术及发展民族工业的政策，它所涉及的关系具有长期性、全面性、广泛性和稳定性的特点，因此其制定和实施仅停留在“纯粹的”政策层面往往是不够的，还需要有相应的法律调整，以对产业政策的制定和实施进行规范和提供保障。在对产业政策进行法律调整并使其法治化的过程中就形成了一个新的法律领域——产业政策法。在我国社会主义市场经济条件下，产业政策不仅应当得到充分重视，而且还必须对其进行法律调整，充分发挥产业政策法的作用。

很多人在分析日本等国产业政策的成功经验时，往往也是将产业政策的法律化作为一个重要方面。日本对产业政策进行法律调整可分为两类：一类是制定“一般法”，如通过对反垄断法的修改，放松对控股公司的限制，促进企业兼并和联合，实现经济规模，提高竞争力；另一类是制定“特别法”，如通过制定各种振兴法、产业结构改善法等，直接影响产业发展。根据法律的作用，日本将有关产业政策的法律分为三大类：第一类是对扶持、保护、促进其发展的战略产业和新

① 参见林兴登.《产业政策立法初探》,《经济与法》1999 年第 7 期。

② [美] E·博登海默.《法理学——法律哲学与法律方法》,邓正来,译.中国政法大学出版社 1999 年版,第 367 页。

兴产业，通产省制定并经国会通过振兴法；第二类是对需要加以援助以顺利压缩过剩设备、转移人员的衰退产业，制定萧条产业临时措施法；第三类是对介于前两者之间，需调整其结构的特定产业，制定改善结构法。这些产业临时措施法有效期一般为5年左右①。在经济恢复时期、高速增长时期、产业调整时期和结构转换时期，日本产业政策都是通过围绕当时的产业政策重点制定和实施相应的法律来实现的。受2008年世界金融危机的影响，日本政府修改了《产业活力再生法》。其他国家和地区在制定和执行产业政策中也都重视对产业政策及时进行法律调整。例如，韩国1998年废除了原来的《工业发展法》，制定了《产业发展法》；我国台湾地区1990年制定了《促进产业升级条例》，后经过多次修订。

自20世纪90年代以来，我国陆续制定了一些包含或体现相关产业政策的法律、法规、规章和其他规范性文件。主要有：1991年的《国家高新产业技术开发区若干政策的暂行规定》、《国家高新产业技术开发区税收政策的规定》；1992年的《中共中央、国务院关于加快发展第三产业的决定》；1993年的《农业法》、《农业技术推广法》、《科学技术进步法》、《全国第三产业发展规划基本思路》；1994年的《关于实施固定资产投资项目经济规模标准（第一批）的若干规定》、《汽车工业产业政策》；1995年的《指导外商投资方向暂行规定》（后被2002年《指导外商投资方向规定》所取代）、《外商投资产业指导目录》（后分别被1997年、2002年、2004年和2007年发布的《外商投资产业指导目录》所取代）；1996年的《促进科技成果转化法》、《乡镇企业法》；1997年《水利产业政策》；1998年的《国务院关于纺织工业深化改革调整结构、解困扭亏工作有关问题的通知》；1999年的《中共中央、国务院关于加强技术创新，发展高科技，实现产业化的决定》、《关于促进科技成果转化的若干规定》、《关于当前调整农业产业结构的若干意见》、《淘汰落后生产能力、工艺和产品的目录》（第一批、第二批）、《当前优先发展的高技术产业化重点领域指南》；2000年的《鼓励软件业和集成电路产业发展的若干政策》、《关于鼓励和促进中小企业发展的若干政策》、《当前国家重点鼓励发展的产业、产品和技术目录》、《关于加快发展环保产业的意见》、《当前国家鼓励发展的环保产业设备（产品）目录》、《关于加强中小企业技术创新服务体系建设的意见》；2001年的《关于组织国家高新技术产业发展项目计划实施意见》、《中西部地区外商投资优势产业目录》、《"十五"期间加快发展服务业若干政策措施

① 参见国家经贸委政策法规司.《运用法律手段推进结构调整——日本产业政策和结构调整法制化的启示》,《人民日报》2001年9月22日第6版。

的意见》、《关于加快发展环保产业的意见》、《关于应用先进技术促进交通产业升级的若干意见》;2002 年的《国家产业技术政策》、《清洁生产促进法》、《中小企业促进法》;2004 年的《汽车产业发展政策》(2009 年修订)、《农业机械化促进法》;2005 年的《钢铁产业发展政策》、《关于加快火电厂烟气脱硫产业化发展的若干意见》和《促进产业结构调整暂行规定》;2007 年《关于加快发展服务业的若干意见》;2009 年的《国务院关于进一步促进中小企业发展的若干意见》、《促进生物产业加快发展若干政策》;2010 年《关于加快培育和发展战略性新兴产业的决定》;2012 年《国务院关于进一步支持小微企业健康发展意见》;2013 年《国务院关于促进光伏产业健康发展的若干意见》;2014 年《国务院关于扶持小型微型企业健康发展的意见》;2016 年《国务院关于深化制造业与互联网融合发展的指导意见》等。

我国产业政策法律调整的主要问题是产业政策的法律化程度不高,现有的很多产业政策并没有纳入严格的法律调整中来。虽然并不是所有的产业政策都需要采取法律的形式,但是一些基本的、重要领域的产业政策还是要上升到法律的高度,特别是由最高国家权力机关制定的"法律"。而我国目前,很多重要方面的产业政策仅表现为政府或其职能部门的法规或规章,有些甚至连规章的形式都未采取,只是以某种规范性文件形式存在的"纯粹的"政策,缺少体现法律性质的责任制度作保障。那些尚没有得到任何法律调整的产业政策情况自不必说,那些在基本领域仅以法规、规章形式存在的产业政策也难以收到法律调整的应有效果,特别是难以收到产业政策法治化的基本要求——政府本身也要受到相应的法律约束。可以说,在我国不少领域中目前只有产业政策而没有产业政策法,在已有的法律法规中也往往缺少法律责任的规定。因此,我国产业政策法的建立和完善任重道远。

第二节 产业政策法的基本理论框架

一、产业政策法的概念和性质

产业政策法是调整产业政策制定和实施过程中产生的经济关系的法律规范的总称。简单地说,产业政策法就是规范和保障产业政策的法。

有人基于法理学上关于法与政策的严格区别而对"产业政策法"的提法提出

质疑，认为法与政策不能兼容。然而，我们认为使用产业政策法的提法并没有什么障碍。政策在经济学领域中通常有两方面的含义：一是指国家经济发展的基本方针或原则；二是指干预社会经济活动的政府行为。作为基本方针或原则，政策对计划制定或市场活动、对政府行为和企业行为、对生产和消费等都有指导作用；作为政府干预经济的行为，政策对资源和社会财富的分配或再分配产生影响。在西方经济学中，政策概念一般偏重于后一方面的含义①。在前一种意义上，即产业政策是指产业发展的基本方针或原则，产业政策法的提法体现了产业政策与法之间的内在联系以及产业政策法作为产业政策的法律化方面的本质。在这种意义上，经济法的其他部分如竞争法、消费者保护法也可称为竞争政策法、消费者政策法，甚至整个经济法都可称为经济政策法。在后一种意义上，即产业政策主要是指政府利用所属的各种职能机构对产业发展或结构转换等的干预行为，产业政策法的提法正体现了其对政府干预产业行为的规范和保障的实质。因此，产业政策法不仅有将产业政策上升为法律形式的问题，而且更意味着制定和实施产业政策的行为受到法律的规范和保障的问题。我们不妨将前者作为第一层次的产业政策法，而将后者称为第二层次的产业政策法。

有人基于法与政策不能并用的顾虑而主张用产业法或产业经济法的称谓来代替。但是，无论是产业法还是产业经济法，其所指的范围都超过了产业政策法的所指，实际上就是对产业经济进行调整的法。它除了产业政策法外，还包括了非由产业政策调整的但由法律直接调整的产业经济学中所包括的产业组织、产业结构、产业布局、产业技术、产业发展等经济内容②。虽然产业调控法与产业政策法的含义较为接近，但由于产业政策的概念在国内外都已是约定俗成，因此没有必要这样去改称。

由于产业政策法在各国都是新近才产生的，是法律的新领域，其在性质上属于现代经济法的范畴，明显地体现了经济法的公法与私法相结合的社会法性质。产业政策法所调整的是政府对产业活动进行干预的经济关系。本来，产业活动本身应该属于企业竞争自由、营业自由的范畴，属于“私人”活动领域，是私法的调整对象，但是在产业政策的制定和执行活动中却受到来政府的干预，产业政策法对其进行调整主要运用了规划、扶持、限制、引导、保护等公法的调整方法。这

---

① 参见陈淮编著.《日本产业政策研究》，中国人民大学出版社 1991 年版，第 1 页。

② 参见张雪楳.《论产业法的地位》，载于史际春，邓峰主编.《经济法学评论》第二卷，中国法制出版社 2002 年版，第 284 页。

种用公法的方法调整原本由私法调整的领域，这正是产业政策法具有公法与私法结合性质的主要原因。

二、产业政策法的特征和地位

（一）产业政策法的特征

作为经济法的一个组成部分，产业政策法具有经济法的一般特征，如经济性、政策性、行政主导性和综合性等。当然，产业政策法在体现经济法的一般特征时又有自己的方式，从而形成了其在经济法中的一些特殊性。从产业政策法的基本性质、内容和各国的产业政策立法、执法情况出发，我们认为产业政策法至少具有以下几个方面的鲜明特征。这些特征也具体地、典型地体现了经济法的特征。

第一，政策性。这是产业政策法在内容方面的特征。相对于其他部门法来说，政策性是经济法的一个重要特征，而相对于经济法中的其他部分来说，产业政策法的政策性尤其明显。这从其名称上也可以看得出来。因此，政策性可谓产业政策法的首要特征，产业政策法实际上就是产业政策的法律化。有的学者认为："产业政策法是政策与法律相互交叉而形成的一种法律。在产业政策法中，政策是内容，法律是其形式，或者说产业政策获得了法律的表现形式，进而具有法律的一般性质，如规范性和约束力，或者说政策本身就具有法律性质，在这里，政策和法律融为一体。"①产业政策法的政策性特征主要表现为产业政策法的制定、修改与国家的经济政策密切相关，这决定了产业政策法具有较大的变动性和灵活性，不同的国家以及同一个国家的不同时期的产业政策法在内容和侧重点上往往差别很大。有关产业政策法一般具有较明显的时限性和阶段性，如日本产业政策法所规定的产业政策，无论是支持、发展性的扶持政策，还是救济、援助性的调整政策，都是有一定期限的，很多临时措施法的有效期为 5 年，也有的是 10 年。正是这个原因，很多法律在名称上就冠以"临时措施法"，如《机械工业振兴临时措施法》、《电子工业振兴临时措施法》等。同时，产业政策法在实施过程中往往也会受到政策变化的影响，尤其是一国反垄断法实施的宽严程度就明显受到其产业组织等政策的影响。

第二，社会本位性。这是产业政策法在实质方面的特征，这是由前述产业政策法属于经济法的性质所决定的。经济法是社会本位法，即它对经济关系的调

① 董进宇主编.《宏观调控法学》，吉林大学出版社 1999 年版，第 212 页。

整中立足于社会整体，在任何情况下都以大多数人的意志和利益为重。在经济法的社会本位性方面，产业政策法同样也表现得非常明显，它保护的既不是单纯的国家利益、政府利益，也不是完全的社会个体的利益，而是同这两者既有密切联系又有明显区别的社会公共利益，即广大人民群众所享受的利益。虽然政府应当是社会公共利益的代表，但政府并非没有其自身的独立利益。在产业政策的制定与实施过程中。一般说来，政府代表的是社会公共利益，但这并非在任何时候都能够自动实现的，而需要在产业政策法中得到体现和保障。以社会利益为本位的产业政策法的调整，包括对某些行业、企业进行规划、引导、扶持、保护和限制等，其所要达到的直接目的都是为了维护社会整体利益，而不是直接为了某个或某些私人(企业)的利益，尽管它在客观上和间接地会对个体利益产生某种积极或消极的影响。产业政策法的社会本位性体现了经济法追求实质正义的基本价值。

第三，综合性。这是产业政策法在形式方面的特征。产业政策法的综合性，首先表现为由产业政策本身的综合性决定的产业政策法的内容的综合性。“产业政策包括产业结构政策、产业组织政策、产业技术政策和产业布局政策，以及其他对产业发展有重大影响的政策和法规”①，这明显是综合的而不是单一的，以此为内容的产业政策法也必然具有综合性。其次，产业政策法的综合性表现为其调整方法和实施手段的综合性。产业政策法的调整方法是多种多样的，除传统的民事、行政和刑事的以外，还包括奖励；产业政策法的保障措施也是多种多样的，有人将其分为三大类：一是间接诱导的手段，它包括财政、税收、金融、价格、外贸、政府采购等；二是直接管制手段，它包括了鼓励、允许、限制、禁止等方面，有时还配有配额制、许可制、对工资与价格的直接管制等；三是行政、信息指导手段，它以经济展望、劝告及提供其他信息为表现式样②。

(二) 产业政策法的地位

构成法的体系中的部门法是多层次的。明确某一特定的法律规范集合体在法的体系中的地位，就是要确定该法律规范集合体属于何种层次的法的部门。产业政策法的地位就是指产业政策法在法的体系中处于何种位置，以及它与相关法律的关系问题。由于已经界定产业政策法属于经济法范畴，因此这里产业政策法的地位主要是指它在经济法体系内的地位以及它与经济法其他相关部分

---

① 见国务院于1994年发布的《90年代国家产业政策纲要》。

② 参见王健.《产业政策法若干问题研究》,《法律科学》2002年第1期。

的关系。

在我国目前关于经济法体系的基本构成中，主要有将经济法分为两部分（市场规制法和宏观调控法）、三部分（市场规制法、国家投资经营法和宏观调控法）和四部分（经济组织法、市场规制法、宏观调控法和社会经济保障法）等不同主张。可见，将市场规制法（市场管理法）和宏观调控法作为经济法的核心和典型部分是较为一致的认识，差别似乎是在此之外是否还应将某些部分也划归经济法。在这样的经济法体系中，如果要对产业政策法作进一步的归类，那么基于前述产业政策属于宏观调控政策的认识，产业政策法应该属于宏观调控法的范畴，而且是宏观调控法的核心组成部分之一。当然，将产业政策法作为宏观调控法这种进一步的归类只具有相对的意义，是就总体上而言的，因为产业政策法的内容具有综合性，其中有些部分还可作其他的归类。例如，作为产业政策法的主要部分之一的产业组织政策法，其中的反垄断法就具有市场规制法的性质，而且还是一种最主要、最典型的市场管理法。但这不影响在总体上将产业政策法作为宏观调控法的归类。

产业政策法的地位问题还涉及它与经济法体系中其他相关法律的关系问题，正确认识它们之间的关系有助于进一步说明产业政策法独立存在的理由和价值。在这方面，主要涉及产业政策法与计划法、反垄断法以及财税法、金融法等的关系，特别是产业政策法与前两者的关系。有学者基于以下理由而认为产业政策法不能自成体系：在法律方面，产业政策的要义主要体现在反垄断和反不正当竞争法中，尤其是反垄断法，作为规制市场结构的重要法律部门，对产业组织的合理化起着重要的作用；由于产业结构政策与国家计划密切相关，是体现于计划中的重要内容，因而认为产业结构法是计划法的重要部门①。我们认为，虽然产业政策法与包括计划法、反垄断法在内的相关法律有着直接或间接的关系，但是这并不影响产业政策法本身作为宏观调控法中的一个子部门法的独立存在。

1. 产业政策法与计划法

产业政策法与计划法之间的关系比较复杂。国外有一种观点，认为产业政策就是计划，无非是采用来一个“温和的、更加悦目的名词”②，从广义上讲，产业政策（特别是产业结构政策）也确实带有某种计划的性质，在党的十三大

① 参见张守文，于雷著.《市场经济与新经济法》，北京大学出版社 1993 年版，第 302 页。

② 参见杨公朴，夏大慰主编.《现代产业经济学》，上海财经大学出版社 1999 年版，第 207 页。

报告中也提出:"计划管理的重点应转向制定产业政策,通过综合运用各种经济杠杆,促进产业政策的实现。"因此,从广义上讲,产业政策法可以视为广义的计划法的范畴。但是,从前述产业政策的含义和基本内容来看,产业政策(特别是产业组织政策)尚不能完全涵盖在计划之中,并且现代社会产业政策越来越发展成为一种独立的经济政策体系,因此分别调整两者的产业政策法与计划法虽存在某种交叉和其他方面的密切联系,如计划是制定产业政策(特别是产业结构政策)的依据,产业政策(特别是产业结构政策)又是贯彻、落实计划所规定的经济发展任务、目标的一种手段,但是不能相互代替,而各有其存在的价值,应当认为它们构成宏观调控法中两个独立的子部门,也就是说这里的计划法采取较狭义的含义。相对来说,计划法所涉及的内容更具宏观性、广泛性和指导性。

2. 产业政策法与反垄断法

产业政策法与反垄断法之间的关系主要体现为其中的产业组织政策法与反垄断法的关系。在产业组织政策法中,既要有效地利用规模经济,又要保持适度的市场竞争,防止过度垄断,而这也正是反垄断法或者竞争政策法所要解决的核心问题,因为反垄断法并非反对所有的垄断,更不是单纯地反对大企业,在反垄断法中,对规模经济与竞争活力之间的平衡主要是通过其适用除外制度来实现的。因此,产业组织政策法与反垄断法之间存在着相当的一致性,或者说反垄断法构成了产业组织政策法的一个重要内容。但是,这两者之间仍然不能相互等同和代替,因为作为竞争法体系核心的反垄断法,其着眼点主要是维护市场竞争秩序,侧重对行为的调整,多为禁止性规范,相关规则较为具体,而产业组织政策法的着眼点主要是产业的活力和竞争力,侧重对结构的调整,含有倡导性和授权性规范,政策的原则性较强。由于反垄断法维护的是作为市场经济基本运行机制的竞争机制,因此在市场经济条件下,反垄断法较之产业政策法更具有基本性。

3. 产业政策法与财税法、金融法

由于财政税收和金融是实施产业政策的两种主要措施,因此产业政策法与财税法、金融法之间有着密切的关系,在一些方面也存在交叉的关系,表现为财税法、金融法的一些制度围绕实现产业政策法的原则和目标作出规定。但是,产业政策法与财税法、金融法又是宏观调控法体系中各自独立的构成部分,各自有其独特的内容、原则、方法和政策目标,因此也不存在相互替代和完全包容的问题。

第三节　产业政策法的基本制度框架

一、产业结构政策法律制度

产业结构政策是指政府依据本国的产业结构演化趋势，为推进产业结构优化升级而制定的产业政策。产业结构政策针对产业间的资源配置结构优化与调控问题，其实质在于从推动产业结构的合理演进中求得经济增长和资源配置效率的改善。产业结构政策的目标是实现产业结构的优化升级，包括产业结构的合理化和高度化。产业结构合理化是产业结构优化的基础和前提，产业结构高度化是产业结构优化的目标和方向①。

产业结构政策按照政策目标和措施不同，可以划分为多种不同的类型，主要有主导产业选择和支持政策、弱小产业扶植政策和衰退产业调整政策。产业结构政策法作为产业结构政策的法律化，相应地也由主导产业选择和支持政策法律制度、弱小产业扶植政策法律制度和衰退产业调整政策法律制度构成。

主导产业是指在国民经济中居于主导地位的产业部门。它能够充分利用先进技术，具有较高的需求收入弹性，自身保持较高的增长速度，同时又具有较大的产业关联效应，从而能够很好地带动其他产业发展。由于主导产业的发展对于一国经济发展具有重要的战略意义，因此制定科学的主导产业选择和支持政策是至关重要的。主导产业选择和支持政策法律制度就是对政府按照合理原则选择主导产业并采取有效措施支持其发展的政策进行法律调整而形成的。

弱小产业是指具有生命力的幼稚产业和发展滞后的瓶颈产业。幼稚产业从长期看具有收入弹性大、技术进步快、劳动生产率提高快、发展潜力大的特点，有可能成为未来的主导产业，但目前却比较弱小稚嫩，需要政府扶植和帮助。对幼稚产业的扶植反映了产业政策的超前性特征。瓶颈产业是指那些因发展不足而对国民经济发展造成短缺制约的产业，是国民经济发展的薄弱环节。瓶颈产业往往靠自身力量很难快速发展，而短缺的消除是越快越好，所以政府需要扶植。弱小产业扶植政策法律制度就是对政府鼓励、刺激和保护弱小产业的政策进行法律调整而形成的。

---

①　参见张平，王树华主编.《产业结构理论与政策》，武汉大学出版社 2009 年版，第 74－80 页。

衰退产业是指在产业结构中陷入停滞甚至萎缩的产业。其主要特征是产品的需求量和销售量大幅度减少,技术进步缓慢,创新乏力,在国民经济中的地位下降。在一般情况下,衰退产业的收缩理应由企业独立自主地进行,但市场机制对有些阻碍资本自由流动的因素,如资本壁垒、技术壁垒、社会压力和利益刚性、垄断歧视以及地方保护主义壁垒等,显得力不从心,需要政府采取一些调整措施。衰退产业调整政策法律制度就是对政府调整和援助衰退产业的政策进行调整而形成的。

我国目前的产业结构政策法律制度主要有《促进产业结构调整暂行规定》和《指导外商投资方向规定》等。其中,2005 年 12 月 2 日国务院颁布实施的《促进产业结构调整暂行规定》主要明确了当前及今后一段时期产业结构调整的目标、原则、方向和重点,起到了产业结构政策基本法的作用。国家发改委配套发布实施的《产业结构调整指导目录》主要明确了鼓励、限制和淘汰类分类的原则和配套政策措施。其中,鼓励类主要是对经济社会发展有重要促进作用,有利于节约资源、保护环境、产业结构优化升级,需要采取政策措施予以鼓励和支持的关键技术、装备及产品;限制类主要是工艺技术落后,不符合行业准入条件和有关规定,不利于产业结构优化升级,需要督促改造和禁止新建的生产能力、工艺技术、装备及产品;淘汰类主要是不符合有关法律法规规定,严重浪费资源、污染环境、不具备安全生产条件,需要淘汰的落后工艺技术、装备及产品。不属于鼓励类、限制类和淘汰类,且符合国家有关法律、法规规定的,为允许类,允许类未列入指导目录。《指导外商投资方向规定》适用于在我国境内投资举办中外合资经营企业、中外合作经营企业和外资企业(统称外商投资企业)的项目以及其他形式的外商投资项目。外商投资项目也分为鼓励、允许、限制和禁止四类。

我国目前的产业结构政策法律制度还比较薄弱,需要逐步加以完善。

二、产业组织政策法律制度

产业组织政策是指政府为了获得理想的市场绩效而制定的干预产业的市场结构和市场行为的政策。产业组织政策针对产业内的资源配置结构优化与调控问题,其实质是政府通过协调产业组织中规模经济与竞争活力之间的矛盾(即所谓的"马歇尔冲突"),以建立正常的市场秩序,提高市场绩效。产业组织政策主要包括竞争(反垄断)政策、直接规制政策和中小企业政策。作为产业组织政策法律化的产业政策法也主要由竞争(反垄断)政策法律制度、直接规制政策法律制度和中小企业政策法律制度构成。

竞争与垄断是产业组织政策中的一个根本问题。竞争是市场经济的精髓，是市场经济的最基本的运行机制。但竞争会使生产和资本趋于集中，这种集中可能带来规模经济效益，但超出一定限度也可能造成对竞争的限制（垄断）；尤其是，在竞争过程中会自发产生一种排斥竞争的力量，即对市场竞争进行限制的倾向，市场主体为了回避竞争的压力和风险，总是千方百计地对竞争加以限制，企图追求或者维持某种垄断地位。垄断破坏了自由公平的竞争秩序，使得优胜劣汰的竞争规律不能正常发挥作用，消费者的选择权受到损害，国民经济的发展受到阻碍。为保障和促进市场经济的健康发展，以禁止非法限制竞争、维护自由公平竞争秩序和经济活力为基本使命的反垄断法应运而生。现代反垄断法的实体制度主要包括禁止联合垄断协议制度、禁止滥用市场支配地位制度和控制经营者集中制度。由于现代反垄断法并不以追求完全竞争而是所谓的“有效竞争”为目标，因此其对垄断的禁止并不是绝对的，而是有着较严格的标准，并有适用除外，以此在规模经济与竞争活力、竞争不足与竞争过度之间保持恰当的平衡。当然，反垄断法本身构成经济法体系中的一个重要部分，它有其独立的价值和目标——自由公平的市场竞争秩序，它在被作为推行产业组织政策的手段时而构成产业组织政策法的一个方面。相对来说，政府的产业组织政策通常更为关注的是规模经济。由于本书第六章专门介绍了反垄断法，因此这里不再赘述。

直接规制政策是指在反垄断法适用除外的一些特殊产业，为防止资源的低效配置和确保消费者的公平利用，政府对这类产业的企业进入、退出、投资以及产品或服务的价格、数量、质量直接加以控制的政策。直接规制政策是与反垄断法适用除外原则联系在一起的。它所针对的一般有三类特殊的产业：一是铁路、通信、电力等自然垄断产业；二是进入壁垒低、易于发生过度竞争的产业；三是有一定的自然垄断特点，但可能进入壁垒不高的自然资源开发产业，如石油开采业①。当然，随着科技进步和经济情况的变化，各国反垄断法中对适用除外的范围有逐渐缩小的趋势。例如，德国《反对限制竞争法》在1998年的第六次修订时取消了折扣卡特尔、出口卡特尔和进口卡特尔的豁免待遇，并废除了能源供给企业以及交通业的特殊规定；日本也于1999年废止了在经济不景气时期适用的、被称为日本典型的豁免制度的不景气卡特尔制度等除外规定；我国目前也在通过改革打破电信、电力等领域的垄断。同时，由于直接规制在相当程度上制约着企业的经营自主权，它不利于发挥经营者的创新能力，存在一定的规制成本，

---

① 参见简新华主编.《产业经济学》，武汉大学出版社2001年版，第221页。

还容易发生权力寻租的情况，因此应尽可能缩小直接规制的范围，尤其是要将其纳入严格的法律规制之下。我国这方面的法律制度主要体现在《铁路法》、《电力法》、《邮政法》和《电信条例》等法律法规之中。

中小企业政策是指政府根据中小企业的实际情况和本国有关产业发展的特点，对各产业之中的中小企业采取的扶持政策。集团化、规模化的大企业和专门化、协作化、特色化的中小企业，各有自己的优势和适合自己发展的领域，它们的发展应该是并行不悖的。中小企业由于规模小、竞争和创新意识强、经营灵活，可以在适合其经营的领域进退自如，因而在创造就业机会、活跃经济、增加出口、提高技术创新能力以及改善市场结构、完善市场机制、增加经济和社会运行的稳定性等方面，起着不可替代的作用。但由于中小企业在激烈的市场竞争中往往处于不利地位，在资金、信息的取得以及市场影响和技术创新能力等方面处于劣势。因此，各国政府对中小企业的发展给予了极大的关注，并采取各种措施对其加以扶持。政府的中小企业政策上升到法律就是相应的中小企业政策法。从广义上讲，中小企业政策法包括保护、扶持和引导中小企业，促进其健康发展的法，狭义上则主要是扶持和促进中小企业发展的法。从表面上看，中小企业法似乎属于市场主体法意义上的企业法范畴，但是，从其实质和内容来看，它则属于宏观调控法意义上的产业政策法范畴，带有促进法的性质①。我国 2002 年制定的《中小企业促进法》就是这方面的典型法律。鉴于该法在形式上是我国现行产业政策法体系中为数不多的制定为“法律”层级的规范性文件，在内容上又具有产业政策法的典型性，因此本章第四节将专门进行介绍。

三、产业技术政策法律制度

产业技术政策是政府制定的促进产业技术进步的政策，是政府对产业的技术进步、技术结构选择和技术开发进行的预测、决策、规划、协调、推动、监督和服务等方面的综合体现。其主要内容包括产业技术发展的目标、主攻方向、重点领域、实现目标的策略和措施，是保障产业技术适度和有效发展的重要手段。产业间的技术结构是供给结构的一个因素，是产业结构的一个侧面，产业技术政策的一些方面可以在产业结构政策的框架中讨论，但是由于它尚不能完全包容在产业结构政策之中，并且由于在当今的知识经济时代产业技术的重要性日益显现，因此为突出产业技术政策的重要性而完全可以将其作为产业政策中的一个单独

---

① 参见史际春，王先林.《建立我国中小企业法论纲》，《中国法学》2000 年第 1 期。

的部分。

产业技术政策包括多方面的内容，主要有：技术结构政策、技术创新政策、技术引进政策、技术成果转化政策、高新技术政策和技术设备的更新改造政策等。产业技术政策的法律化也主要体现为这些方面的法律化。我国《90 年代国家产业政策纲要》规定的产业技术政策的重点是：促进应用技术开发，鼓励科研与生产相结合，加速科技成果的推广，推动引进和消化国外的先进技术，显著提高我国产品的质量、技术性能，大幅度降低能耗、物耗及生产成本，努力提高我国产业的技术水平。

围绕产业技术政策的重点，我国先后制定了大量的涉及产业技术进步方面的法律、法规、规章和其他规范性文件。其中，鼓励技术创新的政策法规主要有《关于加速实施技术创新工程形成以企业为中心的技术创新体系的意见》、《中共中央、国务院关于加强技术创新，发展高科技，实现产业化的决定》、《关于科技型中小企业技术创新基金的暂行规定》；鼓励科技成果转化的政策法规主要有《关于依靠科技进步振兴农业加强农业科技成果推广工作的决定》、《农业技术推广法》、《科技成果转化法》、《关于促进科技成果转化若干规定的通知》；鼓励技术引进的法规主要《技术引进合同管理条理》及其《实施细则》；鼓励高新技术发展的政策法规主要有《关于深化高新技术产业开发区改革，推进高新技术产业发展的决定》、《关于在国家高新技术产业开发区创办高新技术股份有限公司若干问题的暂行规定》、《关于以高新技术成果出资入股若干问题的规定》、《国家高新技术产业开发区若干政策的暂行规定》等法规。

四、产业布局政策法律制度

产业布局政策是指政府为实现产业空间分布和组合合理化而制定的政策。产业布局的合理化，实质上是地区分工协作的合理化、资源地区配置和利用的合理化。产业布局政策一般有经济发展、社会稳定、生态平衡和国家安全等方面的目标。虽然产业布局政策是国家社会发展政策的重要部分，不能完全包容在产业政策中，但其主要和直接的方面是涉及产业的经济因素，因此还是可以在产业政策的框架中加以讨论。例如，我国作出的西部大开发的战略决策虽然不能仅仅归为产业政策，但它确实带有明显的产业政策的性质。

产业布局政策的工具包括行政规划、财政投入政策、税收优惠和金融支持政策等。就行政规划而言，区域规划、主体功能区规划、全国城镇体系规划、省域城镇体系规划、城市总体规划等都与产业布局政策密切相关。近年来，国务院先后批复了珠江三角洲地区、广西北部湾经济区、福建海峡西岸经济区、关中-天水经济区、江苏沿海地区、皖江城市带承接产业转移示范区、长江三角洲地区、长江经济带等十多个区域规划。

产业布局政策的内容主要包括区域产业扶持政策、区域产业调整政策和区域产业保护政策。这些也构成了相应的产业布局政策法律制度涉及的主要方面。我国《90年代国家产业政策纲要》规定的产业布局政策的主要原则是：在继续发挥经济较发达地区优势并加快其发展的同时，积极扶持欠发达地区的经济发展，逐步缩小经济发达地区与欠发达地区的差距；国家支持发挥自然资源和经济优势，体现地区间专业化分工协作的产业带的发展。这些原则需要得到较高层次的法律调整。

我国目前涉及产业布局政策的法律法规主要有《城乡规划法》、《开发区规划管理办法》、《关于实施西部大开发若干政策措施的通知》、《关于进一步推进西部大开发的若干意见》、《关于进一步实施东北地区等老工业基地振兴战略的若干意见》、《国务院关于依托黄金水道推动长江经济带发展的指导意见》等。今后需要提高立法的层次，完善立法的内容，以进一步提高产业区域政策的法治化水平。

第四节　中小企业政策法律制度

一、中小企业问题的法律意义

无论是在发展中国家还是发达国家，中小企业的数量都占企业总数的绝大部分，在产值、销售额、就业人数等方面也占有很高的比重。改革开放以来，特别是进入新世纪以来，我国中小企业不断发展壮大，已成为我国国民经济和社会发展的重要力量，在繁荣经济、增加就业、推动创新、改善民生等方面，发挥着越来越重要的作用。截至2009年底，全国在工商部门注册的中小企业已达1 023万户。此外，还有数量更多的个体工商户。中小企业占中国企业总数的99%以上，对GDP的贡献超过60%，对税收的贡献超过50%，提供了近70%的进出口贸易额，创造了80%左右的城镇就业岗位①。中小企业的优势源于其规模的“中

① 资料来源于新华网，http://news.xinhuanet.com/fortune/2010-05/14/c_12102294.htm。访问时间：2016-04-16。

小”，而其劣势也往往与规模的“中小”相关。在激烈的市场竞争中，中小企业往往是竞争中的弱者。当外部环境发生轻微的变化时，其生存就受到威胁，不仅在资金、信息的取得以及市场影响力和技术创新能力等方面处于劣势，而且还经常受到大企业的排挤与打击。中小企业的这种不利地位在各国是普遍存在的，由此形成了国家通过法律保护与扶持中小企业发展的客观需要。

从法律角度提出和解决中小企业问题，促进中小企业的发展，其本意并非贬低或者否定大企业，更不是否定规模经济，而是为了协调它们之间的正常关系，或者说是为了两者在某些方面失衡的关系得到矫正和修复，以促进国民经济的良性发展。中小企业问题作为专门的法律问题，它不是泛指中小企业作为市场主体而发生的一般民商法上的问题，而主要是指中小企业作为竞争中的弱者和一般而言不善从“规矩”者，由国家对其进行保护、扶持和引导的问题，因此是一个典型的经济法问题。它直接体现了经济民主、保护弱者权益、经济协调、充分适度的市场竞争、可持续发展、政府的经济管理职能和相应的法所追求的社会正义目标等深层次问题。

首先，从法律角度提出中小企业问题，超越了传统上恪守的企业所有制、行业和地域等“身份”界限，体现了市场经济所要求的经济民主和平等。市场经济和社会主义的经济法应将经济民主作为重要目标，其核心是社会公正。这种公正包括经济机会均等和经济平等。无论是对中小企业的保护还是对它的扶持、引导，均体现了这种经济民主及作为其核心的社会公正。因为，大量灵活而高效率的能自由开展竞争的中小企业的存在，是对抗和消除大企业垄断、维护竞争性的市场结构，实现经济民主的基本力量。没有足够数量的中小企业参与的竞争不是真正意义上的竞争，而只是寡头垄断；在存在着不公平的政策环境和大企业垄断的情况下，也谈不上真正的经济民主和社会公正。

其次，中小企业问题本质上是一个保护经济弱者的问题，同时也是一个国家的产业政策问题，按其性质来说后者更为重要。对弱者权益给予特别保护是确保经济民主和社会公正的具体措施，是经济法的一项重要的任务与职能，也是经济法追求实质正义的价值目标的具体体现。而且，从经济法的观点看，中小企业法是产业政策的法律化。相应的，中小企业法不是属于市场主体法意义上的企业法范畴，而是属于宏观调控法意义上的产业政策法范畴，是现代经济法的典型和重要的组成部分之一，具有明显的政策倾向性，带有促进法的性质。从经济法的观点看，中小企业问题无论是作为经济上的弱者问题，还是作为国家的产业政策问题，都是经济法上平衡协调原则的具体体现。

在广义上，中小企业政策法由保护性、扶持性和引导性三位一体的法律规范所构成，但在狭义上中小企业政策法是指国家扶持与促进中小企业的法律。国外专门的中小企业法律也主要是扶持和促进性的法律。各国扶持和促进中小企业发展的立法通过提供政策倾斜，改善中小企业的生产经营条件和竞争环境，积极地培育中小企业，促进中小企业的合理化和现代化，从而确保市场机制正常运作。为此，各国通常都依法设立专门机构，在资金、人才、技术等方面提供援助，提供税收和政府采购等方面的具体优惠措施。我国2002年制定、2003年实施的《中小企业促进法》在名称和内容上也都体现了对中小企业发展的扶持和促进。2009年《国务院关于进一步促进中小企业发展的若干意见》进一步明确了扶持和促进中小企业发展的相关政策措施。

二、我国中小企业促进法的主要制度

（一）中小企业的概念和划分标准

按照《中小企业促进法》第二条的规定，中小企业是指有利于满足社会需要，增加就业，符合国家产业政策，生产经营规模属于中小型的各种所有制和各种形式的企业。

由于各个国家和地区对于中小企业的划分标准（就业人数、营业额、固定资产数量、生产能力中的一项或几项）及其掌握的宽严程度不同，各种统计口径有时很不一致。按照我国法律的规定，中小企业的划分标准由国务院负责企业工作的部门根据企业职工人数、销售额、资产总额等指标，结合行业特点制定。2003年2月19日，国家经济贸易委员会、国家发展计划委员会、财政部、国家统计局研究制订了《中小企业标准暂行规定》。经国务院同意，2011年6月18日，工业和信息化部、国家统计局、国家发展和改革委员会、财政部研究制定了《中小企业划型标准规定》，《中小企业标准暂行规定》同时废止。根据《中小企业划型标准规定》，中小企业划分为中型、小型、微型三种类型，具体标准根据企业从业人员、营业收入、资产总额等指标，结合行业特点制定。中型企业标准上限即为大型企业标准的下限，国家统计部门据此制定大中小微型企业的统计分类。该规定适用的行业包括：农、林、牧、渔业，工业（包括采矿业，制造业，电力、热力、燃气及水生产和供应业），建筑业，批发业，零售业，交通运输业（不含铁路运输业），仓储业，邮政业，住宿业，餐饮业，信息传输业（包括电信、互联网和相关服务），软件和信息技术服务业，房地产开发经营，物业管理，租赁和商务服务业，其他未列明行业（包括科学研究和技术服务业，水利、环境和公共设施管理业，居民服务、修理和其他服务业，社会工作，文化、体育和娱乐业等)。各行业分别有相应的划型标准。

例如，在农、林、牧、渔业，营业收入 20 000 万元以下的为中小微型企业。其中，营业收入 500 万元及以上的为中型企业，营业收入 50 万元及以上的为小型企业，营业收入 50 万元以下的为微型企业。

又如，在工业，从业人员 1 000 人以下或营业收入 40 000 万元以下的为中小微型企业。其中，从业人员 300 人及以上，且营业收入 2 000 万元及以上的为中型企业；从业人员 20 人及以上，且营业收入 300 万元及以上的为小型企业；从业人员 20 人以下或营业收入 300 万元以下的为微型企业。

(二) 促进中小企业发展的主要政策措施

1. 资金支持

(1) 在中央财政预算中设立中小企业科目。我国中央财政预算现在已经分别设立了中小企业服务体系专项活动资金，中小企业发展专项资金。各省、自治区、直辖市也设立了专项资金。财政部、工业和信息化部还于 2008 年颁布了《中小企业发展专项资金管理办法》，以规范中小企业发展专项资金的管理。

(2) 设立中小企业发展基金。通过规范资金使用管理办法、明确资金的使用途径以保证为中小企业提供长期、稳定的资金来源。中小企业发展基金由下列资金组成：中央财政预算安排的扶持中小企业发展专项资金；基金收益；捐赠；其他资金。国家通过税收政策，鼓励对中小企业发展基金的捐赠。《国务院关于进一步促进中小企业发展的若干意见》要求加快设立国家中小企业发展基金，发挥财政资金的引导作用，带动社会资金支持中小企业发展。地方财政也要加大对中小企业的支持力度。

(3) 金融机构加大对中小企业的信贷支持，改善中小企业融资环境，拓宽中小企业融资途径。国有商业银行和股份制银行都要建立小企业金融服务专营机构，完善中小企业授信业务制度，逐步提高中小企业中长期贷款的规模和比重。进一步拓宽中小企业融资渠道。加快创业板市场建设，完善中小企业上市育成机制，扩大中小企业上市规模，增加直接融资。完善创业投资和融资租赁政策，大力发展创业投资和融资租赁企业。鼓励有关部门和地方政府设立创业投资引导基金，引导社会资金设立主要支持中小企业的创业投资企业，积极发展股权投资基金。

(4) 建立中小企业信用担保体系。县级以上人民政府和有关部门应当推进和组织建立中小企业信用担保体系，推动对中小企业的信用担保，为中小企业融资创造条件。设立包括中央、地方财政出资和企业联合组建的多层次中小企业融资担保基金和担保机构。各级财政要加大支持力度,综合运用资本注入、风险补偿和奖励补助等多种方式,提高担保机构对中小企业的融资担保能力。落实好对符合条件的中小企业信用担保机构免征营业税、准备金提取和代偿损失税前扣除的政策。

2. 创业扶持

(1) 税收优惠。国家在有关税收政策上支持和鼓励中小企业的创立和发展。国家对失业人员创立的中小企业和当年吸纳失业人员达到国家规定比例的中小企业,符合国家支持和鼓励发展政策的高新技术中小企业,在少数民族地区、贫困地区创办的中小企业,安置残疾人员达到国家规定比例的中小企业,在一定期限内减征、免征所得税,实行税收优惠。中小企业投资国家鼓励类项目,除《国内投资项目不予免税的进口商品目录》所列商品外,所需的进口自用设备以及按照合同随设备进口的技术及配套件、备件,免征进口关税。中小企业缴纳城镇土地使用税确有困难的,可按有关规定向省级财税部门或省级人民政府提出减免税申请。中小企业因有特殊困难不能按期纳税的,可依法申请在三个月内延期缴纳。

(2) 提供服务。地方人民政府应当根据实际情况,为创业人员提供工商、财税、融资、劳动用工、社会保障等方面的政策咨询和信息服务。

(3) 减轻负担。凡未按规定权限和程序批准的行政事业性收费项目和政府性基金项目,均一律取消。全面清理整顿涉及中小企业的收费,重点是行政许可和强制准入的中介服务收费、具有垄断性的经营服务收费,能免则免,能减则减,能缓则缓。严格执行收费项目公示制度,公开前置性审批项目、程序和收费标准,严禁地方和部门越权设立行政事业性收费项目,不得擅自将行政事业性收费转为经营服务性收费。

3. 技术创新

国家制定政策,鼓励中小企业按照市场需要,开发新产品,采用先进的技术、生产工艺和设备,提高产品质量,实现技术进步。中小企业技术创新项目以及为大企业产品配套的技术改造项目,可以享受贷款贴息政策。政府有关部门应当在规划、用地、财政等方面提供政策支持,推进建立各类技术服务机构,建立生产力促进中心和科技企业孵化基地,为中小企业提供技术信息、技术咨询和技术转让服务,为中小企业产品研制、技术开发提供服务,促进科技成果转化,实现企业技术、产品升级。为全面提升中小企业的自主创新能力,充分发挥其在建设创新型国家中的重要作用,国家发改委等 12 部门还于 2007 年专门发布了《关于支持中小企业技术创新的若干政策》。

4. 市场开拓

国家鼓励和支持大企业与中小企业建立以市场配置资源为基础的、稳定的原材料供应、生产、销售、技术开发和技术改造等方面的协作关系,带动和促进中小企业发展。国家引导、推动并规范中小企业通过合并、收购等方式,进行资产重组,优化资源配置。政府采购应当优先安排向中小企业购买商品或者服务。政府有关部门和机构应当为中小企业提供指导和帮助,促进中小企业产品出口,推动对外经济技术合作与交流。国家有关政策性金融机构应当通过开展进出口信贷、出口信用保险等业务,支持中小企业开拓国外市场。国家制定政策,鼓励符合条件的中小企业到境外投资,参与国际贸易,开拓国际市场。

5. 社会服务

国家鼓励社会各方面力量,建立健全中小企业服务体系,为中小企业提供服务。扶持建立中小企业服务机构,为中小企业提供创业辅导、企业诊断、信息咨询、市场营销、投资融资、贷款担保、产权交易、技术支持、人才引进、人员培训、对外合作、展览展销和法律咨询等服务。加强对中小企业管理及生产技术等方面人员的培训,提高其自身的营销、管理和技术水平。发挥中小企业行业自律组织的作用,维护中小企业的合法权益,为中小企业开拓市场、提高经营管理能力提供服务。

【参考文献】

1. 陈瑾玫.《中国产业政策效应研究》,北京师范大学出版集团、北京师范大学出版社 2011 年版。

2. 简新华主编.《产业经济学》,武汉大学出版社 2001 年版。

3. 陈淮编著.《日本产业政策研究》,中国人民大学出版社 1991 年版。

4. 张雪楳著.《产业结构法研究》,中国人民大学出版社 2005 年版。

5. 姜昕,杨临宏主编.《产业政策法》,中国社会科学出版社 2008 年版。

【思考题】

1. 如何理解产业政策与产业政策法的含义及其相互关系?

2. 简述产业政策法的地位和特征。

3. 产业政策法的基本制度构成包括哪些内容?

4. 简述中小企业政策法的地位和意义。

5. 我国《中小企业促进法》的基本内容有哪些?

【案例实训】

1. 为应对2008年国际金融危机对我国实体经济的影响,根据国务院部署,由国家发展改革委与工业和信息化部会同国务院有关部门开展了钢铁、汽车、船舶、石化、纺织、轻工、有色金属、装备制造业、电子信息,以及物流业十个重点产业调整和振兴规划的编制工作,作为应对国际金融危机,保增长、扩内需、调结构的重要措施。

钢铁、汽车、船舶、石化、纺织、轻工、有色金属、装备制造、电子信息以及物流业这十个行业,有的是国民经济的支柱产业,有的是重要的战略性产业,有的是重要的民生产业,在国民经济中地位举足轻重。其中九个产业工业增加值占全部工业增加值的比重接近80%,占GDP的比重达到1/3,规模以上企业上缴税金约占我国税收收入的40%,直接从业人员约占全国城镇单位就业人数的30%。从解决“三农”问题看,仅纺织和轻工的食品、造纸、家具、家电、皮革、日化等部分行业,相当的产值来源于农副产品深加工业,涉及3亿农民,吸纳进城务工近6 000万人。钢铁、石化、有色金属作为重要的基础原材料工业,船舶和装备制造作为重要的基础装备工业,在国家经济安全、国防安全等方面发挥了不可替代的支撑作用。高速发展的电子信息产业使我国社会信息化水平实现了质的飞跃。物流业是融合运输业、仓储业、货代业和信息业等的复合型服务产业,是国民经济的重要组成部分,涉及领域广、吸纳就业人数多、拉动消费作用大,其增加值占全部服务业增加值的16.5%,占GDP的6.6%。我国是一个有13亿人口的发展中大国,工业化、城镇化和国际化面临的发展和建设任务艰巨,无论是过去、现在还是在可预见的将来,这些行业的地位和作用不会改变。

随着国际金融危机对我国实体经济的影响逐步加深,市场需求出现萎缩,市场销售不畅导致外贸出口较为困难,停产半停产的企业逐渐增多,亏损企业和亏损额明显扩大,形势比较严峻。一些产业出现的困难,固然有国际金融危机不可抗拒的影响的外因,也有我国工业发展方式粗放等一些积累的深层次矛盾在市场形势突变的刺激下集中暴露的内因。这十个产业虽然各具特点,但大多数的产品都处于国际产业分工体系的低端,大而不强是其共性问题。主要表现为:产能过剩矛盾突出、规模化和集中程度低、创新能力薄弱、企业管理需要加强。即使没有国际金融危机,这种粗放型发展方式也是难以为继的。

制订和实施重点产业振兴规划是确保经济平稳较快增长、增强后劲再上新台阶的重要举措。要通过制订和实施重点产业振兴规划，研究提出强有力的、有针对性的、可操作的措施，稳定生产、稳定市场；同时抓住当前有利的时机，加快体制创新，推进结构调整，使企业竞争力有一个大提高，产业发展水平有一个大提升，为国民经济再上新台阶夯实基础。

按照国务院要求，国家发展改革委与工业和信息化部立即会同国务院有关部门、行业协会，以及中国国际工程咨询公司，共同研究布置规划制订工作，统一思想认识，明确部门任务分工。2008 年 12 月 5 日印发了《重点产业调整和振兴规划工作方案》。之后有关方面共同成立了规划编制工作小组。规划编制过程中，国务院各有关部门都不同程度地参加了工作，认真履行职能，集思广益，共同谋划产业调整和振兴的政策措施。相关行业协会、企业、专家和有关地方政府部门都参与了规划编制工作，提出了很多有益的意见和建议。2009 年 2 月，十个重点产业调整和振兴规划已全部通过国务院常务会议审议，发布实施。

请思考：

(1) 在国际金融危机背景下我国十个重点产业调整和振兴规划的编制和实施反映了哪些经济法原理?

(2) 我国实现产业政策法治化的重点和难点是什么?

2. 2011 年 10 月 12 日国务院总理温家宝主持召开国务院常务会议，研究确定支持小型和微型企业发展的金融、财税政策措施。

金融支持小型微型企业发展的政策措施包括：① 加大对小型微型企业的信贷支持。银行业金融机构对小型微型企业贷款的增速不低于全部贷款平均增速，增量高于上年同期水平，对达到要求的小金融机构继续执行较低存款准备金率。商业银行重点加大对单户授信 500 万元以下小型微型企业的信贷支持。加强贷款监管和最终用户监测，确保用于小型微型企业正常的生产经营。② 清理纠正金融服务不合理收费，切实降低企业融资的实际成本。除银团贷款外，禁止商业银行对小型微型企业贷款收取承诺费、资金管理费。严格限制商业银行向小型微型企业收取财务顾问费、咨询费等费用。③ 拓宽小型微型企业融资渠道。逐步扩大小型微型企业集合票据、集合债券、短期融资券发行规模，积极稳妥发展私募股权投资和创业投资等融资工具。进一步推动交易所市场和场外市场建设，改善小型微型企业股权质押融资环境。积极发展小型微型企业贷款保证保险和信用保险。④ 细化对小型微型企业金融服务的差异化监管政策。对小型微型企业贷款余额和客户数量超过一定比例的商业银行放宽机构准入限制，允许其批量筹建同城支行和专营机构网点。对商业银行发行金融债所对应的单户500万元以下的小型微型企业贷款，在计算存贷比时可不纳入考核范围。允许商业银行将单户授信500万元以下的小型微型企业贷款视同零售贷款计算风险权重，降低资本占用。适当提高对小型微型企业贷款不良率的容忍度。⑤ 促进小金融机构改革与发展。强化小金融机构重点服务小型微型企业、社区、居民和“三农”的市场定位。在审慎监管的基础上促进农村新型金融机构组建工作，引导小金融机构增加服务网点，向辖内县域和乡镇地区延伸机构。⑥ 在规范管理、防范风险的基础上促进民间借贷健康发展。有效遏制民间借贷高利贷化倾向，依法打击非法集资、金融传销等违法活动。严格监管，禁止金融从业人员参与民间借贷。对小型微型企业的金融支持，要按照市场原则进行，减少行政干预，防范信用风险和道德风险。

财税支持小型微型企业发展的政策措施包括：① 加大对小型微型企业税收扶持力度。提高小型微型企业增值税和营业税起征点。将小型微利企业减半征收企业所得税政策，延长至2015年底并扩大范围。将符合条件的国家中小企业公共技术服务示范平台纳入科技开发用品进口税收优惠政策范围。② 支持金融机构加强对小型微型企业的金融服务。对金融机构向小型微型企业贷款合同三年内免征印花税。将金融企业中小企业贷款损失准备金税前扣除政策延长至2013年底。将符合条件的农村金融机构金融保险收入减按3%征收营业税的政策，延长至2015年底。③ 扩大中小企业专项资金规模，更多运用间接方式扶持小型微型企业。进一步清理取消和减免部分涉企收费。

请思考：

(1) 在市场经济条件下，小型微型企业的发展为什么还需要政府的扶持？

(2) 如何理解扶持和促进小型微型企业发展的法律制度的性质和特点？

第十四章
价 格 法

【本章导读】

价格法是调整价格关系、规范价格行为的法律规范的总称。价格法既具有宏观调控法的性质,又具有市场规制法性质。本章在分析价格和价格法的基本含义和作用的基础上,着重分析了经营者的价格行为和政府的定价行为的法律制度,介绍了价格总水平调控制度,包括价格总水平调控的经济措施和价格在水平调控的价格手段,并介绍了价格监督检查和价格法律责任制度。

第一节 价格法概述

一、价格的概念和作用

在经济学上,价格一般被解释为商品与货币交换比例的指数,或者说,价格是价值的货币表现。价格是商品的交换价值在流通过程中所取得的转化形式。在微观经济学中,资源在需求者和供应者之间重新分配的过程中,价格是重要的变数之一。

从价格体系上讲,价格有广义价格和狭义价格。所谓广义价格,既包括有实物形态和没有实物形态的商品价格,也包括各类服务价格,还包括各类生产要素价格。各类生产要素价格中有一部分也是商品形式,此外还有利率是资金的价格,汇率是外汇的价格,工资是劳动力的价格,等等。但是,我国《价格法》规定的是狭义的价格,即把价格的范围限定在商品价格和服务价格,在附则中规定"利率、汇率、保险费率、证券及期货价格适用于有关法律、行政法规的规定,不适用本法”。商品价格是指各种有形产品价格和无形资产的价格，服务价格是指各类有偿服务的收费。其中，服务价格通称收费，是指不出售实物，而以一定的设备、工具和服务性的劳动，为消费者或经营者提供某种服务所收取的费用。它是服务或者劳务交换价值的货币表现形式。具体范围包括经营性收费和事业性收费，前者是指企业、事业单位以营利为目的，借助一定的场所、设备和工具提供经营性服务所收取的费用；后者是指政府办的事业单位在向社会提供公共服务的过程中，按照国家有关政策规定，为弥补或者部分弥补服务成本而收取的费用[①]。此外，还有所谓的行政性收费或者国家机关收费，也是一种特殊的价格形式，一般将其与事业性收费并称为行政事业性收费。2006年国家发展和改革委员会、财政部发布的《行政事业性收费标准管理暂行办法》中，将行政事业性收费解释为国家机关、事业单位、代行政府职能的社会团体及其他组织根据法律法规等有关规定，依照国务院规定程序批准，在实施社会公共管理，以及在向公民、法人提供特定公共服务过程中，向特定对象收取的费用，并以此区别于企业、事业单位、社会团体及其他组织按照自愿有偿原则，提供服务取得的经营服务性收费[②]。

价格是一种从属于价值并由价值决定的货币价值形式。价值的变动是价格变动的内在的、支配性的因素，是价格形成的基础。但是，由于商品的价格既是由商品本身的价值决定的，也是由货币本身的价值决定的，因而商品价格的变动不一定反映商品价值的变动。例如，在商品价值不变时，货币价值的变动就会引起商品价格的变动；同样，商品价值的变动也并不一定就会引起商品价格的变动，例如，在商品价值和货币价值按同一方向发生相同比例变动时，商品价值的变动并不引起商品价格的变动。因此，商品的价格虽然是表现价值的，但是，仍然存在着商品价格和商品价值不相一致的情况。

经济社会的基本问题是在社会成员中分配资源，以最大限度地为全社会谋福利。要实现这一福利目标应发挥每项资源的作用，以使其有效地为社会服务。但是，应寻求什么途径才能实现这个目标？在计划经济里，由主要计划机构制订分配资源的计划；在市场经济中，靠价格机制分配资源。也就是，价格机制提供如何利用资源的指导方针。价格决定生产什么商品和劳务，以及生产价格决定如何生产商品和劳务，价格决定为谁生产商品或劳务。这样，价格影响到收入和

① 参见马凯.《正确理解和把握〈价格法〉的适用范围》,《价格理论与实践》1998年第5期。

② 参见《行政事业性收费标准管理暂行办法》第3条和第36条。

消费行为①。作为市场机制的一个基本组成部分，价格在市场经济中具有非常重要的作用。

首先，价格是商品供求关系变化的指示器。借助于价格，可以不断地调整企业的生产经营决策，调节资源的配置方向，促进社会总供给和社会总需求的平衡。在市场上，借助于价格，可以直接向企业传递市场供求的信息，各企业根据市场价格信号组织生产经营。与此同时，价格的水平又决定着价值的实现程度，是市场上商品销售状况的重要标志。

其次，价格水平与市场需求量的变化密切相关。一般来说，在消费水平一定的情况下，市场上某种商品的价格越高，消费者对这种商品的需求量就越小；反之，商品价格越低，消费者对它的需求量也就越大。而当市场上这种商品的价格过高时，消费者也就可能作出少买或不买这种商品，或者购买其他商品替代这种商品的决定。因此，价格水平的变动起着改变消费者需求量、需求方向，以及需求结构的作用。

再次，价格是实现国家宏观调控的一个重要手段。价格所显示的供求关系变化的信号系统，为国家宏观调控提供了信息。一般来说，当某种商品的价格变动幅度预示着这种商品有缺口时，国家就可以利用利率、工资、税收等经济杠杆，鼓励和诱导这种商品生产规模的增加或缩减，从而调节商品的供求平衡。价格还为国家调节和控制那些只靠市场力量无法使供求趋于平衡的商品生产提供了信息，使国家能够较为准确地干预市场经济活动，在一定程度上避免由市场自发调节带来的经济运行的不稳定，或减少经济运行过程的不稳定因素，使市场供求大体趋于平衡。

因此，价格机制是市场机制的核心，市场决定价格是市场在资源配置中起决定性作用的关键。改革开放以来，作为经济体制改革的重要组成部分，价格改革持续推进、不断深化，放开了绝大多数竞争性商品价格，对建立健全社会主义市场经济体制、促进经济社会持续健康发展发挥了重要作用②。

二、价格的政府干预及其法治化

关于价格在市场经济中的种种作用是在假设价格完全是由市场决定的情况下实现的，属于应然状态的。但在现实生活中，完全竞争的市场几乎是不存在的，不完全竞争和垄断竞争的情形更为多见。虽然一部分普通商品可以通过市

---

① 参见甘特·B·门罗.《价格的作用》，刘世河译，《价格月刊》1986年第2期。

② 2015年10月12日《中共中央国务院关于推进价格机制改革的若干意见》。

场这只看不见的手来进行调节，既迅速又准确，但是少数特殊商品必须要由政府来对这只有形的手来进行调节。政府干预市场的根本原因是市场本身的不完善，市场失灵理论指出，市场机制在配置资源时是有缺陷的，市场调节无法独自解决社会产品总供给与总需求失衡的问题，必须依靠政府运用经济政策来解决。其缺陷主要表现在：调节的滞后性，调节的短期性，调节的盲目性，调节的贫富两极分化性，调节在某些公共产品领域的失效性，调节的企业外部不经济性，以及信息不对称导致的资源配置无效率性和市场机制的非理性逐利性。这很有可能歪曲市场价格的外部效应。市场的效率体现在经济主体之间的交易没有直接的外部效应情形之下，而一旦出现外部效应的时候，政府的制度安排是有效率的。如果任其进行自主调节，有时不但不能像人们所希望的那样回归到良性发展的轨道上，还会出现人为的价格垄断或囤积居奇，甚至还会因为信息不对称等情况而出现情节恶劣的价格欺诈以及哄抬物价等违反国家法律的行为。市场这些缺陷的存在，对国民经济发展影响很大，仅靠市场力量已无法自行弥补，必须通过宏观调控，依靠国家力量干预市场，防止市场失灵。要想保证资源有效配置，社会安定和谐，市场行为井然有序，社会保障健全，社会基本单位得到健康可持续的发展，使整个社会进入良性发展的状态，就必须要政府的有效介入，用有形的手的调节来弥补无形的手的调节之不足①。

因此，实行社会主义市场经济，一方面要由市场机制充分发挥作用，价格是市场机制的核心，市场主体根据价格信号追求利益最大化，通过无数个别行为的合力、一种自发的作用，使社会资源得以合理配置；但另一方面也要认识到，在现实生活中，价格机制未必能够正常发挥作用。比如，在自然垄断和合法垄断条件下，无法通过充分竞争形成市场价格；在人为操纵市场、滥用优势、违背商业道德等情况下，会造成价格扭曲；短期、局部、一些稀缺产品的供求失衡，为市场及价格机制的调节所不及；社会恐慌、盲目从众的心理，也会造成价格的异动，等等。这就要求基于社会利益的政府价格调控和监管，并将其纳入法治的框架②。我国《价格法》第四条明确规定："国家支持和促进公平、公开、合法的市场竞争，维护正常的价格秩序，对价格活动实行管理、监督和必要的调控。"

在市场经济条件下，对价格的干预最有效的途径无疑是通过价格法律制度的建立和完善来进行。可以说，制定和实施价格法来规范和保障政府的价格调控和

① 参见钟滨，等.《论政府对房地产市场价格干预的必要性》，《改革与开放》2011 年第 12 期。

② 参见史际春，肖竹.《论价格法》，《北京大学学报》(哲学社会科学版)2008 年第 6 期。

价格监管行为是市场经济国家的普遍做法。按照法治原则的要求，价格法既要规范经营者的价格行为，也要规范政府的价格行为，并且后者显得更为重要。

我国在改革开放前，与高度集中的计划经济体制相适应，实行完全行政控制的价格制度，以国家定价为主，谈不上建立在市场经济体制基础上的价格调控和监管，也没有严格意义上的价格法律制度。在实行以市场为取向的改革开放的过程中，我国的价格法律制度也在逐步建立和完善。早在 1982 年 8 月，国务院就发布了《物价管理暂行条例》，这对于在改革开放初期加强物价管理，促进生产发展起到了重要作用。1987 年 9 月，国务院发布了《中华人民共和国价格管理条例》，进一步加强价格管理，推进价格改革，促进商品经济发展。1997 年 12 月 29 日，八届全国人大常委会第二十九次会议通过了《中华人民共和国价格法》（以下简称《价格法》）。《价格法》共分 7 章 48 条。第一章为总则，规定了该法宗旨、调整范围和基本原则；第二章至第六章为分则，分别规定了经营者的价格行为、政府的定价行为、价格总水平调控、价格监督检查和法律责任等；第七章为附则，规定了该法的例外适用内容及生效日期。《价格法》规定了我国的基本价格制度，为调整价格关系确立了基本原则，并规定了基本的价格行为准则。此后，国务院及其相关职能部门相继颁行了一系列的法规规章，这些法规规章也是我国价格法律体系的重要组成部分。例如，国务院 1999 年批准、国家计划委员会发布了《价格违法行为行政处罚规定》（后经 2006 年、2008 年和 2010 年 3 次修订），国家发展和改革委员会 2006 年发布了《政府制定价格行为规则》、《政府制定价格成本监审办法》，与财政部联合发布了《行政事业性收费标准管理暂行办法》，2010 年发布了《反价格垄断规定》和《反价格垄断行政执法程序规定》等。

随着改革开放的不断深入，《价格法》不适应现实需要的问题也日益突出。例如，法律调整范围较为狭隘、内容不够全面、价格调控的内容单一、价格管理的形式和手段不足等；同时，随着我国《反垄断法》等相关法律的颁布、实施，《价格法》与这些相关法律的协调问题也很突出。因此，有必要对该法及时进行修改完善。

2015 年 10 月《中共中央国务院关于推进价格机制改革的若干意见》明确提出，紧紧围绕使市场在资源配置中起决定性作用和更好发挥政府作用，全面深化价格改革，完善重点领域价格形成机制，健全政府定价制度，加强市场价格监管和反垄断执法，为经济社会发展营造良好价格环境。紧密结合价格改革、调控和监管工作实际，加快修订价格法等相关法律法规，完善以价格法、反垄断法为核心的价格法律法规，及时制定或修订政府定价行为规则以及成本监审、价格监测、价格听证、规范市场价格行为等规章制度，全面推进依法治价。

三、价格法的概念和性质

价格法是指调整价格关系、规范价格行为的法律规范的总称。价格法是市场经济法律体系中的一个重要组成部分，对于维护经济秩序，维护消费者和经营者合法利益，更好地利用价格杠杆调控宏观经济运行，保证国民经济持续、快速、健康发展具有重要意义。

价格法的调整对象是价格关系。价格关系是指经营者在实施价格行为过程中发生的与政府管理部门、竞争者以及消费者之间的社会关系。具体包括以下三个方面。

第一，经营者与政府价格管理部门之间的关系。这是基于政府对经营者价格行为的干预而产生的。它包括政府定价关系，政府指导价关系，政府价格总体水平调控关系以及政府对经营者价格行为的监督管理关系。在这类关系中，除了政府与经营者之间的关系外，有时还包括政府与消费者之间的关系。例如，在价格听证制度中，消费者也有权参与到政府的价格决策行为中来。

第二，经营者与竞争者之间的关系。经营者的很多价格行为往往是直接针对竞争者的。其目的在于对市场资源的争夺，由此引发经营者与竞争者之间的价格关系，该关系也受价格法的调整。当然，这类关系也受《反不正当竞争法》和《反垄断法》的调整。

第三，经营者与消费者之间的关系。消费者是产品价格的最终承受者。因此，广义上说经营者的任何价格行为均可以引发其与消费者之间的价格关系，但是主要和直接的是体现在消费产品的价格行为中。

从价格法的调整对象和内容来看，其在性质上属于经济法是毫无疑问的。但是，在经济法体系内部，其属于哪个具体领域或者子部门则是有不同看法的。有的学者认为价格法以保障价值规律、市场机制充分发挥经济调节作用和国家对价格的必要调控功能为其主要任务，以实现我国宏观调控的首要目标——稳定价格为其根本目的，所以将其归类于宏观调控法范畴；有的学者则认为随着我国市场化改革的深入，价格法中宏观调控方面的规定仅适用于政府定价或政府指导价方面，其宏观调控功能已退居次要地位，因此将其纳入市场规制法体系更为适当。相应地，在经济法教材中，有的将价格法归入宏观调控法部分，有的将价格法归入市场规制法部分。

我们认为，以上两种看法都是有道理的，不存在对错的问题，因为价格法本来就是既具有宏观调控法的性质，又具有市场规制法性质。前者主要体现在价格法中关于政府的定价行为和价格总水平调控的制度方面；后者主要体现在对经营者的价格行为规范及其监督检查制度方面。因此，既可以将价格法归入宏观调控法部分，也可以将价格法归入市场规制法部分，只是不同的归类反映了作者对其主要性质的认识。本书作者认为，价格法的宏观调控法性质是其主要方面，因此将其归入宏观调控法部分，相应地，在介绍其内容时也以这方面的制度为主。

四、我国的基本价格制度和定价形式

《价格法》第 3 条规定："国家实行并逐步完善宏观经济调控下主要由市场形成价格的机制。价格的制定应当符合价值规律，大多数商品和服务价格实行市场调节价，极少数商品和服务价格实行政府指导价或者政府定价。"这就确定了我国的基本价格制度。

根据《价格法》的规定，我国的定价形式有三种，即市场调节价、政府指导价和政府定价。市场调节价，是指由经营者自主制定，通过市场竞争形成的价格。政府指导价，是指依照法律规定，由政府价格主管部门或者其他有关部门，按照定价权限和范围规定基准价及其浮动幅度，指导经营者制定的价格。政府定价，是指依照法律规定，由政府价格主管部门或者其他有关部门，按照定价权限和范围制定的价格。

我国在改革之前的 1978 年，国家定价占 97%，市场定价只占 3%。而到 2003 年底，政府指导价和政府定价在社会消费品零售总额中只占 4.4%，市场调节价已占到 96.5%。这样，我国基本形成了以市场调节为主的价格机制。"特别是近年来，价格改革步伐大大加快，一大批商品和服务价格陆续放开，成品油、天然气、铁路运输等领域价格市场化程度显著提高。"①

第二节　经营者的价格行为和政府的定价行为

一、经营者的价格行为

经营者是指从事商品生产、经营或者提供服务的自然人、法人和其他组织。

---

①　2015 年 10 月 12 日《中共中央国务院关于推进价格机制改革的若干意见》。

经营者的价格行为是指经营者制定和调整价格及其相关行为的总称，通常主要是指经营者的定价行为，包括对定价目标、定价策略、定价方法等的选择。

（一）经营者价格行为的原则和依据

商品价格和服务价格，除依法适用政府指导价或者政府定价外，实行市场调节价，均可由经营者依法自主制定。但是，经营者定价，应当遵循公平、合法和诚实信用的原则。

经营者定价的基本依据是生产经营成本和市场供求状况。根据生产经营成本和市场供求状况制定价格是价格制定的基本原则，正因为此，价格才能起到传递市场信息和引导资源配置的作用。《价格法》将该原则进行明确规定，旨在保证价格的传递市场信息和引导资源配置功能的实现。如果经营者不顾生产经营成本以低于成本的价格销售产品，或者不顾市场需求状况以远远超过正常市场价格的不合理价格虚标价格，则构成对《价格法》该原则的违反。

经营者应当努力改进生产经营管理，降低生产经营成本，为消费者提供价格合理的商品和服务，并在市场竞争中获取合法利润。经营者应当根据其经营条件建立、健全内部价格管理制度，准确记录与核定商品和服务的生产经营成本，不得弄虚作假。

（二）经营者的价格权利和义务

经营者从事经营活动，享有充分的权利，其中包括享有价格方面的权利。《价格法》在遵循市场规律的前提下，赋予了经营者广泛的价格权利。根据该法第 11 条的规定，经营者进行价格活动，享有下列权利：① 自主制定属于市场调节的价格；② 在政府指导价规定的幅度内制定价格；③ 制定属于政府指导价、政府定价产品范围内的新产品的试销价格，特定产品除外；④ 检举、控告侵犯其依法自主定价权利的行为。

经营者在享有法律赋予的充分价格权利的同时，也应当履行相应的价格义务。《价格法》第 12、13 条分别规定："经营者进行价格活动，应当遵守法律、法规，执行依法制定的政府指导价和政府定价以及法定的价格干预措施和紧急措施等。经营者销售、收购商品和提供服务，应当按照政府价格主管部门的规定明码标价，注明商品的品名、产地、规格、等级、计价单位、价格或者服务的项目、收费标准等有关情况。经营者不得在标价之外加价出售商品，不得收取任何未予标明的费用。"

《价格法》第 14 条还特别规定了经营者不得有的不正当价格行为，包括：① 相互串通，操纵市场价格，损害其他经营者或者消费者的合法权益；② 在依法降价处理鲜活商品、季节性商品、积压商品等商品外，为了排挤竞争对手或者独占市场，以低于成本的价格倾销，扰乱正常的生产经营秩序，损害国家利益或者其他经营者的合法权益；③ 捏造、散布涨价信息，哄抬价格，推动商品价格过高上涨的；④ 利用虚假的或者使人误解的价格手段，诱骗消费者或者其他经营者与其进行交易；⑤ 提供相同商品或者服务，对具有同等交易条件的其他经营者实行价格歧视；⑥ 采取抬高等级或者压低等级等手段收购、销售商品或者提供服务，变相提高或者压低价格；⑦ 违反法律、法规的规定牟取暴利；⑧ 法律、行政法规禁止的其他不正当价格行为。

以上所列的经营者不正当价格行为，在很多方面与《反不正当竞争法》、《反垄断法》和《广告法》等相关法律规定的不正当竞争行为、垄断行为和违法广告行为有交叉的地方。其中，第一种价格行为就涉及《反垄断法》第 13 条“固定或者变更商品价格”的垄断协议；第二种价格行为就与《反不正当竞争法》第 11 条“经营者不得以排挤竞争对手为目的，以低于成本的价格销售商品”和《反垄断法》第 17 条第(2)项“没有正当理由，以低于成本的价格销售商品”的滥用市场支配地位行为基本一致；第四种价格行为与《广告法》第 9 九条“广告中对商品的性能、产地、用途、质量、价格、生产者、有效期限、允诺或者对服务的内容、形式、质量、价格、允诺有表示的，应当清楚、明白”有交叉；第五种价格行为可以为《反垄断法》第 17 条第(6)项“没有正当理由，对条件相同的交易相对人在交易价格等交易条件上实行差别待遇”的滥用市场支配地位行为所涵盖；第七种价格行为与《反垄断法》第 17 条第(1)项“以不公平的高价销售商品或者以不公平的低价购买商品”有交叉。而且，关于经营者不正当价格行为的规定主要属于市场秩序维护或者市场规制方面的内容，而本章侧重从宏观调控方面进行论述，因此这里不再具体分析。

上述第③种不正当价格行为即哄抬价格行为，是一种故意扰乱市场秩序的行为，尤其是在商品供不应求时，经营者捏造、散布涨价信息，可能会引起商品价格过高上涨，影响一定区域甚至全国的宏观价格形势，造成市场价格秩序混乱，引起消费者恐慌，进而危及经济和社会的稳定。因此，《价格法》规定经营者不得捏造、散布涨价信息，哄抬价格，推动商品价格过高上涨。

上述第⑥种不正当价格行为即变相提价和变相压价行为，是指经营者采取抬高等级或压低等级的手段收购、销售商品或者提供服务，从而变相提高或压低商品或服务价格的行为。变相提价一般发生在商品或服务供不应求的市场状态下，而变相压价一般发生在市场商品或服务供过于求的情况下。变相提价和变相压价可能是损害了消费者利益，也可能是危害了国家利益和社会利益，因此

《价格法》也对这种行为作出了禁止规定。

二、政府的定价行为

政府的价格行为，是指政府运用公权力干预市场价格形成以及价格运行活动的总称。其中，政府的定价行为是对经营者的价格行为的限制，对消费者利益和社会公共利益的影响巨大，需要首先加以明确。《价格法》第三章对其做了专门的规定。

（一）政府定价的范围和权限

市场经济条件下价格主要由市场形成，只有极少数商品和服务根据国家法律法规规定和经济政策需要实行政府定价管理。一个国家实行政府定价管理的范围，在一定程度上表明了它的市场化程度，也影响着政府通过价格手段调控经济运行的能力。因此，根据市场发育程度和宏观调控政策需要，明确政府定价的范围，该由政府管的商品和服务价格让政府管理，该由市场调节的完全由经营者自主定价，是非常必要的。根据《价格法》第 18 条的规定，我国实行政府定价或者政府指导价的商品和服务主要有以下五种。

1. 与国民经济发展和人民生活关系重大的极少数商品价格

关系国民经济发展和人民生活的商品，涉及的范围非常广泛，几乎包括所有的工业品、农产品、生产资料和消费资料。但这些商品大部分都实行市场调节价，只有极少数与国民经济发展和人民生活关系密切的商品才实行政府定价或者政府指导价。这些极少数商品，一般要从两个方面确定：一看供求关系。严重供不应求的商品，如不进行控制，价格就会大幅度上涨，有损广大群众的根本利益，因此政府要对其进行适当的价格控制；二看生产、经营、流通体制。对垄断性经营的商品，政府要适当控制价格，否则，经营者往往实行垄断性高价，从中获取超额利润。当然，供求和生产、经营、流通体制是在不断变化的，因此政府定价的范围也应当随着这些变化进行一定的调整。目前，政府管理的此类商品主要有原油、天然气的出厂价、重要药品价格、食盐价格等，有些以前管理的如化肥、农药等现在已经逐步放开由市场调节。

2. 资源稀缺的少数商品价格

这主要是指一些资源稀缺、用途特殊，政府对其生产、经营、流通进行严格控制的商品。如金银产品的收购价和金银中间产品（包括金精矿、银块矿等）的出厂价。受资源约束，这类产品的价格放开，并不能促进产量增加；相反，会引起价格上涨，资源遭到破坏。因此，对此类商品，实行政府定价，对金银饰品，实行政府指导价。

3. 自然垄断经营的商品价格

自然垄断经营的商品主要是指由于自然资源条件、技术条件以及规模经济的要求无法竞争或不适宜通过竞争形成价格的商品。如电力、自来水、集中供热、燃气等，其生产经营都带有高度统一、高度垄断的特点，必须统筹规划、集中管理，规模经营；否则，会造成生产混乱或重复建设，不利于社会资源的节约和有效利用，甚至可能给人民群众的生命财产安全带来危害。由于其经营上的集中统一必然导致垄断。因此，对这部分商品价格实行政府定价或者政府指导价。

4. 重要的公用事业价格

公用事业是指为公众或不特定的多数人提供公共使用或共同使用的具有一定目标、规模和系统而对社会发展有影响的产品或服务的活动和行业。公用事业在范围上包括供水、节水、排水、电力、供热、供气、公共交通、污水处理、垃圾处理、电信、邮政、城市绿化、环境卫生、道路与桥梁以及诸如运河、港口、机场、防洪、地下公共设施及附属设施的土建、管道、设备安装工程等其他公用事业。公用事业是人们生产和生活必需的，其价格的高低直接关系到社会公众的福利，其变动往往直接影响到人们的基本生活水平，甚至于直接影响社会稳定。因此，公用事业价格不能全部由市场调节，对于重要的公用事业价格应当实行政府定价或政府指导价。

5. 重要的公益性服务价格

公益性服务是指为社会公众或者公众中的某些特定对象提供的带有社会福利性质的服务，如学校、医院、公园、博物馆等。这些行业关系到全体或大部分社会成员的福利，一般由国家投资兴办，其日常的运营成本，通过向消费者收取费用甚至靠政府补贴补偿，不以营利最大化为经营目的。因此，对这些行业实行政府定价或者政府指导价。当然，随着我国教育体制和医疗体制改革的推进，一些私立学校和医疗机构开始出现，对于这些私立学校和医院，政府允许其在价格上面向市场靠拢。

政府指导价、政府定价的定价权限和具体适用范围，以中央的和地方的定价目录为依据。中央定价目录由国务院价格主管部门制定、修订，报国务院批准后公布。地方定价目录由省、自治区、直辖市人民政府价格主管部门按照中央定价目录规定的定价权限和具体适用范围制定，经本级人民政府审核同意，报国务院价格主管部门审定后公布。省、自治区、直辖市人民政府以下各级地方人民政府不得制定定价目录。国务院价格主管部门和其他有关部门，按照中央定价目录规定的定价权限和具体适用范围制定政府指导价、政府定价；其中重要的商品和服务价格的政府指导价、政府定价，应当按照规定经国务院批准。省、自治区、直辖市人民政府价格主管部门和其他有关部门，应当按照地方定价目录规定的定价权限和具体适用范围制定在本地区执行的政府指导价、政府定价。市、县人民政府可以根据省、自治区、直辖市人民政府的授权，按照地方定价目录规定的定价权限和具体适用范围制定在本地区执行的政府指导价、政府定价。

2001 年 7 月，国家发展计划委员会公布了《国家计委和国务院有关部门定价目录》，确定了属于中央定价目录的 13 类商品和服务，主要包括重要的中央储备物资，国家专营的烟叶、食盐和民爆器材，部分化肥，部分重要药品，教材，天然气，中央直属及跨省水利工程供水，电力，军品，重要交通运输，邮政基本业务，电信基本业务，重要专业服务(包括金融结算和交易服务、工程勘察设计服务和部分中介服务)等。此外，法律法规有明确规定和国务院根据市场情况变化授权国家发改委管理的商品或服务价格自动进入本目录。存在买方或卖方垄断的商品和服务，在发生价格矛盾时，由国家发改委进行协调和必要的管理。国务院有关部门根据国家有关法律、法规的规定，为了安全、环保等特殊原因，强制在全国范围内使用的商品(或服务)价格，由国家发改委进行必要的管理。属于中央定价目录的品种都属于重要的商品和服务项目，从目前我国的市场化程度和宏观经济形势来看，通过及时合理地制定和调整它们的价格水平，就能够实现国家宏观价格调控政策的需要。

(二) 政府定价的依据

价格的制定一般根据成本和供求两方面因素确定，政府制定价格也应当遵循这一基本规律。但是，政府定价与经营者自主定价或者纯粹的市场定价不同，其目的是为了消费者利益和社会公共利益，是为了控制和稳定市场价格总水平，因此政府在一般性地考虑成本和供求以外，还要考虑其他因素。其中，由于实行政府定价或者政府指导价的商品和服务往往具有稀缺性或市场垄断性，因此在供求关系上要么供不应求，要么独家经营，这就要求政府在制定价格时除了成本和供求以外，还应当考虑国民经济与社会发展的需要和居民的承受能力等因素。《价格法》第 21 条规定政府在制定价格时应当考虑以下要素。

1. 有关商品或者服务的社会平均成本

这是政府制定价格的基本依据。成本是构成价格的主要部分，是制定价格的最低界限。商品价格不能低于成本，否则就会亏损，再生产和扩大再生产就难以为继，因此维持成本价格是保证经营者进行正常生产经营活动的最基本条件。而成本有个别成本和社会平均成本之分。按社会平均成本定价是价格规律的要求，因为生产或提供同种商品或服务的经营者个别成本虽然不同，但社会对该商品或服务的期望和评价却是基本一致的，对消费者来说，它们具有同等的消费价值。政府在制定价格时，也必须考虑这一市场经济的基本规律。

2. 有关商品或者服务的市场供求状况

商品的价格是在竞争中实现的，商品定价是否合理，只有市场才可以检验。所以，市场供求不但是经营者制定市场调节价的重要依据，也是政府制定价格的主要依据。政府只有充分考虑市场供求状况，在此基础上制定合理价格，市场才可能接受，才可能得到消费者的认同。

3. 国民经济和社会发展要求

政府制定价格离不开国民经济的大环境，国民经济和社会发展体现着国家和社会利益，政府定价必须对此予以充分考虑。在通货膨胀或者通货紧缩时，要合理控制国家定价或者国家指导价的调整；在物价稳定时，要尽量疏导价格矛盾，保证价格水平符合国家产业政策的要求，对于需要鼓励的，可以适当降低价格，需要抑制的，适当提高价格，以使政府指导价和政府定价的价格水平与国民经济和社会发展的要求相一致。

4. 社会承受能力

价格调整实质是各方面利益的调整，由于政府的定价行为所涉及的项目在国民经济和社会发展中的地位及其与人民群众日常生活的密切关系，其价格的调整直接影响价格总水平的变动。因此，价格调整要充分考虑社会各方面的承受能力，其中既包括经营者、消费者的经济承受能力，也包括他们的心理承受能力。由于历史和体制原因，有些属于政府定价或者政府指导价的商品和服务价格一直偏低，在适应社会经济发展和住房、教育、医疗、公交等各方面改革的需要提高相应商品或服务的价格时，既要考虑经营者的提价需要，也要考虑消费者承受能力的需要；既要考虑个别经营者和个别行业的需要，也要考虑相关经营者和相关行业的需要；既要考虑改革方向和改革速度的需要，也要考虑配套改革措施的跟进和社会稳定的需要。因此，有些政府定价和政府指导价的价格水平必须逐步理顺，不能一蹴而就。

5. 实行合理的购销差价、批零差价、地区差价和季节差价

同一种商品在购进与销售、批发与零售、不同购销地区、不同购销季节之间需要形成一定的价格差额。差价中应当包含合理利润，有的还包括法定税金，它是商品在流通环节必然产生的一种经济现象。差价中包含的利润是流通商带动商品流通的基本动力。实行市场调节价的商品无一例外地在流通中包含了各种

差价，政府在制定政府指导价和政府定价的过程中对此也必须充分考虑。

此外，政府在价格的制定中也要考虑因同一产品的质量差异而带来的价格差异，即商品的优质优价要求的质量差价问题。对优质产品实行较高的价格，也同样是市场定价和政府定价所必须共同遵循的经济规律。

（三）政府定价的程序

政府制定价格不仅要遵循法定的管理权限，而且必须执行法律规定的定价程序。政府指导价和政府定价的制定和调整一般遵循以下程序。

1. 提出调定价申请

一般情况下，由经营者向价格主管部门提出调定价申请，价格主管部门也可以根据国家经济政策和市场变化，直接调整定价水平。消费者也可以对正在执行的政府指导价提出调整建议。

经营者提出调定价申请，一般应当附有生产经营管理和成本情况、有关会计中介机构对成本资料的审核意见、毗邻地区相应商品的价格水平、当前执行的定价水平对经营活动带来的不利影响、拟调整的价格水平及其对居民生产生活的影响评估等资料。

2. 价格、成本调查

价格主管部门接受申请或者根据有关政策和经济形势发展的需要，初步决定调整价格后，应当进行价格、成本调查，对商品和服务生产经营过程中价格和成本构成因素情况进行了解、审核，以便提高政府制定价格的科学性。调查要求充分了解经营者的生产经营成本、利润、税金等有关资料，研究价格调整的必要性和定价、调价的依据；要听取消费者、经营者和有关方面的意见和建议。政府价格主管部门开展价格、成本调查时，有关单位和个人应当如实反映情况，提供必要的账簿、文件及其他资料，包括产品的产量、销量、供求状况、成本、利润、税收、相关商品和服务的比价资料、国际市场价格行情以及经营者经营管理水平等。价格主管部门根据经营者提供的申请资料和价格、成本调查情况进行成本预审，形成相应审核报告，作为调定价的重要参考依据。

3. 建立调定价听证会制度

价格听证会制度是指在政府价格主管部门制定、调整特定范围的政府指导价、政府定价前，在有了一定的价格、成本调查了解的基础上，主持召开由消费者、经营者及有关方面参加的论证会，充分听取他们的意见，就拟制定、调整价格的必要性、可行性进行广泛论证的制度。实行价格听证会制度，有利于广泛听取社会各方面的意见，增加政府指导价和政府定价制定、调整过程的透明度，使最终的价格具有较高的科学性、合理性和可行性。价格听证会是《价格法》第23条明确规定的一项制度，也是我国在行政决策领域通过法律第一次正式引入的决策透明化改革措施。它不但在价格决策方面有重大而积极的意义，而且对于国家整个行政决策透明化、科学化改革开辟了一个良好的先例。

根据《价格法》的规定，不是所有实行政府指导价和政府定价的商品和服务的价格调整都要举行听证会，而是只限于关系群众切身利益的公用事业价格、公益性服务价格和自然垄断经营的商品和服务价格。例如，电力、通信、自来水、交通运输、医疗、教育、有线电视和主要旅游景点门票等。

4. 制定并公布价格

政府价格主管部门在进行价格、成本调查审核甚至举行了公开的价格听证会以后，应当根据审核结果、听证会意见，决定是否制定或者调整价格以及制定或者调整的价格水平，并通过正式文件的形式向消费者、经营者公布制定或者调整的价格。

（四）政府定价的执行

政府指导价和政府定价一经正式制定，经营者应当严格遵照执行。对于政府指导价，经营者可以在规定的幅度内根据供求和经营状况自主决定价格；对于政府定价，必须按照规定时间、品种、项目等严格执行。否则，即属于价格违法行为，应当受到价格主管部门的处罚。经营者在执行已经制定的政府指导价和政府定价的过程中，可以根据经营成本和市场供求的变化申请价格主管部门重新调整价格，包括要求改变政府指导价和政府定价的价格管理形式等；价格主管部门也可以根据宏观价格调控形势的需要及时调整具有带动效应的重要商品和服务价格。对此，《价格法》第25条明确规定，政府定价和指导价的具体范围、价格水平，应当根据经济运行情况，按照规定的定价权限和程序适时调整。消费者、经营者可以对政府指导价、政府定价提出调整建议。

第三节　价格总水平调控制度

一、价格总水平及其调控

（一）价格总水平

价格总水平也叫一般价格水平，是指一个国家或地区一定时期（如年、季、月)内全社会各种商品和服务价格的加权平均水平。价格总水平属于宏观经济范畴,它既综合地反映国民经济状况,又能动地发挥调节国民经济的作用,是国家进行宏观经济管理不可忽视的一个重要方面。影响价格总水平的因素很多,如社会劳动生产率、劳动者工资报酬、社会积累、社会商品总需求量与商品可供量的关系、商品价格的调整、货币价值的变动等,都可引起市场价格总水平的变化。

价格总水平一般用价格总指数表示。世界各国采用的反映价格总水平的综合价格指数是不同的,绝大部分国家采用消费价格指数。我国统计部门编制和发布的价格指数主要有:居民消费价格指数、商品零售价格指数、工业品出厂价格指数、农业生产者价格指数、农业生产资料价格指数、固定资产投资价格指数等。我国自2001年元月起按定基比方法编制居民消费价格指数,与以前的编制方法相比,这种编制方法一是采用了先进的固定基期计算方法,基期固定在2000年,以后每5年或10年更换一次;二是计算权数可调整性增强,能更科学地反映居民消费结构变化,新方法的计算权数将每年作出调整;三是规格品种增加,指数覆盖面增大,将调查商品和服务项目由325种增加到550种左右,能够真实全面地反映目前的消费结构和价格水平变化。

(二) 价格总水平调控

价格总水平调控是指国家利用经济、法律和行政手段,对价格总水平的变动进行干预和约束,以保证价格总水平调控目标的实现。价格总水平调控目标就是保持价格总水平的基本稳定,而稳定市场价格总水平对于保证国民经济持续、稳定、健康发展具有重要意义。因此,《价格法》第26条规定:"稳定市场价格总水平是国家重要的宏观经济政策目标。国家根据国民经济发展的需要和社会承受能力,确定市场价格总水平调控目标,列入国民经济和社会发展计划,并综合运用货币、财政、投资、进出口等方面的政策和措施,予以实现。"这样就以法律的形式赋予了价格总水平调控在国民经济发展中的基础性地位和重要作用。

根据《价格法》的规定,我国价格总水平调控主要通过相关经济措施和具体的价格手段等进行。

二、价格总水平调控的经济措施

(一) 货币政策与价格总水平调控

货币与价格和价格总水平有着密切的联系。货币流通过多,会导致单位货币的购买力下降,商品或服务的价格就会上升,从而引起价格总水平上升;反之,当市场上货币流通量不足,必然导致单位货币购买力上升,商品和服务的价格就会下降,从而引起价格总水平下降。在我国,由于市场经济仍不够发达,市场信号不够灵敏,对贷款的控制长期是通过行政手段实行计划管理。从 1998 年起,中国人民银行决定取消对国有商业银行贷款限额的控制,在推行资产负债比例管理和风险管理的基础上,实行计划指导、自求平衡、比例管理、间接控制。中国人民银行从过去依靠贷款规模指令性计划控制,转变为根据国家确定的经济增长、物价控制目标和影响货币流通的各种因素,综合运用利率、公开市场业务、存款准备金、再贷款和再贴现等货币政策工具,间接调控货币供应量,保持币值稳定,促进经济发展。

(二) 财政政策和价格总水平调控

国家财政收支平衡与否,是影响总供给和总需求的重要因素,如果财政收支出现较大赤字,有可能被迫增加货币发行量,进而推动价格上涨。所以,财政政策对价格总水平也有明显的调节作用。为了稳定市场价格总水平,一是要搞好财政收支平衡,把财政赤字压缩到最低限度,避免出现巨额财政赤字;二是通过财政支出调节社会需求。在市场有效需求不足的情况下,通过扩大财政支出,提高商品购买力,扩大总需求,克服市场疲软引起的就业不足和经济衰退。在市场需求过旺引起价格总水平上涨时,通过减少财政支出,缩减有效需求,从而平抑供求,促使市场价格总水平合理下降。

(三) 投资政策与价格总水平调控

投资需求是社会总需求的重要组成部分。投资规模、投资结构、投资增长速度对一个国家宏观经济有重要影响。投资规模过大、投资结构不合理、投资增长过快,往往引起投资失效和重复建设。因此,投资必须和国家的宏观经济需求一致,投资规模、结构和增长速度应和国家经济增长速度相一致。固定资产投资规模每年都应有一定增长,以利于经济发展,但又不能增长过快,这样可以保证价格总水平的稳定。我国过去发生的严重通货膨胀,都同过度追求高速经济增长,盲目扩大投资规模有关。因此,为防止通货膨胀,政府必须根据具体情况,适时运用投资政策,恰当调节投资规模,促进社会总需求和总供给的基本平衡,从而实现价格总水平的基本稳定。

(四) 进出口政策与价格总水平调控

我国的进出口贸易总额在国内生产总值中的比重越来越大。据统计,2003 年至 2011 年间,我国货物进出口贸易年均增长 21.7%,2011 年我国货物贸易进出口总额跃居世界第二位,连续 3 年成为世界最大出口国和第二大进口国。因此，运用进出口政策，也可以起到调节国内市场供求，稳定市场价格总水平的重要作用。进出口政策对国内总需求的调控主要是通过关税政策、政府管理进出口商品和服务政策及国内市场管理来实现。政府可以通过降低或提高进口产品的关税，扩大或缩减国内商品或服务的供给；可以通过给国内出口企业提供合理补贴、实行合理的退税措施等，鼓励国内出口产品的生产，减少产品内销给市场供给带来的压力。随着我国外向型经济的不断发展，利用合适的进出口政策调控市场价格总水平将会越来越重要。

三、价格总水平调控的价格手段

（一）重要商品储备制度

重要商品一般是指人民群众的主要食品、日常工业用品和防灾救灾物资等，如粮食、棉花、食盐、防洪物资以及原油、重要稀有金属等战略性物资。重要商品储备制度，是政府为平抑或稳定某些重要商品市场价格，建立起这些商品的调节性库存，并通过吞吐库存来平衡市场供求，调控市场价格的管理制度。

重要商品储备制度的主要内容包括：第一，重要商品储备的设置层级。重要商品储备的设置层次可以分为中央和地方两级。中央政府对全国范围内的价格总水平调控负责，对某些重要商品的储备建立全国性库存。地方政府负责本行政区域内价格总水平的调控，因而要建立地方性重要商品储备。地方储备一般设立在省一级。省以下的部分县、市级政府，属于某些重要商品的主产地、主销地并且这些商品在本地的供求平衡对于稳定市场和社会具有重大意义的，也可以建立本级政府的重要商品储备。第二，重要商品的选择。政府选择储备的重要商品，一般应具有以下条件：一是对国计民生有重要意义；二是经常存在着交替出现的供求矛盾；三是产销量大；四是商品的长期存储在技术上经济可行。第三，重要商品储备的使用。

重要商品储备是为政府调控市场价格服务的。当储备商品的市场供给出现较大缺口，价格暴涨或有明显迹象可能出现价格暴涨时，要适时抛售储备商品，增加市场供给，平衡市场价格；反之，当供大于求、价格下滑时，要适时入市收购，转入储备，从而增加市场需求，维护市场价格的稳定。目前，我国已经相继建立了粮食、棉花、食油、食糖等重要商品的储备制度，而且在保障市场供给、平抑市场价格，应付突发事件和重大自然灾害等方面已经发挥了重要作用。

（二）价格调节基金制度

价格调节基金是政府为了调节商品供求，平抑市场价格而建立的专项基金。

《价格法》第27条规定:“政府可以设立价格调节基金,调控价格,稳定市场。”这是我国价格调节基金制度明确的法律依据。

价格调节基金主要用于平抑临时和突发性市场价格波动以及对重大节假日的副食品市场价格进行补贴。价格调节基金的建立,使地方政府利用作为经济手段的价格杠杆调控市场供求,稳定市场价格,维护市场价格总水平基本稳定的能力大大增强,对于保护经营者和消费者的合法权益,维护社会稳定等起到了积极作用。例如,为应对物价上涨,中国不少省市采取了补贴种植养殖和生产加工环节补贴的措施,比如山东曾筹集8 750万元资金,启动实施“菜篮子”产品生产扶持项目;海南2011年各级财政计划安排超过9.8亿元资金,用于瓜菜种植、种苗补贴、养猪补贴等。目前,已有湖南、湖北、广东、江苏等20多个省份以省政府名义出台价格调节基金管理办法。同时,一些地市也开始密集设立价格调节基金。深圳市2012年上半年将启动开征价格调节基金;从2012年7月1日起,安徽巢湖市也将开始征收价格调节基金①。

(三)保护价政策

当粮食等重要农产品的市场购买价格过低时,政府可以在收购时制定一个旨在保护农民利益的合理价格,按照该价格收购重要农产品,从而保护农民的正当经济利益,保护他们的生产积极性。这就是《价格法》规定的保护价格制度。

保护价格是政府为了保护生产者利益和消费者利益而规定的最低收购价格。制定保护价的原则,一是要补偿生产成本并有适当利润;二要考虑国家财政承受能力。为使这一制度得以实现,政府需要采取相关的经济措施作为支撑,比如建立价格风险基金,保证收购资金的供应和具有相应的仓储运输条件等。同时,农民也应增强市场意识,通过改善种植结构,不断拓展农产品深加工途径等,自觉地维护自身的经济利益。

(四)价格监测制度

价格监测制度是指政府价格主管部门为适应价格调控和管理需要,对重要商品、服务的价格、成本的变动进行监测、整理、分析的一种制度。价格调控必须以价格监测、价格信息为基础。为有效地控制市场价格总水平,科学地制定政府管理的价格,并为经营者的经营活动和消费者的消费行为提供充分的价格信息,政府应当建立和完善价格监测信息系统,改善信息传递手段,提高信息的准确性

---

① 2012年5月26日新华网消息“经济观察:中国多地设立价格调节基金应对物价上涨”,http://news.xinhuanet.com/2012-05/26/c_112042103.htm,最后访问日期:2012-08-18。

和有效性，及时收集、整理、发布价格信息。

（五）价格干预措施和紧急措施

《价格法》第30条和第31条分别规定，当重要商品和服务价格显著上涨或者有可能显著上涨时，国务院和省、自治区、直辖市人民政府可以对部分价格采取限定差价率或者利润率、规定限价、实行提价申报制和调价备案制等干预措施；当市场价格出现剧烈波动等异常状态时，国务院可以在全国范围内或者部分区域内采取临时集中定价权限、部分或者全面冻结价格的紧急措施。这两种措施是国家在特别情况下基于稳定市场、稳定物价的特殊需要而采取的两项临时措施。

1. 价格干预措施的实施

《价格法》规定，当重要商品和服务价格出现显著上涨或有可能显著上涨，且采取其他措施不足以稳定市场价格时，政府可以决定实施价格干预措施。关于重要商品和服务的范围，一般指与国计民生密切相关的生产资料、生活资料、战略物资等。关于显著上涨和有可能显著上涨的具体标准，《价格法》没有明确规定，可以在实际执行中由国家和省级政府根据具体情况，在综合考量重要商品的重要程度及其对人民生活和价格总水平的影响，显著上涨或者有可能显著上涨的幅度与同类商品和服务或者其他地区、本地区其他年份和时段的价格水平比较，上涨幅度与本地区居民的实际承受能力以及国际国内、省内省外的经济环境等因素后决定。根据《价格法》的规定，只有国务院和省级人民政府才可以决定实施价格干预措施，省级以下人民政府和各级人民政府有关部门都没有这一权限，并且省级政府采取这一措施也应报国务院备案。

价格干预措施的具体种类有：① 限定差价率或者利润率，即当某些商品或者服务价格显著上涨或者有可能显著上涨时，政府限定经营者的进销差价率、批零差价率或者经营的利润率，以控制价格上涨；② 规定限价，即当某些商品和服务价格显著上涨或者有可能显著上涨时，对出售或者购买这些商品或者提供相应服务的经营者规定一个最高或者最低价格限度，经营者不得超过这一限度进行市场交易；③ 实行提价申报制度，即对于本由经营者自主制定的价格，在一定时期内，为控制价格过高上涨，维护市场价格秩序，经营者在提高价格时，必须在规定时间内向价格主管部门申报，只有经过批准后，方可提价交易；④ 实行调价备案制度，即经营者在提价时，必须在规定时间内向价格主管部门报备提价情况，对于提价不当的，价格主管部门有权责令其不得提价、少提价或者推迟提价，经营者必须执行。

2. 价格紧急措施的实施

价格紧急措施是在市场价格总水平出现剧烈波动时，国务院决定在全国范围内或者部分区域内实施临时集中定价权限、部分或者全部冻结价格的制度。保持价格总水平的基本稳定是价格法的基本立法宗旨，也是国家重要的经济政策目标。但价格总水平实际上永远处于变动之中，不可能静止不动，因此价格总水平的小幅波动是正常的，但如果价格总水平在一定时期出现剧烈波动，可能给国家经济的基本面和人民群众的日常生活造成严重不利影响。因此，《价格法》规定在这种情况下政府可以出面干预。但实施价格紧急措施同样要有严格的权限和程序。根据《价格法》的规定，只有国务院有权决定实施价格紧急措施。地方政府（一般指省级政府）在一定的行政区域内，如果需要采取价格紧急措施，应当报国务院批准后才可实施。

价格紧急措施的种类有：① 临时集中定价权限，即在特殊情况下，将定价目录规定的政府有关部门的部分或全部定价权限和经营者自主定价的部分或者全部定价权限临时收归省级政府或者国务院，由省级政府或者国务院集中统一制定商品和服务的市场价格。② 部分或者全面冻结价格，即在特殊情况下，政府规定在一定时期内，商品或者服务的价格保持现有水平，任何单位和个人不得随意降低或者提高。冻结价格不是冻结交易，不准买卖；经营者正常的生产经营活动仍可继续进行；冻结价格也不是回归原始的易物交易，市场上的商品和服务仍在计价。冻结价格可以是冻结一种或者几种商品或者服务的价格，也可以是冻结全部流通商品和服务的价格；可以在全国范围内实施，也可以在一个或者几个省份内或者一个省份的部分行政或者经济区域内实施。

价格干预措施和紧急措施是政府在特定时期对市场价格实施的一种特别管制，它的实施必须有一定的时间期限，而不能无限期的实行下去。所以，《价格法》在规定政府在特定情况下经过特定程序可以实施这两种措施的同时，也规定当决定采取价格干预措施和紧急措施的情形消除后，应当及时解除干预措施和紧急措施。具体决定解除的权限和程序应当与相应措施决定实施的权限和程序相一致。

第四节 价格监督检查与法律责任制度

一、价格监督检查制度

（一）价格监督检查的概念和形式

价格监督检查，是指政府价格主管部门依法对价格活动进行监督检查和处理以及其他组织和消费者依法对价格行为进行社会监督的总称。

根据《价格法》，我国的价格监督检查的形式包括国家监督和社会监督，即我国的价格监督实行政府机构的监督检查和人民群众社会监督相结合的监督检查体制。价格监督检查是价格管理的一项重要内容。加强价格监督检查工作，不仅有利于国家价格法律法规的贯彻执行，及时发现同题，纠正和制止经营者的不正当价格行为，而且对于防止失控性价格波动，保持市场价格的基本稳定有重要的作用。

（二）国家的价格监督检查

根据《价格法》的规定，县级以上各级人民政府价格主管部门，依法对价格活动进行监督检查，并依法对价格违法行为实施行政处罚。这种价格管理权、价格监督检查权和行政处罚权统一由价格主管部门行使的体制，有利于价格工作的协调和价格行政执法力度的加强。目前，价格主管部门内设有价格监督检查机构履行价格监督检查职责。其中，国家发改委设有价格监督检查与反垄断局，专司价格监督检查和反价格垄断行为的职责。

政府价格主管部门进行价格监督检查时，可以行使下列职权：

(1) 询问权，即询问当事人或者有关人员，并要求其提供证明材料和与价格违法行为有关的其他资料。

(2) 查询复制权，即查询、复制与价格违法行为有关的账簿、单据、凭证、文件及其他资料，核对与价格违法行为有关的银行资料。

(3) 检查权，即检查与价格违法行为有关的财物，必要时可以责令当事人暂停相关营业。

(4) 证据保全权，即在证据可能灭失或者以后难以取得的情况下，可以依法先行登记保存，当事人或者有关人员不得转移、隐匿或者销毁。

经营者接受政府价格主管部门的监督检查时，应当如实提供价格监督检查所必需的账簿、单据、凭证、文件以及其他资料。政府部门价格工作人员不得将依法取得的资料或者了解的情况用于依法进行价格管理以外的任何其他目的，不得泄露当事人的商业秘密。

（三）社会的价格监督

由于价格违法活动是一种非常隐蔽的、无孔不入的活动，因此为使监督检查工作能充分有效，单靠价格主管部门的价格监督检查是不够的，还需要社会监督。根据《价格法》第三十七条的规定，消费者组织、职工价格监督组织、居民委员会、村民委员会等组织以及消费者，有权对价格行为进行社会监督。政府价格主管部门应当充分发挥群众的价格监督作用。新闻单位有权进行价格舆论监督。这样就可动员一切社会力量对价格行为进行广泛的社会监督，确保价格行为能够依法进行。

单位和个人在进行价格行为的社会监督中对发现的价格违法行为进行举报，既是社会的价格监督的一种重要形式，也是实现社会的价格监督与国家的价格监督检查相衔接的有效环节。为此，《价格法》第 38 条规定政府价格主管部门应当建立对价格违法行为的举报制度。任何单位和个人均有权对价格违法行为进行举报。政府价格主管部门应当对举报者给予鼓励，并负责为举报者保密。为保障公民、法人或者其他组织依法行使举报价格违法行为的权利，规范价格主管部门对价格违法行为举报的处理，国家发展和改革委员会于 2004 年 8 月发布了《价格违法行为举报规定》。

（四）价格违法行为举报制度的主要内容

公民、法人或者其他组织（以下简称举报人）认为经营者有价格违法行为的，可以采用书信、来访、电话等形式，向价格主管部门举报，价格主管部门应当依法予以受理。县级以上各级价格主管部门是价格违法行为举报的主管机关，具体工作由其价格监督检查机构（价格举报中心）依法办理。

价格主管部门办理价格违法行为举报的主要职责是：① 对举报内容进行审查，提出分类处理意见；② 依法办理本级价格主管部门直接受理、上级机关交办或者其他部门转交的价格违法行为举报；③ 指导下级价格主管部门办理价格违法行为举报工作；④ 对价格违法行为举报情况进行统计、分析，视情况公布相关信息；⑤ 对举报价格违法行为的有功人员进行鼓励；⑥ 负责价格违法行为举报工作的其他有关事宜。

价格违法行为举报由价格违法行为发生地的价格主管部门受理。有管辖权的两级以上（含两级）价格主管部门同时收到举报的，由上级价格主管部门决定受理机关。价格主管部门对受理的价格违法行为举报，应当依法处理，并承担相应的法律责任。上级价格主管部门交办的，应当将办理结果报上级价格主管部门。

举报人、被举报人愿意协商解决的，可以由举报人、被举报人达成协商解决协议并予执行，同时向价格主管部门提供协商解决的必要证据。举报办结后，举报人要求答复且有联系方式的，价格主管部门应当在办结后 5 个工作日内将办理结果以书面或者口头方式告知举报人。举报人对办理结果不满意，可以再次举报，也可以依法申请行政复议或者提起行政诉讼。举报人再次举报，但没有提供新的价格违法行为事实或者新的理由的，价格主管部门可以不再受理。举报办结后，对通过举报发现的价格违法行为，价格主管部门应当依法实施行政处罚。价格主管部门对社会影响大的价格举报典型案例，可以通过新闻媒体予以公布。

价格主管部门应当完善价格违法行为举报工作制度，配备必要的工作条件，提高工作质量和效率；向社会公布 12358 价格违法行为举报电话、价格监督检查机构的通讯地址和办公地址，为举报人举报价格违法行为提供方便。

二、价格法律责任制度

（一）经营者的价格法律责任

经营者违反价格法的法律责任主要为民事责任和行政责任。价格违法行为严重扰乱市场秩序，构成犯罪的，依法追究刑事责任。

《价格法》第 41 条规定了经营者违反价格法的民事责任，即经营者因价格违法行为致使消费者或者其他经营者多付价款的，应当退还多付部分；造成损害的，应当依法承担赔偿责任。

《价格法》的多个条款规定了经营者违反价格法的行政责任。同时，《价格违法行为行政处罚规定》（最新修订于 2010 年 12 月）对于相关价格违法行为的行政处罚做了进一步具体的规定。以下是其具体内容。

1. 不执行政府指导价、政府定价以及法定的干预措施、紧急措施的行政责任

经营者不执行政府指导价、政府定价，有下列行为之一的，责令改正，没收违法所得，并处违法所得 5 倍以下的罚款；没有违法所得的，处 5 万元以上 50 万元以下的罚款，情节较重的处 50 万元以上 200 万元以下的罚款；情节严重的，责令停业整顿：① 超出政府指导价浮动幅度制定价格的；② 高于或者低于政府定价制定价格的；③ 擅自制定属于政府指导价、政府定价范围内的商品或者服务价格的；④ 提前或者推迟执行政府指导价、政府定价的；⑤ 自立收费项目或者自定标准收费的；⑥ 采取分解收费项目、重复收费、扩大收费范围等方式变相提高收费标准的；⑦ 对政府明令取消的收费项目继续收费的；⑧ 违反规定以保证金、抵押金等形式变相收费的；⑨ 强制或者变相强制服务并收费的；⑩ 不按照规定提供服务而收取费用的；⑪ 不执行政府指导价、政府定价的其他行为。

经营者不执行法定的价格干预措施、紧急措施，有下列行为之一的，责令改正，没收违法所得，并处违法所得 5 倍以下的罚款；没有违法所得的，处 10 万元

以上 100 万元以下的罚款，情节较重的处 100 万元以上 500 万元以下的罚款；情节严重的，责令停业整顿：① 不执行提价申报或者调价备案制度的；② 超过规定的差价率、利润率幅度的；③ 不执行规定的限价、最低保护价的；④ 不执行集中定价权限措施的；⑤ 不执行冻结价格措施的；⑥ 不执行法定的价格干预措施、紧急措施的其他行为。

2. 不正当价格行为的行政责任

经营者违反《价格法》第 14 条的规定，有下列行为之一的，责令改正，没收违法所得，并处违法所得 5 倍以下的罚款；没有违法所得的，处 10 万元以上 100 万元以下的罚款；情节严重的，责令停业整顿，或者由工商行政管理机关吊销营业执照：① 除依法降价处理鲜活商品、季节性商品、积压商品等商品外，为了排挤竞争对手或者独占市场，以低于成本的价格倾销，扰乱正常的生产经营秩序，损害国家利益或者其他经营者的合法权益的；② 提供相同商品或者服务，对具有同等交易条件的其他经营者实行价格歧视的。

经营者违反《价格法》第 14 条的规定，相互串通，操纵市场价格，造成商品价格较大幅度上涨的，责令改正，没收违法所得，并处违法所得 5 倍以下的罚款；没有违法所得的，处 10 万元以上 100 万元以下的罚款，情节较重的处 100 万元以上 500 万元以下的罚款；情节严重的，责令停业整顿，或者由工商行政管理机关吊销营业执照。除前款规定情形外，经营者相互串通，操纵市场价格，损害其他经营者或者消费者合法权益的，责令改正，没收违法所得，并处违法所得 5 倍以下的罚款；没有违法所得的，处 10 万元以上 100 万元以下的罚款；情节严重的，责令停业整顿，或者由工商行政管理机关吊销营业执照。行业协会或者其他单位组织经营者相互串通，操纵市场价格的，对经营者依照前两款的规定处罚；对行业协会或者其他单位，可以处 50 万元以下的罚款，情节严重的，由登记管理机关依法撤销登记、吊销执照。

经营者违反《价格法》第 14 条的规定，有下列推动商品价格过快、过高上涨行为之一的，责令改正，没收违法所得，并处违法所得 5 倍以下的罚款；没有违法所得的，处 5 万元以上 50 万元以下的罚款，情节较重的处 50 万元以上 300 万元以下的罚款；情节严重的，责令停业整顿，或者由工商行政管理机关吊销营业执照：① 捏造、散布涨价信息，扰乱市场价格秩序的；② 除生产自用外，超出正常的存储数量或者存储周期，大量囤积市场供应紧张、价格发生异常波动的商品，经价格主管部门告诫仍继续囤积的；③ 利用其他手段哄抬价格，推动商品价格过快、过高上涨的。行业协会或者为商品交易提供服务的单位有前款规定的违法行为的，可以处 50 万元以下的罚款；情节严重的，由登记管理机关依法撤销登记、吊销执照。前两款规定以外的其他单位散布虚假涨价信息，扰乱市场价格秩序，依法应当由其他主管机关查处的，价格主管部门可以提出依法处罚的建议，有关主管机关应当依法处罚。

经营者违反《价格法》第 14 条的规定，利用虚假的或者使人误解的价格手段，诱骗消费者或者其他经营者与其进行交易的，责令改正，没收违法所得，并处违法所得 5 倍以下的罚款；没有违法所得的，处 5 万元以上 50 万元以下的罚款；情节严重的，责令停业整顿，或者由工商行政管理机关吊销营业执照。

经营者违反《价格法》第 14 条的规定，采取抬高等级或者压低等级等手段销售、收购商品或者提供服务，变相提高或者压低价格的，责令改正，没收违法所得，并处违法所得 5 倍以下的罚款；没有违法所得的，处 2 万元以上 20 万元以下的罚款；情节严重的，责令停业整顿，或者由工商行政管理机关吊销营业执照。

3. 违反明码标价规定的行政责任

经营者违反明码标价规定，有下列行为之一的，责令改正，没收违法所得，可以并处 5 000 元以下的罚款：① 不标明价格的；② 不按照规定的内容和方式明码标价的；③ 在标价之外加价出售商品或者收取未标明的费用的；④ 违反明码标价规定的其他行为。

4. 牟取暴利行为的行政责任

经营者违反法律、法规的规定牟取暴利的，责令改正，没收违法所得，可以并处违法所得 5 倍以下的罚款；情节严重的，责令停业整顿，或者由工商行政管理机关吊销营业执照。

5. 价格违法行为行政责任的其他规定

拒绝提供价格监督检查所需资料或者提供虚假资料的，责令改正，给予警告；逾期不改正的，可以处 10 万元以下的罚款，对直接负责的主管人员和其他直接责任人员给予纪律处分。

政府价格主管部门进行价格监督检查时，发现经营者的违法行为同时具有下列三种情形的，可以依照价格法第 34 条第(3)项的规定责令其暂停相关营业：① 违法行为情节复杂或者情节严重，经查明后可能给予较重处罚的；② 不暂停相关营业，违法行为将继续的；③ 不暂停相关营业，可能影响违法事实的认定，采取其他措施又不足以保证查明的。

政府价格主管部门进行价格监督检查时，执法人员不得少于 2 人，并应当向经营者或者有关人员出示证件。

经营者被责令暂停相关营业而不停止的，或者转移、隐匿、销毁依法登记保存的财物的，处相关营业所得或者转移、隐匿、销毁的财物价值1倍以上3倍以下的罚款。

经营者对政府价格主管部门作出的处罚决定不服的，应当先依法申请行政复议；对行政复议决定不服的，可以依法向人民法院提起诉讼。逾期不缴纳罚款的，每日按罚款数额的3%加处罚款；逾期不缴纳违法所得的，每日按违法所得数额的2‰加处罚款。任何单位和个人有法律法规规定的价格违法行为，情节严重，拒不改正的，政府价格主管部门除依法给予处罚外，可以公告其价格违法行为，直至其改正。

（二）政府和价格工作人员的价格法律责任

地方各级人民政府或者各级人民政府有关部门违反价格法的规定，超越定权限和范围擅自制定、调整价格或者不执行价格干预措施，紧急措施的，责令改正，并可以通报批评；对直接负责的主管人员和其他责任人员，依法给予行政处分。

价格工作人员在价格执法过程中泄露国家秘密、商业秘密以及滥用职权、徇私舞弊、玩忽职守、索贿受贿，构成犯罪的，依法追究刑事责任；尚不构成犯罪的，依法给予行政处分。

【参考文献】

1. 漆多俊主编.《宏观调控法研究》，中国方正出版社2002年版。

2. 漆多俊主编.《经济法学》（第二版），高等教育出版社2010年版。

3. 史璐著.《价格管制理论与实践研究》，知识产权出版社2012年版。

4. 王全兴著.《经济法基础理论专题研究》，中国检察出版社2002年版。

5. 史际春，肖竹.《论价格法》，《北京大学学报》（哲学社会科学版）2008年第6期。

【思考题】

1. 如何理解价格的作用以及价格的政府干预的必要性？
2. 从价格法的调整对象和内容分析其基本性质。
3. 经营者的价格行为要受到哪些规则的约束？
4. 政府定价和政府指导价的范围和依据是什么？
5. 价格总水平调控的经济措施主要有哪些？

6. 价格总水平调控的价格手段主要有哪些?

7. 从我国现行的价格监督检查和反价格垄断的体制看价格法与相关法律的交叉问题。

【案例实训】

1. 2007年8月份以来,居民消费价格同比涨幅连续5个月超过6%,部分重要商品价格已经明显上涨。2008年1月上旬,36个大中城市豆油、猪肉、牛肉和羊肉零售价格同比分别上涨58%、43%、46%和51%。价格上涨对广大居民特别是低收入群体生活产生了较大影响。一些企业趁机哄抬价格,有的相互串通,操纵市场价格,侵害消费者利益;有的囤积居奇、搭车涨价;有的超过成本增加幅度不合理涨价;有的提前宣布涨价消息,制造涨价舆论,哄抬价格;还有的捏造散布涨价信息,制造紧张气氛,推动市场价格不合理上涨。不合理涨价已影响到社会的安定,在群众对价格上涨反映强烈的情况下,个别小报小刊热衷于炒作涨价题材,渲染涨价气氛,严重影响社会心理预期。在这种背景下,经国务院批准,国家发改委于2008年1月15日发布了《国家发展改革委关于对部分重要商品及服务实行临时价格干预措施的实施办法》(国家发展改革委2008年第58号令),决定对部分重要商品及服务在全国范围内实施临时价格干预措施,对达到一定规模的生产、经营企业实行提价申报;对达到一定规模的批发、零售企业实行调价备案。

实施临时价格干预措施时,下列达到一定规模的经营者应当按有关规定向省级以上人民政府价格主管部门履行提价申报程序:① 面粉、大米生产加工企业;② 挂面、方便面生产加工企业;③ 食用植物油生产加工企业;④ 乳品加工企业;⑤ 液化石油气经营企业(政府制定出厂价格和零售价格的除外);⑥ 其他重要商品及服务经营企业。在全国范围内市场集中度较高、经营规模较大的经营者,应当向国家发展改革委申报,具体申报产品和企业目录由国家发展改革委公布。其他达到一定规模的经营者向省、自治区、直辖市人民政府价格主管部门申报,具体申报产品和企业目录由省、自治区、直辖市人民政府价格主管部门公布。列入提价申报目录的经营者提高商品及服务价格,应当在提价前10个工作日按规定将提价申请书面报告送达价格主管部门。实施临时价格干预措施期间,规定范围内的零售商和批发商应当向所在地的市或者县人民政府价格主管部门履行调价备案程序。

在实行临时价格干预措施期间,符合下列情形之一的,列入调价备案名单的经营者应当在调价后24小时内将调价书面报告送达当地市或者县人民政府价格主管部门：① 一次调高价格4%以上的；② 10日内连续调高价格累计6%以上的；③ 30日内连续调高价格累计10%以上的。备案内容包括企业名称、提价幅度、提价理由和价格主管部门规定的其他事项。价格主管部门受理经营者调价备案后，有异议的，应当在3个工作日内告知，并责令有关经营者恢复原价或者降低调价幅度；逾期未告知的，视同对经营者调价无异议。在实行临时价格干预措施期间，省、自治区、直辖市人民政府可以限定生产企业的利润率和流通企业的商品进销差率。价格主管部门对列入临时价格干预措施范围的商品及服务，以及可能波及的相关商品及服务，应当加强市场供求和价格变化情况的监测、预警，及时将有关情况上报本级人民政府和上级价格主管部门。

2008年12月1日，国家发改委发布第3号令，根据《中华人民共和国价格法》，经国务院批准，决定解除《国家发展改革委关于对部分重要商品及服务实行临时价格干预措施的实施办法》中规定的对成品粮及粮食制品、食用植物油、猪肉和牛羊肉及其制品、乳品、鸡蛋等食品类商品及服务的临时价格干预措施，自2008年12月1日起施行。

2008年12月30日，国家发改委发布第67号令，决定解除国家发展改革委2008年第58号令规定的对液化石油气及其他重要商品及服务的临时价格干预措施，以及国家发展改革委2008年第46号公告规定的对电煤实行的临时价格干预措施，自2009年1月1日起执行。

请思考：

(1) 实施临时价格干预措施的必要性和法律依据是什么？

(2) 在实施临时价格干预措施时需要注意哪些问题？

2. 2012年8月15日上午9时，京东、苏宁、国美“大家电价格战”正式打响。据媒体消息，8月14日，京东CEO刘强东在微博上高调宣布，称自15日9时起，京东商城所有大家电价格均比苏宁国美便宜10%，若苏宁降价后，京东将在30分钟内给出更低的价格。苏宁易购随后表态，称“所有产品价格必然低于京东”，国美电器也在官博上承诺“全线比京东低5%”。据《人民日报》消息，苏宁易购称其“包括家电在内的所有产品价格必然低于京东，否则赔两倍差价”。国美电器更是表示其“电子商城全线商品价格比京东商城低5%”，并将从17日起1 700多家门店保持线上线下一个价，与京东“死磕”。一片混战之下，硝烟四起的电商价格战再度升级。从14日的微博约战，到15日正式开战，京东、苏宁和国美几大电商的价格战引起了市场的热议和关注。

8 月 15 日，商务部相关业务司局已经关注到这一事件。8 月 16 日，商务部新闻发言人沈丹阳就表示，商务部已经注意到个别大型电子商务企业竞相采取降价方式开展销售活动，以及由此引发的市场热议和消费者以及供货厂商的关切。商务部将继续关注此事的进展。判断这场“价格战”是否违法，需要有法律法规做依据。目前与降价促销相关的法律规定包括《反不正当竞争法》、《反垄断法》及《价格法》，价格主管部门、工商执法部门等执法主体依法调查取证后，才能下结论。8 月 17 日，商务部流通发展司副司长王德生表示，电子商务交易各方的权责、义务，除了在相关法规里进行完善外，在相关标准中也要进行细化和补充，《电子商务营销运营规范》等标准已列入制定计划。为适应电子商务、网络购物发展的需要，商务部今后将加大这方面标准的制定力度，比如已经列入计划的《网店信用评价指标》、《网络团购企业管理规范》、《网络团购企业信用评价体系》、《电子商务营销运营规范》。

国家发改委也针对此事展开了调查。9 月 5 日，据发改委有关人士表示，三家电商开打价格战后，一些媒体和网民反映，有的电商存在欺诈消费者的问题，发改委也接到群众举报。发改委价监局市场监督处处长陈达表示，价监局组成了四个检查组和调查组，三个检查组是去参与这次电商价格战的京东、苏宁、国美进行检查，另外第四个检查组是去一淘网，进行调查和检查，核实相关数据的真实性。9 月 5 日，央视《新闻联播》报道，国家发改委价格监督检查和反垄断局有关人士表示，初步查明，京东商城、苏宁易购、国美电器及旗下网上商城主要在三方面涉嫌存在价格欺诈：一是促销价高于原价，二是未完全履行价格承诺，三是有的电商拿自己独有的商品参加比价活动。据新京报报道，国家发改委价格监督检查和反垄断局市场监督处处长陈达在接受央视采访时透露，目前三家电商正在按要求自查、整改。但该负责人并未披露何时出台对京东、国美、苏宁三家电商的具体处理决定，依据调查程序还要经历听证、告知等程序。

一些媒体还列出了这次“价格战”中四大“罪状”：① 虚构原价，即促销价高于原价。三家电商均存在虚构原价的行为，也就是说实际的促销价高于之前 7 日内交易的最低价。② 未履行“零毛利”承诺。京东曾表示，所有大家电将在未来三年内保持零毛利，但是，相关部门抽查发现部分产品即使促销后最高的毛利率也达到 10%。③ 标明无货实际有货。众多网友反映商家缺货严重。有的电商承诺低价出售商品，但在网店上却标明无货，而实际的调查结果显示商家仓库实际有存货。④ 重合商品少。在价格战中，几家商家的产品重合度很低。有的电商促销的产品是独家经营，其他商家根本没有，因此也无从比较其此前承诺价格究竟是否为最低价。

请思考：

(1) 应如何看待这些电子商务企业之间的价格竞争？

(2) 政府主管部门在何种情况下应当介入企业之间的价格战？处理的依据有哪些？